LOUIS-FRANÇOIS LAFLÈCHE

NIVE VOISINE

LOUIS-FRANÇOIS LAFLÈCHE

DEUXIÈME ÉVÊQUE DE TROIS-RIVIÈRES

TOME 1

DANS LE SILLAGE DE PIE IX ET DE MGR BOURGET
(1818-1878)

Photographies: Roger Chamberland

Tous droits réservés
Copyright © 1980 by EDISEM

Dépôt légal 1er trimestre 1980
Bibliothèque Nationale du Québec
Bibliothèque Nationale du Canada

ISBN 2-89130-035-1

EDISEM
2475, Sylva-Clapin
Saint-Hyacinthe, Québec

Imprimé au Canada

En préparation:

Louis-François Laflèche, deuxième évêque de Trois-Rivières. II: Le vieux prophète intransigeant (1878-1898)

À une très grande amie
JACQUELINE

Préface

L'Église canadienne, au dix-neuvième siècle, eut la chance d'avoir à sa tête des hommes de premier plan. Sans s'aveugler sur leurs insuffisances, on doit admettre que des évêques comme les Plessis, les Lartigue, les Bourget et les Taschereau doivent figurer dans la galerie des grands bâtisseurs du Québec. Parce qu'ils ont été de puissants manieurs d'hommes et que leur forte personnalité, qualités et déficiences entremêlées, a souvent infléchi le cours des événements, non seulement à l'intérieur de leur diocèse respectif, mais encore sur le plan national, l'étude de leur vie et de leur action s'impose pour apprécier correctement la place que l'Église tint dans l'édification de notre armature collective. À près d'un siècle de distance, leurs réalisations ne nous laissent pas indifférents. En dépit de l'accélération de l'histoire, nous continuons à vivre de l'élan qu'ils ont imprimé au destin québécois, même si cette influence prend parfois l'allure d'un rejet passionné. Si, par exemple, une certaine intelligentsia contemporaine s'en est prise si vivement à l'intransigeance ultramontaine d'un Bourget, c'est parce que l'intrépide évêque de Montréal a marqué son milieu et son époque avec une force telle que la répercussion s'en est fait sentir jusqu'aux abords de la révolution tranquille.

À un degré moindre, mais dans sa mouvance, le deuxième évêque de Trois-Rivières, Mgr Louis-François Laflèche, a tracé dans notre histoire un sillon impérieux. Comme Bourget et les autres leaders ecclésiastiques du siècle dernier, il s'est tellement identifié avec le milieu canadien-français que la méconnaissance du rôle qu'il assuma pendant près d'un demi-siècle nous empêcherait de comprendre adéquatement tout un pan de notre patrimoine religieux, politique et culturel. Il faut donc savoir gré au professeur Nive Voisine de nous restituer, avec sa compétence d'historien averti, la carrière d'un homme qui, d'Église, n'en fut pas moins pour les siens un éveilleur de patriotisme et un mainteneur de fierté nationale.

Le présent ouvrage résulte d'une thèse de doctorat en histoire, qui fut brillamment soutenue à l'université Laval en février 1979. Nul n'ignore que les thèses universitaires ont la réputation, bien souvent méritée, d'être d'un abord rébarbatif et d'une lecture qui n'est rien moins qu'exaltante. Mais ce n'est pas le cas ici. Si l'appareil des citations et des références peut paraître impressionnant, il est si parfaitement surmonté que l'auteur a gardé pour soi l'ennui et la fatigue des longues recherches qui, de la paroisse natale de son héros l'ont conduit jusqu'à Rome, pour gratifier le lecteur de la fine fleur d'une moisson documentaire dont on peut dire, sans exagération, qu'elle est pratiquement exhaustive.

Plus remarquable encore peut-être que la quête méthodique de la pièce d'archive est l'interprétation des faits et gestes de son personnage, qui évolue dans un contexte qui n'est jamais perdu de vue. Qu'il s'agisse de l'enfance à Sainte-Anne-de-la-Pérade, des études du collégien et du séminariste à Nicolet, de l'apostolat missionnaire dans l'Ouest canadien, du supériorat au collège de Nicolet, du rôle du coadjuteur et enfin de l'évêque, tous ces aspects de la biographie de Mgr Laflèche sont scrutés et analysés avec un soin et un doigté consommés.

Peu à peu nous voyons se dessiner et s'affermir la forte personnalité de Laflèche. Par exemple, l'auteur nous explique que les douze ans qu'il passe comme missionnaire dans l'Ouest ont été, d'une certaine façon, la période charnière de sa vie. Parti, en 1844, jeune prêtre pénétré des notions abstraites élaborées au cours de ses études classiques et théologiques, c'est un homme mûr, en possession de tous ses moyens, qui revient à Nicolet en 1856. Son leadership inné s'affirme lorsqu'il exerce la charge de supérieur. Mais c'est surtout sur la scène de Trois-Rivières qu'il déploie toutes les ressources de son esprit et de son coeur. À la fin de 1866, Laflèche, au seuil de la cinquantaine, a terminé son périple intellectuel et sa psyché a pris ses traits définitifs.

Puis ce sont les étapes décisives de sa participation au mouvement des zouaves, ce qui a pour conséquence de le placer dans le sillage de Mgr Bourget, de son rôle à Vatican I, de ses interventions au sujet du « programme catholique » et des « programmistes », de ses relations avec son supérieur hiérarchique, l'archevêque de Québec, qui est, à partir de 1871, Mgr Taschereau, enfin de ses prises de position dans les querelles politico-religieuses de l'époque jusqu'à la mission Conroy, dont le but était de les désamorcer.

Bien d'autres problèmes sont abordés en cours de route: le gaumisme, le sort du collège de Nicolet, la détresse financière du diocèse de Trois-Rivières et le projet de sa division, etc. Toute cette matière extrêmement complexe, cet ensemble d'événements et de conflits enchevêtrés à souhait, sont débrouillés avec une maîtrise qui présuppose une longue familiarité avec les documents de l'époque et l'historiographie qui les a déjà abordés.

Ce premier volume, qui sera suivi d'un second dans lequel l'auteur s'attardera à scruter la vie intime du diocèse sous l'épiscopat de Laflèche jusqu'à son terme en 1898, projette donc un flot de lumière sur bien des aspects controversés de notre dix-neuvième siècle, en particulier sur l'ultramontanisme tel qu'il se manifeste dans notre milieu.

La présente monographie s'ajoute à celles dont nous disposons déjà sur les épiscopats de Lartigue et de Bourget. Bientôt M. James H. Lambert soutiendra à Laval une thèse monumentale sur Mgr Joseph-Octave Plessis. Il nous reste à souhaiter que l'on puisse joindre à ces travaux, dans un avenir aussi peu lointain que possible, une autre étude, celle qui concernerait le rôle capital, cardinal oserais-je dire, de celui qui fut précisément le premier cardinal canadien-français, Mgr Elzéar-Alexandre Taschereau. Ainsi se parachèverait la fresque dépeignant, sous les traits de ses leaders et en des touches à la fois larges et minutieuses, toute une époque, celle du dix-neuvième siècle, de notre passé religieux.

Philippe Sylvain
Département d'histoire
Université Laval

Avant-propos

Deux personnes ont, d'une façon particulière, contribué au choix de notre sujet et au parachèvement de notre travail : le professeur Jean Hamelin qui, aux premiers jours de sa carrière universitaire, suscitait déjà notre enthousiasme pour l'histoire du Québec et, dans des conversations privées, nous proposait d'étudier le groupe des ultramontains et spécialement Mgr Laflèche ; le professeur Philippe Sylvain qui, déjà avancé dans ses recherches sur les idéologies du XIXe siècle, a accepté avec empressement de nous servir de guide et de nous faire profiter de son immense érudition. Devenus des collègues de travail, l'un et l'autre n'ont cessé de nous conseiller et de nous encourager, ajoutant chaque fois de nouvelles marques d'une profonde amitié. Nous les remercions donc de tout coeur de ces sentiments et de leur contribution irremplaçable.

Au cours de notre travail de recherche, nous avons fait appel à la collaboration d'un très grand nombre de personnes. Il serait trop long d'énumérer les bibliothécaires et surtout les archivistes qui nous ont reçu et aidé avec empressement. Qu'ils reçoivent ici, tous et chacun, l'expression de notre plus vive reconnaissance. Nous ne pouvons nous empêcher de rappeler le souvenir du conservateur des archives du séminaire de Trois-Rivières, l'abbé Hermann Plante, dont la mort récente nous a fait perdre un savant conseiller et un ami dévoué.

Nos remerciements s'adressent aussi à l'université Laval, à la faculté des Lettres et au département d'Histoire qui nous ont aidé dans la mesure du possible, et au Conseil des arts du Canada qui nous a appuyé d'une bourse.

Enfin, nous ne pouvons oublier nos amis nombreux qui, de multiples façons, ont participé aux diverses étapes de notre travail, et ces obscurs assistants de recherche et ces dévouées secrétaires de la compétence desquelles nous avons profité. Nommément madame Francine Roby, qui a corrigé notre manuscrit et composé l'index. À tous ces collaborateurs et amis, le plus chaleureux des mercis!

N.V.

Table des matières

Page

PRÉFACE 9
AVANT-PROPOS 11
TABLE DES MATIÈRES 13
SIGLES ET ABRÉVIATIONS 19
INTRODUCTION 21

CHAPITRE PREMIER: LES ANNÉES DE FORMATION
                  (1818-1844) 25

1. *Sainte-Anne-de-la-Pérade*. Le site géographique. Agriculteurs et
   aventuriers. Progrès du village. L'esprit chicanier.
   Les principaux conflits 25
2. *La famille Richer-Laflèche*. Les ancêtres. Modeste Richer-Laflèche,
   le contestataire... 28
3. *Le milieu familial*. Le père, Louis-Modeste Laflèche.
   La mère, Marie-Anne Joubin-Boisvert. Les sept enfants.
   L'atmosphère familiale 30
4. *Les études à Nicolet*. Le village de Nicolet. Le séminaire de Nicolet.
   Les confrères de Louis-François Laflèche. Le règlement du séminaire.
   Le régime des études. Les succès scolaires de Louis-François Laflèche.
   Les événements extérieurs. 32
5. *Les études théologiques*. La prise de soutane. Le cours de théologie.
   Le règlement des ecclésiastiques. Laflèche, économe et
   professeur. Retard de l'ordination 37

CHAPITRE II: LE MISSIONNAIRE DANS L'OUEST
             CANADIEN (1844-1856) 43

1. *La mission de la Rivière-Rouge*. Description du territoire et
   des habitants de la mission de la Rivière-Rouge. Les premiers missionnaires.
   L'apport du séminaire de Nicolet. Le missionnaire idéal
   d'après Mgr Provencher 43
2. *La vocation missionnaire de Laflèche*. Les propositions de Mgr Provencher.
   L'ordination et le vicariat à Saint-Grégoire. Les raisons de
   l'acceptation de Laflèche 47
3. *Le voyage à la Rivière-Rouge*. Les adieux. Le séjour à Montréal. Le départ.
   Les incidents du voyage. L'arrivée à Saint-Boniface 49

4. *L'activité missionnaire.* Le nouveau vicariat apostolique. Les premières impressions de Mgr Provencher. L'étude des langues. Les premières courses. L'arrivée des oblats. Le séjour à l'Île à la Crosse. Les diverses tâches de Laflèche. La maladie de Laflèche. Témoignages de son collègue Taché. Le retour à Saint-Boniface. Laflèche refuse de devenir coadjuteur. Son ministère à Saint-Boniface. Sa participation aux chasses des Métis. Le combat de 1851. Le voyage dans l'Est, 1854-55. Son rapport sur la *Mission de la Rivière-Rouge.* Le retour définitif en 1856. L'influence de l'Ouest sur Laflèche.. 50

CHAPITRE III: LE DÉFENSEUR DE NICOLET
(1856-1861) 63

1. *Les tâches de Laflèche à Nicolet.* La situation du séminaire de Nicolet. Laflèche, professeur et préfet des études. Élection de Laflèche au supériorat 63
2. *Au coeur des événements.* La nouvelle incorporation du collège. Le mémoire de Laflèche. Les menaces de transfert du séminaire de Nicolet à Trois-Rivières. La campagne de l'*Ère Nouvelle.* La riposte des autorités nicolétaines. Le problème de l'affiliation du séminaire de Nicolet à l'université Laval. La réplique de Laflèche au recteur Casault 65
3. *Le supérieur du séminaire de Nicolet, 1859-1861.* La fonction de supérieur. Le leadership de Laflèche. Le sermon de Laflèche à l'occasion de la consécration de la cathédrale de Trois-Rivières. Autre sermon en 1859. Le providentialisme de Laflèche 73
4. *Les problèmes personnels.* La santé fragile de Laflèche. Ses velléités de départ...................................·................. 78

CHAPITRE IV: LE SAUVEUR DU DIOCÈSE
(1861-1866) 83
1. *La difficile acceptation.* Les pressions de Mgr Baillargeon et de Luc Desilets. Le rapport médical du Dr Bourgeois. Laflèche accepte la nomination 83
2. *Les difficultés financières du diocèse.* La personnalité de Mgr Cooke. La question du dixième. La construction de la cathédrale. Le succès mitigé des campagnes de financement. La mauvaise administration du procureur 85
3. *La campagne de financement.* La dette et la menace de banqueroute. La campagne de sensibilisation du clergé. Les projets de règlement. La campagne de souscription. L'entente avec les créanciers. La diminution de la dette. Nouvelle tentative de quitter le diocèse 89
4. *La tâche de grand vicaire.* Quelques problèmes de discipline ècclésiastique. Deux mandats spéciaux: les registres de la cathédrale, le transfert de Nicolet. La correspondance avec les curés. Laflèche et le gaumisme. Le silence sur la question universitaire. La rédaction des textes épiscopaux. La circulaire sur l'émigration aux États-Unis. Le mandement de présentation de l'encyclique *Quanta Cura* et du *Syllabus* La lettre pastorale sur les malheurs du pays: le luxe, l'intempérance, l'usure et l'affaiblissement de la foi. Laflèche comme orateur. Ses nombreux discours dans le diocèse.

Le sermon de la Saint-Jean-Baptiste à Trois-Rivières en 1865. Laflèche et
le *Journal des Trois-Rivières*. Publication des *Quelques considérations
sur les rapports de la société civile avec la religion et la famille*.
Laflèche et la confédération: les allusions dans les *Quelques
considérations...*, la lettre à Charles Boucher de Niverville.
Le succès de la publication. La philosophie théologique de l'histoire
de Laflèche. La fête du 25 juin 1866 à Ottawa et le sermon
de Laflèche 94

CHAPITRE V: LE COADJUTEUR DE TROIS-RIVIÈRES
            (1867-1870) 109

Les rumeurs à propos de sa nomination.
1. *Acceptation et sacre de Laflèche.* Les objections de Laflèche.
   Les problèmes mentaux dans sa famille. Le jugement de Mgr Baillargeon.
   Laflèche accepte le 24 janvier 1867. Il est consacré le 25 février 1867.
   La joie de Mgr Cooke. L'épiscopat du Québec au moment de la
   nomination de Laflèche 110
2. *Le nouveau rôle de Laflèche.* Les craintes de Laflèche à propos
   de sa juridiction. La visite pastorale du diocèse. Les autres
   rencontres avec les diocésains. Le mandement de Laflèche sur
   la confédération 114
3. *Les grandes questions.* Les journaux et la corruption électorale.
   L'enquête faite dans le diocèse de Trois-Rivières. La déclaration du
   4e concile de Québec. Le mouvement des zouaves pontificaux. La lettre
   pastorale de décembre 1867. Le sermon du 18 février 1868. La question
   des lois « anticatholiques » 120
4. *Laflèche, administrateur du diocèse.* La maladie de Mgr Cooke. Laflèche
   devient administrateur du diocèse le 11 avril 1869. Départ pour le
   concile du Vatican. Le voyage vers Rome. La vie à Rome. Le travail
   au concile. Sa participation aux votes. Laflèche et l'infaillibilité
   pontificale. Mort de Mgr Cooke et prise de possession du siège
   épiscopal par Laflèche. Le retour de Laflèche 131

CHAPITRE VI: LAFLÈCHE REJOINT LE CLAN DE
             MONTRÉAL (1870-1872) 139
1. *Les premières années du règne personnel.* L'état du diocèse. Le
   réaménagement de l'administration diocésaine. Les finances du diocèse.
   Laflèche et ses ouailles. Les mandements et lettres pastorales. La lettre
   pastorale sur le concile du Vatican. La correspondance de Laflèche 139
2. *Le débat autour du séminaire de Nicolet.* Laflèche et le collège de
   Trois-Rivières. Les pourparlers pour le transfert du séminaire de Nicolet.
   Le refus du conseil du séminaire. La consultation d'Elzéar-Alexandre
   Taschereau. Le mémoire de Laflèche à Rome. La réponse de Nicolet 144
3. *Laflèche, archevêque de Québec?* La mort de Mgr Baillargeon. Les
   rumeurs à propos de sa succession. Les attaques contre
   l'université Laval 149
4. *L'épiscopat et le Programme catholique.* La division au sein de
   l'épiscopat: les réalistes contre les intransigeants. Les menaces
   qui pointent à l'horizon: le *Code des curés* et la législation

« anticatholique ». La lettre pastorale du 10 mars 1871 sur les élections.
Le *Programme catholique*. La condamnation de Taschereau et l'appui de
Bourget et de Laflèche. L'échec des programmistes. Le rapprochement
avec Montréal 152

5. *La difficile année 1872*. La réunion des évêques du 17 octobre 1871.
La réforme du *Code civil*. La mésentente entre Taschereau et Bourget.
Les fêtes manquées de Montréal. L'appui inconditionnel de Laflèche
aux demandes montréalaises 165

CHAPITRE VII: LA VÉRITÉ VIENT DE ROME
(1873-1874) 179

1. *La mission à Rome*. Les préparatifs du voyage. La traversée. Le travail
de Laflèche à Rome: la défense de Mgr Bourget et des journaux ultramontains.
Les autres problèmes soulevés. La question du séminaire de Nicolet.
Le bilan de la mission 179

2. *La difficile union*. Le 5e concile provincial de Québec. Le nouvel
affrontement sur le *Programme catholique* 192

3. *Les problèmes diocésains*. Le transfert de la maison mère des soeurs de
l'Assomption. Les volte-face de Laflèche. L'érection canonique du
séminaire de Trois-Rivières. Laflèche et son clergé 198

CHAPITRE VIII: L'OFFENSIVE ANTILIBÉRALE
(1875-1876) 209

L'effervescence dans le monde politique.

1. *Les élections de 1875*. Le préjugé favorable à Boucher de Boucherville.
L'épiscopat et la campagne électorale. L'intervention de certains curés
dans les élections. Les contestations d'élections pour ingérence
cléricale 210

2. *Nouvelle condamnation du libéralisme: la lettre pastorale du
22 septembre 1875*. La dénonciation du libéralisme par les journaux.
La réunion des évêques à Québec. La lettre pastorale et la circulaire
au clergé sur le libéralisme. La réaction des journaux et des hommes
politiques protestants. La campagne électorale de Charlevoix.
Le conflit entre Taschereau et ses suffragants 214

3. *Un nouveau voyage à Rome*. Taschereau affronte de plus en plus ses
collègues. La circulaire du 25 mai 1876. La lettre du cardinal Franchi
du 18 mai 1876. Laflèche est délégué à Rome pour défendre le clergé.
Le mémoire de Mgr Bourget. La supplique des évêques au pape. Le travail
de Laflèche. Son mémoire du 15 août 1876. Sa nouvelle dénonciation
du libéralisme et des libéraux. Les autres questions débattues:
l'université Laval, la démission de Mgr Bourget, les diverses consultations.
Le bref de Pie IX du 18 septembre 1876 225

CHAPITRE IX: LAFLÈCHE DÉFEND L'INTÉGRITÉ DE SON
DIOCÈSE (1875-1876). 237

1. *Laflèche, évêque à Trois-Rivières*. L'essor du petit et du grand séminaire
de Trois-Rivières. Les relations de Laflèche avec son clergé.
L'orientation spirituelle du diocèse. Laflèche et ses diocésains.
Le portrait physique et moral de Laflèche. Les reproches qu'on lui faits. 237

2. *L'offensive en faveur de la division du diocèse.* La supplique des partisans de Nicolet. Le mémoire de Laflèche en faveur de l'intégrité de son diocèse. La décision de l'assemblée des évêques. La lettre de Taschereau du 12 avril 1876 243
3. *Le débat à Rome.* Laflèche se fait représenter par l'abbé Télesphore Harel. La décision romaine est retardée 247

CHAPITRE X: LAFLÈCHE ET LE DÉLÉGUÉ APOSTOLIQUE, MGR CONROY (1877-1878) 251

1. *La contestation de Bonaventure.* L'intervention des Langevin dans l'élection. Le jugement Casault. La réaction des évêques. Le mandement de Mgr Langevin. Les avis divergents des évêques 251
2. *Les évêques et le jugement de la cour suprême.* L'élection de Charlevoix est annulée pour ingérence cléricale. La consternation des évêques. La déclaration de l'épiscopat 258
3. *La mission de Mgr George Conroy.* Le choix de Mgr Conroy. La personnalité du délégué. Le but de sa mission. Les manoeuvres du groupe ultramontain. 260
4. *Mgr Conroy et les problèmes politiques.* Le règlement du problème universitaire. La lettre du 11 octobre 1877. La solution des autres problèmes. La réaction des milieux ultramontains. Laflèche devient de plus en plus critique vis-à-vis le délégué 265
5. *Mgr Conroy et la question de la division du diocèse de Trois-Rivières.* Un nouveau mémoire du séminaire de Nicolet. La défense de Laflèche. La décision de Rome favorable à l'évêque.......................... 272
6. *Les signes de la Providence.* Le 6e concile provincial de Québec. Les nouveaux recours à Rome. La mort de Pie IX et de Mgr Conroy. Le nouveau mémoire de Laflèche et la dénonciation du délégué et de l'archevêque 278

CONCLUSION 284
ANNEXE A : Rapport médical sur l'état de santé de Louis-François Laflèche 289
ANNEXE B : Laflèche et les élections de 1867 290
ANNEXE C : Lettre de Laflèche au curé de Saint-Michel-d'Yamaska 291
ANNEXE D : Laflèche et la corruption électorale 293
ANNEXE E : Les qualités de l'abbé E.-A. Taschereau 294
ANNEXE F : Laflèche et la division de l'épiscopat 295
ANNEXE G : Personnel dirigeant à l'université Laval de Québec 297
ANNEXE H : La préparation du mandement du 22 septembre 1875 301
BIBLIOGRAPHIE 303
INDEX 317

Sigles et abréviations

AAQ:	Archives de l'archevêché de Québec
AAR:	Archives de l'archevêché de Rimouski
AASB:	Archives de l'archevêché de Saint-Boniface
ACAM:	Archives de la chancellerie de l'archevêché de Montréal
AESH:	Archives de l'évêché de Saint-Hyacinthe
AETR:	Archives de l'évêché de Trois-Rivières
AJTR:	Archives judiciaires de Trois-Rivières
AMMN:	Archives de la maison mère de Nicolet, des soeurs de l'Assomption
ANQ:	Archives nationales du Québec
APFR:	Archives « de Propaganda Fide » à Rome
APSAP:	Archives de la paroisse de Sainte-Anne-de-la-Pérade
ASJCF:	Archives de la société de Jésus, province du Canada français
ASN:	Archives du séminaire de Nicolet
ASQ:	Archives du séminaire de Québec
ASTR:	Archives du séminaire de Trois-Rivières
BSHSB:	*Bulletin de la Société historique de Saint-Boniface*
CHR:	*Canadian Historical Review*
DBC:	*Dictionnaire biographique du Canada*
FL:	*Fonds Langevin*
MEM:	*Mandements des évêques de Montréal*
MEQ:	*Mandements des évêques de Québec*
MER:	*Mandements des évêques de Rimouski*
MESH:	*Mandements des évêques de Saint-Hyacinthe*
METR:	*Mandements des évêques de Trois-Rivières*
N.T.C.F.:	Nos Très Chers Frères
RAPQ:	*Rapport de l'archiviste de la province de Québec*
RCD:	*Registres et cahiers divers.*
RHAF:	*Revue d'histoire de l'Amérique française*
RS:	*Recherches sociographiques*
SRC, ASC:	*Scritture riferite nei congressi - America Settentrionale - Canadà*
V.E.:	Votre Éminence
V.G.:	Votre Grandeur ou Vicaire Général

Introduction

Du deuxième évêque de Trois-Rivières, Louis-François Laflèche, on a beaucoup parlé et écrit. De son vivant même, où ses prises de position ont suscité appuis et résistances; à sa mort, où le concert d'éloges est à peine troublé par quelques notes discordantes[1]; pendant tout le XXe siècle, où se multiplient les allusions à sa personne et à ses oeuvres.

Au milieu de cette masse de témoignages et de commentaires émergent quelques biographies plus complètes. La première paraît, quelques années avant sa mort, à l'occasion du 50e anniversaire de l'ordination sacerdotale de Laflèche; dans *Autrefois et aujourd'hui à Sainte-Anne de la Pérade,* le chanoine Louis-Séverin Rheault consacre un long chapitre à la notice biographique et à la « vie intime» de son évêque; c'est une apologie sans nuance, mais on y retrouve des renseignements inédits[2]. Peu de temps après le décès de l'évêque de Trois-Rivières, l'éditeur français Arthur Savaète commence la publication d'une collection toute vouée à la louange des ultramontains canadiens, spécialement de Mgr Ignace Bourget, de Montréal, et de Mgr Laflèche; parmi les 11 volumes des *Voix Canadiennes: Vers l'Abîme*[3], trois sont totalement consacrés à ce dernier et l'un d'entre eux décrit abondamment la *Vie de Mgr L.-F. Laflèche, ses contrariétés et ses Oeuvres*[4]. L'auteur est bien informé et il possède la plupart des documents importants nécessaires à son étude, mais, obnubilé par sa campagne contre les libéraux canadiens, il trace de son héros un portrait qui tient davantage du panégyrique que de l'histoire. C'est le cas également d'une brochure du père Adélard Dugré, s.j.[5], et de l'*Apothéose de Monseigneur Louis-François R.-Laflèche*[6], dont le titre révèle bien l'esprit.

Il revenait à M. Robert Rumilly de renouveler notre connaissance de Laflèche. Grâce à une utilisation prudente de Savaète et à une lecture rapide des archives trifluviennes, appuyées sur une connaissance approfondie de la vie politique du Québec de la fin du XIXe siècle, il a tracé de l'évêque de Trois-Rivières un portrait minutieux, vivant, vraisemblable, qu'une première lecture nous porterait à croire définitif[7]. Mais, quelles que soient les qualités indéniables de l'oeuvre, *Monseigneur Laflèche et son temps* noie parfois le personnage sous un amas de détails, oublie de longues périodes de sa vie — son enfance et ses études, par

---

1. Chan. Ferdinand Béland, *Hommages rendus à Mgr Laflèche, Juillet 1898,* 492p.. Chancelier du diocèse, le compilateur a rassemblé toutes les coupures d'articles de journaux parus à l'occasion de la mort de Laflèche. L'ouvrage se trouve aux archives du séminaire de Trois-Rivières.
2. (L.-S. Rheault), *Autrefois et aujourd'hui à Sainte-Anne de la Pérade,* Trois-Rivières, E.S. de Carufel, (1895), pp. 137-168.
3. Arthur Savaète, *Voix Canadiennes: Vers l'Abîme,* Paris, A. Savaète, (1908-1918), 11 vol..
4. A. Savaète, *Voix Canadiennes: Vers l'Abîme,* t. VI: *Mgr L.-F. Laflèche et la Division du Diocèse des Trois-Rivières,* Paris, A. Savaète, (sans date), 569p.; t. X: *Vie de Mgr L.-F. Laflèche, ses contrariétés et ses Oeuvres,* Paris, A. Savaète, (sans date), 624p.; t. XI: *Oeuvres oratoires de Mgr Louis-François Laflèche, évêque des Trois-Rivières,* Paris, A. Savaète, (sans date), 440p..
5. A. Dugré, *Monseigneur Laflèche,* Montréal, L'Oeuvre des tracts, (1924), 16p..
6. *Apothéose de Monseigneur Louis-François R.-Laflèche,* Trois-Rivières, Impr. Saint-Joseph, 1926, 228p..
7. Robert Rumilly, *Monseigneur Laflèche et son temps,* Montréal, Ed. du Zodiaque, 1938, 424p..

exemple — et passe sous silence son travail proprement épiscopal. À quelques nuances près, nous pouvons adresser les mêmes reproches au portrait, par ailleurs intéressant, esquissé par M. André Labarrère-Paulé[8].

Grâce à ces études et aux multiples allusions, dont fourmillent les ouvrages d'histoire[9], Laflèche peut sembler un personnage familier et bien connu. Et pourtant, que de faussetés ne colporte-t-on pas encore sur son compte! Passe encore qu'en 1938 Berthelot Brunet ne voie en lui qu'un organisateur politique qui « présente ses créatures[10] », mais n'est-il pas surprenant que M. Jean Éthier-Blais puisse écrire en 1970: « Déjà, à son époque, c'était un homme d'un autre âge, un fossile. Mais un dinosaure joliment remuant[11] »? De semblables erreurs de faits ou d'interprétation se retrouvent également chez les laudateurs de l'évêque. Nous devons donc convenir qu'il y a place, dans l'historiographie québécoise, pour une nouvelle étude sur Louis-François Laflèche.

Que celle que nous commençons prenne la forme d'une biographie, nous n'avons pas à nous en excuser. C'est un genre historique qui, après une certaine éclipse, connaît un regain, même en histoire religieuse. Sans négliger pour autant l'histoire du peuple chrétien, cet acteur trop souvent oublié par l'historien, plusieurs ont cru utile d'étudier « dans le miroir d'une existence » le reflet des problèmes d'un temps[12] et ils ont ainsi réussi, selon l'expression de madame Andrée Désilets, « à éclairer un visage dans sa vérité individuelle et, au-delà de ce visage, la physionomie d'une collectivité à une étape précise de son destin[13] ». Ainsi définis, les objectifs de la biographie apportent une contribution irremplaçable à l'histoire totale, car ils aident à éclairer, comme le disait Lucien Febvre, « ce problème des rapports de l'individu et de la collectivité, de l'initiative personnelle et de la nécessité sociale qui est, peut-être, le problème capital de l'histoire[14] ».

C'est dans cet esprit que nous entreprenons la biographie de Louis-François Laflèche. De celui que les historiens reconnaissent comme un ultramontain exemplaire, nous croyons d'abord nécessaire de signaler les faits et gestes, scientifiquement vérifiés, de son existence et de décrire son action dans le milieu canadien-français du XIXe siècle. Mais, dépassant cette trame de l'histoire personnelle, nous nous demandons quelle est sa véritable personnalité et comment s'ajustent ses diverses composantes[15]; quelles sont les forces qui la forgent et la font évoluer; dans l'action et les événements, quel homme se manifeste et comment s'élaborent sa vision du monde, sa perception des autres et de lui-même? Nous nous demandons surtout comment il peut être influencé par des milieux aussi divers que sa famille, la paroisse de Sainte-Anne-de-la-Pérade, le séminaire de Nicolet, l'Ouest canadien et le diocèse de Trois-Rivières, et comment il les influence lui-même. Des réponses à ces multiples inter-

---

8. A. Labarrère-Paulé, *Louis-François Laflèche*, Montréal, Fides, (1970), 95-(1) p. (Collection Classiques canadiens, 41).
9. Le meilleur exemple est, sans doute, la thèse d'André Labarrère-Paulé, *Les instituteurs laïques au Canada français*, Québec, Presses de l'Université Laval, 1963, XVIII, 471p..
10. Berthelot Brunet, « Chronique littéraire - Sur Mgr Laflèche », *Le Jour*, 17 décembre 1938, p. 2.
11. Jean Éthier-Blais, « Monseigneur Laflèche: il donne froid au dos », *Le Devoir*, 16 mai 1970, p. 15. L'article contient plusieurs jugements de cette sorte, mais aussi quelques intuitions intéressantes.
12. Jean-Marie Mayeur, *Un Prêtre démocrate: l'Abbé Lemire (1853-1928)*, Paris, Casterman, 1968, p. 1.
13. A. Désilets, *Hector-Louis Langevin, un père de la Confédération canadienne (1826-1906)*, Québec, Presses de l'Université Laval, 1969, p. 401.
14. Lucien Febvre, *Un destin, Martin Luther*, Paris, Presses universitaires de France, 1945, p. 1.
15. Nous nous appuyons sur la définition de Gordon W. Allport: « La personnalité est l'organisation dynamique dans l'individu des systèmes psycho-physiques qui déterminent ses ajustements singuliers à son environnement » (G. W. Allport, *Personality, A Psychological Interpretation*, New York, Henry Holt & Cy, (1937), p. 48. Il existe de nombreuses éditions de cet ouvrage).

rogations surgira, nous l'espérons, selon la belle expression de Guy Frégault, « l'explication de l'homme dans l'explication de l'oeuvre[16] ».

Cette quête de la personnalité de Laflèche, nous l'avons entreprise à travers une documentation vaste et variée. Notre point de départ a été le *Fonds Laflèche,* jusqu'à récemment conservé aux archives du séminaire de Trois-Rivières, aujourd'hui déposé aux archives de l'évêché de Trois-Rivières. Il comprend des dizaines de milliers de documents: lettres reçues par Laflèche et certains de ses prêtres, mémoires manuscrits et imprimés, dossiers constitués par l'évêque sur les problèmes de son époque, mandements et circulaires, etc., complétés par une abondante collection iconographique. Aux archives de l'évêché de Trois-Rivières se trouvent également une copie de la correspondance envoyée par les évêques, les rapports des paroisses et des visites pastorales, un dossier spécial sur chaque paroisse, etc., tandis que les archives du séminaire de Trois-Rivières conservent de précieux dossiers sur la ville de Trois-Rivières, un grand nombre de Trifluviens, l'histoire du séminaire et de chacune des communautés religieuses et des paroisses du diocèse[17]. Malgré la richesse de ces fonds, nous les avons complétés par des recherches à Rome et dans les principaux dépôts d'archives civiles et religieuses du Québec, et le dépouillement des journaux de l'époque. Ce travail nous a donné, au total, une documentation déficiente par certains côtés — nous avons retrouvé trop peu de « documents humains[18] » —, mais suffisante pour nous risquer à présenter le fruit de nos recherches.

Au cours de ce travail, nous avons dû régler deux difficultés particulières. D'une part, appelé à étudier le combat que se livrent deux courants de pensée importants, l'ultramontanisme et le libéralisme, nous nous sommes buté à la confusion du vocabulaire. S'il est plus facile de cerner les ultramontains, qui se prétendent des « catholiques tout courts » et que les historiens définissent comme « ceux qui ne voulaient aucun compromis, aucun accord sur les libertés modernes, aucun essai de conciliation entre le libéralisme et l'Église[19] », les « libéraux » appartiennent à une catégorie plus floue. Au XIXe siècle, dans la fureur des polémiques canadiennes, le terme sert à qualifier indifféremment les membres du parti libéral, les doctrinaires de l'Institut canadien ou les Rouges, les simples adversaires des ultramontains, sans compter les catholiques libéraux qui, théoriquement, prôneraient la conciliation entre l'Église et les sociétés modernes, entre les principes catholiques et les principes révolutionnaires...[20]. Si, pour plus de clarté, nous appelons libéraux uniquement les irréductibles partisans de Joseph Doutre et de Louis-Antoine Dessaulles, une fréquentation plus assidue du groupe ultramontain nous oblige à le diviser en deux catégories: les ultramontains intran-

---

16. G. Frégault, *Le Grand Marquis, Pierre de Rigaud de Vaudreuil et la Louisiane,* Montréal, Fides, 1952, p. 46.

17. Yvon Thériault, « Inventaire sommaire des Archives du Séminaire des Trois-Rivières » RAPQ, 42 (1961-1964), pp. 69-134.

18. Sans doute, pour l'historien, tous les documents sont *humains,* puisqu'ils nous parlent de l'homme. Nous parlons de « documents humains » au sens des psychologues; voir, par exemple, G. W. Allport, *The Use of Personal Documents in Psychological Science,* New York, Social Science Research Council, 1942, XIX, 210p.; Louis Gottschalk et *al., The Use of Personal Documents in History, Anthropology and Sociology,* New York, Social Science Research Council, 1945, XIV, 243p..

19. A. Simon, cité dans Philippe Sylvain, « Libéralisme et ultramontanisme au Canada français: affrontement idéologique et doctrinal (1840-1865) », W. L. Morton, éd., *Le Bouclier d'Achille,* Montréal, McClelland and Stewart, (1968), pp. 111-138, 220-255. Les multiples travaux du professeur Sylvain apportent un éclairage nouveau sur l'ultramontanisme canadien. Voir également Louis Chevrette, *Idéologie, traits culturels, plan de réactions, aperceptions et motivations du groupe de pression ultramontain canadien-français ca. 1870-1890,* Université Laval, thèse de maîtrise (histoire), 1970, LXVIII, 214p.; Nadia Fahmy-Eid, *L'idéologie ultramontaine au Québec (1848-1871). Composantes, manifestations et signification au niveau de l'histoire sociale de la période,* Université de Montréal, thèse de doctorat (histoire), 1974, 421p..

20. Voir René Hardy, « Libéralisme catholique et ultramontanisme au Québec: éléments de définitions », RHAF, XXV, 2 (septembre 1970), pp. 247-251.

sigeants, qui veulent plier rapidement la réalité à leurs principes, et les ultramontains modérés qui, tout en respectant les mêmes principes, acceptent des états de faits plus ou moins discordants.

D'autre part, l'ampleur du sujet — Laflèche a vécu tout près de 80 ans et, de 1865 à 1898, a été mêlé à tous les débats religieux et politico-religieux du pays — nous a incité à présenter d'abord la première partie seulement de la biographie du deuxième évêque de Trois-Rivières. Nous avons choisi d'arrêter notre récit à la fin de 1878 pour les raisons suivantes : c'est une année importante pour l'Église universelle, puisqu'elle marque la fin du règne de Pie IX, mort le 7 février 1878, et le début de l'administration de Léon XIII, élu le 20 février suivant; au Canada, Mgr George Conroy, délégué apostolique, termine sa mission et meurt à Terre-Neuve, le 4 août 1878, et son passage a permis de régler plusieurs difficultés; pour Laflèche lui-même, l'année 1878 apporte l'assurance que son diocèse ne sera pas divisé pour le moment et le voit s'affirmer sans retour le chef et le porte-parole des ultramontains. Ces événements ont suffisamment d'importance pour constituer une étape dans la vie du deuxième évêque de Trois-Rivières.

Cette période de 1818 à 1878, que nous avons retenue, nous la subdivisons en 10 phases. Tout en respectant le cadre chronologique, nous centrons notre exposé sur les problèmes les plus marquants: les années de formation, de la naissance à l'ordination sacer-dotale (1818-1844); le travail de missionnaire dans l'Ouest canadien (1844-1856); la défense du séminaire de Nicolet (1856-1861); l'administration financière du diocèse (1861-1866); le rôle de coadjuteur de l'évêque (1866-1870); le rapprochement avec Montréal (1870-1872); la première mission à Rome (1873-1874); l'offensive antilibérale (1875-1876); la menace de division du diocèse (1875-1876) et la mission de Mgr George Conroy (1877-1878). Au terme de cette première partie, celui qui s'est révélé un fidèle disciple de Pie IX et de Mgr Bourget est désormais prêt à remplacer l'évêque de Montréal à la tête des troupes ultramontaines.

Enfin, nous rappelons que les nombreuses citations ont été reproduites telles quelles, avec leur orthographe souvent fautive et ordinairement sans les émailler des « sic » qui se multiplieraient indûment et alourdiraient davantage le texte.

CHAPITRE PREMIER

Les années de formation
(1818-1844)

Pour l'honneur et l'avantage du Séminaire, il serait à souhaiter que les connaissances variées et très étendues de ce jeune Monsieur ne fussent pas si cachées.

Charles Harper

Né à Sainte-Anne-de-la-Pérade, le 4 septembre 1818[1], Louis-François Laflèche y vit pendant treize ans avant d'aller à Nicolet entreprendre ses études secondaires et théologiques. Son enfance et sa jeunesse se passent ainsi dans une ambiance paysanne et traditionaliste qui n'est pas nécessairement bucolique ou pacifique.

1 - Sainte-Anne-de-la-Pérade

Au XIXe siècle, Sainte-Anne-de-la-Pérade a déjà un long passé de progrès et de conflits. Coincée entre le Saint-Laurent et les premiers contreforts des Laurentides, elle est traversée par la paisible rivière Sainte-Anne qui, avant de se jeter dans le fleuve, enserre les îles des Pins, Sainte-Marguerite et Saint-Ignace. Champlain, le premier, en 1603, les avait trouvées « fort plaisantes à voir, les terres estans pleines d'arbres qui ressemblent à des noyers, en ont la mesme odeur[2] ». En 1609, il parle de la rivière qui est « fort agréable[3] ». Par après, tous les voyageurs vantent la beauté du paysage de Sainte-Anne et la paroisse devient, aux yeux du *Journal des Trois-Rivières*, « une des plus belles, une des plus riches, une des mieux situées, une des plus agréables en fait de paysages, de tout le pays[4] ». Pour n'être pas en reste, les autochtones vantent eux aussi leur localité. Jean-Baptiste-Éric Dorion écrit en 1849 :

Si j'avais à choisir une place retirée, belle par sa position, dont les habitants sont polis, hospitaliers et très tranquilles ; une campagne offrant tour à tour de

---

1. « Le quatre septembre mil huit cent dix huit par Nous soussigné prêtre curé de la paroisse de Ste Anne de la Pérade, a été baptisé Louis-François né au dit jour du légitime mariage de Louis Richer Laflèche cultivateur au dit lieu et de Marie-Anne Joubin : les parrain et marraine ont été Michel Bureau et Marie Adelaïde Hamelin qui ont signé. (signatures) Marie Adelaïde Hamelin, Mi Buro, Th. Morin, ptre » (APSAP, *Registre no 9*, p. 168).
2. C.-H. Laverdière, éd., *Oeuvres de Champlain publiées sous le patronage de l'université Laval*, 2e éd., Québec, Impr. au séminaire par G.-E. Desbarats, 1870, II, p. 29.
3. *Ibid.*, II, p. 180.
4. *Le Journal des Trois-Rivières*, 27 août 1869, p. 2.

beaux chemins pour la voiture, de l'eau partout pour monter en nacelle, de la chasse et de la pêche tant et plus, je choisirais, à coup sûr, Ste. Anne de la Pérade[5].

Et l'abbé Louis-S. Rheault ajoute, en 1895, que « ses îles, ses ponts, ses canaux, ses rues ombreuses, lui ont valu le surnom de « Venise Canadienne[6] ».

Si la douceur du paysage peut laisser croire à une vie paisible, force est de reconnaître que l'histoire de Sainte-Anne-de-la-Pérade est souvent tissée de rivalités et de dissensions.

L'agriculture s'implante lentement, car les premiers seigneurs et colons sont davantage attirés par le commerce des fourrures et de l'alcool; comme le souligne Raymond Douville,

> Michel Gamelain, Nicolas Gastineau, Nicolas Crevier, Jean Lemoyne continuaient la traite des fourrures et de l'eau de vie, et leurs employés remontaient constamment le cours des rivières Saint-Maurice, Batiscan et Sainte-Anne, ce qui procurait aux traitants de nombreux avantages: proximité des lieux, facilités de transport, sans compter que les colons pouvaient accomplir leurs voyages de traite sans négliger entièrement le défrichement de leurs concessions[7].

Les autorités coloniales s'inquiètent longtemps de cette situation qui, trop souvent, conduit aux abus et désordres «tant par la division des principaux officiers de la justice qu'autres qu'au subject des boissons et de la malice de plusieurs habitants[8] ».

Mais le sol étant «passablement fertile»et pouvant donner«abondamment du grain de tout espèce, et la plupart des autres productions générales[9] », des colons trouvent enfin leur compte dans la culture. Le défrichement commence réellement avec l'arrivée des nouveaux seigneurs, Edmond de Suève et Thomas de Lanouguère. En moins de quatre ans, une trentaine de concessions sont accordées, presque toutes sur la rive gauche de la rivière [10]; en 1681, la population totale est de 90[11]. À partir de ce moment et pendant tout le régime français, la paroisse de Sainte-Anne, érigée canoniquement en 1714, progresse régulièrement, à un rythme qui ressemble à celui de Trois-Rivières; en 1760, avec une population de 600 âmes environ, Sainte-Anne dépasse légèrement la « ville » voisine[12].

Dans la première partie du XIXe siècle, Sainte-Anne-de-la-Pérade est encore une paroisse essentiellement agricole, mais le village commence à prendre de l'importance. En 1815, Joseph Bouchette le décrit ainsi:

> À l'Est de la Rivière Ste-Anne, et près du St-Laurent, est le village de Ste-Anne, qui contient environ trente maisons, une belle église, un presbytère, et une chapelle; il y a aussi quelques boutiques, une auberge avec de bons logements où les diligences arrêtent, et une poste aux chevaux [13].

Pendant ces années, l'industrie du bois donne un nouvel essor à la paroisse: « La coupe du bois, le sciage et le flottage, attirent des travailleurs et apportent des revenus supplémentaires », note Mgr Albert Tessier[14]. Le cabotage et la pêche se développent également[15]. La

5. *L'Avenir*, 8 sept. 1849, p. 1.
6. (Louis-S. Rheault), *Autrefois et aujourd'hui à Sainte-Anne-de la Pérade*, Trois-Rivières, E.S. de Carufel, (1895), p. 2.
7. Raymond Douville, *Les premiers Seigneurs et Colons de Sainte Anne de la Pérade, 1667-1681*, Trois-Rivières, Ed. du Bien Public, 1946, p. 35.
8. *Jugements et délibérations du Conseil souverain de la Nouvelle-France*, t. I, Québec, 1885, p. 353.
9. Joseph Bouchette, *Description Topographique de la province du Bas Canada (...)*, Londres, E. Faden, 1815, p. 324.
10. Douville, *op. cit.*, p. 44.
11. *Ibid.*, p. 88.
12. Albert Tessier, *Sainte-Anne-de-la-Pérade*, Trois-Rivières, Ed. du Bien Public, 1972, p. 15.
13. Bouchette, *op. cit.*, p. 325.
14. Tessier, *op. cit.*, p. 16.
15. *Ibid.*, p. 17. On pêche tout particulièrement la truite et le saumon.

population augmente toujours et atteint 2 436 habitants en 1832, même si le village ne compte encore qu'une quarantaine de maisons[16]. En 1871, Sainte-Anne déclare 2 860 habitants, mais le démembrement de la paroisse est commencé au profit de Saint-Stanislas et de Saint-Prosper et, surtout, Trois-Rivières est devenu un pôle d'attraction qui limite son développement[17].

Pendant ce temps, l'esprit chicanier demeure bien vivace. On le retrouve particulièrement chez les seigneurs. L'un des premiers, Thomas de Lanouguère, dès son arrivée en 1671, entre en conflit avec Nicolas Gastineau à propos de la terre de Jean Baril dont il s'empare assez cavalièrement pour y établir son domaine[18]. Les démêlés de Pierre-Thomas Tarieu de la Pérade (1667-1757) et de sa célèbre épouse, Marie-Madeleine de Verchères, avec leurs censitaires, leurs voisins, leurs curés... sont devenus légendaires[19]. Plus tard, au XIXe siècle, Charles-Louis Tarieu de Lanaudière (1743-1811) affronte le curé Joseph-Marie Morin et il a d'interminables et pittoresques querelles avec le marchand Pierre-Antoine Dorion[20].

Les principaux conflits concernent cependant les questions religieuses: refus de contribuer aux réparations de l'église ou du presbytère, querelles à propos du cimetière, élection des marguilliers, école de fabrique, etc. L'abbé Joseph-Marie Morin, qui fut curé pendant trente-sept ans, a connu presque tous les genres d'opposition. Peu après son arrivée en 1791, il dénonce quelques paroissiens aisés qui font « des nôces de deux ou trois jours, malgré les cris de la faim, et de la nudité de bien des pauvres chargés de famille, et malgré les soupirs de la nécessité des malades indigens[21] » et il vitupère avec acharnement toutes les faiblesses de ses paroissiens[22], les dénonciations qu'il fait à l'évêque prennent parfois une allure apocalyptique, surtout quand il gémit de voir « que les premiers autrefois en piété et en exemple deviennent les derniers, et vont grenoüilleer avec la balisure sortie de Québec, et refugiée dans nos cantons[23] ». Son zèle est jugé intempestif par une partie de ses fidèles qui s'en plaignent à Mgr Joseph-Octave Plessis et menacent de boycotter la réception des sacrements[24], mais la paix revient à l'occasion du carême, sauf avec sept ou huit « pécheurs irréductibles[25] ».

Le curé Morin rencontre encore plus de difficultés au temporel. De novembre 1795 jusqu'au début de 1797, la paroisse est en effervescence à cause du cimetière et le curé est obligé de faire appel à l'évêque pour calmer les esprits[26]. En novembre 1809 commence la bataille du presbytère: il faut réparer l'ancien ou en construire un nouveau en pierre; divisés, les paroissiens ne veulent rien entendre, et il faut une lettre pastorale de l'évêque et une grève

16. J. Bouchette, *A Topographical Dictionary of the Province of Lower Canada*, London, Longman, Rees, Orme. Brown, Green and Longman, 1832. Sainte-Anne compte alors trois médecins, deux notaires, cinq marchands, 25 artisans et... deux tavernes!
17. Tessier, *op. cit.*, p. 17.
18. Douville, *op. cit.*, p. 46.
19. Voir, sur le sujet, Jean Bruchési, *Évocations*, Montréal, Lumen, (1947), pp. 24-55; Pierre-Georges Roy, *La famille Tarieu de Lanaudière*, Lévis, 1922, pp. 25-60; pour nuancer leurs propos, voir André Vachon, « Marie-Madeleine Jarret de Verchères », DBC, III, pp. 331-337.
20. Rheault, *op. cit.*, p. 67.
21. J.-M. Morin à l'évêque de Québec, sans date (1794?), AETR, *Sainte-Anne-de-la-Pérade*, I, B-6.
22. Il semble particulièrement frappé par les modes indécentes: « rien au monde ne me choque tant, et je ne puis vous exprimer combien je souffre à la vue de ces gibiers sottement habillés (elles sont les seules que j'aye) je voudrais réellement ne pas avoir cette sensibilité » (J.-M. Morin à Mgr J.-O. Plessis, 30 mars 1792, *ibid*, I, B-1).
23. Le même au même, 14 nov. 1796, *ibid.*, I, C-9.
24. En réponse, le curé expose ses principes et sert une mercuriale à son évêque (le même au même, 2 mars 1797, *ibid.*, I, D-1).
25. Le même au même, 11 mai 1797, *ibid.*, I, D-2.
26. Le même au même, sans date 1797, *ibid.* I, C-10.

du curé, — il se réfugie à Grondines, — pour les convaincre d'achever la construction nouvelle en 1813[27]. Inutile de noter qu'à chaque fois l'abbé Morin est au centre du conflit ; il ne faut donc pas s'étonner que le seigneur Charles-Louis Tarieu de Lanaudière demande, en 1806, de délivrer la paroisse « d'un homme qui l'a perdu par son ignorance et cela ne peut-être autrement avec un génie aussi rétréci[28] ». Cependant, même s'il a mauvais caractère et manoeuvre parfois assez mal, le curé Morin n'est pas seul responsable, car les querelles se poursuivent inlassablement avec ses successeurs, particulièrement les abbés Joseph Moll (1822-1828) et Marc Chauvin (1828-1840)[29]. Les chicanes de toutes sortes font donc partie de l'univers mental des habitants de Sainte-Anne-de-la-Pérade[30].

2- La famille Richer-Laflèche

Les ancêtres de Louis-François Laflèche s'insèrent bien dans ce contexte social. Le premier, Pierre Richer, quitte Laflèche en 1665 pour s'installer près de Québec ; en 1671, il se marie à Dorothée Brassard et part pour Batiscan ; le 31 mai 1688, il achète de René Daudelin une terre de quarante arpents de profondeur par quatre de largeur, située dans la seigneurie de Sainte-Anne au lieu nommé le Marigot ; c'est cette terre que se légueront de père en fils ses descendants directs[31].

Comme leur aïeul Pierre qui avait eu dix enfants, les Richer-Laflèche sont prolifiques. L'arrière-grand-père de Louis-François a une famille de neuf enfants, son grand-père Modeste, de dix enfants, et son père Louis-Modeste, de sept. Presque tous sont cultivateurs, et ce n'est que par exception que nous rencontrons des marchands, des navigateurs et quelques voyageurs aux Pays d'En-Haut.

Vivant pour la plupart à Sainte-Anne-de-la-Pérade, ils prennent une part importante aux activités de la paroisse. Pierre fut élu marguillier en 1714 et plusieurs de ses descendants connurent cet honneur recherché, dont Louis-Modeste, père de Louis-François. Plusieurs Richer-Laflèche furent maires de la municipalité, dont François-Augustin, frère de Louis-François, qui fut le premier titulaire de 1855 à 1860. On rencontre régulièrement des Richer-Laflèche dans les débats qui secouent la paroisse ; si la plupart d'entre eux se rangent régulièrement du côté de l'autorité religieuse, Modeste Richer-Laflèche, le grand-père du futur évêque, se révèle un contestataire entêté.

Maître chantre de 1770 à 1834, il en vient à se considérer indispensable et inamovible ; il profite de l'inexpérience du jeune curé Claude Gauvreau pour exiger un tarif plus élevé (4# au lieu de 30 sols) et la préférence à tout autre chantre pour les grand-messes et les services[32] ; quelques années plus tard, il fait entrer un clerc dans le choeur sans le consentement du curé et demande une pension annuelle payable à même l'argent de la fabrique[33]. Le curé Moll, qui veut réduire le tarif et qui fait quelque remontrance au vieux Modeste Laflèche, s'attire sa

---

27. Le même au même, 30 nov. 1809, *ibid.,* I, D-5 ; le même au même, 24 août 1813, *ibid.,* I, E-1 ; le même au même, 29 déc. 1813, *ibid.,* I, E-3.
28. C.-L. de Lanaudière à l'évêque de Québec, 21 août 1806, *ibid.,* I, D-3.
29. L'abbé Chauvin connaît ses pires difficultés à propos d'une école élémentaire construite selon les dispositions de la loi de 1829, et à propos du « bill » des notables ; parmi les adversaires du curé, nous rencontrons régulièrement Pierre-Antoine Dorion, Amable Bochet, Louis Lanouette ; les Laflèche sont ordinairement partisans de l'autorité ecclésiastique ; sur le sujet, voir (Résolution pour une école selon la loi de 1824), 9 août 1829, *ibid.,* I, H-4 ; (Acte notarié pour déclarer nulle l'assemblée du 9 août 1829), 17 août 1829, *ibid.,* I, H-6 ; Marc Chauvin à Mgr B.-C. Panet, 4 janv. 1831, *ibid.,* I, H-8 ; le même au même, 9 déc. 1831, *ibid.,* I, J-1.
30. Le cas de Sainte-Anne-de-la-Pérade n'est pas unique, mais il nous semble exemplaire de l'esprit chicanier de nos ancêtres.
31. F.-L. Desaulniers, *La généalogie des familles Richer de La Flèche et Hamelin Avec notes historiques sur Sainte-Anne-de-la-Pérade, les Grondines, etc.,* Montréal, Pigeon, 1909, p. 3s.
32. Joseph Moll à Mgr Plessis, 25 mars 1823, AETR, *Sainte-Anne-de-la-Pérade,* I, F-7.
33. Le même au même, 7 juin 1823, *ibid.,* I, F-8.

colère et sa vengeance. Le maître chantre convainc ses collègues de quitter le choeur de chant; le curé ne réussit à retenir que deux chantres qui, avec sept ou huit volontaires, « font les choses d'une manière passable, quoique ce ne soit pas tout à fait aussi bien que le vieux Modeste ». L'abbé Moll fait au jour de l'an une visite « au chef de la révolte », il lui écrit « bien affectueusement pour l'inviter à reprendre sa place au choeur », mais c'est peine perdue, puisque Modeste lui répond « par des sottises et avec un ton de hauteur dont il a été indigné[34] ». Bien plus, pendant tout ce temps, le vieux Laflèche ne cesse « de se moquer du chant pendant les sts offices, tousser d'un ton à se faire remarquer, lever les épaules, faire des ris, des signes de tête à ceux de son parti, insulter les chantres au sortir de l'église, & » ; le comble est atteint quand Modeste affronte tout le choeur, « commençant son verset lorsque les chantres en avaient déjà chanté la moitié, et finissant longtemps après eux ». Le curé intervient sans succès, le seigneur Augustin Boisvert ne réussit pas mieux à imposer le silence à Laflèche et il le fait condamner par un juge de paix[35]. Il semble que seule une rencontre avec Mgr Claude Panet ait réussi à pacifier ce « vieux grogneur qui n'est pas du tout d'accommodement » et à le faire réintégrer le poste de maître chantre.

Modeste Laflèche affronte ses curés pour bien d'autres motifs que le plain-chant. En 1795, il s'élève contre l'abbé J.-M. Morin et les syndics à propos de la question du cimetière et il est accusé d'avoir soulevé les gens et insulté les syndics à la porte de l'église[36]. L'année précédente, dans un réquisitoire passionné adressé à l'évêque, le même curé l'avait dénoncé comme une forte tête : « il n'a pas balancé à critiquer avec scandale sur les prédications passées contre les bals, et assemblées, et que c'étoit une invention capricieuse de ma part, les choses étant ailleurs bien différentes » ; il le soupçonnait même d'hérésie : « il a témérairement raisonné sur quelques articles touchant le bonheur des Saints ». Il avait surtout fustigé les scandales de sa vie morale, son luxe et sa vanité d'abord :

> il n'a pas rougi dernièrement (...) de donner l'exemple de l'orgueil, et de la mondanité ; on a vu sa fille avec un chapeau d'homme, peu après, avec un estomach souflé, épinglettes & et a fait mettre la câpe de sa fille mondaine en redingote, et tout cela, pour dominer, arracher ce qu'on a semé, et planter l'Étendard des vanités jusqu'alors inconnües dans notre canton ;

mais aussi ses négligences dans la pratique religieuse : « depuis dix-huit mois, il ne s'est présenté au tribunal qu'une seule fois[37] ». En 1796, le curé Morin accuse Modeste d'avoir semé le scandale à Sainte-Anne en fêtant la Sainte-Catherine en compagnie de 20 ou 25 personnes « tant vieux que jeunes » qui ont dépensé pour le souper et le réveillon « vingt piastres, d'autres disent 80 » en boisson seulement[38].

Malgré les exagérations des deux prêtres, il faut convenir que Modeste Richer-Laflèche a un caractère difficile qui l'entraîne à se brouiller même avec son fils Pierre auquel il s'était « donné » le 17 avril 1811[39]. Mais il nous semble qu'il est souvent et vertement dénoncé parce qu'il fait preuve d'esprit d'indépendance et qu'il ose, malgré les autorités religieuses, rêver du retour des Français ; de ce point de vue, une accusation du curé Morin est très révélatrice : « il a dit, à l'occasion d'une circulaire de votre grandeur, que je ferais

---

34. Le même au même, 25 mars 1823, *ibid.*, I, F-7.
35. Le même au même, 7 juin 1823, *ibid.*, I, F-8.
36. J.-M. Morin à l'évêque de Québec, 9 nov. 1795, *ibid.*, I, B-9.
37. Le même au même, 30 oct. 1794, *ibid.*, I, B-4.
38. Le même au même, 14 nov. 1796, *ibid.*, I, C-9.
39. Joseph Moll à Mgr Plessis, 25 mars 1823, *ibid.*, I, E-7 ; *Donation de Modeste Laflèche et son Épouse à Pierre Laflèche leur fils*, 17 avril 1811, Archives judiciaires de Trois-Rivières (AJTR), *gr. Augustin Trudel*, no 3690 ; *Échanges entre Louis Laflèche et Pierre Laflèche*, 2 déc. 1816, *ibid.*, no 5048 ; F.-L. Désaulniers, *op. cit.*, p. 11s. D'après ce dernier auteur, le différend provient de la volonté de Modeste de se remarier avec Marguerite Bigué, veuve d'Alexis Rocheleau.

mieux de me taire, et que si les françois venoient en ce paÿs, je ne serois pas bien[40]». En ces temps troublés de la Révolution française et de la guerre entre la France et l'Angleterre, il n'est par surprenant qu'un tel contestataire passe pour un mécréant. Il faut se rappeler cependant qu'il a contribué à l'éducation d'un futur évêque qui, dans son très jeune âge, le suivait partout, à qui il a enseigné le plain-chant comme à son fils, Louis, devenu lui aussi un chantre renommé.

3- **Le milieu familial**

Nous ne connaissons que peu de choses de Louis-Modeste Laflèche, père de Louis-François. Né le 31 août 1780, il est le fils aîné du pittoresque Modeste[41]. Plus effacé que son père, il échappe à la vindicte des curés Morin et Moll, ce qui n'est pas le cas de sa soeur Marguerite accusée d'« aller la nuit au même bal avec un enfant de quatorze ans[42] ». Nous ne pouvons dire s'il a fréquenté l'école, mais il signe d'une façon sûre et nette qui dénote une certaine habitude de l'écriture. Voué à l'agriculture comme son père, il reçoit, le 1er février 1803, la moitié du bien ancestral, soit deux arpents de front par 40 de profondeur, qu'il échange en 1816 pour une terre que possède son frère Pierre au village[43]. Avec un sens des affaires assez marqué, il augmente son avoir par une série d'achats, mais aussi par son mariage qui lui vaut, en 1808, 1 650 livres « en avancement d'hoirie des successions futures[44] » et, en 1823, la co-propriété du fief Sainte-Marie[45]. Si bien qu'en 1839, au moment où il se « donne » à son fils François-Augustin, il possède, outre sa part du fief Sainte-Marie, dix terres ou parties de terres et des rentes sur un capital de 5 470 livres[46]. Ainsi nanti, Louis-Modeste Laflèche a pu se livrer à diverses transactions (achats, ventes ou échanges de terres ou d'animaux), faire des prêts hypothécaires, posséder pendant un certain temps une scierie sur la rivière à la Lime à Sainte-Geneviève[47] et gérer avec succès la seigneurie Sainte-Marie[48]. Il est un des cultivateurs à l'aise de Sainte-Anne-de-la-Pérade ; « notable habitant cultivateur » comme le désignent les actes notariés, « écuyer », il fait partie de la petite bourgeoisie locale[49] qui prend rang immédiatement après les notables que sont le curé, les notaires, les médecins et quelques marchands. Ce statut social lui vaut d'être élu marguillier en 1827, — il sera marguillier en charge en 1830[50], — et de devenir juge de paix[51].

---

40. J.-M. Morin à l'évêque de Québec, 30 oct. 1794, AETR, *Sainte-Anne-de-la-Pérade*, I, B-4.
41. APSAP, *Registre no 6*, 31 août 1780.
42. J.-M. Morin à l'évêque de Québec, sans date (1794?), AETR, *Sainte-Anne-de-la-Pérade*, I, B-6.
43. *Échange entre Louis Laflèche et Pierre Laflèche*, 2 déc. 1816, AJTR, *gr. Augustin Trudel*, no 5048. Louis reçoit également un lopin de terre dans l'île Saint-Ignace et un autre, partagé avec son frère Joachim, dans l'île à Brouillet.
44. *Quittance de Louis Richer-Laflèche aux noms qu'il agit à Augn Joubin dit Boisvert*, 6 avril 1808, *ibid.*, no 2964.
45. *Donation d'Augn Joubin Boisvert à Ls Richer Laflèche et René Cadot et leurs Épouses Ses gendres et filles*, 21 oct. 1823, *ibid.*, no 6262.
46. *Donation entre vifs de Louis Modeste Richer Laflèche Écuyer et son Épouse au Sieur François Augustin surnommé François Xavier Richer Laflèche leur fils*, 25 avril 1839, *ibid.*, no 7105.
47. *Marché de billots entre Antoine Joubin-Boisvert et Bélarmin Massicotte, et Louis Richer Laflèche*, 4 déc. 1828, AJTR, *gr. Louis Dury*, no 220.
48. Nous trouvons la preuve de ces diverses transactions aux archives judiciaires de Trois-Rivières dans les greffes des notaires Augustin Trudel, Louis Dury, Joseph-Casimir Dury et Louis Guillet. À noter que le coseigneur René Cadot est illettré.
49. Bien d'autres indices confirment ce statut social: Louis-Modeste Laflèche occupe une place de choix dans l'église et paie une rente de 48 livres, ce qui est beaucoup plus que la moyenne de 35# (APSAP, *Cahier des délibérations de la fabrique*, p. 114); ses habitudes alimentaires sont plus raffinées que celles de son père et d'autres familles de Sainte-Anne si l'on en juge par les victuailles exigées au moment de la donation entre vifs (pour Modeste, AJTR, *gr. Augustin Trudel*, no 3690; pour Louis-Modeste, *ibid.*, no 7105; pour Joseph Tessier, ASTR, F 4 A 49; pour Louis Perreault, ASTR, F 4 A 26).
50. APSAP, *Cahier des délibérations de la fabrique*, p. 62.
51. Il est juge de paix en 1839.

Le 3 février 1807, Louis-Modeste Laflèche avait épousé Marie-Anne Joubin-Boisvert, fille d'Augustin, bourgeois de la compagnie du Nord-Ouest et seigneur du fief Sainte-Marie, et de Marie-Anne Gastineau. La mère de celle-ci était une Indienne que le troisième seigneur de Sainte-Marie, Louis-Joseph Gastineau, avait connue lors d'un séjour dans l'Ouest; arrivée à Sainte-Anne à l'âge de cinq ans, Marie-Anne Gastineau avait été baptisée le 18 juin 1753, puis avait été éduquée chez les ursulines de Trois-Rivières. Mariée à Augustin Joubin-Boisvert, en 1774, cette métisse semble avoir mené une existence effacée, passant ses journées dans la prière et la lecture des vies de saints[52]. « Tranquille, solitaire[53] », elle avait gardé la nostalgie des plaines lointaines. Marie-Anne Boisvert avait, elle aussi, reçu son éducation chez les ursulines de Trois-Rivières qui l'avaient préparée essentiellement à son rôle de mère de famille. Elle le jouera d'ailleurs avec dignité. Louis-François, qui a parlé quelquefois de sa mère, la décrit tendre et énergique à la fois, toute vouée à l'éducation de ses enfants; il répétera souvent qu'il devait sa vocation à sa piété éclairée[54]. Nous ne possédons malheureusement pas de documents pour nuancer ce tableau idyllique.

Louis-Modeste Laflèche et Marie-Anne Joubin-Boisvert donnent naissance à sept enfants, donc cinq survivent, deux filles et trois garçons. Ce sont, dans l'ordre: Éléonore (1808-1871), mariée à Uldéric Lanouette; Louis-Augustin (9-15 nov. 1810); Pierre-Édouard (1812-1836); François-Augustin (1815-1875); Marie-Anne (1816-1885), mariée à Antoine Charest; Louis-François (1818-1898) et Michel-Archange (1820-1821). Pierre-Édouard étant mort aux États-Unis en 1836, c'est François-Augustin qui hérite des biens et qui assure la continuité de la famille; c'est à lui que les époux Laflèche se « donnent » en avril 1839.

Si l'on en croit les rares confidences qui nous sont parvenues, l'atmosphère est sereine au foyer des Laflèche. Le père semble effacé; vertueuse et active, la mère conduit la maisonnée avec maîtrise. L'éducation qu'elle donne est sévère et les devoirs religieux y tiennent une place de choix; on peut même y déceler une certaine rigidité. Elle est accentuée, à partir de 1823, par l'arrivée de l'instituteur Craig Morris qui pensionne chez les Laflèche et qui exige des enfants un maintien impeccable à la table[55]! Par contre, la présence du vieux Modeste qui est voisin de la famille Laflèche et qui est très lié avec les enfants, surtout Louis-François, permet d'alléger la discipline familiale[56].

Seuls les événements extérieurs semblent troubler la quiétude de la famille Laflèche. Située tout près de l'église, leur maison reçoit régulièrement l'écho des drames paroissiaux: dans les années 1820, l'épouvante semée par une bande de malfaiteurs qui se spécialisent dans le vol des coffres-forts de fabriques; le début d'incendie de l'église le dimanche 12 mai 1826; la mort tragique du curé Gauvreau en 1822; surtout les incessantes querelles qui divisent les paroissiens. Ces événements prennent un relief particulier quand Louis Laflèche est d'un camp opposé à celui du marchand Pierre-Antoine Dorion, son voisin. C'est le cas dans le conflit scolaire de 1829-31. Laflèche est deuxième marguillier quand, le 5 avril 1829, la fabrique cède un terrain aux syndics Joseph-Casimir Dury, notaire, Pierre-Antoine Dorion, marchand, Amable Bochet, arpenteur, Antoine Charest et Louis Lanouette, cultivateurs, tous « légalement Élus pour la régie, le Gouvernement et l'administration d'une École Élémentaire en cette paroisse[57] ». Quand, sur les conseils de Mgr Panet, une assemblée de

---

52. Rheault, op. cit., p. 16.
53. Loc. cit. Deux de ses enfants semblent avoir souffert de cette atmosphère spéciale: Joseph qui est déclaré « absent de cette Province comme fugitif depuis environ vingt ans » en 1823 (AJTR, gr. Augustin Trudel, no 6262; Marguerite que certains documents paraissent nous présenter comme assez peu pourvue (ibid., no 6261).
54. Rheault, op. cit., p. 166.
55. Savaète, Voix canadiennes Vers l'Abîme, t.x, pp. 20-24.
56. La part de Modeste dans l'éducation de Louis-François Laflèche nous paraît importante; elle rejoint ce que décrit Pierre-Jakez Hélias, Le cheval d'orgueil, Mémoires d'un Breton du pays bigouden, Paris, Plon, (1975), p. 69.
57. Requête, 5 avril 1829, AETR, Sainte-Anne-de-la-Pérade, I, H-3.

fabrique décide de construire l'école selon la loi de 1824 (école de fabrique) plutôt que d'après celle de 1829 (école de syndics), les deux voisins s'affrontent, Dorion faisant annuler la décision et ordonnant de construire l'école et d'engager un maître et une maîtresse, et Laflèche appuyant le curé qui refuse de bénir les nouveaux locaux et d'accepter le poste de syndic[58]. La même chose se produit au moment des élections civiles où P.-A. Dorion, député patriote (1830-1838), ne se gagne pas la sympathie du modéré Laflèche. Il serait intéressant de savoir comment ces divergences d'opinions se répercutent dans les relations de Louis-François avec les fils du marchand Dorion, Antoine-Aimé et Jean-Baptiste-Éric.

Cadet de la famille depuis la mort de Michel-Archange en 1821, Louis-François se souvient de tous ces événements et il les racontera souvent à ses familiers de l'évêché de Trois-Rivières. Il y fait toujours figurer sa mère, dont il vante la gravité et qu'il remercie de lui avoir donné les premiers rudiments de la connaissance et une éducation plus poussée que celle de la moyenne des gens de son entourage. À cinq ans, en effet, il fréquente l'école de l'instituteur Craig Morris, plus amateur de férule que de grammaire. Enjoué et pétulant de vie, le jeune Laflèche s'attire dès la première journée « un fameux soufflet » et, souventes fois après, la menace de coups de verge. Si bien qu'un vieillard de ses amis s'offre pour les recevoir à la place[59]! Sans doute s'assagit-il avec l'âge, car l'ancien curé Morin, retiré du ministère actif, le choisit avec quelques autres — par exemple, Zéphirin et Amable Charest, François Ricard, — pour lui enseigner le latin et le mieux préparer à son entrée au collège de Nicolet.

4- Les études à Nicolet

Le 12 octobre 1831, Louis-François Laflèche devient pensionnaire au collège de Nicolet ; il le demeurera jusqu'en 1838 comme élève du cours classique et, de 1838 à 1844, comme étudiant en théologie et professeur.

À peine plus considérable que celui de Sainte-Anne-de-la-Pérade[61], le village de Nicolet lui ressemble beaucoup: majoritairement agricole, il est bâti sur le bord de la rivière Nicolet et traversé par une route importante, et ses maisons se regroupent autour d'une église agréable[62]. Cependant, un édifice domine l'ensemble: le collège.

Le Collège-Séminaire de Nicolet est à ce moment une belle grande maison du XVIIIe siècle français. Un corps de logis principal avec deux courtes ailes en retour forme le programme de cet édifice classique, avec cour en avant et jardin en arrière. À trois étages, aux fenêtres rectangulaires à crossettes, au toit à rampants, le corps central est marqué en son milieu par un léger décrochement, couronné d'un fronton triangulaire. (...) Architecture classique, où tout est proportion, aisance harmonieuse de l'ensemble, sans ornement de surcharge. Le chef-d'oeuvre de notre architecture conventuelle, a-t-on écrit avec justesse[63].

En octobre 1831, sa construction n'est pas encore achevée; il n'y a alors de logeables que les pièces du premier étage et, au second, la salle d'étude et un dortoir. Les travaux se poursuivront pendant plusieurs années et les étudiants devront s'habituer aux bruits et aux déménagements[64].

---

58. Les syndics à Mgr B.-C. Panet, 29 nov. 1829, *ibid.,* I, H-7 ; Marc Chauvin à Mgr Panet, 4 janv. 1831, *ibid.,* I, H-8.
59. Rheault, *op. cit.,* p. 120s.
60. Savaète, *op. cit.,* p. 27s.
61. En 1832, il y a 90 maisons dans le village de Nicolet et 40 dans celui de Sainte-Anne (Joseph Bouchette, *A Topographical Dictionary of the Province of Lower Canada).*
62. J. Bouchette, *Description Topographique de la province du Bas Canada...,* p. 342s. Entre les deux pages se trouve une très belle vue du village de Nicolet.
63. Claude Galarneau, *Edmond de Nevers essayiste,* Québec, Presses universitaires Laval, 1959, p. 14. Le jugement est de Gérard Morisset, *L'Architecture en Nouvelle-France,* Québec, 1949, p. 72.
64. J.-A.-I. Douville, *Histoire du collège-séminaire de Nicolet,* t.I: 1803-1860, Montréal, Beauchemin, 1903, pp. 181-192.

Les premiers à utiliser ces nouveaux locaux, les élèves de 1831, profitent également de progrès dans l'organisation des études. Le personnel de direction du collège est beaucoup plus stable qu'au début de l'institution; en 1831, l'abbé J.-O. Leprohon est directeur depuis 1816 et le demeurera jusqu'en 1841; l'abbé Charles Harper sera économe, puis procureur, professeur et supérieur de 1828 à 1855; il y a même un professeur spécialisé en sciences depuis 1830. Mieux encadrés, ecclésiastiques et élèves s'adonnent avec plus d'ardeur à l'étude et la qualité de l'enseignement s'améliore au point que l'historien du collège peut parler d'« une des périodes les plus glorieuses, les mieux remplies de beaux souvenirs[65] ».

En 1831, le collège de Nicolet reçoit 83 pensionnaires et 74 externes. Jusqu'en 1838, le nombre des externes n'augmentera guère, le sommet étant atteint avec 89. Les pensionnaires sont de plus en plus nombreux, atteignant le nombre de 110 en 1836. Mais en 1838, les pensionnaires, de même que les externes, ne sont plus que 78; ultérieurement, les inscriptions se stabiliseront autour de 70 pour les pensionnaires et de 37 pour les externes[66]. Laflèche entre donc dans une communauté peu nombreuse où tous se connaissent et où se tissent facilement des liens d'amitié et de respect entre jeunes gens de même niveau ou de promotion différente.

Le groupe des nouveaux arrivants de 1831 comprend 30 élèves, dont quatre sont de Nicolet, cinq de Québec, trois de Trois-Rivières, deux de Montréal et deux de Sainte-Anne-de-la-Pérade. Si l'on excepte Charles Burke qui vient terminer son cours à Nicolet, la plupart ont de 12 à 14 ans, le plus âgé ayant 17 ans et le plus jeune 10 ans; à 13 ans, Laflèche se situe dans la moyenne. Plusieurs d'entre eux ne feront qu'un bref séjour au collège, trois quittant dès 1831, neuf en 1832 et trois en 1833. Parmi ceux qui termineront leurs études à Nicolet, nous pouvons signaler: Louis-Eusèbe Beaulieu, de Nicolet, qui deviendra notaire et cultivateur; Thomas Caron, de Rivière-du-Loup, prêtre et supérieur à Nicolet; Majorique Rousseau, de Saint-Henri-de-Lauzon, médecin; Olivier Trudel, de Sainte-Geneviève-de-Batiscan, notaire et commerçant. En tout, sept deviendront prêtres. De 1831 à 1838, Laflèche côtoie aussi plusieurs futurs notables parmi lesquels Joseph-Guillaume Barthe (1827-37), avocat et journaliste; les frères Dorion: Antoine-Aimé (1830-37), avocat et chef politique libéral, Pierre-Nérée (1830-37), arpenteur, Joseph-Hercule (1833-39), prêtre, Louis-Eugène (1833-39), négociant; Hyacinthe Bellerose (1833-37), député et sénateur; Thomas-Jean-Jacques Loranger (1834-41), avocat et juge; Georges Bourgeois (1835-39), médecin; Télesphore Fournier (1835-42), avocat et juge; Léon Provancher (1834-40), prêtre et botaniste; Charles Boucher de Niverville (1837-44), avocat et député; Antoine Gérin-Lajoie (1837-44), écrivain. Sans compter un grand nombre de futurs prêtres, dont Charles Chiniquy, d'instituteurs et d'agriculteurs, qui forment la grande famille des anciens de Nicolet[67].

La vie que mène Laflèche à Nicolet est assez semblable à celle de tous les collèges classiques de l'époque. Il quitte Sainte-Anne vers la fin de septembre pour n'y revenir que vers la mi-août, car le règlement est formel: « Aucun Pensionnaire ne pourra aller, dans le cours de l'année, chez ses parents ou ailleurs, sous quelque prétexte que ce soit, sinon pour cause certaine de maladie, ou pour quelque affaire importante au jugement du Monsieur qui préside au Pensionnat[68] ». Au séminaire, il vit dans un monde fermé, bien protégé des dangers ex-

---

65. *Ibid.*, I, p. 101.
66. Claude Lessard, *L'Histoire de l'éducation au Séminaire de Nicolet, 1803-1863*, Université Laval, thèse (DES), 1963, p. 10.
67. Nous basons nos remarques sur la liste des élèves du séminaire de Nicolet depuis son ouverture en 1803, dressée par Mgr J.-A.-I. Douville et publiée dans son *Histoire du collège-séminaire de Nicolet*, t. II: *1861-1903*, Montréal, Beauchemin, 1903, p. 127ss.
68. *Règlement donné aux écoliers de Nicolet par Monseigneur l'évêque de Québec*, 1er juin 1842, chap. I, art. 3, no 2, Archives du séminaire de Nicolet (ASN), *Séminaire*, I, 37 bis. Ce règlement rappelle, à quelques nuances près, celui de Mgr Pierre Denaut du 3 janvier 1804.

térieurs, surtout des contacts des «personnes du sexe[69]»; il n'en sort que pour des promenades en groupes bien réglementées[70] ou pour assurer le service liturgique à la paroisse de Nicolet[71]. Un règlement strict et détaillé[72] détermine très minutieusement l'ordonnance de la journée et de la semaine. Du lever (5h ou 5h30) au coucher (vers 20h30), l'élève passe quatre heures en classe et environ quatre et demie à l'étude, et il consacre une heure et demie aux exercices de piété; le reste du temps est prévu pour les repas (7h, 11h30 et 18h30) et la récréation (à peu près deux heures et demie). Le dimanche est davantage centré sur les actes religieux (messes, office de la Sainte Vierge, vêpres, catéchisme). Il y a un après-midi de congé par semaine, de la rentrée à Pâques, et une journée entière, de Pâques aux vacances, plus un très petit nombre de congés spéciaux. Tout le long de la journée et partout, les élèves sont accompagnés de régents qui assurent avec sévérité la discipline et le silence requis et qui renvoient au directeur les cas les plus graves; il faut noter cependant que, pendant le séjour de Laflèche, nous sommes aux dernières années de directorat de l'abbé Leprohon, qui semble avoir accepté un certain relâchement de la discipline, mais nous ne saurions dire dans quelle mesure[73]. Sauf le directeur, les surveillants sont des ecclésiastiques qui sont à peine plus âgés que les élèves qu'ils dirigent. Pendant son cours, Laflèche a été sous la férule des abbés Antoine Langevin (1831-33), Isidore Doucet (1833-34), Louis-Alexis Bourret (1834-35), Frédéric Caron (1834-35), Jean-Louis Alain (1835-36), Paul Pouliot (1835-36), Joseph-Arsène Mayrand (1836-37), Jean-Noël Guertin (1837-38) et Augustin Milette (1837-38)[74].

Le règlement garde son air d'austérité même pour les périodes de récréation; il faut éviter, dit-il, les jeux violents qui pourraient nuire à la santé ou endommager les vêtements et il est interdit de s'adonner à des jeux non approuvés[75] et « de faire bande à part avec les mêmes (compagnons) et dédaignant les autres[76]». Nous ne connaissons guère d'autres jeux approuvés que le patinage, le billard et surtout l'horticulture! L'abbé Leprohon avait, en effet, poussé ses étudiants à cultiver des fleurs pour l'autel, mais «il fit tant et si bien qu'il obtint aux écoliers d'abord un petit jardin, puis dans ce jardin, un petit parterre à chacun, puis, enfin, des prix annuels aux plus dévoués, aux plus constants, aux plus laborieux[77]». Léon Provancher obtint presque toujours le premier prix pendant ses études, [78]. Laflèche

---

69. Aucune présence féminine n'est permise dans la maison: «Ayez surtout soin que nulle personne de l'autre sexe n'ait accès dans le séminaire, à moins d'une grande nécessité, auquel cas elle ne pourra être admise que dans votre chambre ou dans celle de l'économe sans qu'elle puisse visiter les autres appartements de la maison, lorsque la communauté y sera» (Mgr Plessis, 1813, ASN, Séminaire, I, 39).

70. «On prendra garde, dans le cours de la promenade, à ne point se séparer des autres, à ne point crier ni siffler le long du chemin, à ne point parler aux personnes du dehors sans permission, à ne point attaquer les passants ou leur dire rien de désobligeant, à ne point arrêter pour voir quelque tumulte public, à ne point couper des bois, prendre des fruits ou faire aucun dégât» (Règlement donné aux écoliers de Nicolet..., 1er juin 1842, art. 3, no 5, ASN, Séminaire, I, 37 bis).

71. Les élèves font office de servants de messe, de sacristains et de chantres; ils vont à l'église en groupe et doivent rester loin des jeunes filles (Jean Raimbault à l'évêque de Québec, 1832, ASN, Séminaire, III, 48).

72. Pour la période qui nous concerne, il existe deux versions très semblables du règlement: Règlement donné aux Écoliers de Nicolet par Monseigneur l'Évêque de Québec, 3 janv. 1804, ASN, Séminaire, I, 37, et 1er juin 1842, ASN, Séminaire, I, 37 bis. Nous citons le deuxième qui traduit mieux la réalité des années 1830.

73. Lessard, op. cit., p. 52.

74. Douville, op. cit., pp. 24*—32*.

75. Les jeux non approuvés sont «sauter à des hauteurs ou à des distances démesurées; de chercher à prouver leurs forces en levant des fardeaux pesants; en colletant ou en faisant des exercices de corps capables de leur occasionner des maladies ou des infirmités, dont la cause serait regardée par les parents comme un manque de vigilance et de soin de la part de ceux à qui ils ont confié leurs enfants» (Règlement de MM. les Ecclésiastiques employés au Séminaire de Nicolet, 1er juin 1842, chap. I, art. 12, ASN, Séminaire, I, 41 bis).

76. Règlement donné aux Écoliers de Nicolet... 1er juin 1842, chap I, art. 1, nos 12 et 13, ASN, Séminaire, 1, 37 bis.

77. L.-Ed. Bois, M. l'abbé J.-O. Leprohon, Québec, Augustin Côté et Cie, 1869, p. 46s.

78. U.-A. Huard, La Vie et l'Oeuvre de l'abbé Provancher, Québec, Garneau, 1926, p. 15s.

manifeste-t-il le même enthousiasme pour l'horticulture? Il semble davantage attiré par le bricolage qu'encourage aussi l'abbé Leprohon. Vers 1836, il enjolive le « jardin des écoliers » en y construisant une pyramide en treillis et des colonnes surmontées d'un globe; maître d'oeuvre, il accepte la collaboration d'Augustin Milette et de quelques élèves[79].

À Nicolet, le régime des études est en tous points semblable à celui du séminaire de Québec et du collège de Montréal, ses aînés, eux-mêmes tributaires de la *Ratio Studiorum* et des collèges jésuites de France[80]. Tout est centré sur l'enseignement des langues (français, anglais, latin, grec), de la philosophie et d'un peu de sciences (mathématiques, physique). À certaines époques, on ajoute au programme l'histoire, la géographie, le dessin, la musique et l'architecture. La méthode d'enseignement est empruntée aux humanistes. Le curriculum s'étend sur huit ans, même si la plupart des étudiants le franchissent en sept ans et certains en six.

Depuis sa fondation, le collège de Nicolet s'efforce de donner à ses élèves un cours complet et cohérent. Mais il est fortement désavantagé par le manque de ressources, surtout la pénurie de professeurs et de manuels. Maison religieuse dépendant de l'évêque de Québec, le collège ne peut compter que sur quelques prêtres, et encore seulement après que les besoins du ministère paroissial et des autres collèges ont été comblés; l'abbé Charles Harper, économe, s'en plaint en 1844 : « Quelque bons que soient les professeurs qui nous viennent d'ailleurs, il est clair que les établissements qui nous les procurent ont eu le premier choix; et nous, ce sont nos meilleurs que nous perdons, de sorte que tout va déclinant[81] ». À ces prêtres peu nombreux, — un seul jusqu'en 1828, deux ou trois dans les années 1830, — sont confiées les tâches de directeur, d'économe et de professeur de philosophie; l'enseignement est laissé à des ecclésiastiques inexpérimentés. Ce manque de personnel n'est même pas compensé par l'utilisation de manuels adéquats. Jusqu'en 1840, les autorités se plaignent régulièrement d'une pénurie de livres dans à peu près toutes les matières;

> le professeur donne son cours avec le livre qui lui a servi alors qu'il était étudiant. Comme il manque de volumes, certains élèves se servent de manuels d'un auteur différent ou le plus souvent ils n'en ont pas du tout. Ils écrivent alors le cours donné par le professeur. Il n'est pas rare que le professeur n'ait pas de volumes et qu'il donne son cours suivant ses notes manuscrites d'étudiant[82].

Laflèche arrive au collège au moment où d'immenses efforts sont faits pour corriger cette situation déplorable. Si, dans les premières années, il connaît le système ancien, étudiant sous la direction des professeurs « provisoires » Joseph Reaux (éléments), Isidore Doucet (syntaxe) et Peter-Henry Larkin (méthode et belles-lettres), il a la chance de rencontrer en cours de route des éducateurs plus stables: Thomas-Benjamin Pelletier, ancien notaire et polémiste éloquent; Charles Burke, professeur d'anglais et de grec; et surtout François Lesieur-Desaulniers, qui commence en 1834-35 sa longue carrière de professeur de philosophie et de sciences. Ce dernier l'a fortement marqué, car, déjà amateur de mathématiques et de sciences, Laflèche a beaucoup apprécié l'enseignement enthousiaste du jeune professeur et il s'est longtemps souvenu des connaissances scientifiques acquises au collège[83]; on peut dire la même chose de la philosophie qu'il étudie, sous sa direction, dans les

---

79. Douville, *op. cit.*, I, p. 301.
80. Lessard, *op. cit.*, pp. 65-84.
81. Chs Harper à Mgr Signaÿ, 6 sept. 1844, cité dans Douville, *op. cit.*, I, p. 311.
82. Lessard, *op. cit.*, p. 145.
83. Il s'en servira beaucoup lors de son séjour dans l'Ouest. Nous avons retrouvé, aux archives du séminaire de Nicolet, le texte manuscrit du cours de physique donné par Desaulniers en 1836-37 (François Desaulniers, *Traité Élémentaire de Physique*, 1837, sans pagination); Laflèche est un des 17 élèves à suivre le cours cette année-là.

Institutiones philosophicae de l'abbé Jérôme Demers. Pendant ces années, même l'équipement scolaire s'est amélioré, l'abbé Jean Holmes, de Québec, ayant été chargé d'acheter en Europe des instruments de physique et des livres[84].

Dans quelle mesure Laflèche sait-il profiter de ce renouveau pédagogique? Est-il un élève suffisamment éveillé pour tirer parti des améliorations nombreuses au régime d'enseignement? Les documents, rares et discrets, ne nous permettent pas d'avancer une réponse certaine, mais nous poussent à risquer quelques indications. Après avoir été plutôt médiocre pendant les deux premières années, Laflèche se révèle brusquement, en 1833-34, où il décroche le deuxième prix d'excellence, le premier prix de thème latin et le deuxième de version latine[85]; la même année, il conserve une moyenne globale de A, avec quelques A[+] pour certains examens[86]. Désormais, il ne le cède qu'à l'éternel premier, Thomas Caron, quant aux prix[87], et ses notes de classe varient assez peu: en belles-lettres (1834-35), huit A[+], dix-huit A, un B[+], et deux B[88]; en rhétorique (1835-36), sept A[+], dix-huit A et un B[89]; nous n'avons aucun renseignement pour l'année 1836-37 où il étudie les sciences physiques et mathématiques avec grand succès puisqu'il obtient le premier prix de physique et un accessit en mathématiques; enfin, en philosophie II (1837-38), il totalise neuf A en logique, dix A et deux B en métaphysique, neuf A et un B en morale[90]. Ces derniers succès sont suffisants pour lui obtenir le privilège d'être choisi pour « passer sur le théâtre » en vue de l'examen public de philosophie[91]. On peut donc le considérer comme un élève brillant.

Ses maîtres le reconnaissent comme tel en lui permettant de participer à des activités spéciales. La principale est la lecture de livres d'histoire. Si tous les étudiants peuvent « profiter » des lectures faites en public, — par exemple, l'*Histoire du Bas-Empire* aux repas, l'*Histoire des Juifs* et la *Vie des Pères* au dortoir, — un petit groupe peut obtenir le privilège de faire des lectures en histoire pendant une demi-heure (de six à six heures et demie) les lundis, mercredis et vendredis; ce sont les rhétoriciens « et cinq autres des plus raisonnables[92] ». L'abbé Leprohon fait lui-même la location des volumes de la bibliothèque. Les quelques cahiers d'emprunts tenus par le directeur nous prouvent que Laflèche fait partie des « raisonnables »; les rares volumes qu'il emprunte à la bibliothèque sont presque tous des livres d'histoire. Ainsi, en 1833-34, une histoire d'Angleterre en trois volumes et un Bourdaloue en deux volumes[93]; en 1835-36, une histoire de France en trois volumes, une histoire ancienne en quatre volumes et l'*Évangile médité* en huit volumes[94]. Ces renseignements fragmentaires laissent supposer que, si l'histoire ancienne et européenne tient une bonne

84. Douville, *op. cit.*, I, pp. 230-236.
85. *Palmarès, 1815-1858*, p. 151, ASN.
86. *Livre de comptes de fournitures scolaires par M. Leprohon, 1833-34*, ASN, Boîte 9. Selon le directeur lui-même, la valeur des notes est la suivante: A[+] = très bien; A = bien; B = assez bien; D = médiocre; M = très mal.
87. Voici les prix et accessits gagnés par Laflèche: en belles-lettres (1834-35), 1er prix de version, 2e prix de grec, prix de concurrence sur les belles-lettres, prix de version anglaise, 1er accessit de thème, 2e accessit de vers, accessit de récitation de vers de Virgile (« Collège de Nicolet », *Le Canadien*, 19 août 1835, p. 2); en rhétorique (1835-36), 1er prix de versification latine, 1er prix d'élocution, 2e prix d'amplification latine, 1er accessit d'amplification française, 1er accessit de version latine, accessit de versification française, accessit de récitation de la rhétorique (« Séminaire de Nicolet », *ibid.*, 17 août 1836, p. 2); en philosophie I (1836-37), 1er prix de physique, accessit de mathématiques (« Séminaire de Nicolet », *ibid.*, 13 août 1837, p. 1); en philosophie II (1837-38), 1er prix d'architecture, accessit (i.e. 2e prix) d'excellence (« Séminaire de Nicolet », *ibid.*, 20 août 1838, p. 2).
88. *Livre de comptes de fournitures scolaires, 1833-34 de M. Leprohon*, ASN, Boîte 9.
89. *Livre de comptes de fournitures scolaires ou de bibliothèque par M. Leprohon, 1835*, ASN, Boîte 9.
90. *Livre de comptes ou de bibliothèque, 1836, de M. Leprohon*, ASN, Boîte 9.
91. *Loc. cit.* Trois autres sont également désignés: Thomas Caron, François-Octave Hébert et Zéphirin Rousseau.
92. Lessard, *L'histoire de l'éducation...*, p. 188s.
93. *Livre de comptes de fournitures scolaires, 1833-34 de M. Leprohon*, ASN, Boîte 9.
94. *Livre de comptes de fournitures scolaires ou de bibliothèque par M. Leprohon, 1835*, ASN, Boîte 9. Il emprunte un autre volume dont le titre n'est pas donné.

place dans la formation de Laflèche, l'histoire du Canada et la lecture des journaux n'y figurent pas[95]. À ces activités de lecture, le jeune étudiant a très probablement ajouté la culture d'un jardin et, comme nous l'avons indiqué, divers travaux de bricolage.

Il faut ajouter que, tout en étant un élève studieux, Laflèche n'oublie pas les joies de son âge, telle une certaine dissipation en classe. Toujours espiègle, il est un de ceux qui participent aux « parties de plaisir » lors des cours de l'abbé Charles Burke et il goûte, plus souvent qu'à son tour, à la férule du maître irlandais. La chronique collégiale a conservé le souvenir d'une scène que Laflèche lui-même prenait plaisir à raconter:

> C'était l'usage pour chaque classe (...) de réciter un dialogue historique, ou de jouer une petite pièce comique aux examens publics de la fin de l'année. Cet élève (Laflèche) s'avisa de dire à M. Burke, après sa leçon de grec, où l'on s'était plus ou moins amusé comme à l'ordinaire: « Mais, Monsieur, pourquoi ne jouerions-nous pas une petite farce grecque à l'examen? — Vraiment, répliqua le professeur, viens ici, je vais te faire une petite farce grecque », et il lui administra la médecine ordinaire, quelques coups de férule[96].

Hormis ces espiègleries, tous les indices, entre autres son acceptation dans la congrégation mariale dont il occupe le poste de secrétaire puis de trésorier[97], nous portent à croire qu'il a toujours eu une bonne conduite.

De 1831 à 1838, peu d'événements extérieurs viennent perturber la vie bien rangée des étudiants du collège de Nicolet[98]. L'année 1831-32 est écourtée par une rentrée tardive (le 22 octobre au lieu du 1er) due aux travaux de construction, et une fin d'année hâtive (20 juillet) causée par l'épidémie de choléra qui frappe les villes et menace plus ou moins les campagnes; les vacances sont aussi prolongées jusqu'au 15 octobre. Le 20 juin 1836, le collège, ayant à sa tête l'évêque de Québec, le supérieur et le directeur, reçoit « avec tous les égards dus à sa haute position » le gouverneur Gosford et sa suite[99]. En 1837, le major Jean-Baptiste Hébert, député de Nicolet et principal entrepreneur dans la construction du nouveau collège, est arrêté comme « rebelle » et son fils, l'abbé Nicolas-Tolentin, a beaucoup de difficultés à le faire libérer; nous ne savons pas dans quelle mesure cet incident se répercute au collège. À ces événements, il faudrait ajouter les travaux qui se poursuivent dans la maison, les visites de l'évêque, — pour les ordinations, pour la bénédiction d'une cloche (1833), — ou d'illustres anciens (Mgr Norbert Provencher, par exemple), qui permettent aux étudiants de songer que la vie continue en dehors de leur monde clos.

5- Les études théologiques

En 1838, Louis-François Laflèche termine ses études secondaires, mais il ne quitte pas pour autant le collège de Nicolet. À l'automne, il endosse la soutane et commence son cours de théologie, tout en assurant l'enseignement à la classe de troisième.

Le choix de ce nouvel état de vie se fait tout naturellement, sans drame. Si l'on se fie aux apparences, c'est dans ce but que Laflèche avait entrepris son cours classique. Jusqu'en 1831, en effet, si l'on excepte les deux Dorion qui ont commencé leurs études l'année

95. La lecture des journaux est interdite formellement par le règlement: « La lecture des Gazettes n'y sera pas permise (pendant la récréation) non plus dans d'autres temps » (*Règlement donné aux écoliers de Nicolet ...*, 1er juin 1842, ASN, *Séminaire*, I, 37 bis). L'abbé Ferland corrigera cette lacune pendant son directorat (Lessard, *L'histoire de l'éducation...*, p. 189).

96. Douville, *op. cit.*, I, p. 246s.

97. ASN, *Livre de comptes de la congrégation.*

98. En plus des études de Douville et de Lessard, nous utilisons pour ce paragraphe les « Éphémérides générales, 1803-1953 » publiées par l'abbé Antoine Letendre dans l'*Album-Souvenir du 150e Anniversaire de Fondation du Séminaire de Nicolet*, pp. 29-120.

99. Douville, *op. cit.*, I, p. 253.

précédente, les élèves de Sainte-Anne-de-la-Pérade qui vont à Nicolet choisissent tous la prêtrise; ce sont: François-Xavier-Bellarmin Ricard (1813-1820), Pierre-Damase Ricard (1814-1822), Amable Charest (1827-1834) et Zéphirin Charest (1827-1833)[1]. Découvert et instruit lui aussi par l'abbé Morin, Louis-François prend la route de Nicolet dans la pensée de se faire prêtre. Sans le dire clairement, il y fait allusion les rares fois où il parle de sa vocation, insistant beaucoup sur l'influence de sa mère et de ses prières[2]. Tout n'est sans doute pas joué dès le départ, mais la direction spirituelle ferme de l'abbé Leprohon ne manque pas de le confirmer dans son désir du sacerdoce.

À cette époque, les études théologiques, à Nicolet comme ailleurs, se réduisent à peu de choses. Obligés de surveiller les élèves partout et d'enseigner, les ecclésiastiques n'ont que peu de temps à consacrer à la théologie; ils assistent à une seule conférence (ou cours) par jour. La matière est réduite en conséquence et il n'y a d'examen qu'en théologie morale et en Écriture sainte. À chacun de compléter par son travail personnel, l'étude de manuels et des lectures. Chaque ecclésiastique est pour ainsi dire un autodidacte et il le demeure même après son ordination, un de ses devoirs de prêtre étant l'étude personnelle des sciences sacrées[3]. Aussi faut-il que l'on mette « dans les mains des étudiants ceux des auteurs qui joignent la précision à la pureté de l'enseignement », comme le disait Mgr Signaÿ[4]. Une telle méthode n'aboutit, sauf exception, qu'à donner un vernis de théologie au clergé.

À Nicolet, c'est traditionnellement le directeur des élèves du collège qui est en même temps directeur des ecclésiastiques et professeur de théologie. Cette coutume est abandonnée à partir de 1835-36, si bien que, de 1838 à 1844, Laflèche connaît trois professeurs spéciaux: Charles Harper (1838-41), Michel Lemieux (1841-43) et son confrère de classe et ami, Thomas Caron (1843-44). Pendant la même période, le grand séminaire est dirigé successivement par les abbés J.-O Leprohon, Michel Lemieux et J.-Bte-A. Ferland. Ce dernier marque Laflèche d'une façon toute particulière: préfet des études, il donne un nouvel essor à l'enseignement, spécialement à celui de l'histoire, et il incite beaucoup ses jeunes professeurs à acquérir la compétence[5].

Pour « travailler à leur propre avancement et à celui des écoliers confiés à leurs soins », les ecclésiastiques sont soumis à un règlement très minutieux[6]. Régents ou professeurs, ils doivent suivre partout les élèves et assurer une surveillance de tous les instants. À quoi s'ajoutent des obligations plus spéciales à leur état de vie: une demi-heure d'oraison chaque jour, quinze minutes d'adoration du Saint-Sacrement, la confession hebdomadaire, la communion au moins le dimanche, la lecture spirituelle, la prédication le dimanche et les jours de fête, l'enseignement du catéchisme et du plain-chant. En dehors de quelques récréations et des divers devoirs de leurs charges, les futurs prêtres doivent passer leur temps à la chapelle ou dans leur chambre, où le recueillement et le silence sont de rigueur. Peu ou pas de sorties, sauf dans des cas exceptionnels. Les vacances elles-mêmes doivent se passer à la maison paternelle ou dans un presbytère[7]. L'austérité de leur table est à peine moindre que celle des

1. *Ibid.*, II, pp. 133-151.
2. Savaète, *op. cit.*, p. 21.
3. Les jeunes prêtres sont obligés d'étudier par eux-mêmes les traités qu'ils n'ont pu voir au grand séminaire et de revoir les matières déjà vues; des examens dits "de jeunes prêtres" sanctionnent ces études (Laflèche à un vicaire, 2 oct., 1861 AETR, *Registre des lettres*, III (correspondance spéciale), 16).
4. Cité dans Lionel Groulx, "La situation religieuse au Canada français vers 1840", Société canadienne d'histoire de l'Église catholique, *Rapport 1941-42*, p. 53.
5. Douville, *op. cit.*, I, pp. 32-38.
6. *Règlement de MM. Les Ecclésiastiques employés au Séminaire de Nicolet*, 1er juin 1842, ASN, *Séminaire*, II, 41 bis.
7. Il existe un *Règlement d'un Ecclésiastique en vacances* (ASN, *Séminaire*, I, 42) qui est graduellement simplifié et inclus dans le règlement général.

écoliers, l'addition d'un plat (rôti de mouton ou de veau, poisson) ou d'un dessert faisant la différence[8]; ils sont soumis au jeûne à moins de permission spéciale du directeur. Une autre tâche de ce dernier est de rapporter à l'évêque les ecclésiastiques coupables de fautes graves comme l'habitude de mentir, la lecture de livres contraires à la foi ou aux moeurs, les propos indécents, la recherche affectée de sa parure, l'éloignement de la confession, la cruauté envers les écoliers, l'aversion pour l'étude, les liaisons suspectes et toute action contraire à la sobriété ou à la pureté[9].

Tout nous porte à croire que Laflèche a été un ecclésiastique exceptionnel. Ses directeurs lui font confiance en le nommant, dès le départ, titulaire de la classe de troisième, alors que les nouveaux venus sont ordinairement placés dans les classes inférieures[10]. Enseignant toutes les matières (latin, français, géographie, histoire, mathématiques, mythologie, cosmographie) sauf le grec et l'anglais, il a suffisamment de succès pour diriger les mêmes groupes deux ou trois ans; sa promotion à la « chaire » de rhétorique en 1843-44 est aussi une preuve de sa capacité et des espoirs qu'on fonde sur lui. Quelques témoignages soulignent ses qualités. En janvier 1842, l'abbé Ferland, préfet des études, indique, dans un rapport à l'évêque, que le groupe de troisième sous la direction de Laflèche est « une très bonne classe », mais il ne précise pas à qui en revient le mérite, aux élèves ou au professeur[11]; il porte un jugement plus nuancé sur le même groupe en avril[12]. Au moment du départ du jeune professeur en 1844, le journal des étudiants, le *Moniteur,* écrit de lui:

> Nous ne voulons rien dire pour faire l'éloge de cet homme recommandable. Chacun a pu connaître et admirer son attachement pour la maison qui l'a formé, et qui s'honorera toujours de l'avoir dans ses murs. Malgré sa fermeté et son courage, tel est cependant son noble amour pour le collège qu'il n'a pu s'en éloigner qu'en pleurant; il n'avait pourtant pas besoin de larmes pour faire pleurer ceux qu'il quittait. Son souvenir vivra tant que le collège subsistera. (...) Il sait, tout en faisant son devoir, se faire chérir des Écoliers[13].

L'historien du collège ajoutera beaucoup plus tard: « On voyait avec peine M. Laflèche s'éloigner du Séminaire, parce qu'on fondait de grandes espérances sur ses talents et sa capacité; on désirait beaucoup le garder comme professeur[14] ».

En plus de connaître des succès dans l'enseignement, Laflèche accumule par lui-même de bonnes connaissances en théologie et en Écriture sainte, comme en feront foi plus tard ses écrits et ses discours[15]. Il profite à plein du nouveau climat intellectuel instauré par l'abbé

---

8. *Projet de règlement pour la table des Ecclésiastiques,* 15 sept. 1846, ASN, *Séminaire,* V, 93. Ce texte est suivi d'un *Règlement pour la table des Écoliers.*
9. *Règlement de MM. les Ecclésiastiques...,* 1er juin 1842, chap. VI, ASN, *Séminaire,* 1, 41 bis.
10. Autre marque de confiance: Laflèche occupe la fonction d'économe pendant l'année 1840-41. C'est un poste dont les attributions et les exigences ont été décrites avec minutie par l'évêque de Québec (Mgr Signaÿ, *Règlement de l'administration de l'Économe du Séminaire de Nicolet,* 17 août 1839, ASN, *Divers,* 11; *Règles d'Économie,* 1838, *ibid.*); Laflèche trouve moyen d'y ajouter l'imprévu et la satisfaction de la pêche au doré (C. Harper à Mgr Signaÿ, 23 janv. 1843, ASN, *Lettres des directeurs aux évêques,* III, p. 1002). Le procureur, Charles Harper, semble satisfait du travail du jeune économe, mais il note que l'ecclésiastique est fatigué et que son remplaçant devrait arriver le plus tôt possible, "pour le soulagement du bon Mr. Laflèche qui a besoin de repos, plus pourtant du côté de l'esprit que du corps" (le même au même, 17 août 1841, *ibid.,* p. 1052). C'est la première mention de l'état de santé de Laflèche.
11. J.-Bte-A. Ferland à Mgr Signaÿ, 1er janv. 1842 *ibid.,* III, p. 1130.
12. Le même au même, 12 avril 1842, *ibid.,* III, p. 1174. Il écrit: "En troisième assez bien, Martineau, Bélan, Gill et Chouinard sont de bons écoliers, les autres sont beaucoup plus faibles".
13. *Le Moniteur,* 20 avril 1844, ASN Boîte 9. Au témoignage de l'abbé Ferland, Laflèche a de l'autorité en classe et sait manier les "caractères difficiles" (J.-Bte-A. Ferland à Mgr Signaÿ, 9 nov. 1843, ASN, *Lettres des directeurs aux évêques,* IV, p. 63).
14. Douville, *op. cit.,* I, p. 304.
15. Il faut noter toutefois qu'il n'est pas facile de déterminer si ces connaissances sont acquises à Nicolet ou pendant le séjour dans l'Ouest.

Ferland et de l'amélioration de la bibliothèque par l'achat d'un grand nombre de volumes en 1836[16]. Sérieux et travailleur, il atteint finalement un haut degré de culture que l'abbé Charles Harper signale à Mgr Signaÿ en 1844:

> Pour l'honneur et l'avantage du Séminaire, il serait à souhaiter que les con-
> naissances variées et très étendues de ce jeune Monsieur ne fussent pas si
> cachées. Peut-être que Votre Grandeur lui procurera quelqu'entrevue avec les
> principaux Professeurs du Séminaire de Québec, même Monsieur Demers qui
> ne trouvera, j'en suis sûr, que du plaisir à faire parler notre jeune Mission-
> naire[17].

Il ne faut pas se surprendre que Mgr Norbert Provencher jette les yeux sur un candidat aussi intéressant.

Sur son évolution spirituelle, nous n'avons malheureusement aucun témoignage. Il est toujours membre de la congrégation mariale dont il est nommé préfet de juillet à décembre 1841[18]. Tonsuré le 3 septembre 1838, il reçoit les ordres mineurs le 28 mai 1840, le sous-diaconat et le diaconat les 27 et 29 mai 1843. Alors que plusieurs de ses confrères sont déjà ordonnés, — par exemple, David Martineau en 1841, Jean-Baptiste-Narcisse Olscamps la même année, Thomas Caron en 1842, — Laflèche entreprend l'année 1843-44 encore diacre. Comment expliquer ce retard? Question de santé? il ne semble pas; chez les autorités du sé-minaire, peur de perdre dès l'ordination ce bon candidat? peut-être; besoin de le garder le plus longtemps possible dans l'enseignement que les ecclésiastiques, seuls ou à peu près, as-surent? c'est probable. Mais rien ne nous le prouve, et l'évêque est seul responsable de l'ap-pel final au sacerdoce[19]. Nous croyons cependant qu'aucun obstacle physique, moral ou autre n'explique ce retard. On le voit bien quand, pour suivre Mgr Provencher dans l'Ouest, Laflèche est rapidement ordonné et initié au ministère paroissial.

En 1844, à vingt-six ans, Louis-François Laflèche se découvre une vocation mission-naire. Rien ne laissait pourtant deviner cette orientation et tout laissait plutôt supposer une carrière dans l'enseignement à Nicolet où on le préparait en conséquence. Il avait parcouru un long chemin. Sorti d'un milieu rural croyant mais imbu d'un rare esprit d'indépendance, élevé dans une famille à l'aise, stricte et pieuse, quelles que soient les impressions laissées par

---

16. Voir la liste de ces volumes dans Lessard, *L'histoire de l'éducation...*, pp. 328-331. L'abbé Leprohon avait acheté, depuis 1816, un assez grand nombre de volumes, dont le *Génie du christianisme*, les *Soirées de Saint-Pétersbourg*, les oeuvres de Lamennais (à partir de 1828) et de Bonald (*Liste des volumes achetés par M. Leprohon*, ASN, *Sé-minaire*, I, 66-73).

17. Le même au même, 2 janv. 1844. *ibid.*, IV, p. 84.

18. ASN, *Livre des comptes de la congrégation*.

19. En 1842, Laflèche n'a aucun retard dans ses études théologiques et il a vu les mêmes traités que Thomas Caron qui sera pourtant ordonné le 27 août 1842 (M. Lemieux à Mgr Signaÿ, 15 fév. 1842, ASN, *Lettres des directeurs aux évêques*, III, p. 1156). En mars 1843, les autorités de Nicolet songent à l'ordination, puisqu'elles avertissent Laflèche "de tenir son titre prêt et de le faire publier avant le printemps" (le même au même, 4 mars 1843, *ibid.*, IV, p. 10); quelque temps après, l'abbé Ferland expose la situation: "MM. Lottinville, Bellay, et Provencher sont tonsurés depuis près de trois ans. MM. Laflèche et Dorion tous deux minorés ont le premier près de cinq ans et le second près de quatre ans de soutane. J'attendrai respectueusement vos ordres à l'égard de ces Messieurs" (J.-Bte.-A. Ferland à Mgr Signaÿ, 22 avril 1843, *ibid.*, IV, p. 21s). Pour sa part, l'évêque semble attendre une demande spécifique des directeurs de Nicolet; le 7 octobre 1843, il leur écrit: "Je pourrai donner ou faire donner les ordres à ceux qui seraient prêts dans le temps que nous [Mgr Provencher et lui] serons là. Je suppose qu'il n'a pas été jugé qu'il serait plus convenable que M. Laflèche fut prêtre. Dites le moi ou faites-le moi dire" (Mgr Signaÿ à C. Harper, ASN, *Lettres de Mgr Signaÿ à M. Harper*, 6, no 26). Ce retard cause certains problèmes. À propos de logement, par exemple, Laflèche est peu satisfait des "jolis appartements" qu'on lui destine "au bout du dortoir nouveau" et il aurait sans doute préféré des locaux réservés aux prêtres de la maison (C. Harper à Mgr Signaÿ, 6 oct. 1843, ASN, *Lettres des directeurs aux évêques*, IV, p. 54); informé du problème, l'évêque prend la chose en main: "Ce bon petit Monsieur s'est un peu trompé dans ses prétentions. Vous lui ferez monter un poêle dans sa chambre du bout du dortoir S. Grégoire et j'espère que cette chambre séparée en deux sera trouvée suitable. Je m'attends de la lui faire trouver suitable" (Mgr Signaÿ à C. Harper, 7 oct. 1843, ASN, *Let-tres de Mgr Signaÿ à M. Harper*, 6, no 26). La décision de Laflèche de partir pour l'Ouest règle la difficulté.

le difficile grand-père Modeste, Louis-François Laflèche a été choisi par un ancien curé de Sainte-Anne pour continuer ses études en vue du sacerdoce. Il n'a pas déçu: à mesure qu'il a avancé en âge, il est devenu plus sérieux et il a obtenu de meilleurs résultats scolaires. Son entrée dans les ordres s'est faite tout naturellement et, comme ecclésiastique, il s'est révélé à la fois un bon étudiant et un excellent professeur. Ces cinq années et demie lui ont permis d'acquérir une maturité psychologique et une culture étendue dont ses supérieurs sont fiers. Ces mêmes qualités attirent l'attention de l'évêque de l'Ouest qui a beaucoup de difficultés à trouver des missionnaires à sa convenance; à l'automne de 1843, il fait des ouvertures au professeur de rhétorique qui, après réflexion, accepte de tenter l'expérience. Décision capitale qui soulage Mgr Provencher et qui jette le jeune lévite de Sainte-Anne-de-la-Pérade dans une nouvelle aventure de douze ans.

CHAPITRE II

Le missionnaire dans l'Ouest canadien (1844-1856)

Les farouches tribus de la plaine sauvage

Devant la Robe-Noire, à genoux, ont pleuré.

Le saint missionnaire, au merveilleux langage,

Comme un Hiawatha céleste, est vénéré.

Nérée Beauchemin[1]

La mission de la Rivière-Rouge, où se rend Louis-François Laflèche, s'étend dans ces Pays d'En-Haut qu'ont si bien connus ses grands-parents maternels et plusieurs jeunes gens de Sainte-Anne-de-la-Pérade. Mais plus encore que dans sa paroisse natale, le jeune lévite en a entendu parler plusieurs fois à Nicolet. Au collège, en effet, les autorités sont fières de leurs anciens qui sont allés travailler dans l'Ouest et elles entretiennent un véritable culte envers ces « héros ». Chaque année, le jour de l'Ascension, une messe est célébrée pour les prêtres nicolétains en service dans la lointaine Rivière-Rouge[2]; quand un missionnaire revient dans l'Est, il est reçu à l'*Alma Mater* et présenté aux élèves; Mgr Joseph-Norbert Provencher fait de fréquents séjours au collège, particulièrement en 1836 et 1843, et il s'adresse régulièrement à la communauté, essayant de cette façon de faire germer des vocations pour ses missions.

C'est à l'occasion d'une de ces visites de Provencher que Laflèche se décide à partir pour la Rivière-Rouge. Ce geste surprenant permet une fois de plus à Nicolet de prouver son attachement aux missions de l'Ouest, mais il a pour principale conséquence de jeter le jeune prêtre dans des situations nouvelles où pourront se révéler ses nombreux talents et la force de son caractère, de même que la faiblesse de sa santé.

1- La mission de la Rivière-Rouge

Fondée en 1818 par le diocèse de Québec, la mission de la Rivière-Rouge a les mêmes limites que le territoire de la compagnie de la baie d'Hudson, souvent appelé le District du

---

1. Nérée Beauchemin, « La Flèche », F.-L. Desaulniers, *La généalogie des familles Richer de La Flèche et Hamelin...*, Montréal, Pigeon, 1909, p. XVIII.
2. Lessard, *L'histoire de l'éducation...*, p. 260.

Nord-Ouest ou la Terre de Rupert; c'est une immense étendue qui va du 91° de longitude aux montagnes Rocheuses et de la frontière américaine à l'océan Arctique[3].

Une portion importante de ce territoire appartient au Bouclier canadien qui se déploie en arc de cercle, du lac Supérieur vers la baie d'Hudson et l'océan Arctique. Région presque toute inculte, couverte d'innombrables lacs, étangs, marécages et rivières, cette partie du Nord-Ouest comprend de vastes forêts qui cèdent graduellement la place à la toundra et à ses lichens, herbes et mousses[4]. « Le climat y est partout extrêmement rigoureux », assure Alexandre-Antonin Taché qui connaît bien la région[5].

Le reste du pays, enclavé entre le Bouclier canadien et les montagnes Rocheuses, constitue les plaines de l'Ouest au relief peu accidenté qui donne une impression d'immensité et d'uniformité[6]. Taché y décèle trois parties: le «désert», la prairie qui est le domaine de l'herbe et du bison, les forêts[7]. Ensemble d'une richesse remarquable, cette section attire les premiers colons malgré un climat rigoureux, mais non excessif[8].

Les zones du bois et de la prairie sont l'une et l'autre habitées par les Indiens. Attirées par des ressources plus abondantes et moins incertaines, les tribus de la prairie — Pieds Noirs, Gens-du-Sang, Assiniboines, Cris des plaines et Sauteux (Ojibwa) — connaissent un genre de vie centré sur le bison qui leur assure une existence relativement sûre et facile; cette aisance se traduit par une indépendance à l'égard des Blancs et une oisiveté et une violence que dénoncent les missionnaires[9]. Quant aux tribus de la zone boisés — particulièrement les Cris et les Athapascans — , elles comptent d'habiles chasseurs qui sont néanmoins tributaires d'animaux « trop inégalement répartis et trop clairsemés en hiver»; leur niveau de vie est sensiblement inférieur à celui des Indiens des plaines et leur docilité envers les Blancs est remarquable[10].

Ouvert tardivement à la colonisation, l'Ouest canadien a été d'abord reconnu pour ses richesses en fourrures. Dès la fin du XVIIe siècle, les Français en commencent la pénétration systématique au-delà du lac Supérieur et, grâce aux explorations de La Vérendrye et de ses fils entre autres, jettent les bases du succès de la future compagnie du Nord-Ouest[11]. Les Anglais, quant à eux, se confinent longtemps au littoral de la baie d'Hudson, mais, pour assurer son hégémonie, la compagnie de la baie d'Hudson doit se résoudre elle aussi à envoyer

---

3. Joseph-Etienne Champagne, *Les missions catholiques dans l'Ouest Canadien (1818-1875),* Ottawa, Ed. de l'université, 1949, p. 58.

4. Marcel Giraud, *Le Métis Canadien,* Paris, Institut d'ethnologie, 1945, pp. 3-14.

5. Alexandre-Antonin Taché, *Esquisses sur le Nord-Ouest de l'Amérique,* Montréal, Beauchemin, 1901, p. 5.

6. Giraud, *op. cit.,* pp. 14-38.

7. Taché, *op. cit.,* pp. 6-8.

8. Champagne, *op. cit.,* pp. 20-28.

9. Giraud, *op. cit.,* pp. 39-61. En 1855, Laflèche les décrit ainsi: "Les sauvages des prairies, savoir: les Pieds-Noirs, les Assiniboines, les Cris et une grande partie des Sauteux, sont de la pire espèce; et je crois qu'il n'y a pas d'exagération à dire que, dans les tribus, c'est l'homme descendu au dernier degré de l'échelle humaine. Cet état de dégradation et de méchanceté vient de leur manière de vivre: ils sont ordinairement réunis en gros camps de 60 à 80 loges et souvent davantage, et mènent une vie errante et oisive à la suite des innombrables troupeaux de bisons qui leur donnent la nourriture et l'habillement. Quand on a sous les yeux la vie dégoûtante de ces sauvages, on comprend que le travail qui a été imposé à l'homme comme une pénitence après son péché, l'a été pour son bonheur plutôt que pour son malheur.(...) Si les tribus des prairies sont devenues la sentine de tous les vices qui dégradent l'homme, si le vol, le meurtre et par-dessus tout une dissolution épouvantable, sont devenus une occupation journalière pour le grand nombre de ces barbares, c'est parce qu'un travail assidu leur est inconnu" (Laflèche, "Mission de la Rivière-Rouge", *Rapport sur les Missions du diocèse de Québec,* 11 (mars 1855), p. 123).

10. Giraud, *op. cit.,* pp. 61-85. L'auteur fait une catégorie spéciale des tribus des hautes latitudes (Athapascans et Esquimaux).

11. *Ibid.,* pp. 142-184.

des explorateurs et à ouvrir des postes à l'intérieur des terres. Cette politique sera encore plus nécessaire aux jours des rivalités avec l'entreprenante compagnie du Nord-Ouest[12].

L'un et l'autre courant de pénétration crée « des rapports plus étroits qu'en aucune autre région du Canada » entre les Amérindiens et les Blancs. De ces contacts prolongés sortira cette « nation métisse » que les missionnaires évangéliseront et qui connaîtra un sort odieux dans le Canada post-confédératif[13].

L'histoire des missions de l'Ouest canadien est, cependant, davantage liée à celle de la colonisation des plaines. Sans doute, les missionnaires qui accompagnaient les explorateurs français ont-ils commencé à prêcher leur religion aux Indiens[14], mais il faut attendre la fondation de la colonie de la Rivière-Rouge par Thomas Douglas, comte de Selkirk, pour y voir naître un projet sérieux de mission[15]. Pour des raisons tout autant politiques que religieuses[16], Selkirk demande instamment à l'évêque de Québec, Joseph-Octave Plessis, de fonder une mission dans son établissement; en 1816, le prélat se rend enfin à ses supplications et à celles des catholiques de la nouvelle colonie et il envoie l'abbé Pierre-Antoine Tabeau dans l'Ouest avec instruction de choisir une place pour l'église principale et de « faire espérer une mission stable[17] ». Même si l'envoyé de l'évêque rebrousse chemin au lac la Pluie, son rapport incite Mgr Plessis à désigner, en 1818, deux prêtres pour aller s'occuper des Blancs et des Métis, et pour évangéliser les Indiens[18].

Ces deux premiers missionnaires, les abbés Joseph-Norbert Provencher et Sévère Dumoulin, sont des anciens du collège de Nicolet; dès lors se créent des liens très étroits entre la jeune maison d'éducation du Bas-Canada et la lointaine colonie.

C'est Nicolet, en effet, qui, jusqu'à l'arrivée des oblats de Marie-Immaculée en 1845, fournit la plus grande partie du renfort et de la relève à la Rivière-Rouge. Des treize premiers missionnaires qui prennent la route de l'Ouest, six viennent du collège de Nicolet. Ce sont : Joseph-Norbert Provencher, Sévère Dumoulin, Jean Harper, Georges-Antoine Belcourt, Joseph-Arsène Mayrand et Louis-François Laflèche. De plus, en devenant le premier évêque de Saint-Boniface, Mgr Provencher attire encore davantage l'attention de son *Alma Mater* qui ne peut oublier qu'il a été l'un de ses premiers élèves. Cette gloire suscite sympathie et aide, et crée ce qu'on a appelé une « paternité spirituelle[19] ».

---

12. *Ibid.*, pp. 185-279.
13. *Ibid*, pp. 693-703, 847-859. Giraud décrit la "désagrégation du groupe métis" dans la sixième partie de son ouvrage (*ibid* . pp. 1099-1230). Voir aussi, entre autres, George F.G. Stanley, *The Birth of Western Canada; a History of the Riel Rebellions*, Toronto, University of Toronto Press, (1970), 475p.
14. Adrien-Gabriel Morice, *Histoire de l'Église catholique dans l'Ouest canadien (...)*, Montréal, Granger, 1915, pp. 23-79.
15. La colonie est fondée en 1812, mais elle connaît d'énormes difficultés à cause des rivalités entre les compagnies du Nord-Ouest et de la baie d'Hudson (Giraud, *op. cit.*, pp. 477-625). L'établissement prend le nom de colonie de la Rivière-Rouge ou district d'Assiniboia, et il est dirigé par un gouverneur aidé d'un conseil. À noter que l'abbé Charles Bourke avait accompagné le premier groupe de colons, mais n'était pas demeuré avec eux.
16. Dans une pétition adressée à Mgr Plessis, les habitants de la Rivière-Rouge sont les premiers à reconnaître que la présence de missionnaires serait un solide gage de paix (« Pétition des habitants de la colonie de la Rivière-Rouge », 1817, Grace Lee Nute, *Documents Relating to Northwest Missions, 1815-1827*, Saint-Paul, Minnesota Historical Society, 1942, pp. 14-16).
17. « Instructions pour Mr Tabeau, prêtre missionnaire du Nord et de l'Ouest du diocèse de Québec », 22 avril 1816, Nute, *op. cit.*, p. 11s.
18. « Instruction pour MM. J.N. Provencher et J.N.S. Dumoulin... », *ibid.*, pp. 58-60. Mgr Plessis place l'évangélisation des Indiens « comme le premier objet de leur mission ».
19. Mgr Joseph-Simon Brunault, « Ce que l'Ouest doit à Nicolet », *Les Cloches de Saint-Boniface*, XXVI, 1 (janv. 1927), p. 19.

Cette assistance généreuse du jeune collège n'empêche pas Provencher de gémir sur la médiocre qualité des sujets qu'on lui envoie. Ils sont trop jeunes[20], pas assez expérimentés dans le ministère et ils cherchent rapidement à retourner dans l'Est. Pour corriger la situation, le chef de la mission multiplie les appels pathétiques à l'évêque de Québec et trace, par touches successives, le portrait du missionnaire idéal.

À ses yeux, le candidat devrait avoir terminé ses études théologiques[21] et posséder une bonne expérience; il devrait donc avoir un certain âge[22]. Les missions n'ayant « rien que de rebutant pour la nature[23] », le sujet doit être animé d'un esprit apostolique exceptionnel et du désir de se donner pour toujours à l'oeuvre d'évangélisation[24].

Au point de vue humain, il serait convenable que le futur missionnaire parle anglais[25] et qu'il ait du talent pour apprendre les langues[26]; des notions d'astronomie[27] et de plain-chant[28] lui seraient aussi très utiles. Mais il faudrait surtout qu'il ait un caractère agréable[29] et qu'il soit bon pédagogue[30]. En un mot, comme Provencher le signale dès 1819: « Le premier venu n'est pas propre à travailler ici. Il faut des hommes graves, et au-dessus de tout soupçon. Pour tout dire il faut des gens d'esprit mais en même temps animés par le zèle et la piété[31] ».

Au surplus, à partir de 1838, il faut prévoir choisir et préparer le successeur éventuel de Provencher; lui-même en avertit l'évêque de Québec:

---

20. Mgr Provencher craint beaucoup le jeune clergé: « Je redoute les jeunes gens de ce temps. Ils ont la réputation d'être insubordonnés; l'esprit du siècle fait des progrès dans leurs têtes. J'aurai continuellement du chagrin si je me vois obligé de vivre avec un prêtre hautain. Plus fait pour obéir que pour commander, je ne le sais pas faire dans la position où je me trouve » (Provencher à Mgr Lartigue, 30 oct. 1830, *ibid.*, XVII, 10 (15 mai 1918), p. 130).
21. « (...) je désirerais fortement que le prêtre et l'ecclésiastique qui monteront dans deux ans eussent fait un cours d'étude complet et avec avantage » (Provencher à Mgr Plessis, 18 mai 1818, *Bulletin de la Société historique de Saint-Boniface* (BSHSB), III (1913), 8-11, p. 10).
22. « J'ai la plus grande répugnance à me contenter d'un jeune homme, qui se repentira peut-être aussitôt qu'il se sera décidé. L'affaire des missions n'avancera à rien, s'il faut que je passe ma vie avec des jeunes gens avec lesquels souvent je ne sympathise pas, source de chagrins, de découragement, sans compter les avantages que le diable en tire » (Provencher à Mgr Lartigue, 1er fév. 1831, *Les Cloches de Saint-Boniface*, XVII, 11 (juin 1918), p. 142).
23. Provencher à Mgr Plessis, 28 mars 1822, BSHSB, III (1913), 8-11, p. 61.
24. « C'est la conversion des nations qui en souffrira le plus tant qu'il y aura des prêtres *cum animo redeundi* » (*loc. cit.*).
25. « L'anglais serait bien nécessaire (pour les missionnaires) » (Provencher à Mgr Signaÿ, 8 juillet 1839, BSHSB, III (1913), 8-11, p. 183).
26. « (...) envoyer quelqu'un de capacité au moins au-dessus du médiocre pour apprendre des langues. (...) Un prêtre ne peut pas exercer son ministère sans savoir la langue du pays » (le même au même, 6 août 1838, *ibid.*, p. 174.)
27. « (...) je désirerais fortement que le prêtre et l'ecclésiastique qui monteront dans deux ans (...) se fussent appliqués à l'astronomie sphère et tout ce qui concerne cette partie. Je suis mortifié de n'avoir pas eu le moyen de voir cette science; elle me servirait maintenant. (...) bien que le salut des âmes soit notre but, il serait agréable et utile de mêler dans nos relations des observations qui pourraient servir par la suite » (Provencher à Mgr Plessis, 18 mai 1818, *ibid.*, p. 10s).
28. « Si avec les autres qualités, il (le sujet à envoyer) avait de la voix et sut ou du moins fut capable d'apprendre le chant, ce serait une chose bien commode » (le même au même, 8 août 1825, *ibid.*, p. 107).
29. « Il faut qu'ils aient du goût pour l'oeuvre et qu'ils soient instruits, d'un caractère ferme et sans aigreur, capables de se contenir et de ne pas se laisser emporter » (Provencher à Mgr Signaÿ, 8 juillet 1839, *ibid.*, p. 183).
30. « Il n'est pas nécessaire d'observer à Votre Grandeur qu'il faut un peu de choix dans le jeune homme que je vous demande, qu'il soit capable d'instruire en particulier et en public, capable de se montrer sans aimer le monde » (Provencher à Mgr Plessis, 12 juin 1825, *ibid.*, p. 104).
31. Le même au même, 24 novembre 1819, *ibid.*, p. 41s. Il signale également des défauts graves: « Afin que l'on prenne des précautions pour que tout aille mieux après moi, je signale des défauts que ne doivent pas avoir les missionnaires, s'il est possible. 1er Parler gras est un inconvénient pour parler sauvage. 2e Être myope peut être l'occasion de se perdre autour de la maison, à plus forte raison dans les prairies où il faut voyager et voir de loin. 3e N'avoir point de voix humaine ou ne pouvoir rien mettre sur le ton. Il faut chanter parmi les sauvages, et pour chanter il faut savoir le plain chant » (Provencher à Mgr Bourget, 5 août 1850, *Les Cloches de Saint-Boniface*, XX, 9 (sept. 1921), p. 173).

Visez d'avance un sujet de bonne espérance sur lequel vous puissiez compter pour l'avenir. Je ne vivrai pas toujours. Un prêtre accoutumé au pays serait préférable à un autre pris au hasard et qui se déplairait ici. Vous ne devez pas viser les prêtres qui sont ici[32].

Comme les évêques de Québec semblent incapables de lui fournir des candidats qui se rapprochent un peu de cet idéal[33], Provencher prend régulièrement la route de l'Est pour faire connaître son oeuvre et tenter de susciter des vocations. À chaque voyage, il fait un effort supplémentaire d'information à Nicolet qui répond généreusement à ses appels. C'est ainsi que Laflèche et Provencher en viennent à se connaître.

2- La vocation missionnaire de Laflèche

Invité à prêcher la retraite des élèves à l'automne 1843, l'évêque missionnaire en profite une fois de plus pour s'informer des candidats possibles pour la Rivière-Rouge. L'abbé J.-O. Leprohon lui nomme « de prime abord » Charles-Olivier Caron, David Martineau et Louis-François Laflèche[34]. Approché le premier, Caron accepte, au grand plaisir de Provencher; « Ce jeune homme me plaît beaucoup », écrit-il en annonçant la nouvelle à l'évêque de Québec[35]. Quelque temps après, cependant, l'évêque change d'idée, retire sa demande à l'abbé Caron et jette son dévolu sur l'abbé Joseph Bourassa, de Québec[36].

Sur les conseils de l'abbé Thomas Caron, assistant-directeur et professeur de théologie, Provencher fait une proposition à Laflèche qui ne s'y attendait pas[37]. Après en avoir parlé à son ami Thomas Caron et « avoir demandé conseil et avis à qui de droit », — il s'agit tout probablement de l'abbé Leprohon qui a toujours été son directeur sprituel et de l'abbé Jean-Baptiste-Antoine Ferland, directeur et préfet des études, — Laflèche donne son consentement et se prépare immédiatement au grand départ[38]. Il se rend à Québec où, après une préparation rapide, Mgr Pierre-Flavien Turgeon l'ordonne dans la cathédrale le 4 janvier 1844; il célèbre sa première messe, le lendemain, dans l'église de Saint-Roch et il part quelques jours après pour Saint-Grégoire où il agira comme vicaire de l'abbé Jean Harper, lui-même ancien missionnaire dans l'Ouest[39]. Il y demeure jusqu'en avril où, après une der-

---

32. Provencher à Mgr Signaÿ, 13 nov. 1838, BSHSB, III (1913), 8-11, p. 178.

33. Provencher se plaint souvent qu'on lui refuse les "bons" sujets qu'il a dénichés « Je suis affligé, chagrin, mécontent, de toutes les tracasseries qu'on me suscite. Quand je presse on me remet à ce printemps peut-être, ou à l'automne, ou à une autre année, comme si on avait les passages quand on veut. On dirait que cette mission ne les regarde pas. C'est leur ouvrage que je fais à la Rivière-Rouge. Je veux les mettre à l'abri d'embarras pour l'avenir; ils le voient, ils le sentent et tout reste là » (Provencher à Mgr Lartigue, 1er fév. 1831, *Les Cloches de Saint-Boniface*, XVII, 11 (1er juin 1918), p. 142s.). Parmi les candidats approchés par Mgr Provencher, il y a Alexis Mailloux et Charles Chiniquy.

34. Provencher à Mgr Signaÿ, 31 oct. 1843, BSHSB, III (1913), 8-11, p. 219.

35. Le même au même, 6 nov. 1843, *ibid.*, p. 221.

36. La raison de ce retournement est sans doute le mauvais état de santé du candidat (le même au même, 18 avril 1844, *ibid.*, p. 232s.).

37. Le même au même, 30 oct. 1843, *ibid.*, p. 219.

38. Le même au même, 6 nov. 1843, *ibid.*, p. 221. Laflèche quitte en décembre sa classe de rhétorique où il est remplacé par l'abbé Léon Provancher qui enseignait en belles-lettres; François-Octave Hébert vient du grand séminaire de Québec pour agir comme régent à la salle (Douville, *Histoire du Collège-Séminaire de Nicolet*, II, p. 38*).

39. *Les Mélanges religieux*, 7, 19 (7 janv. 1844), p. 137. À la première messe de Laflèche, le sermon de circonstance est prononcé par l'abbé Bernard O'Reilly qui « a prêché un discours pathétique à l'occasion et a fait allusion à la sublime carrière du missionnaire à laquelle allait se dévouer celui qui pour la première fois offrait le saint sacrifice». Le nouvel ordonné devient, pour quelques mois, vicaire à Saint-Grégoire; il y seconde l'abbé Jean Harper, ancien missionnaire de l'Ouest, qui l'initie aux problèmes des missions (Albert Tessier, *Louis-François Laflèche, Sa vie missionnaire, 1844-56*, Trois-Rivières, Ed. du Bien public, (s.d.), p. 7). Malgré les craintes du curé de n'en avoir « qu'un bien faible secours » parce que «les Acadiens, beaucoup plus que les Canadiens, n'aiment pas à changer de confesseur» (J. Harper à Mgr Signaÿ, 11 janv. 1844, AETR, *Ursulines de Trois-Rivières*, II, G-10), Laflèche exerce les fonctions de vicaire, s'initie ainsi au ministère et permet au frère du curé d'éviter de se rendre lui-même à Saint-Grégoire (C. Harper à Mgr Signaÿ, 29 janv, 1844, *Lettres des directeurs aux évêques*, IV, pp. 88-90).

nière visite à ses parents et à son *Alma Mater,* il s'embarque pour la Rivière-Rouge [40].

Qu'est-ce qui pousse Laflèche à suivre Mgr Provencher? En d'autres termes, qu'est-ce qui explique sa vocation missionnaire? Lui-même aurait laissé entendre, au dire de dom Paul Benoît, le biographe de Mgr Alexandre-Antonin Taché, qu'il avait été touché par ces paroles mélancoliques de l'évêque de l'Ouest: « Je ressemble à un chêne qui demeure seul debout au milieu d'une plaine où l'orage emporte tous les autres arbres [41] ». Les biographes de Laflèche ajoutent qu'il

> ressentit soudain avec une grande force, avec une parfaite clarté, comme un appel du ciel même, le désir de seconder cet admirable ouvrier de l'Évangile, de réduire au moins par sa présence le pénible isolement d'un serviteur si méritant de l'Église. Il osa confier sa résolution à l'apôtre qui, tout en bénissant Dieu de cette faveur inespérée, le serra longuement sur son coeur [42].

Si la vérité est plus simple, — c'est Provencher qui fait les premières avances à un Laflèche surpris, — elle ne nous défend pas de penser que le jeune séminariste a pu être attiré par l'exemple du courage de l'évêque ou pris de pitié pour cet apôtre presque laissé à lui-même. Le désir de servir l'Église et de répandre son influence en cette contrée lointaine, d'où elle pourra rayonner dans toute l'Amérique, l'a probablement influencé, même si la théorie du messianisme ou de la mission de la «race» française n'est pas encore élaborée. De plus, tout au long de ses études, il a fait preuve d'un esprit pratique davantage enclin aux expériences concrètes, comme celles des missions. A-t-il senti monter en lui le goût de l'aventure? Ce n'est pas impossible, puisque plusieurs de ses ancêtres et de ses coparoissiens et même son frère Édouard avaient été voyageurs dans les Pays d'En-Haut [43]. N'oublions pas non plus l'influence de sa mère. Fille d'une métisse, elle lui parlait souvent de la grand-mère indienne, suscitant chez lui un intérêt profond pour le pays de l'Ouest; chrétienne convaincue, elle lui a inculqué un goût de la religion et du dévouement, une piété profonde, un sens du devoir, un amour du prochain, toutes qualités que Provencher demande justement à ses missionnaires [44]. En faisant sa démarche auprès de Laflèche, l'évêque du Nord-Ouest a sans doute réveillé ces forces latentes; comme Laflèche a toujours été discret sur lui-même, nous ne pouvons que le conjecturer. Par contre, nous pouvons constater que, sans s'en rendre compte encore, Provencher a mis la main sur un candidat qui se rapproche du missionnaire idéal: il est très instruit, il parle anglais et a des facilités pour apprendre les langues; débrouillard, il a en plus une bonne connaissance de l'astronomie et du chant et il peut tout faire de ses mains; il a bon caractère, communique facilement avec les autres et promet d'être un éloquent prédicateur. Son seul défaut semble son jeune âge, que les années et les responsabilités se chargeront de corriger très tôt!

---

40. Avant de partir pour l'Ouest, Laflèche met ordre à ses affaires temporelles. Le 25 janvier 1844, il abandonne sa part de droits seigneuriaux sur le fief Sainte-Marie (« Cession de Messire Louis François Richer Laflèche Prêtre à Louis Richer Laflèche et à Son épouse Ses père et mère et à François Augustin Richer Laflèche », 25 janv. 1844, AJTR, *gr. Louis Dury*, no 2635); il rédige son testament le même jour (« Testament de Messire Louis François Richer Laflèche Prêtre », 25 janv. 1844, *ibid.,* no 2634).

41. Paul Benoît, *Vie de Mgr Taché, archevêque de St-Boniface,* t. I, Montréal, Beauchemin, 1904, p. 53.

42. Arthur Savaète: *Voix Canadiennes, Vers l'Abîme,* t.X, p. 31. C'est dans cet auteur que nous trouvons, écrit dans un style hagiographique, le récit traditionnel qui sera repris par la plupart des auteurs.

43. Par exemple, le père de sa grand-mère, Louis-Joseph Gastineau, avait passé cinq ans dans l'Ouest; son cousin, Louis Richer-Laflèche, fils de Pierre, a fait fortune comme voyageur des Pays d'En-Haut; son frère Édouard est mort au Wisconsin en 1836.

44. Au dire de Mgr J.-S. Brunault, évêque de Nicolet, « sa (de Laflèche) soif des âmes, son amour des missions lointaines, il doit tout cela à sa pieuse mère et au Séminaire de Nicolet » (Mgr Brunault, « Le jugement de Mgr Plessis sur Mgr Provencher », *Les Cloches de Saint-Boniface,* XXI, 2 (fév. 1932), p. 27).

3- Le voyage à la Rivière-Rouge

Laflèche quitte Saint-Grégoire le mardi 16 avril 1844, « par un temps sombre et chemins mauvais[45] »; sa première étape est Trois-Rivières, où il attend vainement son compagnon, l'abbé Joseph Bourassa, de Québec et où, pour se consoler d'une « couple de jours assez ennuyants », il assiste à l'examen trimestriel des élèves du monatère des ursulines. Il part enfin pour Montréal le vendredi 19 avril, toujours par des « chemins affreux », et il arrive à destination le lendemain vers 19 heures. Reçu à bras ouverts à l'évêché, où on lui fait présider les offices de l'église Saint-Jacques le dimanche, il est rejoint par l'abbé Bourassa le 22. Dès lors, les préparatifs s'accélèrent. Un premier canot, celui de D. McPherson, bourgeois de la compagnie de la baie d'Hudson, quitte Lachine le 24 avec à son bord quatre religieuses soeurs grises qui vont fonder une première mission à Saint-Boniface[46]. Jusqu'au 26 avril inclusivement, Laflèche et son compagnon occupent leurs journées aux visites et aux derniers préparatifs du voyage, pendant que Mgr Provencher se remet d'une indisposition.

Le départ est enfin fixé au samedi midi 27 avril. « Par un temps magnifique et au milieu des applaudissements d'environ 250 à 300 personnes accourues de toutes parts », deux canots prennent la route de l'Ouest; dans le premier ont pris place le gouverneur George Simpson et Mgr Provencher, Laflèche et Bourassa occupent le second. Comme à l'accoutumée, l'équipage de chacun des canots se compose d'un guide indien et de sept Canadiens français dont un sert de « gouvernail[47] » et les autres de rameurs; ils impressionnent Laflèche, qui note dès la première journée de voyage: « L'ardeur de nos voyageurs me rappelait la course des galères d'Enée ».

L'itinéraire est celui des voyageurs des Pays d'En-Haut. Par les rivières Outaouais et Mattawa, le lac Nipissing et la rivière des Français, les canots atteignent les grands lacs Huron et Supérieur, avant de traverser le Bouclier canadien par une série de lacs et de rivières dont la rivière Kaministigoya, la rivière la Pluie, le lac des Bois et la rivière Rouge. En tout, de Montréal à Saint-Boniface, une distance d'à peu près 1 400 milles entrecoupée de 72 portages et d'un nombre presque égal de demi-portages[48].

Le voyage dure 55 jours, dans une nature sauvage et grandiose que Laflèche décrit d'une touche rapide. Il juge les rives de l'Outaouais « assez monotone(s) sans pourtant être désagréable(s) », mais il trouve les « petits villages assez mal bâtis »; Bytown, entre autres, est « un village à peu près comme Nicolet ». Le lac Nipissing, qui paraît « beaucoup plus profond que le lac St-Pierre », est entouré « de rochers arides », de même que le lac Huron dont les bords sont « une véritable désolation (...) en cet endroit »; quant au lac Supérieur, il offre « une suite de rochers plus ou moins pittoresques qui en s'avançant dans le lac forment autant de baies dont les unes ont jusqu'à 5 lieues de large ». En approchant du fort William, « les montagnes offrent un aspect plus pittoresque » et, au-delà, la forêt devient plus variée et le terrain plus propice à la culture, ce que Laflèche note avec joie jusqu'à son arrivée à Saint-Boniface.

Les voyageurs naviguent tout le jour. Levés « sur les trois heures du matin », ils jettent immédiatement le canot à l'eau et s'embarquent; ils n'en descendent que pour les repas, les

---

45. Laflèche, *Journal d'un voyage à la Rivière-Rouge*, p. 1, ASTR, B2 M 114-3. Le texte original est écrit au crayon dans un calepin usagé, à moitié rempli de problèmes de mathématiques; il est devenu presque illisible. Nous nous servons de la transcription faite, en 1939, par les abbés Albert Tessier et Georges Beaumier (« On a découvert un journal de voyage rédigé par Mgr Laflèche », *Le Nouvelliste,* 20 mars 1939). À moins d'avis contraire, tous les détails du voyage viennent de cette source.
46. Pierre-Jean-Baptiste Duchaussois, *Les Soeurs Grises dans l'Extrême-Nord,* Montréal, Maison-Mère des Soeurs Grises, (1917), p. 30ss.
47. Le «gouvernail» est celui qui tient le gouvernail debout en arrière du canot (Benoît, *op. cit.*, I, p. 62).
48. Ces chiffres sont de Mgr Taché, le meilleur connaisseur de la région (*Ibid.*, I, p. 57).

portages et la halte de la nuit; ils couchent sous la tente, « un toit de maison d'environ 15 pieds de long sur 10 de large et posé sur le sol », dans des lits consistant « en une toile peinturée ou perlas assez large pour l'enfermer par dessous et par dessus », sur lequel « on étend trois bonnes couvertes ». Le soir, après le repas, tout le monde se réunit pour la prière; « C'est un spectacle des plus propres à inspirer la dévotion, note Laflèche, que de voir ces hommes accablés des fatigues de la journée se prosterner et rendre à leur Créateur leur devoir et implorer sa miséricorde, et il est en même temps bien consolant pour nous ».

Quelques incidents viennent briser la monotonie des journées. Les cinq premiers jours, trois voyageurs désertent, mais ils sont facilement remplacés[49]. La belle température du début fait bientôt place aux orages qui emportent les tentes mal fixées en terre[50] ou menacent les canots. Au Sault-Sainte-Marie, Laflèche et Bourassa doivent céder leur place au nouveau gouverneur de la Rivière-Rouge, Alexander Christie, et à sa famille; ils se séparent donc de Mgr Provencher et de Simpson, qui poursuivent leur route, et ils doivent attendre pendant une semaine le canot qui transporte les religieuses; ils passent le temps en assurant le ministère auprès de la population catholique et nommément en faisant 28 baptêmes[51]. Ils font le reste du trajet en compagnie des quatre soeurs grises, « qui manifestent une telle satisfaction du sentiment de sécurité que leur apporte la compagnie des deux prêtres, que ceux-ci en oublient leur déconvenue, et vont se montrer d'une grande utilité[52] ». Ils rendent surtout de grands services à la corpulente soeur Lagrave, quand elle se fait une douloureuse entorse qui l'empêche de marcher. Pour la transporter sur un brancard, Laflèche loue les services de deux « grands Iroquois » du Sault-Saint-Louis, qu'il paie deux louis chacun[53]; dans les portages les plus difficiles, sur les conseils des deux missionnaires, on hisse le brancard au haut des rochers au moyen de cordages; au fort William, Laflèche réussit à vaincre la résistance d'un bourgeois qui s'objecte au transport de la religieuse au-delà de cet endroit[54]. Enfin, dans les cinq ou six derniers jours du voyage, Laflèche se plaint de la « lâcheté » des voyageurs et il termine son journal sur cette note mélancolique:

> Si les voyageurs canadiens se sont fait une réputation d'hommes courageux, ils étaient bien différents de ceux de cette année. On dirait qu'ils ont fait un choix des plus sacreurs du Canada pour monter les canots qui devaient conduire les religieuses à la Rivière-Rouge[55].

Laflèche et ses compagnons arrivent à Saint-Boniface dans la nuit du 21 juin; ils sont reçus à l'évêché par Mgr Provencher, arrivé depuis le 31 mai, qui organise une réception officielle pour le dimanche suivant. Ainsi commence la nouvelle carrière du fils de Sainte-Anne-de-la-Pérade.

4- L'activité missionnaire

Au moment où Laflèche arrive dans l'Ouest, la mission de la Rivière-Rouge vient tout juste d'être détachée du diocèse de Québec et érigée en vicariat apostolique; Mgr J.-N.

---

49. Laflèche à Thomas Caron, 13 mai 1844, *Les Mélanges religieux*, 7, 69 (16 juillet 1844), p. 528.
50. *Loc. cit.*
51. *Loc. cit.*
52. Alice Raymond, « Fondation des Soeurs Grises de Montréal sur les bords de la Rivière-Rouge en 1844 », *Les Cloches de Saint-Boniface*, XLIII, 2 (fév. 1944), p. 41ss.
53. Provencher à Mgr Bourget, 30 juillet 1844, *ibid.*, XVII, 19-20 (1-15 oct. 1919), p. 265.
54. Alice Raymond, *op. cit.*, p. 42.
55. Les religieuses sont moins sévères. Soeur Lagrave écrit à une compagne: « Tous les voyageurs m'appellent la grosse soeur mauvaise, parce que je les sermonne beaucoup, surtout les jureurs; cependant nous n'avons qu'à nous louer de leur conduite à notre égard, ils sont polis et complaisans autant qu'on peut le désirer; ils disent le chapelet avec nous dans le canot, et le soir nous les réunissons à la porte de notre tente pour faire la prière et le mois de Marie; sauf quelques sacres et quelque chansons un peu croustilleuses, le reste va bien » (*Les Mélanges religieux*, 7, 61 (14 juin 1844), p. 466).

Provencher, évêque auxiliaire depuis 1820, en est le premier titulaire tout en conservant le titre d'évêque de Juliopolis *in partibus infidelium*[56].

L'évêque réside au chef-lieu de la mission, Saint-Boniface, situé à proximité du fort Garry, où demeurent les autorités de la Terre de Rupert et du gouvernement d'Assiniboia[57]. C'est encore un modeste village dominé par la cathédrale, une jolie église en pierre de 100 pieds par 44, avec deux tours surmontées de deux clochers, bâtie vis-à-vis du confluent de la rivière Assiniboine avec la rivière Rouge[58]. Plus modeste, l'évêché est une maison de deux étages adossée à la cathédrale; il sert d'habitation à l'évêque et à ses missionnaires, de même que de salle d'école[59].

En 1844, le vicariat apostolique compte quatre missions avec prêtres résidents: Saint-Boniface, Saint-François-Xavier (Prairie du Cheval Blanc), Saint-Paul (baie Saint-Paul) et Sainte-Anne (lac Sainte-Anne). Le nombre des missionnaires est porté à cinq avec l'arrivée des abbés Bourassa et Laflèche et la mort de l'abbé Darveau[60]; ils rejoignent les abbés Thibault, Belcourt et Mayrand. Ils desservent une population d'environ 5 500 âmes, dont 3 175 catholiques; ils dirigent également quatre écoles recevant 140 élèves. Les protestants, d'autre part, ont cinq pasteurs anglicans et quatre ministres méthodistes wesleyens[61].

Même si, plus tard, Mgr Provencher ne tarit pas d'éloges pour la recrue qu'il a découverte à Nicolet, Laflèche ne l'impressionne guère au début.«Ayant négligé de prendre quelques remèdes avant de partir», le jeune missionnaire « a été mal portant une partie de la route[62]»; il faut le garder à Saint-Boniface et lui donner « force médecines » pour le guérir[63]; bien plus, « il paraît distrait » et l'évêque en conclut qu'« il est peut-être douteux qu'il aît le talent des missions[64]». Quinze jours plus tard, cependant, Provencher se ravise et annonce avec joie que « M. Laflèche sera bon partout mais quand il saura la langue du pays[65] ».

Le jeune missionnaire doit donc d'abord et avant tout se lancer dans l'étude du cris, car l'abbé Joseph-Arsène Mayrand ne peut s'éloigner à cause de sa santé délicate et « M. Laflèche ne sachant pas le sauvage ne peut rendre aucun service aux brebis qui ont perdu leur pasteur[66] ». Ce sera son occupation principale de l'automne et de l'hiver, en même temps qu'il fait du ministère à la Prairie du Cheval Blanc où il réside[67].

Les résultats sont plutôt médiocres, puisque, au printemps, Laflèche « ne parle pas encore sauvage »; l'évêque ne l'en envoie pas moins visiter les postes laissés vacants par la mort de Darveau[68]. Le missionnaire quitte Saint-Boniface pour le lac Manitoba et il se rend à la baie des Canards et au Pas où l'arrivée d'un ministre anglican inquiète l'évêque[69]. Laflèche n'y trouve que peu à faire « parce que les sauvages, qui l'avaient attendu jusqu'alors, étaient

56. Lucien Lemieux, *L'établissement de la première province ecclésiastique au Canada, 1783-1844*, Montréal, Fides, (c 1968), pp. 133-136, 475-479.
57. « Notice sur la Rivière-Rouge », *Les Cloches de Saint-Boniface*, XXVI, 5 (mai 1927), p. 113. Le nouveau fort Garry — ou fort de Pierre — n'est pas encore achevé.
58. *Ibid.*, p. 117. « L'église de St-Boniface est sans contredit le plus bel édifice du pays », souligne Provencher.
59. *Ibid.*, XXVI, 8 (août 1927), p. 181s.
60. Sur la mort de l'abbé Jean-Édouard Darveau, assassiné et non noyé, voir A.-G. Morice, *op. cit.*, I, pp. 256-267; Alfred A. Sinnott, « Jean Édouard Darveau, 1816-1844. First Martyr Priest among the Missionaries to the Indians in Western Canada », The Canadian Catholic Historical Association, *Report 1950*, pp. 13-21.
61. Champagne, *op. cit.*, p. 65s.
62. Provencher à Mgr J. Signaÿ, 6 juillet 1844, *Rapports sur les missions du diocèse de Québec*, 6 (juillet 1845), p. 98.
63. Provencher à Mgr Bourget, 30 juillet 1844, *Les Cloches de Saint-Boniface*, XVIII, 19-20 (1-15 oct. 1919), p. 264.
64. Provencher à Mgr J. Signaÿ, 6 juillet 1844, BSHSB, III (1913), 8-11, p. 235.
65. Le même au même, 29 juillet 1844, *ibid.*, p. 238.
66. Provencher à Mgr Signaÿ, 29 juillet 1844, *ibid.*, p. 236.
67. Provencher à Mgr Bourget, 31 déc. 1844, *Les Cloches de Saint-Boniface*, XVIII, 19-20 (1-15 oct. 1919), p. 266.
68. Le même au même, 20 juin 1845, BSHSB, III (1913), 8-11, p. 239.
69. Le même au même, 30 juin 1845, *Les Cloches de Saint-Boniface*, XVIII, 22 (15 nov. 1919), p. 298s. Dans cette lettre, Provencher nuance son jugement et signale que Laflèche « parle peu sauvage ».

partis pour la chasse »; il décide donc de poursuivre jusqu'au fort Cumberland avant de rencontrer, en septembre, les Indiens de la baie des Canards et rentrer à Saint-Boniface. Si la moisson est peu considérable, il n'a pas perdu son temps, car « Il aura dû faire des progrès dans la langue pendant l'été[70] ».

Quand il revient de son voyage, l'Ouest s'est enrichi de deux nouveaux missionnaires, les oblats Pierre Aubert et Alexandre-Antonin Taché. Arrivés le 25 août 1845, ils ont passé les premiers jours à s'initier à leur nouvelle patrie, aider au ministère et, dans le cas de Taché, se préparer à la prêtrise[71]. Provencher a déjà choisi ce dernier pour aller fonder une mission permanente à l'Ile à la Crosse le printemps suivant. C'est un endroit isolé à 56° 25' de latitude nord et 108° de longitude, une espèce de butte de sable entourée de marais et de lacs, le centre d'un immense district où errent des groupes de Montagnais et de Cris au nombre d'environ 2 000 âmes. Peu éloignée de Portage La Loche, grand rendez-vous des brigades de la rivière Mackenzie et de celles du Fort Garry, l'Ile à la Crosse se trouve par conséquent sur la grande voie de l'Ouest et du Nord, et la compagnie de la baie d'Hudson y a construit un fort, c'est-à-dire quelques maisons et des hangars entourés d'une palissade, qui sert de lieu de rassemblement aux Indiens. L'abbé Jean-Baptiste Thibault y est passé au printemps 1845 et y a rencontré 80 familles montagnaises tellement bien disposées qu'il a immédiatement écrit à son évêque d'y envoyer des prêtres l'année suivante[72]. À son retour de voyage, Laflèche est également désigné pour aller établir cette mission lointaine.

En attendant le départ, les missionnaires passent l'hiver à l'étude du sauteux. Sous la direction de l'abbé Georges-Antoine Belcourt et en compagnie de Mgr Provencher, Laflèche et les pères Aubert et Taché s'initient à l'aride et peu agréable langue indienne[73]. Les journées entières y passent: « Il y a classe deux fois par jour et étude assidue le reste du temps. Tout autre étude est mise de côté ». Les missionnaires ne quittent ce travail que pour faire du ministère à Saint-Boniface ou dans les postes voisins[74] ou pour se reposer en faisant de la musique, — « tous ces messieurs sont musiciens », souligne Taché, — ou des promenades en carriole[75]. À ce rythme, le progrès est rapide, même quand Laflèche et Taché sont obligés, pendant un mois, de suivre Belcourt, qui a dû se retirer chez lui à Saint-Paul[76].

Revenus à Saint-Boniface en février 1846, les deux jeunes missionnaires se préparent à regagner leur nouveau poste de l'Ile à la Crosse. Le 18 mars, le «vétéran» Laflèche quitte, le premier, pour le Pas où il doit rencontrer les Indiens au printemps; son expédition tourne court, car il doit revenir sur ses pas, faute de chiens[77]. Mais à quelque chose malheur est bon! Ce contretemps permet à Laflèche et Taché de continuer leurs études de langues, — ils demeurent chez Belcourt jusqu'au milieu de mai, ce qui leur permet d'être témoins de la crue des eaux et des inondations, — et de pouvoir faire le long voyage ensemble[78]. Même ce der-

70. Le même au même, 29 août 1845, *ibid.*, p. 300.
71. Taché est ordonné diacre le 31 août et prêtre le 12 octobre; il fait sa profession religieuse le 13 octobre (Benoît, *op. cit.*, I, pp. 89-91).
72. Provencher à Mgr Bourget, 25 juillet 1845, *Les Cloches de Saint-Boniface*, XVIII, 22 (15 nov. 1919), p. 299.
73. Le loquace Taché commente ainsi son cours de langue: « De toutes les études je vois que celle des langues sauvages est la plus désagréable; il n'y a rien qui puisse y nourrir l'esprit ou le coeur: tout y est d'une sécheresse et d'une aridité à laquelle on ne se résigne que pour l'amour du bon Dieu. C'est là la véritable misère des missionnaires et bien certainement ce qu'il y a de plus pénible dans toute notre vie. (...) il me faut, à moi comme aux autres, surmonter de grandes difficultés » (Taché à sa mère, *ibid.*, I, 17 (1er déc. 1902) p. 401).
74. Provencher à Mgr Bourget, 30 déc. 1845, *Les Cloches de Saint-Boniface*, XIX, 9 (15 sept. 1920), p. 183.
75. Taché à sa mère, 26 déc. 1845, *ibid.*, XXXI, 10 (oct. 1932), p. 237.
76. A.-A. Taché à Louis Taché, 15 juin 1846, *ibid.*, I, 17 (1er déc. 1902), p. 401.
77. Provencher à Mgr Signaÿ, 16 juin 1846, BSHSB, III (1913), 8-11, p. 241.
78. Taché à de la Broquerie, 24 juin 1846, *Les Cloches de Saint-Boniface*, II, 2 (13 juin 1903), p. 13.

nier départ est retardé, parce que le gouverneur Simpson offre des passages gratuits sur les barges de la compagnie[79].

Laflèche et Taché quittent enfin Saint-Boniface le 8 juillet 1846. Ils se rendent à cheval au fort de Pierre où les reçoit Simpson qui leur remet «des lettres de recommandations, pour les bourgeois dont les services pourraient (leur) être utiles[80]». Ils s'embarquent le soir même sur un des deux bâtiments, — l'autre a pour passagers un commis de la compagnie «et un jeune Monsieur du Haut-Canada, qui voyageait, comme artiste, dans ces contrées[81]», — et ils quittent le port immédiatement. Après une traversée sans incident du lac Winnipeg, ils arrivent le 18 juillet à Norway House, sur la rivière aux Brochets; c'est «un dépôt où quelques brigades sont équipées, et où toutes les autres passent pour aller s'équiper à York». L'animation y est grande, comme le constatent les deux missionnaires qui y séjournent jusqu'au 27 juillet. Ils profitent de l'occasion pour faire «une espèce de mission» auprès des hommes de la brigade du lac la Pluie et pour faire quelques baptêmes. Laflèche est atteint, pendant trois jours, d'une dysenterie que «quelques remèdes que nous avions, réussirent à arrêter».

Le voyage reprend, cette fois-ci, à bord de deux barges «montées l'une par sept rameurs et l'autre par six»; Laflèche et Taché se retrouvent encore ensemble dans la même embarcation, tandis que l'autre transporte Roderick McKenzie, bourgeois de l'Ile à la Crosse et en charge de la rivière aux Anglais, et son fils «qui est à la tête de l'un des postes du même district». Leur compagnie est très agréable et permet de mieux endurer les incommodités du voyage. Le 10 août, les voyageurs arrivent au Pas où Laflèche a déjà séjourné; quelques Indiens, «les larmes aux yeux», témoignent leur peine d'être privés de missionnaire. «Ce spectacle était bien fait pour émouvoir; mon zélé confrère n'y fut pas insensible», note Taché. La brigade atteint le fort Cumberland, le 13; une des barges va y prendre des provisions et Laflèche s'y rend pour administrer un malade et baptiser des enfants. Le 23 août, à l'occasion d'une escale au fort de la Traite, — il s'agit plus précisément d'une «bien petite habitation», — les missionnaires font huit baptêmes et bénissent un mariage. Enfin, après quelques jours de mauvais temps, ils atteignent le fort de l'Ile à la Crosse le 10 septembre. Le voyage a duré 65 jours.

Les quelques Blancs qui vivent à l'Ile à la Crosse reçoivent Laflèche et Taché avec égards et, comme la saison est avancée, Roderick Mackenzie les invite à loger dans le fort jusqu'au printemps. Ils acceptent malgré les inconvénients de vivre «chez les personnes d'une croyance différente[82]». Après avoir rencontré «un certain nombre» d'Indiens qu'ils ne peuvent guère contacter faute de connaître le montagnais, les missionnaires se mettent immédiatement à l'étude de cette langue dont la prononciation «surpasse tout ce que j'avais imaginé de difficultés en ce genre», note Taché[83]; ils n'ont pour maître qu'un aveugle qui

---

79. Provencher à Mgr Bourget, 16 juin 1846, *ibid.,* 10 (15 oct. 1920), p. 194.

80. À moins d'avis contraire, les renseignements et les citations concernant ce voyage proviennent de la même source: Taché à sa mère, 5 janv. 1847, *ibid., XXXII,* 1 (janv.1933), pp. 13-24. Nous trouvons dans le calepin noir déjà signalé (ASTR, B 2 M 114-3) des notes rapides écrites au jour le jour par Laflèche.

81. Il s'agit de Paul Kane (J. Russell Harper, *Paul Kane's Frontier including Wanderings of an Artist among the Indians of North America by Paul Kane,* Austin, University of Texas Press, (c 1971), p. 74). Sur cet artiste irlandais, voir J. Russell Harper, «Paul Kane», DBC, X, pp. 427-432.

82. L'extrême gentillesse de Mackenzie est parfois un fardeau. Il aime converser longuement avec ses hôtes après les repas; pendant le jour, et malgré son infirmité, il monte souvent à leurs chambres pour les entretenir, si bien que, pour éviter une trop grande perte de temps, les deux compères se jettent à genoux dès qu'ils entendent le bruit des béquilles dans l'escalier. Ce qui fait dire au bourgeois: «Ces prêtres sont toujours à prier; les sauvages ont bien raison de les nommer les hommes de la prière» (Benoit, *op. cit.,* I, p. 129).

83. Taché à sa mère, 6 janv. 1847, *Les Cloches de Saint-Boniface,* II, 14 (7 avril 1903), p. 191.

«n'entend pas un mot de Français[84]». Ce sera la principale occupation de l'automne et des premiers mois de l'hiver.

Dès la première année de leur séjour à l'Ile à la Crosse, Laflèche et Taché se partagent, selon leurs capacités, les tâches de la mission. Plus robuste et en meilleure santé, l'oblat se consacre aux voyages lointains; ainsi il quitte son confrère pour le lac Caribou du 9 mars au 15 juin 1847 et pour le lac Athabaska du 20 août au 15 octobre de la même année[85]. Laflèche au contraire mène une vie sédentaire. Il évangélise les Indiens qui vivent dans les environs ou qui résident au fort; il a particulièrement du succès auprès des Montagnais et un peu moins chez les Cris[86];il continue l'étude des langues et, en outre, il s'adonne aux travaux de construction et de jardinage.

Au printemps, en effet, Mackenzie leur avait fait élever, à un mille du fort, une maison de 36 pieds de longueur par 24 de largeur, construite en pièces de bois superposées (logs) à la façon du pays[87]. Il s'agissait maintenant de la rendre habitable. Laflèche s'y applique tout l'été. S'improvisant charpentier et menuisier, il construit, dans l'unique pièce, une espèce d'alcôve pour conserver les Saintes Espèces et deux chambrettes pour les missionnaires. Ce type de maison, pouvant servir à la fois de résidence et de chapelle, sera baptisé la maison-omnibus et se rencontrera dans toutes les missions oblates[88]. Au retour de ses courses, Taché donne un coup de main à son confrère, surtout à l'automne quand il faut préparer l'habitation pour l'hiver

> Pendant plus de 15 jours, écrit-il, M. Laflèche et moi, nous avons pétri de la terre avec du foin; ce mélange porte le nom de torche; appliqué contre les pièces de la maison, il remplace assez désavantageusement le mortier de chaux. Au lieu de ces riches peintures, dont on enduisait les parois de votre palais de Longueil, nous avons, à l'approche des froids, trempé modestement un torchon dans un mélange de terre et de cendre et puis frotté de notre mieux tout l'intérieur de notre chaumière, tant pour la décorer que pour fermer les ouvertures qui semblaient promettre un passage trop facile au froid. Mais voilà que l'air extérieur, mécontent de ce que nous lui refusons l'hospitalité, entrepend de se venger d'une manière bien cruelle; il se niche dans la cheminée et nous renvoie au nez toute la fumée. Après quinze jours de souffrances, nous étions à la veille d'être métamorphosés en jambons; ce qui nous décida à construire une autre cheminée[89].

Malgré ces déconvenues, les travaux sont terminés à temps pour les froids. Les missionnaires ont même l'immense bonheur de pouvoir offrir, dans leur résidence, à McKenzie et sa famille, « des réceptions à en faire venir l'eau à la bouche[90] ».

Laflèche se repose de ces travaux en cultivant un potager et en prenant soin d'une vache. Les pommes de terre qu'il recueille et le peu de beurre qu'il fait permettent de varier le menu et d'« effleurer la surface de nos galettes[91] ». Car ce sont la chasse et la pêche qui four-

---

84. Provencher à Mgr Bourget, 30 juillet 1847, ibid., XX, 3 (15 mars 1921), p. 56. L'évêque souligne le succès de Laflèche: « Il a réussi à apprendre le cris et le Montagnais, ainsi que le Père Taché, depuis son arrivée à l'Ile à la Crosse ».

85. Benoît, op. cit., I, pp. 130-146.

86. A.-A. Taché, Vingt années de missions dans le Nord-Ouest de l'Amérique, Montréal, Cadieux & Derome, 1888, p. 35.

87. Benoît, op. cit., I, p. 147.

88. Ibid.

89. Taché à un père oblat, 16 avril 1848, Les Cloches de Saint-Boniface, XXXII, 4 (avril 1933), p. 93.

90. Taché à sa mère, 27 juin 1848, ibid., II, 30 (28 juillet 1903), p. 374. Taché ajoute cependant: « il suffit de dire que j'étais, dans ces circonstances, le président-en-chef de notre cuisine, jugez du résultat! »

91. Le même à la même, 20 janv. 1848, ibid., II, 21 (26 mai 1903), p. 272.

nissent la base de la nourriture, et très souvent le repas se résume à un plat de poisson sans sel, « cuisiné » par Laflèche[92].

Pendant cette première année à l'Ile à la Crosse, Laflèche est cruellement éprouvé. Des lettres, arrivées du Canada, lui apprennent la mort de sa mère survenue en 1847. De retour de sa mission, Taché note sa peine et son courage: « Sa vertu lui a fait supporter avec résignation une nouvelle qui l'affligeait cruellement. Dans les circonstances où nous nous trouvons, c'est bien sans doute ce qu'un fils peut apprendre de plus cruel[93] ». En même temps, la santé de Laflèche s'altère. Le rhumatisme qui, depuis quelques années, lui tenaille un bras et une jambe empire dangereusement. Il « s'est changé en bosses et depuis en plaies, aussi incommodes que pénibles »; malgré les soins de Taché, Laflèche boite et doit éviter les déplacements; il faut même songer au retour à Saint-Boniface: « si au printemps (1848), il n'y a point de changement, il sera obligé d'aller chercher du soulagement à la Rivière-Rouge », note l'oblat[94]. Le malade prend cependant du mieux pendant l'été et il n'hésite pas à prolonger son séjour à l'Ile à la Crosse[95]. Mais dès qu'arrive l'automne, le mal revient plus fort et le retour à Saint-Boniface est décidé pour le printemps suivant. Le père Henri Faraud est arrivé en juillet 1848 pour le remplacer[96].

La décision de Laflèche afflige beaucoup Taché qui n'a que des éloges pour le compagnon qu'il a connu en 1845. Dans une des premières lettres à sa mère, l'oblat disait: « Mr Laflèche est un de ces charmants caractères qui gagnent l'estime et l'affection de tous ceux qui vivent avec lui[97] ». Les louanges n'avaient pas diminué par la suite envers « ce bon M. Laflèche ». En route vers l'Ile à la Crosse, Taché notait: « (...) il semble que sa bonté augmente en voyage, et je remercie, de tout mon coeur, le ciel de m'avoir donné un pareil compagnon[98] »; après deux ans de travail commun, il écrit encore: « La Mission perd en lui un de ses plus zélés supports, et nous, nous perdons un bien aimable compagnon. Sa résignation au milieu de ses infirmités nous édifie autant que le reste de sa conduite[99] ». Bref, pour le jeune missionnaire oblat, Laflèche est à la fois un modèle et un guide[1], un excellent compagnon et un fidèle ami qu'il voit partir avec chagrin.

---

92. Plus tard, Laflèche aimait raconter l'anecdote suivante: « Pendant que la messe se chantait, la cuisine se faisait dans le même appartement; c'est-à-dire qu'une chaudière contenant le poisson était suspendue dans la cheminée, car il n'y avait pas alors de poêle. Après la post-communion, le célébrant se tourne pour dire: Dominus vobiscum, et voit son chantre en surplis; tenant dans sa main, à l'aide d'un torchon quelconque, la chaudière, agitant le contenu pour l'empêcher de brûler tout en répondant à l'officiant. Les assistants ne voyaient rien de risible là-dedans ni de surprenant dans la manoeuvre. (...) Le P. Taché cependant eut peine à garder son sérieux » (Benoit, *op. cit.*, I, p. 153).

93. Taché à sa mère, 20 janv. 1848, *Les Cloches de Saint-Boniface*, II, 21 (26 mai 1903), p. 272.

94. *Loc. cit.*

95. Provencher à Mgr Bourget, 29 nov. 1848, *ibid.*, XX, 6 (juin 1921), p. 116: des lettres de l'Ile à la Crosse « disent que M. Laflèche (il a lui-même écrit) était à peu près guéri, que les médecins de l'expédition avaient dit que son infirmité n'était pas dangereuse ».

96. Taché à sa mère, 27 déc. 1848, *ibid.*, II, 35 (1er sept. 1903), p. 443; Henry Faraud, *Dix-huit ans chez les sauvages, Voyages et missions*, Paris, Régis Ruffet, 1866, pp. 75-93. L'auteur décrit les lieux et la cabane des missionnaires; il raconte aussi qu'au cours d'une excursion en canot, lui et ses compagnons avaient été menacés par une tempête. Au moment où il se sentait perdu, « M. Laflèche se mit à rire et me dit: Le missionnaire ne meurt point ». Et il conclut: « Protégés en effet par une main invisible, nous atteignîmes heureusement le rivage ». Sur le séjour de Laflèche à l'Ile à la Crosse, voir aussi Germain Lesage, *Capitale d'une solitude*, Ottawa, Ed. des études oblates, 1946, pp. 11-46.

97. Taché à sa mère, 26 déc. 1845, *Les Cloches de Saint-Boniface*, XXXI, 10 (oct. 1932), p. 237.

98. Le même à la même, 18 juillet 1846, *ibid.*, II, 4 (27 janv. 1903), p. 40.

99. Le même à la même, 27 déc. 1848, *ibid.*, II, 35 (1er sept. 1903), p. 443.

1. Taché lui-même le rappelle en 1891: « En arrivant à Saint-Boniface, comme novice à bien des titres, je trouvai un jeune prêtre canadien, qui pendant des années m'a servi de modèle et de guide au milieu des rudes labeurs de notre commun apostolat parmi les sauvages. Ce pieux apôtre s'appelait Louis-François Laflèche [...] » (Taché, « Mgr Laflèche et les Oblats », *ibid.*, III, 3 (mars 1922), p. 51).

Accompagné de Taché jusqu'au fort de Traite, Laflèche quitte l'Ile à la Crosse en juin 1849. C'est la maladie qui le force à abandonner ce poste, mais aussi le désir de Mgr Provencher de faire de lui son coadjuteur et son successeur. L'évêque s'en est ouvert une première fois à Mgr Pierre-Flavien Turgeon, de Québec, le 29 août 1845:

> Je n'ai point d'homme ici, sur lequel je puisse compter, pour mener la machine. Les plus vieux ont je ne sais quoi, peu d'aptitudes pour les affaires d'un diocèse, ils ont plus varloppé qu'étudié. Mr Laflèche pourra peut-être se montrer mais il est jeune il est abstrait, mais bon, il lui faudra des ans, (...). Le pape me dit de charger quelqu'un pour administrer, après ma mort, que ce quelqu'un (vous) ferez connaître à Rome, en présentant sans doute des sujets pour l'épiscopat. Je ne vois personne ici que Mr Laflèche qui n'a que 27 ans, je désire le former pour quelque chose de plus élevé, je voudrais qu'il apprît les langues, parcourut les missions, étudiât à force et il a des talents, (...)[2].

À partir de 1847, il s'oppose vigoureusement aux milieux ecclésiastiques de Québec qui veulent diviser son immense territoire en plusieurs diocèses; il demande plutôt qu'on lui donne un jeune coadjuteur capable de « voyager facilement au loin ». Et il ajoute:

> Celui que je voudrais avoir pour coadjuteur est M. Laflèche, que j'ai emmené dans cette intention, si je vivais assez longtemps pour qu'il parvînt à l'âge requis, il a 29 ans, il en aurait près de 30 quand tout serait réglé. Le R.P. Aubert pense comme moi. Je crois en informer l'évêque de Montréal ou Votre Grandeur (Mgr J.-C. Prince) en son absence. J'ai déjà proposé ce plan aux Évêques de Québec et de Sidyme. On a répondu: il est trop jeune, rien ne presse, vous vivrez encore longtemps[3].

Provencher défend son plan avec énergie et il ne démord pas de son choix de Laflèche; il s'en ouvre à Mgr Bourget:

> J'avais proposé M. Laflèche comme le plus capable de remplir cette place. Il est bien instruit dans toutes les sciences qu'on enseigne dans les collèges. Il est studieux, d'un excellent caractère, sans prétention, il ne sait ce qu'il est à en juger par sa conduite. (...) il parle passablement l'Anglais, entend le Grec, et est un peu initié aux langues sauteuse, crise et montagnaise. Devenu pasteur il pourra se faire entendre de presque toutes ses brebis[4].

L'opposition de Québec l'invite à énumérer encore d'autres qualités de son candidat: « Il est, dit-il, estimé du clergé et du peuple. La Compagnie le considère comme un homme de talent et de grande qualité[5] ». En un mot, il est « l'unique pour ici[6] ».

L'obstination de Provencher triomphe de l'apathie des évêques de l'Est; le 9 avril 1849, ils rédigent une lettre collective à la Propagande pour demander la nomination de Laflèche[7]. Mais au moment même où Rome acquiesce à cette demande[8], Laflèche lui-même lui fait faux bond. Quand son évêque lui dévoile ses projets, non seulement le missionnaire objecte avec force son mauvais état de santé, — il aurait dit: « Vous voulez un coadjuteur

---

2. Provencher à Mgr Turgeon, 29 août 1845, AAQ, *Rivière-Rouge*, II, 229.
3. Le même à Mgr J.-C. Prince, 16 juin 1847, *Les Cloches de Saint-Boniface*, XIX, 12 (15 déc. 1920), p. 238.
4. Le même à Mgr Bourget, 18 juin 1847, *ibid.*, XX, 2 (15 fév. 1921), p. 31s.
5. Le même au même, 30 juillet 1847, *ibid.*, XX, 3 (15 mars 1921), p. 55.
6. Le même au même, 14 juillet 1848, *ibid.*, XX, 5 (15 mai 1921), p. 92.
7. Gaston Carrière, « Mgr Provencher à la recherche d'un coadjuteur », La Société canadienne d'histoire de l'Église catholique, *Sessions d'étude* 37 (1970), p. 82.
8. *Ibid.*, p. 84.

vigoureux et je suis infirme; vous avez besoin d'un coadjuteur qui puisse parcourir à votre place ces immenses régions et je suis plus incapable de voyager avec vous[9]», — mais son mal empire aussitôt[10]. Mgr Provencher n'est pas dupe et note avec lucidité: « Il se complaît dans ses infirmités parce qu'elles l'empêchent d'être Évêque, charge qu'il aurait été difficile de lui faire accepter[11] ». L'évêque en conclut qu'il « ne faut plus penser à lui » et il jette son dévolu sur le jeune Alexandre-Antonin Taché. Après maintes péripéties et difficultés, il le fait désigner comme évêque *in partibus* d'Arath et son coadjuteur pour le diocèse du Nord-Ouest[12].

Même si Provencher prévoit son départ[13], Laflèche demeure dans l'Ouest jusqu'en 1856. Ne pouvant retourner dans les missions lointaines, il dessert, quand sa santé le permet, les Métis de la Prairie du Cheval Blanc. Il accompagne ses ouailles de Saint-Boniface et de Saint-François-Xavier à la chasse au bison en 1850 et en 1851. Cette dernière année, il frôle la mort de près, car son parti est attaqué par une bande de Sioux. Les assaillants, beaucoup plus nombreux que les Métis, encerclent le campement; bien décidés à vendre chèrement leur vie, les Métis organisent un rempart et attendent l'attaque. En surplis blanc et le crucifix à la main, Laflèche se montre partout dans le camp retranché et exhorte tout le monde au courage. Lui-même affronte le combat sans peur. Et le miracle arrive; après plusieurs attaques coûteuses, les Sioux abandonnent la partie et se retirent en disant: « Vous avez avec vous un *Manitou* qui vous défend ». Laflèche commente ainsi l'événement à son confrère l'abbé Thomas Caron, de Nicolet: « Qu'en dites-vous, mon ami, n'est-ce pas là joliment faire le général? Et si le défunt Bonaparte m'eût entendu, ne m'aurait-il pas, en passant, jeté quelque croix de Légion d'Honneur? [14] »

Cependant, il faut prendre garde de restreindre l'apostolat de Laflèche à cet exploit guerrier. À Saint-Boniface même, il ajoute aux diverses tâches du ministère paroissial — administration des sacrements, prédication...[15] — une participation à la direction du diocèse[16] et aux oeuvres d'éducation et de charité de l'évêque[17], la charge de supérieur des religieuses[18]

---

9. Savaète, *op. cit.*, X, p. 337.

10. Laflèche était revenu de l'Ile à la Crosse en moins mauvaise condition que prévu: « M. Laflèche est arrivé bien portant mais cependant boitant du pied gauche. Il ne peut pas appuyer le talon à terre; il n'a pas de plaie et ne souffre pas non plus mais il s'appuie sur le bout du pied et se sert d'une petite canne pour se moins fatiguer quoi-qu'il puisse s'en passer. (...) Il va pourtant de mieux en mieux ». Provencher ne lui révèle pas encore ses projets, car, pense-t-il, « Il profitera de son état pour tout jeter bien loin » (Provencher à Mgr P.-F. Turgeon, BSHSB, III (1913), 8-11, p. 275).

11. Provencher à Mgr Bourget, 29 nov. 1849, *Les Cloches de Saint-Boniface*, XX, 8 (août 1921), p. 152.

12. Tous les détails sont minutieusement rapportés dans Gaston Carrière, « Mgr Provencher à la recherche d'un coadjuteur », La Société canadienne d'histoire de l'Église catholique, *Sessions d'étude* 37 (1970), pp. 71-93.

13. Provencher à Mgr Bourget, 28 août 1849, *Les Cloches de Saint-Boniface*, XX, 8 (août 1921), p. 151.

14. Laflèche à un de ses amis, 4 sept. 1851, *Rapports des missions du diocèse de Québec*, 10 (mars 1853), pp. 50-69.

15. Mgr Provencher donne le témoignage suivant sur le ministère de son vicaire général: « M. Laflèche, propre à tout, et capable de tout, est très estimé. Il était propre à faire marcher la façon des curés du Canada pour les détails et l'instruction ». L'évêque a, cependant, des doutes sur les capacités de Laflèche comme administrateur temporel: « Il (Taché) est propre, dit-on, à mener le spirituel et le temporel; cette dernière qualité ne sera pas la partie brillante de M. Laflèche » (Provencher à Mgr Bourget, 28 août 1849, *Les Cloches de Saint-Boniface*, XX, 8 (août 1921), p. 151).

16. Vicaire général et administrateur en cas d'absence ou de mort de l'évêque (Provencher à Mgr Bourget, 29 nov. 1848, *ibid.*, XX, 6 (juin 1921), p. 116); Laflèche assure l'intérim pendant la maladie et après la mort de Mgr Provencher en 1853 (G. Dugas, *Monseigneur Provencher et les missions de la Rivière-Rouge*, Montréal, Beauchemin, 1869, pp. 282-287), car Mgr Taché ne revient des missions du Nord qu'en novembre 1854 (Benoît, *op. cit.*, I, pp. 285-288).

17. Selon son propre témoignage, Laflèche n'enseigne pas d'une façon régulière, mais il donne des cours privés. Il a ainsi formé le premier arpenteur de langue française de l'Ouest, Roger Goulet (Laflèche à G. Cloutier, 25 janv. 1879, *ibid.*, XXXVIII, 9 (sept. 1939), p. 228).

18. Absent de Saint-Boniface, Mgr Taché se fait remplacer par Laflèche comme supérieur des soeurs grises; le grand vicaire les connaît bien et, depuis 1850, il a enseigné l'harmonium à deux d'entre elles (Léonide Primeau, « Pour le centenaire des Soeurs-Grises », *ibid.*, XLIII, 6 (juin 1944), p. 126 s.).

et un certain prosélytisme auprès des protestants[19]. Son rôle augmente toujours en importance, si bien que, dès 1852, il faut le remplacer à la desserte de la Prairie du Cheval Blanc[20]. Parce qu'il « est le seul qui parle Anglais[21] », il participe de plus en plus, au nom de l'évêque, à l'administration temporelle de la colonie de la Rivière-Rouge. Dès 1850, il est nommé au conseil d'Assiniboia et il est assermenté à la réunion du 5 septembre. Les procès-verbaux de l'organisme indiquent qu'il joue un rôle important à chaque séance; il prend souvent l'initiative des résolutions, il est régulièrement désigné pour faire partie des comités, par exemple, pour étudier l'organisation d'un bac sur les rivières Rouge et Assiniboine, l'achat d'une presse typographique, l'état des lois, etc. Ses nombreuses interventions concernent tout aussi bien l'éducation que la chasse aux loups, la vente des propriétés immobilières, l'adoption des comptes publics et le prix du transport des journaux. Sa dernière proposition a pour objet la nomination d'un arpenteur qui puisse comprendre le français pour traiter avec les « Canadiens », ce qui montre bien le désir de Laflèche d'aider la population métisse et d'éviter à la colonie des occasions d'affrontements sociaux[22]. Son travail est bien vu de tout le monde, assure Provencher. Et, même si le gouverneur Simpson le blâme parfois de témoigner trop de sympathie pour le point de vue des Métis et pas assez pour celui de la compagnie, Laflèche est reconnu pour ses qualités de bon sens, de modération et de dévouement et il n'attire jamais sur lui la suspicion qui pèse, par exemple, sur l'abbé Belcourt, adversaire du monopole de la compagnie de la baie d'Hudson.

Une seule ombre au tableau: l'état de santé de Laflèche qui se détériore toujours. Il boite encore, même s'il a plus rarement des plaies. Par contre, d'autres maux l'accablent: « son estomac ne fonctionne pas bien », signale Provencher en 1851[23]. À partir de 1853, rien ne va plus: « ses infirmités augmentent toujours," constate Mgr Taché[24]. Il faut dès lors se rendre à l'évidence qu'un repos dans le pays natal s'impose.

Laflèche revient dans l'Est une première fois en 1854 dans le double but de se reposer et de régler certaines affaires de famille[25]. Ce n'est qu'un voyage de quelques mois, car il a promis à Mgr Taché de revenir. Celui-ci a d'ailleurs pris soin d'écrire à l'évêque de Québec: « Je regarde la présence de M. Laflèche comme indipensable au bien, et ce serait une peine bien sensible pour moi s'il ne revenait pas, mais il reviendra[26] ».

Laflèche retourne en effet à la Rivière-Rouge en mai 1855, non sans avoir rédigé pour le *Rapport sur les Missions du diocèse de Québec* une étude sur le diocèse de Saint-Boniface. Il fait ce travail avec une certaine répugnance, car il n'a pas ses notes et il n'aime guère « ces sortes de relations ». Il réussit quand même à décrire avec précision cet immense diocèse, l'un « des plus grands du monde », qui s'étend de la Rivière-Rouge aux Rocheuses et de la fron-

---

19. En 1853, Laflèche explique, à Mgr Bourget, le besoin d'un prêtre « parlant anglais »: il y a, dit-il, 40 familles irlandaises et anglaises « sans compter (...) plusieurs protestants qui viennent de temps à autre à notre église ». Il ajoute: « J'ai eu la grande consolation d'en recevoir cinq l'hiver dernier dans le sein de l'église Catholique. Il y en a encore qui ne sont pas très éloignés » (Laflèche à Mgr Bourget, 4 nov. 1853, ACAM, 255.109, *Diocèse de Saint-Boniface*, 853-3). Le même document prouve qu'à l'instar des autres missionnaires catholiques, Laflèche considère les ministres protestants comme des adversaires qu'il juge sévèrement.

20. Provencher à Mgr Turgeon, 6 juillet 1852, BSHSB, III (1913), 8-11, p. 281.

21. Le même à Mgr Bourget, 26 mars 1853, *Les Cloches de Saint-Boniface*, XXI, 3 (mars 1922), p. 58.

22. E.-H. Oliver, éd., *Le Nord-Ouest canadien, son évolution primitive et ses archives législatives,* Ottawa, Imprimeur du gouvernement, 1916, I, pp. 236-276. Obligé « d'être avocat, notaire, charpentier, & & », Laflèche demande à ses amis de l'Est de l'approvisionner en livres de toutes sortes (L.-Z. Moreau à Edmond Langevin, 7 mars 1854, AAR, *Diocèse de Saint-Hyacinthe,* I (1849-1885)).

23. Provencher à Mgr Bourget, 17 déc. 1851, *Les Cloches de Saint-Boniface,* XX, 10 (oct. 1921), p. 194.

24. Taché à sa mère, 23 juillet 1853, *ibid.,* III, 9 (2 mai 1904), p. 119.

25. Il s'agit, sans doute, de questions successorales, même si son père ne décède qu'à l'automne 1855.

26. Taché à Mgr Turgeon, 13 nov. 1854, cité dans Benoit, *op. cit.,* I, p. 288.

tière américaine à la « mer glaciale ». Il consacre plusieurs pages aux Indiens ; règle générale, nous l'avons vu[27], il n'est pas tendre pour les tribus, surtout celles des plaines. Enfin, il brosse un tableau de l'état de la mission en 1854. Il décrit succinctement la paroisse de Saint-Boniface, résidence ordinaire de l'évêque; la « paroisse de la Rivière Sale » (futur Saint-Norbert), encore desservie de Saint-Boniface; la paroisse de Saint-François-Xavier du Cheval Blanc d'où l'on rayonne vers la rivière Esturgeon et le lac Manitoba ; les résidences du lac Sainte-Anne, de Saint-Jean-Baptiste de l'Ile à la Crosse, d'Athabasca et du lac la Biche. Quatre prêtres séculiers y travaillent, — ce sont les abbés Albert Lacombe (il deviendra plus tard oblat), Jean-Baptiste Thibault, Joseph Bourassa et lui-même, — en compagnie de huit pères oblats: François-Xavier Bermond, Jean Tissot, Valentin Végreville, Henri Faraud, René Rémas, Henri Grollier, Augustin Maisonneuve et Mgr Alexandre-Antonin Taché[28]. Que de progrès depuis son arrivée en 1844!

Le texte laisse supposer que Laflèche continuera à travailler dans ce diocèse de mission, mais, dès juin 1856, il part définitivement pour le Canada « allant demander à sa terre natale une santé épuisée par douze années d'un généreux dévouement[29] ».

Conclusion

Les douze années que Laflèche passe dans l'Ouest constituent une étape décisive dans sa vie.

Nommé à Saint-Boniface au moment où la mission prend un nouveau départ grâce à l'arrivée des religieuses et des oblats, Laflèche participe aux expériences et apporte sa contribution aux innovations. L'évangélisation des Indiens est de plus en plus poussée, elle s'étend désormais jusqu'aux tribus du Nord[30] et elle est moins laissée à l'initiative personnelle. Préparés à l'apostolat par l'étude des langues, les missionnaires s'installent en un point stratégique, contactent les Indiens et s'efforcent de les préparer au baptême. Ils remplacent le catéchuménat par une série d'instructions qui comportent l'enseignement des prières les plus usuelles (*Pater, Ave, Credo, Gloria*), des cantiques en langue indienne, des vérités fondamentales et des principaux devoirs du chrétien[31]. Les missions du Nord ont particulièrement connu deux nouveautés: l'établissement de postes permanents et le travail en équipe, et Laflèche est un des premiers à y participer avec son ami Taché.

Ce style missionnaire ne plaît pas à tout le monde. L'auteur de *The Rainbow in the North* (probablement Mlle S. Tucker) accuse les missionnaires de l'Ile à la Crosse de baptiser précipitamment les Indiens: « Au lieu d'instruire les candidats au baptême, on leur donnait un papier contenant le nom des patriarches et des apôtres, la représentation du ciel, des saints, du déluge, du temple de Salomon, etc.[32] ». Beaucoup plus tard, le libéral *Vieux-Rouge* reproche à Laflèche sa méthode trop autoritaire: « Comme autrefois les papes guerriers, il brandissait le crucifix comme si c'eût été un glaive. Il se montrait autoritaire comme un évêque espagnol, et si vous avez lu ses lettres d'alors, vous remarquerez que sa meilleure narration est une description d'une bataille[33] ». Ces jugements passionnés, qui traduisent l'an-

27. *Supra*, p. 44.
28. Laflèche, « Mission de la Rivière-Rouge », *Rapport sur les Missions du diocèse de Québec,* 11 (mars 1855), pp. 118-137.
29. Taché, *Vingt ans de missions...*, p. 79.
30. Provencher constate: « Les sauvages du Nord sont on ne peut mieux disposés. Il faut donc s'avancer pour recueillir cette moisson » (Provencher à Mgr Taché, 30 déc. 1845, *Les Cloches de Saint-Boniface,* XIX, 9 (15 sept. 1920), p. 183).
31. Joseph-Étienne Champagne, *Les Missions catholiques dans l'Ouest canadien,* Ottawa, Éditions de l'Université, 1949, pp. 188-193.
32. Cité dans A.-G. Morice, *Histoire de l'Église catholique dans l'Ouest canadien,* II, p. 339.
33. Vieux-Rouge, *Les contemporains, Série de biographies des hommes du jour,* 2e livraison, Montréal, Filiatreault, 1899, p. 108. L'auteur est Aristide Filiatreault.

tagonisme virulent entre le clergé catholique et les protestants et les libéraux doctrinaires, ne résistent pas à une confrontation avec les documents, mais ils nous permettent de nuancer l'approbation absolue de l'oeuvre de Laflèche par son supérieur Provencher et les éloges dithyrambiques de certains hagiographes. Souvent novices et inexpérimentés, en effet, les missionnaires, et nommément Laflèche, ont dû parfois inventer des méthodes d'apostolat; malgré leur bonne volonté, toutes n'étaient sans doute pas les mieux adaptées au milieu, ce qui explique, en partie, certains échecs et les jugements sévères des missionnaires sur les tribus réfractaires.

De ses années passées dans l'Ouest, Laflèche garde toute sa vie un souvenir ému. Il aime à en parler dans le cercle de ses intimes, et il s'en prévaut pour juger la politique canadienne envers les Métis; ses collègues de l'épiscopat reconnaissent sa compétence dans ce domaine en l'invitant, par exemple, à rédiger leur circulaire en faveur de la colonisation du Manitoba par les Canadiens français[34]. En plus d'entretenir une correspondance régulière avec son ami Taché, Laflèche retourne quatre fois dans l'Ouest — en 1880, 1887, 1892 et 1894 — et il a même quelque velléité de s'y fixer de nouveau. Bien plus, sur son lit de mort, il a encore une pensée délicate pour une Indienne des plaines qui vit à Trois-Rivières[35].

L'influence de l'Ouest dure longtemps parce que c'est toute la personnalité de Laflèche qui a été marquée. Au physique, il conserve jusqu'à sa mort une légère claudication, et sa santé demeure fragile pendant une vingtaine d'années. Le séjour dans l'Ouest l'a révélé aux autres et surtout à lui-même: sa facilité à apprendre et sa débrouillardise étaient déjà connues, mais il les utilise à plein; il fait preuve d'un sens de l'organisation, d'une facilité d'adaptation, d'un souci d'échange qu'il n'avait pas encore eu l'occasion d'exercer. Surtout, cette maturation psychologique se fait harmonieusement, dans un équilibre qui se traduit par un caractère plaisant et une humilité que Mgr Provencher signale avec plaisir. Même au point de vue intellectuel, Laflèche revient de l'Ouest enrichi. Les dernières années passées à Saint-Boniface lui laissent certains loisirs qu'il emploie à la lecture, particulièrement de l'*Histoire de l'Église* de l'abbé René-François Rohrbacher qui deviendra l'assise de son système de pensée[36]. Il réfléchit aux problèmes posés par le voisinage des protestants et l'effet du dérèglement des moeurs sur les Indiens. Même ses voyages à travers les États-Unis[37] lui ouvrent les yeux sur les problèmes de l'émigration canadienne-française et il en rapporte des images qui lui serviront longtemps dans ses interventions à propos des problèmes nationaux[38].

En un mot, en 1844, le jeune abbé, frais émoulu du collège, ne connaît guère ses capacités et il est encore imprégné des idées abstraites puisées dans les études classiques; en

---

34. « Circulaire privée au clergé de toute la province ecclésiastique de Québec », 23 oct. 1871, MEQ, *Son Éminence le cardinal Taschereau,* I, pp. 81-83. Il faut noter, cependant, que Laflèche est un partisan modéré de l'émigration vers le Manitoba.

35. « L'un de ces derniers soirs, Monseigneur fit mander auprès de lui Madame Julie Arcand, une sauvagesse de l'Ouest qui est à l'emploi de M. John Bourgeois, arpenteur, et, dans la langue de son pays, il lui fit ses suprêmes recommandations » (« Mgr Laflèche — Sa biographie, — Sa vie intime, — le jugement de ses contemporains », *Le Trifluvien,* 15 juillet 1898, p. 3).

36. Pendant le concile du Vatican I, Laflèche aurait dit à l'abbé Pâquet: « Dites-moi donc, (...) que vous enseigne-t-on de si extraordinaire au collège romain? Quant à moi, j'ai appris toute ma théologie dans l'Histoire du père Rohrbacher et je suis convaincu que vous n'apprendrez rien de plus au collège romain » (P. Brichet à Moïse Proulx, 21 fév. 1874, ASN, *Succ. Proulx,* V, 50). Est-il nécessaire de rappeler que ce témoignage provient d'adversaires de Laflèche?

37. À partir de 1846, le voyage vers l'Ouest se fait en chemin de fer jusqu'à Saint-Paul, puis, de là, en caravanes, jusqu'à Saint-Boniface; on emploie la même route pour venir dans l'Est.

38. Quand il parle d'émigration, Laflèche rappelle presque toujours ses expériences de l'Ouest (Laflèche, *Quelques considérations sur les rapports de la société civile avec la religion et la famille,* Montréal, Eusèbe Sénécal, 1866, p. 33).

1856, c'est un homme mûr, marqué par la maladie et les difficultés, expérimenté, « mature », ayant développé une vision du monde qui le pousse à reprendre sa place dans le pays qu'il avait quitté, auprès de ses collègues et amis de Nicolet.

CHAPITRE III

Le défenseur de Nicolet
(1856-1861)

(...) cinq années hélas trop courtes.

Laflèche

Le 2 août 1856, le *Journal de Québec* signale à ses lecteurs l'arrivée de Laflèche à Québec et ajoute : « L'affaiblissement d'une santé que tant de travaux ont compromise, commande le repos de ce digne apôtre des nations sauvages. Il se retire au Collège de Nicolet, où l'attendent de plus calmes occupations[1] ».

À 38 ans, Laflèche ne saurait évidemment prendre sa retraite. D'autant moins que les autorités de Nicolet comptent beaucoup sur les talents de cet ancien élève et professeur, qui a déjà fait ses preuves. Le séminaire, en effet, est encore aux prises avec des difficultés nombreuses. La création du diocèse de Trois-Rivières en 1852, dont dépend maintenant l'institution, a suscité des remous et soulevé des problèmes. L'évêque, Mgr Thomas Cooke, a rencontré beaucoup de réticences en voulant percevoir la taxe du dixième pour financer les projets du nouveau diocèse[2] ; il s'est surtout aliéné les directeurs de Nicolet en laissant circuler la rumeur d'un transfert possible du collège à Trois-Rivières et, en cas d'échec, de la fondation d'un séminaire dans la ville épiscopale. Même la question de l'affiliation du collège à la nouvelle université Laval, de Québec, soulève une certaine opposition des autorités nicolétaines. Tous ces problèmes, Laflèche est appelé à les vivre en union avec ses collègues pendant les cinq années qu'il passe dans son *Alma Mater*.

1- Les tâches de Laflèche à Nicolet

En 1856, Laflèche retrouve un collège qui, pendant son absence, avait frôlé la faillite et ne l'avait évitée que par un nouvel esprit d'équipe. De 1847 à 1850, en effet, le nombre des étudiants baisse au point qu'on songe à fermer la maison[3], et il faut se rendre à l'évidence

---

1. *Le Journal de Québec*, 2 août 1856, p. 2.
2. Par cette taxe, chaque curé ou missionnaire était contraint de verser à l'évêque 10% de ses revenus ; nous étudions le problème au chapitre suivant.
3. Douville, *Histoire du Collège-Séminaire de Nicolet*, I, p. 330.

que « les jeunes gens ainsi que leurs parents n'aiment plus Nicolet, et (que) l'opinion publique, malgré (les) efforts, est contre la maison telle qu'elle est tenue[4] ». Tout est mis en oeuvre
pour arrêter cette désaffection: l'abbé J.-Bte-A. Ferland donne une impulsion nouvelle aux
études; on change le règlement des élèves pour y introduire le système des quart-pensionnaires; on forme une corporation interne, etc.[5]. De plus, grâce à l'insistance de
Ferland et des autres directeurs, le personnel change moins souvent; si les ecclésiastiques
sont encore mobilisés pour l'enseignement et la surveillance, un certain nombre de prêtres
consacrent de longues années au collège et y créent un esprit de corps de plus en plus fort.
C'est le cas de l'abbé Charles Harper, procureur de 1828 à 1869, et des abbés Thomas Caron,
A.-N. Bellemare, F.-L. Desaulniers qui sont dans la maison quand Laflèche y arrive et aux-
quels viennent se joindre dans les années suivantes les abbés J.-A.-I. Douville, Isaac Gélinas,
M.-G. Proulx, J.-N. Héroux et plusieurs autres.

Laflèche s'intègre à cette équipe d'abord comme professeur. Pendant l'année scolaire
1856-57, on lui confie l'enseignement des mathématiques aux élèves de la classe de philosophie et, l'année suivante, celui de la philosophie intellectuelle alors que l'éternel sous-
diacre Desaulniers se consacre de plus en plus aux sciences. D'ailleurs, à partir de ce moment, on fait une séparation entre la première et la seconde année de philosophie, la première
étant vouée à la philosophie et aux mathématiques, la seconde à la physique et aux autres
sciences[6]. Basé sur le manuel de l'abbé Jérôme Demers, son enseignement philosophique est
entièrement conforme aux traditions de Nicolet[7] et il dure trop peu longtemps pour savoir si
Laflèche aurait eu tendance à le changer. Dès la fin d'octobre 1857, le nouveau professeur de
philosophie est en effet appelé à remplacer, au poste de préfet des études, l'abbé Charles-
Olivier Caron que son évêque rappelle à Trois-Rivières pour servir d'aumônier aux
ursulines[8]. À cause de sa santé chancelante, il renonce bientôt à l'enseignement.

Laflèche se consacre à sa nouvelle fonction avec ardeur et imagination. À l'exemple
de l'abbé Ferland, qu'il avait bien connu, il donne une nouvelle impulsion aux études.
Payant de sa personne, il visite assidûment les classes, contrôlant jusqu'au plus petit détail et
surveillant les progrès de chaque élève en particulier. Il révèle son sens de l'organisation et de
l'ordre en mettant sur pied un système d'examens périodiques qu'il préside lui-même et en introduisant la coutume d'en faire un rapport détaillé devant l'ensemble de la communauté
collégiale, avec lecture des rangs, des points et des notes. Il prend un soin tout spécial des
bibliothèques des professeurs et des élèves. Enfin il organise les archives de la préfecture des
études, où seront désormais conservés les listes et les rapports de classes de même que les
cahiers spéciaux consacrés aux résultats des examens et aux palmarès de chaque année[9].

D'une façon plus particulière, Laflèche met tout en oeuvre pour intéresser les élèves,
surtout aux sciences mathématiques et physiques. Par exemple, il utilise ses talents de
bricoleur pour construire, dans le jardin du collège, une représentation à l'échelle du système
planétaire accompagnée de cartes et de tableaux astronomiques. « Tout était l'oeuvre des

---

4. Thomas Cooke à l'évêque de Québec, 23 mars 1850, cité dans *ibid.*, I, p. 370. « Peut-être que le temps fera disparaître peu à peu cette espèce d'antipathie, assurément sans fondement; car Messieurs les directeurs paraissent
  s'acquitter de leurs devoirs, la maison est propre, les alentours agréables, personne ne se plaint de la nourriture.
  Si les enfants et les parents préfèrent d'autres collèges à celui de Nicolet, c'est pour nous un mystère ».
5. Sur toutes ces réformes, voir *ibid.*, I, pp. 310-400.
6. Claude Lessard, *Le Collège-Séminaire de Nicolet, 1863-1935*, Université Laval, thèse de doctorat, 1970, pp. 152-
  154.
7. *Ibid.*, p. 154.
8. Les réticences de Caron à accepter la nomination et à quitter Nicolet montrent bien son attachement à la
  maison: Mgr Cooke à C.-O. Caron, 20 oct. 1857, AETR, *Ursulines de Trois-Rivières*. II, H-3; le même au
  même, 24 oct. 1857, *ibid.*, II, H-4.
9. Sur ce point, nous suivons de très près Douville, *op. cit.*, II, p. 10.

mains de M. Laflèche, écrit Douville; il n'avait rien épargné pour faire de ce planétaire un bel ornement du jardin, et surtout très instructif pour les élèves[10] ». Plus modestement, le préfet des études se repose des travaux intellectuels en embellissant la cour des élèves. Ainsi, il y comble un fossé que les étudiants avaient baptisé le *Styx* et il y plante une rangée de pins; « Ce fut, écrit le même historien du séminaire, une grande amélioration pour le parterre que l'enfouissement de ce fleuve infernal, comblé dans toute sa longueur, pour faire place à une belle promenade bordée de pins, qui atteignent aujourd'hui (1903) des dimensions majestueuses[11] ».

Les collègues de Laflèche apprécient son travail et ils reconnaissent sa valeur en l'élisant, en 1859, supérieur pour trois ans[12]. Dans ses nouvelles attributions, il succède à son ami Thomas Caron qui occupait le poste depuis 1855 et qui devient directeur des élèves. Le choix est d'autant plus révélateur que le nouveau supérieur devra mettre en application les directives consécutives à la nouvelle incorporation obtenue en 1858 et que le collège fait face à de nouvelles difficultés qui menacent sa survie. On considère Laflèche comme l'homme tout désigné pour prendre la tête du mouvement de défense. Car, comme le souligne l'abbé Douville, qui a vécu ces années au début de sa carrière d'enseignant: « Ses grandes connaissances, sa remarquable lucidité d'esprit et son rare talent d'exposition, ses fortes et profondes convictions, son éloquence surtout et son urbanité, charmaient et attiraient[13] ». Pouvait-on trouver meilleur défenseur de Nicolet?

2- Au coeur des événements

De tous les problèmes que Laflèche contribue à régler, trois principaux se détachent: la nouvelle incorporation du collège, la menace de transfert à Trois-Rivières et la question de l'affiliation à l'université Laval.

La nécessité de rajeunir la constitution de 1821 se fait particulièrement sentir au moment des difficultés de la fin des années 1840. On croit utile de passer les pouvoirs de l'ancienne corporation — composée de l'évêque de Québec, de son coadjuteur, du curé de Nicolet, du grand vicaire et du plus ancien curé du district de Trois-Rivières — à une corporation, dite interne, qui pourra mieux régler sur place les problèmes de la maison. Chargé, dès le 7 septembre 1848, de « la conduite et (du) gouvernement du dit Séminaire avec la surintendance et administration de tous les biens meubles et immeubles[14] », le nouvel organisme, qui regroupe uniquement des prêtres du collège, s'avère plus efficace que le précédent et réussit à sauver le séminaire du désastre. Cette solution laisse cependant une certaine place à l'ambiguïté, surtout depuis la création du diocèse de Trois-Rivières en 1852: jusqu'où va l'autorité de la corporation interne qui n'en continue pas moins à être soumise à la corporation légale? quelles relations aura la maison, située dans le diocèse de Trois-Rivières, avec les autorités du diocèse de Québec?

Dès 1852, les dirigeants du séminaire de Nicolet croient pouvoir clarifier la situation en demandant aux membres de la corporation légale de faire reconnaître, par la législature du Canada-Uni, les changements faits en 1848[15]. Même s'ils ne reçoivent pas de réponse, les

---

10. *Ibid.*, II, p. 2s. L'auteur fait une bonne description du monument.
11. *Ibid.*, II, p. 4.
12. « Ordinairement choisi parmi les hommes les plus influents et les plus distingués du collège, ce sont les membres de la corporation qui en (du supérieur) suggèrent le nom à l'évêque. Ce dernier est libre de refuser cette candidature. Il le fait rarement » (Lessard, *Le Collège-Séminaire...*, p. 17).
13. Douville, *op. cit.*, II, p. 10.
14. « Résolution du bureau de direction du collège de Nicolet », 7 sept. 1848, cité dans *ibid.*, I, p. 365.
15. Texte cité dans *ibid.*, I, p. 420. Les signataires du document sont: Charles Dion, Charles Harper, Charles-Olivier Caron et Thomas Caron.

requérants reviennent à la charge l'année suivante, mais, pour des raisons diverses dont les plus importantes sont la peur d'une certaine hostilité de la Chambre d'assemblée[16] et l'opposition ferme du curé Louis-Théophile Fortier, de Nicolet, la demande, remaniée plusieurs fois, n'est transmise au gouvernement qu'en 1857 et elle est présentée en Chambre en 1858[17].

Dans un long mémoire, Laflèche se charge de défendre le projet auprès des ministres et des députés. Après avoir fait l'historique de la préparation du document, il décrit et réfute l'opposition du curé de Nicolet et des autres prêtres qui s'étaient d'abord élevés contre un premier projet soumis par la corporation légale, puis contre une nouvelle version proposée par les autorités du séminaire; il souligne tout particulièrement l'entêtement de Fortier qui aurait déclaré « qu'il ne consentirait jamais à un changement qui l'exclurait de la nouvelle corporation » et qui refuse son approbation au texte final, même si ses amis ont finalement donné la leur. Dans la dernière partie de son document, Laflèche explique et défend la composition du nouveau bureau de direction du collège: l'évêque de Trois-Rivières, parce qu'il « est plus intéressé que tout autre à sa prospérité, puisqu'il est le seul établissement où son clergé puisse se recruter, et les citoyens du district recevoir une éducation supérieure »; son grand vicaire, au cas où l'évêque, « par maladie, par absence, ou par la vacance du siège, ne pourrait remplir ses devoirs de membre de la Corporation »; cinq prêtres résidant dans la maison pour assurer « un quorum perpétuel de membres internes », ce qui permettra de prendre toutes les mesures nécessaires « sans être dans l'absolue nécessité d'avoir la présence des membres du dehors[18] ». Laflèche se rend lui-même à Toronto, siège du gouvernement, pour, au besoin, défendre le projet et réduire à néant l'opposition du curé de Nicolet ou d'aucun autre. Mais il n'a pas à intervenir et la loi est sanctionnée le 24 juillet 1858[19].

Cette « victoire » règle définitivement la plupart des problèmes internes, mais elle n'est d'aucun secours pour les menaces qui pointent à l'horizon. Une fois de plus, en 1859, le séminaire de Nicolet doit défendre son existence contre un groupe d'habitants de Trois-Rivières qui exigent, pour leur ville, une institution d'enseignement classique soit par le transfert du collège de Nicolet à Trois-Rivières, soit par la fondation d'un nouveau collège qui ferait une concurrence dangereuse à celui de la rive sud.

L'idée vient de loin. Déjà, en 1825, l'abbé Louis-Marie Cadieux, curé de Trois-Rivières, profite de la nécessité de construire de nouveaux édifices à Nicolet pour suggérer le transfert de l'institution dans sa ville, dans « un ancien château devenu caserne et propriété du gouvernement » qu'on obtiendrait sinon gratuitement, du moins « à très bon compte »; il énumère avec enthousiasme les avantages du changement de lieu et repousse toutes les objections avant de conclure qu'« il ne vise qu'à procurer plus d'étendue au grand bien qu'a déjà produit l'établissement du Séminaire de Nicolet » et qu'« il est prêt à tout sacrifier pour le succès de la mesure proposée dans ce mémoire, laquelle fait depuis longtemps l'objet de ses

---

16. Voir, à ce sujet, Mgr Turgeon à Charles Harper, 1er août 1853, *ibid.*, I, p. 423s.
17. *Ibid.*, I, pp. 424-434. Le curé de Nicolet s'objecte parce qu'il sera évincé de la nouvelle corporation. Il entraîne avec lui trois autres prêtres — les abbés Jean Harper, Calixte Marquis et Célestin-Zéphirin Rousseau — qui refusent eux aussi de signer la requête du clergé du diocèse en faveur de la nouvelle incorporation du collège (Mgr Cooke à Mgr Baillargeon, 30 mars 1858, AAQ, 33 CR, *Diocèse de Trois-Rivières*, I, 66).
18. Texte de Laflèche dans Douville, *op. cit.*, I, pp. 434-436.
19. *Ibid.*, I, pp. 436-438. On y trouve le texte de la nouvelle incorporation. Mgr Cooke résume ainsi le travail de Laflèche à Toronto: « Mr Laflèche Ve G[l] député à Toronto a su intéresser un grand nombre de Membres du parlement en faveur de la mesure et aussi les prévenir contre tout essai d'opposition. (...) Mr Laflèche en a profité pour composer une réfutation tout-à-fait satisfaisante, de ces objections; il a su y faire entrer beaucoup de choses qui prouvent que Mr F. n'a pas plus droit qu'un autre Curé d'entrer dans la composition de la Corporation nouvelle. (...) Je crois que vous en serez content. Il aurait pu écrire quelque chose de plus; mais il a préféré le confier verbalement à MM. Turcotte et Desaulniers » (Mgr Cooke à Mgr Baillargeon, 14 avril 1858, AAQ, 33 CR, *Diocèse de Trois-Rivières*, 1,69).

voeux et de ses prières[20] ». Les autorités nicolétaines s'inquiètent à bon droit[21], mais l'évêque de Québec les rassure en spécifiant qu'aucune demande « de bâtir le nouveau collège aux Trois-Rivières » ne lui est parvenue et qu'il ne consentirait jamais à une requête semblable, « pas plus que tout autre membre de la corporation[22] ». Les craintes cessent donc pour le moment.

Elles reviennent à la surface avec les difficultés des années 1847-50. Déserté par la clientèle, endetté, sans âme[23], le collège de Nicolet attire de nouveau la convoitise des Trifluviens qui proposent de vendre l'édifice au gouvernement, « qui le convertirait en pénitencier », moyennant la somme de 25 000 livres « avec laquelle on pourrait non seulement bâtir mais encore fonder un beau collège aux Trois-Rivières[24] »; d'autres proposent d'en confier la direction aux jésuites. Une fois de plus, l'archevêque de Québec met fin aux inquiétudes en écrivant aux membres de la corporation du collège pour les mettre en garde contre tout projet d'aliéner l'édifice du séminaire en vue d'un changement de lieu ou de direction[25].

La création d'un nouveau diocèse, avec siège épiscopal dans la ville rivale, ne peut que raviver les craintes de Nicolet, puisqu'elle apporte un argument de plus aux Trifluviens. Le collège essaie de conjurer le danger en s'opposant au projet et en appuyant une pétition qui demande de fixer à Nicolet le siège du nouvel évêque[26]. Rien n'y fait et le supérieur, Charles Dion, accepte le fait accompli avec plus de tristesse que de politesse:

> Je pense, écrit-il à l'archevêque de Québec, qu'à l'arrivée des bulles de Mgr Cooke, aussi bien qu'à la nouvelle de sa nomination par le Saint-Siège, il faut dire: *Deo gratias.* (...) Si la séparation de ce district du diocèse de Québec est un *débarras* pour Votre Grandeur, ce n'est ni honorable, ni flatteur pour nous[27].

Le nouvel évêque, Mgr Thomas Cooke, continue son appui à son *Alma Mater,* dont il a été un des premiers élèves, et, pendant plusieurs années, il est trop préoccupé par les problèmes financiers pour songer à la fondation d'un séminaire dans sa ville[28]. Mais ses concitoyens trifluviens se chargent de relancer le projet.

Ils y sont entraînés par une véritable fièvre qui s'empare de leur ville en ce moment. Établissement commercial, militaire et administratif depuis le régime français, Trois-Rivières a, pendant deux siècles, beaucoup de peine à se libérer d'une « sorte de léthargie[29] »; jusqu'au milieu du XIXe siècle, elle ne connaît donc qu'un développement assez semblable à celui des gros villages du centre du Québec.

Au début des années 1850, la ville s'industrialise ou, du moins, le désire fortement. Aux divers ateliers qui existaient déjà — forges du Saint-Maurice, fonderies, manufacture de moulins à battre, fabrique d'huile de lin... — s'ajoutent des scieries — le « moulin des Améri-

---

20. Louis-Marie Cadieux, *Mémoire à Monseigneur de Québec,* sept. 1825, ASN, Boîte no 1, *Transfert du Séminaire,* I; Douville, *op. cit.,* I, pp. 173-176.
21. J. Raimbault à Mgr Panet, cité dans Douville, *op. cit.,* I, p. 143.
22. Mgr Panet à J. Raimbault, cité dans *ibid.,* I, p. 144. Mgr Panet dit vrai, puisque Cadieux a présenté son mémoire à Mgr Plessis, décédé le 4 décembre 1825, et que le texte parle d'un transfert et non de construction...
23. Le grand vicaire Cooke écrit à l'évêque: « On s'aperçoit que la corporation n'a plus d'âme. Elle ne fait rien et ne fera rien tant que Votre Grandeur ou Monseigneur l'Administrateur ne viendra pas nous réunir et présider l'assemblée » (Thomas Cooke à Mgr Signaÿ, 23 mars 1850, cité dans *ibid.,* I, p. 370).
24. Charles Harper à Mgr Signaÿ, 11 fév. 1850, *ibid.,* I, p. 371.
25. Mgr Signaÿ à la corporation, *ibid.,* I, p. 372s.
26. *Ibid.,* I, p. 401s.
27. Charles Dion à Mgr Signaÿ, 30 sept. 1852, *ibid.,* I, p. 403.
28. Sur Cooke, voir notre notice « Thomas Cooke », DBC, IX, p. 167s.
29. Raoul Blanchard, *Le centre du Canada français,* Montréal, Beauchemin, 1947, p. 166.

cains », par exemple — , qui profitent de la construction des glissoires pour le bois sur le Saint-Maurice, de même que, plus tard, des fabriques de cercueils, de fuseaux de bois et de gants. Les banques s'intéressent désormais à la ville — trois succursales là où il n'y en avait aucune —, le port s'organise pour l'exportation pendant que les financiers et le gouvernement s'activent pour améliorer le système routier et relier, par chemin de fer, Trois-Rivières à Québec et à Montréal[30]. Cependant, ces améliorations tardent parfois à venir; si une route atteint les Grès dès 1852, le chemin de fer ne fait son apparition qu'en 1879, même si on l'annonce depuis 1854 au moins[31].

Les réalisations sont suffisantes pour créer un climat d'euphorie. La population passe de 4 900 habitants en 1851 à 6 058 en 1860, et la ville commence à s'étendre vers la campagne encore toute proche[32]. L'Ère nouvelle, fondée en 1852 par J.-Napoléon Bureau et Aimé Desilets, se pose en prophète du progrès et elle n'arrête pas de faire des bilans triomphalistes; elle écrit, par exemple, en avril 1854:

> Nous nous apercevons tous les jours du progrès et du développement que prend la ville. La valeur de la propriété foncière augmente rapidement, le salaire des ouvriers s'accroît encore davantage et les produits agricoles s'écoulent activement à des prix exorbitants. L'avenir se montre sous des apparences encore plus favorables que nous les avions soupçonnées[33].

Les journalistes se font les porte-parole à la fois des financiers anglophones — les Hart, Gordon et Baptist, Norcross et Philips, Gilmour... — et de la classe dirigeante de langue française: Antoine Pollet, maire et député de Trois-Rivières, J.-Édouard Turcotte, député de Saint-Maurice, Pierre-Benjamin Dumoulin, député d'Yamaska, auxquels se joignent juges, avocats et autres notables[34]. Ce sont eux, d'ailleurs, qui ont appuyé les autorités religieuses au moment du choix de Trois-Rivières comme siège épiscopal et qui ont conseillé Mgr Thomas Cooke dans l'organisation financière du nouveau diocèse. Un même idéal les anime: faire de leur ville une véritable capitale administrative, commerciale, industrielle, religieuse et éducationnelle[35].

Il ne faut donc pas se surprendre de voir, en 1859, l'Ère nouvelle mener une vigoureuse campagne de presse en faveur de la création d'un collège dans la ville épiscopale; les articles sont signés « Un père de famille », mais tout le monde reconnaît la griffe de l'avocat A.-L. Desaulniers. Pour prouver le droit de sa ville à ouvrir un collège classique, l'auteur aligne avec brio plusieurs séries d'arguments. Il souligne d'abord que la composition sociale de la population — il y a beaucoup de gens de profession et de commerce à Trois-Rivières — incite une grande partie des jeunes à se diriger vers des études classiques; cependant, peu réussissent à le faire, à cause de l'éloignement des institutions établies et du manque de fortune des parents. D'autre part, la ville de Trois-Rivières, centre commercial et judiciaire d'un vaste district, offre de grandes facilités de communication à tous les habitants du diocèse et peut raisonnablement tenter de devenir aussi un centre intellectuel et scientifique reconnu et cesser de retarder sur les autres principales villes du pays, qui ont leur collège

30. *Ibid.*, pp. 167-169; Albert Tessier, *Trois-Rivières, 1535-1935,* Trois-Rivières, Le Nouvelliste, 1935, pp. 156-169.
31. Blanchard, *op. cit.,* p. 168.
32. Hervé Biron, « Tableau de l'Église trifluvienne en 1852 », La Société canadienne d'histoire de l'Église catholique, *Rapport 1951-1952,* pp. 36-38.
33. Cité dans Tessier, *op. cit.,* p. 166.
34. Biron, *op. cit.,* p. 37s. Notons qu'en 1857, il y a, à Trois-Rivières, un juge de la Cour supérieure, dix-sept avocats, six notaires, quatre médecins, quatre banques, et quatre compagnies d'assurances *(The Canada Directory for 1857-58 (...).* Montréal, John Lovell, (1857), pp. 753-760).
35. Biron, *op. cit.,* p. 38; Mgr Cooke à l'évêque de Québec, 17 nov. 1851, AAQ, *Vicaires Généraux,* XII, 147.

depuis longtemps. Enfin, argument suprême, n'est-il pas normal et conforme au droit ec-clésiastique que l'évêque ait son séminaire près de lui?[36]

Les partisans de Nicolet considèrent une fois de plus ce projet comme une menace pour leur institution et ils engagent une longue polémique avec « Un père de famille ». Dans les colonnes de la *Gazette de Sorel* et de la *Gazette des Trois-Rivières,* ils dénoncent le danger de détruire l'oeuvre du séminaire de Nicolet et ils rappellent que la fondation d'un nouveau collège n'a aucune chance de succès en dehors de la coopération de l'évêque et que celui-ci ne peut en faire son oeuvre, puisque le diocèse a déjà des charges plus lourdes qu'il n'en peut porter[37]. La bataille, menée surtout par l'abbé Joseph-Pierre-Anselme Maurault, curé de Saint-Thomas-de-Pierreville, se prolonge pendant des mois et dégénère bientôt en attaques personnelles et en accusations acrimonieuses.

Plus intéressées que tout autre par la polémique, les autorités du séminaire de Nicolet interviennent directement auprès de Mgr Cooke. Au cours de 1859, elles présentent à l'évê-que un substantiel mémoire de 27 pages, rédigé par Laflèche, alors préfet des études, et si-gné également par Thomas Caron, supérieur, A.-N. Bellemare, F.-X. Côté et François Desaulniers. Le document, divisé en 18 chapitres, est une brillante synthèse de la position de Nicolet.

L'auteur répond d'abord aux arguments de l'*Ère nouvelle* par l'absurde ou sous une forme humoristique. À ses yeux, les diverses raisons avancées par « Un père de famille » sont une « arme mal trempée d'un pauvre avocat qui a entrepris de soutenir une mauvaise cause ». L'éducation des enfants pauvres de Trois-Rivières serait facilitée; peut-être, répond Laflèche, mais c'est vrai pour *toutes* les paroisses, et les citoyens de Maskinongé ou de Saint-Stanislas, éloignés du collège et privés de l'enseignement des frères, auraient encore plus raison que les Trifluviens de réclamer un collège. Mais ce n'est pas la vraie question. Là même où un collège existe comme à Montréal, à Québec et à Nicolet, bien peu d'enfants pauvres le fréquentent soit par manque de talent — « il y a, dit Laflèche, dans toute ville et même dans toute paroisse un nombre considérable d'enfants à qui il est impossible de donner les premiers éléments de l'instruction, à combien plus forte raison, de leur donner une éduca-tion classique » — soit par fidélité à leur « vocation ». L'enseignement classique, en effet, n'est pas avantageux pour tout le monde: « L'auteur de la société qui a voulu qu'il fût de son essence d'avoir une hiérarchie, une subordination entre ses membres, a su aussi, dans sa sagesse infinie, par cette répartition inégale, lui préparer des sujets propres à répondre à ses divers besoins ». Les devoirs de l'agriculteur et de l'artisan étant différents de ceux de l'hom-me de profession et de l'ecclésiastique, « le sens commun nous dit qu'il faut à chacun de ces individus une éducation qui le mette en état de répondre aux vues de la Providence sur lui »; de là l'enseignement primaire et industriel ou secondaire pour les premiers et l'enseignement classique pour les autres. Bouleverser ce système ne vaudrait rien, car « tout le monde admet qu'une éducation classique trop répandue est un malheur pour la société ».

Laflèche se gausse ensuite du deuxième argument d'« Un père de famille ». Après l'avoir résumé en ces mots: « Trois-Rivières est une ville: donc il doit y avoir un collège à Trois-Rivières!!! En effet toutes les autres villes ont leur collège! », il n'a aucune difficulté à prouver qu'un très grand nombre de villes canadiennes, américaines et européennes n'en ont pas et que « si par hasard Trois-Rivières avait son collège notre Bas-Canada se trouverait dans un état exceptionnel ! »

---

36. L. Richard, *Histoire du collège des Trois-Rivières,* p. 3s.
37. *Ibid.,* pp. 4-6.

Il fait un sort semblable aux moyens que croit avoir découverts « Un père de famille ». Il lui reproche de « mettre en mouvement l'Église et l'État, le clergé et les *fidèles,* la ville et les citoyens, et jusqu'aux bons Pères Jésuites », et il s'élève avec force contre un appel au « beau sexe » :

> Qui se serait jamais attendu à voir intervenir le beau sexe en cette affaire! Inscrire ainsi sur la pierre fondamentale d'un édifice destiné à devenir l'asile de la piété et des sciences, qu'on va y former de jeunes amants à la galanterie pour y faire la cour avec plus de raffinement aux jeunes demoiselles de Trois-Rivières! Vraiment c'est incroyable!!... et surtout c'est on ne peut plus invitant pour les bons Pères Jésuites.

Redevenant sérieux, Laflèche demande d'élargir le débat, posant deux questions fondamentales: 1° Est-il dans l'intérêt du diocèse et du district de Trois-Rivières d'avoir deux institutions classiques? 2° Est-il dans l'intérêt du diocèse et du district de Trois-Rivières de transférer le séminaire de Nicolet à Trois-Rivières?

À la première question, il répond négativement en insistant sur le danger de partager, entre deux collèges, la clientèle scolaire et les ressources humaines et pécuniaires, « qui ont bien de la peine à rencontrer les besoins les plus urgents de celui qui existe déjà », et de faire ainsi baisser le niveau des études:

> (...) au lieu d'une bonne institution où notre jeunesse se mettrait en état de prendre honorablement son rang dans la société à côté de la jeunesse des autres districts, comme elle l'a fait jusqu'à ce jour, nous n'aurions que deux institutions médiocres où elle recevrait une éducation compromettante qui la mettrait dans une position désavantageuse vis-à-vis de ses jeunes compatriotes.

Même réponse négative à la seconde question sur le transfert du séminaire de Nicolet à Trois-Rivières. Ce serait, concède-t-il, un bon moyen pour épargner aux gens de la rive nord « les légers inconvénients de la traversée du fleuve[38] », mais le remède serait pire que le mal à cause de la situation du nouveau collège. Laflèche devient lyrique et un tantinet malhonnête quand il compare la salubrité de Nicolet aux dangers de Trois-Rivières:

> Quoi! laisser la position de Nicolet si éminemment favorable à la santé des élèves, pour aller sur le *Platon* se mettre au blanc de toutes les épidémies qui viennent visiter le pays! Abandonner nos délicieux bocages où notre jeunesse va avec tant de bonheur dans la belle saison s'inspirer, et s'exercer aux luttes oratoires, pour aller s'enfermer dans une véritable cour de prison! Abandonner notre charmant jardin, où elle étudie avec tant de plaisir et d'une manière pratique la belle science de la botanique, et où elle s'initie peu-à-peu à la connaissance si utile de l'agriculture, pour aller respirer la poussière sablonneuse d'une butte aride! Abandonner l'ombre bienfaisante de nos jeunes pins et de nos plaines, ainsi que notre cour aux exercices gymnastiques au milieu de laquelle trône majestueusement notre quadruple jeu de paume, pour aller sur cette butte désolée sécher sous les ardeurs brûlantes du soleil, contre lesquelles on ne trouveraient seulement pas un pauvre petit sapin pour nous protéger de son ombre! En un mot, abandonner notre maison aux spacieux et salubres appartements, pour aller s'incarcérer dans une vieille caserne de soldats!!

Évidemment, Laflèche ne peut soupçonner qu'il passera les trente-sept dernières années de sa vie dans cet endroit si pollué! Il ajoute cependant des arguments moins discutables: le

---

38. Le fleuve Saint-Laurent a un peu plus d'un mille (1 800 mètres) de largeur en face de Trois-Rivières; on le traverse facilement en canot, puis en chaland ou bateau à vapeur. Dans les débats entre Nicolet et Trois-Rivières, l'argument de la difficulté de la traversée du fleuve est avancé alternativement par les deux camps: tel la trouve un jour dangereuse qui, hier, vantait sa facilité...

transfert occasionnerait un sacrifice pécuniaire d'au moins 21 000 louis et imposerait « un fardeau énorme aux véritables amis de l'éducation »; il entraînerait la suppression du système de quart-pensionnaires, ce qui fermerait la porte du collège « à près d'une centaine d'élèves »; il créerait une perturbation au point de causer une baisse dans le niveau des études, « qui se ferait sentir probablement pendant plusieurs années ».

Après un étalage d'arguments aussi péremptoires, une seule conclusion s'impose à Laflèche; le séminaire de Nicolet doit demeurer la seule institution classique du diocèse de Trois-Rivières et Mgr Cooke, qui a son sort entre les mains, doit « opposer un refus ferme et énergique » au « funeste projet » d'« Un père de famille ».

> Ah! que les ennemis de V.G. ne puissent jamais dire un jour que le premier Évêque de Trois-Rivières a signalé son administration par la ruine d'une institution qui était le plus beau titre de gloire d'un des plus illustres évêques de Québec (Mgr Plessis) et qui devait être un monument éternel de la générosité et du dévouement des évêques et du clergé canadien[39].

Comme les partisans de Trois-Rivières ne démordent pas et annoncent même leur intention de former une corporation laïque pour l'érection d'un collège, Laflèche et ses collègues reviennent à la charge auprès de Cooke en décembre 1859. Refusant d'exposer une autre fois les arguments contraires à la fondation, le nouveau supérieur se contente d'aviser « au moyen propre à le (le projet) neutraliser efficacement et d'une manière convenable »; c'est, à son avis, « une résistance passive, un refus absolu de concours ». On essaiera peut-être d'aller de l'avant quand même, mais les conséquences ne sont pas à craindre: « Quelle confiance les parents catholiques pourraient-ils reposer dans un établissement dirigé par des hommes de toutes les croyances? Où pourraient-ils trouver l'argent nécessaire pour rétribuer les professeurs laïques d'une semblable institution? » Laflèche termine par une nouvelle déclaration de principes:

> Pour nous convaincus comme nous le sommes, qu'une éducation médiocre est la perte d'un grand nombre de jeunes gens, et le fléau de la société, nous sommes bien décidés à ne reculer devant aucun sacrifice et à faire tout ce qui dépendra de nous pour sauver d'un si grand danger une cause à laquelle nous avons consacré notre existence. En agissant ainsi, nous croyons accomplir un devoir que l'honneur et la conscience nous imposent rigoureusement[40].

Mais les événements évoluent trop vite pour que les autorités nicolétaines mettent leur menace à exécution. Le collège de Trois-Rivières est incorporé en mai 1860; ses promoteurs obtiennent du gouvernement les vieilles casernes de la ville et y ouvrent des classes en septembre 1860. Débordé et pour éviter le pire, Mgr Cooke y nomme un prêtre et cinq ecclésiastiques, ce qui lui vaut le titre de co-fondateur du collège de Trois-Rivières. Cet appui, même forcé, de l'évêque empêche Nicolet de contre-attaquer et il lui faut bien accepter les conséquences du fait accompli[41]. Quant à Laflèche, il s'habitue à l'échec...

---

39. *Mémoire adressé à Sa Grandeur Monseigneur l'Évêque de Trois-Rivières par les Directeurs du Séminaire de Nicolet, relativement au projet de fonder un collège dans la cité de Trois-Rivières*, 1859, 27p., ASN, Boîte no 1, *Transfert du Séminaire*, 9; voir de larges extraits dans Douville, *op. cit.,* II, pp. 442-445. Laflèche et les autres directeurs ne peuvent certes réfuter l'argument que les progrès de Trois-Rivières, dans tous les domaines, rendent impensable que cette ville n'ait pas bientôt son collège. Ils le repoussent en brossant un sombre tableau des conséquences de la fondation d'un nouveau collège ou du transfert de celui de Nicolet, et en soulignant qu'un séminaire, situé loin des grands réseaux de communication et dans un village paisible, favorise les vocations.
40. Les directeurs du séminaire de Nicolet à Mgr Cooke, 19 déc. 1859, ASN, Boîte no 1, *Transfert du Séminaire*, 10; Douville, *op. cit.,* I, pp. 447-449.
41. L. Richard, *op. cit.,* pp. 7-56; Albert Tessier, « Fondation du collège des Trois-Rivières (1860) », *Les Cahiers des Dix*, 24 (1959), pp. 168-188; Douville, *op. cit.,* I, pp. 448-450. Il faut noter que le nombre des élèves diminue pendant quelques années à Nicolet, puis reprend sa marche ascendante de 1870 à 1880.

Pendant les mêmes années, une autre question attire l'attention de Laflèche: l'affiliation du collège de Nicolet à l'université Laval. Posé dès 1853 par les autorités de la nouvelle institution universitaire, le problème avait été reporté d'année en année et presque tous les collèges, y compris Nicolet, étaient demeurés indépendants[42]. En juin 1859, le recteur Louis-Jacques Casault adresse trois lettres à Mgr Charles-François Baillargeon « pour lui exposer l'insuccès des démarches précédentes au sujet de l'affiliation des collèges, refuter les objections qui s'étaient produites contre cette affiliation, et le prier d'aviser au moyen de tirer l'Université de l'impasse où elle se trouvait[43] ». Mgr Cooke reçoit copie des documents et les transmet aussitôt aux directeurs du séminaire de Nicolet pour connaître leur avis. Une fois de plus, Laflèche rédige le texte de la réponse. Il est particulièrement clair sur le fond du problème. Trois causes empêchent, à son avis, un plus grand nombre d'élèves de s'inscrire à l'université Laval: le manque d'argent, l'attirance de Montréal, « la répugnance que ces jeunes gens ont à se soumettre aux épreuves préalables à l'admission aux cours ». Si les deux premières échappent à l'influence des collèges, la dernière peut être corrigée par une entente avec l'université. Trois modes d'examen sont possibles: par un seul bureau d'examinateurs à Québec où les élèves iraient subir les épreuves; par un bureau ambulant qui lui-même ou par des « députés » irait faire subir les examens, préparés par lui, aux élèves des divers collèges; par un bureau d'examinateurs dans chaque collège, lequel donnerait les garanties nécessaires et serait sous la surveillance de l'évêque diocésain. « Ce bureau ferait subir les épreuves qu'il jugerait à propos sur les matières exigées par le programme de l'Université, et donnerait des certificats valables pour le diplôme de Bachelier ès arts ». Les deux premiers plans étant remplis d'inconvénients, Laflèche suggère d'adopter le troisième, ce qui permettrait enfin de régler la question de l'affiliation.

Le supérieur de Nicolet ne se contente pas de faire ces suggestions; il profite de la circonstance pour décocher quelques flèches aux Messieurs de Québec. Il rejette d'emblée les plaintes « un peu amères » du recteur contre les collèges classiques et il lui rappelle « qu'il n'est pas le seul à s'intéresser à l'avenir de notre chère jeunesse canadienne, et à déplorer les dangers nombreux et les séductions presque irrésistibles auxquels elle se trouve exposée à son entrée dans le monde ». Si donc « les efforts et les sacrifices des Messieurs de Québec » n'ont pas eu tout le succès mérité, il serait injuste d'en faire porter la responsabilité à quelques directeurs de collèges qui « ont pu différer d'opinion avec Monsieur le Recteur sur les matières de détail »; les causes étaient beaucoup plus profondes. Laflèche reproche également à Casault d'avoir eu si peu confiance dans les professeurs des collèges qu'il n'en avait invité aucun à faire partie de la nouvelle institution et qu'il n'avait même pas cru prudent « de leur donner connaissance de ce projet ».

> Comme si les directeurs des autres Collèges n'avaient pas eu à coeur, autant que ces Messieurs, la conservation religieuse et morale de notre jeunesse; ou que, malgré leur bonne volonté, il ne se fût trouvé personne dans les divers Collèges assez bien qualifié sous le rapport intellectuel et scientifique pour entrer dans la formation du Conseil Universitaire et y être de quelque utilité[44].

42. Honorius Provost, *Historique de la faculté des arts de l'université Laval, 1852-1902*, Université Laval, thèse de maîtrise, 1952, pp. 12-21, 27-37; Léon Pouliot, *Monseigneur Bourget et son temps*, t. V: *Les derniers combats*, Montréal, Bellarmin, 1977, pp. 77-94. Sur les origines de l'université Laval d'où naissent les difficultés de l'affiliation, voir Philippe Sylvain, « Les difficiles débuts de l'Université Laval », *Les Cahiers des Dix*, 36 (1971), pp. 211-234.

43. Douville, *op. cit.*, II, p. 7.

44. Cet argument nous apparaît d'une grande importance. Aux yeux de plusieurs, le séminaire de Québec et les autorités religieuses de l'archidiocèse font preuve d'une morgue et d'un style aristocratique qui prouvent un certain mépris envers les autres collèges. Ces derniers en sont froissés et retardent le plus possible l'obligation de tomber sous la coupe de l'université, contrôlée par le séminaire de Québec. Plusieurs évêques partagent le sentiment de leurs directeurs de collèges. La querelle à propos d'une université à Montréal n'est-elle pas en partie nourrie par cette perception des choses?

Enfin, après avoir relevé certaines remarques du recteur sur la « soumission déshonorante » des collèges au gouvernement[45], Laflèche conclut dans son style déclamatoire habituel :

> Quoi ! parce que les chefs des diverses Institutions classiques du Bas-Canada n'auraient pas cru, dans l'intérêt des établissements qui leur sont confiés, pouvoir accepter un arrangement qu'ils auraient trouvé trop onéreux, faudrait-il que, de dépit, on tentât d'amener la décadence des Collèges canadiens ; et qu'on voulût employer à cet effet une institution qui devait en être le complément et la protectrice bienveillante ![46]

La question de l'affiliation ne se règle pas encore à cette occasion, mais le franc-parler de Laflèche porte des fruits. Quand l'université revient à la charge en 1862, elle publie un long mémoire pour expliquer sa position et réfuter la lettre du supérieur de Nicolet ; faisant preuve de plus de souplesse, le recteur Elzéar-Alexandre Taschereau visite les collèges pour recevoir des suggestions et discuter des diverses solutions. Cette nouvelle approche aboutit au règlement de 1863 qui met fin à une dispute de dix ans[47].

La participation de Laflèche à ces trois dossiers importants nous éclaire sur plusieurs points de sa personnalité. Son leadership naturel s'y révèle de nouveau et il augmente au point de le conduire au poste convoité de supérieur ; l'ancien missionnaire démontre des dons de polémiste dont il usera et abusera si souvent par la suite ; il défend des idées sociales bien représentatives du milieu conservateur où il vit : par exemple, le caractère providentiel de la hiérarchie sociale, l'élitisme des collèges classiques, le rôle prépondérant de l'Église dans l'éducation, etc. Ces thèses, Laflèche les défend avec passion, se servant de toute la panoplie de l'éloquence classique pour débouter ses adversaires ou faire valoir les intérêts de Nicolet. Déjà, sous ce style franc, mordant et parfois humoristique, s'annonce le batailleur des années 1870-80.

3- Le supérieur du séminaire de Nicolet, 1859-1861

La participation à ces débats ne représente qu'une partie de la tâche accomplie par Laflèche comme supérieur de l'institution nicolétaine.

Déjà membre, depuis son retour de l'Ouest, de ce club sélect qu'est le conseil du collège[48], Louis-François Laflèche est désigné par ses pairs pour remplacer son ami et confrère Thomas Caron à l'automne 1859. Pour ne pas laisser en plan le travail de réorganisation des études, il conserve son poste de préfet, ce qui lui donne une autorité très étendue sur l'ensemble de la vie de la maison[49].

Le nouveau supérieur a été trop peu longtemps en fonction pour innover. Comme ses prédécesseurs, Laflèche incarne l'autorité qui doit veiller à l'observation stricte des règles de la corporation et des règlements de l'institution ; responsable de la marche générale de la maison, il veille à tout, même s'il est aidé dans sa tâche par le directeur des élèves et un procureur pour les finances. À lui incombe, par exemple, d'expliquer et de défendre les déci-

---

45. « Si au lieu du beau et riche Collège de Québec, il se trouvait à la tête d'un établissement qui a eu à lutter contre les obstacles de tout genre, et dont la gêne pécuniaire n'était pas le moindre, (...) il ne regarderait pas comme une soumission déshonorante l'acceptation de l'aide bienveillante du gouvernement en faveur des maisons d'éducation classique ».
46. Les directeurs du séminaire de Nicolet à Mgr Cooke, 8 oct. 1859, Douville, *op. cit.*, II, pp. 11-15.
47. *Ibid.*, II, pp. 16-18.
48. Il faut être prêtre pour siéger au conseil et les mêmes personnes s'y retrouvent pendant très longtemps ; le cas de Thomas Caron qui, de 1850 à 1878, assume à intervalles réguliers les postes de directeur, de supérieur et de directeur du grand séminaire n'est pas unique à Nicolet ni dans les autres collèges classiques de la province.
49. Seul l'abbé Ferland avait déjà été simultanément supérieur et préfet des études, au XIXe siècle ; à Nicolet, les supérieurs conservent plutôt la charge de directeur des élèves (Douville, *op. cit.*, II, p. 35* - 121*).

sions du conseil ou de ses collaborateurs dans le cas d'expulsion d'un élève[50] comme dans celui du refus d'un allègement des frais de scolarité[51].

Cette sollicitude, Laflèche l'exerce, en 1859-1860, sur une communauté qui comprend 7 prêtres, 12 professeurs (en plus des prêtres), 11 régents, 30 étudiants en théologie[52], et 224 élèves au secondaire[53]. Déjà reconnu pour sa fermeté[54], le supérieur ne permet aucun relâchement dans la discipline, bien au contraire. Si l'on se fie à une série d'incidents qui se produisent en janvier et février 1860, la sévérité semble s'accentuer, si bien que les élèves décident de protester. Jugeant les régents « trop durs », ils font « quelques tentatives de révolte » et menacent de chasser le directeur de la salle d'étude s'il s'y montre, car « ce M. (Thomas Caron) favorisait toujours les maîtres »; après une enquête serrée, Laflèche et son conseil décident de chasser le meneur, Eugène Rousseau, frère du curé de Sainte-Monique[55]. Laflèche corrige avec la même rigueur des désordres qui sévissent au sein de l'Académie du collège; sachant pertinemment que Joseph Bouchard avait voulu former un « parti d'opposition », il le chasse de la société en même temps qu'Onésime Caron qui l'a secondé; après ce coup de théâtre, il exhorte les autres membres à demeurer unis[56]. Le moins qu'on puisse dire, c'est que le laisser-aller n'est pas à la mode pendant l'administration de Laflèche.

Ordre, discipline, amour du travail, telles sont les vertus que le supérieur et son équipe veulent inculquer aux élèves. Ce sont des objectifs anciens, mais ils prennent un relief nouveau grâce à l'encouragement constant de Laflèche. C'est vrai surtout des études qui sont revalorisées par la réorganisation déjà entreprise par le préfet et aussi par l'amélioration de la bibliothèque. Avant Laflèche, celle-ci est assez négligée par les autorités; déjà riche de 10 000 volumes, elle est peu utilisable par manque de locaux et de classification, lacunes qu'il va corriger pendant son administration[57]. Il le fallait bien pour concurrencer le nouveau collège de Trois-Rivières...

À ces diverses tâches internes, Laflèche ajoute ce qu'on peut appeler les « affaires extérieures »: représenter le séminaire de Nicolet aux manifestations diocésaines et, le plus souvent, y adresser la parole. Deux exemples nous apparaissent particulièrement représentatifs.

Le 29 septembre 1858, les fidèles du diocèse de Trois-Rivières sont invités à « un jour de fête, d'allégresse et d'actions de grâces » à l'occasion de la consécration de la cathédrale. « Fondé par nos deniers, érigé par nos mains », écrit l'évêque, l'édifice fait la fierté des diocésains qui commenceront « à goûter quelques fruits de (leurs) travaux », et son inauguration doit attirer une foule nombreuse de la région et de toute la province[58]. C'est Laflèche qui est invité à faire la prédication en cette circonstance solennelle. Le jour dit, 9 évêques[59], plus de 140 prêtres et « une foule venue de toutes les parties du pays » remplissent la nouvelle cathédrale. La cérémonie commence à 7h30; la consécration proprement dite dure quatre

50. Laflèche à l'abbé C.-Z. Rousseau, 28 fév. 1860, AETR, Registre des lettres, III, 7.
51. Le supérieur s'en explique aux élèves et aux parents ou bienfaiteurs: Laflèche à Alfred Smith, 16 août 1859, ibid., III, 3; le même à l'abbé Joachim Boucher, 27 août 1859, ibid., III, 5.
52. Depuis 1855, il y a, à Nicolet, un grand séminaire qui regroupe des étudiants en théologie qui ne sont ni régents ni professeurs (Douville, op. cit., I, p. 418).
53. Laflèche à Luc Desilets, 5 oct. 1859, AETR, Registre des lettres, III, 6.
54. Voir plus haut, p. 39.
55. Laflèche à C.-Z. Rousseau, 28 fév. 1860, AETR, Registre des lettres, III, 7. Dans le monde fermé qu'est un collège classique de l'époque, de telles « révoltes » surviennent assez souvent; nous en avons décrit une dans « Il y a cent ans... une bénédiction difficile », Revue d'histoire du Bas Saint-Laurent, III, 1 (mai 1976), pp. 12-16.
56. ASN, Registre de l'Académie, I, p. 49.
57. Lessard, Histoire de l'éducation au Séminaire de Nicolet, p. 190s.
58. Mgr Cooke, Lettre pastorale de Mgr l'Évêque des Trois-Rivières annonçant la consécration de la cathédrale, 13 sept. 1858, 5p.
59. Bourget, Prince, Baillargeon, de Charbonnel, Guigues, La Rocque, Farrell, Horan et Cooke.

heures et elle est suivie d'une messe pontificale. Au moment du sermon, Laflèche se rend compte de la longueur de l'office et demande à son évêque de laisser tomber son allocution, mais Mgr Cooke insiste pour que son grand vicaire s'exécute; celui-ci le fait de bonne grâce et, note l'annaliste des ursulines de Trois-Rivières, « pour la première fois il monta dans cette chaire qui retentira si souvent plus tard de sa noble éloquence[60] ». Grâce à quoi l'office ne se termine qu'à 15 heures un quart[61].

Deux ans après, Laflèche est de nouveau invité à prêcher au même endroit dans une circonstance aussi solennelle. La question italienne et les attaques contre les territoires pontificaux ont mobilisé les catholiques du Québec pendant toute l'année 1860. A l'instigation des évêques[62] et du clergé, se multiplient les prières spéciales, les quêtes, les pétitions et les cérémonies commémoratives. Trois-Rivières n'échappe pas à cette fièvre. En mars 1859, les diocésains sont conviés à signer une adresse au pape pour lui témoigner leur profonde douleur et le texte est acheminé vers Rome le 15 avril accompagné de 80 000 signatures. Le 12 juin de la même année, Mgr Cooke invite de nouveau à la prière et prescrit une messe solennelle *pro pace* pour le mercredi 22 juin[63]. Mais l'apothéose est atteinte avec la cérémonie funèbre, « en l'honneur des glorieux Défenseurs du St-Siège tombés en résistant à l'invasion Piémontaise, en septembre 1860 », tenue en la cathédrale de Trois-Rivières le 17 décembre 1860. Elle fait pendant aux cérémonies semblables organisées dans les villes épiscopales où l'on entend les meilleurs orateurs ecclésiastiques dont l'abbé Antoine Racine à Québec et l'abbé Isaac Desaulniers à Montréal et à Saint-Hyacinthe[64].

C'est Laflèche qui est à l'honneur à cette occasion. Dans la cathédrale, qui « avait revêtu ses habits de deuil[65] » et qui répercutait encore les échos du *Dies irae,* il choisit de parler des combats et des triomphes de l'Église.

Prenant pour thème le texte du PS. II, v. 1: « Quare fremuerunt Gentes, et populi meditati sunt inania? Pourquoi les Nations ont-elles frémi, et les peuples ont-ils formé des complots absurdes? », le prédicateur présente les luttes et les combats comme l'état normal de l'Église — *« Église militante,* c'est-à-dire qui combat » — et, pour affirmer la foi de ses auditeurs et ranimer leur espérance, il leur explique l'intervention triomphante de Dieu en trois circonstances: l'histoire du passé, les événements présents, la question du pouvoir temporel du Saint-Siège.

Dans l'histoire du passé, Laflèche souligne l'action de Satan qui essaie de tuer l'Église dans son berceau en soulevant contre elle les puissants empereurs romains; mais, grâce à

60. [Mère Sainte-Marguerite-Marie], *Les ursulines des Trois-Rivières, depuis leur établissement jusqu'à nos jours.* Québec, Action Sociale, 1898, III, p. 151s.

61. *L'Écho du Saint-Maurice,* reproduit dans le *Journal de Québec,* 2 oct. 1858, p. 2.

62. Mgr Bourget, de Montréal, est comme toujours le plus entreprenant; de février à décembre 1860, il publie huit textes importants sur la situation des États pontificaux (MEM, *4, passim).* Dans le même intervalle, Mgr Charles-François Baillargeon, de Québec, publie cinq documents, mais ils sont beaucoup moins importants (MEQ, 4, *passim).* Ces écrits épiscopaux sont lus dans les églises et reproduits ou commentés dans les journaux. Le *Courrier du Canada* et *l'Ordre,* à la suite de Louis Veuillot, font de la question italienne une question catholique et appuient la version des évêques: le *Pays,* au contraire, exalte Garibaldi et les succès des nationalistes. Sur le sujet, voir l'excellente mise au point de Philippe Sylvain, « Libéralisme et ultramontanisme au Canada français: affrontement idéologique et doctrinal (1858-1865) », W.L. Morton, éd., *Le Bouclier d'Achille,* Toronto, McClelland and Stewart, [c 1968] pp. 227-235.

63. Mgr Cooke, *Mandement de Monseigneur l'Evêque des Trois-Rivières, pour des prières publiques,* 12 juin 1859, 7p.

64. *Cérémonies funèbres dans les églises cathédrales du Bas-Canada* [...], Trois-Rivières, Callixte Levasseur, 1861, p. 1s.

65. « Des tentures noires, artistement distribuées dans la nef et le sanctuaire, en rendaient l'aspect singulièrement sombre et saisissant. Les autels couverts de grandes draperies, la chaire voilée d'un crêpe, les colonnes de l'édifice ceintes de larges banderoles noires jusqu'à leur sommet, tout annonçait la douleur. En face de la chaire, un magnifique catafalque, brillamment illuminé, s'élevait en pyramide, surmonté d'une croix. Dans ce funèbre appareil se peignait visiblement une affliction profonde » *(ibid.,* p. 1).

Dieu, le dessein diabolique est conjuré, « la Religion monta sur le trône, la croix domina le diadème ». Lucifer ne s'avoue pas vaincu, « il suscite trois hérésiarques puissants en paroles et en hypocrisie », mais Arius, Nestorius et Eutichès sont finalement écrasés par la force de raisonnement des saints Pères; « la divinité de J.-C. est solennellement reconnue, et Satan une seconde fois confondu ». Il conçoit alors le dessein de « ravir au Sauveur son héritage ». En premier lieu, « il souffle au coeur d'un homme tristement fameux l'ambition et la haine du nom Chrétien, en lui mettant à la main le redoutable cimeterre », mais Mahomet échoue et les peuples de l'Europe restent dans le giron de l'Église. Lucifer cherche ensuite à diviser le royaume du Christ; il entre dans le coeur d'un moine orgueilleux allemand, en Angleterre il monte sur le trône avec un tyran dissolu, en France « il ne trouve selon ses goûts qu'un repris de justice, que la perversité de son esprit et de son coeur lui recommandait ». Avec une fortune diverse, Luther, Henri VIII et Calvin affaiblissent l'unité de l'Église et pavent la voie au Nationalisme et à la Révolution. Mais Dieu intervient une fois de plus — Napoléon est un de ses instruments — et Satan est de nouveau humilié. « C'est ainsi, conclut Laflèche, que le Seigneur a voulu nous montrer que toutes les fois qu'il lutte, soit contre les hommes, soit contre l'enfer, il est toujours et partout le véritable et l'unique vainqueur[66] ».

Dans une deuxième partie, l'orateur décrit longuement la « nouvelle bataille » dont le monde est témoin. Les combattants sont d'un côté le pape, les évêques, le clergé et « tous les vrais chrétiens », de l'autre, « l'infidélité, le schisme, l'hérésie et l'impiété, triste phalange conduite par des princes qui se disent catholiques sincères, mais qui ne sont que des déserteurs et des traîtres ». Le champ de bataille est le domaine temporel de l'Église, « mais le véritable but de la guerre est l'abaissement de son pouvoir spirituel, la négation de ses droits éternels ».

Brossant l'histoire de l'Europe du Congrès de Paris (1856) au massacre de Castelfidardo (1860), Laflèche y retrouve les « noirs projets » de Satan et dénonce fougueusement Napoléon III, serviteur et esclave de la Révolution, malheureux prince dont la conduite « n'est qu'un tissu de contradictions, une suite d'infidélités à sa parole, qui étonnent et scandalisent les moins clairvoyants »; Garibaldi, « l'homme aux couleurs et à l'équipement du brigand », encore tout couvert du sang français; Victor-Emmanuel, qui « n'eut pas honte de courir sur les lieux prendre, des mains de Garibaldi, les lambeaux du manteau royal d'un frère malheureux et trahi ». Par contre, Laflèche défend vigoureusement la politique de Pie IX et il décrit avec emphase les exploits de Lamoricière et de ses soldats. Une fois de plus, la conclusion est un cri d'espérance et de menace: « Dieu ne permet l'humiliation de son Église que pour faire sentir davantage, quand il s'agira de l'exalter, la puissance de son bras (...) Les foudres des vengeances célestes sont suspendues au-dessus de leur tête[67] ».

La troisième partie de l'exposé est consacrée à prouver que « la question du pouvoir temporel est intimement liée à l'indépendance de l'Église et au bon gouvernement des âmes ». Pour cela, l'orateur appelle à la barre cinq « autorités compétentes ». D'abord, la Providence qui, tout au long de l'histoire, a fait sentir la nécessité du pouvoir temporel des papes, a contribué à le former et a enfin « conservé merveilleusement cette souveraineté, comme un témoignage vivant de son importance ». L'Église apporte le même témoignage par la voix de ses conciles et des lettres encycliques qui fulminent « les plus terribles anathèmes » contre ceux qui touchent aux biens consacrés à Dieu. La raison, de son côté, proclame que « l'indépendance de l'Église, sa libre action pour le salut des âmes demandent que son chef ne soit soumis à personne », ce que confirment des hommes de génie comme Bossuet et Napoléon. La foi et la piété des fidèles y font également écho « par ces milliers de lettres et

66. A. Savaète, éd., *Oeuvres oratoires de Mgr Louis-François Laflèche, évêque des Trois-Rivières,* Paris, Arthur Savaète, [s.d.], pp. 14-21.
67. *Ibid.,* pp. 21-34.

d'adresses sympathiques, envoyées au Souverain Pontife de toutes les parties de l'Univers catholique ». Enfin, suprême témoignage, celui des héros chrétiens dont le sang a coulé « pour la cause de Dieu, de la justice et de la religion ». Ces illustres défunts, conclut Laflèche, ont combattu pour notre mère, il nous faut prier pour eux, « puisque c'est le seul moyen qui nous reste de leur témoigner notre affection, et de payer un si beau dévouement de quelque retour[68] ».

Le discours du supérieur de Nicolet a duré une heure et demie et fait grande impression sur l'auditoire.

> On était suspendu à ses lèvres. La précision, l'énergie du langage le disputait à la justesse des idées, à la force du raisonnement. Il était si clair que les moins instruits des événements et des questions du jour le comprenaient sans peine, si vrai et si élevé dans ses appréciations et ses réflexions que les hommes éclairés le suivaient avec admiration[69].

Comme il arrive fréquemment à l'époque, un éditeur propose de diffuser le texte de Laflèche. Mais un problème se pose: l'orateur n'en a pas rédigé. Avec la collaboration de Luc Desilets, alors secrétaire à l'évêché de Trois-Rivières, un compte rendu très complet est fait et publié avec le texte d'un discours semblable de l'abbé Isaac Desaulniers[70].

Si l'on excepte son rapport sur les missions de la Rivière-Rouge de 1855, c'est la première publication de Laflèche. Elle ne nous permet pas de juger son style, mais elle nous livre d'utiles renseignements sur sa pensée. La première partie du discours, tout particulièrement, nous dévoile le fondement de sa théologie de l'histoire. Nourri de la Bible et de Rohrbacher, il adhère sans nuance au providentialisme; comme il le dit lui-même: « La Providence nous parle par l'histoire, dont elle dispose les faits avec autant de force que de douceur et de sagesse: *Attingit ergo a fine usque ad finem fortiter, et disposuit omnia suaviter*[71] ». Mais les forces du mal, incarnées dans Satan, s'opposent à l'ordre divin et l'histoire devient ainsi le champ clos où Dieu et Lucifer s'affrontent. Cette vision, visiblement empruntée à saint Augustin et à Bossuet, est encore peu développée chez Laflèche; elle deviendra graduellement la base de toute sa pensée.

D'autre part, le prédicateur ne réserve pas cette analyse au passé lointain, mais il l'applique aux événements contemporains, et nommément à la question romaine. Pour lui comme pour les journalistes ultramontains, c'est une oeuvre éminemment religieuse et catholique que poursuit le pape en combattant pour l'intégrité des États pontificaux, une telle menace à la « liberté de l'Église » ne pouvant être ourdie que par Satan. Les objectifs nationalistes des Italiens ne sont donc que des trompe-l'oeil «pour dépouiller le St-Siège de ses terres et du pouvoir temporel qu'il possède » et détruire ainsi la foi du peuple. Comme tous les évêques, le clergé et l'opinion catholique canadienne, Laflèche se refuse à une analyse critique de la situation italienne et, porté tout autant par sa formation antérieure que par l'information biaisée qu'il puise dans les « bons » journaux européens ou canadiens, il néglige de faire « le départ entre le pouvoir temporel pontifical et l'intégrité de la foi[72] ». D'emblée, cette première intervention publique le situe donc parmi le groupe des ultramontains dirigé par Mgr Ignace Bourget, de Montréal.

---

68. *Ibid.*, pp. 34-43.
69. *Cérémonies funèbres...*, p. 2.
70. *Cérémonies funèbres...*, pp. 3-36.
71. Savaète, *Oeuvres oratoires de Mgr Louis-François Laflèche...*, p. 35s. On reconnaîtra dans ce texte biblique l'origine de la devise épiscopale de Laflèche: *Fortiter et suaviter.*
72. A. Simon, *Catholicisme et politique*, Wetteren, Ed. Scaldis, 1958, p. 20.

4- Les problèmes personnels

Travaux et succès oratoires ne sauraient rendre compte de toute l'évolution de Laflèche pendant ces cinq années; il faut souligner également certains problèmes plus personnels auxquels il est confronté.

Le principal est, sans aucun doute, celui de sa santé. De son séjour dans l'Ouest, il a rapporté une infirmité corporelle, mais aussi un état de délabrement général, une fatigue constante, « un affaissement total du système », comme il le dit lui-même[73]. Après avoir songé au ministère paroissial pour se rétablir, Laflèche consent à retourner au collège de Nicolet, mais avec l'intention secrète de se décharger « de toute responsabilité et de n'avoir aucune autre besogne que la direction d'une classe ». Cependant, les événements évoluent différemment. Dès 1857, le départ de Charles-Olivier Caron pour Trois-Rivières l'oblige à accepter la charge de préfet des études et à participer pleinement à l'administration du collège, comme membre du conseil, par exemple. Pour mieux remplir ces nouvelles fonctions, il abandonne tout enseignement, car, dit-il, il doit se livrer « à de sérieuses études[74] ».

Laflèche prétend aussi avoir quelques difficultés à s'adapter au régime collégial :

> Le tempérament si docile du jeune âge, qui se prête volontiers à toutes les exigences des diverses positions où l'homme peut être appelé, se montre plus rebelle dans un âge plus avancé, et je reconnais aujourd'hui (1859) par expérience que j'ai passé l'époque où l'on peut impunément changer ses habitudes[75].

En conséquence, bien loin de se reposer à Nicolet, l'ancien missionnaire voit sa santé flancher de nouveau et il est conduit « presque à la mort ». Il doit se confier aux soins des docteurs Pantaléon Brassard et Jean-Étienne Landry[76].

Il y a plus. La répugnance à accepter des postes d'autorité, qui s'est déjà manifestée dans l'Ouest, semble affecter encore une fois l'état de santé de Laflèche. En 1857, Mgr Cooke le nomme grand vicaire du diocèse[77]; c'est un titre honorifique qui n'engage en rien son titulaire, mais qui indique tout de même l'intérêt particulier que lui porte son évêque. Laflèche ne peut décemment refuser cet honneur, mais, s'il se résigne, il explique que « plus d'une raison (l') engageait à ne pas accepter cette dignité » et qu'il ne s'y plie « qu'avec répugnance[78] ». À son dire, sa santé s'en ressent[79].

Or, nous l'avons vu, à partir de ce moment, le collège fait davantage appel à ses talents : préfet des études, il devient le rédacteur des documents que la maison d'éducation envoie aux hommes politiques ou à Mgr Cooke. Au début de 1859, il n'est pas besoin d'être prophète pour prédire que Laflèche succédera au supérieur, Thomas Caron, dont le terme s'achève à la fin de l'année scolaire 1858-1859.

Le préfet des études flaire le « danger » et il essaie de le fuir. À la fin de l'année 1857-1858, il laisse entendre à ses collègues que sa santé chancelante l'oblige à choisir le ministère paroissial : « cependant, explique-t-il plus tard, les besoins de la maison qui avait à renouveler presque tous ses professeurs l'automne dernier (1858) me permettaient bien difficilement

---

73. Laflèche à Mgr Cooke, 23 mai 1859, AETR, *Correspondance de Mgr Cooke.*
74. *Loc. cit.*
75. Laflèche à Mgr Cooke, 1er mai 1859, AETR, *Correspondance de Mgr Cooke.*
76. Le même au même, 23 mai 1859, *ibid.*
77. Mgr Cooke à Laflèche, 17 déc. 1857, ASTR, *Fonds Laflèche*, B 2 C 59. L'évêque lui fait remarquer que cet honneur lui est accordé comme une marque de reconnaissance pour son travail dans l'Ouest. Thomas Caron et Charles-Olivier Caron sont aussi grands vicaires.
78. Laflèche à Mgr Cooke, 18 déc. 1857, AETR, *Correspondance de Mgr Cooke.*
79. Laflèche à Mgr Taché, 1er mai 1858, AASB, *Documents historiques - Correspondance,* 670.

d'exécuter ce projet et je me décidai à y passer encore une année[80] ». Le 1er mai 1859, quelque temps avant l'élection du supérieur, Laflèche demande à Mgr Cooke la permission de se retirer du séminaire de Nicolet et de devenir curé dans le diocèse de Québec; il explique sa décision par le désir d'améliorer sa santé et il souligne qu'« il en coûte beaucoup, Mgr, de se séparer de confrères pieux et bien aimés[81] ».

La lettre du grand vicaire bouleverse Mgr Cooke qui entrevoit d'avance les effets de cette décision sur un clergé déjà difficile à gouverner. S'il est prêt à concéder que la piètre santé de Laflèche l'oblige à sortir du collège, il n'admet pas qu'il quitte le diocèse:

> Car cette démarche inexplicable est de nature à attirer du blame sur vous, sur l'administration du Diocèse que vous êtes appelé à partager, sur le clergé dont vous n'avez point à vous plaindre et sur vos confrères qui vous ont accueilli avec tant d'empressement. En effet en vous voyant laisser vos parents, vos confrères et votre pays où vous trouvez honneurs et avantages à votre choix pour aller, infirme et dans un âge avancé (41 ans!), vivre et demander de l'ouvrage en pays quasi-étranger; que dira le monde? Il parlera, il cherchera vos raisons, et n'en trouvant pas, il finira par en inventer de sa façon, et toujours au désavantage du clergé et de la Religion[82].

Pour être sûr de convaincre son subordonné de changer d'avis, Mgr Cooke mobilise deux familiers de son grand vicaire, Mgr Charles-François Baillargeon et Charles-Olivier Caron, à qui il demande d'intervenir[83].

Si l'administrateur du diocèse de Québec ne semble pas avoir agi directement, du moins par écrit, Charles-Olivier Caron y va d'un long plaidoyer où il veut convaincre son ami que son départ est impensable et qu'il ne pourrait entraîner que de multiples désagréments:

> Non, dit-il, dans le public on ne s'expliquera jamais votre sortie du diocèse par un simple défaut de santé, vous allez dans un climat plus humide et plus rude, ni par une pure prédilection pour l'archidiocèse. Croyez-moi le Séminaire, le clergé, l'Évêque passeront à l'étamine et vous-même ne serez pas exempt de coups de langue et de réflexions qu'il vaut toujours mieux après tout laisser dans le *futur contingent* que d'appeler à l'existence de fait[84].

Devant cette levée de boucliers, Laflèche est donc obligé d'expliquer pourquoi il n'a pas songé à offrir ses services pour le ministère paroissial dans le diocèse de Trois-Rivières. Il ne fait aucune allusion à un certain désir qu'il a de retourner dans l'Ouest; malgré les invitations pressantes de Mgr Taché, son état de santé l'empêche de rejoindre ses amis de la Rivière-Rouge[85]. S'incardiner au diocèse de Québec, c'était, précise-t-il, une intention née

---

80. Laflèche à Mgr Cooke, 23 mai 1859, AETR, *Correspondance de Mgr Cooke.*
81. Le même au même, 1er mai 1859, *ibid.*
82. Mgr Cooke à Laflèche, 19 mai 1859, ASTR, *Fonds Laflèche, B 2 C 59.*
83. Il écrit à Mgr Baillargeon: « Il s'agit d'empêcher ce monsieur de faire une démarche *inqualifiable*. Nous avons fait notre possible ici, et nous espérons réussir, si votre Grandeur veut bien nous aider, en suscitant à l'accomplissement de ce projet les obstacles qui sont à sa disposition » (Mgr Cooke à Mgr Baillargeon, 23 mai 1859, AAQ, 33 CR, *Diocèse de Trois-Rivières,* I, 82). Mgr Baillargeon est un ancien de Nicolet (1814-1818); Laflèche se confie facilement à lui. Charles-Olivier Caron est un des amis intimes de l'ancien missionnaire; vicaire général résidant à Trois-Rivières, il a sans doute discuté avec son évêque de l'importante lettre qu'il écrit à Laflèche le 10 mai.
84. Charles-Olivier Caron à Laflèche, 10 mai 1859, AETR, *Correspondance de Mgr Cooke.*
85. De 1857 à 1859, Mgr Taché lui envoie des invitations répétées et pressantes de revenir dans l'Ouest; l'une des dernières est du 28 mars 1859: « Cher Grand Vicaire, si je ne craignais pas d'être indiscret, je vous supplierais, pour les motifs les plus puissants de revenir nous rejoindre. Oui, Oui venez, j'ai ici de petites paroisses (une se forme à la pointe de chênes) où il n'y aura pas beaucoup de fatigues. Tout le monde vous aime, vous respecte, moi plus que les autres et je compterais, au nombre de mes plus beaux jours, celui, où vous nous arriverez » (Mgr Taché à Laflèche, 28 mars 1859, ASTR, *Fonds Laflèche, D 1 T 144-6*). Laflèche se montre intéressé, mais il fait comprendre à son ami que sa santé ne lui permet pas de retourner là-bas.

« même avant mon retour au Canada[86] » et maintes fois exprimée « sans gêne toutes les fois que l'occasion s'en est présentée[87] »; elle n'origine donc pas d'un jugement sur l'évêque, le clergé ou l'administration du diocèse. Mais, devant la « sinistre interprétation » que soulèverait son départ, Laflèche consent à y renoncer et il demande plutôt une paroisse pour-vue d'un vicaire, car, dit-il, ce qu'il redoute, « c'est le concours du jeûne et de la prédication le dimanche[88] ».

« Restez avec nous », lui avait écrit Charles-Olivier Caron. Non seulement Laflèche obtempère à cette demande, mais il demeure au séminaire, accepte la charge de supérieur et se lance dans la défense du collège, répondant ainsi au pressant conseil de son ami et, sans doute, de ses collègues:

> N'y a-t-il donc plus d'espoir fondé, de moyen praticable de rétablir votre santé au Séminaire? Est-il bien sûr qu'un traitement médical plus judicieux, un régime bien suivi, des heures consacrées chaque jour à l'exercice en plein air n'obtiendront pas l'effet désiré?[89]

Il reste au séminaire jusqu'en septembre 1861 et il n'en sort que sur l'ordre formel de son évêque. Sa santé ne s'améliore pas, mais elle ne semble pas se détériorer davantage. En revanche, il gagne l'appui et la sympathie de tous ses collègues qui font front commun avec lui dans les situations difficiles. Aussi, au moment de les quitter, il leur rend ce témoignage: « Que V.G. veuille bien m'obtenir du bon Dieu par sa bénédiction la force dont j'ai besoin pour ne pas trouver trop pénible la séparation de bien-aimés confrères avec qui je viens de passer cinq années hélas bien trop courtes[90] ».

Au terme de son deuxième séjour à Nicolet, Louis-François Laflèche nous apparaît en pleine possession de ses moyens intellectuels. Les tâches diverses qu'il a assumées ont révélé ses dons de chef, ses qualités de leader et ses talents de polémiste. Comme préfet des études et supérieur, il a fait preuve d'un sens de l'organisation et d'une habileté particulière à rallier ses collègues. Dans ses écrits et ses discours, il a fait montre de grandes qualités: logique et clarté des exposés, grande force de persuasion, sens de l'humour, style ferme et percutant. Cet hom-me d'action a trouvé une fonction digne de ses talents, mais il a connu aussi les limites de ses possibilités. Il ne réussit pas à guérir ses troubles physiques et son moral s'en ressent; de plus, il nous semble que, par un curieux phénomène de relations psychosomatiques, le psychisme influence son état physique et l'entraîne « aux portes du tombeau » chaque fois qu'il a une grande décision personnelle à prendre.

Ce dernier aspect de sa personnalité n'est pas encore de notoriété publique. À 43 ans, le supérieur de Nicolet pourrait sans doute continuer à faire « briller d'un nouvel éclat[91] » son

---

86. En 1853, quand il apprend la formation du diocèse de Trois-Rivières, Laflèche écrit au grand vicaire Cazeau, de Québec: « Dans le cas où vous m'écririez un mot, auriez-vous la bonté de me dire à quel diocèse j'appartiens, si c'est à celui de Trois-Rivières où je suis né, ou à celui de Québec où j'ai été ordonné, ou à celui de St-Boniface où j'exerçais le St-ministère lorsqu'il a été érigé? » (Laflèche à C.-F. Cazeau, 1er juillet 1853, AAQ, 330 CN, *Rivière-Rouge*, IV, 223). Nous n'avons pas trouvé trace d'une demande d'incardination à Québec pendant cette période.
87. Laflèche à Mgr Cooke, 23 mai 1859, AETR, *Correspondance de Mgr Cooke*.
88. *Loc. cit.*.
89. C.-O. Caron à Laflèche, 10 mai 1859, AETR *Correspondance de Mgr Cooke*.
90. Laflèche à Mgr Cooke, 13 sept. 1861, *ibid.*
91. L'expression est de ses collègues nicolétains. Apprenant, en 1863, que Laflèche veut quitter l'évêché de Trois-Rivières, ils lui écrivent pour l'inviter à revenir au collège et ils lui rappellent le « profond regret » que son départ a causé: « En effet pouvait-il en être autrement après les éminents services que vous lui avez rendus dans la triple fonction de Professeur, Préfet d'études et Supérieur? et après l'avoir fait briller d'un nouvel éclat par l'heureuse impulsion que vous sûtes donner à l'enseignement dans toutes ses branches, sans parler des autres qualités per-sonnelles qui vous distinguent et dont l'éclat rejaillissait sur l'établissement » (Les directeurs du séminaire de Nicolet à Laflèche, 1863, ASN, *Polygraphie*, 6, 29).

Alma Mater qui, depuis 1860, doit lutter contre la concurrence du collège de Trois-Rivières, mais il ne doit pas oublier ce que son évêque lui a dit: « (...) joignez-vous à nous pour soutenir et faire briller notre Ste Religion dans notre nouveau Diocèse: Fiat! fiat![92] » L'âge et la maladie de Mgr Cooke sont là pour lui rappeler qu'il sera appelé bientôt à prononcer un nouveau *fiat*[93].

---

92. Mgr Cooke à Laflèche, 19 mai 1859, ASTR, *Fonds Laflèche*, B 2 C 59.
93. En 1859, Mgr Cooke est âgé de 67 ans. Il s'est blessé dans une chute lors de la visite pastorale (Mgr Cooke à Mgr Baillargeon, 14 avril 1859, AAQ, 33 CR, *Diocèse de Trois-Rivières*, I, 77) et il a subi une attaque de paralysie (Mgr Baillargeon au cardinal Barnabo, 24 août 1860, *ibid.*, *Registre des lettres*, 27, p. 254) qui le laisse « pas bien fort ».

CHAPITRE IV

Le sauveur du diocèse
(1861-1866)

*Mr Laflèche est universellement aimé, et il
jouit de la confiance de tous dans cette affaire
qu'il a si merveilleusement éclaircie.*

Luc Desilets

Mgr Cooke, de Trois-Rivières, avait jeté son dévolu sur Laflèche depuis quelques années et il le lui avait signalé en lui parlant, en 1859, de «l'administration du Diocèse (qu'il
serait) appelé à partager[1]». Nombreux aussi étaient les membres du clergé qui lui présen-
taient le supérieur de Nicolet comme la seule personne capable de l'aider à régler les difficultés de l'Église de Trois-Rivières. Mais un problème de taille subsistait: comment convaincre le candidat de déménager à Trois-Rivières pour partager la vie et les tracas de son
évêque?

1- La difficile acceptation

Les grandes manoeuvres épiscopales commencent à la fin de l'été 1861. Après un
voyage à Québec où il reçoit «une forte impulsion», Mgr Cooke convoque Laflèche en
entrevue et lui annonce son intention de l'appeler auprès de lui à Trois-Rivières, à titre de
grand vicaire et, au besoin, d'administrateur du diocèse. Le supérieur de Nicolet refuse la
promotion; défendant sa cause «en homme habile», dit Luc Desilets, «il a fait croire à Sa
Grandeur qu'il était incapable d'occuper cette charge, et que les préoccupations morales &c
&c le feraient mourir avant six mois!» Impressionné et découragé, l'évêque s'en ouvre à son
secrétaire qui le convainc de faire examiner Laflèche par un médecin[2].

Mgr Cooke se fie d'autant plus volontiers à Desilets que ce dernier connaît assez bien
l'ancien missionnaire de l'Ouest. Après ses études classiques, faites au collège de Nicolet de
1845 à 1852, Luc Desilets y avait étudié la théologie et il était diacre depuis un an quand
Laflèche était revenu de la Rivière-Rouge en 1856. Une maladie grave, à la fois physique et
psychologique, avait retardé son ordination jusqu'à septembre 1859. Depuis lors, il était

---

1. Mgr Cooke à Laflèche, 19 mai 1859, ASTR, *Fonds Laflèche,* B 2 C 59.
2. Luc Desilets à Mgr Baillargeon, 10 sept. 1861, AAQ, 33 CR, *Diocèse de Trois-Rivières,* I, 95-96.

vicaire à la cathédrale et secrétaire de l'évêque où il se révélait déjà entreprenant et intrigant[3].

Le 7 septembre 1861, Luc Desilets écrit au docteur Georges-A. Bourgeois, de Saint-Grégoire, qui connaît le supérieur de Nicolet et qui a eu avec lui « certaines relations qui (l') ont mis en état de juger de sa santé et de sa capacité physique et morale » ; après avoir résumé les raisons avancées par Laflèche pour refuser la nomination, il demande son « opinion de médecin », car, dit-il,

> Monseigneur ne voudrait pas exposer Son Grand Vicaire à la mort, mais s'il est possible de se servir de ses lumières et de ses talents sans que cela lui soit funeste, elle (Sa Grandeur) désire absolument le faire et elle en a un très-grand besoin, et pour elle-même et encore plus pour Son diocèse[4].

Le médecin va immédiatement rencontrer Laflèche à Nicolet et fait rapport le 9 septembre. À son avis, l'ancien missionnaire souffre d'une faiblesse générale, mais non d'un infection organique ; « on peut même dire qu'il est bien portant, quoique physiquement plus faible que ne le sont ordinairement les hommes de son âge qui ont mené une vie aisée ». Quant aux pertes de mémoire et au manque de force morale, Bourgeois les attribue à l'« humilité » de Laflèche et aux « frayeurs que lui cause la responsabilité de la charge » qu'on veut lui imposer, et il conclut sans hésitation que les « excitations morales » qui résulteront des nouvelles fonctions agiront « d'une manière bienfaisante sur son physique dont l'état habituel est la torpeur et (qui) a besoin de réaction et de stimulant ; et j'ajoute que, dans ce sens, une vie un peu agitée lui conviendrait mieux que la besogne monotone et sédentaire de sa situation actuelle ». Médicalement, donc, rien ne s'oppose au transfert à Trois-Rivières, bien au contraire[5].

Mgr Cooke revient à la charge auprès de Laflèche, mais sans utiliser le rapport médical. Se basant sur « les talents que Dieu (lui) a confiés, (ses) grands travaux pour sa gloire, les vertus dont (il a) donné l'exemple (...) et le voeu unanime du clergé », il lui ordonne de venir s'installer à Trois-Rivières et, de surcroît, le nomme administrateur du diocèse « en cas de maladie, d'absence, d'incapacité ou de décès » de l'évêque. Prévoyant de nouvelles objections, il lui rappelle que ses raisons de refuser ont été pesées, que toutes les précautions ont été prises et que rien n'a pu le convaincre de changer d'avis. En conséquence, conclut-il,

> vous n'hésiterez plus maintenant ; l'obéissance donnant cours à tous vos généreux sentiments, vous avancerez d'un pas ferme dans le chemin que la Providence vous trace, et vous déploierez courageusement pour l'amour de l'Église tout ce que vous avez de connaissances et de vertus[6].

Laflèche répond aussitôt et répète par écrit les objections qu'il a déjà formulées verbalement. Il ne connaît pas, dit-il, le gouvernement des paroisses ; il n'a pas les qualifications intellectuelles et littéraires nécessaires : « Je ne puis m'empêcher de dire à V. G. que ma

3. J.-A.-I. Douville, *op. cit.*, II, pp. 48*-52*, p. 168* ; Luc Desilets à Laflèche, 14 juillet 1871, ASTR, *Fonds Laflèche*, B 3 D 18-8.

4. Luc Desilets au Dr Georges-A. Bourgeois, 7 sept. 1861, AETR, *Registre des Lettres*, III, 39. Il résume ainsi les objections de Laflèche : « Il a donc allégué qu'il était trop faible pour une pareille charge. Il a prétendu que sa mémoire s'en allait ! que son esprit se fatiguait aux affaires, qu'il n'avait plus de force morale, que les contradictions et les choses difficiles l'affectaient grandement, que Sa Santé délabrée ne pourrait soutenir, et enfin que cette nouvelle position le ferait promptement mourir ».

5. Dr G.-A. Bourgeois, (Rapport médical), 9 sept. 1861, *Ibid.*, III, 39b. À cause de l'importance de ce document, nous en donnons de larges extraits en annexe. Le diagnostic du Dr Bourgeois est très juste, puisque Laflèche n'est jamais si bien portant qu'au milieu des travaux, des voyages et des combats incessants qu'il mène jusqu'à l'âge de 80 ans.

6. Mgr Cooke à Laflèche, 10 sept. 1861, ASTR, *Fonds Laflèche*, B 2 C 59.

capacité sous ce rapport *m'inspire tant de confiance,* que la seule pensée de me trouver en face d'un mandement ou autre document à rédiger, m'en rend malade d'avance[7] »; il souffre surtout d'une santé chancelante:

> La fragilité de ma charpente vous est bien connue, mais ce qui ne l'est peut-être pas autant est l'affaiblissement de mon système nerveux qui m'a enlevé presque toute force morale. Il est vrai que j'ai éprouvé un peu de mieux depuis l'année dernière. Cependant cette infirmité est encore telle que toute contrariété un peu sérieuse, toute émotion un peu vive m'enlève aussitôt le sommeil et me fait passer de bien longues et tristes nuits sans clore l'oeil.

Souvent, continue-t-il, il ne peut s'astreindre au travail sérieux et soutenu, même pas à la lecture: « Il faut que je m'étende sur mon sofa pour attendre que la force morale se remonte un peu ». Il supplie donc l'évêque de faire tomber son choix sur un autre, mais il l'assure en même temps qu'il est prêt à obéir si « V. G. insistait encore[8] ».

Le 11 septembre 1861, Mgr Cooke renouvelle son appel à Laflèche. Ses « sentiments d'humilité, d'obéissance et de dévouement », dit-il, le réjouissent et le convainquent de « l'excellence de (son) choix ». Quant au problème de santé, personne ne peut être son propre juge; il lui envoie donc copie du rapport médical et il ajoute paternellement: « Je sais bien que vous n'êtes pas fort, que vous aurez besoin de vous reposer souvent, quel mal à cela? Vous vous reposerez. (...) Vous nous aiderez selon que vous pourrez; nous n'en demandons pas davantage[9] ». Luc Desilets, qui transmet la lettre à l'intéressé, ajoute que la volonté de Dieu, « contre laquelle on ne raisonne pas », est assez manifeste pour calmer ses appréhensions, et il l'assure du « dévouement entier de ceux qui travaillent ici à l'administration ou à ce que l'on appelle les affaires de l'Évêché[10] ».

Devant ces insistances[11], Laflèche ne peut plus se permettre de tergiverser et, malgré sa répugnance, il quitte le séminaire de Nicolet pour aller vivre à Trois-Rivières où il cumulera bientôt les tâches de grand vicaire et de procureur du diocèse.

Attendue depuis un certain temps, cette nomination suscite les commentaires les plus élogieux; tous s'entendent pour dire que Laflèche est l'homme de la situation. Témoin, entre bien d'autres, le coadjuteur de Québec qui lui écrit: « Je vous félicite donc bien cordialement de votre nouvelle charge; (...) mais j'en félicite encore plus chaleureusement cet Évêque et le Diocèse, à cause des grands services qu'ils vont recevoir de vous[12] ». Ces « grands services » sur lesquels tout le monde insiste sont précisément ce qui pouvait faire hésiter Laflèche: non seulement le partage de l'administration ordinaire du diocèse, mais surtout le règlement des difficultés financières.

2- Les difficultés financières du diocèse

Les « frayeurs » de Laflèche, dont parlait le docteur Bourgeois, n'étaient pas toutes causées par la peur des responsabilités; elles provenaient, pour une bonne part, de la réputation personnelle de l'évêque et des problèmes soulevés par son administration.

Curé de Trois-Rivières depuis 1835, après avoir été missionnaire à la baie des Chaleurs et curé de Saint-Ambroise-de-la-Jeune-Lorette, Thomas Cooke s'est partout révélé

---

7. Cet argument paraît plutôt paradoxal, quand on connaît l'habileté avec laquelle Laflèche a déjà rédigé les textes du séminaire de Nicolet et la masse de mandements et de mémoires qu'il publiera par la suite.
8. Laflèche à Mgr Cooke, 10 sept. 1861, *ibid.*
9. Mgr Cooke à Laflèche, 11 sept. 1861, *ibid.*
10. Luc Desilets à Laflèche, 11 sept. 1861, *ibid.,* B 2 D 46-1.
11. De nouveau, le 14 septembre, Mgr Cooke revient à la charge: « N'écoutez donc pas la voix de la nature, mais celle de Dieu qui vous appelle. Votre sacrifice est fait, placez le auprès de la croix et n'en parlez plus; *Jesus autem tacebat.* . . » Mgr Cooke à Laflèche, 14 sept. 1861, ASTR, *Fonds Laflèche,* B 2 C 59.
12. Mgr Baillargeon à Laflèche, 23 sept. 1861, *ibid.,* A 1 B 10-2.

comme un pasteur charitable mais sévère; « il était ingénieux à se servir de tout (retraites, indulgences, confréries) pour arriver à ses fins: l'amendement, la sanctification de son troupeau », rappelle un de ses contemporains[13]. Devenu le premier évêque de Trois-Rivières en 1852, Cooke ne change guère ses habitudes de vie. Toujours responsable de la paroisse de Trois-Rivières, il devient de plus en plus exigeant pour lui-même et pour les autres. Irlandais bouillant, il s'emporte facilement, mais ses colères se terminent souvent par un rire sonore qui surprend ceux qui ne le connaissent pas intimement. Spirituel et fin causeur, il émaille ses conversations de réparties adroites et piquantes qui dépassent parfois les bornes. Même si sa bonté et son dévouement effacent rapidement les mauvais effets de son humeur, la vie n'est pas toujours facile au presbytère, devenu évêché, où règne avec lui, jusqu'en 1864, sa soeur Elisabeth[14].

Après avoir fait face à une opposition au moment de la création du diocèse[15], l'évêque de Trois-Rivières connaît une administration difficile, en très grande partie à cause des problèmes financiers. Le premier est celui de sa subsistance personnelle. Même si un indult du 6 juillet 1852 lui permet de prélever une taxe de 10% — le dixième — sur les revenus des curés et des missionnaires[16], Mgr Cooke préfère se contenter des revenus de la paroisse augmentés des componendes versées à l'occasion des dispenses[17]. Dès le début, cependant, il songe à accepter le dixième « de la part des Curés riches, s'ils me l'offrent[18] »; mais, comme personne ne bouge, l'évêque projette de « prélever le tiers (de la dîme) sur trois cures[19] ». Enfin, le 7 octobre 1853, il impose le dixième aux curés de Saint-François-du-Lac et de Saint-Thomas-de-Pierreville, et « à tous les Curés que je placerai à l'avenir[20] ».

Ces mesures provisoires sont, au dire de l'évêque lui-même, « une porte ouverte pour en faire bientôt une obligation générale », mais elles ne créent aucun courant de libéralité chez les curés: « Il y a deux ans, écrit Cooke en 1854, que je compte sur la générosité du clergé sans rien recevoir quoique ce soit excepté des curés d'Yamachiche et de Ste-Anne qui payent leur 10e[21] ». Dès le début de 1855, Mgr Cooke décide de recourir à la dîme, mais en y allant « doucement, malgré la tentation que j'éprouve quelquefois de pousser les choses brusquement[22] »; encouragé fortement par l'évêque de Québec, il se résout enfin à promulguer le règlement du dixième le 5 décembre 1856[23].

La législation soulève une véritable révolte dans le clergé. Menés par les abbés Jean Harper, de Saint-Grégoire, L.-T. Fortier, de Nicolet et Didier Paradis, de la Pointe-du-Lac, la majorité des prêtres s'insurgent contre la décision, la dénoncent à Rome et refusent de

13. Meinier, « Galerie nationale. Monseigneur Thomas Cooke. Premier évêque des Trois-Rivières (...) », *L'Opinion publique*, III, 22 (30 mai 1872), p. 254. L'auteur est l'abbé Napoléon Caron.
14. *Ibid.*, III, 23 (6 juin 1872), pp. 266-268. L'auteur note: « Mais, malheureusement, il imposait une règle dure à tous les prêtres de sa maison, ce qui rendait le séjour de l'évêché extrêmement désagréable, et lui attirait, à lui-même, bien des difficultés et des misères. Son caractère impérieux lui faisait exiger de ses prêtres une obéissance aveugle, et ses réprimandes, bien souvent, n'étaient proportionnées ni à la gravité de la faute, ni à la dignité des personnes ». Pour nuancer ce jugement, voir soeur Marie-Stanislas-du-Sacré-Coeur, *Introduction à une biographie de Mgr Thomas Cooke,* Université Laval, thèse de diplôme d'études supérieures, 1965, p. 116s. Sur Elisabeth Cooke, consulter (mère Sainte-Marguerite-Marie). *Les Ursulines des Trois-Rivières...* III, pp. 127-129.
15. La population de la région de Trois-Rivières n'avait pas été consultée; quand circule la rumeur de la fondation d'un diocèse, avec siège à Trois-Rivières, plusieurs gens, prêtres et laïques, y voient beaucoup d'inconvénients. Ces opposants se retrouvent en plus grand nombre sur la rive sud et précisément à Nicolet (Alexis Mailloux à l'évêque de Québec, 1er déc. 1851, AAQ, *Vicaires Généraux,* XIV, 35).
16. Décret de la Propagande, 6 juillet 1852, *ibid.,* 21 CR, *Conciles provinciaux de Québec,* 2.
17. Mgr Cooke à l'évêque de Québec, 4 nov. 1852, AAQ, *Vicaires Généraux,* XII, 172.
18. Le même au même, 23 fév. 1853, *ibid.,* XII, 184.
19. Le même au même, 20 juillet 1853, *ibid.,* XII, 197.
20. Le même au même, 7 oct. 1853, *ibid.,* XII, 200.
21. Le même au même, 6 déc. 1854, *ibid.,* XII, 210.
22. Le même au même, 12 janv. 1855, *ibid.,* XII, 211.
23. Mgr Cooke, « Circulaire », 5 déc. 1856, *ibid.,* 33 CR, *Diocèse de Trois-Rivières,* I, 15.

payer les sommes réclamées[24]. Surpris, désorienté, isolé de son clergé, Cooke perd pied et décide de composer avec les récalcitrants, malgré l'avis contraire de Mgr Baillargeon, de Québec, et de Mgr Bourget[25]; en août 1857, vingt-trois curés s'engagent, par acte notarié, à payer à la corporation de l'évêché la somme de $8 800 en huit ans et garantissent leur promesse par des billets[26]. Cet arrangement ne comble pas le fossé qui existe entre l'évêque et son clergé.

Mgr Cooke rencontre encore plus de difficulté à propos de sa cathédrale. Construite au XVIIIe siècle, l'église de Trois-Rivières ne répond plus, depuis longtemps, aux besoins de la population; il paraît donc convenable au nouvel évêque de la remplacer par une cathédrale qui servirait en même temps de temple paroissial. Cette solution exige, cependant, la cession des biens de la fabrique à l'évêque, mesure qui doit être entérinée par le Parlement[27].

Accepté par la majorité des paroissiens[28], le projet soulève une certaine opposition, surtout de la banlieue, qui désire « empêcher la cession des biens de la Fabrique, et obtenir l'abolition des Dîmes ou au moins une loi qui force les Bourgs et villes à payer aussi la dîme[29] ». Le député Antoine Polette se charge des démarches auprès du gouvernement; aussitôt, des pétitions contradictoires affluent au parlement du Canada-Uni, qui décide de surseoir à la demande des autorités religieuses[30]. Mgr Cooke n'a finalement d'autre recours que de bâtir une cathédrale avec les dons de ses fidèles.

Il en annonce le projet à ses diocésains, le 16 mars 1854, dans une longue lettre pastorale qui explique pourquoi il faut une cathédrale et un évêché à Trois-Rivières et qui repousse à l'avance toutes les objections qu'on pourrait soulever. Soulignant que la cathédrale « doit être construite par tout le diocèse », l'évêque fait un appel pressant au clergé, aux fabriques et aux fidèles; à ces derniers, il demande, par famille, « une piastre par année, pendant quatre ans ». Il laisse aussi entendre que le clergé sera bientôt invité à verser la taxe du dixième pour « procurer au Premier Pasteur une honnête subsistance[31] ».

24. *Mémorial pour accompagner une supplique adressée au St-Siège par les curés et missionnaires du diocèse de Trois-Rivières, dans la Province du Canada*, 17 fév. 1857, 36p., ASN, *Polygraphie* 5, 54. Louis-Théophile Fortier rédige les documents (L.-T. Fortier à Joachim Boucher, 31 janv. 1857, ASTR, *Fonds Laflèche*, B 3 B 18-3); c'est également lui qui s'adresse à Rome (L.-T. Fortier à Mgr Bedini, 6 mars 1857, APFR, SRC, ASC, 6, f. 959).

25. Mgr Bourget à Mgr Cooke, 14 mars 1857, AETR, *La Cathédrale — Taxe du 10%*, 22; Mgr Baillargeon à Mgr Cooke, 8 mai 1857, *ibid.*, 12. Baillargeon écrit : « Impossible, impossible que vous consentiez jamais à proposer, ni même à accepter l'accommodement énoncé dans le projet de la circulaire dont vous m'avez envoyé copie hier. Impossible encore une fois. Ce serait *perdre votre Clergé*, et *vous perdre vous même*, avec tous vos confrères Évêques de la province ». Mais Cooke lui décrit le drame qu'il vit : « Si Votre Grandeur connaissait la conduite du clergé à mon égard, peut-être aimerait-elle mieux sacrifier quelque chose dans la forme (v.g. la durée du 10e) en conservant le principe que de s'exposer à avoir tout, presque tout le clergé à dos, faisant mauvaise mine, fuyant l'évêque et sa maison et puis parlant.... supposant... accusant &c. Il y a un grand nombre de Prêtres que je n'ai pas vus depuis plus de six mois; Quelques uns écrivent sans les égards que la politesse dictent à un homme passablement bien élevé; Ceux qui ont en ville des parents s'abstiennent de venir les voir. Il parait que c'est une résolution passée dans leurs assemblées de l'hiver dernier, tenues chez MM. Harp. & Fort. et ailleurs, en vertu de laquelle il leur est prescrit d'agir ainsi. Jusqu'à des curés de 6 mois, d'un an, des voisins qui suivent ce triste exemple » (Mgr Cooke à Mgr Baillargeon, 9 mai 1857, AAQ, 33 CR, *Diocèse de Trois-Rivières*, I, 46).

26. *Accord et transaction entre les Révds Messires Ls Th Fortier, J. Maureault et J. Harper es qualité et Mgr Thomas Cooke Évêque des Trois-Rivières*, 5 août 1857, AJTR, *Greffe N. Guillet*, No 5775.

27. C'est la solution qui a été également proposée à Saint-Hyacinthe sans plus de succès (Mgr Bourget à Mgr Turgeon, 3 fév. 1852, ACAM, *Registre des lettres*, 7, p. 151s.).

28. Mgr Cooke à l'évêque de Québec, 13 mars 1852, AAQ, *Vicaire Général*, XII, 154.

29. Le même au même, 14 fév. 1853, *ibid.*, XII, 183.

30. « Parlement Provincial. Votes et délibérations de l'assemblée législative (12 mai 1853) », *Le Journal de Québec*, 19 mai 1853, p. 1. La première pétition avait été présentée le 1er septembre 1852 (*Journaux législatifs de la province du Canada*, XI (1852-53), p. 63); une contre-pétition avait suivi le 23 mars 1853 (*ibid.*, p. 325), elle-même dénoncée dès le 7 avril 1853 (*ibid.*, p. 390).

31. Mgr Cooke, *Lettre pastorale, invitant les diocésains à contribuer à l'érection de l'église cathédrale Dans la Ville des Trois-Rivières*, 16 mars 1854, 12p.

La souscription connaît un succès moyen. De 1854 à 1861, l'évêque reçoit # 5 153 10s 2½d des groupes suivants:

	L	s	d
— les citoyens de Trois-Rivières[32]	1 896	7	9
— les dames et les enfants de Trois-Rivières	24	0	3½
— le clergé			
a) acompte sur le 10e	1 017	19	4
b) dons faits par 46 prêtres[33]	726	18	10
— les fidèles	1 327	11	5
— les fabriques	160	12	7

Beaucoup de gens ont versé leur obole, car il y a très peu de grosses contributions: cinq de # 100[34], deux de # 75, une de # 50; à peu près toutes les paroisses ont fait leur part, même si celle de Trois-Rivières les dépasse de loin, ce qui est très compréhensible[35]. Nous pouvons donc conclure que les difficultés financières du diocèse ne proviennent pas en premier lieu de la réticence des diocésains.

Par contre, une partie du clergé fait preuve d'une mauvaise volonté évidente. Déjà en froid avec l'évêque à cause du dixième, plusieurs curés murmurent qu'ils ne sont pas tenus d'aider la ville de Trois-Rivières à se construire une église et ils montrent peu d'enthousiasme à souscrire et à quêter pour la cathédrale[36]. Mgr Cooke se plaint amèrement de ceux qui « se montrent plus indifférents que leurs paroissiens » et il soupire:

> Le nombre en est petit, il est vrai, mais ils sont à ma porte, ils parlent et leur conduite peut exercer une funeste influence sur quelques confrères, comme sur leurs paroissiens. Jusqu'à présent j'ai fermé les yeux sur leur manière d'agir et je les ai traités avec les égards convenables. Ils n'en persistent pas moins dans la ligne de conduite qu'ils se sont tracée[37].

Cette opposition entraîne une diminution dans la souscription des fidèles et des fabriques. C'est une première perte de revenus pour l'évêque; il faut ajouter que, de 1857 à 1862, le clergé ne verse que $6 514.50 en redevances, ce qui est un montant inférieur à ce qu'aurait pu rapporter le dixième[38].

Ce manque à gagner et cet état d'esprit si peu favorable à la collaboration avec l'évêque n'expliquent pas tout. Les difficultés proviennent davantage d'une mauvaise administration. Le procureur du diocèse, l'abbé Edouard Chabot, est un homme brouillon qui tient ses comptes sur des « bouts de papiers[39] »; il surveille encore moins les intérêts de la corporation quand, assailli par les problèmes, il sombre dans l'alcoolisme. Qui pis est: poussé par l'évêque, il rêve d'un édifice grandiose dont il confie les plans à l'architecte Victor Bourgeault, de

---

32. La somme indiquée est le montant payé au 9 novembre 1861. Il est bon de savoir que 458 souscripteurs avaient promis de verser # 3 807 16s 6d; en novembre 1861, 221 d'entre eux n'avaient encore rien donné, 89 avaient tout payé et 148 avaient versé une partie du montant promis. À noter qu'à moins d'avis contraire, la livre canadienne, aussi appelée louis, vaut à l'époque quatre dollars ou « piastres ».

33. Dont six étrangers au diocèse.

34. Ont versé # 100: Mary Brown, J.-B. Dumoulin, Édouard Normand, Étienne Tapin et Joseph Dionne.

35. AETR, *La chancellerie (1853-61). Souscription à la cathédrale. Paroisses. Clergé, Citoyens*, 347p. Le tableau que nous citons se trouve à la page 33.

36. Mgr Cooke à l'évêque de Québec, 6 déc. 1854, AAQ, *Vicaires Généraux* XII, 210.

37. Le même au même, 12 janv. 1855, *ibid.*, 211. Cooke vise tout particulièrement les abbés Louis-Stanislas Malo, Jean Harper et Louis-Théophile Fortier.

38. *Règlement de compte avec MM. J. Harper, Ls. T. Fortier et J. Maureault, relativement à l'acte du 7 août 1857*, 11 avril 1864, ASTR, *Fonds Laflèche*, B 1 C 11-10. En fait, les curés s'étaient engagés à verser $6 722.50.

39. On le voit bien par un cahier, conservé aux archives de l'évêché de Trois-Rivières et intitulé *La cathédrale — construction 1853: Dépenses;* tout y est tellement mêlé qu'il est impossible de s'y reconnaître.

Montréal[40]. Avec une inconscience téméraire, il accélère les travaux en une période où le prix des matériaux et les salaires sont à la hausse[41]. De plus, il échoue dans une tentative de spéculation: croyant que le chemin de fer passerait bientôt à Trois-Rivières, il acquiert plusieurs terrains qui doivent être revendus à vil prix quand le chemin de fer se fait trop attendre[42]. Ces maladresses mettent la corporation épiscopale dans un grand embarras financier. Au cours de 1861, plusieurs créanciers se plaignent et commencent à réclamer le paiement des arrérages[43], ce que le diocèse se déclare incapable de faire rapidement. Même si des rumeurs commencent à circuler, personne, et surtout pas l'évêque, ne soupçonne l'étendue du problème, quand Mgr Cooke appelle Laflèche à son secours.

3- La campagne de financement

Laflèche passe l'automne 1861 à faire la lumière sur l'état pitoyable des finances diocésaines et il présente un premier rapport aux conseillers de l'évêque le 8 janvier 1862[44]. Ses révélations sèment la consternation: le diocèse doit au-delà de 20 000, ses revenus ne suffisent plus à payer les intérêts et des créanciers menacent de saisir les biens de la corporation épiscopale[45]. La situation est jugée suffisamment grave pour alerter l'ensemble du clergé.

Considérant que ce dernier porte une partie de la responsabilité du désastre et qu'aucun appel aux laïques ne portera de fruits sans son appui total, Laflèche part en compagnie du vicaire général Charles-Olivier Caron et fait le tour de tous les presbytères pour informer les curés et leur demander une collaboration exceptionnelle; le but de cette première démarche n'est pas tant de demander de l'argent que de décrire « le trop regrettable état des finances de l'Évêché et d'aviser aux moyens d'éviter une honteuse banqueroute[46] ». N'étant aucunement responsables des problèmes qu'ils doivent régler, les envoyés de l'évêque sont reçus avec sympathie, mais une partie du clergé — les adversaires du dixième — en profite

---

40. Dans un texte pathétique, qui a valeur de testament, l'abbé Chabot écrit, le 24 octobre 1859, que Mgr Cooke, « par les *soins*, peines et sacrifices de son pauvre procureur a vu, sous ses yeux sexagénaires s'élever et construire la première cathédrale du Bas Canada et la plus belle de l'Amérique, au dire de toutes les personnes compétentes à en juger alors ». Plus tard, à une date indéterminée, il ajoute: « Tout ce qui précède semble représenter les impressions de l'orgueil naturel, à l'homme ordinaire; Cependant, il n'en est rien. Car l'auteur de tout ceci, n'a pour but, que de relater les principales choses accomplies de son temps et sous son règne orageux, de celui aux intérêts duquel il a tout sacrifié, dans l'intérêt de la religion et pour tant de sacrifices, il ne demande, pour toute récompense, que l'indulgence et l'honnêteté de la part de ceux pour qui il a travaillé sans *relâche, pour* et contre tout, durant 6 années [de cruelles ingratitudes (mots raturés)]et pour prix et récompense de tant de sacrifices, il n'a reçu que, la *calomnie* volontaire et *injuste*, les outrages et les insultes le mépris et l'abandon de ceux qui auraient dus le seconder, l'encourager et le consoler dans la triste position qu'aucun d'eux n'avait voulu accepter, par prudence ou par manque de courage et d'abnégation./Moi, victime, je signe... »
41. Pendant toute la période de la construction, Mgr Cooke souligne la hausse des prix. (Mgr Cooke à l'évêque de Québec, 10 avril 1854, AAQ, *Vicaires Généraux*, XII, 203).
42. Meinier, « Galerie nationale. Monseigneur Thomas Cooke. Premier évêque des Trois-Rivières », *L'Opinion publique*, III, 23 (6 juin 1872), p. 267.
43. Par exemple, soeur Mallet, de Québec, se plaint à Mgr Cooke. Elle a écrit à l'abbé Chabot, croyant qu'il « avait dû se corriger de son ancien défaut ». Elle ajoute: « Je lui ai donc envoyé mes comptes et lui ai fait connaître le pressant besoin d'argent où nous étions ». N'ayant pas reçu de réponse, elle s'écrie: « Pensez-vous que cela soit juste, Monseigneur? Je ne suis pas fâchée, mais je suis étonnée qu'un prêtre soit capable de faire un pareil tord (*sic*) à une communauté aussi pauvre que la nôtre? J'ai payé l'automne dernier à Mr Renaud $10 d'intérêt et cela parce que je m'étais fiée sur la promesse que Mr votre Procureur m'avait faite, de m'envoyer de l'argent. Je n'en dis pas davantage » (Sr Mallet à Mgr Cooke, 6 fév. 1861, ASTR, *Fonds Laflèche*, A 2 M 130-1).
44. Mgr Cooke à Mgr Bourget, 30 déc. 1861, ACAM, 295.104, 861-8.
45. Tableau bien brossé dans l'*Adresse du comité nommé par le clergé du Diocèse des Trois-Rivières, pour aviser aux moyens d'alléger la dette dont est grevée la Corporation Épiscopale, aux Curés du diocèse,* 13 avril 1862, ASTR, *Fonds Laflèche*, B 1 C 16-6.
46. Jean Harper à Joachim Boucher, 6 fév. 1862, *ibid.*, B 1 C 27-7.

pour rappeler l'incompétence de Mgr Cooke et demander « un changement radical dans l'administration diocésaine[47] ».

Pendant l'hiver et au printemps 1862, les prêtres du diocèse se réunissent dans les divers arrondissements et devisent des moyens d'éviter la banqueroute. Mais la tâche est beaucoup plus difficile que prévu et, surtout, les avis divergent sur plusieurs points. Certains, par exemple, croient le désastre « absolument inévitable » et répugnent à verser de l'argent inutilement[48]; ceux qui ont signé l'arrangement de 1857 ne veulent pas contracter de nouveaux engagements[49]; on ne s'entend pas non plus sur la possibilité d'un appel aux fabriques. Pour assurer une coordination plus efficace, le diocèse est divisé en sept arrondissements qui seront tous représentés au conseil de direction d'une « sorte d'union ou association de secours, composée de tous les curés du diocèse ». Les sept directeurs désignés[50] sont: A. Mayrand, de Sainte-Ursule; J.-H. Dorion, d'Yamachiche; D. Marcoux, de Champlain; Jean Harper, de Saint-Grégoire, Joseph Maurault, de Saint-Thomas; G. Prince, de Drummondville; L. Trahan, de Richmond; ce sont eux qui, en liaison étroite avec Laflèche, vont aviser aux meilleurs moyens à prendre pour aider la corporation épiscopale[51].

Comme premier document important, le comité publie une adresse aux curés du diocèse datée du 13 avril 1862. Il ne cache pas que de « généreux sacrifices » seront demandés, car la situation est « la plus fâcheuse, la plus critique » qui soit et elle peut conduire l'évêque ou à « la gêne la plus pénible, à perpétuité », ou à « banqueroute et ruine ». Les rédacteurs admettent en outre que plusieurs prêtres ont « une certaine hésitation motivée » à répondre à l'appel de Laflèche: le clergé a déjà fourni des secours qui « semblent avoir été enfouis dans un gouffre »; le mal aurait pu être évité si on avait observé « certaines règles canoniques »; le clergé n'a jamais demandé à être détaché du diocèse de Québec. « Quelle que puisse être la valeur de ces objections », il faut les mettre en sourdine — sauf la demande « que certains changements soient apportés à la manière dont les affaires temporelles du diocèse ont été administrées par le passé » — car il faut « une solution et une solution prompte ». La meilleure semble la formation de l'association de secours dont il a été question. Cette union rassemblerait les contributions des curés gagnant au moins 80 livres, et emploierait cet argent exclusivement « à payer les Capitaux dus par la Corporation Épiscopale ». Les participants à ce fonds d'amortissement se diviseraient en trois catégories: 1- ceux qui ont des engagements avec l'évêque depuis le 5 août 1857; 2- ceux qui ont promis le dixième « lors de leur acceptation de bénéfice »; 3- ceux qui n'ont aucun engagement, mais qui devraient contribuer à peu près dans la même proportion que leurs confrères des deux autres catégories. Enfin, signale le document, cette entente prendra fin au bout de trois ans[52].

Le projet porte la marque de l'abbé Jean Harper, président du comité et un des principaux critiques de Mgr Cooke, et on y retrouve une partie des anciennes revendications du clergé trifluvien[53]. Il n'est pas sûr cependant que, soumis à l'approbation des prêtres de chacun des arrondissements, le document soit accepté d'emblée.

---

47. Le même au même, 2 avril 1862, *ibid.,* B 1 C 27-3. Dans une lettre subséquente, l'abbé Harper explicite sa demande: « par *réforme radicale* j'ai voulu dire un changement entier dans le personnel de l'administration tant pour le Spirituel que pour le temporel. Ainsi le procureur devra être remplacé, l'Évêque devra, sans délai, faire les démarches nécessaires pour s'assurer un successeur qui possède la confiance de son clergé » (le même au même, 7 avril 1862, *ibid.,* B 1 C 27-4).
48. *Loc. cit.*
49. Le même au même, 28 mars 1862, *ibid.,* B 1 C 27-2.
50. En principe, les délégués devaient être élus par les curés de l'arrondissement, mais il semble bien que Laflèche a fait les nominations.
51. *Adresse du Comité...,* 13 avril 1862, *ibid.,* B 1 C 16-6.
52. *Loc. cit.*
53. Harper lui-même se vante des moyens qu'il a pris pour faire accepter ses idées et son plan (Jean Harper à Joachim Boucher, 2 avril 1862, *ibid.,* B 1 C 27-3).

Entre-temps, le comité poursuit son analyse de la situation. À sa réunion du 21 mai 1862, il en vient à la conclusion que le diocèse ne peut *seul* éteindre sa dette et qu'il faut demander l'aide de Québec; il rédige un brouillon de pétition à Mgr C.-F. Baillargeon[54]. C'est Laflèche qui est chargé de cette mission. Il le fait immédiatement, mais en y apportant une touche personnelle: il s'adresse aux deux diocèses anciens (Québec et Montréal) et il envoie un texte de son cru. Le 22 mai, il écrit à Mgr Baillargeon pour lui dire que le clergé de Trois-Rivières ne peut espérer payer que les ⅔ de la dette, soit # 2 300, et qu'il demande de faire appel ailleurs: à Québec, # 500 par année pour le fonds d'amortissement; à Montréal, environ # 450 par année pour payer les intérêts; si la réponse est favorable, le clergé est prêt à prendre les engagements suggérés; sinon, ce ne peut être que la banqueroute, et « la gloire de l'Église du Canada serait ternie[55] ». Après beaucoup d'hésitation, le 30 mai il écrit une lettre semblable à Mgr Bourget, lui décrivant toutes les démarches entreprises et suggérant « que le diocèse de Montréal pourrait également approprier sur ses componendes la somme nécessaire au payement des intérêts de ce capital # 7 500, laquelle rente serait pour la 1ère année de # 450, et irait ensuite en diminuant jusqu'à extinction[56] ». C'est une façon originale de faire payer ses dettes par les autres! Mgr Baillargeon n'est pas dupe: qualifiant de « véritablement étrange » la proposition des curés, il leur fait dire de commencer par donner l'exemple, puis de faire appel à leurs fidèles pour que les diocésains « fussent les premiers à lui (l'évêque) venir en aide, sans condition, et selon toute l'étendue de leur pouvoir »; quant à lui, il ne peut promettre « qu'une somme bien inférieure à celle que vous avez cru pouvoir demander[57] ».

Fort de ces conseils, Laflèche reprend l'initiative et dirige les nouveaux pourparlers avec le clergé. À l'occasion de la retraite pastorale, il fait accepter, par les curés présents, un arrangement qui comprend les deux aspects suivants: les curés s'engagent à payer, pendant 10 ans, une somme fixe « approchant le 10ième en moyenne de la cure que chacun occupe », pour un total d'à peu près # 500; la somme ainsi perçue ne pourra être appliquée « à autre fin qu'à payer les capitaux dus par la Corporation » et elle ne pourra être saisie par les créanciers. Un acte officiel est signé devant le notaire David et Laflèche s'engage à offrir le même arrangement à tous les prêtres absents (curés et autres) et à leur faire signer des billets sous seing privé[58]. Il n'a aucune difficulté à remplir cette dernière mission et, en peu de temps, il peut compter sur une somme globale annuelle de # 550. Il en est tout fier, car il avait toujours craint la réaction des curés: « Les difficultés que je voyais à une entente entre les membres du clergé me paraissaient telles qu'humainement je les croyais insurmontables (...) et j'en regarde la solution comme vraiment providentielle[59] ».

Une fois assurée la collaboration de ses confrères[60], Laflèche, encore une fois accompagné de C.-O. Caron, va de paroisse en paroisse proclamer « l'état de détresse » du diocèse

---

54. J.-H. Dorion à Laflèche, 22 mai 1862, *ibid.,* B 1 C 16-7.
55. Laflèche à Mgr C.-F. Baillargeon, 22 mai 1862, AETR, *Registre des lettres,* III, 21. Laflèche va plus loin que le texte du comité ([*Brouillon d'une pétition à Mgr C.-F. Baillargeon*], ASTR, *Fonds Laflèche,* B 1 C 16-5) en prétendant qu'une aide extérieure est une condition *sine qua non* de la contribution du clergé.
56. Laflèche à Mgr Bourget, 30 mai 1862, ACAM, 295.104, 862-2. À remarquer que Laflèche s'approprie l'initiative des démarches faites et des solutions proposées. Plus tard, il s'excusera, auprès de Bourget, d'avoir paniqué « dans un moment de profond découragement » (le même au même, 18 août 1862, *ibid.,* 295.104, 862-3).
57. Mgr Baillargeon à Laflèche, 18 juillet 1862, ASTR, *Fonds Laflèche,* A 1 B 10-3.
58. Laflèche à Joachim Boucher, 16 août 1862, *ibid.,* B 1 C 27-6; Laflèche à Mgr Bourget, 18 août 1862, ACAM, 295.104, 862-3.
59. Laflèche à Mgr Bourget, 18 août 1862, ACAM, 295.104, 862-3.
60. Cette collaboration a été efficace, mais, alors qu'on aurait pu attendre $28 000, 82 prêtres ont versé, de 1862 à avril 1875, la somme de $17 787.27, soit une moyenne de $296.91 par souscripteur (AETR, *Souscription du clergé à l'Évêché (Recettes-Dépenses, etc.) de 1858-75).*

et ouvrir des listes de souscription[61]; il invite aussi certaines fabriques plus riches à faire leur part[62]. Il adresse un appel semblable à diverses communautés religieuses de Québec et de Montréal. La réponse est partout favorable: dans le diocèse, « la collecte s'élève à une 20e de Louis dans les grandes paroisses et à # 12 ou 15 dans les petites[63] »; la ville de Trois-Rivières elle-même souscrit $2 590.71, de 1863 à 1872[64]; le séminaire de Québec, les sulpiciens, les soeurs de la congrégation n'hésitent pas à verser leur obole[65]. Pour Laflèche, c'est donc un succès sur toute la ligne.

En même temps qu'il dirige ces diverses négociations, Laflèche s'emploie à convaincre les créanciers de ne pas réclamer immédiatement leur dû et de ne pas acculer la corporation épiscopale à la faillite. Au nombre de 51, ces créanciers viennent surtout de Québec, de Montréal et de Trois-Rivières[66]. Le représentant de l'évêque les visite tous en particulier pour leur exposer la situation et essayer d'arriver à une entente de gré à gré. Il est reçu très diversement. S'il arrive facilement à un premier compromis — réduction de la rente annuelle à 4% — avec les communautés religieuses (par exemple, les soeurs de la charité de Québec et les ursulines) et la plupart des laïcs, il perçoit de la résistance chez plusieurs créanciers, de la ville de Trois-Rivières surtout. Dès ce premier contact, il obtient néanmoins une réduction de $600 d'intérêts par année[67]. Quelques mois plus tard, après avoir largement consulté, le procureur[68] fait une offre définitive à tous les intéressés; dans une *Circulaire aux Créanciers de la Corporation Épiscopale du Diocèse des Trois-Rivières,* il les met devant l'alternative de réclamer leurs créances et forcer la corporation à vendre ses propriétés estimées à $14 075 plus la cathédrale — et alors seuls six ou sept premiers créanciers hypothécaires seraient favorisés — ou d'accepter l'offre finale ainsi libellée: à partir du 1er octobre 1862, intérêt de 4% sur le capital, remboursement annuel de 2% pendant 20 ans, puis remboursement du solde en huit paiements égaux. Conscient de demander beaucoup, Laflèche croit bon d'assortir son ultimatum d'un plaidoyer éloquent:

> Non!, dit-il, personne n'est tenu à l'impossible. Il est impossible à la Corporation de faire plus qu'elle ne vous offre. Quel intérêt auriez-vous à lui faire promettre plus qu'elle ne pourra tenir? (...) C'est certainement le plus qu'il soit possible de faire. Quelques personnes même, bien entendues dans les affaires, et qui connaissent parfaitement notre position, pensent que cette offre est au-dessus de nos forces, et qu'il pourrait arriver que nous nous trouverions de

61. Mgr Cooke à Bérard de Glayeul, 10 fév. 1863, AETR, *Registre des lettres,* III, 7.
62. Ces démarches soulèvent certaines craintes: « Il n'a nullement été question (au conseil épiscopal) d'appel aux fabriques ni aux Diocésains et je suis persuadé qu'il ni (sic) a pas, dans le diocèse, un seul individu qui aurait l'effronterie de tenter une démarche de cette nature sans l'agrément du Curé intéressé encore moins contre son gré, tout homme de bon sens comprendra qu'une telle audace serait non seulement disgracieuse mais sans succès aucun, ce dernier motif suffira, j'en ai la conviction, pour paralyser tout projet de cette nature » (Jean Harper à Joachim Boucher, 10 sept. 1862, ASTR, *Fonds Laflèche, B 1 C 27-5).*
63. Mgr Cooke à Mgr Baillargeon, 14 avril 1863, AETR, *Registre des lettres,* III, 22. Les paroisses ont donné $8 200.94 de 1862 à 1868: $1 941.83½ en 1869 (METR, *Monseigneur Laflèche,* I, pp. 54-58) $1 151.95 en 1870 (*ibid.,* I, p. 208s.).
64. *Souscription à la cathédrale, 1863-1872,* AETR.
65. Mgr Cooke à Mgr Bourget, 5 janv. 1863, ACAM, 295.104, 863-1.
66. Ayant terminé la mise à jour des comptes, Laflèche présente, le 1er octobre 1862, le *Relevé des dettes passives de la Corporation épiscopale du diocèse des Trois-Rivières* (ASTR, *Fonds Laflèche,* B 1 C 16-9). La situation se présente ainsi: la dette totale est de #22 748 (capital: # 20 749; arrérages: # 2 039) avec une rente annuelle de # 1 285; les revenus supputés sont de # 1 300 (venant de la corporation: #750; aide du clergé: # 550). Le document donne la liste de tous les créanciers: 19 ont des créances de moins de # 200; 5 ont prêté # 200; les autres ont avancé de # 250 à # 3 500.
67. Laflèche à Mgr Bourget, 18 août 1862, ACAM, 295.104, 862-3; Mgr Cooke à Mgr Baillargeon, 29 sept. 1862, AETR, *Registre des lettres,* III, 40.
68. Le 12 mai 1862, par acte devant le notaire Guillet, l'abbé Edouard Chabot renonce à sa fonction de procureur de l'évêché et est remplacé par Laflèche.

nouveau dans l'embarras. Cependant à force de gêne et de sacrifice, nous avons la confiance que l'on pourra remplir ces nouvelles obligations, et voilà pourquoi nous sommes décidés à faire cette proposition[69].

Cet appel pathétique ne convainc pas tout le monde; quelques créanciers refusent encore de signer l'entente tout en reculant « devant les conséquences d'une poursuite[70] ». Leur nombre diminue graduellement et, à la fin de 1863, après avoir épuisé toute sa force de persuasion, Laflèche capitule et décide de se débarrasser des récalcitrants. Il doit alors résoudre rapidement un nouveau problème: comment trouver $8 000 sans obérer davantage le budget du diocèse? Il expose un plan à Bourget et à Baillargeon: emprunter cette somme « pour 5 ans sans intérêt, et remboursable après 5 ans en 5 paiements égaux, un cinquième par année ». De qui? De sept ou huit communautés riches de Québec et de Montréal, et de quelques prêtres[71]. Mgr Baillargeon trouve le projet « superbe » et l'approuve; il suggère à Laflèche d'en entreprendre lui-même la réalisation: « Qui aura donc le courage et le mérite de faire cette démarche?... L'homme dévoué, l'homme de sacrifices... l'auteur même de ce plan, que Dieu, qui le lui a inspiré, bénira dans ses efforts, je l'espère, comme je le souhaite de tout mon coeur[72] ». Assorti à une nouvelle demande adressée par Mgr Cooke à ses diocésains le 4 novembre 1863 — l'évêque propose de consacrer au diocèse le produit de la quête de l'Enfant-Jésus[73] — , le plan fait taire toutes les appréhensions.

Avec une régularité constante, la dette de la corporation épiscopale décroît laborieusement. Laflèche en informe les diocésains en 1869 en leur faisant connaître le tableau suivant:

État de la dette de l'Évêché des Trois-Rivières[74]

	capital	intérêts
1er janvier 1862	$94 290.77	$5 995.50
1er janvier 1863	90 199.10	3 802.69
1er janvier 1864	82 654.58	3 234.53
1er janvier 1865	65 426.65	2 423.18
1er janvier 1866	59 051.73	2 161.46
1er octobre 1867	52 163.20	1 999.65
1er octobre 1868	48 507.38	1 889.08
1er octobre 1869	44 155.07	1 758.34

C'est un véritable constat de victoire. La générosité des fidèles et des prêtres en est la première responsable, mais aussi le travail de Laflèche qui réorganise les finances diocésaines et multiplie les initiatives pour renflouer les coffres. Mgr Baillargeon est le premier à le reconnaître: « Je vous félicite bien cordialement des succès obtenus et des progrès faits dans les deux dernières années (1862-1863), lui écrit-il. Ils sont merveilleux[75] ». Mgr Cooke est

69. *Circulaire aux Créanciers de la Corporation Épiscopale du Diocèse des Trois-Rivières*, 1862, ASTR, *Fonds Laflèche*, B 1 C 14-10.
70. Laflèche à Mgr Baillargeon, 11 mai 1863, AAR, *Diocèse de Trois-Rivières*, I (1851-1878). Laflèche n'a désigné lui-même qu'un seul de ces créanciers récalcitrants, François Évanturel, dont la rente sera payée par Québec (Mgr Baillargeon à Laflèche, 1er avril 1863, AAQ, *Registre des lettres*, 27, p. 606). Parmi les personnes dont les comptes sont acquittés le plus rapidement, nous trouvons: Jean-Baptiste Normand fils; Julie Berthelot; une dame Langlois; B. Corriveau; Victor Bourgeault; F.-X. Blanchet; Christian Julius Brown; la Banque du Haut-Canada; la Banque de Québec; Éléonore Rocheleau-Bald; voir *Créanciers de la corporation épiscopale, 1862-90*, *passim*. Nous ne pouvons conclure que ce sont tous des créanciers récalcitrants.
71. Laflèche à Mgr Bourget, 27 nov. 1863, ACAM, 295.104, 863-4.
72. Mgr Baillargeon à Laflèche, 30 nov. 1863, ASTR, *Fonds Laflèche*, A 1 B 10-4.
73. Mgr Cooke, *Circulaire au clergé du diocèse des Trois-Rivières*, 4 nov. 1863, 3p.
74. Laflèche, « Circulaire au clergé », 30 sept. 1869, METR, *Monseigneur Laflèche*, I, p. 58.
75. Mgr Baillargeon à Laflèche, 11 janv. 1864, ASTR, *Fonds Laflèche*, A 1 B 10-5.

tout aussi explicite quand il annonce chaque année, aux autorités de l'Oeuvre de la Propagation de la foi, la diminution constante de la dette[76].

Laflèche lui-même est tout aussi heureux des résultats, mais il trouve la tâche si lourde qu'il songe très tôt à quitter l'évêché. En 1863, il demande une fois de plus refuge à Québec et il reçoit la même réponse négative:

> Je serais heureux, lui écrit Mgr Baillargeon, de vous accorder une place dans le diocèse, et je me hâterais de vous donner une réponse affirmative à ce sujet, si je n'avais à consulter que mon coeur. Mais ma conscience m'oblige à vous dire que vous ne pouvez laisser, sans vous rendre pour ainsi dire coupable aux yeux de Dieu et des hommes, le poste important qui vous a été confié[77].

Entre-temps, le bruit de son départ se répand dans le diocèse. Les directeurs de Nicolet l'invitent immédiatement à « venir de nouveau prendre place parmi (eux) pour toujours, ou au moins pour le temps qu'il (lui) plaira[78] ». Au contraire, Luc Desilets le supplie de ne pas se « soustraire à l'action de la divine Providence, en laissant un jour l'Évêché[79] »; il prévient aussi Mgr Cooke des conséquences néfastes et des impressions fâcheuses que produirait le déplacement de Laflèche[80]. Sans doute exhorté par le vieil évêque, Laflèche ne donne pas suite à ses velléités, mais il continue, dans les années qui suivent, à assurer la bonne marche de l'administration et, quand les choses commencent à aller d'elles-mêmes, il se consacre davantage aux autres aspects de sa charge.

4- La tâche de grand vicaire

En 1862, Mgr Cooke nomme Laflèche curé de Trois-Rivières. Le grand vicaire accepte la charge, mais, comme il doit se consacrer presque totalement au problème financier du diocèse et être sur la route, il cède rapidement son poste à l'abbé Charles-Flavien Baillargeon, si bien qu'on peut dire que Laflèche n'a été curé que d'une façon nominale.

Par contre, sa fonction de vicaire général devient de plus en plus importante après 1863. Jusqu'à cette date, en effet, absorbé par les questions matérielles, il agit surtout comme procureur. Et comme la santé de Mgr Cooke est suffisamment bonne pour qu'il puisse expédier l'administration courante du diocèse, Laflèche n'intervient qu'exceptionnellement dans les problèmes de discipline ecclésiastique.

Il le fait dans des cas très précis: quand il s'agit de jeunes prêtres, par exemple, ou quand on s'adresse tout spécialement à lui. Dès octobre 1861, peu de temps après sa nomination, il morigène un vicaire sur le compte duquel il a reçu des remarques désagréables: dégoût de l'étude, visites prolongées chez des laïcs... Il lui envoie le règlement de vie qu'il devra s'imposer et il lui trace un programme d'études théologiques[81]. Il le fait d'autant plus paternellement que le jeune abbé est un de ses anciens élèves; c'est d'ailleurs la même raison qui pousse Laflèche à adresser une lettre aux jeunes curés quelques années plus tard[82].

---

76. Mgr Cooke à Bérard de Glayeul, 21 mai 1864, AETR, *Registre des lettres,* III, 27; le même à M. Certes, 20 juin 1865, *ibid.,* IV, 12; le même au même, 7 janv. 1866, *ibid.,* V, 1.
77. Mgr Baillargeon à Laflèche, 1er avril 1863, AAQ, *Registre des lettres,* 27, p. 606s. Il est bon de noter que Baillargeon vient d'avertir « confidentiellement » Laflèche qu'il devra accepter la succession de Cooke.
78. Les directeurs du séminaire de Nicolet à Laflèche, 1863, ASN, *Polygraphie* 6, 29.
79. Luc Desilets à Laflèche, 20 janv. 1863, ASTR, *Fonds Laflèche,* B 3 D 46-5.
80. Luc Desilets à Mgr Cooke, 8 mai 1863, AETR, *Correspondance de Mgr Cooke.*
81. Laflèche à un vicaire, 2 oct. 1861, AETR, *Registre des lettres,* III, 16.
82. Laflèche, (Lettre aux jeunes curés), 21 nov. 1865, *ibid.,* IV, 7.

D'autre part, il consent à aider des curés plus âgés qui, en toute confiance, s'adressent personnellement à lui dans leurs difficultés avec leurs paroissiens[83]; il devient alors le bon conseiller qui, au nom de l'évêque, les aide à régler les litiges.

Pendant ces mêmes années, Laflèche se voit confier divers mandats spéciaux par son évêque. Auprès de Mgr Bourget, il doit s'enquérir des démarches faites par Montréal pour obtenir le droit de tenir les registres à la cathédrale; Mgr Cooke désire tenter la même démarche mais, dit Laflèche, «il y a lieu de craindre ici que cette mesure ne souffre une assez sérieuse opposition[84]». L'évêque lui confie également le dossier du séminaire de Nicolet. Une offre de vente des propriétés nicolétaines a été faite au gouvernement canadien pour la somme de # 40 000. Comme les transactions traînent en longueur et qu'il est rumeur que le ministère renonce au projet, Laflèche reçoit la mission d'écrire au ministre des Travaux publics, Joseph Cauchon. Dans une lettre confidentielle, l'ancien supérieur se proclame toujours partisan d'un seul collège dans le district — «nous sommes menacés, dit-il, d'avoir deux collèges médiocres qui lanceront en grand nombre dans la société des sujets dangereux comme le sont toutes les médiocrités demi-savantes, et qui sont déjà comme vous le savez le fléau de notre cher pays» —, mais il favorise désormais le collège de Trois-Rivières et il assure le ministre que les professeurs de Nicolet «sont prêts à faire le sacrifice de leurs affections pour leur délicieuse situation de Nicolet, afin d'éviter la concurrence des deux collèges qui ne peut manquer d'être funeste à la valeur des études dans l'un et dans l'autre[85]». Cette volte-face de Laflèche demeure secrète, puisque le gouvernement ne donne pas suite aux offres de l'évêque[86].

À partir de 1863, au moment où la situation financière devient moins sombre, Laflèche conseille les curés dans des problèmes plus importants et plus complexes: question d'élection[87] ou grave accusation contre un curé[88]; il intervient aussi auprès des hommes politiques[89]. Mais c'est à la fin de 1864 seulement qu'il remplace de plus en plus régulièrement son évêque.

La coïncidence n'est pas fortuite entre l'émergence de Laflèche et les moments cruciaux que vit le pays en ce moment. Les conférences de Charlottetown et de Québec ont relancé les débats constitutionnels et démarqué les partisans et les adversaires d'une union fédérative; d'une façon plus précise, les *Rouges* ont présenté l'annexion aux États-Unis comme une alternative à la grande confédération. Dans un domaine plus restreint, les théories gaumistes de l'abbé Alexis Pelletier soulèvent des remous dans le monde de l'enseignement[90]

83. N. Pelletier à Laflèche, 23 sept. 1861, ASTR, *Fonds Laflèche*, A 2 P 169-1 (difficultés à propos d'un chemin sur le terrain de la fabrique); L.-S. Malo à Laflèche, 29 janv. 1862, *ibid.*, A 2 M 132-6 (difficultés à propos des bancs); J.-A. Mayrand à Laflèche, 8 janv. 1863, *ibid.*, A 2 M 150-1.
84. Laflèche à Bourget, 29 oct. 1861, ACAM, 295.104, 861-6.
85. Laflèche à Joseph Cauchon, 13 oct. 1861, AETR, *Registre des lettres,* III, 22.
86. Comment expliquer cette volte-face rapide de Laflèche? A-t-il reçu des ordres précis de Mgr Cooke? Voit-il dans cette vente la meilleure solution aux problèmes financiers du diocèse? Revient-il à une prise de position antérieure? Rien ne nous permet de trancher dans l'un ou l'autre sens.
87. Lors de l'élection de 1863, le curé Narcisse-Édouard Ricard, de Saint-André-d'Acton, entre en conflit avec «un certain *set* de rouges» qui le dénoncent à l'évêque; dans un affrontement public au sortir de la messe à Saint-Théodore, desserte de Saint-André, il dénonce un orateur comme menteur et imposteur et, le dimanche suivant, l'oblige à faire amende honorable en public; il le convainc même de le conduire dans sa voiture. Voir tout spécialement: N.-E. Ricard à Laflèche, 17 août 1863, ASTR, *Fonds Laflèche,* A 2 R 185-1: le même au même, 29 sept. 1863, *Ibid.,* A 2 R 185-3.
88. Il s'agit d'une servante qui a dénoncé un curé, ce qui a entraîné une enquête; elle se repent par suite et demande au curé de Deschambault d'intervenir. (Narcisse Bellenger à Laflèche, 3 avril 1864, *ibid.,* A 2 B 14-1).
89. Le meilleur exemple est la lettre qu'il écrit à George-Étienne Cartier pour le mettre en garde contre un projet de Joseph-N. Poulin concernant l'érection des paroisses (Laflèche à G.-E. Cartier, 23 juillet 1866, *ibid.,* B 2 C 47-2).
90. Thomas Charland, «Un gaumiste canadien: l'abbé Alexis Pelletier», RHAF, I, 2 (sept. 1947), pp. 195-237.

et mettent au blanc le séminaire de Québec qui doit, d'autre part, se défendre contre le projet d'une université française et catholique à Montréal[91]. Comment Trois-Rivières aurait-il pu échapper à ce bouillonnement des idées? Et Laflèche pouvait-il éviter de prendre position dans ces débats importants?

Sauf à propos de la confédération dont nous parlerons plus loin, le grand vicaire de Trois-Rivières n'intervient pas directement dans les grands débats de l'heure. Dans la querelle du gaumisme, par exemple, nous ne retrouvons aucune déclaration de Laflèche et nous ne pouvons que soupçonner une sympathie — générale à Nicolet, du moins[92] — pour une thèse qui provoque une profonde division dans le personnel du séminaire de Québec et qui se traduira plus tard par un certain appui à Alexis Pelletier. En 1867, cependant, il est obligé d'expliquer privément sa position sur le sujet. Le grand vicaire C.-F. Cazeau, de Québec, lui écrit qu'il est rumeur dans cette ville qu'en « deux réunions différentes de prêtres », le nouvel auxiliaire de Trois-Rivières a critiqué le document de Mgr Baillargeon[93] et qu'il a même déclaré « que la question avait été mal posée devant la Cong. du S. Office, et partant qu'on ne devait pas être surpris de la décision donnée[94] ». Visiblement embarrassé, Laflèche répond qu'il n'a exprimé son avis que dans des conversations intimes « à la récréation du soir » et que ses propos ne contenaient aucune critique du texte québécois. Il répète cependant ce qu'il a toujours prétendu: la lettre romaine ne tranche pas la question des classiques, car « elle ne dit pas si la part que l'on a faite aux auteurs chrétiens dans nos collèges est assez grande et que pour ma part je trouve trop restreinte, au moins pour les établissements de notre diocèse que je connais parfaitement bien ». Il en profite enfin pour dénoncer l'acrimonie dont ont fait preuve les antagonistes dans cette querelle et pour rappeler que le séminaire de Québec aurait pu faire l'économie d'une division scandaleuse en introduisant « sans aucun risque dans les classes, quelques auteurs chrétiens, et accorder par là une légitime satisfaction à un si grand nombre de prêtres et de parents qui croient que la part des auteurs chrétiens est trop petite dans nos collèges[95] ». Position prudente et nuancée, s'il en est une, mais qui laisse poindre une certaine animosité envers le séminaire de Québec; les anciens Nicolétains oublient difficilement la question de l'affiliation!

Laflèche se préoccupe encore moins de la question universitaire, car son évêque a pris nettement position et suit aveuglément Mgr Baillargeon. Que pouvait ajouter le vicaire général quand Mgr Cooke avait écrit à son collègue de Québec: « Je voterai comme Votre Grandeur; si Elle est contre, Elle aura la bonté de m'en donner avis et même de me communiquer un précis des raisons dont je pourrai faire usage dans ma réponse[96] »? Le temps n'était pas encore arrivé d'exprimer une opinion personnelle à ce sujet.

De 1864 à 1866, la contribution de Laflèche aux débats généraux de l'époque prend la forme d'une rédaction de textes pour son évêque. Sans doute l'avait-il déjà fait dans les années précédentes selon la formule largement répandue qu'un évêque signe et promulgue des documents rédigés par un ou des collaborateurs. Mais, dans les années dont nous parlons,

91. Voir Michèle Dumas-Rousseau, *L'Université de Montréal de 1852 à 1865: tentatives de fondation*, Université Laval, thèse de D.E.S., 1973, IX, 202p.; Léon Pouliot, *Monseigneur Bourget et son temps*, t. V, Montréal, Bellarmin, 1977, pp. 95-132.
92. Lessard, *Le collège-séminaire de Nicolet, 1863-1935*, pp. 177-182.
93. Mgr Baillargeon, « Circulaire au sujet des classiques », 14 mars 1867, MEQ, IV, pp. 564-571.
94. C.-F. Cazeau à Laflèche, 23 mai 1867, ASTR, *Fonds Laflèche*, A 2 C 34-10.
95. Laflèche à C.-F. Cazeau, 25 mai 1867, *ibid.*, A 2 C 34-9.
96. Mgr Cooke à Mgr Baillargeon, 6 août 1863, AETR, *Registre des lettres*, III, 28. Voir aussi le même au cardinal Barnabo, 2 avril 1862, *ibid.*, III, 14.

trois textes sont manifestement de la plume du grand vicaire comme l'attestent les thèmes abordés, les auteurs cités et même le style.

Le premier est un circulaire sur l'émigration aux États-Unis, fléau dont « la religion n'a pas moins à s'affliger que la patrie ». Laflèche dénonce vigoureusement les émissaires qui parcourent les campagnes pour recruter des travailleurs; ces anciens Canadiens, « qui ont depuis longtemps abandonné le pays de leurs pères pour se donner ou plutôt se vendre à des étrangers », il faut les démasquer comme « traîtres envers leur ancienne patrie qu'ils ont abandonnée et reniée, pour servir des maîtres étrangers, dont ils adoptent la langue, les usages et les moeurs ». Il faut le faire avec d'autant plus de force que le sort des Canadiens aux États-Unis est très pitoyable, beaucoup d'entre eux étant morts sur les champs de bataille de la guerre de sécession, et les autres étant soumis à des maîtres égoïstes. C'est pourquoi

> Tout véritable Canadien, qui a dans son âme une étincelle de patriotisme devrait repousser avec horreur la pensée d'abandonner sa patrie, pour aller se donner ou se vendre pour quelques piastres à d'orgueilleux étrangers, qui les exploiteront avec habileté, s'enrichiront du produit de leur travail, en les méprisant, et les regardant comme la lie de la société, et comme les hommes les plus propres à faire le métier d'esclave.

Dans le domaine religieux, c'est la même déchéance, la plupart des émigrés tombent dans l'indifférence ou s'inscrivent dans les sectes « qui pullulent en ce pays de l'infidélité ». Comme cela contraste avec « la condition heureuse de ces généreux colons qui sont entrés dans nos immenses forêts la hache au bras et l'espérance au coeur » et qui jouissent maintenant du nécessaire et d'une honorable indépendance. Les curés du diocèse sont donc invités à lire cette circulaire en l'accompagnant « de toutes les explications (qu'ils jugeront) les plus propres à éloigner le danger qu'elle a en vue de conjurer »; ils doivent également mobiliser tous les pères de famille pour les aider à protéger la jeunesse de cette « fièvre de l'émigration[97] ». Ce texte de 1864 nous dévoile une des préoccupations majeures de Laflèche pendant toute sa vie et nous fait connaître des thèmes qu'il reprendra régulièrement dans ses écrits et ses discours, nommément dans ses *Quelques considérations sur les rapports de la société civile avec la religion et la famille*, son sermon de la Saint-Jean-Baptiste à Ottawa en 1866 et ses discours dans les Cantons de l'Est en 1867[98].

En présentant l'encyclique *Quanta cura* et le *Syllabus errorum* de Pie IX, Laflèche s'avance sur un terrain bien connu. Il profite en effet du texte pontifical pour développer deux idées qui lui sont chères: la grandeur de la papauté et le danger de certaines « erreurs » modernes. Reprenant le thème principal de son grand sermon de 1859, il proclame que, même si l'enfer semble triompher en ce moment, il faut tout attendre du secours de Dieu qui écoutera une fois de plus le « Grand et Immortel Pie IX », qui donne l'exemple sublime de « grandir en proportion du danger ». Puis il attire l'attention sur le « privilège de l'infaillibilité » pontificale. Sans entrer dans les détails, le vicaire général considère les jugements et les condamnations du pape comme « irréformables et infaillibles » et il les reçoit solennellement « avec la plus parfaite soumission et comme venant de Dieu même ».

Dans une deuxième partie, Laflèche commente largement les erreurs condamnées par Pie IX. Sans employer les termes de *libéralisme* et de *libéral*, il dénonce « les ennemis les plus dangereux de votre foi » qui osent enseigner « que l'Église doit être séparée de l'état: et encore

---

97. Mgr Cooke, *Circulaire*, 22 janv. 1864, 4p.

98. Voir *Infra*, p. 101ss.

99. Mgr Cooke, *Mandement Prescrivant la lecture de l'Encyclique de Notre St-Père le Pape, Pie IX, du 8 décembre 1864, et annonçant le Jubilé accordé par la même Encyclique pour l'année 1865*, 8 fév. 1865, 11p.

que le prêtre ne doit pas se mêler de politique, etc., etc. » Et de montrer la nocivité de ces principes qui écartent de la vie politique les pasteurs « que Dieu a chargés du soin de leur âme » et dont l'enseignement est « l'enseignement de l'Église elle-même dont ils sont pour vous les interprètes et les ministres ». Sans être nommés, les partisans de l'Institut canadien de Montréal et les *Rouges* pouvaient aisément se reconnaître. D'autant plus facilement que le même auteur les visera nommément dans une série d'articles publiés dans le nouveau *Journal des Trois-Rivières* quelques semaines plus tard.

Enfin, Laflèche consacre la dernière partie de son texte à expliquer le sens du jubilé annoncé par le pape et à exhorter les fidèles à « implorer avec lui pour l'Église les secours d'en haut [99] ». À la fin de l'année, il souligne d'une façon spéciale les « fruits abondants » de ce jubilé dans le diocèse et les effets d'ordre spirituel et temporel qui en ont résulté; il va même jusqu'à dire: « Vous vous êtes empressé (sic) de mettre à profit les grâces du Jubilé: comme conséquence naturelle, Dieu, touché de vos bonnes dispositions, a répandu d'abondantes bénédictions sur vos champs, il vous a donné une abondante récolte avec le temps le plus propice pour la recueillir [1] ».

Un troisième texte, daté du 18 juin 1866, développe des idées morales bien chères à Laflèche. Profitant d'une série de malheurs qui s'abattent sur le pays — la mauvaise température, les Féniens et la menace du choléra —, il décrit l'irritation divine, semblable à celle du temps de Jonas, et il se demande quels sont « les péchés qui ont pu attirer tout à coup tant de malheurs à la fois sur le peuple Canadien ». La réponse est facilement trouvée: ce sont le luxe, l'intempérance, l'usure et l'affaiblissement de la foi. « Crime national », le luxe excessif se répand partout et nourrit l'orgueil et la vanité, dont les principales manifestations sont les modes indécentes qui attaquent la modestie et la pudeur chrétienne et portent « une atteinte grave aux bonnes moeurs proverbiales que nous ont légués *(sic)* nos religieux et pieux ancêtres ». De son côté, l'intempérance développe dans le coeur de ses victimes « les penchants les plus honteux et les plus dégradants, et surtout celui de l'impureté ». Cette « corruption des moeurs » est encore accentuée par l'usure « qu'une loi imprudente a, en quelque sorte, réhabilitée aux yeux de l'homme sans conscience » et par l'affaiblissement de la foi amenée « par la lecture des mauvais livres et surtout des mauvais journaux ». Ces « crimes » attirent infailliblement la colère divine, d'où le besoin de pénitences et de prières publiques auxquelles il convie toute la population [2].

Ces interventions « anonymes » de Laflèche ne sont qu'une infime partie de ses activités publiques à partir de 1865. C'est cette année-là, en effet, qu'il devient l'orateur populaire qu'il restera jusqu'à sa mort. Il se fait remarquer d'abord par la prédication du jubilé qu'il assure à quatre endroits au moins: à Champlain au début de juillet 1865 [3], à Acton Vale du 16 au 18 juillet [4], à Trois-Rivières du 25 au 27 septembre [5] et à Montréal en décembre [6].

---

1. Mgr Cooke, *Circulaire,* 22 nov. 1865, 8p.
2. Mgr Cooke, *Lettre pastorale de Monseigneur l'Évêque des Trois-Rivières,* 18 juin 1866, 4p.
3. « Le jubilé à Champlain », *Le Journal des Trois-Rivières,* 8 juillet 1865, p. 3. Le correspondant termine ainsi son compte rendu: « Qu'il me soit permis aussi d'offrir à M. Le Grand-Vicaire toute la reconnaissance que les paroissiens de Champlain lui ont vouée, et l'assurer que, plus que jamais, nous nous sentons fiers d'être Canadiens, puisque la divine Providence nous a donné un pareil frère ».
4. Un témoin, « Le jubilé d'Acton-Vale », *ibid.,* 28 juillet 1865, p. 3. Pendant la cérémonie de clôture, un incendie se déclare dans le village; Laflèche interrompt son sermon et se rend immédiatement sur les lieux. « Qu'il était édifiant de voir cet homme de Dieu qui, malgré son grand âge et ses infirmités, courait partout où sa présence lui paraissait être utile, et exhortait par sa parole et ses exemples tous ceux qui étaient témoins de son admirable dévouement. M. Le Grand-Vicaire a reçu une blessure, mais je suis heureux de pouvoir dire qu'elle n'a rien de sérieux ». Le correspondant ajoute que Laflèche a laissé aux sinistrés les $25.00 qu'il avait reçus en honoraires.
5. *Ibid.,* 29 sept. 1865, p. 2.
6. *Ibid.,* 22 déc. 1865, p. 2.

Véritables missions paroissiales, ces exercices durent trois jours et comportent ordinairement, outre des instructions de retraite, des cérémonies de méditation et d'examen de conscience pour préparer à la confession; pour les assurer, on fait le plus souvent appel à des
prédicateurs chevronnés qui peuvent remuer les foules. Nouveau venu dans ce domaine,
Laflèche ne déçoit pas. Ses « paroles brûlantes » et son éloquence « si mâle et si persuasive »
comblent les gens[7]; son thème favori — la condamnation des erreurs du temps et l'affirmation des droits de l'Église — ne rebute personne, car il sait présenter « Les propositions les
plus élevées et les plus abstraites (...) sous une forme simple, qui en rend, pour tous, l'intelligence prompte et facile[8] ». D'après tous les témoignages, on le compte déjà parmi les
orateurs les plus goûtés de sa génération.

On le voit bien par les invitations qu'il reçoit de partout pendant les années 1865-
1866. Dans le diocèse, il remplace de plus en plus souvent Mgr Cooke vieilli et égrotant; c'est
donc Laflèche qu'on voit maintenant aux bénédictions de maisons d'éducation[9] ou de
charité[10], aux cérémonies de prise d'habits[11], aux diverses distributions des prix[12] ou même à
tous les moments où l'autorité diocésaine est invitée[13]. Il y adresse toujours la parole au
nom de l'Église. Il est de plus appelé à prononcer quelques oraisons funèbres, comme celle
du député Joseph-Édouard Turcotte en décembre 1864[14] et celle de l'abbé Joseph Bailey en
1866[15].

Quelques-unes de ces « missions » ont un caractère plus exceptionnel. En février 1865,
il est invité par le curé Didier Paradis, de la Baie-Saint-Antoine, pour donner le coup de
grâce aux querelles politiques qui divisent la paroisse, en d'autres termes pour éliminer les
« libéraux ». À l'occasion de l'établissement des Quarante-Heures, en présence de 18 prêtres
et d'une nombreuse assistance, Laflèche traite des devoirs des citoyens. « Ce fut, écrit J.-E.
Bellemare, le coup de mort porté à l'esprit de parti, aux divisions politiques et aux désordres
qui en sont la conséquence[16] ». À la fin de 1866, le curé de Stanfold lui demande de prêcher
une retraite paroissiale qui, en prévision de l'élection pour remplacer Jean-Baptiste-Éric
Dorion, pourrait « prédisposer les esprits à faire un bon choix[17] ».

Toutes les invitations n'ont pas cette saveur politique. En 1865, Laflèche prononce le
sermon de la Saint-Jean-Baptiste à Trois-Rivières; selon le reportage enthousiaste du *Journal
des Trois-Rivières,* l'« illustre orateur » a prouvé la mission catholique du Canada par ses
origines: « Quatre grandes figures historiques, Jacques Cartier, Samuel de Champlain, Mgr

---

7. « Le jubilé à Champlain », *ibid.,* 8 juillet 1865, p. 3.
8. « Le jubilé à la Cathédrale », *La Minerve,* 19 déc. 1865, p. 2.
9. Par exemple, le collège de Stanfold (« Collège commercial de Stanfold », *Le Journal des Trois-Rivières,* 21 nov.
   1865, p. 2). À cette occasion, Laflèche développe, « pendant une heure et demie », ses idées sur l'éducation.
10. Par exemple, le couvent des soeurs de la charité à Trois-Rivières, le 21 octobre 1866 (« Couvent des Soeurs de la
    Charité » *ibid.,* 23 oct. 1866, p. 2). Le thème du sermon est la vie monastique et la charité des religieuses.
11. Par exemple, chez les soeurs de l'Assomption, le 20 août 1865 (*Ibid.,* 22 août 1865, p. 2s.). Thème: l'utilité des
    communautés religieuses.
12. De nombreux exemples en 1865-1866: au séminaire de Nicolet (*ibid.,* 14 juillet 1865, p. 2); au couvent d'Acton
    Vale (*ibid.,* 28 juillet 1865, p. 3); au couvent de Saint-Grégoire (*ibid.,* 13 juillet 1866, p. 2).
13. Bénédiction des cloches de Saint-Pierre-les-Becquets le 27 décembre 1865 (« Bénédiction de cloches », *ibid.,* 29
    déc. 1865, p. 2); départ des miliciens pour la frontière (« Départ de nos volontaires », *ibid.,* 27 mars 1866, p. 2);
    Laflèche leur adresse la parole deux fois, à la cathédrale et à l'hôtel-de-ville.
14. « Notice biographique. L'honorable J.-E. Turcotte », *L'Écho du Cabinet de lecture paroissial de Montréal,* VII, 1
    (1er janv. 1865), p. 16. C'est, observent les journalistes, « le premier éloge funèbre prononcé par un prêtre sur le
    tombeau d'un citoyen de la ville de Trois-Rivières ».
15. « Funérailles de feu Messire Joseph Bailey », *Le Journal des Trois-Rivières,* 3 avril 1866, p. 2.
16. J.-E. Bellemare, *Histoire de la Baie Saint-Antoine dite Baie-du-Febvre, 1683-1911,* Montréal, Impr. La Patrie,
    1911, p. 288. Il faut dire que le curé Paradis pourchassait les *Rouges* depuis longtemps.
17. N. Pelletier à Laflèche, 16 nov. 1866, ASTR, *Fonds Laflèche,* A 2 P 169-6.

de Laval et le père Bréboeuf ont été pour ainsi dire les colonnes inébranlables sur lesquelles il a appuyé l'édifice colossal de sa thèse[18] ». Ce qui était la première mouture de deux chapitres des *Quelques considérations...* qui devaient paraître dans le journal les 21 et 25 juillet suivants[19]. Le grand vicaire de Trois-Rivières est aussi un des plus brillants orateurs de la fête des anciens du collège de Nicolet, le 24 mai 1866; il y prend la parole à côté de Mgr Bourget, de P.-J.-O. Chauveau, des juges Mondelet et Loranger. Il y fait l'éloge de Mgr Provencher et du collège de Nicolet dans l'oeuvre des missions de l'Ouest canadien[20]. Le discours et la personnalité de Laflèche ont particulièrement frappé Joseph Royal; soulignant qu'une véritable ovation a accueilli le vicaire général — « Le mouvement a été spontané; une étincelle électrique a comme agité toute la salle à la fois lorsqu'il s'est levé. Jamais je n'ai été témoin de tels applaudissements; ils n'ont cessé qu'au moment où il a élevé la voix » — il le comble d'éloges et célèbre avec emphase « ses mérites éclatants et son amour pur de la nationalité[21] ».

Cet éloge de Royal tombe juste, car Laflèche n'est pas qu'un prédicateur religieux, il est aussi de plus en plus recherché comme conférencier. Membre assidu de l'Institut littéraire de Trois-Rivières — il y fustige au besoin les conférenciers hétérodoxes[22] — il y prononce une causerie sur l'inquisition, le 19 mai 1865; pendant plus de deux heures, « la Papauté a trouvé en lui un chaud défenseur » qui voit dans l'inquisition « le principe conservateur de la Famille, de la société et de la Religion » et dans l'Espagne « une nation qui avait l'immense avantage de posséder l'unité de religion, de langue, et de lois, d'usages et de coutumes (et qui) était obligé (sic) de conserver intact ce qui faisait sa force et sa grandeur, et de ne pas laisser s'introduire dans son sein un poison qui lui donnerait la mort, ou au moins lui ferait subir des crises terribles ». Le *Journal des Trois-Rivières,* ébloui par la force d'argumentation du conférencier, le prie instamment de publier son texte, mais sa suggestion demeure un voeu pieux[23].

Plutôt que de publier ses textes en brochures, comme c'est la coutume à l'époque, Laflèche participe à la fondation d'un « bon » journal où il pourra exposer sa doctrine. Sans doute n'est-il pas facile de dire quel a été le rôle exact du grand vicaire dans la naissance du *Journal des Trois-Rivières.* Dès 1863, il s'intéresse à la publication d'une feuille vouée aux intérêts catholiques et il invite certains curés à faire partie d'un comité provisoire qui étudierait la question. Mais le projet fait long feu à cause du peu de garantie qu'offre le promoteur, T. Larue[24]. Deux ans plus tard, précisément le 19 mai 1865, commence à paraître le *Journal des Trois-Rivières* qui sera considéré comme l'organe officieux de l'évêché. Le jeune rédacteur en chef, Magloire McLeod, est le disciple soumis de Laflèche qui, pendant les premières années, vient en aide au journal en faisant une campagne d'emprunt auprès de quelques curés[25] et en poussant quelques autres à y publier des articles[26]. Lui-même apporte

---

18. « La St. Jean Baptiste », *Le Journal des Trois-Rivières*, 28 juin 1865, p. 3.
19. *Ibid.,* 21 juillet 1865, p. 2; *ibid.,* 25 juillet 1865, p. 2.
20. Douville, *Histoire du Collège-Séminaire de Nicolet, 1803-1903,* II. pp. 72-75.
21. Joseph Royal, « Notes pour un Nicolétain », *Revue canadienne,* III (1866), pp. 366-377.
22. À la séance du 19 décembre 1865, Gaston Bourdages a été invité à parler « par un petit parti de claqueurs qui paraissaient avoir été organisé pour la circonstance »; son discours a duré un quart d'heure et « il a été si justement et si sagement censuré sur le champ même par M. le Grand-Vicaire Laflèche que nous nous croyons dispensé d'en dire un seul mot » (« Institut littéraire des Trois-Rivières », *Le Journal des Trois-Rivières,* 26 déc. 1865, p. 2).
23. « L'Institut Littéraire des Trois-Rivières et l'Inquisition », *ibid.,* 26 mai 1865, p. 2.
24. C'est du moins l'opinion du curé de Pierreville: J.-P.-A. Maurault à Laflèche, 26 août 1863, ASTR, *Fonds Laflèche,* A 2 M 148-3.
25. Le même au même, 23 mai 1866, *ibid.,* A 2 M 148-4.
26. Le meilleur exemple est le prolifique abbé Louis-Édouard Bois que Laflèche encourage fortement: Laflèche à Ls-E. Bois, 4 janv. 1867, ASN, *Succ. Bois,* II-6-2. Luc Desilets est aussi un collaborateur, mais Laflèche n'a pas à l'inciter, bien au contraire !

une contribution notable au nouveau journal quand il y fait paraître ses *Quelques considéra-tions sur les rapports de la société civile avec la religion et la famille.* Du 20 juin 1865 au 21 mai 1866, il y publie, d'une façon irrégulière, 34 articles qui abordent la plupart des problèmes dé-battus dans le milieu canadien-français et qui forment l'assise de sa pensée.

Le prétexte de son intervention est clair. Les milieux politiques sont au plus fort des débats sur le projet de fédération canadienne; de plus, Gonzalve Doutre vient de faire scan-dale par une conférence sur le principe des nationalités où il fait fi des différences religieuses et ethniques pour montrer que la base de la nationalité n'est pas d'abord la communauté de langue et de religion, mais la « conscience des intérêts communs[27] ». Rien ne pouvait être plus diamétralement opposé aux idées de Laflèche comme devait le prouver la longue série d'arti-cles du *Journal des Trois-Rivières.*

Dans une première partie (10 articles)[28], Laflèche définit la nation comme l'ensemble des descendants d'une même famille, « En sorte que la famille n'est que la nation en petit; et la nation, c'est la famille en grand[29] ». D'où il faut conclure « que la langue maternelle, la foi des ancêtres, les moeurs, les coutumes et les usages formés dans la famille sont les éléments constitutifs de la nation, et forment ce que l'on appelle la nationalité ». Et le territoire qui lui est dévolu pour se développer constitue la patrie[30].

Poursuivant son raisonnement et l'appliquant au peuple canadien-français, Laflèche affirme qu'il constitue une nation « puisque nous sommes un million d'âmes parlant la même langue, professant la même foi, ayant des coutumes, des usages, des lois et des institutions à nous en propre[31] ». Notre patrie, ajoute-t-il, « c'est la terre que nous ont léguée nos pères, la belle et riche vallée du St-Laurent[32] ». De plus — et l'auteur insiste là-dessus — cette nationalité a reçu de la Providence une mission religieuse, « c'est la conversion au ca-tholicisme des pauvres infidèles qui habitaient ce pays, et l'extension du royaume de Dieu » par la formation d'un grand peuple catholique[33].

Cependant, aux yeux de Laflèche, un danger menace la nation canadienne-française. c'est le libéralisme qui s'attaque à son caractère essentiellement religieux. Pour réfuter cette erreur, il analyse l'origine et la nature de l'autorité et il conclut que la monarchie tempérée est la meilleure forme de gouvernement et la démocratie, la plus imparfaite. Il s'étend ensuite sur l'origine divine de la famille et de la société civile et il en tire immédiatement les consé-quences directes, soit pour la famille, la condamnation de trois erreurs: le mariage civil, le divorce, l'éducation des enfants par l'État, et, pour ce qui concerne la société civile, la dénon-ciation du libéralisme[34]. S'appuyant sur le *Syllabus,* Laflèche veut convaincre ses lecteurs « que la société repose essentiellement sur l'ordre religieux, que l'autorité vient de Dieu, que les hommes qui doivent l'exercer sont aussi préparés par sa Providence à ce haut ministère, et

27. Gonzalve Doutre, *Le Principe des nationalités,* Montréal, Le Pays, 1864, 73p. Sur le débat soulevé par les résolu-tions de Québec et la conférence de Doutre, voir Jean-Paul Bernard, *Les Rouges, Libéralisme, nationalisme et an-ticléricalisme au XIXe siècle,* Montréal, Presses de l'université du Québec, 1971, pp. 249-282.
28. Ces premiers articles sont publiés d'une façon régulière du 20 juin au 28 juillet 1865; par la suite, le rythme de publication ralentit et devient totalement imprévisible.
29. Louis-François Laflèche, *Quelques considérations sur les rapports de la société civile avec la religion et la famille,* Montréal, Eusèbe Sénécal, 1866, p. 19.
30. *Ibid.,* p. 67. Laflèche définit ainsi la nationalité: *«C'est un peuple qui parle la même langue, qui a la même foi, et dont les moeurs, les coutumes, les usages et les lois sont uniformes»* (*ibid.,* p. 24). D'autre part, le patriotisme, *«c'est l'amour de notre pays, du sol où reposent les cendres de nos ancêtres; c'est l'attachement inviolable à la langue de notre mère, à la foi de nos pères; c'est le respect de nos institutions et de nos lois»* (*ibid.,* p. 36).
31. *Ibid.,* p. 70.
32. *Ibid.*
33. *Ibid.,* p. 47. Laflèche consacre deux articles complets à la mission du peuple canadien et revient souvent sur le su-jet (*ibid.,* pp. 47-62).
34. *Ibid.,* p. 166s.

choisis par elle, soit directement, soit indirectement ». Ce qui le conduit à prendre la défense de l'intervention du prêtre en politique et développer une série de règles propres à guider l'électeur dans le choix d'un député.

En conclusion, Laflèche rappelle la définition chrétienne de la politique — « l'art de gouverner suivant les règles de l'*équité,* de la *justice* et de l'*honnêteté*[35] » — et fustige une dernière fois les démagogues (lisez les libéraux) responsables de toutes les faiblesses et divisions des Canadiens français.

Ce résumé, si fidèle soit-il, ne donne que l'armature de la thèse du vicaire général de Trois-Rivières. Comme les journalistes et les orateurs de l'époque, Laflèche se complaît dans les digressions et il profite de toutes les occasions pour donner son avis sur des questions qui ont un rapport plus ou moins lointain avec le sujet principal. Ainsi il consacre quelques pages à défendre les collèges classiques[36], à condamner l'émigration aux États-Unis[37], à souligner le caractère providentiel de la conquête du Canada par l'Angleterre[38], à prendre la défense de la peine de mort[39], à décrire le serment comme « l'âme de la société[40] » et même à faire un plaidoyer pour la dîme[41].

La plus significative de ces digressions concerne le projet de confédération. À l'occasion de l'étude du mariage chrétien et des erreurs qui le menacent, Laflèche s'élève avec virulence contre les « braillards pharisaïques » qui somment les évêques de condamner les articles concernant le divorce dans la nouvelle constitution projetée. « Scandale pharisaïque », s'écrie l'auteur, car ces prétendus défenseurs de l'Église sont ceux mêmes que Mgr Bourget a condamnés en 1858 et qui ont continué à se montrer « pour la plupart si hostiles à la religion et au clergé[42] ». De plus, « Un de nos prêtres canadiens les plus distingués », Elzéar-Alexandre Taschereau, recteur de l'université Laval, a reçu confirmation des autorités romaines que les députés catholiques pouvaient voter, sans trouble de conscience, en faveur de la confédération[43]. Enfin, en prônant l'annexion aux États-Unis, les adversaires de la nouvelle constitution se montrent sous leur vrai jour, puisqu'ils font croire que le mariage et la famille seront mieux protégés « par un gouvernement qui ne voit dans cette institution (le mariage) divine qu'un concubinage plus ou moins bien réglé, et qui ne trouve aucun inconvénient à tolérer le mormonisme[44] ». Il serait donc insensé, conclut Laflèche, de se fier aux déclarations d'hommes si peu sincères qui attaquent la confédération, « cette oeuvre si grande en elle-même et dans ses conséquences ». Et d'expliquer en une courte phrase : « Attendu qu'elle a été élaborée avec tant de soin et avec le concours de nos hommes les plus éminents sous le triple rapport du talent, de l'expérience et de l'honnêteté, nous n'hésitons pas à déclarer qu'elle nous inspire une pleine et entière confiance[45] ».

---

35. *Ibid.,* p. 247.
36. *Ibid.,* p. 26s.
37. *Ibid.,* p. 32ss.
38. *Ibid.,* p. 72s.
39. *Ibid.,* p. 124s.
40. *Ibid.,* p. 185.
41. *Ibid.,* p. 259s.
42. *Ibid.,* p. 137.
43. *Ibid.,* p. 138. Le grand vicaire Taschereau avait consulté à Rome De Angelis et Ballerini, tandis que Mgr Horan, de Kingston, faisait la même démarche auprès de A. Capalti, secrétaire de la Sacrée Congrégation de la Propagande (Taschereau à Laflèche, 11 déc. 1865, ASTR, *Fonds Laflèche,* A 1 T 99-2. Avec copie du questionnaire latin envoyé à Rome le 9 mai 1865). Le recteur explique longuement sa position qu'il trouve corroborée par les meilleurs canonistes de Rome.
44. Laflèche, *Quelques considérations...,* p. 138.
45. *Ibid.*

Ce jugement public, paru dans le *Journal des Trois-Rivières* du 24 novembre 1865, reprend presque textuellement ce qu'a écrit Laflèche à son ancien élève, Charles Boucher de Niverville, au début de l'année. Le député de Trois-Rivières avait cru bon de solliciter l'avis de « deux membres du clergé du district des Trois-Rivières[46] » et, dans son discours du 10 mars à la Chambre, il avait triomphalement annoncé que « Tous deux se sont accordés à répondre qu'ils étaient en faveur de la confédération projetée des provinces britanniques anglaises de ce continent[47] ». Laflèche, en effet, lui avait écrit une longue lettre le 2 mars 1865. Notant d'abord que le texte est très « vaste et complexe » et que ses activités personnelles ne lui permettent pas d'en faire une « étude spéciale », il consent à lui dire comment il s'est formé une opinion sur « ce projet d'une importance si grande pour notre avenir ». Après avoir constaté que les difficultés politiques sont telles qu'elles peuvent conduire à une guerre civile, Laflèche voit dans la confédération une « planche de salut » et « ce qu'il y a de mieux pour nous dans les circonstances actuelles »; faite par des hommes « dont on ne peut mettre en doute aujourd'hui l'expérience, la capacité et le patriotisme », elle est appuyée par la majorité de la population bas-canadienne et n'est combattue que par une minorité qui n'a pas « assez d'intelligence pour comprendre que la division parmi nous est le plus grand malheur que nous ayons à craindre ». D'où la conclusion : « C'est cette approbation de la masse de nos premiers hommes par l'expérience, par le talent, par l'intelligence, par la connaissance des affaires politiques, par le patriotisme, qui a achevé de me convaincre intérieurement (...)[48] ». C'est cette position que défend Boucher de Niverville à la Chambre, si bien qu'après son discours et l'article publié dans le *Journal des Trois-Rivières*, même si le nom de Laflèche n'a été ni prononcé ni écrit, tout le monde connaît clairement la position du grand vicaire de Trois-Rivières sur la nouvelle constitution et ses sentiments envers les libéraux.

Les articles de Laflèche sont présentés par le journal comme « le complément naturel » du mandement du 8 février 1865 et l'oeuvre d'un « homme savant » et d'un « penseur profond[49] », et, pendant longtemps, serviront de caution aux prises de position des rédacteurs[50]. Les journaux ultramontains abondent dans le même sens, témoin la *Gazette de Sorel* qui vante cette « série d'articles bien remarquables, émanant d'une plume catholique et conséquemment, nationale » et qui conclut ainsi son éloge : « Parlant des charlatans politiques qui, de nos jours plus que jamais, grouillent dans nos campagnes, et coassent comme les grenouilles dans leurs marais, l'excellent écrivain donne aux électeurs, des conseils dont ils devraient profiter[51] ».

Dans le but de mieux faire connaître des idées aussi « justes », plusieurs membres du clergé se réunissent à Saint-Christophe, le 1er mars 1866, et forment un comité pour entreprendre de faire imprimer en volume l'oeuvre du grand vicaire Laflèche. L'âme de ce mouvement est l'abbé Calixte Marquis, curé de Saint-Célestin et zélé missionnaire colonisateur. C'est lui qui, après avoir obtenu le consentement de l'auteur, envoie une lettre circulaire pour annoncer la publication et recueillir les souscriptions. Prévoyant un tirage de 3 000 exemplaires, il demande aux curés de faire des achats en proportion de la population de leur paroisse — 75 volumes dans les grandes paroisses, 50 dans les moyennes, 25 dans les

46. *Débats parlementaires sur la question de la confédération des provinces de l'Amérique britannique du Nord (...)*, Québec, Imprimeurs parlementaires, 1865, p. 947. L'un de ces ecclésiastique est Laflèche; l'autre est peut-être Charles-Olivier Caron ou encore Thomas Caron.
47. *Ibid.*,
48. Laflèche à Charles Boucher de Niverville, 2 mars 1864 (sic), ASTR, *Fonds Laflèche, B2B 31-A*. C'est par un *lapsus calami* que Laflèche date sa lettre de 1864 au lieu de 1865.
49. *Le Journal des Trois-Rivières*, 23 juin 1865, p. 3.
50. *Le Journal des Trois-Rivières*, 6 avril 1866, p. 2.
51. *La Gazette de Sorel*, 21 avril 1866, reproduit dans le *Journal des Trois-Rivières*, 24 avril 1866, p. 2.

petites — et il leur recommande, ainsi qu'aux autres membres du clergé, de placer l'ouvrage dans les bibliothèques paroissiales et de le distribuer comme prix de fin d'année scolaire ou récompense au catéchisme. Même si l'édition doit être payée par le clergé du diocèse de Trois-Rivières, Marquis invite les autres diocèses à participer à une « oeuvre qui intéresse au plus (haut) degré tous les amis du bien[52] ».

La souscription connaît un très grand succès: 3 497 exemplaires du volume sont vendus avant même sa publication. Comme prévu, le diocèse de Trois-Rivières mène la marche avec 2 289 exemplaires souscrits, mais les autres se montrent aussi intéressés: Montréal, 472 exemplaires; Québec, 436; Saint-Hyacinthe, 300[53]. Pour la vente dans le public, le *Journal des Trois-Rivières* se charge de la publicité et la librairie Beauchemin & Valois, de Montréal, fait la distribution[54]. Dès lors, s'élève le concert habituel d'éloges. Un collaborateur du *Journal des Trois-Rivières* résume le mieux les qualités qu'on trouve au volume:

> Le style de l'ouvrage est simple, clair, toujours entraînant et souvent même sublime: la pensée est forte, puissante, et excite presque toujours d'un bout à l'autre l'admiration, tant par sa profondeur que par sa vivacité. Ces pages admirables nous révèlent une âme fortement trempée dans l'étude les plus hautes questions sociales et des théories les plus philosophiques, un esprit extraordinairement nourri de l'écriture sainte, et un coeur aimant passionnément *(sic)* ses compatriotes[55].

De son côté, la docte *Revue canadienne* lui fait l'honneur de publier un extrait de son ouvrage[56]. Par contre, il y a assez peu de critique négatives, sauf dans le *Défricheur* où Jean-Baptiste-Éric Dorion prend ouvertement le contre-pied de plusieurs idées de son coparoissien.

Cette oeuvre, la plus considérable de Laflèche, est aussi la plus importante par son contenu: à quelques nuances près, il ne déviera guère du système de pensée élaboré dans les *Quelques considérations...* Ennemi acharné de la « séparation absolue de l'ordre social d'avec l'ordre religieux[57] », conséquence logique des principes du libre examen, du rationalisme et de la Révolution française[58], il recourt toujours à la Providence pour expliquer l'origine et l'évolution de la société et des institutions humaines. Tout au long des siècles, les hommes et les États sont jugés d'après leur obéissance aux ordres de Dieu, transmis par l'Église qui devient ainsi l'arbitre de l'histoire et le flambeau du « progrès » dans le monde. Mais cette « philosophie théologique de l'histoire[59] » n'est pas chez lui qu'une vue de l'esprit: elle s'appuie sur une critique implicite de la connaissance et débouche sur une théologie politique. Si peu porté soit-il à la spéculation, Laflèche n'échappe pas à l'obligation d'établir les relations entre la raison et la foi, et de définir sa philosophie de la connaissance. Sans doute ne le fait-il pas sous forme de thèse, mais l'ordonnance même de son texte et les preuves qu'il puise uniquement dans la Révélation, l'histoire — sainte et profane — et l'autorité de la philosophie chrétienne montrent bien que, pour lui comme pour de nombreux penseurs du XIXe siècle,

---

52. Calixte Marquis, (Lettre circulaire aux membres du clergé), 15 mars 1866, 4p. Ce texte est un bel exemple de « marketing » ecclésiastique dans le domaine du livre.
53. *L'Écrit de Mr le Grand Vic Laflèche... Les Souscriptions dans le diocèse de Québec*, 20 juin 1866, AAR. *Diocèse de Trois-Rivières*, 1 (1851-1879).
54. Calixte Marquis aux souscripteurs, 5 juin 1866, *ibid.*
55. « Un livre précieux », *Le Journal des Trois-Rivières*, 15 juin 1866, p. 2.
56. Laflèche, « L'éducation de l'enfance », *Revue canadienne*, III (1866), pp. 342-349.
57. Laflèche, *Quelques considérations...*, p. 66.
58. *Ibid.*, p. 80s.
59. L'expression est d'Émile Callot, *Les trois moments de la philosophie théologique de l'histoire*, Paris, La pensée universelle, (1974), pp. 15-30.

« la connaissance des vérités essentielles n'est pas acquise par l'exercice de la pensée séparée mais elle est donnée dans la société où l'a déposée la révélation divine[60] ». Implicite, encore peu élaborée pour le moment[61], cette théorie de la connaissance n'en sert pas moins de fondement à sa théologie politique. Origine de tout dans l'histoire du monde, Dieu préside à la formation de chaque peuple et veille sur sa destinée; tout gouvernement tient de lui sa légitimité, puisque « le pouvoir temporel vient de Dieu par l'intermédiaire des moyens humains »; de même, toute société — religieuse, familiale ou civile — est l'oeuvre de la Providence qui y a établi des « rapports de subordination, de manière que l'une n'aie pas le droit de commander une chose que l'autre sera obligée de défendre[62] ». Tout cela fonde la supériorité de la société religieuse — « la première de toutes les sociétés[63] » — et l'importance de l'intervention de l'Église dans la vie politique qui ne saurait échapper à son influence.

La valeur de ce système ne vient pas de son originalité. Sauf ses considérations sur la confédération et l'émigration qui semblent un peu plus personnelles, Laflèche puise ses idées un peu partout. Sa théorie de la société vient fondamentalement de Félicité de Lamennais et surtout de René-François de Rohrbacher dont il cite abondamment la monumentale *Histoire universelle de l'Église*[64]. C'est également à ce dernier auteur qu'il emprunte sa méthode d'exposition: rechercher la vérité dans la Révélation, dans l'histoire et dans la philosophie. Les traditionalistes français, particulièrement Joseph de Maistre et le vicomte de Bonald, interprétés par Louis Veuillot, fournissent l'armature de ses idées politiques, qu'il complète par les ouvrages du père Félix[65]. Ses vues sur la nationalité canadienne-française et les devoirs des électeurs sont assez répandues au Québec[66]. Le grand mérite de Laflèche est de faire de ces idées reçues un exposé clair, structuré, logique, accessible à des lecteurs moyens. Et aussi de le faire dans une langue sobre, correcte, jamais ennuyeuse, même si elle n'égale pas la prose de Louis Veuillot, le modèle[67].

La publication des *Quelques considérations...* attire davantage l'attention sur Laflèche et lui vaut diverses invitations, même à Montréal[68] et à Ottawa. Dans cette dernière ville, il atteint l'apothéose de ces années bien remplies. À l'instigation d'Elzéar Gérin, rédacteur du *Canada* d'Ottawa, ancien de Nicolet qui a assisté aux fêtes de mai 1866 et qui a publié dans son journal le discours de Laflèche[69], le vicaire général de Trois-Rivières est invité comme prédicateur aux célébrations de la Saint-Jean-Baptiste à Ottawa[70]. Le *Journal des Trois-Rivières* annonce aussitôt la nouvelle à ses lecteurs, souhaite à son collaborateur bon succès « dans cette entreprise » et souligne que « tous les lecteurs de notre feuille désirent ardemment

---

60. Xavier de Montclos, *Lavigerie, le Saint-Siège et l'Église*, Paris, E. de Boccard, 1965, p. 21s. Dans son introduction (pp. 5-23), l'auteur décrit bien les « points de vue ecclésiologiques » qui se sont développés en France au début du XIXe siècle et que nous retrouvons au Canada français.
61. Laflèche va expliciter sa pensée dans ses *Conférences sur l'encyclique Humanum Genus*, Trois-Rivières, Ayotte, 1885, pp. 95-112; il intitule sa huitième conférence *De la Révélation*.
62. Laflèche, *Quelques considérations...*, p. 117.
63. *Ibid.*, p. 122.
64. Terminée en 1849, la première édition comprenait 29 volumes in-8°.
65. Bon exposé sur les liens entre le traditionalisme et la théologie politique des ultramontains français dans Jacques Gadille, *La pensée et l'action politique des évêques français au début de la IIIe république*, Paris, Hachette, I, pp. 46-72; voir aussi M. Nédoncelle et *al.*, *L'Ecclésiologie au XIXe siècle*, Paris, Cerf, 1960, 392p. Prédicateur à Notre-Dame-de-Paris, le Père Célestin-Joseph Félix, s.j., a traité, de 1856 à 1872, du *Progrès par le christianisme* (Paris, Jouby et Roger, 17 vol.); Laflèche connaît et cite ses ouvrages.
66. Voir, entre autres, (D.-H. Beaudry), *Le conseiller du peuple, ou Réflexions adressées aux canadiens-français par un compatriote*, 2e éd., Québec, Langlais, 1877, 218p. La première édition est de 1860.
67. Pendant ces années, Laflèche est un fidèle lecteur de l'*Univers* et il achète toutes les oeuvres de Veuillot.
68. *L'Écho du Cabinet de lecture paroissial*, Montréal, VIII, 21 (1er nov. 1866), p. 395.
69. « Les premiers missionnaires du Nord-Ouest », *Le Canada*, 9 juin 1866, p. 2.
70. « La fête St. Jean Baptiste », *ibid.*, 19 juin 1866, p. 2.

voir dans nos colonnes le discours de celui qu'ils reconnaissent capable de se montrer à la hauteur de la position[71] »; d'Ottawa, un correspondant du même journal décrit les préparatifs de la fête et, commentant l'invitation à Laflèche, ajoute: « Nul besoin de vous dire que la renommée a devancé ici cet orateur distingué et que l'on est impatient de l'entendre faire retentir les voûtes de la magnifique cathédrale de cette ville, de sa mâle et vigoureuse éloquence[72] ».

Laflèche se montre à la hauteur de sa réputation. Prenant pour thème le texte de Luc, chap. XII, v. 32: « Ne craignez point, faible troupeau, parce qu'il a plu à votre Père de vous donner un royaume », il fait un de ses meilleurs exposés sur la nationalité canadienne-française et sa mission. Puisant dans les meilleures pages de ses *Quelques considérations...*, il expose les raisons qui font que les Canadiens français forment une nation distincte, puis il en tire la conséquence que « comme nation nous avons un avenir, une mission à remplir, un but à atteindre ». Sa thèse, déjà bien connue par ses écrits, prend un relief particulier du fait qu'elle est exposée sobrement, d'une façon plus rigoureuse, et qu'elle est dégagée de toute digression; elle acquiert ainsi une plus grande force de conviction[73]. L'éloquence de Laflèche devait ajouter encore à cette force. Les journaux sont unanimes à le reconnaître[74]; comme il fallait s'y attendre, le correspondant « particulier » du *Journal des Trois-Rivières* est le plus dithyrambique: « (...) l'on s'attendait à quelque chose d'extraordinaire. Je vous le dis sans flatterie, l'attente générale a été surpassée, l'admiration a été complète et universelle ». Et pourtant le journaliste croit bon d'ajouter que l'orateur « se serait, je crois, élevé à une plus grande hauteur, s'il n'eût pas été un peu fatigué par le travail que lui impose la visite pastorale de Sa Grandeur Mgr des Trois-Rivières[75] ». Seule ombre au tableau: immédiatement après la parade, au balcon de l'Hôtel Canada, Jean-Baptiste-Éric Dorion se permet de contredire Laflèche à propos de l'émigration aux États-Unis[76]. Le *Journal des Trois-Rivières* s'en offusque, crie à l'impudence et fustige l'Enfant Terrible[77]. Laflèche, quant à lui, se tient en dehors de la polémique.

De la fin de 1861 à 1866, Laflèche vit cinq années bien remplies. Appelé à partager et améliorer l'administration diocésaine, il fait preuve d'un talent d'organisateur qui lui permet, en peu de temps, de résorber si bien la crise financière qu'on lui reprochera plus tard d'accumuler des surplus dans les coffres du diocèse[78]. Mais son plus grand mérite dans cette affaire n'est pas d'avoir sauvé la corporation épiscopale d'une banqueroute certaine, il est plutôt d'avoir, pour la première fois depuis la fondation du diocèse en 1852, fait l'unité au sein de l'Église trifluvienne. À son appel et grâce à ses démarches, le clergé a oublié ses griefs

---

71. *Le Journal des Trois-Rivières,* 19 juin 1866, p. 2.
72. *Ibid.,* 27 juin 1866, p. 2.
73. Le texte du sermon de Laflèche a été publié par le *Journal des Trois-Rivières,* 3 juillet 1866, p. 2 et 6 juillet 1866, p. 2; le même texte est reproduit dans Arthur Savaète, éd., *Oeuvres oratoires de Mgr Louis-François Laflèche, évêque des Trois-Rivières,* Paris, Arthur Savaète, (s.d.), pp. 48-68. Il ne s'agit pas du texte original de l'orateur, mais d'un résumé et de larges « extraits » notés par un correspondant; Laflèche ne l'a pas revisé.
74. Voir, par exemple, « Discours de Mr. L. Laflèche », *Le Journal de Québec,* 12 juillet 1866, p. 1.
75. « La St. Jean Baptiste à Outaouais », *Le Journal des Trois-Rivières,* 3 juillet 1866, p. 2.
76. Laflèche avait dit entre autres choses: « Combien de compatriotes aux États-Unis qui, après deux ou trois générations, auront perdu leur langue, peut-être leur foi, et n'auront plus de canadien que le nom, si même ils le conservent? Si nous voulons sincèrement le bien de la patrie, nous nous efforcerons toujours de détourner nos frères d'aller dans un pays où ils perdent si facilement le caractère national » (Savaète, *Oeuvres oratoires de Mgr Louis-François Laflèche...,* p. 54s). Invité à prendre la parole, Dorion prend la défense des Canadiens émigrés aux États-Unis.
77. « L'Enfant Terrible chômant la Fête de son Patron à Outaouais », *Le Journal des Trois-Rivières,* 17 juillet 1866, p. 2.
78. *Mémoire Pour accompagner une supplique adressée à N.S.P. le Pape Pie IX, sollicitant l'érection d'un nouveau diocèse (...),* 1er sept. 1875, p. 2s.

envers l'évêque et a travaillé dans l'unanimité, les fidèles ont fait de même et ont généreusement souscrit pour la cathédrale et les autres oeuvres diocésaines. Ce résultat est dû avant tout à l'autorité morale de Laflèche, à son entregent exceptionnel et à son travail incessant. C'est le plus beau fleuron de ces années difficiles.

Le règlement, plus rapide que prévu, du problème financier a bientôt laissé le procureur en disponibilité: il pouvait quitter l'évêché ou, tout en y demeurant, y entreprendre de nouveaux ministères. A-t-il vraiment choisi? Sa renommée grandissante, des amitiés nouvelles, le vieillissement de son évêque le conduisent de plus en plus à accomplir pleinement sa tâche de grand vicaire et à incarner l'autorité diocésaine; désormais on le voit partout dans le diocèse et il s'adresse régulièrement aussi bien aux écoliers d'un village qu'à la classe instruite de Trois-Rivières. Cette « prise de parole » l'oblige à réfléchir sur la plupart des problèmes cruciaux qui sont débattus dans le milieu canadien-français et, parfois, à prendre position publiquement. Là se révèle l'intellectuel habitué au système. Il profite des « loisirs » qu'un certain répit lui laisse pour colliger les opinions qui peuvent guider ses interventions et pour les énoncer en une série cohérente de 34 articles. Il en sort un vade-mecum de ses idées personnelles, une véritable somme de sa théologie politique dont il ne déviera jamais le reste de sa vie.

Ainsi donc, à la fin de 1866, au seuil de la cinquantaine, Louis-François Laflèche a, pour ainsi dire, terminé son périple intellectuel. De la petite école de Sainte-Anne-de-la-Pérade au séminaire de Nicolet, il a franchi les étapes normales qui lui laissaient un bagage bien mince de science. Mais un intérêt profond pour la science l'a poussé à compléter sa formation déficiente et à acquérir, par l'étude et la lecture, le supplément de connaissances qui lui permettront de s'affirmer comme intellectuel. Intellectuel, mais non dilettante, car Laflèche n'est pas un philosophe en chambre qui cogite loin des bruits et des fureurs de la vie: bien au contraire, c'est au milieu du quotidien, face aux objections des protestants dans l'Ouest ou confronté aux débats de la décennie 1860, qu'il se documente, réfléchit, bâtit en somme, pour le combat, le système de sa pensée personnelle. Chez lui, l'action prime tout et la connaissance — l'éloquence aussi —, loin d'être une fin en soi, n'est qu'un des moyens d'en assurer l'efficacité.

Dans le clergé de l'époque, un homme de cette trempe ne pouvait passer inaperçu. Déjà Mgr Cooke l'avait appelé aux plus importantes fonctions diocésaines, mais Laflèche semblait répugner à participer aux activités de l'assemblée des évêques de la province ecclésiastique de Québec[79]. Cependant, suite à cette montée de sa popularité dans le diocèse et ailleurs, ce clerc pouvait-il espérer s'écarter longtemps encore du groupe qui naturellement l'attirait à soi, celui des évêques?

---

79. En 1863, par exemple, malgré les objurgations de Mgr Cooke qui demande l'appui de Mgr Baillargeon (Mgr Cooke à Mgr Baillargeon, 14 avril 1863, AETR, *Registre des lettres,* III, 22), il refuse obstinément d'accompagner son évêque comme théologien au troisième concile provincial de Québec; il prétexte une succession à régler (Laflèche à Mgr Baillargeon, 11 mai 1863, AAR, Diocèse de Trois-Rivières, 1 (1851-1879)).

CHAPITRE V

Le coadjuteur de Trois-Rivières (1867-1870)

Vous nous êtes un guide au bord des précipices
L'ennemi multiplie en vain ses artifices...
Votre main nous conduit en pressant notre main
Et quand viennent pour nous les heures de détresse
Vous chassez de nos coeurs tout ce qui les presse
Et de fleurs semez le chemin.

L.A.N.[1]

Le 16 octobre 1862, Mgr Baillargeon, de Québec, écrit au cardinal Barnabo, préfet de la Sacrée Congrégation de la Propagande, que la banqueroute du diocèse de Trois-Rivières est probablement évitée et que le succès est dû aux efforts de Laflèche, qu'il prend la liberté « de signaler dès aujourd'hui à Votre Éminence, comme celui qui devra être proposé à Sa Sainteté pour remplacer l'Évêque actuel des Trois-Rivières[2] ». Quelques mois plus tard, le 8 mai 1863, Luc Desilets avertit Mgr Cooke que les prêtres de son diocèse espèrent « que vous leur laisserez cet homme (Laflèche) pour successeur, afin qu'il puisse terminer et assurer l'oeuvre commencée[3] ». Dans les années qui suivent, l'administrateur de Québec ne cesse d'insister pour que l'évêque de Trois-Rivières demande son grand vicaire comme coadjuteur[4] et, bientôt, la rumeur s'accrédite fermement que Louis-François Laflèche accédera à l'épiscopat, comme remplaçant ou coadjuteur de Mgr Thomas Cooke: son étoile est au zénith et l'évêque de Trois-Rivières est de plus en plus miné par la maladie et la fatigue et, comme le dit l'abbé Louis-Zéphirin Moreau en 1865, « Il a, à côté de lui, un homme tout préparé à l'aider ou à lui succéder[5] ». Tout le monde attend la nomination et, le 31 décembre 1866, Calixte Marquis, à la fin d'une mercuriale servie au grand vicaire de Trois-Rivières, peut même se permettre de parler de la « nouvelle administration qui approche[6] ». Il est bien renseigné, puisque les documents romains nommant Laflèche évêque d'Anthédon *in partibus*

1. L.A.N., « A Mgr. Laflèche — À l'occasion de son départ pour Rome », *Le Journal des Trois-Rivières*, 22 oct. 1869, p. 2.
2. Mgr Baillargeon au card. Barnabo, 16 oct. 1862, AAQ, *Registre des lettres*, 27, p. 538s.
3. Luc Desilets à Mgr Cooke, 8 mai 1863, AETR, *Correspondance de Mgr Cooke.*
4. Mgr Baillargeon à Mgr Cooke, 11 sept. 1865, AAQ, *Registre des lettres*, 28, p. 398.
5. L.-Z. Moreau à Edmond Langevin, 20 nov. 1865, AAR, *Diocèse de Saint-Hyacinthe*, 1 (1849-1885).
6. C. Marquis à Laflèche, 31 déc. 1866, ASTR, *Fonds Laflèche*, B 3 M 3-13. Pendant l'année 1866, Marquis a plusieurs affrontements avec Laflèche.

infidelium et coadjuteur de Mgr Cooke *cum futura successione* sont du 23 novembre précédent. Mais il reste une question ardue à régler: comment convaincre le nouvel élu d'accepter la nomination pour jouer un nouveau rôle dans l'Église et pouvoir aborder les plus grands problèmes?

1- Acceptation et sacre de Laflèche

Depuis longtemps déjà, Laflèche est au courant des vues qu'on a sur lui: pour en éviter les effets, il tente de laisser l'évêché et, même, le diocèse[7]. Il encaisse un refus péremptoire de Mgr Baillargeon et accepte de méditer les paroles de l'administrateur qui l'engage plutôt à devenir « une victime immolée à la religion, la divine Providence exigeant que celles qu'elle a désignées pour le sacrifice s'y soumettent pour le bien général[8] ». Laflèche fait, cependant, un ultime effort pour éviter l'épiscopat quand arrive, en janvier 1867, les bulles de Rome: il soulève de nouveau la question de sa santé. Tout en voyant dans le choix de ses supérieurs « la volonté de Dieu lui-même », il demande à Mgr Baillargeon la permission de faire connaître « les causes qui auraient pu faire tomber sur une autre personne son choix ainsi que celui de ses vénérables collègues, s'il (lui) avait été donné de les leur exposer auparavant ». Après avoir passé rapidement sur l'état délabré de sa santé « qui vous est connu depuis longtemps », il insiste plutôt sur une hérédité qui le menace de maladie mentale, « une faiblesse nerveuse et une sensibilité telle qu'elle a déjà conduit quelques membres de ma famille à l'aliénation mentale, et à une folie permanente ». Or, continue-t-il, il ne se sent pas « tout à fait exempt de cette infirmité »: « Depuis quelques années surtout je m'apperçois (*sic*) de perturbations assez notables dans ma mémoire et assez souvent il arrive que le moindre travail me fatigue considérablement la tête. Les émotions un peu violentes et les tracasseries me font perdre facilement le sommeil ». En conséquence, conclut-il, n'est-il pas dangereux que « votre pauvre coadjuteur des Trois-Rivières perdit tout à fait la tête »? Voilà pourquoi il croit sage de lui faire connaître ces faits, tout en témoignant de son désir « d'en passer définitivement par ce que vous en déciderez, sans prétendre aller plus loin[9] ».

L'argument a certainement du poids, car il est bien connu à Sainte-Anne-de-la-Pérade que François-Augustin Laflèche, frère du grand vicaire, a parfois des crises de folie[10]; il en fait même une au début de 1867 et le curé Dupuis, son voisin, doit demander du secours au nouveau coadjuteur, car, dans les environs, « les uns ne se sentent pas trop rassurés avec lui et

---

7. Cf. *supra*, p. 94.
8. Mgr Baillargeon à Laflèche, 1er avril 1863, AAQ, *Registre des lettres,* 27, p. 606s.
9. Laflèche à Mgr Baillargeon, 17 janv. 1867, ASTR, *Fonds Laflèche,* B 2 B 14-1.
10. Quoique venant d'un adversaire, le témoignage de Mgr Michel-Édouard Méthot peut être retenu. Le 29 octobre 1881, il écrit dans son journal: « Mgr Laflèche part aujourd'hui pour Rome... En partant, il a envoyé aux journaux une lettre expédiée à Mgr L'Archevêque, où il lui annonce qu'il retire sa signature apposée à la déclaration et qu'il va à Rome donner ses raisons au St-Père. Tant mieux! Je crois qu'il reviendra blessé! En attendant, ce revirement subit de la part d'un Évêque, d'un vieillard, est un grand scandale. Les laïques qui, plus que nous autres clercs, ont le sentiment de l'honneur au moins humain, ne se gênent pas pour dire qu'il est fou! Ce que je sais bien, c'est qu'il appartient à une famille de fous. Que de fois, dans mon enfance, lorsque je passais mes vacances à Ste-Anne Lapérade chez mon excellent oncle, Elzéar Méthot,—quel monde de souvenirs ces mots me réveillent! - j'ai vu passer dans la rue un des frères de Mgr Laflèche, fou, poursuivi par une bande d'enfants qui en faisaient leur jouet! Et ses soeurs! Lui-même le sait parfaitement; lorsqu'on voulut le faire évêque, il refusa, disant qu'il appartenait à une famille de fous, qu'il pourrait bien devenir fou lui-même, et qu'alors on se repentirait de l'avoir élevé à l'épiscopat. N'a-t-il pas été un peu bien prophète? » *(Journal de Mgr Méthot,* 29 oct, 1881, p. 46, cité dans André Lavallée, *Québec contre Montréal, La querelle universitaire, 1876-1891,* Montréal, Presses de l'Université de Montréal, 1974, p. 94).Il faut noter cependant qu'à cette époque presque tous les adversaires de Québec ont été traités de fous...

les autres sont eux-mêmes aussi sous l'effet de quelque maladie[11] »; Laflèche s'empresse d'accéder à sa demande dès le 7 mars[12]. La présence de cas de folie dans la famille empêche également certaines nièces du grand vicaire d'être admises chez les religieuses[13]. Il faut noter cependant que, dans sa lettre à l'administrateur de Québec, Laflèche est moins explicite qu'en 1861 sur ses propres « faiblesses mentales », ce qui indique bien que le travail a produit chez lui, comme l'avait prévu le Dr Bourgeois, un mieux plutôt qu'une aggravation du mal.

Quoi qu'il en soit de la force de ces arguments, Mgr Baillargeon n'est guère impressionné par les objections de Laflèche et il les juge irrecevables. Et comme il perçoit chez lui une certaine difficulté à prendre une décision ferme — c'est un trait de personnalité que nous retrouvons souvent chez Laflèche — , il lui fait un devoir de conscience d'accepter la nomination :

> (...) je n'hésite pas à vous Signifier que dans mon intime conviction vous êtes *obligé* d'accepter ; qu'en *conscience* vous ne pouvez refuser l'épiscopat qui vous est déféré par les Bulles que vous venez de recevoir ; et en conséquence, toujours pour répondre à votre confiance, et vous donner un témoignage de la mienne me prévalant de ma position à votre égard, je vous enjoins, comme de la part du S. Père, d'accepter sans hésitation, sans crainte, sans chagrin, et, même avec joie, s'il est possible, — (et c'est possible avec la grâce de Dieu) — pour l'amour de Notre-Seigneur Jésus-Christ[14].

Mgr Baillargeon est d'autant plus ferme que les journaux commencent à s'intéresser à la question et à lancer certaines rumeurs. La *Minerve* du 17 janvier 1867 rapporte que Laflèche a refusé la nomination et que les évêques vont se réunir à Montréal pour désigner un remplaçant[15]. Touché au vif, le *Journal des Trois-Rivières* réplique vertement le lendemain. Ne niant pas les hésitations du grand vicaire, il souligne que le candidat à l'épiscopat a demandé quelques jours de réflexion, ce qui est sage, et il maintient que Laflèche peut difficilement refuser, car « les circonstances particulières ou se trouve Mgr Laflèche, soit par rapport au Diocèse, dans les affaires duquel il est déjà si fortement engagé, font de son acceptation une sorte de nécessité ». Sans doute son humilité s'insurge-t-elle, mais elle ne saurait le conduire à résister aux voeux de toute la ville, des diocésains, du clergé et des évêques, ce qui « causerait plus de chagrin que d'admiration ». Et le rédacteur conclut : « Nous espérons fermement, pour la consolation de Mgr des Trois-Rivières, pour la joie des fidèles et l'honneur de l'Église, qu'elle (l'humilité) ne l'entraînera pas si loin[16] ».

Poussé par les objurgations de l'administrateur de Québec et les supplications des laïcs, Laflèche ne peut plus tergiverser et, le 24 janvier 1867, il remet officiellement son acceptation définitive entre les mains de Mgr Cooke[17]. La consécration est fixée au 25 février, mais elle est bientôt menacée d'être reportée. Comme Laflèche l'avait prévu lui-même, la tension des décisions à prendre le rend malade. Le vendredi 1er février, « depuis le matin jusqu'à deux heures de l'après-midi », il est terrassé par des « douleurs atroces » ; le lendemain, une nouvelle crise inspire « des craintes sérieuses » à son entourage. Elle est cependant de courte durée et, dès le lundi, la fièvre a disparu, l'appétit est revenu et le grand vicaire commence

11. Abbé E.-A. Dupuis à Laflèche, sans date (mars 1867), ASTR, *Fonds Laflèche*, A 2 D 69. Le curé parle de « votre frère Exavier », surnom de François-Augustin.
12. *Le Journal des Trois-Rivières*, 8 mars 1867, p. 3.
13. Soeur Mallet à Laflèche, 9 sept. 1862, ASTR, *Fonds Laflèche*, A 2 M 130-3.
14. Mgr Baillargeon à Laflèche, 21 janv. 1867, *ibid.*, A 1 B 10.
15. *La Minerve*, 17 janv. 1867, p. 2.
16. « Grande Nouvelle !!! », *Le Journal des Trois-Rivières*, 18 janv. 1867, p. 2.
17. « Heureuse Nouvelle !!! », *ibid.*, 25 janv. 1865, p. 2.

une convalescence qui le laisse faible pendant quelques jours[18]. Il recommence à célébrer la messe le 12 février et, deux jours plus tard, se rend à Nicolet pour faire sa retraite de préparation à la consécration[19]. Comme l'indique le secrétaire de l'évêché de Trois-Rivières, tout laisse prévoir « qu'il sera prêt pour le jour du Sacrifice[20] ».

La cérémonie du 25 février donne lieu à des fêtes magnifiques à Trois-Rivières. La ville est pavoisée comme aux plus grands jours et un train spécial y amène un flot de dignitaires et de fidèles. Mgr Baillargeon préside la consécration, assisté de Mgr John Joseph Lynch, de Toronto, et de Mgr Charles La Rocque, de Saint-Hyacinthe; Charles-Olivier Caron prononce le sermon de circonstance. La cérémonie liturgique, elle-même grandiose et fastueuse, est immédiatement suivie, comme toujours, d'une série de réceptions où adresses et réponses se succèdent à un rythme effarant. La première se termine par un banquet qui réunit 160 convives. Laflèche subit avec patience et bonhomie les compliments les plus variés et il répond à tous avec à-propos et éloquence, rappelant ses souvenirs des missions de l'Ouest ou assurant ses ouailles d'être le défenseur de la sainte doctrine. Il insiste, bien sûr, sur son indignité à accéder à un poste si élevé, ce qui n'empêche pas le *Journal des Trois-Rivières,* et sans doute la majorité des Trifluviens, de croire que son élévation à la dignité épiscopale « était plus qu'un fait particulier à cette ville et à ce diocèse, c'était un événement d'un intérêt général, un événement dont le retentissement devait s'étendre à tout le pays[21] ». Ce sentiment est partagé par les citoyens de Saint-Célestin, de Saint-Grégoire, de Victoriaville et des autres localités situées le long du chemin de fer qui viennent présenter leurs hommages au nouvel évêque, quand il accompagne ses plus illustres visiteurs jusqu'à Victoriaville[22]. Mais c'est Mgr Cooke qui a la formule la plus heureuse, et la plus prophétique, quand il écrit à ses diocésains que « ce jour a été également précieux pour tous, puisque vous y avez tous reçu un Pasteur nouveau, un chef futur plein de lumières, de mérites et de vertus[23] ». Ce commentaire, qu'il explicite longuement dans son mandement du 1er mars, rejoint les opinions des journalistes bien pensants[24] et des quelques particuliers qui ont exprimé leur avis[25]. Laflèche entre donc dans le corps épiscopal porté par un fort courant de sympathie euphorique.

Est-il besoin de rappeler que la sympathie la plus vive, Laflèche la rencontre chez ses collègues de l'épiscopat? Coopté par les autres évêques de la province ecclésiastique de Québec, le coadjuteur de Trois-Rivières arrive dans le club fermé de l'épiscopat au moment où celui-ci se renouvelle et se rajeunit. L'année 1867, en effet, voit l'arrivée de deux nouvelles figures, Laflèche et Jean Langevin, et la nomination de Mgr Baillargeon comme archevêque de Québec. Depuis que la maladie avait frappé Mgr Pierre-Flavien Turgeon en 1855, le coadjuteur avait dirigé le diocèse de Québec à titre d'administrateur, et seule la mort du vieil

---

18. *Le Journal des Trois-Rivières,* 5 fév. 1867, p. 2; « Nouvelles Religieuses », *Le Journal de Québec,* 9 fév. 1867, p. 2; A. Delphos à Edmond Langevin, 6 fév. 1867, AAR, *Diocèse de Trois-Rivières,* 1 (1851-1879).

19. *Le Journal des Trois-Rivières,* 12 fév. 1867, p. 2.

20. A. Delphos à Edmond Langevin, 11 fév. 1867, AAR, *Diocèse de Trois-Rivières,* 1 (1851-1879).

21. « La Consécration de Mgr Laflèche », *Le Journal des Trois-Rivières,* 26 fév. 1867, p. 29.

22. *Le Journal des Trois-Rivières,* 1er mars 1867, p. 2; *L'Union des Cantons de l'Est,* 7 mars 1867, p. 2.

23. Mgr Cooke, *Mandement de Monseigneur Thomas Cooke, Évêque des Trois-Rvières, &c, &c, &c. à l'occasion de la consécration épiscopale de Monseigneur Louis Laflèche, Évêque d'Anthédon, in partibus infidelium, son Coadjuteur,* 1er mars 1867, p. 5.

24. Par exemple, *Journal de Québec,* 22 janv. 1867, p. 2.

25. Un ami du *Journal des Trois-Rivières* lui écrit: « C'est nous qui devons être félicités puisque nous aurons son dévouement, ses lumières, et que le Diocèse aura un chef dont on apprécie partout le profond savoir, les heureuses qualités, l'élévation des idées comme aussi les nombreuses vertus. Mgr l'Évêque des Trois-Rivières aura à se féliciter de voir ses voeux accomplis, son choix partout approuvé. Sa Grandeur éprouve une véritable jouissance en voyant que par cette mesure les services et savoir de ce prêtre distingué lui sont assurés et à son diocèse » (*Le Journal des Trois-Rivières,* 25 janv. 1867, p. 2).

archevêque, le 15 août 1867, lui permet enfin de porter le titre de la charge qu'il remplit depuis 12 ans. C'est un peu tard, car, à l'âge de 69 ans, il n'a plus la volonté de s'imposer et de lutter contre les forces centrifuges qui ont grugé son pouvoir et suscité de pénibles querelles comme celle du gaumisme[26]; même après 1867, Mgr Baillargeon continue à s'effacer devant ses deux brillants vicaires généraux, Elzéar-Alexandre Taschereau et Charles-Félix Cazeau. Ce sont eux qui protègent la suprématie de Québec contre l'entreprenant doyen de l'épiscopat, Mgr Ignace Bourget. Ce géant, qui règne à Montréal depuis 1840, a été un créateur qui a réveillé les forces catholiques, et son prosélytisme a rayonné bien au-delà de son diocèse. Ses initiatives dérangent bien du monde et il n'y a pas que ses ennemis pour trouver qu'il s'occupe de trop d'affaires ou qu'il va trop vite en besogne. L'abbé Taschereau se faisait le porte-parole de beaucoup de gens quand il écrivait à Laflèche en 1865: « Voilà donc Mgr de Montréal revenu chez lui. Espérons qu'il va se tenir en paix et qu'il y laissera les autres[27] ». C'est que Bourget est aussi un lutteur qui ne craint pas de s'attaquer à de forts antagonistes: aux libéraux de l'Institut canadien; aux sulpiciens qui avaient mené la vie dure à son prédécesseur, Jean-Jacques Lartigue; aux Messieurs du séminaire et de l'université Laval de Québec qui, au dire de l'abbé Alexis Pelletier, « veulent être les seules lumières qui éclairent tout canadien venant en ce monde[28] ». La longue querelle à propos de la fondation d'une université française et catholique à Montréal a particulièrement dressé contre Bourget les irréductibles défenseurs de Laval — tels les abbés Benjamin Pâquet, Dominique Racine, Elzéar-Alexandre Taschereau — qui, tout en reconnaissant sa « sainteté », le font passer pour un « saint niais », un « saint fou », comme l'écrit Benjamin Pâquet en 1864: « En 1862 Mgr de Montréal est parti de Rome avec la réputation de saint, mais cette fois-ci tout présage qu'il partira avec la réputation d'un saint fou[29] ». Même si Mgr Baillargeon n'entérine pas ces jugements féroces, il doit toujours se tenir en garde contre Bourget qui aurait facilement tendance à jouer à l'archevêque.

Sans être toujours directement impliqués, les autres évêques ne peuvent demeurer de simples spectateurs. C'est le drame de Mgr Thomas Cooke, si peu enclin aux joutes intellectuelles, qui, au surplus, « comprenait peu de chose aux questions qui passionnent tant les esprits aujourd'hui[30] », de devoir prendre position entre les antagonistes; il en vient à conseiller de ne plus faire de réunions épiscopales![31] Mais, en 1867, depuis deux ans miné par la maladie, il ne paraît plus aux rencontres d'évêques et prend pour ainsi dire sa retraite.

Mgr Charles La Rocque, de Saint-Hyacinthe, apparaît comme une des figures les plus sympathiques du groupe épiscopal. En ces jours difficiles, il essaie d'être agent pacificateur. Ancien de Montréal, admirateur sincère de Mgr Bourget, il ne craint pas de différer d'avis avec lui à propos de liturgie ou de ses opinions politiques. Mais il est surtout absorbé par les problèmes gigantesques de son diocèse et les contradictions incessantes qui l'assaillent, et il s'use prématurément à la tâche[32].

---

26. Nommé d'après Mgr Jean-Joseph Gaume, le gaumisme est la théorie de ceux qui veulent réformer les études classiques en éliminant ou expurgeant les auteurs païens et en promouvant les oeuvres des pères de l'Église; au Canada, l'abbé Alexis Pelletier, appuyé par certains collègues du séminaire de Québec, s'est fait l'ardent propagandiste des idées et des oeuvres de Mgr Gaume.
27. E.-A. Taschereau à Laflèche, 20 déc. 1865, ASTR, *Fonds Laflèche*, A 1 T 99-4.
28. A. Pelletier, *La Source du mal de l'époque*, dans Savaète, *Voix Canadiennes, Vers l'Abîme*, t. III, Paris, Arthur Savaète, (s.d.), p. 89.
29. B. Pâquet à E.-G. Plante, 27 déc. 1864, ASQ, *cart. Plante*, 36.
30. Meinier, « Galerie nationale. Monseigneur Thomas Cooke. Premier évêque des Trois-Rivières », *L'Opinion publique*, III, 23 (6 juin 1872), p. 266.
31. Mgr Cooke à Mgr Baillargeon, 9 janv. 1863, AETR, *Registre des lettres*, III, 2.
32. Philippe Sylvain, "Charles La Rocque", *Dictionnaire biographique du Canada*, X, pp. 469-472.

Quant à Mgr Joseph-Bruno Guigues, d'Ottawa, c'est une figure discrète qui ne s'intéresse aux problèmes du Québec qu'à son corps défendant. Il en est de même des évêques du Canada-Ouest qui siègent aux conciles provinciaux jusqu'en 1870: Mgr Edward John Horan, de Kingston, grand partisan de la cause de Québec; Mgr John Joseph Lynch, de Toronto; Mgr Alexandre Taché, plutôt attiré par Mgr Bourget.

Au début de 1867, la moyenne d'âge du groupe du Canada-Est, y compris l'archevêque Turgeon, est de près de 68 ans et les évêques sont en place depuis au delà de 22 ans en moyenne. À la fin de 1867, suite à la mort de Turgeon, à la « retraite » volontaire de Cooke et à l'arrivée des «jeunes» Laflèche (49 ans) et Langevin (45 ans), cette moyenne d'âge tombera à 60 ans, Mais il n'y a guère que cela de changé, puisque les nouveaux venus, comme les anciens, viennent à peu près du même milieu social — la classe moyenne — et ont passé par le même moule, le collège classique, où ils ont étudié et enseigné pour la plupart. Laflèche ne peut donc se sentir dépaysé dans un milieu semblable.

2- Le nouveau rôle de Laflèche

Une fois terminées les festivités qui se poursuivent quelques jours après le sacre[33], Laflèche se consacre à son nouveau rôle de coadjuteur. La transition est facile, car il exerçait déjà la plus grande partie des tâches qui seront désormais les siennes. Ainsi, tout en demeurant procureur diocésain[34], il expédie l'administration courante du diocèse — relations avec le clergé, dispenses diverses, résolutions de cas — et il remplace, pour les cérémonies officielles, Mgr Cooke presque toujours cloué à son fauteuil par la maladie[35]. Aux yeux des profanes, le véritable évêque de Trois-Rivières, c'est Laflèche.

La réalité est cependant un peu différente, car le coadjuteur hésite à poser certains gestes tant que sa juridiction n'aura pas été plus clairement établie. Malgré les conseils de Mgr Baillargeon, Mgr Cooke n'a pas cru nécessaire ou a oublié de lui transmettre par écrit les pouvoirs ordinaires et extraordinaires qui lui permettraient d'assurer l'administration spirituelle et temporelle; peu porté vers les subtilités canonistes, le vieil évêque s'est contenté de céder vaguement ses pouvoirs à Laflèche qui peut, en toute occasion, en référer à lui[36]. Bientôt, cependant, le coadjuteur se rend compte qu'il doit prendre lui-même toutes les décisions, Mgr Cooke n'étant plus « en état de comprendre sa position et les besoins de son diocèse[37] ». Comme des problèmes surgissent tous les jours, Laflèche explique la situation à Mgr Baillargeon et, sur son conseil, fait une démarche auprès de son évêque « pour lui dire que je ne me croyais nulle (ment) autorisé à exercer les pouvoirs et la juridiction dont il parlait dans ce mandement, tant qu'il ne me les aurait pas communiqués officiellement et par écrit »; un mois après, comme rien n'est encore fait, il songe à se retirer au séminaire de Nicolet « en lui (Mgr Cooke) offrant de bon coeur tous les services que je pourrai lui rendre et qu'il voudra bien me demander par écrit[38] ». Il n'a pas à mettre sa menace à exécution, puisque Mgr Cooke lui cède les pouvoirs désirés le 18 mai 1867, tout en demandant confir-

---

33. Le dernier écho est celui du 25 mai 1867, quand le curé Dupuis et John Ross, de Sainte-Anne-de-la-Pérade, vont présenter à Laflèche une mitre blanche et une crosse (*Le Journal des Trois-Rivières,* 28 mai 1867, p. 2).
34. Mgr Cooke à M. Certes, 29 janvier 1867, AETR, *Registre des lettres,* IV, 3.
35. Il serait fastidieux de faire même une simple mention des visites que Laflèche fait un peu partout; notons seulement que, dans les années 1867-1868, il préside à la bénédiction d'une église à Sainte-Flore en janvier 1867, à Saint-Valère en mars 1868, à Saint-Étienne en décembre 1868 et à celle d'un orgue au séminaire de Nicolet en janvier 1867.
36. Mgr Cooke, *Mandement de Monseigneur Thomas Cooke, Évêque des Trois-Rivières, &c., &c., &c., à l'occasion de la consécration épiscopale de Monseigneur Louis Laflèche, Évêque d'Anthédon, in partibus infidelium, son Coadjuteur,* p. 7.
37. Mgr Baillargeon à Laflèche, 7 avril 1867, ASTR, *Fonds Laflèche,* A 1 B 10-12.
38. Laflèche à C.-F. Cazeau, 13 mai 1867, *ibid.,* A 2 C 34-8.

mation à Rome. La réponse, évidemment positive[39], arrive le 30 septembre 1867 et demande à l'évêque de *communiquer* tous les pouvoirs. Mais Mgr Cooke, qui a sans doute oublié sa lettre du mois de mai, est tout surpris « d'une invitation aussi pressante à (...) remettre l'administration du diocèse », se demande « si l'on avait écrit contre lui à Rome » et ne juge pas à propos de communiquer la décision romaine à Laflèche. D'où, chez celui-ci, de nouveaux doutes sur ses pouvoirs ordinaires concernant, par exemple, le règlement des affaires de la fabrique, les communautés religieuses, etc. Même une lettre du cardinal Barnabo l'assurant « que le St-Père a voulu que toute l'administration du diocèse (lui) fût confiée » n'enlève pas ses scrupules, puisque, dit-il, « Mgr n'a pas jugé à propos de me communiquer cette lettre ». On lui dit d'exercer les facultés ordinaires et extraordinaires,

> mais jusqu'où s'étendent les facultés ordinaires de l'Ordinaire? Est-ce seulement dans le domaine spirituel? S'étendent-elles aussi à tout ce qui regarde l'administration temporelle du diocèse (...)? Puis-je aussi faire la visite canonique de ces communautés, entrer ou permettre d'entrer dans le cloître des Ursulines quand il y a des raisons &c.[40]

Seuls les éclaircissements de Mgr Baillargeon et la nomination de Laflèche comme administrateur du diocèse, en mars 1869, lèvent les derniers doutes après deux longues années d'attente.

Si anodins qu'ils paraissent, ces incidents nous révèlent certains traits de la personnalité de Laflèche. Il aime les situations claires qui répondent, chez lui, à un besoin de sécurité. Ayant toujours vécu dans une société hiérarchisée où tout le monde est conscient de ses droits et de ses devoirs, Laflèche affectionne particulièrement l'ordre et la clarté et il n'aime pas « aller à tâton », comme il l'écrit au grand vicaire Cazeau[41]; il est facilement exaspéré par le caractère flou des pouvoirs que lui cède son évêque. De plus, esprit pratique formé dans les subtilités casuistiques de la théologie morale, la seule enseignée au séminaire, il est facilement obsédé par la question de la validité ou de la licéité des gestes qu'il doit poser; de là des scrupules de conscience bien authentiques. Enfin, dans le domaine de l'administration temporelle, la crainte de l'État et la hantise des poursuites judiciaires incitent à une prudence extrême en ces années où la division de la paroisse de Montréal ou de simples questions de dîme soulèvent des passions durables. Sans compter qu'une seule fausse manoeuvre peut perdre le coadjuteur à jamais aux yeux du clergé facilement frondeur du diocèse de Trois-Rivières.

Quoi qu'il en soit de l'état d'âme de Laflèche, l'administration du diocèse ne peut attendre et, malgré ses scrupules, le coadjuteur doit remplir les diverses tâches de l'évêque. L'une des plus importantes, du moins aux yeux de Laflèche, est la visite pastorale qui permet de rencontrer les fidèles, d'administrer le sacrement de confirmation, de prendre connaissance sur place de la vitalité religieuse des paroisses et d'y régler, séance tenante, les problèmes qui se posent; c'est, de plus, « un temps de grâces pour bien des pécheurs qui ne se convertissent qu'alors[42] ». Conscient que l'âge avancé et les infirmités avaient forcé Mgr Cooke « de suspendre la visite dans les paroisses du diocèse dont l'accès est difficile, et de la

---

39. Mgr Baillargeon avait pris le devant en écrivant au préfet de la Propagande de communiquer à Laflèche « tous les pouvoirs extraordinaires accordés aux Évêques de la province » (Mgr Baillargeon à Laflèche, 7 avril 1867, *ibid.*, A 1 B 10-12). Notons qu'il ne s'agit pas d'un doute vain, puisque la Propagande déclare nuls certains gestes de Mgr Cooke par défaut de rigueur canonique (card. Barnabo à Mgr Bourget, 29 mai 1869, APFR, *Lettere*, 361 (1869), f. 628b-630). Mais, pour les autorités romaines, il ne fait aucun doute que Laflèche a tous les pouvoirs (le même à Laflèche, 13 juillet 1868, *ibid.*, 360 (1868), f. 702).
40. Laflèche à Mgr Baillargeon, 9 décembre 1868, AETR, *Registre spécial*, A (1868-1885), pp. 81-84.
41. Laflèche à C.-F. Cazeau, 13 mai 1867, ASTR, *Fonds Laflèche*, A 2 C 34-8.
42. Luc Desilets à Laflèche, 10 mai 1867, *ibid.*, B 3 D 46-6.

différer pour un temps plus ou moins long dans les autres », Laflèche promulgue, dès le 17 mars 1867, un mandement annonçant pour le printemps la reprise des visites pastorales[43]. Du 10 juin au 5 juillet, il fait ce qu'on peut appeler sa visite pastorale officielle, commençant au Cap-de-la-Madeleine et terminant à Notre-Dame-du-Mont-Carmel[44]. Accompagné des abbés P.-H. Suzor, curé de Saint-Christophe, et P.-Aug. Roberge, qui agissent respectivement comme prédicateur et secrétaire, le coadjuteur fait une expérience heureuse et sans histoire, et revient à Trois-Rivières, le 6 juillet, « un peu fatigué de ce laborieux voyage[45] ».

Cependant, puisqu'il faut combler les retards accumulés, Laflèche fait, en 1867, une série de visites rapides dans les Cantons de l'Est. La première a lieu au début d'avril; le coadjuteur, accompagné des abbés Ph.-H. Suzor et J. Prince, de Saint-Maurice, visite Saint-Hippolyte-de-Wotton, Saint-Camille, Saint-Urbain-de-Windsor, Sainte-Anne et Sainte-Victoire et y confirme plus de 550 personnes[46]. Ce premier voyage lui sert pour ainsi dire d'expérimentation pour les visites futures, mais il est spécialement important par les thèmes que traite Laflèche dans ses allocutions. Alors que les journaux libéraux vantent la réussite des Canadiens français émigrés aux États-Unis et que ce sujet menace de devenir un thème de la campagne électorale qui s'annonce, Laflèche développe partout deux idées principales: le triste sort des émigrés aux États-Unis, les mérites et le bonheur des colons des Cantons de l'Est[47]. Non seulement il rejoint ainsi un des thèmes favoris des journaux conservateurs[48], mais il annonce, quelques semaines à l'avance, le contenu du mandement épiscopal qui sera lu dans toutes les églises du diocèse et présentera le changement de constitution comme une « lutte véritable (...) entre la confédération et l'annexion[49] ». Ce qui confère, il va sans dire, une nette saveur électorale aux propos de Laflèche.

Désireux de prouver l'intérêt qu'il porte à ces régions de colonisation qui peuvent devenir le remède au fléau de l'émigration aux États-Unis, Laflèche fait trois autres visites dans les Cantons de l'Est en 1867: à Saint-André-d'Acton et à Saint-Théodore en mai[50]; aux missions du lac Aylmer en juillet[51]; à Sainte-Victoire et à Saint-Malo en septembre[52]. Quel que soit le but premier du voyage — bénédiction de couvent ou projet de construction — , il en profite toujours pour faire des confirmations et remplir les autres tâches d'une visite pastorale.

Cet intérêt de Laflèche pour la visite pastorale ne s'arrête pas là, puisque, désormais, il parcourra chaque année une partie du diocèse, comme, en 1868, les paroisses de la rive sud[53] et, en 1869, la région de Nicolet et, de nouveau, les Cantons de l'Est[54].

43. Laflèche, *Mandement de Monseigneur Louis-François Laflèche, évêque d'Anthédon, et Coadjuteur du Diocèse des Trois-Rivières, pour annoncer sa 1 re visite pastorale,* 17 mars 1867, 7p.

44. Les paroisses visitées sont dans l'ordre: Cap-de-la-Madeleine, Saint-Luc, Champlain, Batiscan, Sainte-Anne-de-la-Pérade, Saint-Prosper, Sainte-Geneviève, Saint-Stanislas, Saint-Tite, Saint-Narcisse, Saint-Maurice et Notre-Dame-du-Mont-Carmel.

45. *Le Journal des Trois-Rivières,* 9 juillet 1867, p. 2.

46. « Monseigneur Ls. Laflèche, à Danville », *L'Union des Cantons de l'Est,* 4 avril 1867, p. 2; « Monseigneur Ls. Laflèche, à Wotton (suite) », *ibid.,* 11 avril 1867, p. 2.

47. « Monseigneur Ls. Laflèche, à Danville », *ibid.,* 4 avril 1867, p. 2.

48. Par exemple, voir « Le Canadien émigrant », *ibid.,* 2 mai 1867, p. 2; *Le Journal de Québec,* 31 mai 1867, p. 2.

49. Mgr Cooke, *Lettre pastorale de Monseigneur l'Évêque des Trois-Rivières, à l'occasion de la Nouvelle constitution octroyée par le Gouvernement Impérial aux Provinces de l'Amérique Britannique,* 8 juin 1867, p. 4. Signé par Cooke, le texte est cependant de Laflèche.

50. *L'Union des Cantons de l'Est,* 29 mai 1867, p. 2.

51. *Ibid.,* 25 juillet 1867, p. 3. Thomas Caron accompagne Laflèche.

52. *Ibid.,* 3 octobre 1867, p. 2.

53. *Le Journal des Trois-Rivières,* 19 juin 1868, p. 2; « Monseigneur d'Anthédon », *Le Constitutionnel,* 6 juillet 1868, p. 2.

54. Laflèche, *Itinéraire de la visite pastorale en 1869,* 19 mars 1869, 1p.

En plus de rencontrer régulièrement les diocésains, Laflèche devient auprès d'eux le porte-parole de Mgr Cooke. Plus qu'auparavant encore, la plus grande partie des mandements et lettres pastorales est de lui, même si les documents sont signés par l'évêque en titre. Tel est, sans conteste, le cas du plus important d'entre eux, la lettre pastorale du 8 juin 1867 sur la confédération.

Les idées du coadjuteur de Trois-Rivières sur le sujet sont bien connues depuis la publication des *Quelques considérations...*, mais, après la sanction de l'*Acte de l'Amérique du Nord britannique,* il tient à les proclamer d'une manière plus solennelle. Conscient de l'existence d'un courant d'opposition à la nouvelle constitution au sein de la population, il suggère à Mgr Baillargeon, de Québec, d'inviter tous les évêques canadiens à publier, dans leur diocèse, un mandement à l'occasion de la proclamation du nouveau régime; le document devrait non seulement souligner l'importance de l'événement, mais aussi préciser «la conduite à tenir dans les prochaines élections sur ce point important, et (prévenir), en partie au moins, les excès auxquels les hommes extrêmes du parti adverse auraient le courage de se porter[55]». Si les évêques de l'Ontario ne voient pas l'utilité d'un tel mandement dans leurs diocèses«où il n'y a aucune opposition à la Confédération», Mgr Baillargeon, de Québec, et Mgr Jean Langevin, évêque du nouveau diocèse de Rimouski et frère d'Hector, souscrivent d'emblée à l'idée de Laflèche[56] et publient leur texte les 12 et 13 juin 1867[57]. Mais, au dire de l'administrateur de Québec, deux évêques, Mgr Charles La Rocque, de Saint-Hyacinthe, et Mgr Bourget, de Montréal, peuvent avoir des réticences à publier un mandement semblable; il faudrait donc les y engager fortement, écrit-il à Laflèche, et « personne ne saurait mieux faire la chose que Votre Grandeur, qui a le mérite d'avoir suggéré ledit mandement[58].

Soit par crainte, soit par timidité, Laflèche s'adresse aux deux récalcitrants par personnes interposées. Mgr Langevin sollicite pour lui Mgr La Rocque, qui accepte volontiers de rédiger un mandement en se servant des idées de Laflèche et de Baillargeon[59]; par après, l'évêque de Saint-Hyacinthe lui-même approche Bourget et se fait répondre que l'évêque de Montréal se contentera d'une circulaire adressée au clergé[60]. Mais, à la suite de la demande des autres évêques, Mgr Bourget fait une petite concession, puisqu'il ajoute à la circulaire déjà rédigée[61] une lettre pastorale tout aussi vague[62]. La concession est cependant trop minime et trop tardive pour empêcher les commentaires désobligeants sur sa position et on y voit, particulièrement à Québec, «une petite rancune contre Mr Cartier[63]». Parmi les évêques, Mgr La Rocque est le plus ulcéré et, malgré les explications que lui donne Bourget en octobre 1867[64], il demande d'inscrire une question sur la conduite de l'évêque de Montréal au

55. Laflèche à Mgr Jean Langevin, 3 juin 1867, AAR, *Diocèse de Trois-Rivières,* 1 (1851-1879). Nous n'avons pas retrouvé la lettre du 8 mai à Mgr Baillargeon.
56. Mgr Baillargeon à Laflèche, 14 mai 1867, *ibid.,* A 1 B 10-13.
57. Mgr Baillargeon, « Mandement à l'occasion de la confédération des provinces du Canada », 12 juin 1867, MEQ, IV, pp. 579-582; Mgr Jean Langevin, « Mandement de l'évêque de Saint-Germain de Rimouski, au sujet de la Proclamation de la Confédération », 13 juin 1867, MER, *Mgr Langevin,* I, pp. 17-22.
58. Mgr Baillargeon à Laflèche, 14 mai 1867, ASTR, *Fonds Laflèche,* A 1 B 10-13.
59. Mgr C. La Rocque à C.-F. Cazeau, 13 juin 1867, AAR, *Diocèse de Saint-Hyacinthe,* 1 (1849-1885); Mgr C. La Rocque, « Lettre pastorale concernant l'inauguration du Gouvernement Fédéral », 18 juin 1867, MESH, 2, pp. 421-437.
60. Mgr C. La Rocque à Mgr J. Langevin, 4 juin 1867, AAR, *Diocèse de Saint-Hyacinthe,* 1 (1849-1885).
61. Mgr Bourget, « Circulaire sur la conduite à tenir pendant les prochaines élections », 25 mai 1867, MEM, V, pp. 212-214.
62. Mgr Bourget, « Lettre pastorale de Monseigneur l'évêque de Montréal, indiquant des prières publiques à l'occasion des prochaines élections », 25 juillet 1867, *ibid.,* V, pp. 236-244.
63. C.-F. Cazeau à Edmond Langevin, 16 juin 1867, AAR, *Diocèse de Québec,* 2 (1859-1873).
64. Mgr C. La Rocque à Mgr Bourget, 12 octobre 1867, AESH, *Registre des lettres,* 5, pp. 257-259. L'explication a eu lieu au couvent de Berthier; Laflèche est présent.

4e concile provincial de 1868[65]. Pour ne pas froisser Mgr Bourget, Mgr Baillargeon ne tient pas compte de cette suggestion dans l'ordre du jour, de même que de deux autres du même genre proposées par l'évêque de Saint-Hyacinthe[66]; il y aura quand même des remarques sur le sujet à l'occasion des débats sur le décret *De Electionibus politicis et administrativis*[67]. Laflèche, pour sa part, garde le silence le plus complet sur cet incident.

Il est, par contre, le premier à publier son mandement. L'ayant terminé vers le 15 mai, il l'envoie à Québec pour recevoir des commentaires. Mgr Baillargeon lui répond qu'il n'a « aucune correction, ni aucun changement » à suggérer, car le texte « dit fort bien ce qu'il faut dire, et ce que vous avez voulu dire »; et il ajoute: « Je ne partage pas du tout l'opinion de Mgr Cooke, qui la trouve trop politique[68] ». Le document, promulgué le 8 juin 1867, n'en porte pas moins la signature de l'évêque en titre, car il aurait été impensable qu'un mandement aussi important émane d'un simple coadjuteur.

Le texte de Laflèche est à la fois un éloge de la nouvelle constitution et un appel à l'union de tous autour de la confédération. La décrivant comme « un de ces actes solennels qui réclament la plus sérieuse attention de tout un peuple, le concours de toutes les volontés vers un même but, pour assurer la paix, la prospérité et le bonheur de la patrie commune », Laflèche la présente comme « la seule planche de salut que la Providence offrait à notre nationalité », et il rappelle plusieurs fois qu'elle a été conçue par « l'élite de la nation », « les hommes d'État les plus éminents », « les hommes les plus dévoués et les plus éclairés de toutes les provinces ». Or, ajoute-t-il, ils avaient à choisir en définitive entre la confédération et l'annexion,

> c'est-à-dire, qu'il s'agissait de décider si le Canada allait se préparer à devenir un grand État prospère et libre, en marchant courageusement vers l'accomplissement des destinées que la Providence semble lui réserver; ou bien si renonçant à la vie de peuple libre et maître chez lui, il allait pour toujours enchaîner son avenir au sort d'une république qui n'a encore vécu qu'à peu près l'âge d'un homme, et qui a déjà traversé plusieurs guerres et notamment la dernière, la plus épouvantable des guerres civiles dont les annales des nations fassent mention; guerre civile qui lui a dévoré plus d'un million de ses enfants, et creusé un abîme où se sont englouties pour des années ses richesses et sa prospérité.

---

65. *Questions que les Évêques de la Province désirent faire décider au prochain Concile Provincial — Saint-Hyacinthe,* AAQ, 21 CR 4 *Conciles provinciaux de Québec,* 3. La 11e question de Mgr La Rocque se lit comme suit: « L'Évêque de Montréal, dans sa *Circulaire sur la conduite à tenir pendant les prochaines élections,* datée le 25 mai 1867, a-t-il eu raison d'appliquer au grand Événement du Nouvel Ordre Politique, qui allait être inauguré dans ce pays, et sur lequel les élections qui allaient se faire, devaient avoir une si grande influence, l'art. V du règlement disciplinaire du 2e Concile Provincial (en 1854), ainsi que les recommandations de la Lettre des Pères de ce Concile du 4 juin, même année? Peut-on vraiment supposer que la neutralité en politique recommandée par cet art. V, avait rapport à une question aussi importante et aussi grave que celle qui se présentait l'année dernière? Et un Évêque pouvait-il prudemment s'afficher à peu près formellement, comme ne devant pas y intervenir? A-t-il été exacte *(sic)* de dire (...) en commentant quelques unes des paroles des Pères du Concile en leur lettre du 4 juin « Un de ces vrais principes... est que tous les sujets sont *obligés en conscience* de se soumettre à *tout* gouvernement légitimement établi ». N'est-il pas résulté un très grand mal de la position d'isolement prise pour une condamnation de ses collègues dans l'Épiscopat que l'Évêque de Montréal s'est obstiné à garder en présence de l'abus que l'on faisait de sa lettre, pour prodiguer les injures à ceux des Évêques qui n'avaient pas jugé à propos de garder la neutralité qu'il avait lui-même gardée et recommandée à son clergé de garder? »

66. Jacques Grisé, *Les conciles provinciaux de Québec et l'Église canadienne, 1854-1886,* Université de Montréal, thèse de doctorat, 1975, p. 110s.

67. Voir plus loin p. 124ss.

68. Mgr Baillargeon à Laflèche, 21 mai 1867, ASTR, *Fonds Laflèche,* A 1 B 10-14.

Les débats qu'a soulevés ce choix difficile étaient, dit Laflèche, peut-être normaux[69], mais ils ont été trop violents et, partant, condamnables, car « il est toujours répréhensible de manquer de modération »; bien plus, il faut maintenant « mettre un terme à toute discussion sur ce sujet », puisque la nouvelle constitution « est devenue aujourd'hui une chose jugée et obligatoire ». Il faut donc s'en souvenir lors des prochaines élections et s'assurer que tous les députés « seront animés de cet esprit de conciliation, de cette bonne volonté dont le concours est indispensable pour tirer de la nouvelle constitution tout le bien que nous devons en attendre ». En conséquence, Laflèche termine par un appel à l'esprit de paix et de concorde et souhaite ardemment l'union de tous les esprits:

> Oh ! comme nous serions heureux, N.T.C.F., si dans cette circonstance qui s'y prête bien, nous voyions les hommes de tous les partis se rallier sincèrement et marcher comme un seul homme sous le même drapeau pour travailler avec la même ardeur à promouvoir la prospérité et s'assurer le bonheur de notre commune patrie[70].

Comme on peut le constater, le texte reprend plusieurs idées de la lettre à Charles Boucher de Niverville et des *Quelques considérations...* Il traduit bien aussi la pensée de l'ensemble de l'épiscopat du Québec et développe les deux principaux arguments avancés dans les mandements des évêques: la soumission à la loi, la peur de l'annexion[71], mais Laflèche fait preuve d'originalité en insistant sur les circonstances de la genèse de la nouvelle constitution et en expliquant les motifs politiques du changement nécessaire, ce qui donne une teinte politique au document, comme le craignait Mgr Cooke[72].

Si le penchant de Laflèche pour le parti conservateur ressort discrètement dans son mandement du 8 juin 1867, il se révèle plus librement dans les interprétations qu'il donne des textes épiscopaux. Aux curés qui s'informent si leurs paroissiens peuvent voter pour un candidat rouge, même décidé à appuyer la nouvelle constitution, Laflèche répond sans ambage qu'il y aurait imprudence et péché à le faire, « attendu que les Évêques de la province et notamment l'Évêque des Trois-Rivières ont décidé et fait connaître à leurs diocésains qu'on est obligé sous peine de péché d'accepter la nouvelle constitution et de voter pour des hommes qui sont franchement et sincèrement décidés à la faire bien fonctionner[73] »; après les élections, il donne les mêmes explications en proposant les règles à suivre au confessionnal

---

69. À ce propos, Laflèche semble vouloir parler au nom de tout l'épiscopat quand il écrit: « Cependant, N.T.C.F., attendu que les divers moyens par lesquels on pouvait essayer de tirer notre pays des difficultés où il se trouvait, était matière d'opinion, et qu'il était libre à chacun de choisir celui qu'il croyait le plus avantageux, nous n'avons pas cru qu'il fut nécessaire d'élever la voix en cette circonstance; mais nous n'en avons pas suivi avec moins de vigilance la question dans toutes ses phases, afin de sauvegarder, dans la mesure de nos forces, nos intérêts religieux, et de nous assurer qu'ils seraient pour le moins aussi efficacement protégés sous la nouvelle constitution. Voilà pourquoi nous avons dû faire parvenir nos réclamations respectueuses auprès du gouvernement impérial pour assurer aux Catholiques du Haut-Canada une égalité de protection avec les protestants du Bas-Canada sur la question de l'éducation ».

70. Mgr Cooke, *Lettre pastorale de Monseigneur l'Évêque des Trois-Rivières, à l'occasion de la Nouvelle Constitution octroyée par le Gouvernement Impérial aux Provinces de l'Amérique Britannique,* 8 juin 1867, 8p.

71. Sur la position des évêques, voir Andrée Désilets, *Hector-Louis Langevin, un père de la confédération canadienne (1826-1906),* Québec, Presses de l'Université Laval, 1969, pp. 142-149, pp. 185-189 (le meilleur résumé); Walter Ullmann, « The Quebec Bishops and Confederation », CHR, XLIX, 3 (septembre 1963), pp. 213-234 (dépassé); Léon Pouliot, « Monseigneur Ignace Bourget et Monseigneur Jean Langevin face à la Confédération », La Société canadienne d'histoire de l'Église catholique, *Session d'étude* 34 (1967), pp. 33-40; Armand Gagné, « Le siège métropolitain de Québec et la naissance de la confédération », *ibid.,* pp. 41-54; Lucien Lemieux, « Monseigneur Charles La Rocque, évêque de Saint-Hyacinthe, et la Confédération », *ibid.,* pp. 55-61.

72. Une fois de plus, le 1er juillet 1867, Laflèche situe le changement de constitution dans le continuum de l'histoire du Québec (*Le Journal des Trois-Rivières,* 5 juillet 1867, p. 2).

73. Laflèche à Didier Paradis, curé de la Baie-du-Febvre, 29 août 1867, ASN, *Séminaire,* VII, 39-1. Tout le texte est à lire; voir l'annexe B.

vis-à-vis ceux qui ont voté pour les Rouges[74]. Sans doute s'agit-il de documents confidentiels, mais il faudrait être naïf pour croire qu'on n'en trouve pas d'échos dans la prédication ou les discours électoraux.

C'est pourquoi les milieux favorables à la confédération reçoivent les mandements épiscopaux, et notamment celui de Laflèche, avec tant de joie et de reconnaissance. Leurs journaux sont remplis d'arguments tirés des textes des évêques[75]; dans le district de Trois-Rivières, le *Journal des Trois-Rivières* et l'*Union des Cantons de l'Est* se spécialisent dans ce procédé, et ce dernier journal publie même un numéro spécial sur la pensée des évêques[76]; si bien qu'on peut avoir l'impression que, dans le diocèse de Trois-Rivières, la campagne électorale a porté, en grande partie, sur la confédération.

Plus discrets, les hommes politiques remercient confidentiellement les évêques selon la plus ou moins grande familiarité qu'ils ont avec eux. Si Hector Langevin peut se permettre d'être bavard avec son frère, l'évêque de Rimouski[77], George-Étienne Cartier félicite Laflèche, d'une façon très officielle, pour son mandement qui « fera époque dans les Annales de l'Épiscopat du Canada[78] ». Quant au clergé du diocèse, il semble heureux d'avoir des directives claires qui, note un curé, ont fait » beaucoup de bien[79] ». Il ne faut cependant pas exagérer les effets électoraux du document de Laflèche, même si le parti ministériel fait certains progrès dans la région de Trois-Rivières[80]. Mais cette première expérience l'incite à s'impliquer de plus en plus dans les grandes questions religieuses et politiques.

3- Les grandes questions

Pendant ses années de coadjutorerie à Trois-Rivières, Laflèche s'intéresse d'une façon toute spéciale à trois dossiers importants: les journaux et la corruption électorale, les zouaves pontificaux, les lois « anticatholiques ».

Le premier sujet n'est pas nouveau dans la province de Québec, puisque les évêques avaient déjà attiré l'attention des fidèles sur le danger des mauvais journaux et les méfaits de la corruption électorale. En 1854, en effet, à l'occasion du 2e concile provincial de Québec, ils avaient mis les catholiques en garde contre des « journaux insultant à la religion et aux principes les plus sacrés » et leur avaient demandé d'« exercer la plus grande prudence dans le choix des livres et des journaux » à introduire dans les familles[81]; le règlement disciplinaire promulgué par l'assemblée des évêques comportait six articles sur les journaux[82]. La même dénonciation des « journaux injurieux à la foi et aux moeurs » est faite avec encore plus d'insistance par les pères du 3e concile provincial de Québec en 1863[83], tandis que certains évêques, entre-temps, prennent l'initiative d'appuyer les « bons » journaux[84]. Quant à la corrup-

---

74. Laflèche à L. Tourigny, curé d'Yamaska, 24 octobre 1867, AETR, *Registre des lettres*, V, 7B. Voir l'annexe C.
75. Voir, par exemple, le *Journal de Québec*, 20 août 1867, p. 2.
76. « Aux voteurs dans les prochaines élections », *L'Union des Cantons de l'Est*, 5 septembre 1867, p. 1s.
77. Andrée Désilets, *Hector-Louis Langevin...*, p. 189.
78. G.-E. Cartier à Laflèche, 13 juin 1867, ASTR, *Fonds Laflèche*, B 2 C 47-4.
79. F.-X. Désaulniers, curé de Saint-Félix-de-Kingsey, à Laflèche, 15 août 1867, ASTR, *Fonds Laflèche*, A 2 D 57.
80. Marcel Hamelin, *Les premières années du parlementarisme québécois (1867-1878)*, Québec, Presses de l'Université Laval, 1974, pp. 18-25; J.-P. Bernard, *Les Rouges...*, Appendices 1 et 3.
81. « Lettre pastorale des pères du second concile provincial de Québec », 4 juin 1854, MEQ, IV, p. 173.
82. « Règlement disciplinaire adopté dans le second concile provincial de Québec », 4 juin 1854, *ibid.*, IV, p. 166s.
83. « Lettre pastorale des pères du troisième concile provincial de Québec, etc. », 21 mai 1863, *ibid.*, IV, pp. 446-457.
84. Par exemple, Mgr Baillargeon, de Québec, appuie le *Courrier du Canada* et le *True Witness*: Mgr Baillargeon, « Circulaire aux présidents des conférences ecclésiastiques du diocèse en faveur du « *Courrier du Canada* » », 7 mai 1858, *ibid*, IV, p. 323s.; « Circulaire en faveur du « True Witness » », 19 septembre 1859, *ibid.*, pp. 337-339.

Mgr Louis-François Laflèche, deuxième évêque de Trois-Rivières. Lithographie d'après un portrait du peintre A. Rho, de Nicolet. A.S.N.

Le séminaire de Nicolet inauguré en 1831. A.S.N.

Louis-François Laflèche, jeune prêtre (vers 1844). A.S.N.

Louis-François Laflèche de retour de l'Ouest (1856). A.S.N.

Mgr Thomas Cooke, premier évêque de Trois-Rivières. A.S.N.

Le personnel de l'évêché de Trois-Rivières en 1859. A.S.T.R.
Assis: Jean-Baptiste Toupin, Charles-Olivier Caron, Mgr Thomas Cooke, Edouard Chabot.
Debout: J.-Élie Panneton, Napoléon Héroux, Luc Desilets.

Mgr Louis-François Laflèche en habits épiscopaux, avec Thomas Caron. A.S.N.

Évêché des Trois-Riv-
4 fév. 82 -

R. Bellemare et Rev.
Rivard Sr. -

Messieurs,

Je m'empresse de
répondre à votre aimable invitation du 20 janv., à propos à la grande fête de famille que les anciens élèves
du Séminaire de Nicolet
se réjouissent à Montréal, ont
en l'honneur pour cir-
gavivia. Dieu de souvenirs
une telle réunion va évoquer!
que de entimens elle va ra-
niver! Sans doute qu'elle va

majeures par de retenir encore d'avantage les liens qui
ont toujours uni d'une manière aussi remarquable tous
les élèves de cette belle et
précieuse institution -

Vous trouverez ma réponse...

la réalité donne de sig-
pointes ($10) pour ma contri-
bution à cette joyeuse fête.
Je regrette que l'état de mes
finances ne me permette pas
de profiter de la circonstance pour y prendre d'avantage
part moi-même et de mémoriser...
plus efficace ma reconnaissance envers mes maîtres à
la grâce à qui je rendrai
tant en juin - Assistez-y,
je pourrai y avoir y dédier
ma photographie pour l'al-
bum que vous avez su la bonne

Lettre autographe de Louis-François Laflèche, 1866. A.S.N.

Mgr Louis-François Laflèche, nouvel évêque. A.S.N.

Le personnel du séminaire de Nicolet, 1867. A.S.N.
Assis: G. Proulx, N.-A. Bellemare, Thomas Caron, F.-X. Côté, Isaac Gélinas.
Debout: Irénée Douville, J. Blais, E. Buisson, R. Wash.

Mgr Laflèche et ses compagnons de voyage, 1869. A.S.T.R.
Assis: Thomas Caron, Mgr Louis-François Laflèche.
Debout: C.-A. Marois, Jean-Patrice Doherty, Charles Trudelle, David Martineau,
François-Xavier Côté, Dr L.-A.-Edouard Desjardins.

L'abbé Calixte Marquis. A.S.N.

Mgr Ignace Bourget,
évêque de Montréal. A.S.N.

Mgr Jean Langevin,
évêque de Rimouski. A.S.N.

Mgr Elzéar-Alexandre Taschereau,
archevêque de Québec. A.S.N.

Le séminaire de Trois-Rivières construit en 1874. A.S.N.

Mgr Laflèche en 1878. A.S.N.

tion électorale, l'évêque de Québec, entre autres, commence à la dénoncer en 1858[85] et il renouvelle ses avertissements en 1861[86] et même en 1867[87].

C'est cependant la campagne électorale de 1867 et les violentes charges du *Pays* contre l'intervention du clergé qui incitent les évêques à étudier d'une façon plus approfondie la corruption électorale et le contenu des journaux. D'une façon générale, les deux partis politiques s'accusent mutuellement d'acheter des votes et de distribuer des boissons alcooliques[88] et les autorités religieuses n'ont pas à dénoncer un groupe plutôt que l'autre[89]. Il en va tout autrement pour les journaux. Les feuilles rouges sont toutes considérées comme dangereuses, mais particulièrement le *Pays* qui, en 1867 et 1868, remplit ses pages de dénonciations virulentes du clergé. Cette campagne inquiète l'épiscopat au point qu'il décide, lors d'une réunion à Toronto, de confier à Laflèche le soin de préparer un projet de lettre pastorale sur le sujet[90].

Le coadjuteur de Trois-Rivières est en bonne part responsable de son choix, puisqu'il a été un des premiers à suggérer des sanctions contre le *Pays,* quand il a demandé au chanoine Édouard-Charles Fabre, de Montréal: « Que pensez-vous des articles du *Pays* contre le clergé et les mandements de Nos Seigneurs les évêques? Ne serait-il pas opportun de profiter de la circonstance pour le dénoncer nommément aux fidèles, et en défendre la lecture sous peine de refus des sacrements?[91] » Après avoir hésité à accepter, il se met au travail, fait une lecture critique des articles du journal de Montréal et prend conseil auprès de Mgr La Rocque, de Saint-Hyacinthe; «fort en peine», en effet, sur le genre de lettre à écrire, il se demande s'il faut préparer une lettre pastorale signée par tous les évêques ou, comme il le préférerait, suggérer une circulaire adressée par l'archevêque à son clergé « à laquelle ensuite chaque évêque adhèrerait en la communiquant à ses prêtres[92]. Son collègue n'est pas lui non plus en faveur d'une pastorale collective, mais il suggère plutôt que Mgr Bourget prenne l'initiative de la circulaire qu'appuieraient les évêques des autres diocèses[93].

Laflèche se met à la besogne et, conformément à la demande de ses collègues, rédige rapidement un brouillon de déclaration épiscopale. Le 27 novembre 1867, il envoie à l'archevêque de Québec ce « travail fait à la hâte » et lui demande de le corriger et surtout de le faire reviser par le grand vicaire Taschereau[94]; il avoue ne souhaiter qu'une chose: que les évêques s'efforcent de présenter un front inattaquable et adoptent dans chacun de leur diocèse « absolument les mêmes conclusions et la même direction pour le clergé[95] ». Quelques jours plus tard, il explicite sa pensée et souligne à Mgr Baillargeon: « (...) ce que je crois qui

85. Mgr Baillargeon, « Circulaire au sujet des élections », 8 mars 1858, *ibid.,* IV, p. 321.
86. Mgr Baillargeon, « Lettre pastorale de monseigneur l'évêque de Tloa sur les élections», 31 mai 1861, *ibid.,* IV, pp. 383-390; ce long texte est accompagné d'une « Circulaire au clergé » (*ibid.,* IV, p. 391s.).
87. Mgr Baillargeon, « Mandement à l'occasion de la confédération des provinces du Canada », 12 juin 1867, *ibid.,* IV, p. 581s.
88. Les journaux sont remplis de telles dénonciations qui visent toujours le parti adversaire (*Le Journal des Trois-Rivières,* 13 août 1867, p. 2). Voir aussi un texte daté de Louiseville dans le *Journal de Québec,* 15 août 1867, p. 2.
89. Entre autres exemples, voir Mgr Bourget, «Résumé des règles uniformes adressées par Mgr l'évêque de Montréal aux confesseurs de son diocèse », 1er mars 1868, MEM, V, pp. 309-312; la règle 5 concerne la corruption électorale.
90. « Concile », *Le Journal de Québec,* 13 novembre 1867, p. 2. Les évêques sont réunis à l'occasion du sacre de Mgr John Walsh, de Sandwich, le 10 novembre 1867.
91. Laflèche à Édouard-Charles Fabre, 30 août 1867, ACAM, 295-104, 867-3.
92. Laflèche à Mgr C. La Rocque, 19 novembre 1867, AETR, *Registre des lettres,* V, 8 B.
93. Mgr C. La Rocque à Laflèche, 20 novembre 1867, ASTR, *Fonds Laflèche,* A 1 L 56.
94. Laflèche écrit: « vous avez auprès de vous un savant dont je respecte beaucoup les opinions et je serais bien aise que vous lui donneriez communication de ce projet, au moins des conclusions qui le terminent, parce que c'en est la partie pratique la plus importante ».
95. Laflèche à Mgr Baillargeon, 27 novembre 1867, AETR, *Registre des lettres,* V, 9 B.

atteindrait le plus sûrement le but que nous nous proposons, ce serait une lettre pastorale adressée au Clergé et aux fidèles au moins du Bas Canada avec conclusions et directions identiques, si elle n'était point signée collectivement[96] ». Sur les avis de ses conseillers, l'archevêque préfère attendre le prochain concile provincial « pour publier un document de cette importance » et il prie Laflèche de s'« occuper du Sujet, qui devra entrer dans la lettre synodale, et qui en fera probablement la partie la plus Saillante[97] ».

Ainsi mandaté, le coadjuteur de Trois-Rivières se prépare au concile en menant une enquête sur les « mauvais » journaux dans son diocèse. Le 16 mars 1868, tout en communiquant au clergé une longue circulaire de Mgr C. La Rocque sur le sujet[98], il demande aux curés de lui faire connaître quels journaux libéraux sont reçus dans leur paroisse et quelles sont les conséquences morales de leur lecture[99].

Les nombreuses réponses montrent bien deux faits. D'abord, dans toutes les paroisses, le nombre des abonnés aux journaux rouges n'a cessé de diminuer depuis 1866 et il a été réduit à une moyenne d'un par paroisse[1]. Même si l'on fait la part de la vantardise, le « danger démocrate » s'est donc éloigné. Néanmoins, sauf de rares exceptions[2], les pasteurs se plaignent encore des effets néfastes de la lecture de ces journaux et répètent en gros ce qu'écrit le curé Joseph Tessier, de Saint-Germain : « (...) la lecture des journaux libéraux a été funeste à l'esprit de tous ceux de mes paroissiens qui ont reçu ces journaux. Si aujourd'hui, il y a dans Saint-Germain plusieurs personnes qui ont peu de respect pour le prêtre, cela provient de la lecture du Pays et du Défricheur[3] ». Plus qu'un motif de réjouissance, ce recul des journaux rouges est pour Laflèche une raison nouvelle de travailler à leur condamnation et à leur disparition.

Le 4e concile provincial de Québec, qui s'ouvre le 7 mai 1868[4], permet au coadjuteur de Trois-Rivières de s'affirmer à la fois comme participant et comme orateur. Assisté des vicaires généraux Thomas Caron et Charles-Olivier Caron comme théologiens, il agit comme procureur de Mgr Cooke et, en plus d'apporter sa contribution aux débats, il préside la commission des études[5].

À la demande de l'archevêque et au nom du diocèse de Trois-Rivières, il propose huit questions à débattre; deux concernent le ministère paroissial : « du fait de la publication du décret Tametsi, en certaines localités », « de la discipline à suivre quant aux jeunes et par rapport aux coureurs de bois »; les six autres touchent au problème politico-religieux : « de l'à propos de réclamer les droits de l'Église contre certains articles du code civil », « de l'opportunité de faire censurer le légiste Pothier par rapport à sa doctrine sur le mariage », « des moyens à prendre pour assurer à l'Église l'administration des biens ecclésiastiques », « des

---

96. Le même au même, 5 décembre 1867, AAQ, 33 CR, *Diocèse de Trois-Rivières,* I, 127.

97. Mgr Baillargeon à Laflèche, 7 décembre 1867, ASTR, *Fonds Laflèche,* A 1 B 10-18. Mgr Baillargeon juge bon le texte de Laflèche et ajoute : « Je serais fier d'en avoir fait un pareil, sauf quelques propositions ».

98. Mgr C. La Rocque, *Circulaire au clergé,* 5 mars 1868, 15p.

99. Laflèche, « Lettre circulaire au clergé du diocèse des Trois-Rivières », 16 mars 1868, p. 3.

1. La réponse du curé J. Maurault, de Saint-Thomas-de-Pierreville, est un bon exemple de l'ensemble : « Il y a deux ans, dix de mes paroissiens recevaient de ces journaux : deux recevaient le « Pays », deux « l'Union Nationale », six « l'Avenir ». (...) aujourd'hui, l'on ne reçoit pas un seul Journal démocrate en cette paroisse. Le renvoi de ces gazettes a produit un heureux effet. Aussi je puis dire que, maintenant, les prétendus principes du libéralisme sont complètement exclus de la paroisse, et que, dans chaque famille, l'on rejette avec horreur les déplorables erreurs des démagogues » (J. Maurault à Laflèche, 7 avril 1868, ASTR, *Fonds Laflèche,* A 2 M 148-8).

2. Par exemple, le curé D. Marcoux, de Champlain : « Il y avait auparavant une dizaine de personnes qui recevaient ces journaux, cette lecture n'a pas fait un grand mal, je pense, à leurs principes religieux. Ceux qui les lisaient ont rempli leurs devoirs religieux cette année » (D. Marcoux à Laflèche, 20 avril 1868, *ibid.,* A 2 M 145-5).

3. Joseph Tessier à Laflèche, 29 avril 1868, *ibid.,* A 2 T 204-2.

4. « Concile de Québec », *Le Journal de Québec,* 7 mai 1868, p. 2.

5. *Concilia provinciae quebecensis I, II, III, IV in quebecensi civitate celebrata et a sancta sede revisa et recognita,* Québec, P.-G. Delisle, 1870, pp. 142-148.

mauvais livres et des mauvais journaux », « des élections populaires[6] ». L'énoncé même des questions prouve sa détermination de *défendre* l'Église et sa doctrine. Toutes ne seront pas débattues à fond, mais elles sont parfois les prémices des longs affrontements de l'avenir.

Une partie des débats de l'assemblée générale des évêques tourne autour de l'importante question du nouveau découpage de la carte ecclésiastique. À cause de l'union fédérale de 1867 et de l'augmentation constante des catholiques, les autorités religieuses sentent le besoin d'établir un nouvel équilibre entre les parties du Canada. Divers problèmes se posent alors: doit-on diviser la province ecclésiastique de Québec qui s'étend encore jusque dans l'Ouest canadien? combien y aura-t-il désormais de provinces ecclésiastiques? quels diocèses composeront chacune des provinces? quelle sera la métropole en Ontario? Pendant trois jours (10-11-12 mai), l'assemblée générale des évêques consacre de longues séances à ces questions qui donnent lieu à des débats animés. Les prélats sont unanimes à proposer la division de la province ecclésiastique de Québec, mais ce n'est qu'après de vives discussions qu'ils fixent le nombre d'archevêchés à trois, au lieu de quatre comme le suggère l'évêque d'Ottawa[7]. Quant à la composition de chacune des provinces, un seul problème se pose, mais d'envergure: le diocèse d'Ottawa demeurera-t-il rattaché à Québec? Il donne lieu à un affrontement vif entre évêques anglophones et francophones; après des interventions vigoureuses de part et d'autre, seuls Mgr John Farrel, de Hamilton, et Mgr Horan, de Kingston, s'opposent encore à laisser Ottawa dans la province ecclésiastique de Québec, mais les vainqueurs doivent faire preuve d'énergie pour empêcher, le lendemain, la remise en question du vote par les évêques de langue anglaise. Enfin, malgré les réticences bien compréhensibles de Mgr Horan, Toronto est choisi comme métropole de la province ecclésiastique d'Ontario[8].

Sans être le principal participant, Laflèche intervient régulièrement dans ce débat primordial, et toujours dans le sens de la majorité francophone. Avec Mgr La Rocque, il suggère de constituer Ottawa en diocèse *nullius* relevant directement du Saint-Siège, mais l'idée n'est ni retenue ni mise au vote. L'intervention du coadjuteur de Trois-Rivières est par contre plus efficace à la commission des études.

Le document principal que celle-ci étudie concerne les mauvais livres et les mauvais journaux et il est de la main de Laflèche. Après une première étude, le texte est lu et discuté une première fois à la troisième congrégation générale du 8 mai[9], puis à la neuvième congrégation privée du 11 mai[10]; quelques amendements sont demandés et acceptés, et le texte remanié est finalement entériné à la onzième congrégation privée du 12 mai[11]. Il constitue le décret VIII qui s'intitule *De Libris Ephemeridibusque improbis*[12]; il est complété par quelques

---

6. *Table des Questions par écrit,* AAQ, *Conciles provinciaux,* 21 CR 4-1. En tout, 58 questions ont été suggérées: Québec, 11; Ottawa, 5; Toronto, 10; Trois-Rivières, 8; Rimouski, 12; Saint-Hyacinthe, 12. Cependant, plusieurs se recoupent.

7. L'évêque d'Ottawa avait proposé: « Que la Province Ecclésiastique actuelle de Québec soit divisée en quatre provinces, à savoir: la Province de Québec, qui comprendrait les trois diocèses de Rimouski, des Trois-Rivières et de Québec; la Province de Montréal, formée des diocèses de Montréal, d'Ottawa, de Kingston, de Saint-Hyacinthe, et du nouveau Vicariat projeté »; la province de Toronto et la province de Saint-Boniface (*Questions que les Évêques de la Province désirent faire décider au prochain Concile Provincial, ibid.,* 21 CR 4-2).

8. *Acta et decreta...,* pp. 160-172; Edmond Langevin, *Procès-verbal des délibérations de la Congrégation privée des Évêques assemblés pour le 4e Concile Provincial à Québec, dans le mois de Mai 1868, en ce qui regarde la formation de nouvelles provinces, etc.,* AAQ, *Conciles provinciaux,* 21 CR 4-4.

9. *Loc. cit..*

10. *Ibid.,* p. 165s.

11. *Ibid.,* p. 169.

12. *Ibid.,* pp. 196-201. Le décret rappelle que la loi de l'index oblige tous les fidèles, ordinairement sous peine de faute grave; il faut donc refuser l'absolution à ceux qui s'obstinent à lire ou conserver des livres condamnés. Le texte juge répréhensibles la plupart des romans, parce qu'ils sont irréligieux, immoraux ou, au moins, dangereux pour la jeunesse. Pour les combattre, il faut encourager les bibliothèques paroissiales.

paragraphes de la lettre pastorale collective qui dénoncent vigoureusement les journaux dont les colonnes sont souillées « par des insultes à l'Église, à son chef, à ses ministres, à ses sacrements, à ses dogmes, à ses pratiques les plus autorisées[13] ». La commission répond également à deux questions des évêques sur les représentations théâtrales « ou sentant le théâtre » dans les institutions dirigées par des ecclésiastiques, des religieux et des religieuses[14] et sur l'étendue des cours d'études dans les couvents[15]; ses suggestions sont retenues par l'assemblée.

Basé sur des considérations de Laflèche, le décret sur les élections est d'abord discuté par la commission de la doctrine[16] qui fait rapport à la congrégation générale du samedi 9 mai; « Discutitur super hoc decreto », dit pudiquement le procès-verbal du secrétaire[17]. Cependant, les notes manuscrites d'Edmond Langevin, que nous avons retrouvées aux archives de l'archevêché de Rimouski[18], nous permettent de reconstituer une partie des discussions très vives qui se sont élevées entre les théologiens. D'une façon générale, Elzéar-Alexandre Taschereau et Benjamin Pâquet trouvent le décret, qui avait été mis au point à Québec[19], « assez explicite » et « conséquent dans toutes ses parties »; ils s'élèvent donc contre l'addition de règles plus précises et, dans la chaleur de la discussion, ils font de claires allusions aux dernières élections[20]. Charles-Olivier Caron est d'un tout autre avis:

> (...) il manque quelque chose pour guider la consce (conscience) des électeurs. Sur quoi s'appuieront les électeurs pour former leur conscience. Le décret est un peu général, dans ce passage. Le pasteur devrait avoir un certain n(ombre) de principes clairs pour montrer à leurs fidèles comment former leur conscience. Il faut éclairer l'électeur pour qu'il puisse faire surement le choix. Il spécifie 2 ou 3 règles.
> Dans les Considér(ations) de Mgr Laflèche on trouvera 2 ou 3 textes d'Écrit. Sainte.

Le même théologien trifluvien soutient également que « le décret ferme la bouche aux prêtres » et qu'il « fera triompher les démagogues ».

Le père Firmin Vignon, s.j., recteur du collège Sainte-Marie, va encore plus loin et fulmine une déclaration furibonde que le secrétaire essaie de résumer le mieux possible:

> Le décret veut diriger l'électeur et le prêtre.
> L'électeur en présence de 2 partis — l'un mauvais — le 2^d paraît vouloir faire souvent de l'Église une servante — le prêtre doit donc se mettre en garde contre tous les deux — éducation — immunités ecclésiastiques. Le second parti est le plus dangereux, car il est le plus caché. Le premier étant évidemment mauvais n'est pas redoutable. Le second parti, parti rouge, soutient des mauvaises doctrines.
> Il faut se mettre en garde contre le parti bleu ou conservateur.

---

13. « Lettre pastorale des Pères du quatrième concile provincial de Québec », 14 mai 1868, MEQ, IV, pp. 626-629.
14. *Acta et decreta...*, p. 151; elle répond que chaque évêque doit régler le problème dans son diocèse (AAQ, *Conciles provinciaux,* 21 CR 4-11).
15. *Acta et decreta...*, p. 161; la commission propose de faire d'abord une enquête, puis de corriger les abus par la suite (AAQ, *Conciles provinciaux,* 21 CR 4-12).
16. Elle est composée de Mgr Eugène-Bruno Guigues et de E.-A. Taschereau, J.-F. Jamot, L. Proulx, J.-J. Chisholm, Benjamin Pâquet et C.-A. Delacroix; le décret lui est déféré à la cinquième congrégation privée (*Acta et decreta...*, p. 156).
17. *Ibid.*, p. 161. « Il y a eu discussion sur le décret ».
18. AAR, *Conciles provinciaux de Québec I.* La chemise contient plusieurs documents sans titre et non datés, de la main d'Edmond Langevin, qu'une analyse poussée nous a permis de rattacher d'une façon certaine au concile de 1868.
19. Grisé, *op. cit.*, p. 114.
20. Première version: « M. Pâquet dit que si tous les curés ne s'étaient pas donné tant de coudées franches, il n'y aurait pas eu de mal »; seconde version: « M. Pâquet attribue les inconvénients en partie aux abus commis par quelques prêtres ».

Il propose de promouvoir le parti vraiment catholique, rouge ou bleu, pourvu qu'il soit catholique. Alors l'électeur saurait pour qui il vote.
Le clergé serait aussi bien alors, car alors il encouragerait le catholique. L'Église du Canada est organisé (*sic*) plutôt selon l'Église Anglicane que selon le conc. de Trente.

Le texte est discret sur les réactions aux propos du théologien de Montréal. C'est vraisemblablement à cette occasion que Mgr C. La Rocque, de Saint-Hyacinthe, sert au jésuite une « sévère mercuriale », dont Mgr Baillargeon n'est pas mécontent[21]. On peut voir dans ces débats les premiers coups d'envoi de l'affaire du *Programme catholique* de 1871[22].

Les évêques étudient le décret et l'acceptent avec certains amendements (« emendatum acceptatur ») à leur douzième congrégation privée du 12 mai[23]. Les notes du secrétaire nous renseignent un peu sur le débat qui paraît avoir été assez ferme:

Lu Decret de electionibus avec correction. Les Ev. d'Anthédon (Laflèche) & de M(ontréal), L'Év. de S. H(yacinthe) préfèrent que le décret soit supprimé si l'on ne rend pas plus explicite dans la partie qui donne les directions pratiques. Mgr. l'Ev. de Rim(ouski) pense que les rouges vont triompher s'il n'a pas de décret et diront que les Évêques n'ont pu s'entendre ensemble.

En définitive une partie du décret est retranchée et sur la proposition de l'Évêque de S. Hyacinthe la phrase suivante (est ajoutée) après le mot *consuetis*:

« et si quae particulares extraordinariae circumstantiae occurant nihil moliri maxime caveant inconsulto Episcopo[24] ».

Après avoir franchi ces difficiles étapes, le texte devient le décret IX *De Electionibus politicis et administrativis*[25]; il constitue une des plus fermes dénonciations des « doctrines perverses » qui menacent la collectivité canadienne-française et, contrastant avec les paragraphes consacrés aux mêmes problèmes dans les trois précédents conciles[26], annonce déjà la sévère lettre pastorale du 22 septembre 1875 sur le libéralisme. C'est pourquoi il deviendra bien vite le *vade-mecum* de la lutte contre les « libéraux », en chaire comme dans les journaux. Sans doute Laflèche n'est-il pas seul responsable du durcissement de la position des évêques et de la fermeté de la déclaration collective — les événements des années précédentes et les attaques du *Pays* y sont pour beaucoup, et plusieurs prélats appuient le coadjuteur de Trois-Rivières — , mais les idées et le style des déclarations sont bien ceux de l'auteur des *Quelques considérations...*

Les cérémonies publiques permettent également à Laflèche de se faire connaître à la population québécoise. Invité à prêcher à la deuxième séance publique dans la cathédrale, il choisit une fois de plus de parler des malheurs et des combats de l'Église et de l'espérance jaillissant des paroles du Christ: « Voici que je suis avec vous jusqu'à la consommation des siècles ». Précédé par sa réputation d'orateur, il ne déçoit pas son auditoire qui, au dire du *Jour-*

21. Mgr Baillargeon à Mgr C. La Rocque, 17 mai 1868, AAQ, *Registre des lettres,* 29, p. 173.
22. Notre récit se base sur deux documents sans titre et non daté. Le premier commence par les mots: « Samedi P.M. Dans le décret De Électionibus, on suggère... »; le second: « Cong. Gén. Samedi P.M. Cong. de la Doct. Decret de electionibus... » (AAR, *Conciles provinciaux de Québec I*). Nous complétons Grisé, *op. cit.,* p. 125s.
23. *Acta et decreta...,* p. 171.
24. AAR, *Conciles provinciaux de Québec I.*
25. *Acta et decreta...,* pp. 201-203. La lettre pastorale collective explique également ce décret et dénonce les « scènes déplorables de violence, de désordres et de scandales de toute espèce dans les élections », fruits amers des « doctrines perverses » prêchées par certains hommes politiques (MEQ, IV, pp. 629-632).
26. « Lettre pastorale des Pères du premier concile provincial de Québec, », 28 août 1851, *ibid.,* IV, pp. 28-33: « Lettre pastorale des Pères du second concile provincial de Québec », 4 juin 1854, *ibid.,* IV, pp. 168-175; « Lettre pastorale des Pères du troisième concile provincial de Québec », 21 mai 1863, *ibid.,* IV, pp. 446-457.

nal de Québec, entend « un vrai morceau d'éloquence où la force du raisonnement se joint à la beauté de l'expression, la suite et l'entraînement des idées aux développements les plus heureux », mais les Québécois doivent demeurer sur leur faim, Laflèche, vaincu par la fatigue, ne pouvant terminer son exposé[27].

Au retour du concile, le coadjuteur de Trois-Rivières est bientôt préoccupé par le problème de la corruption électorale. La raison principale en est l'élection de l'automne 1868 dans la circonscription électorale de Saint-Maurice. Mettant aux prises deux candidats ministériels, Elzéar Gérin et le docteur E. Lacerte, elle donne lieu, d'après les journaux et Laflèche, à un désordre éhonté, surtout « dans les jeunes paroisses »: « Un grand nombre d'électeurs se sont encore vendus pour de l'argent et de la boisson comme si ç'avait été la chose la plus légitime du monde. (...) il s'est dépensé environ $6,000 piastres et versé au-delà de 1,500 gallons[28] ». Laflèche réagit violemment et écrit tout de suite un projet de lettre pastorale qui dénoncerait la cupidité des coupables et obligerait « l'électeur assez malhonnête pour vendre son vote à en donner le prix aux pauvres sous peine de refus des sacrements[29] ». Mais, comprenant toute la gravité de cette mesure, il prend conseil auprès de son théologien favori, le père Antoine Braun, jésuite[30], et de ses collègues Baillargeon et Bourget[31].

Si, tout en lui conseillant la prudence, le père Braun lui concède le droit d'employer de tels remèdes, Mgr Baillargeon et ses théologiens croient plutôt que l'évêque n'a pas le droit, dans le cas présent, « d'imposer », par une ordonnance générale, « l'obligation d'employer le prix du vote en aumône, sous peine du refus des Sacrements »; ils lui suggèrent de dénoncer le mal et d'exhorter les coupables à expier leur faute en donnant le prix aux pauvres[32]. Laflèche n'a pas de difficulté à se ranger à ce dernier avis et il se contente de conseiller aux curés qui le consultent « d'enjoindre au tribunal de la pénitence, comme pénitence médicinale, en autant que la chose serait praticable l'obligation d'employer le prix de cette iniquité en bonnes oeuvres[33] ». Mais il ne manquera jamais par la suite de mettre ses fidèles en garde à l'occasion des élections.

Ces dossiers, et surtout le concile provincial, ont permis à Laflèche de se révéler à Québec; le mouvement des zouaves pontificaux l'oriente davantage vers Montréal. Gagné totalement à la cause papale, le coadjuteur de Trois-Rivières n'a pas le moindre doute sur le bien-fondé de l'envoi de volontaires canadiens et il suit aveuglément Mgr Bourget et son comité de laïcs[34].

En relation étroite avec les organisateurs montréalais[35] et les curés du diocèse, il s'occupe activement du recrutement des jeunes gens et de la cueillette de l'argent nécessaire à l'entretien des soldats. C'est lui qui, après enquête, choisit les candidats ou aspirants dans le

---

27. « Concile de Québec », *Le Journal de Québec,* 9 mai 1868, p. 2.
28. Laflèche à Mgr Baillargeon, 28 octobre 1868, AETR, *Registre spécial,* A (1868-1885), pp. 15-17.
29. *Loc. cit.*
30. P. Braun à Laflèche, 31 octobre 1868, ASTR, *Fonds Laflèche,* A 2 B 25-14.
31. Laflèche à Mgr Baillargeon, 28 octobre 1868, AETR, *Registre spécial,* A (1868-1885), pp. 15-17; Laflèche à Mgr Bourget, 29 octobre 1868, ACAM, 295-104, 868-6. Laflèche pose les mêmes questions aux deux: Un évêque a-t-il le droit d'imposer l'obligation de verser le prix du vote en aumône sous peine de refus des sacrements? S'il a ce droit, est-il à propos d'imposer cette obligation dans la circonstance actuelle?
32. Mgr Baillargeon à Laflèche, 4 novembre 1868, ASTR, *Fonds Laflèche,* A 1 B 10-21.
33. Laflèche à Mgr Baillargeon, 7 décembre 1868, AETR, *Registre spécial,* A (1868-1885), p. 80. La politique de Laflèche est clairement établie dans Laflèche à Carufel, 30 octobre 1868, *ibid.,* pp. 27-29, voir l'annexe D.
34. Sur le mouvement des zouaves, voir René Hardy, *Les zouaves pontificaux et la diffusion de l'ultramontanisme au Canada français,* 1860-1870, Université Laval, thèse de doctorat, 1978, XXVI, 445p. Notre travail était terminé quand nous en avons pris connaissance.
35. Dès le 7 janvier 1868, Laflèche leur assure son concours « dans la mesure de (ses) forces » (Laflèche à Joseph Royal et Sévère Rivard, 7 janvier 1868, Lef de Bellefeuille, *Le Canada et les zouaves pontificaux,* p. 230).

diocèse et les recommande au comité central de Montréal[36]. Pour le financement, il fait appel à la générosité de tous les diocésains et, par ce moyen, réussit, mais avec difficulté, à payer les $100 exigés de chacun des zouaves[37].

Laflèche appuie la cause des zouaves davantage encore par ses discours et ses écrits. Il en fait le thème central de ses interventions publiques de l'année 1868. L'un des meilleurs exemples est la séance de distribution des prix au séminaire de Nicolet, le 8 juillet. On y rappelle et louange l'action des soldats du pape et Laflèche, qui fait le discours principal, parle « longuement et avec l'éloquence persuasive qu'on lui connaît » de cette oeuvre qu'il appelle « l'événement culminant de l'année ». Non seulement il se félicite que plusieurs anciens élèves de Nicolet soient à l'origine de cette initiative heureuse, mais il y voit « peut-être le moyen dont la Providence avait voulu se servir pour sauver les vieilles sociétés européennes reposant uniquement aujourd'hui sur le droit du plus fort[38] ». Car, à ses yeux, les zouaves sont de nouveaux croisés « choisis pour combattre les combats du Seigneur[39] ».

Plus que tout autre, Laflèche inscrit le phénomène des zouaves dans le courant de l'histoire universelle. Dans une lettre pastorale de décembre 1867, où il commente l'encyclique du 17 octobre précédent, il trace un tableau de la vie de l'Église qui « traverse en ce moment une des plus pénibles et des plus fortes crises qu'elle ait eu à subir depuis son établissement ». Campant cette « race d'hommes perdus qu'on appelle *révolutionnaires* », il décrit leur travail contre l'Église, « cette lutte de l'erreur contre la vérité, du mal contre le bien », puis il résume les grandes lignes de la question romaine, de la Révolution française aux derniers combats des zouaves pontificaux accourus de tout l'univers. La situation ainsi présentée, Laflèche explique à ses diocésains « les causes qui ont amené tant de maux au centre de la catholicité ». Il en signale deux: « d'un côté l'abus des grâces et des lumières, de l'autre, les fausses doctrines qui en sont la conséquence et le châtiment ». S'il glisse rapidement sur la première, il profite de l'occasion pour expliciter longuement les effets des « doctrines libérales modernes » et pour mettre les fidèles en garde contre elles, car, dit-il, « il se rencontre dans ce pays même, des hommes qui prêchent, depuis quelques années, les erreurs pernicieuses condamnées par le Souverain Pontife ». Et de prophétiser: « Au Canada, les doctrines libérales sont en herbe; en Italie, elles produisent leurs fruits. Elles les produiront au Canada aussi, si on ne les extirpe, si on ne les foule aux pieds; et ceux qui les goûteront les trouveront bien amères (*sic*) comme aujourd'hui les Italiens[40] ».

Laflèche revient sur le sujet le 18 février 1868. Orateur invité à la cérémonie de départ des zouaves pontificaux canadiens, dans l'église Notre-Dame-de-Montréal, le coadjuteur de Trois-Rivières s'emploie à situer l'action des jeunes volontaires dans la continuité de l'histoire de l'Église. Posant d'abord en principe que « l'Église catholique est une société militante, chaque chrétien est un soldat », l'orateur rappelle les champs où le catholique livre

36. Arthur-Hubert Lassiseraye à Laflèche, 17 juin 1868, ASTR, *Fonds Laflèche*, A 2 L 116-14.
37. Mgr Cooke, *Lettre pastorale de Monseigneur l'Évêque des Trois-Rivières, à l'occasion de l'Encyclique du 17 octobre 1867, et prescrivant un Triduum de prières publiques pour les besoins pressants de l'Église Catholique, surtout en Italie, en Russie et en Pologne*, 21 décembre 1867, 16p.. Le document, manifestement de la plume de Laflèche, ordonne de tenir un triduum et de faire, chaque jour « une quête à la messe pour venir en aide au Souverain Pontife »; il n'est cependant pas directement question d'appui financier aux zouaves canadiens. Comme les temps sont durs, la collecte ne rapporte pas autant que prévu, si bien que le diocèse ne verse que $1 096 pour son premier contingent de 18 zouaves.
38. « Séminaire de Nicolet », *Le Journal des Trois-Rivières*, 10 juillet 1868, p. 2.
39. *Ibid.*, 18 février 1868, p. 2. Laflèche emploie l'expression dans un discours prononcé à l'occasion du départ de trois zouaves de Trois-Rivières.
40. Mgr Cooke, *Lettre pastorale de Monseigneur l'Évêque des Trois-Rivières, à l'occasion de l'Encyclique du 17 octobre 1867 (...)*, 21 décembre 1867, 16p.. Nous le répétons: quoique signé par Mgr Cooke, le texte est certainement de Laflèche.

bataille: en son âme d'abord, à l'extérieur ensuite « pour établir et étendre le royaume de Dieu » et le défendre quand il est attaqué. Ce dernier aspect, Laflèche le développe en décrivant d'abord les luttes passées de l'Église, puis celles du présent.

L'histoire de l'Église, dit-il, est une « suite de combats et de guerres gigantesques » dont Satan est responsable par sa révolte et ses attaques incessantes. C'est l'Ange déchu, en effet, qui organise l'attaque du paganisme contre l'Église naissante; c'est lui qui, pour se venger du Christ, suscite l'arianisme et les autres hérésies; l'islamisme qui veut ravir l'héritage de Jésus-Christ est une nouvelle offensive du Prince des ténèbres, Mahomet n'étant que le « lieutenant de Lucifer »; enfin, par le protestantisme, Satan veut anéantir l'autorité de l'Église.

Les luttes modernes de l'Église commencent avec le philosophisme voltairien par lequel Lucifer veut étendre « le faux principe du libre examen » au domaine intellectuel et social. Quand le philosophisme descend sur le terrain social et politique, il donne naissance au libéralisme qui a pour fin de « chasser Dieu de la terre afin de régner en sa place sur l'humanité ». Ce but, le libéralisme le poursuit d'abord en empêchant l'autorité de l'Église d'être reconnue dans l'ordre temporel; il professe que « la société doit être dirigée par le pouvoir civil, sans égard à la vie éternelle » et il pousse l'État à s'emparer de l'enseignement et à promulguer des lois contre l'Église. Mais le libéralisme veut aussi faire disparaître celle-ci du milieu des nations; c'est le motif de sa lutte contre le pouvoir temporel du pape: « Si le libéralisme arrache au Pape sa souveraineté, ne voyez-vous pas qu'il lui enlève du même coup le moyen de subsister, le moyen d'enseigner, le moyen de gouverner.... Or, comme le Pape est la tête de l'Église, et que le corps ne peut vivre sans elle, l'atteindre ainsi, c'est frapper l'Église d'un coup mortel ». Voilà pourquoi Laflèche conclut que ce dernier conflit « résume non seulement la lutte entre le catholicisme et le libéralisme; mais la lutte entre l'ordre et l'anarchie, l'autorité et la révolution, enfin le bien et le mal dans le monde ».

Aux zouaves choisis pour « combattre directement (...) les combats du Seigneur », Laflèche avait prévu adresser une dernière exhortation. Les associant « à la glorieuse phalange des martyrs, à ces valeureux croisés, vos ancêtres, à ces nobles et preux chevaliers », il leur fait miroiter « la couronne des héros, la palme de l'immortalité » et il leur lance un dernier cri de ralliement: « courageux enfants de l'Église, marchez donc sur leurs traces![41] » Ce dernier message, l'orateur n'a pas réussi à le livrer. Après une heure de discours, brisé par l'émotion et la fatigue, Laflèche doit abandonner: « (...) la fatigue avait éteint sa voix, écrit l'*Écho du Cabinet de lecture paroissial de Montréal*. Il lui restait à développer la mission du Canada dans l'Église, et à montrer avec quelle généreuse ardeur la jeunesse canadienne embrassait cette mission; c'était la partie qui nous intéressait le plus, et notre regret d'en avoir été privé n'en est que plus profond[42] ».

---

41. « Discours de Mgr L.-F. Laflèche, évêque d'Anthédon, coadjuteur des Trois-Rivières, à Notre-Dame de Montréal en l'honneur des zouaves pontificaux canadiens, 18 février 1868 », Arthur Savaète, *éd., Oeuvres oratoires de Mgr Louis-François Laflèche, évêque des Trois-Rivières*, Paris, Arthur Savaète, (s.d.), pp. 69-131.

42. « La croisade au Canada », *L'Écho du Cabinet de lecture paroissial de Montréal*, X (1868), p. 225s.. Il fallut attendre la publication du texte intégral de Laflèche pour connaître son ultime pensée et son appel aux croisés modernes. En le présentant, E. Lef. de Bellefeuille explique la défaillance de Laflèche: « On a regretté que les forces n'aient pas permis à l'illustre orateur de développer tout son sujet. Du reste, il n'y a rien d'étonnant dans cette défaillance inattendue. La foule énorme qui encombrait toutes les parties de l'église, nefs, allées, galleries avait rapidement fait atteindre à la température ambiante un degré de chaleur très élevé, qui était particulièrement fatiguant pour le prédicateur à la hauteur où il était placé. Ajoutez à cela ce murmure sourd qui s'élevait de cette foule, comme un océan mal apaisé, le vent qui s'engouffrait par la grande porte, restée ouverte à deux battants pour donner un peu d'air à ces quinze mille poitrines haletantes, et vous comprendrez que les forces aient pu manquer même à l'ancien et infatiguable missionnaire de la Rivière Rouge » (E. Lef. de Bellefeuille, *op. cit.*, p. 63s.).

Le lendemain 19 février, Laflèche a cependant l'occasion de développer quelques-unes des idées qui avaient été escamotées. Lors d'une nouvelle cérémonie à la cathédrale de Montréal, s'adressant aux volontaires, « debouts (sic) à l'entrée de la nef et ralliés autour du Drapeau », avec insistance « Il leur rappela la sainteté de la cause qu'ils embrassaient, leur donna pour modèle l'héroïsme de M. de Maisonneuve, de Daulac et de ses dix-sept Montréalistes ; il les encouragea à soutenir la gloire de leurs ancêtres ». Il parle avec tant de chaleur que l'émotion gagne l'auditoire : « Les assistants fondaient en larmes, écrit un journaliste, mais les généreux jeunes gens demeurèrent le coeur ferme[43] ».

Ainsi impliqué dans ce mouvement de défense du pape et de ses États, Laflèche continue longtemps de s'intéresser de très près aux zouaves pontificaux. En 1869, il fait encore campagne pour l'envoi d'un nouveau contingent de soldats et il institue le denier de Saint-Pierre[44]. Lors de son séjour à Rome pour le concile de Vatican I, il visite régulièrement ses jeunes compatriotes. Quand le retour « inattendu » des volontaires en novembre 1870 impose des « frais considérables » au comité de Montréal, il s'empresse encore une fois de faire appel à la générosité de ses diocésains[45]. Enfin nous aurons plusieurs fois l'occasion de souligner que l'évêque de Trois-Rivières reste toute sa vie en communication intime avec plusieurs ex-zouaves pontificaux.

La participation de Laflèche au mouvement des zouaves a une conséquence encore plus profonde : elle le place dans le sillage de Mgr Bourget. Y a-t-il préméditation de la part du vieil évêque de Montréal ? Nous sommes porté à le croire. En effet, s'intéressant de plus en plus au « jeune » coadjuteur de Trois-Rivières, ce n'est pas sans arrière-pensée que Bourget le met en vedette lors des fêtes de février 1868[46]. De même, il n'est pas étranger à une mission que Rome confie à Laflèche la même année. Ayant reçu instruction d'entendre les parties dans le conflit qui oppose l'Institut canadien de Montréal à Mgr Bourget, Laflèche invite Louis-Antoine Dessaulles à venir le rencontrer à l'évêché de Montréal, en présence de l'évêque du lieu, le 22 mai 1868. Comme Dessaulles ne veut pas s'y présenter « comme représentant l'institut et agissant en son nom » et qu'il exige de parler en son nom personnel, la rencontre n'a pas lieu et Laflèche est obligé de demander de nouvelles instructions au cardinal Barnabo[47] ; elles ne viendront jamais et là s'arrêtera le travail d'arbitrage du coadjuteur[48]. Mais désormais une chose est claire : Laflèche s'affirme comme l'un des plus ardents défenseurs du Saint-Siège en même temps qu'un ferme adversaire de toute forme de libéralisme ; de plus, même s'il n'épouse pas encore toutes les causes de Montréal, sa combativité et son intransigeance le rapprochent de plus en plus des irréductibles partisans de Bourget.

On s'en rend bien compte dans la question des lois « anticatholiques ». Le problème tire son origine de la publication de la révision du code civil du Bas-Canada, entrée en vigueur le 1er juin 1866. Plusieurs lois, tombées en désuétude, sont remises en lumière, particulièrement dans le domaine du mariage ; ainsi le code prescrit la publication des bans et précise les intervalles à garder entre chacune ; il prohibe les unions entre beau-frère et belle-

43. « La croisade au Canada », *L'Écho du Cabinet de lecture paroissial de Montréal*, X (1868), p. 227.
44. Laflèche, « Lettre pastorale de Monseigneur l'Évêque d'Anthédon, à l'occasion de son voyage à Rome pour le concile Oecuménique », 24 septembre 1869, METR, *Mgr Laflèche*, I, pp. 40-43.
45. Laflèche, « Circulaire au clergé », 22 octobre 1870, *ibid.*, I, p. 175.
46. Laflèche commence par refuser l'invitation et demande à Bourget « de confier cette tâche importante à des épaules plus fortes que les (siennes) » ; mais, ajoute-t-il, « malgré les raisons péremptoires que j'aurais de le faire, je ne dévierai pas de la ligne de conduite que je me suis tracée depuis longtemps, de ne jamais donner un refus absolu ; car je tiens toujours à faire preuve de bonne volonté » (Laflèche à Bourget, 24 janvier 1868, ACAM, 295-104, 868-1).
47. Laflèche au cardinal Barnabo, 18 mai 1868, AETR, *Registre des lettres*, V, 15B.
48. Léon Pouliot, *Monseigneur Bourget et son temps*, Montréal, Bellarmin, 1976, pp. 51-54.

soeur, entre oncle et nièce; il défend le mariage des mineurs, etc... Après la promulgation, quelques juges se servent du nouveau code pour annuler des unions faites par des prêtres. Bien plus, la nouvelle constitution de 1867 confie au gouvernement central les questions de divorce et les causes matrimoniales, et, en 1868, des membres de la chambre des Communes d'Ottawa proposent la création d'une cour de divorce qui pourrait annuler un mariage pour raison d'adultère. Autant de mesures qui soulèvent craintes et horreur dans le clergé catholique du Québec.

Mgr Bourget est le premier à dénoncer le nouveau code civil à Rome[49]; interrogé par le cardinal Barnabo, Mgr Baillargeon avoue son impuissance à faire cesser les « empiètements », à moins de demander aux législateurs une modification des dispositions de la loi[50]. En attendant le moment propice pour présenter ses doléances, l'épiscopat pousse les laïcs à dénoncer les faiblesses du nouveau code civil[51] et il consacre deux décrets du 4e concile provincial à ce problème. Dans le décret XII *De Divortio*, les évêques rappellent la doctrine de l'indissolubilité du mariage et s'élèvent contre le projet de cour de divorce[52]; le décret XIII *Circa Codicem Civilem* précise l'intention de demander l'amendement de certains articles sur le mariage, qui ne s'accordent pas avec la pratique de l'Église[53].

Vivement intéressé par cette question, Laflèche la suit de très près pendant plusieurs années. Les pages qu'il consacre, dans les *Quelques considérations...,* aux « erreurs sur le mariage chrétien[54] » nous prouvent qu'il réfléchit au problème depuis longtemps; elles indiquent également qu'il considère la question du divorce comme une des faiblesses de la constitution de 1867, même si elle n'est pas suffisante pour entraîner la condamnation de l'*Acte de l'Amérique du nord britannique.* Dans les années qui suivent, il correspond régulièrement, sur le sujet, avec le père Antoine-Nicolas Braun, qui a fait des conférences sur le mariage chrétien et qui poursuit, pendant ces années, une étude sur les rapports de la législation civile avec les lois de l'Église[55]. Il interroge particulièrement son théologien favori à propos du jugement Monk dans l'affaire John Connolly vs Julia Woolrich[56]; il l'engage fortement à relever « cette triste affaire » et à revendiquer les « droits de l'Église ». Il ajoute:

> C'est en ne laissant passer aucune atteinte à nos droits de Catholiques, sans la relever et exposer en regard la véritable doctrine, avec toute la solidité et les convenances, que demandent de pareils sujets, que l'on éclairera l'opinion publique et que l'on gagnera du terrain[57].

---

49. Mgr Bourget au card. Barnabo, 28 février 1865, APFR, SRC, ASC, 8, f. 1033.
50. Mgr Baillargeon au card. Barnabo, 4 juin 1865, *ibid.,* 8, f. 1102.
51. C'est dans cet esprit que Désiré Girouard publie ses *Considérations sur les lois civiles du mariage* (Montréal, 1868, 43p.).
52. *Acta et decreta...,* pp. 205-207.
53. *Ibid.,* p. 207.
54. Laflèche, *Quelques considérations...,* p. 131.
55. Né à Saint-Avold (Moselle) en 1815, Antoine-Nicolas Braun arrive au Canada en 1852 et se spécialise dans la prédication de retraites aux laïcs et aux prêtres; en 1866, il publie les *Instructions dogmatiques sur le mariage chrétien,* Québec, Léger Brousseau, 1866, 193p.
56. Le juge Monk déclare valide le premier mariage de William Connolly avec Susanne Pas-de-nom, une indienne de la nation des Cris, contracté dans l'Ouest en 1803, et, par conséquent, invalide le second mariage de Connolly avec Julia Woolrich bénit par l'abbé François Labelle en 1832 à l'Assomption. Les autorités religieuses, pour leur part, avaient déclaré le premier mariage nul à cause d'un empêchement de disparité de culte. Voir « Superior Court, 1867, Montréal, 9th July, 1867, Coram Monk, J. No 902 — Connolly vs Woolrich and Johnson et *al.,* défendants *par reprise d'instance* », *The Lower Jurist — Collection de décisions du Bas-Canada,* XI (1867), pp. 197-265. À noter que la cause concerne essentiellement une question d'héritage.
57. Laflèche à A.-N. Braun, 3 décembre 1867, AETR, *Registre des lettres,* V, 10B.

Lui-même dénonce le jugement à Mgr Baillargeon[58] et demande à Édouard Lefebvre de Bellefeuille, qui a publié un article sur le sujet dans la *Revue canadienne,* de compléter son exposé par un rappel de l'incompétence des tribunaux civils dans un cas pareil[59].

Peu satisfait par la réponse de Mgr Baillargeon, qui prêche la tolérance « par nécessité[60] », Laflèche inscrit à l'ordre du jour du concile de 1868, comme nous l'avons vu, deux questions sur « l'à-propos de réclamer les droits de l'Église contre certains articles du code civil » et sur « l'opportunité de faire censurer le légiste Pothier par rapport à sa doctrine sur le mariage[61] »; ses vues rejoignent celles de Saint-Hyacinthe et de Montréal, et elles sont à l'origine des deux décrets que nous avons analysés plus haut. Ces démarches convaincront finalement l'archevêque de Québec de consulter la Propagande et le professeur Philippe de Angelis, de Rome, sur ce sujet qui soulève de plus en plus de polémiques dans les journaux.

4- Laflèche, administrateur du diocèse

À mesure que les mois passent, le coadjuteur prend de plus en plus d'importance dans son milieu et devient, pour les diocésains surtout, le véritable chef de l'Église de Trois-Rivières. La raison en est l'état de santé défaillant de l'évêque résidentiel. Déjà, au moment où il appelait Laflèche à son aide, la maladie clouait Mgr Cooke sur son fauteuil pendant de longues périodes[62] et Mgr Baillargeon lui avait même conseillé de confier toute l'administration au coadjuteur. Comme nous l'avons vu, il n'en fait rien, car, dit le coadjuteur de Québec, « Il n'est plus en état de comprendre sa position et les besoins de son diocèse[63] ». La santé du vieil évêque ne fait qu'empirer dans les mois qui suivent; au début de 1868, Laflèche note que Mgr Cooke « est bien affaibli à l'heure qu'il est, et il peut difficilement s'occuper de chose tant soit peu compliquée[64] ». Le même refrain est repris pendant toute l'année, si bien qu'on considère comme un mieux le fait qu'il puisse « aller régulièrement dire la sainte messe à la cathédrale[65] », ce qu'il ne peut plus se permettre à partir de l'automne de 1868[66].

Subissant « un affaiblissement notable dans toute sa personne[67] », Mgr Cooke doit s'en remettre graduellement à son coadjuteur pour l'administration temporelle et spirituelle du diocèse, puis il lui cède définitivement ses pouvoirs le 11 avril 1869. Ce jour-là, en effet, dans une lettre pastorale adressée à tous ses diocésains, l'évêque titulaire annonce qu'il confie à Laflèche la responsabilité entière du siège de Trois-Rivières. Soulignant que « Depuis longtemps (...) Nous sentons graduellement nos forces nous abandonner » et que « Nous ne pourrions plus, sans péril pour nous-même et sans danger pour vous, N.T.C.F., porter le fardeau d'une si grande administration, qui doit maintenant reposer entièrement sur des épaules plus jeunes et plus robustes », il explique qu'il se décharge du soin des âmes pour mieux entrer « dans la retraite et le recueillement de nos derniers jours ». Puis il fait un vibrant éloge de son successeur:

58. Laflèche à Mgr Baillargeon, 5 décembre 1867, AAQ, 33 CR, *Diocèse de Trois-Rivières,* I, 127.
59. E. Lefebvre de Bellefeuille, « Une question de mariage », *Revue canadienne,* IV (1867), pp. 838-849; Laflèche à E. Lefebvre de Bellefeuille, 5 décembre 1867, AETR, *Registre des lettres,* V, 11B; E. Lefebvre de Bellefeuille, à Laflèche, 10 décembre 1867, ASTR, *Fonds Laflèche,* B 2 B 18-4. Lefebvre de Bellefeuille est un des avocats de l'évêché de Montréal; Laflèche lui souligne qu'il a connu personnellement Susanne et sa fille Marguerite quand il était missionnaire dans l'Ouest.
60. Mgr Baillargeon à Laflèche, 7 décembre 1867, ASTR, *Fonds Laflèche,* A 1 B 10-17.
61. *Table des Questions par écrit,* AAQ, *Conciles provinciaux,* 21 CR 4-1. Les hommes de loi s'appuyaient souvent sur les théories de Pothier.
62. (Mère Sainte-Marguerite-Marie), *Les ursulines des Trois-Rivières depuis leur établissement jusqu'à nos jours,* t. III, p. 219.
63. Mgr Baillargeon à Laflèche, 7 avril 1867, ASTR, *Fonds Laflèche,* A 1 B 10-12.
64. Laflèche à l'abbé Louis-Édouard Bois, 25 janvier 1868, AETR, *Registre des lettres,* V, 2B.
65. Laflèche à Pierre-Louis Billaudèle, p.s.s., 7 avril 1868, *ibid.,* V, 10B.
66. Laflèche à Mgr Baillargeon, 9 décembre 1868, AETR, *Registre spécial,* A (1868-1885), p. 84.
67. Laflèche à Joseph-Alexandre Baile, p.s.s., 25 mai 1868, AETR, *Registre des lettres,* V, 16B.

> Nous-même, N.T.C.F., nous croirions manquer à un devoir de justice envers ce digne et très zélé Collaborateur, si nous ne profitions pas de cette circonstance, pour lui donner un témoignage public et solennel de Notre entière affection et de Notre très vive reconnaissance. Malgré que des hommes égarés ne voudraient pas que l'on rendît hommage au mérite, nous nous plaisons à reconnaître ici les nombreux et incessants travaux qu'il a accomplis, au su de tous, en Notre faveur, depuis plusieurs années, notamment ceux qui ont trait à la Cathédrale et à la défense des saines doctrines. Il nous a même soulagé, nous le déclarons, au point de prolonger longuement nos jours, et nous voulons, que la mémoire en soit conservée pour le temps où Nous ne serons plus[68].

On ne peut pas dire que cet acte officiel, si longtemps attendu, change la vie de Laflèche; il continue son même travail et sa tâche n'est pas alourdie. Tout au plus est-il soulagé de n'avoir plus à s'interroger sur la validité ou la licéité de tel ou tel de ses gestes.

La décision de Mgr Cooke ne règle pas tous les problèmes personnels de Laflèche. À la fin de 1868 et au début de 1869, celui-ci se demande en effet s'il devra assister au concile oecuménique annoncé par Pie IX le 29 juin 1868. À première vue, il répond négativement et il s'en réjouit: « Il paraît, écrit-il à Mgr Baillargeon, que les évêques in partibus infidelium n'ont pas le droit d'assister au Conseil Oecuménique, et comme je n'ai point reçu la bulle de convocation, il me semble que je ne suis point obligé d'y aller. Si tel était le cas j'en serais bien content, car c'est un voyage qui ne me sourit pas autant qu'à d'autres[69] ». Quand il reçoit une invitation personnelle, il change d'opinion, car il croit que l'obéissance lui commande de vaincre sa répugnance et de faire le voyage.

Son départ donne lieu à une série de manifestations à Trois-Rivières. Les citoyens de la ville organisent une souscription dans tous les quartiers pour l'aider à payer ses frais de voyage et témoigner ainsi « que nous savons apprécier toute l'importance du voyage qu'entreprend Sa Grandeur pour le bien de ses ouailles[70] ». Comités et réunions se succèdent où on rend à l'envi « hommages aux éminentes qualités de Sa Grandeur Mgr d'Anthédon ». Les non-catholiques eux-mêmes y participent: « M. Adolphus Hart, écrit le *Journal des Trois-Rivières,* de croyance juive, s'unit aux orateurs qui l'avaient précédé pour reconnaître les éminentes qualités de Sa Grandeur, la haute réputation dont elle jouit dans tous les pays et déclarer qu'il était du devoir de la ville de lui faire, à son départ, une brillante démonstration[71] ». On ouvre également une souscription pour aider le grand vicaire Thomas Caron qui accompagnera le coadjuteur.

Une fête a lieu le 21 octobre 1869, veille du départ de Laflèche, et elle coïncide avec l'anniversaire de consécration de Mgr Cooke, mais le vieil évêque est presque oublié au profit de l'administrateur du diocèse. La majorité du clergé assiste aux diverses cérémonies: grand-messe le matin, adresses l'après-midi et séance au collège à 15h, salut du Saint-Sacrement à la cathédrale le soir. C'est à ce dernier endroit que Laflèche explique aux diocésains la signification de son voyage:

> Il dit que l'on comptait dix-huit conciles mais qu'à l'époque du dernier, l'Amérique n'était pas encore connue et qu'elle n'y avait aucun représentant. Mais depuis, les témoins de Jésus-Christ se sont répandus jusqu'aux extrémités de la terre et aujourd'hui, de tous les points du globe ils se dirigent vers la ville Éternelle. « Je suis, dit-il, un de ces témoins. Il m'a été donné, le premier, dans les solitudes du territoire du Nord-Ouest, de traduire, en langue sauvage, le

---

68. Mgr Cooke, « Lettre pastorale... », 11 avril 1869, A. Savaète, *Voix Canadiennes, Vers l'Abîme,* t. III, Paris, Arthur Savaète, (s.d.), pp. 261-264.
69. Laflèche à Mgr Baillargeon, 9 décembre 1868, AETR, *Registre spécial,* A (1868-1885), p. 84.
70. *Le Journal des Trois-Rivières,* 28 septembre 1869, p. 2.
71. *Ibid.,* 1er octobre 1869, p. 2.

Pater Noster. Je vais donc à Rome rendre témoignage de la foi de ces peuplades, j'y vais pour rendre témoignage de la foi du diocèse qui m'a été confié ».

De la cathédrale, Laflèche se rend à l'évêché dans un carosse tiré par trois chevaux ; « La compagnie de pompe no 3, en uniforme et flambeaux allumés escortait le carrosse ». À l'évêché, devant une foule « immense », il y a lecture de nouvelles adresses, par J.-M. Désilets au nom des citoyens de la ville et par le député Joseph Gaudet au nom « de toute la députation du district » ; on remet au voyageur le produit de la souscription : $440 de la ville, $20 du collège et $115 de la Rivière-du-Loup. Le lendemain, Laflèche s'embarque à bord du *Nestorian* en compagnie des évêques Charles La Rocque, de Saint-Hyacinthe, Edward John Horan, de Kingston, et Louis Lootens, vicaire apostolique de l'Idaho[72].

La traversée de l'Atlantique se fait rapidement, avec « une seule journée de vent contraire » et « deux jours de mal de mer » pour Laflèche[73]. Le navire accoste à Liverpool le 1er novembre et, de là, les évêques se dirigent vers Londres[74]. Laflèche y séjourne cinq jours, puis se rend à Paris et à Lyon, franchit la passe du mont Cénis et visite Turin, Milan, Venise, Bologne, Lorette et Foligno avant d'atteindre Rome le 22 novembre au soir[75]. Au dire d'un correspondant de la *Minerve,* le coadjuteur de Trois-Rivières et ses compagnons — entre autres, les abbés Thomas Caron, Côté et Doherty, les docteurs Bourgeois et Desjardins — ont fait « le plus beau et le plus amusant des voyages. Mgr Laflèche, qui a toujours été bien portant a été tout à fait gai pendant tout le voyage ». Les zouaves, ceux du diocèse de Trois-Rivières les premiers, le reçoivent avec enthousiasme et lui font visiter le cercle canadien[76].

À Rome, Laflèche loge au 13, rue Agonale, en compagnie de l'abbé Thomas Caron, qui déménagera en janvier 1870, et de Mgr Jean Langevin ; « à la fin des six mois de son bail », il rejoint le vicaire général dans une pension de la rue Monserrrato, « dans des vues d'*économie* (ridicule) », écrit l'évêque de Rimouski[77]. Sa santé est bonne, même si, parfois, « il digère très mal[78] ». Il souffre néanmoins de la température froide et pluvieuse qui sévit à partir de décembre, et, avoue-t-il, « je dois ajouter que malgré les hivers de sept mois que j'ai vus à l'Ile-à-la-Crosse, de 1846 à 1849, j'ai trouvé tout aussi pénible et peut-être plus désagréable encore celui de 1869-70 à Rome » ; il se défend de la « crudité » et des « froidures du temps » grâce à son paletot et « d'autres excellentes fabriques canadiennes[79] ».

Comme tous les évêques canadiens, Laflèche profite de son séjour à Rome pour visiter les églises, les musées et les lieux de pèlerinage[80]. Il s'intéresse d'une façon encore plus particulière aux zouaves canadiens, qu'il visite régulièrement à leur cercle et à qui il adresse

---

72. *Le Journal des Trois-Rivières,* 22 octobre 1869, p. 2.

73. *Ibid.,* 19 novembre 1869, p. 2.

74. *Ibid.,* 17 décembre 1869, p. 3. Mgr Charles La Rocque se sépare de ses compagnons à Liverpool.

75. Homme pratique, Laflèche résume ainsi son voyage : « Partis de Québec le 23 octobre, à 10h40m. du matin, nous sommes arrivés à Rome le 22 novembre, à 6h. du soir, après un trajet des plus heureux de 30 jours, 7h20m., ou de 30 jours et 2h., environ, en ramenant l'heure de Rome au méridien de Québec » (Laflèche à C.-O. Caron, 29 novembre 1869, *ibid.,* 30 décembre 1869, p. 2). Ses commentaires ne sont pas toujours aussi laconiques !

76. Louis-T. Garceau, « Lettres romaines », *La Minerve,* 16 décembre 1869, p. 2.

77. Mgr J. Langevin à Edmond Langevin, 30 avril 1870, ANQ, *Fonds Langevin,* B 37.

78. Le même au même, 23 décembre 1869, *ibid..*

79. Laflèche à C.-O. Caron, 9 février 1870, *Le Journal des Trois-Rivières,* 25 mai 1870, p. 1. Un zouave, qui va le visiter, le décrit ainsi : « Si vous alliez passer un bout de soirée avec ce bon évêque (nos évêques nous permettent de les aller visiter souvent et nous donnent libre entrée), vous êtes certain de le voir enveloppé (*sic*) d'une chaude écharpe et armé de gros chaussons de voyage » (« Lettres romaines », *La Minerve,* 8 mars 1870, p. 3).

80. Louis-T. Garceau, « Lettres romaines », *ibid.,* 18 janvier 1870.

la parole plusieurs fois[81]. Au Vatican même, il obtient une audience privée de Pie IX[82] et il rencontre quelques cardinaux de la Propagande; il profite de ces occasions pour discuter des problèmes qui l'assaillent, particulièrement de la question de ses relations avec le séminaire de Nicolet.

Malgré tout, Laflèche se consacre presque entièrement au travail exigé par le concile. Il assiste fidèlement aux réunions épiscopales qui, au début du moins, ont lieu tous les lundis chez Mgr Baillargeon; au cours de séances qui durent quelquefois trois heures, les évêques canadiens s'entendent « sur beaucoup de choses qui regardent le bien commun[83] »; ils peuvent ainsi rédiger conjointement huit *postulata* qui sont acheminés à la commission *de postulatis* du concile[84]. À cause de l'« inertie[85] » et, surtout, du mauvais état de santé de l'archevêque de Québec, les réunions se poursuivent, par la suite, chez Mgr Bourget, trois fois la semaine « pour étudier les *schemata*[86] ». En ce moment, cependant, les évêques de la province ecclésiastique de Québec se retrouvent entre eux. De plus en plus, en effet, les pères du concile se regroupent d'après les affinités linguistiques, et les prélats canadiens de langue anglaise se réunissent plus facilement entre eux ou avec leurs collègues américains[87].

Le coadjuteur de Trois-Rivières se retrouve également avec ses collègues à certaines rencontres plus spéciales: le 19 décembre 1869, pour une audience du pape[88]; le 23 décembre, à la Propagande, avec les évêques de Grande-Bretagne et des colonies britanniques, « pour conférer ensemble de ce qui peut nous intéresser[89] »; le 4 février 1870, chez Mgr Bourget, pour entendre le professeur Philippe de Angelis « donner son opinion sur notre *Code Civil*[90] ».

Nous ne pouvons dire, en revanche, dans quelle mesure Laflèche fréquente le groupe des évêques ultramontains français qui se réunit chez l'archevêque de Bourges, Mgr Charles de la Tour d'Auvergne[91]. Ses familiers prétendent qu'il s'est lié d'amitié avec plusieurs prélats français, dont Mgr Louis-François Pie, de Poitiers, mais nous n'en avons pas retrouvé la preuve dans sa correspondance[92]. Nous savons, cependant, qu'il rencontre quelquefois Louis Veuillot. Lors de son passage à Paris, il va le saluer:

> À ma première entrevue avec M. Veuillot, je l'ai remercié de ses bonnes paroles à l'adresse de nos zouaves et de ses procédés bienveillants à leur égard.

81. À part les nombreuses allocutions de circonstance, il prêche aux zouaves les exercices du jubilé (« Chronique de Rome », *La Minerve,* 25 janvier 1870, p. 2) et il prononce l'homélie tous les samedis à l'église Saint-Jean-Baptiste (D. Gérin, « Lettres romaines », *ibid.,* 29 mars 1870, p. 1). Des sermons de Laflèche, Mgr Dupanloup aurait dit: « Cet évêque a un langage quelque peu défectueux, mais comme il pense bien et raisonne juste! » (Mgr François-Xavier Cloutier, « Préface », *Apothéose de Monseigneur Louis-François R.-Laflèche,* Trois-Rivières, Imprimerie Saint-Joseph, 1926, p. 5).
82. *Le Journal des Trois-Rivières,* 6 juin 1870, p. 3.
83. *Le Journal des Trois-Rivières,* 11 janvier 1870, p. 2.
84. « Postulata archiepiscoporum et episcoporum Quebecensis et Halifaxiensis », 8 février 1870, Gian Domenico Mansi, *Sacrorum conciliorum nova et amplissima collectio (...)* .Arnhem (Pays-Bas), Welter, 1901-1927, 53, col. 467-470. Les demandes canadiennes concernent la codification du droit canonique et des éclaircissements sur la législation du mariage.
85. Le mot est de Mgr Langevin qui écrit: « Nous nous assemblons chaque semaine chez notre Arch., mais pour ainsi dire *malgré lui;* il est d'une *inertie* pire que jamais; c'est décourageant » (Mgr J. Langevin à Edmond Langevin, 23 décembre 1869, ANQ, *Fonds Langevin,* B 37).
86. D. Gérin, « Lettres romaines », *La Minerve,* 5 mars 1870, p. 2.
87. Roger Aubert, *Vatican I,* Paris, Ed. de l'Orante, (1964), pp. 102-104.
88. *Le Journal des Trois-Rivières,* 11 janvier 1870, p. 2; sont présents l'archevêque et les évêques de la province ecclésiastique de Québec.
89. Mgr J. Langevin à Edmond Langevin, 23 décembre 1869, ANQ, *Fonds Langevin,* B 37.
90. Le même au même, 4 février 1870, *ibid..*
91. Aubert, *op. cit.,* p. 167s.
92. Rheault, *Autrefois et aujourd'hui...,* p. 167. Laflèche visite Mgr Pie le 26 novembre 1869 (*Journal de voyage de Mgr Fabre, 1869-1870,* ACAM, RCD, 112).

Sa conversation est agréable, et sa parole aussi facile et aussi lucide sur ses lèvres qu'au bout de sa plume. On est surpris de trouver, sous cette mâle figure, tant de bienveillance et tant de douceur[93].

À Rome, il n'est pas invraisemblable qu'il soit, à l'occasion, l'un des nombreux commensaux de son maître à penser[94]. Enfin, le 14 mars 1870, avec Mgr Bourget, il accompagne le journaliste chez les zouaves canadiens « pour rendre hommage à l'écrivain dont la plume est devenue une puissance si terrible pour tout ce qui ose insulter et outrager Dieu ou son Église ». Il ne le regrette pas, puisque Louis Veuillot en profite pour faire l'éloge d'un autre de ses maîtres, Rohrbacher. Déclarant vouloir offrir, au cercle des zouaves, l'*Histoire de l'Église,* le « monument le plus considérable de notre époque », le journaliste français explique: « C'est l'histoire du monde travaillé par Dieu, comme une oeuvre à laquelle un bon ouvrier consacre toutes ses occupations et tous ses soins. On y acquiert des connaissances sur tout, histoire, philosophie, politique, théologie, etc.[95] ». Cette visite donne également lieu à une lettre de Louis Veuillot dans l'*Univers* sur le *Départ des zouaves canadiens;* il y rappelle « l'une des meilleures émotions de (sa) vie, lorsque, il y a deux ans, (il apprit) qu'il y avait à Paris une troupe de *Croisés* qui venaient du Canada pour défendre Rome[96] ». Que de joie pour Laflèche !

Ces à-côtés du concile ont sans doute de l'importance pour le coadjuteur de Trois-Rivières, mais ils ne lui font pas oublier l'essentiel, la réunion conciliaire elle-même. Celle-ci lui suggère les plus forts accents d'émerveillement quand il parle de son séjour à Rome. À cause d'abord du lieu de rassemblement, la basilique Saint-Pierre, qui « par ses dimensions colossales, l'harmonie de ses différentes parties, la justesse de ses proportions, la richesses (*sic*) et la beauté de ses décorations, (...) surpasse tout ce qui a jamais été construit en ce genre dans les temps anciens et modernes » et qui est l'expression matérielle de « cette vérité fondamentale de la grande unité de l'Église[97] »; à cause aussi du caractère universel de l'assistance qui constitue « la représentation la plus complète de l'humanité qui ait jamais été vue depuis la dispersion des hommes à la tour de Babel[98] ». Il est également émerveillé par l'unité de langue et de foi qui, « en présence de son *universalité,* constitue une des preuves les plus éclatantes de la divinité de l'Église Catholique[99] ».

Conscient de participer à un événement d'une haute portée historique, Laflèche assiste, d'une façon exemplaire, à toutes les séances du concile où il est convoqué; on retrouve son nom dans toutes les listes de présences et de votes[1]. Placé dans la dernière section des gradins, du côté droit de l'aire conciliaire[2], il ne se plaint pas de l'acoustique affreuse, mais il aime plutôt se réjouir d'être voisin de son ami Jean Langevin et d'évêques français, hongrois, chinois, brésilien et australien[3]. Comme la plupart de ses collègues canadiens[4],

---

93. Laflèche à C.-O. Caron, 12 décembre 1869, *Le Journal des Trois-Rivières,* 28 janvier 1870, p. 2.
94. Louis Veuillot à Mme Testas, 27 décembre 1869, *Oeuvres complètes,* t. XXIV, Paris Lethielleux, 1932, p. 241.
95. D. Gérin, « Lettres romaines », *La Minerve,* 7 avril 1870, p. 2.
96. C'est la 67e lettre de *Rome pendant le concile* (Louis Veuillot, *Oeuvres complètes,* t. XII, Paris, Lethielleux, 1927, pp. 256-259); comme presque toutes les autres, elle est reproduite dans plusieurs journaux canadiens, dont le *Journal des Trois-Rivières,* 7 avril 1870, p. 2. Les zouaves canadiens quittent Rome parce que leur engagement de deux ans est terminé.
97. Laflèche, « Lettre pastorale de Monseigneur l'Évêque des Trois-Rivières, à l'occasion du Concile du Vatican », 29 septembre 1870, METR, *Mgr Laflèche,* I, p. 101s.
98. *Ibid.,* I, p. 104.
99. *Ibid.,* I, p. 108.
1. Nous avons fait la vérification dans Mansi, *op. cit., passim.*
2. Théodore Granderath, *Histoire du Concile du Vatican (...) Appendices et documents,* Bruxelles, Albert Dewit, 1914, p. 78.
3. *Le Journal des Trois-Rivières,* 31 mars 1870, p. 2.
4. La principale exception est Mgr Thomas Connolly, archevêque d'Halifax, qui est très actif dans les milieux opposés à l'infaillibilité (Mansi, *op. cit.,* 50, col. 134s).

Laflèche se contente d'écouter les orateurs et d'enregistrer régulièrement son *placet* à l'occasion des votes. Cette passivité lui fait trouver les séances longues et parfois inutiles; sans être aussi sévère que Mgr Langevin[5], il se permet quelques malices sur les orateurs: par exemple, sur Mgr Strossmayer « qui a parlé avec son abondance ordinaire, mais sans beaucoup d'effet », sur Mgr Purcell, archevêque de Cincinnati, qui « a fait un complet fiasco et a désappointé tout le monde[6] ».

Même s'il est totalement gagné à la définition de l'infaillibilité pontificale, Laflèche ne participe guère au grand débat qui secoue Rome. Avec tous ses collègues du Québec, il signe la pétition qui demande d'inscrire la définition de l'infaillibilité[7], mais il ne se joint pas aux divers groupes qui manoeuvrent pour accélérer le vote[8]. Sa correspondance nous prouve qu'il lit tout ce qui s'écrit sur le sujet, mais il est avare de commentaires; il note, en diverses circonstances, que « ceux-là mêmes qui ont fait le plus de bruit pour fermer les portes du Concile à cette question, sont précisément les hommes dont la Providence s'est servie pour démontrer, comme je viens de le dire, non seulement l'opportunité, mais encore la nécessité et l'urgence d'un examen sérieux et officiel de cette question[9] ». En mars 1870, il signe une lettre d'appui à la réponse de Mgr Christophe Bonjean, vicaire apostolique de Jafna (Ceylan) à Mgr Dupanloup[10]; cette prise de position, unique chez les évêques de la province ecclésiastique de Québec, reçoit une large publicité dans l'*Univers* et plusieurs journaux canadiens[11]. Quand arrive enfin le jour du vote, Laflèche n'hésite aucunement à prononcer son *placet*; de retour au pays, il en parlera souvent avec un lyrisme non dissimulé:

> Pour nous, N.T.C.F., le dix-huit juillet mil huit cent soixante-dix demeurera toujours dans Notre souvenir comme l'un des plus beaux jours de Notre vie, puisque la divine Providence a bien voulu Nous accorder l'insigne faveur de siéger en ce jour solennel parmi les Pères du Concile qui ont défini ce dogme fondamental de l'Église Catholique. Le vote affirmatif que Nous avons donné en cette circonstance sera un sujet de consolation pour toute Notre vie. Nous nous le rappellerons avec bonheur à Notre dernière heure. Il Nous sera un puissant motif de confiance pour aller paraître devant le tribunal du Souverain Juge qui a constitué le Pontife Romain son Vicaire et Représentant ici-bas[12].

C'est là, sans doute, le sommet de son émerveillement, mais il traduit bien l'influence profonde de ce premier séjour de Laflèche à Rome. Sa dévotion au pape et à l'Église en est

---

5. L'évêque de Rimouski écrit à son frère: «*Entre nous* il y en a *tant* qui parlent au Concile *ad rem* et *autrement* qu'aucun de nous n'a encore demandé la parole, à l'exception de Mgr d'Halifax, qui a parlé une fois (bien pauvrement)» (Mgr J. Langevin à Edmond Langevin, 4 février 1870, ANQ, *Fonds Langevin*, B 37). Il est vrai que les idées de Mgr Connolly ne pouvaient guère plaire à Mgr Langevin... ni à Laflèche!

6. Laflèche à Mgr J. Langevin, 4 juin 1870, AAR, *Diocèse de Trois-Rivières*, I (1851-1879). Évêque de Diakovar (Hongrie), Mgr Georges Strossmayer a été une figure dominante du concile.

7. «Postulationes pro infallibilitatis Romani pontificis definitione oecumenico concilio proponenda», Mansi, *op. cit.*, 52 col. 631-677. À noter que les évêques canadiens Connolly, Sweeny et Rogers (Chatham)) signent la pétition contraire *(ibid.* 52. col. 682).

8. Aubert, *op. cit.*, pp. 209-235. Nous avons fait la vérification dans Mansi, *op. cit., passim*.

9. *Le Journal des Trois-Rivières*, 31 mars 1870, p. 2.

10. La courte lettre est destinée à Louis Veuillot: « Les Évêques missionnaires dont les noms suivent, vous prient de vouloir bien insérer dans votre journal, qu'ils ont lu avec la plus vive satisfaction la lettre de Mgr Bonjean, vicaire apostolique de Jafna (Ceylan), à Mgr l'Évêque d'Orléans, et qu'ils sont heureux de lui donner leur pleine adhésion ». Laflèche signe: « Évêque d'Anthédon, ancien missionnaire dans la Baie d'Hudson ». Les autres évêques du Québec signent aussi.

11. Voir, par exemple, « Mgr Dupanloup désavoué par les Évêques Missionnaires », *Le Journal des Trois-Rivières*, 28 avril 1870, p. 1. Dans une récente brochure, Mgr Dupanloup avait mis en doute la croyance à l'infaillibilité dans les chrétientés des pays infidèles; Mgr Bonjean lui avait répondu dans un texte publié dans l'*Univers;* c'est à cette lettre que les évêques missionnaires donnent leur adhésion. Sur l'incident, voir Louis Veuillot, *Oeuvres complètes,* XII, pp. 262-292.

12. Laflèche, « Lettre pastorale... », 29 septembre 1870, METR, *Mgr Laflèche,* I, p. 134.

raffermie à cause surtout de la réflexion théologique que suppose le concile; le coadjuteur de Trois-Rivières, comme plusieurs de ses collègues, y fait son premier vrai cours de théologie[13]. De même, il prend conscience de l'importance de l'administration centrale de l'Église et de la « nécessité » d'y acheminer les problèmes des églises locales. Dans un tout autre domaine, il se fait des amitiés durables, dont celle de Mgr Jean Langevin qui résistera à plusieurs orages et celle de Mgr Bourget qui remplace une certaine timidité admirative. Enfin, parti coadjuteur de Mgr Cooke, Laflèche revient à Trois-Rivières comme évêque résidentiel par suite de la mort de son prédécesseur.

Perclus de rhumatismes et miné par une maladie de coeur, Mgr Cooke s'éteint le 31 mars 1870. On en avertit aussitôt Laflèche qui l'annonce à Pie IX et rédige un mandement pour la prise de possession du siège épiscopal[14]. Après avoir rendu hommage à celui qui, pendant « plus de cinquante années d'un laborieux Ministère consacré au service de Dieu », avait usé « une santé des plus robustes (...) successivement dans l'exercice assidu des fonctions de Missionnaire, de Curé et d'Évêque[15] » et avoir gémi « sur le fardeau de la responsabilité que ce douloureux événement fait retomber exclusivement sur Nos faibles épaules[16] », le nouveau titulaire annonce qu'il a donné une procuration *ad hoc* à l'administrateur, Charles-Olivier Caron, « avec injonction d'accomplir cette prise de possession en Notre nom et suivant la forme ordinaire le plus tôt qu'il lui sera possible de le faire convenablement, et de vous faire parvenir ensuite le présent mandement[17] ». La cérémonie de prise de possession a lieu le 3 juin 1870 et le *Journal des Trois-Rivières,* en publiant le mandement, s'empresse de claironner: « Ainsi, Sa Grandeur Mgr Laflèche dont les talents, les capacités et les vertus sont si hautement appréciés dans toute l'étendue du pays et particulièrement dans ce diocèse où il a déjà opéré tant de bien est maintenant notre pasteur. L'église trifluvienne est heureuse et fière d'avoir à sa tête un évêque aussi distingué et aussi plein de sollicitude pour ses ouailles[18] ». Les diocésains attendent impatiemment son retour. Les journaux annoncent son départ de Rome dès la fin de juillet[19] et mobilisent déjà pour organiser une réception mémorable.

Laflèche arrive dans sa ville épiscopale à bord du *Scandinavian* le 9 août 1870. De 2 à 3 000 personnes l'accueillent dans une ville en liesse, éclatante de couleurs: « Les étendards flottaient au-dessus d'un grand nombre d'édifices, écrit le *Journal des Trois-Rivières,* tous les bateaux à vapeur du port étaient pavoisés, le canon retentissait, et toutes les cloches de la ville saluaient Sa Grandeur par de joyeuses volées ». Dès le débarquement, l'évêque doit

---

13. Sans se l'avouer clairement, les évêques du Québec ne se sentent pas suffisamment solides en théologie pour intervenir dans les débats parfois spécialisés; par exemple, c'est ce qui explique, croyons-nous, le silence surprenant de Mgr Bourget. Lui, comme les autres, s'intéresse aux discussions, écoute et étudie et fait ainsi une révision de sa théologie. Laflèche, pour sa part, manifeste un enthousiasme de jeune ecclésiastique: « Je bénis Dieu, dit-il, en toute la ferveur et sincérité de mon âme de m'avoir accordé la faveur insigne d'être le témoin de ces grandes choses, voire même d'y prendre part. Vous ne sauriez croire les services que me rendent en ce temps-ci les études sérieuses que j'ai pu faire de l'Histoire de l'Église. Rien de ce que je vois se passer dans les circonstances actuelles ne me paraît nouveau. C'est la dix-huitième édition du tableau de l'humanité en proie à mille souffrances, atteinte des mêmes misères et s'agitant sur son lit de douleur » (Laflèche à C.-O. Caron, 30 avril 1870, *Le Journal des Trois-Rivières,* 2 juin 1870, p. 2). Ce témoignage rejoint celui que nous avons déjà rappelé: « (...) j'ai appris toute ma théologie dans l'histoire du père Rohrbacher » (P. Brichet à Moïse Proulx, 21 février 1874, ASN, *Succ. Proulx,* V, 50); il est le fidèle reflet des paroles de Louis Veuillot déjà rapportées.
14. Laflèche, « Mandement de Monseigneur L.-F. Laflèche, pour la prise de possession du Siège Épiscopal des Trois-Rivières », 14 mai 1870, METR, *Mgr Laflèche,* I, p. 78s.; ce mandement est précédé d'une circulaire du grand vicaire et administrateur Charles-Olivier Caron, datée du 2 juin 1870 (*ibid.,* I, pp. 75-77).
15. *Ibid.,* p. 79.
16. *Ibid.,* p. 81.
17. *Ibid.,* p. 87.
18. *Le Journal des Trois-Rivières,* 6 juin 1870, p. 2.
19. « Arrivée de Mgr L.-F. Laflèche », *ibid.,* 28 juillet 1870, p. 2; *Le Journal de Québec,* 5 août 1870, p. 2.

écouter la lecture de deux adresses par le maire J.-M. Désilets et le député J.-J. Ross, puis il prend place dans un carrosse pour se rendre à la cathédrale. Tout le long du parcours, c'est un triomphe.

> Les volontaires sous le commandement de M. le Capt. C. Dumoulin, formaient une garde d'honneur à Sa Grandeur. Les membres de l'Union St. Joseph, les compagnies de pompe no 2 et 3 et la bande (i.e. la fanfare!) qui exécuta plusieurs airs sur le parcours étaient en rangs avec bannières et étendards. Les rues du quai à la cathédrale étaient balisées. (...) des banderolles de diverses couleurs et des étendards ornaient les rues du Platon et Notre-Dame.

Laflèche fait bientôt son entrée dans son église « magnifiquement décorée (...) avec beaucoup de goût et de délicatesse ». À l'entrée du choeur, une arche de verdure est ornée de portraits, de banderolles et d'inscriptions. Sur le trône de l'évêque « brille » cette inscription: « Montez sur ce trône, Monseigneur, vous en êtes bien digne ». Après avoir célébré la messe, Laflèche s'adresse à la foule pendant 90 minutes, « avec cette éloquence, cette conviction qu'on lui connaît, mais auxquelles les grandes choses dont Elle (Sa Grandeur) a été témoin au Concile semblent avoir donné une nouvelle vigueur ». Le tout se termine en soirée par une illumination des édifices de la ville où les communautés religieuses entrent en compétition amicale avec les citoyens les plus fortunés[20].

Même si les journalistes qui décrivent l'événement se laissent emporter par leur enthousiasme et le lyrisme de leur plume, il faut convenir que Laflèche inaugure son règne sous les meilleurs augures. Cette foule venue l'acclamer voit en lui le sauveur du diocèse, l'éloquent prédicateur de la parole divine, l'aimable nouveau chef de la communauté diocésaine. Elle oublie, bien sûr, les quelques mesures disciplinaires qu'il a dû prendre au nom de Mgr Cooke et les paroles sévères qu'il n'a cessé d'adresser aux « libéraux » catholiques. Quant à Laflèche lui-même, sans doute n'est-il pas dupe de ces acclamations populaires. Appelé depuis huit ans à aider son évêque à régler les problèmes diocésains, il sait qu'il devra tôt ou tard prendre des décisions difficiles dont une seule pourrait lui aliéner la sympathie d'une partie de ses ouailles. Aussi nous ne pensons pas qu'il y a une simple formule de style dans ces mots du nouvel évêque à ses diocésains: « Ah! N.T.C.F., Nous sentons la crainte s'emparer de notre âme quand Nous considérons devant Dieu la terrible responsabilité imposée à l'évêque, la vertu, la science, la fermeté, la sainteté dont il a besoin pour conduire sûrement dans la voie du salut le troupeau qui lui est confié, et qu'en même temps Nous avons devant les yeux Notre insuffisance et Notre incapacité[21] ». Comme en 1862 et 1867, son tempérament le pousse à craindre la nouveauté de la tâche, mais, devant le caractère inéluctable de sa promotion, il se réfugie immédiatement dans ce qui est le remède à toutes ses angoisses, le travail et les combats.

---

20. « Arrivée de Sa Grandeur Mgr L.-F. Laflèche », *Le Journal des Trois-Rivières,* 11 août 1870, p. 2.
21. Laflèche, « Mandement de Monseigneur L.-F. Laflèche, pour la prise de possession du Siège Episcopal des Trois-Rivières », 14 mai 1870, METR, *Mgr Laflèche,* I, p. 82.

CHAPITRE VI

Laflèche rejoint le clan de Montréal (1870-1872)

L'on a tort à Québec... et l'on est dans le vrai à Montréal.

Laflèche

Une fois éteints les échos de la réception grandiose du 9 août 1870 et les illuminations fantasmagoriques de la ville, Laflèche doit se mettre à la besogne pour prendre en main l'administration du diocèse et régler quelques problèmes urgents. Pendant qu'il se consacre à ces tâches, diverses rumeurs le désignent à la succession de Mgr Baillargeon, de Québec, et seule la nomination d'Elzéar-Alexandre Taschereau met fin aux intrigues. Au même moment, l'évêque de Trois-Rivières se préoccupe de plus en plus du problème politique; l'aboutissement en est le *Programme catholique* qui manifeste ouvertement la division des évêques et pousse, après deux ans d'hésitation, Laflèche du côté de Montréal.

1- Les premières années de règne personnel

Au retour de son voyage d'Europe, le nouvel évêque de Trois-Rivières ne peut se permettre de vacances, car il doit faire le bilan de l'administration de Mgr Cooke tout en expédiant les tâches les plus urgentes.

Malgré quelques ombres au tableau, Laflèche prend possession d'un diocèse en pleine expansion. De 1852 à 1870, sa population catholique est passée de 90 000 à 150 000 personnes, et le clergé pour la desservir a doublé (51 prêtres en 1852, une centaine en 1870). Cette progression se traduit dans le nombre des paroisses: le diocèse en comptait 39 au moment de sa fondation et 65 en 1870. Mais, fait plus significatif encore, leur répartition change: des 27 nouvelles paroisses, 10 sont établies sur la rive nord, mais 17 sur la rive sud, qui profite à plein du mouvement de colonisation. Il y a désormais une certaine disproportion (28/37) entre les deux parties rivales du diocèse.

Outre la fondation de nombreuses paroisses, Mgr Cooke s'est appliqué à multiplier les oeuvres religieuses. Pour aider le clergé, il fait appel à quelques communautés: sur la rive nord, les frères des Écoles chrétiennes et les soeurs de la Congrégation de Notre-Dame se consacrent à l'éducation, tandis que les religieuses de la Providence ouvrent un hospice à Trois-Rivières auquel elles rattachent une école; de plus rayonnent sur la rive sud les religieuses de l'Assomption, communauté diocésaine fondée en 1853 par le curé Jean Harper et le vicaire Calixte Marquis, de Saint-Grégoire. De nouvelles associations pieuses encadrent les fidèles: l'évêque lui-même se soucie beaucoup de l'Adoration perpétuelle, de la confrérie de la Bonne Mort, de l'archiconfrérie du Saint-Scapulaire de Notre-Dame du Mont-Carmel et de la confrérie du Saint-Coeur de Marie avant de relancer plus tard la congrégation de la Sainte Vierge au collège de sa ville épiscopale et dans la paroisse de la cathédrale; les oeuvres missionnaires sont appuyées par l'association de la Propagation de la Foi et l'oeuvre de la Sainte-Enfance depuis 1855. Tout en pouvant faire partie de ces associations pieuses, le clergé est appelé à se perfectionner intellectuellement et spirituellement par l'établissement des conférences ecclésiastiques en 1854 et l'obligation de la retraite annuelle à partir de 1855.

Cependant, comme nous l'avons déjà souligné, certaines dissensions nourrissent un esprit de division entre l'évêque et son clergé et ne peuvent que nuire au travail pastoral. Ces querelles, qui prennent un nouveau relief avec l'essor considérable de la rive sud, sont encore entretenues par le conflit entre Laflèche et le séminaire de Nicolet[1].

Malgré tout, Laflèche n'emploie pas une simple figure de rhétorique quand, dans son mandement de prise de possession du diocèse, il parle des « progrès considérables qui se sont accomplis pendant les dix-huit années de son existence, l'accroissement de son peuple et de son clergé, le développement de ses paroisses et de ses missions, les nombreuses fondations pour l'éducation religieuse de la jeunesse[2] »; mais, en même temps, il est pleinement conscient des problèmes urgents qui sollicitent son attention.

L'un des premiers est le réaménagement de l'administration diocésaine. La longue maladie de Mgr Cooke lui avait fait négliger cet aspect; Laflèche le corrige dès son arrivée. Évitant les déplacements de personnes, il maintient dans leurs fonctions les deux vicaires généraux Charles-Olivier Caron et Thomas Caron, le procureur de l'évêché Louis-Séverin Rheault et le secrétaire, Agapit Legris. Mais, pour appuyer cette équipe de fonctionnaires, il nomme deux vicaires forains et sept archiprêtres. Surtout il redonne vie au conseil diocésain appelé à travailler étroitement avec lui. Il y désigne, à la fin de 1870, ses deux vicaires généraux ainsi que les abbés Didier Paradis, Denis Marcoux, Léandre Tourigny, Joseph-Hercule Dorion, Napoléon Keroack, Philippe-Hippolyte Suzor et Charles-Flavien Baillargeon. À défaut de chapitre, ce sénat, dont l'âge moyen des membres est de 51 ans, discute des problèmes du diocèse et conseille l'évêque sur les décisions importantes à prendre[3].

Laflèche profite également de la circonstance pour donner un nouvel élan aux conférences ecclésiastiques, ces réunions trimestrielles où les prêtres doivent étudier en commun des sujets de dogme, de morale, d'Écriture sainte et de liturgie. Tout en renouvelant les directives de son prédécesseur, il insiste sur l'importance de ces rencontres, « un des moyens les plus propres à faciliter et à développer l'étude des sciences ecclésiastiques dans notre jeune Église du Canada »; pour aider le travail de ses curés, il propose une nouvelle division du diocèse en circonscriptions ecclésiastiques, à cause du « grand nombre de paroisses et de missions formées depuis la première organisation en 1854, et (de) la distance qu'ont à parcourir plusieurs de leurs membres pour se rendre au lieu de la réunion[4] ». En 1871, après une

1. Georges Panneton et Antonio Magnan, sr, *Le diocèse de Trois-Rivières, 1962,* Trois-Rivières, Ed. du Bien Public, (1962), pp. 340-348; Hervé Biron, *Grandeurs et misères de l'Église trifluvienne (1615-1947),* Trois-Rivières, Éditions Trifluviennes, 1947, pp. 161-203.
2. Laflèche, « Mandement de Monseigneur L.-F. Laflèche, pour la prise de possession du Siège Épiscopal des Trois-Rivières », 12 mai 1870, METR, *Mgr Laflèche,* I, p. 83.
3. Laflèche, « Circulaire au clergé », 13 décembre 1870, *ibid.,* I, p. 200.
4. *Ibid.,* I, p. 192s.

première visite pastorale à titre d'évêque résidentiel, Laflèche demande à ses prêtres un effort spécial pour mieux remplir le rapport annuel sur l'état des moeurs et de la religion dans leur paroisse et mieux tenir les divers registres et les livres de comptes[5].

Enfin, devant une baisse considérable de la collecte en faveur de l'évêché — en 1869-1870, on ne recueille que $1 151.95 à comparer à $1 941.83½ l'année précédente —, Laflèche expose à son clergé ses inquiétudes et ses exigences. Prévoyant des difficultés si graves « que ce n'est pas sans une certaine inquiétude que j'envisage l'avenir », il souligne les échéances qui pointent à l'horizon : « (...) une somme de $40,000 (de dette) avec les intérêts à liquider et la nécessité absolue d'augmenter les dépenses pour le personnel nécessaire au travail de l'administration, et pour les frais d'entretien et de réparations indispensables à faire à la Cathédrale pour ne pas la laisser tomber en ruine »; puis il rappelle l'obligation de faire, « dans toutes les paroisses et missions du diocèse », les quêtes commandées deux ans auparavant; il fixe également un objectif de « cinq centins par communiant » ou $50 par 1 000 communiants et il engage les curés à adresser « sans faute » le montant à l'évêché[6].

L'année suivante, qui est la dernière où il doit y avoir une collecte obligatoire, Laflèche décide de frapper un grand coup : il organise une loterie. Il fait part de son projet à son clergé une première fois en août 1871 : il espère vendre 100 000 billets à « 25 centins » chacun et distribuer en récompense 2 000 lots ou cadeaux d'inégale valeur[7]. L'idée est reçue avec enthousiasme, si bien qu'il peut offrir plus de cadeaux que prévu et que la loterie est officiellement lancée le 1er novembre 1871. Dans une lettre pastorale adressée à ses diocésains, l'évêque lui assigne un but très précis : ramasser une somme d'argent pour assurer l'extinction de la dette et la construction d'un évêché; pour cela, il compte sur l'achat d'un billet par communiant du diocèse et, en retour, outre les mérites spirituels — par exemple, ceux de la messe qui se dit tous les mois pour les bienfaiteurs de la cathédrale — il offre « environ 4 mille lots[8], dont quelques-uns valent $500, $300, $200 et $100, et dont la valeur totale est d'environ $6 300 ». Ce qui en fait, dit-il, « peut-être la loterie la plus considérable qui ait encore été faite dans cette province[9] ».

Surveillée par un comité de sept membres[10], l'opération connaît un franc succès. De novembre 1871 au 10 mars 1872, on vend 79 670 billets, soit 69 036 dans le diocèse et 10 634 au dehors, ce qui rapporte la somme de $19 820. Le tirage des lots dure trois jours, les 11, 12 et 13 mars 1872, et détermine 3 614 billets gagnants pour le diocèse et 766 en dehors[11]. Laflèche annonce ces résultats avec une joie évidente, le 26 avril 1872, et offre ses remerciements chaleureux à la Providence et « à tous ceux qui ont pris part à une oeuvre qui va contribuer si efficacement au bien de la religion dans le diocèse[12] ». Cette exultation ne peut être feinte, puisque ce don de près de $20 000, même s'il n'éteint pas complètement la dette, met un point final à l'aventure financière qu'il avait assumée en 1861.

---

5. Laflèche, « Circulaire au clergé », 18 décembre 1871, *ibid.*, I, pp. 324-333.
6. Laflèche, « Circulaire au clergé », 13 décembre 1870, *ibid.*, I, p. 196s.
7. Laflèche, « Circulaire au clergé », 15 août 1871, *ibid.*, I, pp. 285-288. Laflèche appelle « lots » des articles ordinaires de bazar.
8. « Loterie en faveur de la cathédrale et de l'évêché des Trois-Rivières », *Le Journal des Trois-Rivières,* 13 novembre 1871, p. 3.
9. Laflèche, « Lettre pastorale », 1er novembre 1871, METR, *Mgr Laflèche,* I, pp. 313-319; Laflèche, « Circulaire au clergé », 1er novembre 1871, *ibid.,* I, p. 320s.
10. Les membres sont: Charles-Olivier Caron, vicaire général, président: Louis-Séverin Rheault, directeur du collège de Trois-Rivières; Louis Richard, préfet des études du collège de Trois-Rivières; L.-E.-A. Genest, greffier de la paix; A. Frigon, avocat; N. Godin, marchand; Édouard Ling, secrétaire de l'évêque, secrétaire du comité.
11. P.-A. Lebrun, « Compte-rendu De la Loterie en faveur de la cathédrale et de l'Évêché des Trois-Rivières », 17 avril 1872, METR, *Mgr Laflèche,* I, pp. 354-359. L'abbé Lebrun a dû remplacer l'abbé Ling retenu au lit par la maladie.
12. Laflèche, « Circulaire au clergé », 26 avril 1872, *ibid.,* I, pp. 353-359.

La tâche du nouvel évêque ne se limite heureusement pas à l'aspect financier. Fidèle à l'habitude qu'il avait · prise comme coadjuteur, il parcourt régulièrement son diocèse. D'abord, à l'occasion des visites pastorales qu'il organise pour couvrir l'ensemble du territoire en quatre ans. Fait très significatif, dans le mandement qui annonce le premier voyage auprès de ses fidèles, Laflèche insiste moins sur les effets spirituels attendus de cette visite — c'était pourtant l'essentiel du texte semblable de 1867[13] — que sur le rôle de *vigilance* que les évêques remplissent à cette occasion : établis « pour veiller sur le peuple qui leur est confié et pour gouverner l'Église de Dieu à laquelle ils ont été préposés », ils sont surtout des remparts « contre les attaques des ennemis » et des pasteurs « chargés de mettre en fuite les loups qui rôdent autour du troupeau ». Ils s'acquittent de cette mission, en partie du moins, par les visites pastorales qui leur permettent de connaître leurs brebis, de se faire connaître d'elles et de les instruire ; d'autre part, l'accomplissement de ce devoir entraîne « l'obligation rigoureuse pour les fidèles de s'attacher inviolablement à leur(s) premier(s) Pasteur(s) et d'apporter une grande fidélité à suivre leurs instructions et à obéir à leurs ordres[14] ». Promulgué en plein coeur de la querelle du *Programme catholique,* ce document se ressent sûrement de la conjoncture politique, mais il ne traduit pas moins la compréhension qu'a de sa charge épiscopale le nouvel évêque de Trois-Rivières.

Si toutes les paroisses du diocèse sont assurées de recevoir la visite de Laflèche au moins tous les quatre ans, plusieurs d'entre elles n'ont pas à attendre un aussi long temps, car tous les prétextes lui sont bons pour prendre la route et rencontrer ses diocésains. Ainsi, pendant les premiers mois de son épiscopat, il se rend bénir deux églises (à Notre-Dame du Mont-Carmel, le 18 août 1870[15] ; à Sainte-Angèle, le 20 octobre 1870[16]), présider une fête au séminaire de Nicolet le 21 novembre 1870[17] et participer à un bazar de charité à Champlain en janvier 1871[18]. À chacun de ces endroits, il s'adresse à l'assistance pour rappeler la signification de l'événement et, quand il le peut, parler du concile et de l'infaillibilité pontificale[19]. Sans doute Laflèche ne voyage-t-il pas à un rythme aussi soutenu pendant tout son règne ; il y a des années, 1871 par exemple, où il sort moins en dehors de la visite pastorale, mais il s'en dispense à regret et choisit la première occasion pour renouer avec ses fidèles.

Le contact n'est jamais totalement rompu avec eux, puisqu'il les rejoint régulièrement par ses mandements et lettres pastorales, et même ses circulaires au clergé, qui constituent une autre manière d'exercer sa vigilance. De mai 1870 à décembre 1872, Laflèche publie 25 documents, soit trois mandements, trois lettres pastorales et 19 circulaires au clergé. Six de ces lettres paraissent en 1870, 14 en 1871 et cinq en 1872. Les mandements ont pour thème : la prise de possession du diocèse (12 mai 1870), la première visite pastorale (5 mai 1871) et le 25e anniversaire du pontificat de Pie IX (4 juin 1871). Ce dernier document est un des plus intéressants de Laflèche. Les fêtes du 16 juin 1870 lui donnent l'occasion non seulement d'exalter ce pontife qu'il vénère pour « la fidélité à la loi de Dieu, la défense de la vérité, la revendication des droits de l'Église » dont il a toujours fait preuve, mais aussi de livrer à ses diocésains une magistrale leçon d'histoire. Comparant Pie IX à saint Pierre et à Noé, il fait un parallèle entre les persécutions du premier siècle et les luttes modernes de l'Église et il voit

---

13. Laflèche, *Mandement de Monseigneur Louis-François Laflèche, évêque D'Anthédon, et Coadjuteur du Diocèse des Trois-Rivières, pour annoncer sa 1ère visite pastorale,* 19 mai 1867, 7p.
14. Laflèche, « Mandement de Mgr l'Évêque des Trois-Rivières, pour la visite pastorale », 5 mai 1871, METR, *Mgr Laflèche,* I, pp. 247-253.
15. « Bénédiction d'une Église », *Le Journal des Trois-Rivières,* 22 août 1870, p. 3.
16. « Bénédiction de l'Église de Ste. Angèle », *ibid.,* 24 octobre 1870, p. 2.
17. « Fête de la présentation au Séminaire de Nicolet », *ibid.,* 28 novembre 1870, p. 2.
18. *Le Constitutionnel,* 11 janvier 1871, p. 2.
19. On invite Laflèche à parler du concile même en dehors du diocèse ; c'est le cas de Saint-Roch-de-Québec en octobre 1870 (*Le Journal de Québec,* 4 octobre 1870, p. 2).

dans le jubilaire le « second Noé » qui peut la sauver du « flot révolutionnaire »; il insiste d'une façon toute particulière sur le concile, ce « grand événement des temps modernes, et l'arche du salut destinée à sauver les sociétés humaines dans le nouveau déluge qu'elles ont à traverser[20] ».

Des trois lettres pastorales, la plus importante est sans conteste la première, qui est consacrée au concile du Vatican I[21]. Il en parle longuement sous deux aspects complémentaires. Dans une première partie, il décrit les lieux de la rencontre et l'assemblée des pères, et il s'extasie devant l'unité du langage et de la foi qu'elle manifeste. Mais il consacre la plus grande partie de son texte à expliquer la signification du concile oecuménique et à résumer et commenter les décisions qui en émanent. À ses yeux, les pères ont été réunis d'une façon aussi solennelle pour combattre « les erreurs sans nombre et énormes » qui sont « la cause première de tous les malheurs dont nous sommes les témoins ». De là, l'utilité primordiale de la *Constitution dogmatique sur la foi catholique* et du catéchisme universel qui en est la traduction populaire, mais surtout l'urgente nécessité de la *Première constitution dogmatique sur l'Église de Jésus-Christ*. Constituant une réponse au « plan diabolique[22] » qui, d'Arius aux gallicans, tâche « de poursuivre le Christ partout (...) et de l'éloigner de l'homme », ce texte condamne définitivement le gallicanisme et, par la proclamation de l'infaillibilité pontificale, « mettra un terme aux discussions ardentes qui ont divisé les esprits et jeté l'inquiétude dans un grand nombre de consciences ». Désormais, ajoute Laflèche, « De l'unité dans la foi sur toutes les questions de doctrine si vivement agitées de notre temps, naîtra nécessairement le calme dans les esprits, la charité et l'union dans les coeurs ». Alors, pour sensibiliser ses ouailles aux conséquences de ces définitions dogmatiques et à l'unité de pensée qu'elles proclament, il répète comme un leitmotiv tout au long de sa lettre pastorale: « (...) tous les fidèles sont obligés en conscience de se soumettre aussi aux Constitutions et aux Décrets par lesquels le St. Siège a proscrit et condamné les erreurs et les opinions dépravées qui se rapprochent plus ou moins de l'hérésie, et qui ne sont pas spécialement énumérées dans la constitution ». Condamnation des erreurs modernes, soumission au pape et aux évêques, telles sont donc pour Laflèche les grandes leçons de l'événement exceptionnel qu'il a vécu à Rome.

Les deux autres lettres pastorales de cette période ont pour objet la loterie diocésaine, dont nous avons déjà parlé, et les devoirs des fidèles à l'occasion des élections, dont il sera question plus loin.

Les multiples sujets traités dans les 19 circulaires au clergé sont difficiles à classer. Certains reviennent d'une façon périodique: visites pastorales, retraite sacerdotale, sujets des conférences ecclésiastiques, quêtes recommandées, questions purement administratives[23]. D'autres ressortissent davantage à l'actualité: appui aux zouaves[24], recensement de 1871[25],

---

20. Laflèche, « Mandement de Monseigneur l'Évêque des Trois-Rivières pour le 25e anniversaire du pontificat de Notre Très-Saint-Père le Pape Pie IX », 4 juin 1871, METR, *Mgr Laflèche,* I, pp. 271-279.

21. Laflèche, « Lettre pastorale de Monseigneur l'Évêque des Trois-Rivières à l'occasion du Concile du Vatican », 29 septembre 1870, METR, *Mgr Laflèche,* I, pp. 99-138.

22. Une fois de plus, Laflèche voit l'histoire de l'humanité comme un champ clos où s'affrontent Dieu et Satan, et il découvre dans les différentes erreurs « un plan arrêté et constamment suivi dans la lutte que l'esprit du mal poursuit avec tant d'acharnement contre le Christ et son Église ».

23. Nous incluons dans cette dernière catégorie les diverses recommandations que Laflèche adresse régulièrement à ses prêtres à propos des rapports annuels, des registres, de la lecture des comptes, de la reddition annuelle des comptes de la fabrique, etc.; le meilleur exemple est Laflèche, « Circulaire au clergé », 18 décembre 1871, *ibid.,* I, pp. 324-346.

24. Laflèche, « Circulaire au clergé », 11 août 1870, *ibid.,* I, p. 91s.

25. Laflèche, « Circulaire au clergé », 21 janvier 1871, *ibid.,* I, pp. 215-217.

violation du dimanche dans les transports publics[26], etc. Mais le thème le plus souvent et le plus longuement traité est celui des élections qui fait l'objet de trois circulaires et d'une lettre pastorale en moins de deux ans[27].

Plus que ces documents officiels qui s'adressent indifféremment à tout le clergé, la correspondance abondante de Laflèche avec ses curés nous éclaire sur les problèmes qui assaillent le nouvel évêque et les relations qu'il entretient avec ses prêtres. Sans doute la plupart des lettres concernent-elles des demandes de renseignements — de théologie morale, surtout[28] — et de dispenses de toutes sortes, mais certaines d'entre elles nous révèlent l'esprit de décision que manifeste Laflèche dès sa prise du pouvoir. Par exemple, un conflit met aux prises les syndics et une partie de la population de Saint-Boniface à propos de la reddition des comptes; devant la menace d'un recours à un tribunal civil, ce qu'il ne saurait accepter, l'évêque convoque les deux parties devant lui pour régler le problème[29]. Au curé de Nicolet qui veut se lancer dans une entreprise coûteuse de décoration de son église, Laflèche rappelle la modération et la prudence nécessaire pour ne pas être entraîné dans des difficultés insurmontables:

> La terrible expérience de la cathédrale dont je suis encore plus que le reste du diocèse la victime, depuis dix ans, celle de la paroisse de Ste Anne, qui ne m'a guère moins pesé sur les épaules, par la part que j'ai été forcé d'y prendre pour en régler les difficultés, me justifieront j'espère auprès de vous pour la présente communication, et peut-être que quand les difficultés se présenteront dans leur terrible réalité vous regretteriez vous-mêmes que je ne l'eusse pas faite[30].

C'est aussi des conseils de prudence qu'il adresse au curé Joachim Boucher, de Rivière-du-Loup, que certains de ses paroissiens accusent de parler trop souvent de politique en chaire et de le faire avec aigreur en désignant trop clairement les personnes visées; « Pour moi, conclut-il, j'ai pris le parti de m'abstenir absolument quand il ne s'agit que de personnes et qu'il n'y a point de question de principe intéressant la religion en jeu[31] ». Laflèche a du mérite de s'affirmer ainsi devant de vieux curés qui se piquent d'avoir une longue expérience et qui, de surcroît, sont partisans du séminaire de Nicolet en difficulté avec lui.

2- Le débat autour du séminaire de Nicolet

L'ancien débat sur le transfert du séminaire de Nicolet à Trois-Rivières reprend peu avant le départ de Laflèche pour le concile, mais il est bientôt mis en veilleuse par une controverse plus fondamentale à propos des pouvoirs de l'évêque sur les biens, les règlements et les personnes des maisons d'éducation de son diocèse.

En 1859, nous l'avons vu, Laflèche s'est fermement opposé au transfert du collège de Nicolet dans la ville épiscopale, mais, dès son arrivée à Trois-Rivières, il a entrepris des pourparlers pour la vente des édifices du séminaire qu'il venait de quitter. Ses démarches ayant

26. Laflèche, « Circulaire au clergé », 8 mai 1871, *ibid.*, I, p. 255s.
27. Laflèche, « Lettre pastorale de Monseigneur l'Évêque des Trois-Rivières sur Les devoirs des fidèles dans les élections », 10 mars 1871, METR, *Mgr Laflèche*, I, pp. 219-228; « Circulaire au clergé », 15 mai 1871, *ibid.*, I, pp. 259-268; « Circulaire au clergé », 15 juillet 1872, *ibid.*, I, pp. 367-373; « Circulaire au clergé », 24 octobre 1872, *ibid.*, I, pp. 379-383. Le nombre est évidemment fonction des appels au peuple par les gouvernants... Nous analysons ces textes plus loin, p. 157ss.
28. S'appuyant sur la théologie morale d'Alphonse de Liguori, Laflèche s'efforce d'atténuer parfois la sévérité excessive de certains de ses curés. C'est le cas, par exemple, des conseils sur la pastorale de la danse qu'il donne à l'abbé Adolphe Barolet, de Saint-Janvier-de-Weedon (Laflèche à Adolphe Barolet, 1er mars 1871, AETR, *Registre des lettres*, V, 30).
29. Laflèche à l'abbé Dosithée Comeau, 19 novembre 1870, *ibid.*, IV, 32.
30. Laflèche à l'abbé L.-T. Fortier, 28 janvier 1871, *ibid.*, V, 14.
31. Laflèche à Joachim Boucher, 8 février 1871, *ibid.*, V, 18.

échoué, il se résigne à accepter l'existence des deux collèges[32]. Il entretient de bonnes relations avec son *Alma Mater,* ce qui porte ombrage aux autorités du collège de Trois-Rivières. Du vivant même de l'évêque, l'historien de l'institution trifluvienne note:

> Cependant M. le Grand Vicaire Laflèche était opposé au Collège des Trois-Rivières, et si, d'un côté, il devait travailler si courageusement et si habilement à relever les affaires de la corporation épiscopale, de l'autre, il allait pendant plusieurs années, tenir à l'égard de notre institution une attitude si réservée et si peu favorable que cela devait retarder de beaucoup les progrès et les développements du Collège[33].

Il faut noter, cependant, que le coadjuteur ne se désintéresse pas totalement de la jeune institution; il y est même un des prédicateurs le plus fidèles et le plus appréciés des élèves. Mais c'est trop peu aux yeux de certains qui se plaignent de sa réserve.

En 1868, un incident met Laflèche au coeur d'une chaude controverse. Ayant promis d'aller faire des confirmations au séminaire de Nicolet, il quitte Trois-Rivières le 6 juillet, veille de la distribution des prix au collège de la ville. Son absence à la séance solennelle est remarquée et «commentée d'une manière tout à fait défavorable à l'institution», écrit L. Richard, qui ajoute: «Beaucoup de personnes (...) regardèrent son abstention comme un acte assez significatif d'hostilité, et le sentiment public des citoyens des Trois-Rivières en fut grandement froissé[34]». Quelques jours plus tard, à la Baie-du-Febvre, devant une quinzaine de prêtres, Laflèche s'explique en disant «qu'il pouvait porter la responsabilité de ses actes; qu'il n'avait point contribué à l'ouverture du Collège des Trois-Rivières, qu'il ne voulait pas contribuer non plus à sa mort, à cause de Mgr Cooke qui l'avait favorisé; mais qu'il ne ferait rien non plus pour l'aider à subsister[35]». Le mot fait le tour du diocèse et de la ville qui s'émeut; «On disait ouvertement que si le coadjuteur n'accordait pas sa sympathie au collège des Trois-Rivières, il n'aurait jamais celle des citoyens». Quelques semaines plus tard, faisant sa «première concession au sentiment populaire», Laflèche fait volte-face et engage le processus du transfert de Nicolet[36].

Même si elle est avancée par les défenseurs de Nicolet, cette explication du changement d'attitude du coadjuteur est éclairante. Dès les premières heures du diocèse, Mgr Cooke s'est appuyé sur les notables de sa ville et il n'a rien entrepris sans l'assentiment de ceux qu'il appelle «nos messieurs[37]». Toujours conscient de ne pouvoir rien faire sans eux, l'évêque a accepté le collège fondé par les Turcotte, Badeaux, Polette, Hubert, Bureau et autres et, pour éviter le pire — c'est-à-dire un collège laïque —, il a pris la nouvelle institution sous sa protection. Bras droit de l'évêque, placé au coeur des problèmes diocésains, Laflèche se rend compte par lui-même que la corporation épiscopale a besoin de la population de la ville, et spécialement des notables, pour régler plusieurs de ses problèmes et qu'il n'est pas toujours facile ni réaliste de promouvoir l'existence de deux collèges qui, par leurs exigences en personnel et en argent, empêchent l'essor de la formation du clergé et retardent même le progrès du diocèse. De plus, il n'est pas exclu que Mgr Cooke ait conseillé à son coadjuteur de se rapprocher des partisans du collège de Trois-Rivières; irascible et têtu, le vieil évêque n'avait pas abandonné son projet de 1859. Une meilleure connaissance du

---

32. Voir plus haut p. 95.
33. L. Richard, *Histoire du collège des Trois-Rivières...,* p. 112.
34. *Ibid.,* p. 238s.
35. «Réponse au Mémoire de Sa Grandeur Mgr Laflèche, Évêque des Trois-Rivières, Sur le Transfert du Séminaire de Nicolet», décembre 1872, ASN, *Procès devant la S.C. Congrégation de la Propagande entre Mgr des Trois-Rivières (Mgr L.-F. Laflèche) et le Séminaire de Nicolet,* p. 7.
36. *Ibid.*
37. Mgr Cooke à l'évêque de Québec, 13 mars 1852, AAQ, *Vicaires Généraux,* XIII, 154.

diocèse et de la ville de Trois-Rivières semble donc pousser Laflèche à ménager davantage le « sentiment populaire ». Puisque les circonstances s'y prêtent, il lui apparaît logique d'ouvrir, avec le gouvernement canadien, des négociations qui permettraient de vendre les édifices de Nicolet avec leurs dépendances et de réussir par le fait même la concentration du petit et du grand séminaire dans la ville épiscopale[38].

Ces pourparlers avec les hommes politiques, Laflèche les fait entreprendre par Luc Desilets, curé du Cap-de-la-Madeleine. C'est une décision à la fois normale et dangereuse. Aîné de l'influente famille des Desilets qui compte un avocat (Alfred), un notaire (Petrus) et un zouave (Gédéon), Luc est un ardent partisan du parti conservateur; il ne dissimule pas ses couleurs et participe avec enthousiasme aux campagnes électorales. Il s'en vante même auprès des ministres, assurant, par exemple, George-Étienne Cartier que, depuis dix ans, il a travaillé « avec un zèle infatigable et dans une sphère d'action plus grande que vous ne pensez » et qu'il y a passé « bien des jours et des nuits[39] ». D'autre part, avec la même désinvolture, il laisse entendre à ses supérieurs ecclésiastiques qu'il a ses entrées chez les hommes politiques et qu'il est le négociateur tout désigné pour mener à terme une entente entre le diocèse et le gouvernement.

Desilets est cependant un plénipotentiaire dangereux. Sans compter la fougue incontrôlable qu'il manifeste pour n'importe quoi n'importe quand et le manque flagrant de jugement qu'on peut lui reprocher, le curé du Cap-de-la-Madeleine est déjà mal vu de beaucoup d'hommes politiques et d'une grande partie du clergé. Ce n'est pas sans raison que les représentants de Nicolet écriront de lui: « Il est à remarquer que son (Laflèche) délégué (Luc Desilets) est soupçonné, avec raison, par tous ceux qui le connaissent, de n'avoir pas *mens sana in corpore sano*[40] ».

Même s'il connaît les limites de Desilets[41], Laflèche le laisse engager des démarches semi-officielles à l'automne 1868. Le curé contacte George-Étienne Cartier, ministre de la milice, et tente de le rencontrer à Montréal. N'ayant pu obtenir « une audience d'un instant », il lui écrit pour lui offrir les édifices de Nicolet pour en faire « un établissement militaire pour le Bas-Canada »; il lui demande de garder ces négociations secrètes « pour éviter les tracasseries présumées de certains membres de la corporation légale » du séminaire. Desilets avance cinq raisons pour conclure la transaction et il explique tous les avantages que le gouvernement et la corporation épiscopale peuvent en tirer, mais aussi — c'est la cinquième raison — « *L'extrême plaisir* que vous feriez à notre Évêque bien aimé Mgr Laflèche, auquel vous savez que la Confédération et le parti conservateur doivent une grande reconnaissance[42] ». Cartier, qui doit se rendre à Londres en ce moment, transmet le dossier à Hector Langevin qui s'abouche avec Desilets, mais les pourparlers ne commencent vraiment qu'en avril 1869, après le retour du ministre de la milice[43]. Même si les hommes politiques donnent

---

38. « Mémoire adressé à son Éminence le cardinal Barnabo, Préfet de la Propagande, par Mgr Laflèche, Évêque d'Anthédon, au sujet du Séminaire de Nicolet, Diocèse des Trois-Rivières au Canada, 17 février 1870 », *Procès devant la S.C. Congrégation de la Propagande...*, p. 13.

39. Luc Desilets à G.-E. Cartier, 2 octobre 1868, ANQ, *Fonds Langevin*, B 11.

40. « Plan d'un Mémoire contre le transfert du Séminaire de Nicolet », sans date (1870), ASN, Boîte no 1, *Transfert du Séminaire*, 4.

41. Comme nous l'avons vu précédemment, Luc Desilets a négocié sa venue de Nicolet à Trois-Rivières; curé du Cap-de-la-Madeleine depuis 1864, il est un des familiers de l'évêché.

42. Luc Desilets à G.-E. Cartier, 2 octobre 1868, ANQ, *Fonds Langevin*, B 11. Le 4 juillet 1867, il lui avait déjà écrit: « (...) vous n'ignorez pas que Mgr Laflèche est un des plus grands leviers de la puissance ecclésiastique du pays dans les affaires sociales, dont il est bon de se ménager le concours » (le même au même, 4 juillet 1867, *ibid.*). C'était une nette exagération.

43. Luc Desilets à Hector Langevin, 29 avril 1869, *ibid.*

« les plus grands encouragements [44] », la transaction échoue et Laflèche demande à son émissaire d'abandonner ses démarches et de « cesser d'écrire »; il semble que le coadjuteur reproche à son agent d'y être allé d'une façon trop ardente, d'avoir manqué de discrétion et d'avoir ainsi créé une forte opposition au projet. Dans un long plaidoyer *pro domo,* le curé se disculpe de toutes les accusations et incrimine plutôt les autorités du collège : « Nicolet est un fétiche pour ces Mrs. Gare à celui qui osera toucher à cette relique sacrée! Comme si la pierre, les jardins et les bocages devaient passer avant l'intérêt de l'Église [45] ».

Desilets n'a pas complètement tort de dire que c'est le conseil du séminaire de Nicolet qui fait échouer le projet. Celui-ci lui fut présenté à la réunion de juillet 1869; après une discussion assez vive où, au dire des professeurs du collège [46], Laflèche s'emporte, l'idée d'une transaction avec le gouvernement est abandonnée ainsi que les pourparlers avec les ministres. Mais le coadjuteur ne démord pas de l'idée du transfert et il situe le problème dans une perspective plus large.

Désormais, il veut clarifier la juridiction de l'évêque de Trois-Rivières sur les biens et le personnel du séminaire de Nicolet. Le problème est d'importance, car, de la solution retenue, dépendront toutes les relations de Laflèche avec les prêtres de Nicolet. Les questions ainsi soulevées sont les suivantes : Le séminaire de Nicolet est-il un véritable établissement ecclésiastique soumis comme tel aux règlements du concile de Trente sur les séminaires? L'évêque a-t-il le droit de contrôler et de modifier, de façon unilatérale, le règlement de l'institution ou les programmes d'étude? La corporation légale a-t-elle le droit de changer le règlement ou les programmes d'étude sans le consentement ou l'approbation de l'évêque? Celui-ci a-t-il des droits sur le personnel? Les biens du séminaire de Nicolet sont-ils des biens ecclésiastiques soumis comme tels à la juridiction du droit canonique et aux lois de l'Église? La corporation peut-elle vendre ou aliéner ses biens sans le consentement de l'évêque et une permission spéciale du Saint-Siège?

Les deux parties s'entendent pour soumettre les questions à un spécialiste canadien de droit canonique, l'abbé Elzéar-Alexandre Taschereau. À une lettre de l'abbé Antoine-Narcisse Bellemare, supérieur du séminaire de Nicolet, il répond que l'évêque diocésain ne peut forcer la corporation à faire le transfert, car « le mode d'organisation de nos Séminaires Canadiens met ces établissements sur le même pied que les autres corporations religieuses sur lesquelles l'Évêque a bien droit de *haute administration,* de protection et d'inspection, mais non le droit de propriété et d'*administration*; seul le pape, ajoute-t-il, pourrait obliger en conscience le transfert, mais il ne le fera pas avant une enquête complète [47] ». La réponse satisfait en partie Laflèche. Elle confirme, en effet, que le collège est « un établissement ecclésiastique soumis à la législation de l'Église et non un établissement civil »; il doit donc observer les règles du concile de Trente. Le coadjuteur ne suit cependant pas Taschereau dans l'application du principe. À son avis, il faut distinguer deux questions : le choix du lieu où doit être le séminaire diocésain, l'aliénation des propriétés; si le second relève du Saint-Siège, comme le prétend le canoniste, le choix du lieu est une question de « haute administration » et « elle tombe dans la juridiction de l'Évêque [48] ».

44. « Mémoire adressé à Mgr Barnabo... », 17 février 1870, *Procès devant la S.C. Congrégation de la Propagande...,* p. 13.
45. Luc Desilets à Laflèche, 29 juillet 1869, ASTR, *Fonds Laflèche,* B 3 D 18-5.
46. « Réponse au Mémoire de Sa Grandeur Mgr Laflèche... », décembre 1872, *Procès devant la S.C. Congrégation de la Propagande...,* p. 73.
47. E.-A. Taschereau à A.-N. Bellemare, 3 août 1869, ASN, Boîte no 1, *Transfert du Séminaire,* 21.
48. Laflèche à A.-N. Bellemare, 15 août 1869, *ibid.*

La consultation du spécialiste québécois n'ayant pas dissipé les doutes, Laflèche décide de porter le débat à Rome[49], tout en précisant qu'il ne songe plus au projet concret de transaction avec le gouvernement, mais à la question de principe « afin que l'on sache à quoi s'en tenir à l'avenir[50] ». Il profite de sa présence au concile du Vatican pour remettre un mémoire au cardinal Barnabo le 17 février 1870. Après avoir fait l'historique du problème et présenté les deux thèses qui s'affrontent, Laflèche pose onze questions à la Propagande; les trois dernières concernent le transfert: l'évêque est-il juge de l'utilité et de l'opportunité du transfert? est-il obligé d'obtenir le concours de la corporation pour le faire? peut-il transférer à Trois-Rivières le grand séminaire et obliger Nicolet à en continuer la direction et à y assumer l'enseignement? Puis il conclut:

> En conséquence je supplie donc Votre Éminence de m'obtenir du Saint Père la permission et l'autorisation de vendre et aliéner les bâtiments, dépendances et autres propriétés du Séminaire de Nicolet qu'il sera nécessaire de vendre et aliéner pour effectuer cette translation, et dont le prix sera employé à acheter les fonds et à reconstruire les édifices nécessaires à l'institution dans la ville épiscopale[51].

Le 6 avril 1870, le cardinal Barnabo demande au supérieur de Nicolet d'exposer ses raisons contre le transfert[52]. C'est la surprise et la consternation dans l'institution, et son porte-parole croit bon de demander un délai: « Nous étions loin de nous y attendre, appuyés que nous étions sur la parole formelle que nous a donnée Sa Grandeur Mgr Laflèche, l'automne dernier peu de temps avant son départ pour Rome, qu'il abandonnait tout projet de transfert et que dorénavant il protégerait également les deux collèges de Nicolet et des Trois-Rivières[53] ». On n'en sonne pas moins la mobilisation générale pour la défense du collège. Pendant que les membres de la corporation, spécialement l'abbé Isaac Gélinas, s'occupent à rédiger un mémoire, l'abbé Robert Walsh sert d'agent de relations extérieures et contacte Thomas Caron pour qu'il défende la cause de la maison à Rome et le tienne au courant de ce qui s'y passe[54]. Il lui envoie immédiatement un *Plan d'un Mémoire contre le transfert du Séminaire de Nicolet*[55] et il lui raconte tout ce qui se prépare dans le diocèse.

À l'instigation de l'abbé Calixte Marquis, curé de Saint-Célestin, le clergé de Trois-Rivières adresse un mémoire à Rome pour le maintien du séminaire de Nicolet[56]; tous les prêtres, sauf douze, ont été consultés et tous ceux-là, à part l'abbé Alfred Smith, de Sainte-Brigitte-des-Saults, ont accepté de signer, même si « quelques-uns ont refusé de donner leur opinion par écrit pour différentes raisons, la plupart dans la crainte de faire de la peine à leur Évêque[57] ». Cette démarche maintient l'effervescence dans le clergé: « L'indignation du clergé est bien profonde à mesure qu'il connaît la conduite de l'Évêque à notre égard », écrit Robert Walsh en mai 1870[58]. Quelques jours plus tard commence à circuler la rumeur que « si l'Évêque ne veut pas laisser le Collège à Nicolet, les prêtres du Sud demanderont à se sé-

49. Laflèche songe à présenter d'abord la question à l'assemblée des évêques de la province de Québec, mais il change d'idée quand il se décide à assister au concile du Vatican.
50. *Loc. cit.*
51. « Mémoire adressé à son Éminence le Cardinal Barnabo... », 17 février 1870, *ibid.*, p. 20s.
52. Card. Barnabo à A.-N. Bellemare, 6 avril 1870, ASN, Boîte No 1, *Transfert du Séminaire*, 2.
53. A.-N. Bellemare au card. Barnabo, 19 mai 1870, *Procès devant la S.C. Congrégation de la Propagande...*, p. 15s.
54. Robert Walsh à Thomas Caron, 13 mai 1870, ASN, Boîte No 1, *Transfert du Séminaire*, 24, Thomas Caron est à Rome avec Laflèche.
55. *Plan d'un Mémoire contre le transfert du Séminaire de Nicolet*, sans date, *ibid.*, 4.
56. *Mémoire des prêtres du diocèse des Trois-Rivières pour le maintien du Séminaire de Nicolet*, 1er octobre 1870, *ibid.*, 8.
57. *Loc. cit.* Ces renseignements sont tirés d'une note de Marquis ajoutée au mémoire.
58. R. Walsh à Thomas Caron, 26 mai 1870, *ibid.*, 24.

parer des Trois-Rivières pour former un nouveau diocèse du Sud dont Nicolet serait le siège épiscopal »; Walsh, qui rapporte la nouvelle, ne peut s'empêcher de jubiler: « Voilà qui ne serait pas si bête! Ce serait peut-être le meilleur *calmant* pour Sa Grandeur[59] ». L'idée se répand rapidement, suscitant partout l'enthousiasme; Calixte Marquis en fait pour ainsi dire une affaire personnelle, l'abbé Louis-Théophile Fortier, de Nicolet, s'engage à faire la fondation et le vieux curé L.-S. Malo, de Bécancour, dit « qu'il signe à deux mains et qu'il fournit de quoi payer les frais de voyage de celui qui ira porter la pétition à Rome ». Et Walsh de soupirer: « Quelle magnifique affaire, si elle se réalisait! Nous aurions la paix enfin[60] ».

Alerté par Charles-Olivier Caron, que Calixte Marquis a mis au courant de ce qui se trame, Laflèche juge prudent de reculer. Le 1er juillet 1870, il ajoute à son mémoire du 17 février: « Quant à la 9me, 10me et la 11me question où il s'agit du transfert de l'établissement, je crois qu'il est inutile de s'en occuper pour le présent, parce qu'il n'y a plus guère d'espoir que le gouvernement consente à y donner son concours. En conséquence je prie Votre Éminence de les regarder comme non avenues, et de répondre seulement aux 8 premières questions[61] ». De retour au pays, il en avertit le supérieur de Nicolet, tout en lui soulignant que le problème du contrôle de l'institution par l'évêque est toujours devant la Congrégation et que le séminaire devrait préparer un mémoire pour exprimer son point de vue[62]. Le danger étant ainsi diminué, les autorités nicolétaines ne présentent leur plaidoyer qu'en 1872, si bien que la décision romaine retardera jusqu'en 1873. Mais, entre-temps, quelques prêtres misent sur une solution plus rapide du conflit, le départ présumé de Laflèche pour Québec.

3- Laflèche, archevêque de Québec?

Depuis le printemps de 1870, en effet, toutes sortes de rumeurs circulent. L'archevêque de Québec, Mgr Charles-François Baillargeon, revient précipitamment du concile à cause de son état de santé[63]. Tout de suite, les cercles ecclésiastiques et politiques s'embrasent, annoncent sa démission imminente et mobilisent pour lui désigner un successeur. Laflèche est un des premiers sur la liste. En avril 1870, Hector Langevin écrit d'Ottawa à ses frères Jean et Edmond, de Rimouski: « Le Dr Ross, de Champlain, a dit à moi & à d'autres hier soir, *qu'il savait* que Mgr d'Anthédon (Laflèche) va devenir Archevêque de Québec, Mgr Baillargeon se retirant[64] ». La nouvelle fait son tour de province, et l'abbé Robert Walsh la communique à Thomas Caron: « On dit que Mgr Laflèche va être nommé Archevêque: c'est le dicton général à Québec & ici. Nous ne prétendons pas nous opposer le moins du monde à ce que la Cour de Rome pourrait régler dans ce sens, surtout si une *autre rumeur, que je veux vous cacher,* devait se réaliser. Fiat! Fiat![65] ». Les démentis officiels viennent cependant chasser les bobards.

Les rumeurs reprennent de plus belle après la mort de Mgr Baillargeon en octobre 1870. Les funérailles de l'archevêque sont à peine terminées que le *Journal de Québec* annonce: « On dit que Mgr Laflèche sera appelé à remplacer Mgr Baillargeon. Nous donnons cette rumeur sous toute réserve[66] ». Toujours intéressé, Hector Langevin révèle les noms de

59. Le même au même, 2 juin 1870, *ibid.*
60. Le même au même, 9 juin 1870, *ibid.*
61. *Mémoire adressé à son Éminence le cardinal Barnabo...,* 17 février 1870, *ibid.,* 3.
62. Laflèche à A.-N. Bellemare, 26 octobre 1870, *ibid.,* 21.
63. Mgr Baillargeon, « Lettre pastorale de Monseigneur l'archevêque de Québec à l'occasion de son retour du concile oecuménique du Vatican », 10 mai 1870, MEQ, IV, p. 705.
64. H. Langevin à Edmond Langevin, 17 avril 1870, ANQ, *Fonds Langevin,* B 2, 378.
65. R. Walsh à Thomas Caron, 2 juin 1870, ASN, Boîte No 1, *Transfert du Séminaire,* 21.
66. *Le Journal de Québec,* 20 octobre 1870, p. 2.

plusieurs autres candidats: « Noé (Langevin) me dit qu'on prétend que ce sera ou M. (Louis-Antoine) Proulx, ou M. Taschereau, ou M. Antoine Racine. L.-H. Huot me dit qu'au Séminaire on croit que si ce n'est pas l'Évêque de Rimouski ce sera M. Taschereau, et qu'on y préférerait l'Évêque de Rimouski[67] ». Chaque « expert », journaliste ou ecclésiastique, fait ses pronostics selon ses tendances doctrinales, comme le note avec raison le *Courrier d'Outaouais* à la fin d'octobre: « Les ultramontains souhaitent l'avènement de Mgr Laflèche; les hommes de ménagement et de compromis, parlent de Mgr Guigues. On dit qu'à Québec, on préférerait M. le Grand Vicaire Taschereau, et qu'un certain nombre des curés de la campagne se son(t) prononcés en faveur de M. Proulx[68] ».

Plus organisés que les autres groupes et connaissant mieux l'adversaire qu'ils veulent évincer, les ultramontains profitent de la vacance du siège épiscopal de Québec pour attaquer l'université Laval et, par leurs dénonciations, compromettre le recteur Elzéar-Alexandre Taschereau, qui s'est toujours opposé fermement à l'intransigeance de Mgr Bourget et des zelanti. À partir de l'automne de 1870, leurs deux principaux journaux — le *Nouveau-Monde,* de Montréal, et le *Journal des Trois-Rivières* — s'acharnent donc sur l'institution québécoise et la dénoncent comme un foyer de contamination idéologique et un danger pour l'orthodoxie, dont doit être tenu responsable celui qui en est, depuis longtemps, le principal porte-parole et, pour ainsi dire, l'incarnation, le grand vicaire Taschereau.

Le *Journal des Trois-Rivières,* pour sa part, entreprend, le 28 novembre 1870, une campagne féroce contre le gallicanisme de l'université Laval. Dans une *Correspondance Éditoriale,* Magloire McLeod prend prétexte d'un vote du conseil de ville de Québec en faveur de la taxation des édifices religieux pour dénoncer l'enseignement universitaire:

> Je crois que dans les écoles normales et l'Université Laval on fait beaucoup de propagande de gallicanisme. Il y a sans aucun doute des professeurs de l'Université Laval qui sont fortement entachés des principes de cette école. C'est une importation des doctrines répandues dans les cercles parisiens[69].

Sommé de s'expliquer et de produire des preuves[70], le journaliste demande un répit jusqu'à la fin de la session parlementaire[71], puis, du 19 janvier au 23 mars 1871, il complète sa charge en une série de 15 articles. Ce n'est qu'au onzième article[72], cependant, qu'il apporte sa première « preuve »: une transcription d'un cours de Jacques Crémazie sur le mariage, suivi d'un extrait d'un autre cours du même professeur[73] et de six autres « preuves » disparates[74]. Son argumentation est d'autant plus vague et, parfois, carrément obscure, qu'elle lui vient d'une tierce personne. C'est, en effet, le père Braun qui, à sa demande, lui fait parvenir le texte des cours de Crémazie[75] et qui lui suggère la définition du gallicanisme[76] et la plupart des arguments du treizième article[77]. Le tout par l'intermédiaire de Laflèche.

67. H. Langevin à Edmond Langevin, 13 novembre 1870, ANQ, *Fonds Langevin,* B 2, 420.
68. Reproduit, avec commentaires, dans le *Courrier du Canada,* 31 octobre 1870, p. 2.
69. « Correspondance Éditoriale », *Le Journal des Trois-Rivières,* 28 novembre 1870, p. 2. Pendant la session parlementaire, McLeod est correspondant du journal à Québec.
70. Lucien Turcotte, professeur, à l'éditeur, 30 novembre 1870; Thomas-E. Hamel, secrétaire de l'université, à l'éditeur, 1er décembre 1870, *ibid.,* 5 décembre 1870, p. 3.
71. « Correspondance parlementaire », *ibid.,* 12 décembre 1870, p. 2.
72. « L'Université Laval, XI: La Preuve », *ibid.,* 6 mars 1871, p. 2.
73. « L'Université Laval, XII: La preuve », *ibid.,* 9 mars 1871, p. 2.
74. « L'Université Laval, XIII: Les bourdonnements de Québec », *ibid.,* 13 mars 1871, p. 2.
75. A.-N. Braun à Laflèche, 23 décembre 1870, ASTR, *Fonds Laflèche,* A 2 B 25-15.
76. « L'Université Laval, X: Ce que c'est que le gallicanisme », *Le Journal des Trois-Rivières,* 2 mars 1871, p. 2.
77. Braun à Laflèche, sans date (1871), ASTR, *Fonds Laflèche,* A 2 B 25-12.

Bien consciente que le *Journal des Trois-Rivières* et ses alliés[78] visent, au-delà de quelques professeurs, l'institution entière et sa direction, l'université Laval riposte immédiatement dans le journal trifluvien[79] et auprès de Laflèche. Le 1er décembre 1870, le recteur Taschereau proteste « contre le procédé de ce jeune correspondant, bien connu ici, qui, sans provocation, et sous un prétexte dont la frivolité saute aux yeux, nous lance des accusations aussi graves[80] ». L'évêque de Trois-Rivières lui donne raison et, jugeant lui aussi « L'attaque gratuite et violente », il demande à Magloire McLeod « d'éviter soigneusement le terrain personnel et d'éviter avec soin tout ce qui pourrait blesser, à plus forte raison, les premières institutions du pays[81] ». L'université se déclare satisfaite de l'intervention épiscopale[82] et Laflèche juge bon de laisser courir les choses jusqu'à la flambée d'accusations de mars 1871.

Placé pour la première fois au centre d'une violente polémique, Laflèche fait tout pour s'en tenir éloigné. Dans un premier temps, il regarde de haut les suppositions plus ou moins farfelues à propos du futur archevêque de Québec. Les rumeurs qui le concernent ne le troublent pas, car il *sait* qu'il ne sera pas désigné. À titre de « suffragant le plus voisin », il a reçu des documents contenant, par ordre de dignité, les noms des candidats proposés par Mgr Baillargeon: la première liste avance les noms d'Elzéar-Alexandre Taschereau (dignissimus), de Charles-Félix Cazeau (dignior) et de Thomas-Étienne Hamel (dignus) et suggère même un quatrième candidat, Édouard Bonneau, en cas de refus des trois autres[83]; l'autre qui sera acheminée à Rome, propose Elzéar-Alexandre Taschereau, Louis-Antoine Proulx et J.-D. Déziel[84]. L'assemblée des évêques ayant unaniment ratifié les suggestions du défunt archevêque, Laflèche peut laisser dire, il ne craint pas d'être muté à Québec.

Dans la controverse entre le *Journal des Trois-Rivières* et l'université Laval, l'évêque de Trois-Rivières joue un rôle plus ambigu. Si, au début, il semble vouloir arrêter toute attaque contre l'institution québécoise, très tôt il trouve suffisamment graves les accusations du père Braun pour les communiquer à McLeod. Or, ces documents et ces arguments du jésuite montréalais nourrissent la polémique, qui devient de plus en plus virulente, et soulèvent à Québec une colère générale dont la presse se fait l'écho[85]. Convaincu par le théologien ultramontain de la nocivité de l'enseignement à Laval, Laflèche n'est donc pas loin d'approuver les dires du *Journal des Trois-Rivières* et seule la violence du ton l'en empêche pour le moment, et, peut-être aussi, le désir de ménager le nouvel archevêque Taschereau? Une action commune des évêques lui évite cependant de prendre une position personnelle. Réunie à l'occasion du sacre de Taschereau le 19 mars 1871, l'assemblée épiscopale étudie le problème, convient que la continuation de la polémique pourrait faire un tort considérable et demande aux deux prélats concernés — Taschereau et Laflèche — d'intervenir immédiatement[86]. L'évêque de Trois-Rivières s'exécute et en fait rapport au nouvel archevêque le 22 mars: il a ordonné à McLeod « d'arrêter toute discussion ultérieure à ce sujet » et il s'engage à le « ramener à l'ordre » si le journaliste vient encore « à soulever intempestivement de

---

78. C'est encore le *Nouveau-Monde* qui appuie le plus fermement le *Journal des Trois-Rivières:* en février et mars 1871, il entretient une polémique violente avec le *Journal de Québec.*

79. Il va sans dire que ces textes sont ensuite repris par les journaux de la ville de Québec et commentés.

80. E.-A. Taschereau à Laflèche, 1er décembre 1870, ASTR, *Fonds Laflèche,* A 1 T 99-6.

81. Laflèche à E.-A. Taschereau, 3 décembre 1870, AETR, *Registre des lettres,* IV, 36. Laflèche explique ainsi son intervention: « Inutile de vous dire que nous y sommes pour rien, et que la chose s'est faite complètement à notre insu. L'encouragement que nous avons donné à cette feuille, lors de sa parution, nous fait porter dans une certaine mesure la responsabilité de sa direction en ce qui touche aux principes (...) ».

82. E.-A. Taschereau à Laflèche, 6 décembre 1870, ASTR, *Fonds Laflèche,* A 1 T 99-7.

83. Mgr Baillargeon, (Liste des candidats à sa succession), 27 octobre 1867, ASTR, *Fonds Laflèche,* A 1 B 10-16

84. APFR, *Acta,* 236 (1870), f. 634-637; nous n'avons pas retrouvé cette liste aux archives de Trois-Rivières.

85. Voir, par exemple, le *Journal de Québec,* 18 mars 1871, p. 2.

86. Nous n'avons malheureusement pas le procès-verbal de la rencontre.

semblables questions[87] ». Les journaux de Québec étant eux aussi « bien disposés » à suivre les conseils de Taschereau[88], la paix revient les jours suivants, mais tout le monde est bien conscient qu'elle est à la merci du moindre incident.

Entre-temps, Laflèche trouve un aspect positif à la polémique: « Ç'a été, écrit-il à Bourget, un remède amère (sic) que la Providence a permis je pense, et qui n'était peut-être pas tout-à-fait inutile. Il aura aussi l'avantage d'avoir provoqué peut-être l'excellent travail que M.F.-X.-A. Trudel a commencé à publier dans la Revue Canadienne sur les rapports de l'Église et de l'État[89] ». Consolation facile qui ne dure cependant que quelques semaines, puisque le *Programme catholique* soulève bientôt une tempête encore plus violente dans la province de Québec et même au sein de l'épiscopat.

4- L'épiscopat et le Programme catholique

Si le manifeste électoral du 20 avril 1871 sert de détonateur à l'affrontement entre les évêques, l'épiscopat de la province ecclésiastique de Québec n'a pas attendu cette étincelle pour se révéler un groupe en proie aux dissensions. Sans remonter aux querelles parfois acerbes mettant aux prises titulaire et coadjuteur de Québec[90], il ne faut pas oublier que les évêques de Montréal — Mgr Jean-Jacques Lartigue d'abord, Mgr Ignace Bourget depuis 1840 — ont rarement été d'accord avec ceux de Québec. Même s'il n'y paraît guère en dehors du groupe, l'assemblée épiscopale est de plus en plus divisée. Un observateur lointain mais perspicace comme Mgr Alexandre-Antonin Taché, de Saint-Boniface, ne peut s'empêcher de soupirer en 1867: « Nous aurions besoin d'être plus unis et l'on se divise d'avantage (sic) chaque jour[91] »; l'année suivante, toujours à son grand ami Laflèche, il confie: « Va sans dire qu'il m'eut été bien doux de voir tous les Pères du Concile de Québec cependant je vous avouerai naïvement que la désunion qui semble exister entre les Évêques du Canada est pour moi une source de peine bien vive et que je redoutais de me trouver à leur assemblée[92] ». Le séjour commun à Rome et les activités conciliaires paraissent atténuer les tensions, mais la nomination du nouvel archevêque en février 1871 remet tout en question.

Né en 1820, d'une famille seigneuriale célèbre de la Beauce, Elzéar-Alexandre Taschereau accède à l'épiscopat après s'être acquis une solide réputation à la tête du séminaire et de l'université Laval de Québec.

Il y passe pour un homme transcendant. Quand Mgr Baillargeon l'a présenté à ses collègues et au pape comme le plus digne de lui succéder, il a insisté sur sa science théologique — théologie proprement dite, Écriture sainte, droit canonique — et sur ses connaissances en littérature, en philosophie et en langues (français, anglais, italien)[93]. Avec raison d'ailleurs, car, par ses études, son enseignement, la fréquentation du milieu universitaire, Taschereau a acquis une culture théologique et profane qui tranche sur celle de la plupart de ses collègues et qui n'est pas sans influencer sa perception des problèmes de l'époque. Les évêques, les premiers, avaient reconnu sa capacité depuis longtemps et, en 1867, Laflèche

---

87. Laflèche à Mgr Taschereau, 22 mars 1871, AAQ, 33 CR, *Diocèse de Trois-Rivières*, I, 134.
88. Mgr Taschereau à Laflèche, 24 mars 1871, ASTR, *Fonds Laflèche*, A 1 T 99-11.
89. Laflèche à Mgr Bourget, 5 avril 1871, AETR, *Registre des lettres*, V, 43. L'article dont parle Laflèche est le suivant: François-Xavier-Anselme Trudel, « Quelques réflexions sur les rapports de l'Église et de l'État », *Revue canadienne*, VII (1871), pp. 202-220, 253-272, 359-374.
90. L'exemple le plus typique est l'affrontement de Mgr François Hubert avec Mgr Charles-François Bailly à propos de l'enseignement; sur le sujet, consulter la « Réponse de l'évêque de Québec aux observations de monsieur le coadjuteur (...) », MEQ, II, pp. 414-423.
91. Mgr A.-A. Taché à Laflèche, 30 septembre 1867, ASTR, *Fonds Laflèche*, D 1 T 144-19.
92. Le même au même, 17 septembre 1868, *ibid.*, D 1 T 144-22.
93. Mgr Baillargeon, (Liste des candidats à sa succession), 27 octobre 1867, *ibid.*, A 1 B 10-16.

traduisait leur sentiment quand il avouait sans arrière-pensée à Mgr Baillargeon : « Vous avez auprès de vous un savant dont je respecte beaucoup les opinions[94] ». Qui plus est, cet intellectuel est, aux yeux de l'archevêque, sans défaut : intelligent, travailleur, courageux, pieux, vertueux, zélé, etc. [95]

Les adversaires de Taschereau lui reprochent cependant quelques faiblesses, notamment son manque de zèle à combattre l'erreur, sa « froideur » dans le commerce de la vie. Aux yeux des ultramontains, il pactise avec les « libéraux » — membres du parti libéral ou professeurs de l'université Laval — et ne fait rien pour les ramener à l'orthodoxie ou condamner leurs journaux. Un groupe de prêtres du diocèse de Québec écrivent en 1873 : « Il avait d'abord prouvé en plusieurs cas qu'il n'avait point la rectitude dans le jugement, car tout en professant, au moins extérieurement, les vrais principes sur des questions importantes, il en avait fait ou laissé faire, pouvant l'empêcher, des applications absolument libres[96] ». Le caractère marmoréen de la personnalité de Taschereau est aussi dénoncé avec véhémence ; tout le monde en parle, mais en l'interprétant d'une manière différente. Les prêtres contestataires rappellent que l'archevêque est « très-froid et très-raide dans le commerce ordinaire de la vie », mais c'est pour ajouter qu'il manquait cependant de véritable énergie dans les circonstances où il fallait en déployer[97]. Hector Langevin, qui a sollicité une entrevue, reçoit comme réponse cette phrase unique : « Monsieur, je serai à ma chambre toute cette après-midi » ; le ministre conservateur explose : « Notre cher Archevêque aura besoin de se polisser (sic) un peu, s'il n'a pas envie qu'on n'ait (sic) aucuns rapports avec lui. C'est une vraie porte de prison[98] ». Et les témoignages se multiplient sur le manque de conversation, le laconisme, la froideur, l'arrogance de Taschereau... L'abbé Alexis Pelletier y met le bouquet, avec ironie et méchanceté ; dans ses *Croquis de topographie universitaire,* il décrit allègrement la morgue archiépiscopale : « Là (à Québec), cependant, se rencontre le type de la domination, de la supériorité arrogante, de l'autocratie impérieuse et arbitraire, d'un froid dédain mal déguisé pour toute autre grandeur que la sienne, d'une crainte malsaine de descendre de cette hauteur[99] ».

Ces qualités et ces défauts sont sans doute importants pour comprendre l'action de Taschereau et ses difficultés avec les autres membres de l'épiscopat. Mais deux autres éléments éclairent encore davantage son comportement.

Le premier est son appartenance au séminaire et à l'université. De l'âge de huit ans jusqu'à sa nomination au poste d'archevêque, il a été élève, professeur, directeur, supérieur, recteur de ces institutions qui n'en font qu'une, et sa vie s'est confondue avec les heurs et malheurs de son *Alma Mater.* Ayant participé à la fondation de l'université Laval, il en a fait pour ainsi dire une oeuvre personnelle et il l'a défendue avec âpreté comme recteur et comme vicaire général. Dès qu'on l'attaque, il s'élève pour riposter et il est prêt à tout pour assurer à la fois sa survie et son monopole (pour lui, l'un ne va pas sans l'autre). De là, entre autres choses, ses attaques virulentes contre Mgr Bourget et son projet d'université catholique à Montréal, la protection qu'il assure aux professeurs « libéraux » de Laval et aux journaux qui les défendent, le « lobbying » permanent et efficace à Rome.

Le deuxième élément est la nécessité de s'affirmer comme archevêque. Avant 1871,

---

94. Laflèche à Mgr Baillargeon, 27 novembre 1867, AETR, *Registre des lettres,* V, 9B.
95. Mgr Baillargeon, (Liste des candidats à sa succession), 27 octobre, ASTR, *Fonds Laflèche,* A 1 B 10-16. On trouvera à l'annexe E le texte complet de ce panégyrique.
96. (Mémoire d'un groupe de prêtres du diocèse de Québec), 6 janvier 1873, *ibid.,* A 1 T 100-1.
97. *Loc. cit.*
98. H. Langevin à Mgr J. Langevin, 17 octobre 1872, ANQ, *Fonds Langevin,* B 5-765.
99. Cité dans Thomas Charland, « Un gaumiste canadien : l'abbé Alexis Pelletier », RHAF, 1, 2 (septembre 1947), p. 233.

Montréal assure le leadership dans plusieurs domaines, par suite de diverses circonstances comme la longue maladie de Mgr Pierre-Flavien Turgeon et le caractère de Mgr C.-F. Baillargeon. Sans oublier, bien sûr, la personnalité envahissante de Mgr Bourget. Pour rétablir la situation, Taschereau doit donc s'affirmer le plus tôt possible et lutter sans relâche contre l'érosion de son pouvoir; en d'autres termes, il doit montrer qu'il y a désormais un *vrai* archevêque à Québec.

Cette affirmation de son autorité, Taschereau n'a pas à chercher longtemps où la tenter. Sorti, comme tous ses collègues du milieu éducationnel des collèges classiques, il en épouse les principes conservateurs et il ne s'éloigne de certains évêques que sur quelques détails. Par contre, plus réaliste que la plupart d'entre eux, il favorise une approche nuancée des problèmes et il a tendance à accepter le compromis. Vivant dans une société plus ouverte — à cause du milieu politique de la capitale et de l'influence universitaire —, il croit sans doute aux déclarations doctrinales, mais il est plus sensible encore aux situations concrètes, aux questions qu'il appelle lui-même « pratiquement pratiques[1] ». Il s'en explique admirablement bien dans une lettre à Siméon Pagnuelo à propos de ses *Études historiques et légales sur la liberté religieuse en Canada*: « On est exposé, lui écrit-il, à prendre pour vérité absolue ce qui est matière d'opinion; on se laisse parfois entraîner à mal noter ce que l'Église n'a pas encore jugé à propos de condamner; l'idéal de ce qui *devrait être* tend à faire oublier la réalité; un avenir que l'on souhaite avec impatience empêche de compter avec un passé et un présent hérissé de difficulté[2] ». Il a une formule encore plus heureuse en 1881, dans une lettre à Laflèche: « Il faut prendre les hommes non pas tels qu'ils devraient être, mais tels qu'ils sont[3] ». C'est cette attitude qu'il doit défendre, de même que le style général de sa direction pastorale, qui l'une et l'autre ne plaisent guère à certains de ses collègues. Eux que la passion anime, qui se veulent des soldats, des chevaliers, des croisés combattant les idées modernes, ils ne comprennent pas leur archevêque qui aime assez peu parler, prêcher ou écrire; son silence leur apparaît facilement un manque de zèle. Ils n'acceptent pas plus sa recherche des ménagements, car, à leurs yeux, elle conduit à pactiser avec le Mal.

L'archevêque sera parfois seul pour défendre certaines positions, mais, au début de son mandat, il a la sympathie du peu combatif Mgr Eugène-Bruno Guigues, d'Ottawa, et de l'intéressant Mgr Charles La Rocque, de Saint-Hyacinthe, qui prend de plus en plus ses distances de Montréal.

En face de ces *réalistes* et les combattant très souvent, se regroupent ceux que nous appelons les *idéalistes* ou les intransigeants. Devant les problèmes qui secouent la société canadienne-française de leur temps, ces évêques refusent de composer avec la réalité et ils veulent imposer un modèle d'action sans tenir compte des contingences; chez eux, pour reprendre l'expression même de Taschereau, « l'idéal de ce qui devrait *être* tend à (leur) faire oublier la réalité ».

Leur chef est encore, pour quelques années, Mgr Ignace Bourget, de Montréal. Doyen de l'épiscopat, il a derrière lui une oeuvre considérable qui lui a attiré des inimitiés tenaces autant que des amitiés inconditionnelles. Ultramontain jusqu'à l'aveuglement, il est devenu le point de ralliement de nombreux ecclésiastiques zélés, comme Alexis Pelletier, Godefroy Lamarche, Alphonse Villeneuve et Mgr Adolphe Pinsonnault, et d'un groupe de laïques de la trempe de François-Xavier-Anselme Trudel et Siméon Pagnuelo. C'est sur eux que s'appuie désormais cet évêque, vieilli et malade, mais irréductible, en attendant de

---

1. E.-A. Taschereau à Charles-Olivier Caron, 14 octobre 1876, ASTR, *Fonds Laflèche*, A 1 T 100-65.
2. Siméon Pagnuelo, *Études historiques et légales sur la liberté religieuse en Canada*, Montréal, Beauchemin et Valois, 1872, p. (VIII).
3. Mgr Taschereau à Laflèche, 21 avril 1881, ASTR, *Fonds Laflèche*, A 1 T 101-34.

trouver, au sein de l'épiscopat, le collègue qui prendra sa relève à la tête de la phalange ultramontaine.

Mgr Jean Langevin, de Rimouski, ne saurait être ce nouveau chef, car, tout en étant un ultramontain convaincu, il reste trop influencé par ses origines québécoises. Par sa famille et surtout son frère Hector, ministre à Ottawa, il est inféodé au parti conservateur qu'il soutient de toutes manières dans son diocèse et qu'il défend même contre les menées ultramontaines. Né et éduqué à Québec, Jean Langevin a un préjugé favorable à l'université Laval, même s'il y apporte quelques nuances en vieillissant. Mais ses relations avec Mgr Taschereau se détériorent le long des ans, car il se révèle finalement, au point de vue doctrinal, le plus intransigeant et le plus idéaliste des évêques du Québec.

Reste alors Louis-François Laflèche. Il est, au début de 1871, un des plus brillants espoirs de l'épiscopat. Depuis 1867, il s'est assez bien tiré d'une administration diocésaine difficile. Il s'est surtout manifesté comme un défenseur de la vérité et un soutien inconditionnel des bons principes. Ses idées sont bien connues par le volume qu'il a publié en 1866 et les nombreux discours et sermons qu'il a prononcés; elles coïncident de plus en plus avec celles de Montréal, même si Laflèche demeure toujours très lié avec Mgr Baillargeon et qu'il a manoeuvré pour éviter de se mettre à dos l'université Laval et le recteur Taschereau. Un seul point faible: il est hésitant. Il ne se lance à fond de train dans une bataille qu'au moment où il voit des principes en jeu. Jusqu'en 1871, il n'est pas encore suffisamment convaincu, semble-t-il, que l'université Laval constitue un danger pour l'orthodoxie et que le parti conservateur est lui aussi gangrené. Mais il suffira de lui prouver que la religion et les bons principes sont en danger pour qu'il se laisse pousser au premier rang des troupes ultramontaines. C'est ce que les incidents de 1871-1872 auront comme résultat premier.

Comme plusieurs autres ultramontains, Laflèche entrevoit l'année 1871 sous de sombres augures: « Au lieu de diminuer, écrit-il à Mgr Bourget, les besoins religieux de notre peuple augmentent avec le temps, le vent contraire souffle plus fort et semble annoncer la tempête[4] ». De ce danger, il voit de nombreux indices. La situation en Europe d'abord: les événements de Rome[5] lui rappellent, une fois de plus, les luttes de l'Église primitive et « la même haine qui persécute le même amour; (...) la même impiété qui poursuit à mort la même sainteté[6] »; la guerre franco-prussienne le voit s'apitoyer sur le sort malheureux de l'ancienne mère-patrie et souhaiter la voir « revenir de ses erreurs et de ses égarements[7] ». Au pays, certains événements ne l'inquiètent pas moins. En mai 1870, la décision du juge Charles Mondelet, dans l'affaire Guibord, avait jeté la consternation dans les cercles catholiques et son effet n'avait pas été effacé par le renversement du jugement en cour de révision en septembre de la même année[8]; le renvoi, par la fabrique de Notre-Dame de Montréal, de

4. Laflèche à Mgr Bourget, 30 décembre 1870, ACAM, 295. 104, 870-8.
5. Le 20 septembre 1870, les troupes italiennes avaient occupé Rome et, le 2 novembre suivant, Pie IX avait excommunié Victor-Emmanuel II.
6. Laflèche, "Circulaire au clergé", 13 décembre 1870, METR, *Mgr Laflèche*, 1, p. 191s.
7. Laflèche à M. Certes, 10 mars 1871, AETR, *Registre des lettres*, V, 31.
8. Membre de l'Institut Canadien de Montréal, l'imprimeur Joseph Guibord meurt subitement le 18 novembre 1869 et le curé Victor Rousselot, de Notre-Dame, lui refuse les honneurs de la sépulture catholique. À l'instigation d'Alphonse Doutre, et d'autres membres de l'Institut, la veuve Guibord intente une poursuite contre la fabrique de Montréal, propriétaire du cimetière. Introduit en cour supérieure devant le juge Charles Mondelet, le procès passionne l'opinion pendant les mois de décembre 1869 et janvier 1870; les avocats de la poursuite — Rodolphe Laflamme et Joseph Doutre — débattent de questions juridiques et théologiques avec Louis-Amable Jetté, Francis Cassidy et François-Xavier-Anselme Trudel, qui représentent la défense. Le 8 mai 1870, le juge condamne la fabrique à procéder, dans les six jours, à la sépulture dans le cimetière catholique et à payer tous les frais encourus dans la cause. Cette sentence est renversée par la cour de révision, le 12 septembre 1870; ce nouveau jugement est maintenu par la cour du Banc de la reine le 7 septembre 1871, puis renversé par le comité judiciaire du conseil privé de Londres le 21 novembre 1874. Sur le procès Guibord, voir Théophile Hudon, *L'Institut Canadien de Montréal et l'Affaire Guibord*, Montréal, Beauchemin, 1908, pp. 81-148; Léon Pouliot, *Monseigneur Bourget et son temps*, t. IV, Montréal, Bellarmin, 1976, pp. 71-92.

l'avocat François-Xavier-Anselme Trudel est perçu comme une attaque contre les ultramontains qui commencent à douter des sentiments « catholiques » de certains membres du parti conservateur[9]. Si on ajoute les discussions sur la tenue des registres civils[10] et le désir de certaines municipalités de taxer les édifices religieux[11], il ne faut pas s'étonner de voir Laflèche glisser dans le pessimisme et réfléchir de plus en plus aux « vices » de la législation civile.

Deux faits nouveaux le poussent à abandonner désormais la position modérée qu'il avait toujours tenue sur ce problème. D'une part, il considère comme une menace la parution du *Code des curés* du juge Beaudry[12]. Alors, que les évêques souhaitent faire réformer le code civil conformément aux « saints Canons », l'auteur appuie beaucoup sur les pouvoirs de l'État dans les questions mixtes. Ce qui entraîne une levée de boucliers dirigée par Bourget[13] et appuyée par Laflèche[14]. À la fin de 1870, ce dernier fait état d'une rumeur — « il est bruit dit-on de présenter à la prochaine session de la législature le code de M. Beaudry pour le faire adopter comme loi dans le Bas Canada » — et il demande de déférer l'ouvrage à Rome « pour le faire censurer » et de « faire disparaître les restes gallicans de notre législation religieuse et la ramener sur tous les points en accord avec les Sts canons[15] ». Voilà donc un sujet de croisade pour l'évêque de Trois-Rivières.

Il s'y intéresse aussi parce qu'il est influencé par Luc Desilets qui oublie sa disgrâce momentanée pour entreprendre une correspondance suivie avec Laflèche. Dans une première lettre, le curé du Cap-de-la-Madeleine trace un tableau très sombre de la situation au Québec — « on est travaillé ici des mêmes tiraillements qu'en Europe à propos de l'Église. (...) Nous étions confis (*sic*) dans le gallicanisme. Pas une nation en Europe qui en était plus malade que nous » — et il demande aux évêques de revenir de Rome « avec des instructions précises pour réformer nos lois et les mettre en accord avec notre foi »; il essaie, de plus, de convaincre Laflèche de prendre la tête du mouvement, puisque l'archevêque Baillargeon est trop compromis avec le milieu gallican québécois et que Bourget a déjà « bien d'autres affaires ». Toute l'argumentation de Desilets repose sur la nouvelle situation politique créée en 1867: « La Confédération, assure-t-il, nous a rendu un grand service, en nous donnant à nous catholiques la liberté de faire nos lois locales, et par conséquent de débarrasser ici l'Église de ses entraves[16] ». Le 16 octobre 1870, il revient à la charge, cette fois pour dénoncer violemment Taschereau — « Non, non, cet homme n'est point sûr, surtout dans les circonstances que nous traversons ici au Canada. (...) sa nomination serait une calamité pour le Canada, et (...) si les Évêques y consentaient, il(s) ne seraient pas longtemps sans le regretter

9. « Affaire Guibord », *Le Journal des Trois-Rivières*, 23 mai 1870, p. 2.
10. La discussion sur la tenue des registres civils touche deux aspects. D'une part, l'article 53 du code civil impose une pénalité au curé pour toute irrégularité dans la tenue des registres des baptêmes, mariages et sépultures; n'est-ce pas faire du prêtre un fonctionnaire de l'État, soulignent certains (S. Pagnuelo, *op. cit.*, p. 296). D'autre part, un des arguments des sulpiciens pour s'opposer à la division de la paroisse de Montréal est l'impossibilité de tenir des registres là où il n'y a pas d'érection canonique *et* civile (*ibid.*, pp. 362-379).
11. En novembre 1870, la ville de Québec demande à l'assemblée législative le droit d'imposer les édifices religieux. En annonçant la nouvelle, le 21 novembre, le *Courrier du Canada* dénonce ceux qui, au conseil de ville, ont voté en faveur de la taxation.
12. J.-U. Beaudry, *Code des curés, marguilliers et paroissiens, accompagné de notes historiques et critiques*, Montréal, La Minerve, 1870, 303 p.
13. Bourget dénonce l'ouvrage à Laflèche (Mgr Bourget à Laflèche, 19 novembre 1870, ASTR, *Fonds Laflèche*, A 1 B 19-9) et en fait faire une réfutation dans le *Nouveau-Monde* (« Le Laïcisme gallican », *Le Nouveau-Monde*, du 21 novembre au 14 décembre 1870); il suggère aussi la formation d'un comité qui préparerait un texte de dénonciation à Rome (Mgr Bourget à Laflèche, 26 novembre 1870, ASTR, *Fonds Laflèche*, A 1 B 19-10).
14. Laflèche à Mgr Bourget, 22 novembre 1870, ACAM, 295. 104, 870-3.
15. Laflèche à Mgr Bourget, 30 décembre 1870, ACAM, 295. 104, 870-8.
16. Luc Desilets à Laflèche, sans date (1870), ASTR, *Fonds Laflèche*, B 3 D 46-8.

amèrement » — et pour supplier Laflèche — « c'est vous qui représentez ici les principes » — de se mettre à la tête d'un « mouvement catholique » régénérateur[17].

En janvier 1871, Desilets donne des conseils plus pratiques. « C'est l'heure de *l'autorité religieuse*, proclame-t-il, et partant, « il est évident, très-évident avec nos temporiseurs et nos légistes mal endoctrinés qu'il faut de la part des chefs religieux *Catholiques* une action énergique »; il recommande donc à son évêque de soigner d'une façon particulière le texte qu'il se propose d'écrire à ses diocésains, « de manière à produire une conviction parfaite du premier coup, et à user les dents de tous les ennemis qui oseraient l'attaquer »; cette intervention claire et ferme pourrait avoir un impact sur les hommes politiques: « Le courant sera établi par là pour les prochaines élections; nos législateurs seront les premiers à vouloir en tirer leur parti[18] ». Ces propos, qui rejoignent les préoccupations de Laflèche, ne le convainquent cependant pas de sortir immédiatement de sa prudence pour dénoncer publiquement la législation.

Le 10 mars 1871, en effet, l'évêque de Trois-Rivières publie une lettre pastorale sur *Les devoirs des fidèles dans les élections*[19]. C'est un document solennel — plus important, par exemple, qu'une circulaire au clergé — qui prend une signification spéciale du fait qu'il est promulgué au commencement du carême, « ce temps de pénitence, où l'Église vous (les fidèles) engage à rentrer en vous-mêmes et à vous occuper surtout de vos intérêts éternels et du salut de vos âmes[20] ». Or, malgré les préoccupations que révèle sa correspondance, Laflèche n'y parle pas du besoin d'amender la législation, mais il traite plutôt de corruption électorale. Reproduisant en entier le décret du 4e concile provincial dont il est l'inspirateur, il en fait un long commentaire en insistant sur la gravité des désordres et en demandant à ses ouailles de faire un examen de conscience « avec la pensée qu'il sera un jour révisé au tribunal du Souverain Juge » et de « satisfaire à la justice divine » par des réparations et des sacrifices[21]. Il déborde cependant le strict plan moral pour dénoncer les « faux docteurs », c'est-à-dire évidemment les libéraux[22], et pour décrire la mission des députés « chargés de défendre et de protéger vos intérêts religieux, selon l'esprit de l'Église, autant que de promouvoir et sauvegarder vos intérêts temporels[23] ». C'est pourquoi, conclut-il, il faut s'assurer prudemment « que le candidat à qui vous donnez votre suffrage est dûment qualifié sous ce double rapport, et qu'il offre, moralement parlant, toutes les garanties convenables pour la protection de ces graves intérêts[24] ». Sauf une allusion aux lois civiles « nécessairement en rapport sur un grand nombre de points avec la religion », Laflèche s'abstient donc de discuter de l'harmonisation des législations civiles et ecclésiastiques. Bien plus, dans une note confidentielle aux curés, il rappelle que « le Prêtre doit s'en tenir à l'exposé des principes que la Religion enseigne et des règles qu'elle impose aux Fidèles dans cet ordre de devoirs, et qu'il ne doit point aller plus loin », et il ajoute que « dans les circonstances actuelles, je ne vois rien

---

17. Le même au même, 16 octobre 1870, *ibid.*, B 3 D 18-6.
18. Le même au même, 20 janvier 1871, *ibid.*, B 3 D 46-9.
19. Laflèche, « Lettre pastorale de Monseigneur l'Évêque des Trois-Rivières sur Les devoirs des fidèles dans les élections », 10 mars 1871, METR, *Mgr Laflèche*, I, pp. 219-228.
20. *Ibid.*, I, p. 219.
21. *Ibid.*, I, p. 223s.
22. « Vous vous défierez donc de ces faux docteurs, et vous les reconnaîtrez facilement par leur opposition à l'enseignement de vos Évêques. Que devez-vous donc maintenant penser de ceux qui vous disaient et qui vous disent encore, quelquefois que les élections ne regardent pas les Prêtres, et qu'ils n'en doivent point parler en chaire, lorsque vous entendez les Pères d'un Concile approuvé par Notre-Très-Saint-Père le Pape leur en faire un devoir si grand? » (*Ibid.*, I, p. 226) Cette dénonciation rejoint celle qu'on rencontrait déjà en termes presque identiques, dans les *Quelques considérations...*
23. *Ibid.*, I, p. 226.
24. *Ibid.*

d'extraordinaire qui nous impose la pénible obligation d'en dévier[25] ». Ce sont des paroles prudentes bien éloignées des visions apocalyptiques du curé du Cap!

Mais les laïques ne sont pas liés par ces directives. À Montréal comme ailleurs, plusieurs d'entre eux, anciens zouaves pontificaux pour la plupart, pourchassent avec vigueur tout ce qui peut ressembler de loin au garibaldisme, que ce soit le libéralisme radical de l'Institut canadien de Montréal ou du *Pays,* ou le gallicanisme de quelques professeurs de l'université Laval ou de George-Étienne Cartier, ou simplement les idées qui ne concordent pas avec les leurs. Pour raffermir leur apostolat, les anciens soldats fondent, le 19 février 1871, l'Union Allet qui veut, entre autres buts, « travailler en commun avec tous les bons vouloirs des coeurs catholiques[26] ». Avec d'autres avocats et journalistes, certains d'entre eux organisent une réunion à Montréal en avril 1871. Il y a là François-Xavier-Anselme Trudel, Adolphe-Basile Routhier, B.-A. Testard de Montigny, Louis-Olivier Taillon, Siméon Pagnuelo, Sévère Rivard, Édouard Desjardins, Eugène Renault, Magloire McLeod, Cléophas Beausoleil et le chanoine Godefroy Lamarche, tous gens bien-pensants que passionne la défense des intérêts de l'Église. Ils dissertent de politique et concluent à la nécessité d'éclairer les catholiques sur l'enjeu des élections prochaines.

Partant de la lettre pastorale de Laflèche, plus précisément des trois paragraphes où il fait allusion au rôle législatif des députés, ils s'entendent pour rédiger et publier un manifeste électoral percutant. Intitulé *Programme catholique/Les prochaines élections*[27], le texte paraît dans le *Journal des Trois-Rivières* le 20 avril 1871, puis, les jours suivants, dans le *Nouveau-Monde,* le *Franc-Parleur,* l'*Ordre* et les autres journaux à tendance ultramontaine. Tout le monde est estomaqué par le radicalisme des auteurs. Ils offrent l'appui des catholiques au parti conservateur, « le seul qui offre des garanties sérieuses aux intérêts religieux », mais ils l'assortissent d'une condition *sine qua non :* « L'adhésion pleine et entière aux doctrines catholiques romaines en religion, en politique et en économie sociale » de tout candidat catholique ; sur cette lancée, ils donnent des directives précises sur la façon de voter quand il y a deux candidats conservateurs, un conservateur et un libéral, deux libéraux, etc... Ils précisent leur pensée en insistant sur la nécessité de corriger « dans nos lois des lacunes, des ambiguïtés ou des dispositions qui mettent en péril les intérêts des catholiques » :

> Ainsi la presse religieuse se plaint avec raison que nos lois sur le mariage, sur l'éducation, sur l'érection des paroisses et sur les registres de l'état civil, sont défectueuses en ce qu'elles blessent les droits de l'Église, gênent sa liberté, entravent son administration ou peuvent prêter à des interprétations hostiles. Cet état de choses impose aux députés catholiques le devoir de les changer et modifier selon que Nos Seigneurs les Évêques de la Province pourraient le demander afin de les mettre en harmonie avec les doctrines de l'Église catholique romaine. Or, pour que les députés s'acquittent plus diligemment de ce devoir, les électeurs doivent en faire une condition de leur appui. C'est le devoir des électeurs de n'accorder leurs suffrages qu'à ceux qui veulent se conformer entièrement aux enseignements de l'Église relativement à ces matières[28].

Il faut reconnaître que ce *Programme catholique,* révélé dans sa ville épiscopale, traduit bien les préoccupations et les idées de l'évêque des Trois-Rivières. Mais peut-on aller plus loin et prétendre qu'il en est le principal instigateur? Il ne semble pas. Rien ne prouve, en

---

25. *Ibid.,* I, p. 228.
26. « Les Zouaves », *Le Journal des Trois-Rivières,* 27 février 1871, p. 1.
27. C'est Magloire McLeod qui lui a donné ce titre.
28. « Programme catholique. Les prochaines élections », *Le Journal des Trois-Rivières,* 20 avril 1871, p. 2.

effet, que l'idée d'un tel manifeste vienne de lui et Magloire McLeod, au contraire, en revendique la paternité avec Alphonse Desjardins. Mais, confident du journaliste de Trois-Rivières, l'évêque est mis au courant du projet et il l'appuie[29]; bien plus, quand McLeod lui communique le texte qui émane des réunions d'avril 1871, Laflèche suggère « d'ajouter dans le programme que des modifications demandées au sujet de notre législation seraient celles arrêtées par Nos Seigneurs les Évêques de la Province de Québec, et (il) me (McLeod) fit changer quelques expressions pour plus de précision dans leur propriété[30] ». Ce geste, qui ne saurait rester secret bien longtemps, est une véritable caution d'une manoeuvre électorale. Pourquoi Laflèche le pose-t-il en ce moment?

Sans doute, comme nous venons de le signaler, parce qu'il retrouve dans le *Programme catholique* les principes qu'il a défendus personnellement depuis plusieurs années; voir enfin un groupe de laïques, et peut-être tout un parti politique, s'engager à changer la législation dans le sens des revendications épiscopales, ne peut que le combler d'aise. Mais ne se rend-il pas compte que ce manifeste ne peut pas être reçu avec joie ni même approuvé par le parti conservateur et les autorités religieuses de Québec? Que Laflèche se contente d'une vague déclaration de fidélité au parti conservateur et qu'il ne pense pas que le *Programme* puisse affaiblir l'équipe au pouvoir, on peut le comprendre par le fait que lui-même a toujours rêvé d'un parti conservateur pur, catholique, ultramontain, totalement protégé des idées libérales et que le manifeste est un bon moyen d'améliorer le parti dans ce sens; de plus, relativement peu mêlé aux milieux politiques proprement dits, il est assez mal placé pour prévoir les conséquences politiques du texte. Et d'ailleurs les principes peuvent-ils céder devant les considérations électorales? D'autre part, Laflèche connaît très bien la position de Québec. Déjà, depuis 1867, Mgr Baillargeon l'avait souvent entretenu des divergences entre les lois civiles et ecclésiastiques, mais en lui rappelant toujours que c'était un mal nécessaire[31]. Le nouvel archevêque Taschereau, qui a été le conseiller le plus écouté de Baillargeon et qui a toujours défendu les positions controversées des professeurs de l'université Laval, est lui aussi un partisan reconnu de la temporisation. Laflèche, porté à défendre la position contraire, serait-il à ce point astucieux pour espérer que Taschereau, nouveau dans son rôle d'archevêque, n'osera pas prendre la contrepartie d'un mouvement présenté en défense des droits de l'Église et qu'il laissera les ultramontains mener leur croisade? Peut-être, mais nous nous donnons le bénéfice du doute quand nous le voyons manoeuvré par le clan de Montréal.

Car, consciemment ou non, c'est le groupe montréalais qui veut mettre Taschereau devant le fait accompli et profiter de son inexpérience pour changer le rapport des forces entre l'Église et l'État. Sans doute personne n'exprime clairement ce but, mais on le perçoit chez les principaux protagonistes du *Programme*. Les avocats de Bourget, et même le chanoine Lamarche du *Nouveau-Monde,* ont trop souvent condamné le « gallicanisme » des lois canadiennes et les doctrines de l'université Laval, et prôné le besoin de réforme législative, pour ne pas viser Québec, foyer de la temporisation, et tenter de le réduire à *quia*. Magloire McLeod, du *Journal des Trois-Rivières,* sort de sa polémique avec les Québécois ulcéré et prêt à se venger, et il retrouve les mêmes sentiments chez ses collègues de Montréal. Même l'ineffable Luc Desilets, qui aurait bien aimé participer à la rédaction du *Programme,* y voit une occasion unique de mettre Taschereau dans l'embarras et de prouver que ses

---

29. Magloire McLeod déclare: « avant de partir pour Montréal, j'allai voir Sa Grandeur Mgr Laflèche et lui parlai de la démarche qui était en question. Sa Grandeur me répondit qu'elle ne voyait rien de mauvais dans le mouvement en question: qu'en se voyant et en s'entendant sur les questions alors agitées dans la presse les écrivains catholiques pourraient plus efficacement et plus sûrement faire prévaloir la vérité des principes catholiques » ([Déclarations assermentées de Magloire McLeod], 7 mars 1873, Savaète, *op. cit.,* II, p. 128).
30. *Ibid.,* II, p. 131.
31. Mgr Baillargeon à Laflèche, 7 décembre 1867, ASTR, *Fonds Laflèche,* A 1 B 10-17.

craintes à propos du nouvel archevêque étaient fondées. Tous concourent donc à pousser Laflèche à faire fi de l'opinion de Québec et à se ranger dans le camp montréalais plus revendicateur. Et ce n'est pas pour rien que le manifeste est d'abord publié à Trois-Rivières...

La parution du *Programme catholique* le 20 avril 1871 soulève un tollé général. Les libéraux y voient une autre machination contre eux, mais les conservateurs n'en sont pas plus heureux et ils craignent pour l'unité de leur parti. Leurs journaux, particulièrement la *Minerve,* dénoncent donc vigoureusement le *Nouveau-Monde* et le *Journal des Trois-Rivières,* et, en quelques jours, la polémique gagne toute la province. On peut se faire une idée du ressentiment du parti au pouvoir en lisant ce jugement de la *Voix du Golfe,* de Rimouski, contrôlée par la famille Langevin: « quel plus ridicule programme que celui du *Journal des Trois-Rivières,* qui n'ayant aucune base dans la volonté des supérieurs (lisez: les évêques) chargés de signaler les dangers, procède uniquement par hypothèse, ou en supposant que les députés catholiques seraient disposés à rejeter les *changements et modifications que nos Seigneurs Évêques de la province pourraient demander*[32] »! Et on n'est pas moins explicite dans le camp adverse.

Les remous sont tout aussi profonds dans le monde ecclésiastique. Le *Programme catholique* a un tel ton de mandement pastoral qu'il ne peut laisser indifférents les évêques; leur silence serait une approbation dont se targuent déjà les programmistes. À peine sorti des fêtes de son sacre (19 mars 1871), Mgr Taschereau est pris dans ce tourbillon de dénonciations et d'invectives. Mais, avant tout, la question discutée l'intéresse au plus haut point. Le contenu du *Programme* est diamétralement opposé à ses vues, lui qui est partisan de la conciliation et de la prudence et qui n'est pas porté vers les croisades. Il y a plus. Cette initiative des ultramontains de Montréal et de Trois-Rivières, approuvée par les deux évêques Bourget et Laflèche, l'archevêque de Québec est naturellement porté à la considérer comme une manoeuvre pour mettre l'assemblée épiscopale devant le fait accompli et l'obliger à affronter les hommes politiques si la conjoncture lui en fait une nécessité. En conséquence, se taire serait pour lui abdiquer son autorité d'archevêque; que resterait-il alors de son leadership face aux deux évêques triomphants?

Conscient de ce problème, Taschereau décide de se jeter dans la bataille, au risque même de créer de violentes divisions dans l'assemblée épiscopale. Le 24 avril 1871, il publie une très courte circulaire au clergé où il dit: « Je crois devoir vous informer que ce programme ne m'a été connu que par les journaux, et que, par conséquent, il a le grave inconvénient d'avoir été formulé en dehors de toute participation de l'épiscopat[33] ». Repris par les journaux, le texte est largement commenté et discuté. Par la suite, la publication d'une lettre de l'archevêque à Mgr La Rocque, de Saint-Hyacinthe, rend encore plus évidentes la colère de Taschereau et sa prétention de ne pas s'en laisser imposer[34].

En cela, il est suivi par deux suffragants. Le 29 avril, Mgr Jean Langevin, de Rimouski, reprend à son compte le texte de Taschereau en le faisant précéder de cette phrase laconique: « Quelques journaux viennent de s'arroger le droit de tracer aux catholiques de la Province de Québec la ligne de conduite que ceux-ci auront à tenir dans les élections prochaines[35] »; Mgr Charles La Rocque, de Saint-Hyacinthe, prend la même position le 28 avril 1871[36]. Par contre, Bourget et Laflèche, qui ont donné leur approbation avant

---

32. *La Voix du Golfe,* 28 avril 1871, p. 2.
33. « Circulaire au clergé », 24 avril 1871, MEQ, *Son éminence le cardinal Taschereau,* I, p. 37.
34. Mgr Taschereau à Mgr C. La Rocque, 24 avril 1871, *Mémoire sur le Programme catholique,* p. 6.
35. Mgr J. Langevin, « Circulaire au clergé », 29 avril 1871, MER, *Mgr Langevin,* I, p. 347.
36. Mgr C. La Rocque, « Circulaire désavouant un Programme politique à l'usage des catholiques de la province de Québec », 28 avril 1871, MESH, 3, p. 460s.

même la publication du *Programme*[37], ne peuvent se déjuger. L'évêque de Montréal parle le premier et adresse une lettre explicite à F.-X.-A. Trudel le 6 juin 1871:

> La présente est pour certifier à qui voudra l'entendre, que j'approuve en tout point le *Programme catholique* et qu'il n'y a rien dans ce programme qui soit dans mon opinion digne de blâme, même au point de vue de l'opportunité.
>
> J'ajoute que je considère ce programme comme la plus forte protection du vrai parti conservateur et le plus ferme appui des bons principes qui doivent gouverner une société chrétienne[38].

À Trois-Rivières, le *Journal* défend d'arrache-pied son programme, explique son contenu et ses buts, et tente de limiter la portée des condamnations épiscopales. Très tôt, et à plusieurs reprises, il souligne que son texte est « non un mandement pastoral, mais un programme basé sur un mandement pastoral » et que « C'est pour nous conformer à ces enseignements que nous avons demandé à tous les députés locaux actuels de ce district, une lettre d'adhésion à notre programme, lettre qu'aucun d'eux n'a donnée par surprise mais avec pleine connaissance de cause[39] ». Bien plus, dit-il, le *Programme* n'est qu'une explicitation de la lettre de Laflèche — « C'est après avoir entendu sa voix si forte, si éloquente que nous avons parlé dans notre humble sphère, non en évêque mais en journaliste catholique[40] » — et, comme l'évêque ne l'a pas dénoncé, la condamnation de Taschereau ne s'applique pas à Trois-Rivières[41]. De plus en plus directement mis en cause, Laflèche peut-il se permettre de demeurer encore muet?

Son intervention est également sollicitée par Luc Desilets. Le bouillant curé augmente sa pression sur l'évêque. Percevant la situation comme une « question de l'Église ou de la vérité contre le mal et l'erreur », il décèle au Québec deux camps antagonistes: « Nous voyons avec l'Église deux Évêques, la plus grande partie des prêtres, un certain nombre de laïcs; avec l'ennemi, l'Archevêque, deux Évêques, presque tout notre rouage politique, la pluspart (*sic*) des grandes communautés enseignantes, quelques prêtres ». Et il s'empresse d'ajouter: « Puis la masse des fidèles est là entre deux, qui n'y comprend rien, et qui sera à qui l'éclairera ou l'attirera ». Or, continue-t-il, les gallicans sont déjà « furieusement à l'oeuvre »; il faut donc réagir vigoureusement: « Si donc Votre Grand. & Mgr de Montréal n'imprimez au parti catholique un mouvement irrésistible par une action publique, et ne lui donniez des voix autorisées dans le Parlement, nous aurons la confirmation des lois gallicanes anciennes puis l'imposition de nouvelles plus conformes aux idées du jour[42] ». Une intervention du clergé est urgente à ses yeux. *« À cause des besoins extraordinaires de l'Église »*, il demande, pour lui et ses confrères de la circonscription de Champlain, « la liberté d'user convenablement de toute mon influence pour faire élire le candidat le plus capable de défendre les droits & intérêts de l'Église (il s'agit de François-Xavier-Anselme Trudel, programmiste), notamment la liberté de conseiller un tel choix[43] ». Mais, de Laflèche, il exige plus que des avertissements, des « ordres » sous forme d'un mandement[44].

---

37. Routhier, McLeod et Beausoleil sont allés rencontrer Bourget pour lui soumettre le projet et le consulter sur son opportunité ([Déclaration assermentée de François-Xavier-Anselme Trudel], 3 mars 1873, Savaète, *op. cit.*, II, p. 124); McLeod a soumis le texte à Laflèche ([Déclaration assermentée de Magloire McLeod], 7 mars 1873, *ibid.*, II, p. 131).

38. Mgr Bourget à F.-X.-A. Trudel, 6 juin 1871, *ibid.*, II, pp. 113-115.

39. « Les prochaines élections II », *Le Journal des Trois-Rivières*, 1er mai 1871, p. 2.

40. *« Programme Catholique »*, *ibid.*, 1er mai 1871, p. 2.

41. Son adversaire de Trois-Rivières, le *Constitutionnel*, est d'un avis contraire (« Programme catholique », *Le Constitutionnel*, 1er mai 1871. p. 2).

42. Luc Desilets à Laflèche, 24 avril 1871, ASTR, *Fonds Laflèche*, B 3 D 46-11.

43. Le même au même, 10 mai 1871, *ibid.*, B 3 D 46-12.

44. *Loc. cit.*

L'évêque résiste cependant à ce délire passionné. Il songe d'abord à promulguer dans son diocèse le texte de Mgr Bourget du 6 mai 1871[45], puis il se ravise et publie sa propre circulaire le 15 mai. L'élément principal en est sûrement l'approbation qu'il donne au *Programme catholique* et aux journalistes qui le défendent:

> Des hommes éclairés et dévoués à la protection de nos intérêts religieux, profitant de cette latitude, se sont entendus et concertés ensemble pour assurer davantage cet heureux résultat (la protection des intérêts religieux) en travaillant à éclairer l'opinion publique sur les questions agitées et à lui donner une direction commune, toujours si puissante par la force de l'association. En cela ils n'ont fait qu'user d'un droit commun à tous les Catholiques. Leurs écrits dans la presse n'ont sans doute rien du caractère de l'Autorité: ce qui est un inconvénient commun à tous les articles de journaux; mais ils ne laissent pas néanmoins que de se recommander à la confiance des Catholiques par la pureté de la doctrine, par le dévouement à l'autorité religieuse, par le respect de tous les droits, ainsi que par la modération et la convenance des formes, en général.

Quel camouflet infligé à l'archevêque! Mais le texte contient d'autres points importants. Il insiste longuement sur la « Suprématie de l'Église » et sur le pouvoir incontestable des évêques et du pape « de décider en cas de contestation, sur l'étendue et les limites de cette liberté (de l'Église) et de ces droits». Il décrit les défauts de la législation canadienne et conclut: « qui oserait soutenir que nos lois relatives à l'Église n'ont pas besoin de quelques corrections, et qui oserait assurer que l'épiscopat ne jugera pas à propos de les demander dans un avenir plus ou moins prochain?» Laflèche redit cependant sa confiance « dans les hommes Catholiques qui président à nos destinées» et il souligne que, l'autorité compétente n'ayant pas précisé les moyens à prendre pour corriger la situation, «chacun peut librement adopter celui que sa conscience lui montrera être le plus sûr et le plus efficace ». Enfin, il demande aux curés de lire en chaire les paragraphes de la lettre pastorale du 4e concile de Québec relatifs aux élections, « en accompagnant cette lecture des explications propres à la faire bien comprendre »; comme il ne s'accompagne pas des conseils de prudence généralement rappelés en ces occasions, cet ordre peut être interprété largement et conduire facilement à des abus[46].

Comme il fallait s'y attendre, la circulaire de Laflèche ne met pas fin aux polémiques dans les journaux ou aux discussions théologiques sur les *hustings*. D'autant plus que, malgré cette clarification, l'évêque croit nécessaire d'être plus explicite encore dans une lettre à F.-X.-A. Trudel le 7 juin 1871:

> Vous me demandez si ma dernière lettre circulaire renferme une approbation du Programme catholique. Comme j'ai parlé pour être compris, je crois que l'on ne s'y est pas mépris et que l'on y a vu cette approbation.

> Je l'ai approuvé parce que j'y ai trouvé le but légitime et bon et que les moyens proposés pour atteindre ce but sont justes et honnêtes[47].

Après ces deux interventions publiques, personne ne peut douter que Laflèche entérine complètement la position des programmistes et que, ce faisant, il prend ses distances par rapport à l'archevêque Taschereau pour se rapprocher du controversé Bourget. Avec toutes les conséquences que souligne l'*Événement,* de Québec:

---

45. Mgr Bourget, « Circulaire au clergé concernant les élections », 6 mai 1871, MEM, VI, pp. 170-177. Laflèche le dit lui-même dans une lettre à l'évêque de Montréal (Laflèche à Mgr Bourget, 8 mai 1871, AETR, *Registre des lettres,* V, 63).
46. Laflèche, « Circulaire au clergé », 15 mai 1871, METR, *Mgr Laflèche,* I, pp. 259-268.
47. Laflèche à F.-X.-A. Trudel, 7 juin 1871, Savaète, *op. cit.,* II, p. 111s.

Notre population se trouve donc placée dans la déplorable alternative de déplaire à deux Évêques ou à désobéir à trois. Il nous semble, pour notre part, que rien n'aurait dû être épargné pour éviter de la mettre dans une pareille position et de constituer ainsi l'opinion publique en tribunal décidant les questions qui divisent les chefs de l'Épiscopat[48].

Cette situation est encore plus vraie dans le district de Trois-Rivières où l'action de Laflèche accentue le caractère religieux de la campagne électorale. Pour sa part, le *Journal des Trois-Rivières,* qui passe toujours pour le porte-parole de l'évêché, ne jauge les candidats qu'à l'aune de l'obéissance à l'évêque. Henri-Gédéon Malhiot est imbu de « mauvais principes », car « il a nié appartenir au parti catholique du Programme »; et le journal de conclure: « Tel est M. Malhiot et l'on viendrait opposer cette girouette à M. Genest (...) qui n'a pas honte comme M. Malhiot de confesser sa foi devant les protestants et de leur dire publiquement: je suis catholique, je me fais un honneur de porter ce nom et je ne craindrai pas dans le conseil de la nation de défendre la liberté de ma religion![49] » Dans la circonscription de Nicolet, dit le même journal, « M. Gaudet nous le savons, a toute (*sic*) les sympathies du clergé du comté et il les mérite parce qu'il y a peu de candidats qui l'ont si bien défendu. Nous ne pouvons pas en dire autant de M. Méthot[50] ». Pour tout dire, en face des candidats qui ont appuyé le *Programme,* le *Journal des Trois-Rivières* ne voit que « les rouges, les socialistes, les communistes et les gallicans[51] ». Or, ce jugement public rejoint étrangement l'analyse que fait Laflèche dans une lettre à Mgr Bourget: « La lutte électorale qui se fait en ce moment voit se produire un fait assez remarquable: c'est que l'opposition au programme catholique se recrute à peu près exclusivement dans le parti libéral et rouge, heureux de se voir appuyés par un certain nombre de leurs anciens adversaires. C'est sans doute un signe de temps et des camps[52] ». A-t-on vraiment tort de faire du *Journal des Trois-Rivières* l'écho de l'évêché?

Entraîné dans l'arène politique par sa défense absolue des principes, Laflèche n'y trouve guère de motifs de consolation. Même s'il ne peut se faire d'illusion sur les résultats électoraux — le combatif Luc Desilets est là pour lui prédire le pire[53] —, la défaite de *tous* les programmistes, sauf François-Xavier-Anselme Trudel, l'attriste, mais il n'en glisse mot à personne, laissant à Magloire McLeod et à Luc Desilets le soin d'analyser la défaite dans le *Journal des Trois-Rivières.* Le premier, plus circonspect, parle d'un triomphe des libéraux et de la corruption électorale[54]. Le curé du Cap-de-la-Madeleine fait une critique en deux temps. Dans sa correspondance privée avec l'évêque, il dénonce deux boucs émissaires: les curés qui n'ont « rien dit des principes ou dit des choses à peu près insignifiantes, de peur de se compromettre ou pour imiter la facile et fausse direction de Québec »; Magloire McLeod qui a mal rempli son devoir de journaliste: « Il a fait signer le programme aux anciens députés. Il ne les a pas ou presque pas soutenus; ils ont tous été défaits, et il ose se donner publiquement des éloges! Et les ennemis reproduisent cela, n'ont rien de mieux à faire qu'à reproduire cela pour notre flagellation ». Dans la circonscription de Champlain où la lutte a été d'une violence inouïe, la victoire a été acquise, au contraire, par l'intercession de Notre-Dame du Rosaire — Desilets fait entrer discrètement Trudel dans la confrérie du Très-Saint-

---

48. Reproduit dans le *Constitutionnel,* 26 mai 1871, p. 2.
49. « Élection - Division des Trois-Rivières », *Le Journal des Trois-Rivières,* 9 juin 1871, p. 2.
50. « Comté de Nicolet », *ibid.*
51. *« Le Programme », ibid.,* 12 juin 1871, p. 2.
52. Laflèche à Mgr Bourget, 12 juin 1871, ACAM, 295. 104, 871-11.
53. L. Desilets à Laflèche, 24 avril 1871, ASTR, *Fonds Laflèche,* B 3 D 46-11.
54. « Les élections de notre district, en 1867 et en 1871 », *Le Journal des Trois-Rivières,* 28 juin 1871, p. 2 et 3 juillet 1871, p. 2.

Rosaire — et par l'intervention efficace du clergé et surtout du curé du Cap[55]. Ces rodomontades lui valent de Laflèche une réprimande publique « en face de tout votre évêché » et Desilets n'évite une nouvelle éclipse dans ses relations avec l'évêque qu'après un long plaidoyer contenu dans trois lettres totalisant 34 pages[56]. En un deuxième temps, il reprend les mêmes idées en les amplifiant dans une série d'articles[57] qu'il écrit, à partir du 19 février 1872, dans le *Journal des Trois-Rivières* qu'il vient d'acheter au nom de son frère Gédéon[58]. Faute de récusation officielle, ces jugements, véhiculés par le journal local, passent pour traduire la pensée de l'évêque, quelques exagérations en moins.

Au terme de cette première phase de l'aventure du *Programme catholique,* comment se présente le bilan pour Laflèche? Ses déclarations ont créé un froid avec certains évêques, mais les ponts ne sont pas coupés, même avec l'archevêque. Laflèche et Taschereau ne s'entretiennent guère entre eux du *Programme ;* ce n'est qu'en novembre 1871 que le second dénonce la violence de langage du rédacteur du *Journal des Trois-Rivières* « à propos du programme[59] ». Laflèche se montre conciliant et répond que l'article incriminé a été publié à son insu et qu'il a prié le responsable d'éviter de telles discussions et « d'écrire aussi avec plus de modération en évitant avec soin les qualifications injurieuses à l'adresse de ses confrères[60] ». La correspondance régulière qu'ils échangent entre eux demeure sereine et familière. Au début de 1872, l'archevêque se plaint à son aîné: « Hélas! en jetant les yeux sur l'année qui finit, je ne vois que le vide[61] »; son suffragant lui répond avec la même franchise: « (...) de quel sentiment ne me sens-je pas affecté, quand je regarde les 5 années écoulées de mon épiscopat? je vous avoue que j'en suis par temps effrayé et qu'il me vient en pensée d'envoyer ma résignation au St-Père[62] ». Mgr Jean Langevin, qui s'était lié d'amitié avec Laflèche à Rome, manifeste plus d'aigreur; il profite de deux incidents pour tancer l'évêque de Trois-Rivières: « Ainsi V. G. ne se contente pas de me laisser insulter, avec son Archevêque et un autre de ses collègues, par le « Journal des Trois-Rivières », au sortir même de notre réunion épiscopale. Elle vient de plus embaucher un de mes prêtres (Alexis Pelletier) avec lequel j'étais en pourparlers pour lui donner un poste. C'est vraiment une singulière manière d'entendre et de pratiquer la charité, la justice et le respect de l'ordre épiscopal[63] ». Laflèche conjure l'orage, et la rupture définitive, en lui donnant des explications très détaillées[64]. Les relations sont plus faciles avec Mgr Charles La Rocque, de Saint-Hyacinthe; dès le mois d'août, Laflèche lui écrit: « La divergence d'opinion qui a percé entre nous au sujet des questions auxquelles V. Grand. fait allusion m'a aussi affligé. J'ai pourtant la confiance qu'elle ne diminuera en rien la charité et la bienveillance qui ont toujours existé dans nos rapports ». C'est d'ailleurs à ce collègue qu'il fait part d'un jugement global sur tout l'incident: « S'il s'en est suivi quelques conséquences pénibles, j'espère que d'un autre côté le Bon Dieu saura en tirer le bien,

---

55. L. Desilets à Laflèche, 27 juin 1871, ASTR, *Fonds Laflèche,* B 3 D 18-7.
56. Le même au même, 14 juillet, 10 août, 11 août 1871, *ibid.,* B 3 D 18-8, 9, 14.
57. Un Prêtre du Comté de Champlain, « Le Clergé du Comté de Champlain », *Le Journal des Trois-Rivières,* 19 février 1872, p. 2. Le dernier des articles paraît le 13 mai 1872.
58. Gédéon Desilets acquiert le *Journal des Trois-Rivières* en février 1872 (*Le Journal des Trois-Rivières,* 15 février 1872, p. 2); son frère Luc se vante de s'être endetté de $3 000 pour assurer la transaction (L. Desilets à Laflèche, 15 février 1873, ASTR, *Fonds Laflèche,* B 3 D 47-5).
59. Mgr Taschereau à Laflèche, 10 novembre 1871, ASTR, *Fonds Laflèche,* A 1 T 99-25.
60. Laflèche à Mgr Taschereau, 11 novembre 1871, AAQ, 33 CR, *Diocèse de Trois-Rivières,* 1, 140.
61. Mgr Taschereau à Laflèche, 19 mars 1872, ASTR, *Fonds Laflèche,* A 1 T 99-36.
62. Laflèche à Mgr Taschereau, 22 mars 1872, AAQ, 33 CR, *Diocèse de Trois-Rivières,* 1, 146.
63. Mgr J. Langevin à Laflèche, 13 novembre 1871, ASTR, *Fonds Laflèche,* A 1 L 54.
64. Laflèche à Mgr J. Langevin, 15 novembre 1871, ASTR, *Fonds Laflèche,* A 1 L 54. Voir Nive Voisine, « La correspondance Langevin-Laflèche », La Société canadienne d'histoire de l'Église catholique, *Sessions d'étude* 34 (1967), pp. 79-86.

car il me semble que malgré la divergence d'opinion sur l'opportunité de ces débats, il y avait à peu près unanimité à faire droit aux demandes que le corps épiscopal jugerait nécessaire de faire[65] ». C'est un signe évident que Laflèche veut minimiser les effets de la querelle entre évêques et retrouver l'unité perdue.

Les débats sur le *Programme catholique* ont-ils des conséquences sur la vie diocésaine? La question est d'importance, puisque la majorité des électeurs du district, comme de la province, repoussent les candidatures programmistes, même si on les dit appuyées par Laflèche. Ce qui semblerait, à première vue, un désaveu de l'évêque ne résiste pas à l'analyse. Malgré tous les efforts du *Journal des Trois-Rivières* et de certains théologiens de salon, les électeurs ont été davantage influencés par la personnalité des candidats locaux, les problèmes concrets et les promesses des organisateurs que par le débat d'idées qui intéressaient quelques écrivailleurs avocassiers, Et ils n'ont pas fait de leur vote un bulletin de référendum pour ou contre l'évêque. C'est pourquoi Laflèche ne perd pas la confiance de son clergé et, sauf la difficulté avec le séminaire de Nicolet qui traîne encore, rien ne semble vouloir assombrir l'horizon ecclésiastique. Nous pouvons faire les mêmes remarques à propos des fidèles: même ceux qui ont voté contre les programmistes n'ont pas voulu attribuer à l'évêque les déclarations furibondes du *Journal des Trois-Rivières*.

Il est cependant une conséquence plus importante qu'il faut rappeler de nouveau: le rapprochement avec Montréal. Il était déjà commencé, surtout avec la formation d'un comité conjoint pour l'étude du *Code des curés* où les Desilets — Alfred d'abord, puis l'envahissant Luc qui devient le porte-parole de Trois-Rivières — jouent un rôle qui ne peut pas être modéré. Mais en appuyant le contenu du *Programme* et en défendant publiquement ses auteurs, Laflèche ne fait pas que prendre ses distances vis-à-vis le nouvel archevêque, il manifeste surtout son approbation de la position plus ferme des Montréalais dans la question des relations entre l'Église et l'État. D'une façon indirecte pour le moment, il donne son appui aux diverses campagnes de l'évêque de Montréal: la question de la paroisse et des registres, le projet de l'université, etc.. L'année 1872 permettra à Laflèche de donner plus clairement son opinion sur ces divers problèmes et de se ranger officiellement et définitivement dans le camp de Mgr Bourget.

5- La difficile année 1872

Une fois sa colère rentrée et les échos de l'élection disparus — il faut noter qu'on vote du 16 juin au 14 juillet 1871[66], — Mgr Taschereau s'attaque à la tâche de réunifier l'épiscopat et de discuter sobrement de certaines questions urgentes. Il convoque dans ce but une réunion de tous les évêques pour le 17 octobre 1871.

En posant un tel geste, le jeune archevêque se pose un défi, car il n'est pas certain qu'une simple réunion pourra recréer l'union. C'était un remède efficace quand les problèmes étaient moins nombreux et moins passionnés, mais les esprits se sont tellement échauffés depuis quelques mois qu'il y a risque d'envenimer les querelles plutôt que les régler. En revanche, Taschereau a besoin d'affirmer son leadership immédiatement s'il ne veut pas devenir la marionnette des ultramontains. Conscient des écueils qui le guettent, il décide de jouer de prudence et il annonce d'avance les principaux sujets qui seront débattus[67]. C'est une décision sage en l'occurrence, puisque ses deux « adversaires » fourbissent déjà leurs armes.

---

65. Laflèche à Mgr C. La Rocque, 10 août 1871, AETR, *Registre des lettres*, V, 78.
66. La meilleure analyse de cette élection est celle de Marcel Hamelin, *Les premières années du parlementarisme québécois (1867-1878)*, pp. 119-133.
67. Mgr Taschereau à Laflèche, 10 octobre 1871, ASTR, *Fonds Laflèche*, A 1 T 99-24.

En effet, dès l'annonce de la réunion, Mgr Bourget écrit à Laflèche pour convenir de ce qui devrait être discuté — *le code des curés,* le *Programme catholique,* les réformes du code civil... — et, soulignant qu'il faut « nous bien préparer pour cette importante circonstance », il propose d'amener des théologiens et des avocats et de rédiger « un bon mémoire sur les diverses questions qui vont venir sur le tapis » ; se prenant pour le président de l'assemblée, il suggère même de prévoir les formules d'amendements au code et les pétitions au gouvernement[68]. Tout en louangeant ses initiatives, Laflèche tempère la fougue du doyen de l'épiscopat ; il admet qu'il est « fort prudent de se tenir prêt à toute éventualité », mais il ne croit pas possible de vider toutes les questions : sans doute l'affaire du code civil occupera-t-elle la plus grande partie du temps et il ne serait peut-être pas sage de soulever le problème du *Programme catholique* « parce qu'on en arrivera difficilement à s'accorder sur ce projet, tant la manière de voir me paraît divergente[69] ».

Accompagnés d'un théologien chacun, les évêques de Québec, Montréal, Ottawa, Saint-Boniface, Saint-Hyacinthe, Trois-Rivières et Rimouski se rencontrent à Québec du 17 au 24 octobre 1871. Ils le font dans une grande discrétion qui intrigue les journaux : « C'est une réunion strictement privée et on ne peut savoir ce qui s'y discute », note le *Journal de Québec,* habitué au faste des conciles provinciaux[70]. Loin des bruits de la ville, les pasteurs n'en sont que mieux placés pour crever certains abcès. Auparavant quelques problèmes anodins sont rapidement et unanimement résolus, comme la décision d'organiser une collecte pour le sanctuaire de Sainte-Anne-de-Beaupré et d'y affecter les profits de la vente du petit catéchisme français et anglais, la demande de rattacher le diocèse de Vancouver à la province ecclésiastique de Québec et, plus tard, à celle de Saint-Boniface, le projet d'ériger un diocèse dans les Cantons de l'Est. D'autres sujets soulèvent des questions, mais n'en sont pas moins réglés à l'unanimité. Par exemple, en réponse à un mémoire de plusieurs prêtres de Québec et à une lettre du président de la société Saint-Jean-Baptiste sur l'émigration aux États-Unis, les évêques décident d'organiser, conjointement avec leurs collègues américains, des missions destinées spécialement aux Canadiens français exilés. L'assemblée acquiesce aussi à la demande de Mgr Taché de promouvoir l'émigration de colons du Québec vers le Manitoba : tous les évêques signent la circulaire écrite par Taché et Laflèche à leur suggestion et ils votent une résolution pour prier les ministres fédéraux de nommer « dans la province de Québec, quelques agents d'émigration pour le Manitoba, et (d'accorder) un Secours pécuniaire aux émigrants qui partent de Québec semblable à celui qui est accordé à ceux qui partent de Toronto ». On peut mettre dans la même catégorie le débat sur le *Code des curés* — le secrétaire note d'une façon laconique : « L'Assemblée discute longuement plusieurs points du Code des Curés du Juge Beaudry[71] » — et la proposition de Mgr Jean Langevin sur la ligne de conduite à tracer aux laïques qui écrivent sur des sujets religieux ; même si personne n'en glisse mot, c'est une allusion directe au *Programme catholique,* ce qui explique qu'on s'y prenne en trois fois pour rédiger et accepter unanimement la directive suivante : « Les Évêques conviennent entre eux d'exhorter les membres de leur Clergé et les écrivains catholiques à ne pas soulever ni discuter de questions brûlantes en matières religieuses ou ecclésiastiques sans en avoir conféré avec leur évêque respectif ». Façon habile de sortir tout le monde du guêpier du *Programme!*

---

68. Mgr Bourget à Laflèche, 29 septembre 1871, *ibid.,* A 1 B 19-21.
69. Laflèche à Mgr Bourget, 2 octobre 1871, ACAM, 295. 104, 871-13.
70. « L'assemblée des évêques », *Le Journal de Québec,* 20 octobre 1871, p. 2.
71. Mgr Bourget soumet à ses collègues un long mémoire sur la question : *Mémoire d'un Canoniste du diocèse de Montréal, soumis à l'assemblée des Évêques de la Province de Québec, réunis à l'Archevêchée en octobre 1871, par Mgr l'Évêque de Montréal,* 43p., AAR, *Diocèse de Montréal,* 2 (1856-1885).

Le plus gros du travail de l'assemblée épiscopale est cependant consacré à l'étude des amendements désirés au code civil. Tous s'entendent facilement pour en faire la demande au gouvernement provincial le plus tôt possible; les difficultés surgissent quand il faut préciser quels articles amender et quels textes proposer en remplacement. Pout éviter une impasse toujours possible, les évêques confient à une commission de théologiens[72] le soin de faire les premières études et de suggérer les amendements au sujet 1) de l'érection des paroisses, 2) de la construction et des réparations des édifices religieux, 3) des fabriques, communautés religieuses et biens ecclésiastiques, 4) des empêchements de mariage, 5) de la tenue des registres, 6) de la tenue des bans. Le groupe de travail fait un rapport sur chacun de ces problèmes et, sauf pour les restrictions au pouvoir des corporations religieuses d'acquérir des immeubles, divers amendements au code sont suggérés et acceptés, parfois après de longs débats. Tant et si bien qu'à la fin de la rencontre, l'archevêque est prié de s'aboucher avec le gouvernement provincial et « d'informer ensuite les Évêques du résultat de cette démarche ». Sur ce point comme sur tous les autres, la réunion s'avère un succès, si bien qu'avant de se séparer, les évêques tiennent à faire connaître « le bonheur qu'ils ont éprouvé à se rencontrer avec leur Archevêque » et ils souhaitent se réunir ainsi « au moins une fois l'an[73] ».

Le laconisme du procès-verbal officiel de l'assemblée ne permet pas de savoir quelle a été la participation de Laflèche dans toutes ces délibérations. À part la rédaction de la *Circulaire privée au clergé de toute la province ecclésiastique de Québec*[74], dont nous avons parlé, Laflèche pose un seul geste qui mérite une mention dans le compte rendu de la réunion : il propose et fait accepter qu'on demande aux curés d'exiger d'une façon plus régulière le paiement de la dîme et des arrérages dus aux fabriques. Il va sans dire, cependant, qu'il intervient dans les débats. En confidence, il écrit à un ami qu'il y a eu accrochage entre l'archevêque et lui à propos de la propriété des biens ecclésiastiques : « Le domaine appartient aux fidèles », prétend Taschereau; « Le domaine appartient à Dieu, au Pape, et les fidèles ou les religieux n'en ont que l'usage », rétorque Laflèche, en pensant au procès qu'il soutient contre le séminaire de Nicolet[75]. On peut dire néanmoins que l'évêque de Trois-Rivières est un des mieux préparés quand il se présente à la réunion de Québec. Non seulement parce que la question du code civil le préoccupe depuis longtemps, mais parce qu'il a un informateur de première qualité, le père Antoine-Nicolas Braun, s.j. Théologien préféré de Laflèche qui le consulte régulièrement sur diverses questions de théologie morale, ce prédicateur jésuite, qui a séjourné à Québec avant d'en être «chassé» par Mgr Baillargeon à l'instigation des grands vicaires Taschereau et Cazeau[76], a sans cesse dénoncé à son correspondant les faiblesses du code civil, particulièrement en ce qui concerne le mariage et les rapports Église-État. Il le fait de nouveau, en 1871-72, en le mettant au courant de la progression d'un ouvrage qu'il rédige sur la réforme de la législation « dans le Bas-Canada »; il est donc tout à fait prêt à refiler un mémoire succinct à Laflèche en préparation de l'assemblée des évêques[77], texte qui servira de *vade-mecum* à l'évêque de Trois-Rivières pendant les

---

72. La commission est formée de C.-F. Cazeau, Charles-Olivier Caron, Joseph Desautels, Thomas Pépin, Antoine Racine et Benjamin Pâquet, tous théologiens des évêques présents.
73. Mgr Jean Langevin, (Procès-verbal de l'assemblée des évêques de la province ecclésiastique de Québec), 25 octobre 1871, 17p., ASTR, *Fonds Laflèche*, A 4, 2-1.
74. « Circulaire privée au clergé de toute la province ecclésiastique de Québec », 23 octobre 1871, MEQ, *Son éminence le cardinal Taschereau*, 1, pp. 81-83.
75. Antoine-Nicolas Braun à Jean Bapst, 17 novembre 1871, ASJCF, 5259-10.
76. A.-N. Braun à Laflèche, 16 octobre 1871, ASTR, *Fonds Laflèche*, A 2 B 25-24. Le père explique les circonstances de son renvoi de Québec dont la raison principale serait un sermon sur l'éducation fait à Trois-Rivières pendant l'absence de Laflèche.
77. Le même au même, 9 septembre 1871, *ibid.*, A 2 B 25-23 ; Braun, *Mémoire dans lequel on fait connaître ce qui dans la législation actuelle du Canada est contraire à la liberté et à l'indépendance de l'Église*, sans date, 4 p., *ibid.*

délibérations de Québec. Et qui permettra à Laflèche de jouer un rôle plus déterminant dans les mois qui suivent.

Conformément au mandat reçu de l'assemblée épiscopale, Taschereau rencontre le premier ministre, P.-J.-O. Chauveau, qui se montre intéressé au point de prévoir présenter les amendements « dans cette session, où il y a si peu à faire[78] ». Approché par l'archevêque en compagnie des ministres Chauveau et Gédéon Ouimet, George-Étienne Cartier se montre beaucoup plus réticent; il entrevoit beaucoup d'obstacles aux demandes des évêques, la simplification des procédures pour la construction ou la réparation des églises étant la seule, à ses yeux, à ne souffrir aucune difficulté. Comme il ne s'agit pas d'une réponse définitive, mais d'un simple échange de vues, Taschereau décide de rédiger un mémoire dans l'espoir « que nous aurons plus de chance dans quelque temps ». À son avis, en effet,

> nos hommes d'état reviendront, je l'espère, sur leur première impression. Ils sont bien disposés, mais ils ne se sentent pas assez maîtres du terrain pour se risquer sans y regarder deux fois. Je ne suis nullement dans le secret de leurs sentiments intimes, mais je pense que la chute du ministère d'Ontario les a surpris et qu'ils en craignent le contrecoup dans le Parlement fédéral[79].

Laflèche, qui reçoit ces confidences, félicite l'archevêque de son insistance auprès des ministres, mais il marque son désaccord avec son explication toute politique : « Leurs hésitations (des hommes politiques) n'ont rien qui doive nous surprendre ; malgré leurs bonnes dispositions, il est facile de comprendre qu'ils redoutent un peu les susceptibilités protestantes et le libéralisme des rouges ». Il conseille donc « persévérance et fermeté » et il suggère de demander l'approbation de Rome[80].

Se déclarant tout à fait d'accord avec la proposition de son collègue de Trois-Rivières[81], Taschereau consulte ses suffragants sur ce recours à Rome. Laflèche ne peut être que favorable à une démarche qu'il a suggérée et il accompagne sa réponse d'un long mémoire en latin[82]; Bourget et Jean Langevin sont de son avis. Au contraire, les évêques d'Ottawa et de Saint-Hyacinthe n'y voient aucun avantage et l'archevêque se range à leur opinion ! Il remet la consultation romaine à plus tard et se contente d'envoyer à Cartier un mémoire basé sur les explications de Laflèche et de Langevin[83]. Dur coup pour l'union retrouvée que ce recul surprenant de l'archevêque !

C'est d'autant plus grave que surgissent de nouveaux sujets de friction entre les évêques. La question du chemin de fer de la rive nord, par exemple. Alors que l'archevêque demande aux curés de Portneuf d'appuyer le projet « à cause des avantages considérables qui doivent en résulter pour cette partie du pays[84] », leur voisin, Luc Desilets, lance une véritable croisade contre le même projet dans la circonscription de Champlain. Dans sa correspondance, dans des discours, dans le *Journal des Trois-Rivières,* le curé du Cap-de-la-Madeleine dénonce le mode de financement qui « porte une *atteinte directe* au droit de *propriété,* » ce qui est pour lui une forme de « communisme », et les moyens — « la *ruse, la corruption,* sur une grande échelle encore » — pour l'obtenir[85]; il supplie Laflèche d'intervenir dans le sens contraire de Taschereau pour redorer son blason pâlissant, car, dit-il, « On trouve déjà que la

78. Mgr Taschereau à Laflèche, 10 novembre 1871, ibid., A I T 99-25.
79. Le même au même, 27 décembre 1871, *ibid.,* A 1 T 99-29.
80. Laflèche à Mgr Taschereau, 8 janvier 1872, AAQ, 33 CR, *Diocèse de Trois-Rivières,* 1, 144.
81. Mgr Taschereau à Laflèche, 12 janvier 1872, ASTR, *Fonds Laflèche,* A 1 T 99-31.
82. Laflèche à Mgr Taschereau, 1er février 1872, AAQ, 33 CR, *Diocèse de Trois-Rivières,* 1, 144a.
83. Mgr Taschereau à Laflèche, 25 février 1872, ASTR, *Fonds Laflèche,* A 1 T 99-34.
84. Mgr Taschereau, « Circulaire à messieurs les curés du comté de Portneuf », 21 septembre 1871, MEQ, *Son éminence le cardinal Taschereau,* 1, p. 74.
85. Luc Desilets à G.-E. Cartier, 18 janvier 1872, ANQ, B 11.

direction a faibli et que le drapeau descend un peu sur les questions si graves qui regardent l'ordre social[86] ». Devant le silence total de l'évêque, il embouche la trompette de l'apocalypse dans le *Journal* et il s'attire ainsi, une nouvelle fois, les foudres de son ami[87]. Il en impute la faute, comme d'habitude, à l'entourage de l'évêque, aux prêtres de Nicolet et de Québec, à tout le monde en somme ! Et il conclut: « Vous ne pouvez trop vous rapprocher de Montréal pour y puiser la force de faire valoir vos droits ».

La question des écoles du Nouveau-Brunswick est un sujet encore plus brûlant. Quand, en mai 1872, la Chambre des Communes d'Ottawa repousse une demande de désaveu de la loi provinciale et décide de soumettre le problème au comité judiciaire du conseil privé de Londres, les ultramontains se déchaînent une fois de plus et, dans le *Nouveau-Monde* et le *Journal des Trois-Rivières* entre autres, abominent les ministres et les députés qui ont voté « contre les principes du Syllabus[88] ». Dans les semaines qui suivent, les évêques émettent des commentaires divergents comme lors de la parution du *Programme catholique*: Mgr Bourget se sert de l'autorité du canoniste de Angelis pour critiquer le parti conservateur[89], tandis que les évêques Langevin[90] et La Rocque[91] appuyés par Taschereau[92], approuvent le gouvernement. Quant à Laflèche, il choisit le silence absolu et il conseille à ses collègues de recourir à Rome plutôt que d'essayer de s'entendre en réunion[93].

Enfin, la campagne électorale de l'été 1872 menace de remettre à l'honneur le *Programme catholique* et les divergences des évêques à son sujet. Mgr Jean Langevin prend les devants en dénonçant de nouveau ceux qui « prétendent encore dicter aux catholiques du pays entier la conduite qu'ils auront à y tenir[94] ». Mais aucun évêque ne riposte ni n'approuve. Laflèche, pour sa part, choisit de flétrir les désordres des élections et la contagion de la corruption électorale, et d'ordonner la neutralité à ses curés[95], suivant la voie de Québec[96] plutôt que celle de Montréal[97]. Le *Journal des Trois-Rivières,* cependant, profite de l'approche des élections pour inciter des hommes politiques à revenir au *Programme catholique*; son ton violent choque Mgr Jean Langevin et fait sourciller l'archevêque[98], mais Laflèche s'empresse de morigéner le rédacteur, et le calme revient[99].

Si les questions politiques augmentent la tension entre les évêques sans faire éclater un nouveau conflit ouvert, la mésentente entre l'archevêque et le doyen de l'épiscopat prend des proportions dangereuses. Au début de 1872, malade et réfugié à l'Hôtel-Dieu, Mgr Bourget se préoccupe de sa succession et demande à Taschereau de faire nommer par Rome un coad-

---

86. Luc Desilets à Laflèche, 12 janvier 1872, ASTR, *Fonds Laflèche,* B 3 D 47-1.
87. Pour un bel exemple des diatribes de Desilets, voir le *Journal des Trois-Rivières,* 19 février 1872, p. 3;
    Luc Désilet à Laflèche, 4 mai 1872, ASTR, *Fonds Laflèche,* B3D 47-2.
88. L'expression est de Mgr Bourget. Sur tout le problème, voir l'excellent exposé d'Andrée Désilets, *Hector-Louis Langevin...,* pp. 237-244.
89. (Consultation des avocats), 30 mai 1872, MEM, 6, app. 260-265: « Consultation du très révérend chanoine De Angelis, professeur, etc., etc. », 23 juin 1872, *ibid.,* 6, pp. 275-279; Mgr Bourget, « Circulaire concernant les écoles du Nouveau-Brunswick », 25 juillet 1872, *ibid.,* 6, pp. 289-293.
90. Mgr Jean Langevin, « Circulaire au clergé », 1er juillet 1872, MER, 1, p. 198s.
91. Mgr C. La Rocque, « Circulaire au clergé », 23 juillet 1872, MESH, IV, p. 166s. À noter que ce document ne sera diffusé que le 15 novembre 1872.
92. Mgr Taschereau, « Circulaire au clergé », 18 juillet 1872, MEQ, *Son éminence le cardinal Taschereau,* p. 118s.
93. Laflèche à Mgr Taschereau, 3 août 1872, AAQ, 33 CR, *Diocèse de Trois-Rivières,* 1, 147.
94. Mgr J. Langevin, « Circulaire au clergé », 1er juillet 1872, MER, 1, p. 206s.
95. Laflèche, « Circulaire au clergé », 15 juillet 1872, METR, 1, pp. 367-373.
96. Taschereau renvoie ses curés à son texte de 1871 sur les élections (Mgr Taschereau, « Circulaire au clergé », 1er juin 1872, MEQ, *Son éminence le cardinal Taschereau,* 1, p. 116).
97. Mgr Bourget, « Circulaire concernant les écoles du Nouveau-Brunswick », 25 juillet 1872, MEM, 6, pp. 289-293.
98. Mgr Taschereau à Laflèche, 10 novembre 1871, ASTR, *Fonds Laflèche,* A 1 T 99-25.
99. Laflèche à Mgr Jean Langevin, 15 novembre 1871, *ibid.,* A 1 L 54.

juteur « et mieux encore un successeur ». L'archevêque consulte ses suffragants et décide de tenir une réunion de l'épiscopat à Montréal à l'occasion de la remise du pallium le jour de l'ascension[1]. La rencontre dure trois jours (10-12 mai 1872); on y expédie un ordre du jour chargé qui comprend peu de sujets contestés[2]. L'un d'eux est toujours les amendements suggérés au code civil à propos du mariage; les évêques invitent Chauveau et Ouimet à faire des commentaires sur les textes préparés par Taschereau: les ministres signalent quelques difficultés, particulièrement à propos du mariage des mineurs, et ils craignent certaines réactions protestantes, mais ils font preuve d'une bonne volonté totale; les évêques ne croient pas utile de reprendre les débats de l'année précédente[3]. Le problème du choix d'un coadjuteur à Montréal débouche sur une ambiguïté. L'assemblée convient de discuter des candidats suggérés par Bourget[4], « d'envoyer directement leur opinion à Rome » et de donner par la même occasion un avis « sur l'à propos de la nomination actuelle d'un Coadjuteur pour Montréal[5] »; par peur d'une mauvaise interprétation de l'opinion publique, la majorité trouve préférable que « les difficultés avec le Séminaire (les sulpiciens) fussent réglées » avant de procéder à une nomination[6]. Tout à la fin de l'assemblée, Bourget déclare, « après mure délibération », qu'il renonce à proposer des sujets pour avoir un coadjuteur[7], mais, la semaine suivante, il informe Taschereau qu'il s'adresse directement à Rome « pour avoir un Coadjuteur ou successeur ». Plus surpris que choqué, l'archevêque s'empresse de faire connaître au préfet de la Sacrée Congrégation de la Propagande la conclusion de l'assemblée des évêques et il avertit Laflèche de sa démarche en lui soulignant que « Le S. Siège en jugera[8] ». Il est visible que les agissements de Bourget l'agacent.

Cet agacement est réciproque. En juillet 1872, l'évêque de Montréal croit déceler une manoeuvre de Taschereau pour considérer comme approuvé par l'assemblée des évêques un mémoire des « docteurs de l'Université Laval » au sujet des principales questions débattues à l'assemblée d'octobre 1871; s'insurgeant contre une telle prétention, car le document « renferme des principes que je réprouve », le vieil évêque consulte Laflèche qui s'empresse de le rassurer[9]. Il n'en demeure pas moins plein de suspicion, si bien qu'un rien peut faire éclater un conflit entre les deux prélats. Ce sont leurs déclarations réciproques sur la question des écoles du Nouveau-Brunswick qui mettent le feu aux poudres.

Suite à la circulaire de Bourget du 25 juillet 1872, Taschereau fait part à Laflèche de sa colère et, en même temps, de son désir d'éviter un esclandre public; il propose donc de tenir une nouvelle réunion des évêques à Montréal « afin d'aviser aux moyens d'en finir avec ces divergences d'opinions qui étonnent et scandalisent les fidèles[10] ». Comme le doyen de l'épiscopat refuse d'assister à la réunion, l'archevêque la fixe finalement à Québec le 5 septembre 1872[11]. En l'absence de son principal antagoniste, Taschereau fait voter facilement, à l'unanimité, des résolutions fermes qui exigent: 1° une consultation des autres évê-

1. Mgr Taschereau à Laflèche, 19 mars 1872, *ibid.*, A 1 T 99-36; le même au même, 6 avril 1872, *ibid.*, A 1 T 99-37.
2. Le même au même, 2 mai 1872, *ibid.*, A 1 T 99-39.
3. Mgr Jean Langevin, (Procès-verbal de l'assemblée des évêques tenue à Montréal les 10, 11 et 12 mai 1872), p. 1s., AAR, *Diocèse de Montréal*, (1856-1885).
4. Mgr Taschereau à Laflèche, 15 avril 1872, ASTR, *Fonds Laflèche*, A 1 T 99-38.
5. Mgr Jean Langevin, (Procès-verbal...), p. 1, AAR, *Diocèse de Montréal*, 2 (1856-1885).
6. Mgr Taschereau à Laflèche, 17 mai 1872, ASTR, *Fonds Laflèche*, A 1 T 99-40. Cette « décision » de l'assemblée n'est pas signalée dans le procès-verbal.
7. Mgr Jean Langevin, (Procès-verbal...), p. 7, *Diocèse de Montréal*, 2 (1856-1885).
8. Mgr Taschereau à Laflèche, 17 mai 1872, ASTR, *Fonds Laflèche*, A 1 T 99-40.
9. Mgr Bourget à Laflèche, 3 juillet 1872, *ibid.*, A 1 T 99-24; Laflèche à Mgr Bourget, 5 juillet 1872, ACAM, 295. 104, 872-6.
10. Mgr Taschereau à Laflèche, 2 août 1872, ASTR, *Fonds Laflèche*, A 1 T 99-41.
11. Le même au même, 7 août 1872, *ibid.*, A 1 T 99-42.

ques avant de faire une déclaration « toutes les fois qu'il s'agira de questions qui intéressent toute la Province », 2° l'interdiction de communiquer et publier, « en tout ou en partie », les procès-verbaux des assemblées épiscopales et les documents y annexés[12]. Cette seconde mesure vise directement Alphonse Villeneuve qui poursuit, depuis 1871, la publication de sa *Comédie infernale ou Conjuration libérale aux enfers* qui comprendra cinq « actes ». Cet instituteur, protégé de Mgr Bourget qui l'ordonnera prêtre en décembre 1873, est un croisé moyenâgeux égaré dans le monde moderne. Pour mieux pourfendre le gallicanisme et le libéralisme catholique, il emprunte à l'antiquité un genre littéraire dont il explique ainsi le sens:

> S'il n'y avait pas dans le gallicanisme et dans le libéralisme catholique, avec une ILLUSION SATANIQUE déplorable, un côté *ridicule* et *absurde,* jamais je n'aurais pensé à donner à mon livre le titre de « COMÉDIE INFER-NALE ». La Comédie appelle le rire (...) C'est pour rendre ce rire plein de larmes que le comique *attristant* a été créé. Aussi, en empruntant ce genre, ai-je donné la bonne note, comme j'ai cru combattre la grande erreur du temps en faisant jouer aux *esprits ténébreux* le rôle à jamais funeste qu'ils remplissent auprès de tous ceux, laïques, prêtres ou évêques, qui se font les apôtres du libéralisme catholique et du gallicanisme[13].

La *Comédie infernale* se passe dans la salle d'audience du palais Pandoemonium, forteresse de Satan. Elle met en scène Lucifer, prince des démons, entouré de ses principaux lieutenants: Belzebuth (prince des Séraphins), Leviathan (prince des Chérubins), Babel (prince des Vertus), Carreau (prince des Puissances), Fume-Bouche (lieutenant des Puis-sances), Baal (vieux chef retiré du service), etc... Au cours d'interminables dialogues qui tour-nent souvent en longs monologues où Satan et ses acolytes parlent comme des théologiens et se pourfendent à coup de citations de saint Thomas d'Aquin et de Pie IX, les démons s'entretiennent de la situation religieuse au Canada. Ils « prouvent » qu'ils sont responsables des attaques des gallicans et des libéraux contre l'Église, que ce sont eux qui ont poussé les sulpiciens, les « curés perpétuels », comme ils les appellent, à s'insurger contre les évêques Jean-Jacques Lartigue et Ignace Bourget, et qu'ils ont fait combattre le *Programme catholi-que*. Cette oeuvre « satanique » est malheureusement compromise par le réveil des catholi-ques (lisez: des ultramontains) qui, sous la conduite de Bourget et Laflèche, ont contre-attaqué avec succès: « La délégation canadienne (des démons) marche de défaite en défaite ». Il faut donc agir avec plus d'astuce, en se couvrant par exemple du titre anodin de « parti national »...[14]

Tout au long du texte, des allusions et même des citations prouvent que l'auteur a eu accès à des documents confidentiels, d'où la résolution de l'assemblée des évêques sur les procès-verbaux officiels. Mais trop de personnalités ecclésiastiques, y compris le grand vicaire Cazeau et Mgr La Rocque, sont attaquées d'une façon indigne pour que l'épiscopat laisse le pamphlet sans réplique; les évêques votent donc unanimement une condamnation explicite de la *Comédie infernale* d'Alphonse Villeneuve:

---

12. Mgr Jean Langevin, (Extrait du procès-verbal de l'assemblée des évêques tenue à Québec du 5 au 7 septembre 1872), p. 1, ASTR, *Fonds Laflèche*, A 4, 2-2. Le *Nouveau-Monde* est souvent accusé de révéler le contenu des réu-nions épiscopales.
13. Un Illuminé (Alphonse Villeneuve), *La Comédie infernale ou Conjuration libérale aux enfers, en plusieurs actes,* Montréal, Impr. du *Franc-Parleur,* 1871-72.
14. La *Comédie infernale* est publiée en cinq livraisons. La première comprend deux actes; la deuxième est un « intermède » où l'auteur met en scène des gens qui analysent l'effet de la *Comédie* au Canada; les trois dernières livraisons correspondent chacune à un acte. Voir le *Dictionnaire des oeuvres littéraires du Québec,* I, Montréal, Fides, (1978), pp. 131-133.

> Nous regrettons que, dans l'ouvrage intitulé « Comédie infernale », les discus-
> sions entre Mgr de Montréal et le Séminaire de St-Sulpice, pendantes devant le
> St-Siège aient été portées devant le public sous une forme capable de jeter
> le ridicule et le discrédit, non pas seulement sur la Communauté qui en est
> l'objet, mais sur tout le clergé en général, et même sur les Évêques, dont
> quelques-uns y sont traités d'une manière tout à fait déplorable.

La résolution sera transmise à Rome et l'archevêque est autorisé « à accompagner cet envoi de telles réflexions ou observations qu'il jugera convenables[15] ».

Dans ces « nouveaux » débats, Laflèche se tait ou suit la ligne de la majorité dirigée par Taschereau. Confident des deux antagonistes, il conserve une neutralité prudente qui lui permet de leur glisser, très discrètement, des conseils d'apaisement. À l'évêque de Montréal, il rappelle que les projets de loi sur l'organisation des paroisses et la révision du code civil feront disparaître la plupart des difficultés et qu'il serait avantageux « de laisser s'appaiser (*sic*) autant que possible les discussions sur ces sujets[16] ». À l'archevêque, d'autre part, il suggère, pour éviter « de froisser le Clergé de Montréal », de discuter en assemblée épiscopale et de prendre le vote sur le choix d'un coadjuteur à Montréal[17]. Cette « diplomatie » peu coutumière chez Laflèche n'est pas un indice de démobilisation ou de faiblesse; elle est plutôt signe d'espoir. Il prend une certaine distanciation par rapport aux extrémistes de Montréal, parce qu'il voit une solution intéressante dans la législation qui se prépare: la nouvelle loi sur les registres réglera le conflit entre les sulpiciens et Bourget; les amendements au code civil expurgeront les lois des relents gallicans et prouveront la force de l'Église face à l'État. En attendant cette victoire, l'évêque de Trois-Rivières préfère prêcher la réconciliation et éviter les polémiques. Sa réputation d'irréductible combattant en souffre, comme le lui a rappelé Luc Desilets et comme le laisse soupçonner un des journaux de son diocèse, l'*Union des Cantons de l'Est*[18]. Mais ne nous illusionnons pas: si, pendant ces mois, Laflèche n'est que douceur avec l'archevêque et ses collègues même quand il diffère d'avis avec eux[19], il est toujours hanté par son désir de voir au Québec une société expurgée de toutes les « erreurs modernes » et soumise totalement à l'Église. C'est pourquoi une question, pour lui essentielle, l'empêche de se rapprocher davantage de Taschereau: le sort de la presse catholique ou plutôt ultramontaine. À ses yeux, le *Nouveau-Monde*, le *Journal des Trois-Rivières*, l'*Ordre*, le *Courrier du Canada*, et les autres journaux dévoués à l'Église, ont mené seuls le combat contre le gallicanisme et le libéralisme. Et, malgré leurs erreurs et leur violence inutile — qu'il retrouve aussi chez leurs adversaires —, ils ont été un rempart nécessaire contre les idées « pernicieuses ». Préoccupé avant tout par le souci de protéger ces auxiliaires bienfaisants, Laflèche s'inquiète à la fois du mécontentement de la majorité de l'épiscopat envers eux et de l'indulgence dont on fait preuve envers leurs adversaires[20]. Sur ce point, sa position est très rapprochée de celle de Montréal et il suffirait de peu pour qu'elle fasse basculer définitivement l'évêque de Trois-Rivières dans le camp de Bourget. C'est ce qui se produit à l'occasion des cérémonies des noces d'or du doyen de l'épiscopat.

---

15. Mgr Jean Langevin, (Extrait du procès-verbal...), p. 2, ASTR, *Fonds Laflèche*, A 4, 2-2. Le cas Villeneuve ne sera réglé qu'après une infinité de démarches au Canada et à Rome; l'ecclésiastique sera sévèrement blâmé par les autorités romaines.
16. Laflèche à Mgr Bourget, 24 septembre 1872, ACAM, 295. 104, 872-9.
17. Laflèche à Mgr Taschereau, 9 octobre 1872, AAQ, 33 CR, *Diocèse de Trois-Rivières,* 1, 150.
18. Le rédacteur écrit: « Aussi regrettons-nous infiniment de voir comment les autorités religieuses, dans quelques diocèses se sont relâchées depuis une couple d'années de leur sévérité à combattre le libéralisme canadien ».
19. Outre les cas signalés plus haut, il faut noter des discussions à propos des limites du diocèse de Trois-Rivières.
20. Laflèche à Mgr Bourget, 12 octobre 1872, ACAM, 295. 104, 872-10.

Fête de l'unité retrouvée, espère-t-on des cérémonies de ce cinquantième anniversaire d'ordination sacerdotale; manifestation de respect, d'amour et de reconnaissance du diocèse et du pays tout entier, proclament les organisateurs[21]. Se peut-il cependant qu'un soupçon de crainte ne traverse pas l'esprit des partisans de l'archevêque à la vue de ces préparations grandioses qui n'arrêtent pas les dénonciations furibondes du *Nouveau-Monde* contre les gallicans et libéraux québécois? Hector Langevin ne peut pas être le seul à penser que

> Les formes polies et les grands saluts et les compliments sont bien bons, mais quand tout cela n'a pour but que de mieux masquer son jeu, et de jeter la boue à la face de l'Archevêque et plusieurs Evêques, la chose devient intolérable. C'est un scandale qui ne pourra pas s'effacer par 10 000 noces d'or et 50 dômes de $50 000 chaque[22].

Cette crainte s'avère prémonitoire, puisque, de par la volonté de deux « ennemis » personnels de Taschereau, l'abbé Alexis Pelletier et le père Antoine-Nicolas Braun, le scandale éclate et jette la confusion dans les festivités.

Que leur choix comme prédicateurs invités soit un coup monté comme le prétendent les journaux de Québec[23] ou que, selon une version lénifiante du père Paul Desjardins[24], il s'agisse plutôt d'une série de malentendus, le résultat est le même. D'abord, l'archevêque, Mgr Jean Langevin et les autres Québécois doivent subir dans la chapelle de l'évêché, un sermon du gaumiste Pelletier qui, depuis plusieurs années, n'a cessé sous divers pseudonymes d'abominer le séminaire de Québec, l'université Laval et leurs défenseurs. Mais il y a plus: à la grande cérémonie de Notre-Dame monte en chaire le père jésuite Braun qui a lui aussi des comptes à régler avec Québec. Et il débite un texte qui a l'effet d'une bombe! D'entrée de jeu, le prédicateur voit dans le jubilaire l'envoyé de Dieu, l'*alter Christus,* qui « a signalé, combattu les erreurs, et fait prévaloir, dans ce vaste diocèse, les décisions doctrinales de l'Église ». Ce qu'il a ainsi dénoncé, c'est

> Le Gallicanisme, le Libéralisme, l'asservissement de l'Église à l'État, la dépendance de l'Église de l'État dans le droit de posséder des biens temporels, de les administrer, d'ériger des paroisses, la prééminence de l'État sur l'Église dans la direction et la surveillance des écoles, la surbordination de l'Église à l'État devant les tribunaux séculiers dans les causes ecclésiastiques(...).

Par contre, Bourget s'est fait le paladin du *Syllabus* et il a fait triompher

> La suprématie et l'infaillibilité du Pape, l'indépendance et la liberté de l'Église, la subordination et la soumission de l'État à l'Église, et par cette subordination et cette soumission, mais pas à une autre condition, l'union de l'Église et de l'État; le droit qu'a l'Église de posséder et d'administrer ses biens temporels, d'ériger des paroisses, les saintes immunités de l'Église, le droit qu'a l'Église de régler, de surveiller et de diriger les écoles, indépendamment de l'État (...).

---

21. A.-F. Truteau, « Circulaire concernant le cinquantième anniversaire de l'ordination de Mgr Bourget second évêque de Montréal », 15 septembre 1872, MEM, 6, pp. 309-313.
22. Hector Langevin à Mgr Jean Langevin, 28 octobre 1872, ANQ, FL, B 5, 766.
23. « Qui, en le (Braun) voyant gagner la tribune sacrée, n'a compris que ce prédicateur avait été choisi tout exprès, à cause des circonstances qui l'avaient fait partir de Québec et dont évidemment il a conservé un douloureux et rancuneux souvenir, car, si son sermon ne se distingue ni par la beauté et l'ampleur de la forme, ni par la sûreté et la profondeur de la doctrine, il est au moins remarquable par son ton sec, aride même, et dogmatique, et par l'amertume sauvage que l'on a remarqué jusque dans les intonations de l'orateur. Tantae ne coelestibus irae! » (*Le Journal de Québec,* 2 novembre 1872, p. 2)
24. Elle est rapportée et résumée dans André Lavallée, *Québec contre Montréal, La querelle universitaire, 1876-1891,* Montréal, Presses de l'Université de Montréal, 1974, p. 22, no 13. L'archevêque n'était pas attendu à la chapelle de l'évêché où on avait prévu une cérémonie spéciale pour les amis intimes de Bourget. Laflèche devait prononcer le sermon à Notre-Dame — nous n'en avons trouvé aucun indice dans les documents — , mais, comme il était absent au dernier moment, on demanda au père Braun de le remplacer; pris au dépourvu, celui-ci débita un texte qu'il avait déjà mémorisé pour la cérémonie intime où Pelletier le remplaça!

Sur les auditeurs médusés ou réjouis tombent ces « dogmes » du plus pur — et radical — ultramontanisme qui, mis en relation étroite avec toutes les questions débattues au Québec, en deviennent la seule solution valable. Personne dans l'assistance ne peut ignorer qui sont visés par ces allusions aussi peu voilées que possible. Mais l'archevêque, première cible de toutes, ne peut que continuer calmement, en contenant sa colère — c'est là que son masque marmoréen le sert ! — , à subir ce *leitmotiv,* qui revient à toutes les minutes : « L'État est subordonné à l'Église, et en cas de conflit, c'est à l'Église à prononcer et à l'État à se soumettre ». Et écouter *ad nauseam* l'éloge du seul (?) évêque qui ait fait de cette vérité la base de son action, le jubilaire qui, pour mieux atteindre son peuple, a groupé les jeunes gens dans l'Union catholique et a toujours supporté l'organe de la bonne doctrine, le *Nouveau-Monde.* Et le prédicateur de louanger ses rédacteurs, ces « hommes généreux », ces « défenseurs de la vérité », qui ont mené le bon combat « malgré de puissantes oppositions » qui favorisent « ces compromis si communs parmi les prétendus politiques de nos jours[25] ».

Ce couplet sur le journal si controversé est une dernière injure à bon nombre d'invités présents : aux évêques de Rimouski et de Saint-Hyacinthe qui ont pris ouvertement position contre le *Nouveau-Monde ;* aux nombreux hommes politiques « libéraux et gallicans », c'est-à-dire non ultramontains, qu'il a dénoncés ; à l'archevêque surtout qui vient de renvoyer le journal et qui a toujours pris la contre-partie de ses thèses favorites. Par politesse, et pour éviter un scandale plus grand, les personnes insultées se taisent et ne perturbent pas le reste des cérémonies. Mais le départ précipité de Taschereau est une première manifestation officielle de sa colère contenue et les dénonciations du sermon de Braun par les journaux non inféodés au groupe ultramontain montrent combien le coup a porté. Les plus modérés parlent d'indélicatesse, d'inconvenance et d'inopportunité[26], mais les feuilles québécoises insistent davantage sur le « plus grand scandale qui se soit encore produit au milieu de notre société religieuse » et dénoncent violemment

> cette grande mise en scène, ces réclames, ces invitations innombrables, ces noces d'or enfin (qui) n'ont été qu'un prétexte ou, pour parler plus franchement, un guet-à-pens afin de faire tomber, dans le gouffre du programme, évêques, prêtres et laïques, et, suivant le langage du *Nouveau-Monde* lui-même, « l'occasion, choisie de Dieu pour le triomphe de son fidèle serviteur »[27].

Adieu fête de l'unité !

Chez les ultramontains, cependant, la jubilation est à son comble, comme en témoignent les comptes rendus du *Nouveau-Monde* et du *Journal des Trois-Rivières*[28]. Ces articles traduisent les sentiments intimes des principaux acteurs de la tragi-comédie. Toujours pris dans le tourbillon des problèmes sans solution, Mgr Bourget se rabat sur l'opinion du supérieur du prédicateur qui a été « enchanté » et, des partisans et adversaires du sermon, il dit que « chacun est de bonne foi, abondant dans son sens[29] ». Braun lui-même ne doute aucun moment de l'orthodoxie de son exposé et des « bons fruits » qu'il a produits[30]. Mais il s'illusionne sans doute, car un évêque aussi prudent que Mgr Guigues n'hésite pas à écrire que « Si Mgr l'Archevêque avait protesté au moment même les neuf dixièmes des auditeurs

25. *Noces d'or de Mgr l'évêque de Montréal. Compte rendu des fêtes du 29 octobre* (...), Montréal, Le *Nouveau-Monde,* 1872, pp. 4-11.
26. C'est le cas du *Courrier d'Outaouais,* dans un article reproduit par le *Journal de Québec,* 15 novembre 1872, p. 2.
27. *Le Journal de Québec,* 2 novembre 1872, p. 2.
28. Les nombreux comptes rendus du *Nouveau-Monde* sont repris dans la brochure *Noces d'or de Mgr l'évêque de Montréal. Compte rendu des fêtes du 29 octobre* (...), Montréal, Le *Nouveau-Monde,* 1872, 15p.
29. Mgr Bourget à Laflèche, 23 novembre 1872, ASTR, *Fonds Laflèche,* A 1 B 19-27.
30. A.-N. Braun à Jean Bapst, 6 décembre 1872, ASJCF, 5260-5.

en eussent été satisfaits[31] »; ce que corroborent plusieurs témoignages dont celui d'un jeune ecclésiastique présent à la cérémonie: « J'ai vu plusieurs prêtres qui ont trouvé que le sermon du Père Braun n'était pas du tout dans les convenances[32] ». À Trois-Rivières, Luc Desilets, qui a assisté aux démonstrations, reflète la pensée de l'évêché dans ses articles dithyrambiques. Laflèche lui-même n'a pas à se déclarer puisque tout le monde sait que Braun est son ami et son protégé; nul n'aurait donc été surpris d'apprendre qu'en janvier 1873, à Rome, il approuve à la fois le ton et l'opportunité du sermon, et soutient « qu'il aurait fallu le prêcher quand même il aurait été inopportun », car, dit-il, « nous sommes dans un temps ou plusieurs ne sont plus capables de supporter cette doctrine, il fallait donc la leur prêcher[33] ». Cette dernière remarque est de première importance: elle indique que Laflèche abandonne désormais prudence et compromis pour s'en tenir à l'*opportune et importune,* si cher à tous les intransigeants du monde.

Même s'il est un peu tardif, le jugement de Laflèche nous permet de dater des noces d'or de Mgr Bourget son appui inconditionnel aux thèses des Montréalais. Sans doute, jusqu'à ce jour, partageait-il déjà leurs idées de base et approuvait-il leur stratégie. Mais il n'osait aller aussi loin qu'eux et il se permettait d'appuyer certaines positions plus souples de l'archevêque. Après le 29 octobre 1872, ce n'est plus le cas. Il croit le moment venu de frapper le grand coup et de terrasser une fois pour toutes les adversaires de l'ultramontanisme, Taschereau y compris. Sans prétendre prendre le commandement, Laflèche s'inféode à cette cohorte de croisés que le souci du « bien » conduit aux plus étranges aberrations.

Dans les mois qui suivent, plusieurs indices laissent deviner ce changement — par exemple, il insiste avec force auprès de Taschereau pour que les projets de loi concernant les amendements au code civil soient présentés immédiatenent à la session d'automne du Parlement[34] —, mais c'est la participation de Laflèche au nouveau débat sur la création d'une université catholique à Montréal qui en apporte la preuve flagrante.

Dans un projet de loi présenté au Parlement en novembre 1872, les jésuites demandent l'autorisation de fonder une université catholique à Montréal. Fortement appuyée par Mgr Bourget et une série de pétitions des curés et habitants de toutes les paroisses du diocèse de Montréal, la requête soulève l'ire de l'université Laval et des journaux québécois. Les autorités universitaires se basent sur les demandes précédentes et les réponses romaines pour conclure triomphalement: « Pour nier l'existence de ces décrets (de Rome), il faut être aveugle et insensé. Pour se croire autorisé à les enfreindre avant que l'autorité suprême, qui les a rendus, les ait révoqués, il faut renverser toutes les notions de la hiérarchie catholique[35] ». La même argumentation est reprise par les journaux; le *Journal de Québec,* par exemple, écrit méchamment:

> Il est étonnant, et avec eux nous comprenons Mgr de Montréal, que ceux qui parlent le plus de soumission à la Cour de Rome, et traitent de gallicans et d'impies même, ceux qui sont soupçonnés par eux de s'y montrer récalcitrants, sont ceux qui montrent le plus de résistance quand ils la trouvent sur le chemin de leurs intérêts ou de leurs opinions[36].

---

31. Mgr Guigues à Mgr Jean Langevin, 5 novembre 1872, AAR, *Diocèse d'Ottawa,* 1 (1848-1879).
32. E.-A. Gauvreau à Isidore Béland, 3 novembre 1872, ASTR, *Fonds Laflèche,* A 2 G 80-6.
33. A.-N. Braun à Jean Bapst, 30 janvier 1873, ASJCF, 5261-2.
34. Laflèche à Mgr Taschereau, 20 novembre 1872, AAQ, 33 CR, *Diocèse de Trois-Rivières,* 1, 151a.
35. *Quelques remarques sur l'Université Laval,* novembre 1872, p. 6. Ce mémoire a été envoyé à tous les députés; il est reproduit dans le *Journal de Québec,* 21 novembre 1872, p. 2.
36. *Le Journal de Québec,* 20 novembre 1872, p. 2.

Les Québécois parlent d'autant plus fort qu'ils peuvent compter sur l'approbation rendue publique des évêques de Rimouski, de Saint-Hyacinthe et d'Ottawa en plus de celle de Taschereau, il va sans dire. Comme aux beaux jours du *Programme catholique,* Mgr Bourget et l'archevêque polémiquent dans les journaux. Le 21 novembre, l'évêque de Montréal proteste auprès de son collègue de Québec: « On m'assure qu'à Québec on dit tout haut et à ceux qui veulent l'entendre, que l'on ne peut en conscience et sans désobéir au Saint-Siège, voter en faveur de ce projet. Or je tiens à prouver publiquement que tel n'est pas le cas[37] »; ce qui lui vaut aussitôt une réponse à peine polie[38]. Quelques jours plus tard, Taschereau va plus loin et rend publics, par la voie des journaux, les textes d'un échange de télégrammes entre Rome et lui: « Primo. Décrets sur l'Université Laval sont-ils révoqués? Secundo. Évêque Bourget peut-il s'adresser au Parlement avant révocation formelle? ». Réponse: « Négativement aux deux demandes[39] ». Pris de vitesse par son adversaire, Bourget s'avoue battu et demande aux jésuites de retirer leur demande.

Entre-temps, Laflèche a été le seul évêque à appuyer la requête des Montréalais. Lui aussi fait connaître sa position dans les journaux et le *Journal des Trois-Rivières* en profite pour commenter: « Dans la lettre de Mgr des Trois-Rivières les députés de notre district ont déjà pu voir qu'elle (*sic*) ligne de conduite ils doivent tenir dans le grave débat qui va s'ouvrir en chambre et il ne nous reste qu'à les presser de ne pas faillir à leur devoir[40] ». Tout au contraire, le *Journal de Québec* l'accuse de « catholiquement passer sur deux décrets pontificaux[41] ». La question universitaire produit donc le même clivage et les mêmes regroupements au sein de l'épiscopat et soulève le même genre de débat que le *Programme catholique.* Devant la répétition de ce scandale, Taschereau décide de s'embarquer pour Rome « afin d'en finir avec l'affaire de l'Université de Montréal, et aussi *avec toutes les affaires qui regardent la province[42]* ». Bon prince, Laflèche accepte la décision archiépiscopale et offre ses meilleurs voeux au voyageur[43].

À Montréal, dès l'annonce du départ de Taschereau, on songe à riposter en envoyant un évêque qui « expose le véritable état de la Province, et y fasse connaître où nous en sommes avec le gallicanisme et le mal que nous fait notre Archevêque en tergiversant avec nos principes que nous croyons être ceux du Pape, ceux de l'Église par conséquent ». Mgr Bourget est trop vieux et trop malade pour faire ce voyage important; il songe donc à déléguer Laflèche « qui est tout préparé à entrer en lutte avec le chef de la Province (ecclésiastique), s'il prétend faire approuver par la S. Congrégation ses principes d'administration, dans ses rapports avec le gouvernement[44] ». L'évêque de Trois-Rivières n'est guère emballé par cette mission et il prétexte la maladie pour la refuser: « L'état de ma santé et surtout l'affaiblissement de mon système nerveux me rend impossible la mission dont Votre Grandeur a le désir que je me charge[45] ». Il suggère plutôt d'envoyer le père Braun qu'il s'engage à appuyer d'un mémoire[46]. Mais, devant l'insistance des Montréalais — le ban et

---

37. Mgr Bourget à Mgr Taschereau, 21 novembre 1872, *ibid.,* 25 novembre 1872, p. 2.

38. Mgr Taschereau à Mgr Bourget, 22 novembre 1872, *ibid.*

39. Mgr Taschereau au card. Barnabo (télégramme), 29 novembre 1872, *Le Journal de Québec,* 28 novembre 1872, p. 2; card. Barnabo à Mgr Taschereau, (télégramme), 28 novembre 1872, *ibid.*

40. « Une Université catholique à Montréal », *Le Journal des Trois-Rivières,* 28 novembre 1872, p. 3.

41. *Le Journal de Québec,* 26 novembre 1872, p. 2.

42. Mgr Bourget à Laflèche, 29 novembre 1872, ASTR, *Fonds Laflèche,* A 1 B 19-28.

43. Laflèche à Mgr Taschereau, 2 décembre 1872, AAQ, 33 CR, *Diocèse de Trois-Rivières,* 1, 153.

44. Mgr Bourget à Laflèche, 29 novembre 1872, ASTR, *Fonds Laflèche,* A 1 T 99-28.

45. Laflèche à Mgr Bourget, 2 décembre 1872, ACAM, 295. 104, 872-13.

46. Le même au même, 3 décembre 1872, *ibid.,* 295. 104, 872-14. Il répète: « Le chétif état de ma santé ne rend impossible le voyage ».

l'arrière-ban de l'ultramontanisme lui écrivent et insistent pour qu'il parte[47], —, Laflèche cède et accepte de partir.

Par cette décision, la rupture est publiquement et définitivement consommée entre Laflèche et Taschereau. Après deux années de débats et de difficultés marquées néanmoins de réconciliations et de rapprochements, l'évêque de Trois-Rivières, qui est de plus en plus sous la coupe des Montréalais, s'affirme comme l'adversaire déclaré de l'archevêque et le successeur éventuel de Bourget à la tête de ses opposants. Il pose ce geste en oubliant les pressions dont il est l'objet — « L'excellent Évêque finira, j'espère, par s'apercevoir que le rôle qu'on veut lui faire accepter, n'est pas assez agréable pour s'y risquer », commente son collègue de Saint-Hyacinthe[48] — pour ne penser qu'à la mission essentielle, la croisade nécessaire, les principes à défendre que lui font miroiter Mgr Bourget et ses amis[49]. C'est d'autant plus facile qu'il manifeste ainsi ses convictions personnelles et prolonge ses prises de position antérieures sur le code civil, le *Programme catholique*, l'éducation, les relations Église-État... Comme il le dit si bien à son ami de toujours, Mgr Taché; « Ma manière de voir sur toutes ces questions est la même que celle de Monseigneur de Montréal (...). Sans doute il y a du tort des deux côtés (...) mais sur le fond des questions, on a tort à Québec, dans mon humble opinion et l'on est dans le vrai à Montréal[50] ». Voilà la position qu'il va défendre à Rome en 1873, et, pouvons-nous ajouter, jusqu'à la fin de sa vie.

47. Voir ASTR, *Fonds Laflèche*, A 4-76.
48. Mgr C. La Rocque à Mgr J. Langevin, 4 décembre 1872, AAR, *Diocèse de Saint-Hyacinthe*, 1 (1849-1885).
49. S. Pagnuelo à Laflèche, 7 décembre 1872, AETR, *Registre des lettres*, VI b, 3.
50. Laflèche à Mgr Taché, 13 décembre 1872, *ibid.*, VI, 14B.

CHAPITRE VII

La vérité vient de Rome (1873-1874)

Lorsque Rome aura donné sa décision (...),
tout le monde sera satisfait.

Joseph Tessier

Après avoir consulté des membres de son clergé[1], Laflèche annonce à ses diocésains sa décision d'aller à Rome défendre Mgr Bourget et apporter la contrepartie aux dires de l'archevêque[2]. Puis il quitte sa ville épiscopale le 16 décembre 1872 pour Montréal et Portland, où il s'embarque à bord du *Prussian* le matin du 22 décembre. C'est le départ pour l'inconnu, même s'il en est à son deuxième voyage en Europe. Saura-t-il mener à bien cette mission difficile auprès des autorités romaines? Ses démarches contribueront-elles, comme il le désire, à refaire l'unité entre les évêques? Son diocèse ne souffrira-t-il pas de son absence au moment où se posent des problèmes cruciaux? Telles sont les principales questions qui hantent Laflèche au moment où il quitte la terre canadienne, muni des dossiers qu'on lui a confiés à Montréal.

1- La mission à Rome

L'évêque de Trois-Rivières se rend à Rome comme délégué de Mgr Bourget et il va rejoindre le procureur de l'évêque de Montréal qui s'y trouve déjà, Mgr Joseph Desautels. Il doit donc avant toutes choses consulter ses mandants et s'entretenir de stratégie avec Bourget et ses conseillers, ce qu'il fait pendant les deux jours qu'il passe à Montréal avant son départ pour Portland.

La question des frais de voyage est rapidement réglée, puisque l'évêque de Montréal s'offre, en cas de besoin, à recourir « à la bourse de nos bons amis, pour que le voyage se fasse d'une manière honorable[3] ». Il est plus difficile de déterminer quels dossiers préparer d'une

---

1. Les membres de son conseil épiscopal et certains vieux prêtres, comme Joachim Boucher qui répond à sa question: « Me conseillez-vous d'aller à Rome? — Si le Diocèse des Trois-Rivières y trouve des intérêts, oui: Si le vénéré Évêque de Montréal ne peut à cause de son âge ou autres motifs, aller à Rome et que les questions à traiter intéressent la Province Ecclésiastique de Québec, oui, allez à Rome » (Joachim Boucher à Laflèche, 12 décembre 1872, ASTR, *Fonds Laflèche*, B 3 B 28).
2. Laflèche, « Circulaire au clergé », 9 décembre 1872, METR, *Mgr Laflèche*, I, pp. 395-400.
3. Mgr Bourget à Laflèche, 12 décembre 1872, ASTR, *Fonds Laflèche*, A 1 B 19-29.

façon prioritaire. De l'avis du doyen de l'épiscopat, dix problèmes peuvent être soulevés à Rome par Mgr Taschereau: 1) le code civil; 2) *Le Code des curés*; 3) *le Programme catholique*; 4) les écoles du Nouveau-Brunswick; 5) l'établissement d'une université catholique à Montréal; 6) la liberté religieuse accordée par la constitution canadienne; 7) la presse catholique; 8) le cérémonial et la liturgie romaine; 9) la nomination du coadjuteur de Montréal; 10) la difficulté de l'évêque de Montréal avec les sulpiciens. Comme il est impossible de savoir d'avance quels sujets seront amenés sur le tapis, il n'y a qu'une stratégie possible: 1) se documenter d'une façon très précise sur toutes les questions; « c'est ce dont on s'occupe activement» à Montréal[4]; 2) consulter à Rome « d'habiles Canonistes et autres hommes expérimentés » pour préparer les textes à soumettre aux dicastères; 3) rédiger des mémoires « courts, concis, clairs et méthodiques »; 4) les expliquer dans le détail aux secrétaires, minutanti et autres fonctionnaires romains; 5) visiter les cardinaux et éclairer le contenu des mémoires; « Ces visites doivent se répéter plusieurs fois», souligne Bourget[5]. En conformité avec ces directives, Laflèche profite de son séjour à l'évêché de Montréal pour faire le tour de chacun des sujets et colliger une abondante documentation. Avec la promesse qu'une équipe continuera à travailler pour lui et à le fournir en documents.

Il en profite également pour se munir d'approbations épiscopales. Celles de Mgr Bourget et de Mgr Pierre-Adolphe, Pinsonnault, ancien évêque de London retiré à Montréal, lui sont évidemment acquises et elles prennent la forme de lettres au cardinal Barnabo et à Pie IX[6]. Mais pour faire le compte devant le groupe de Québec qui comprend un archevêque et trois évêques — Taschereau, Langevin, La Rocque et Guigues —, Laflèche croit bon d'appeler à l'aide son ami de Saint-Boniface, Mgr Taché: « Vous vous joindrez donc à nous, lui dit-il, et vous écrirez sans délai au St-Père. (...) Avec votre appui, cher Seigneur, la lutte sera plus égale: chaque côté comptera un Archevêque et 3 Évêques[7] ». Comme il fallait s'y attendre, son ancien compagnon de mission obtempère de bonne grâce à sa demande[8].

Enfin, on procède au choix des compagnons de voyage. Sur les conseils de Luc Desilets, Laflèche aurait désiré amener l'abbé Isidore Gravel, curé de Laprairie, qui aurait pu l'assister « par sa rédaction et son expérience du voyage[9] », mais on lui impose plutôt l'abbé Napoléon Maréchal, curé de Notre-Dame-de-Grâces; par contre, il est plus qu'enchanté du second compagnon, le père A.-N. Braun, un ami qu'il a déjà présenté comme « l'homme le plus capable de faire connaître à Rome l'affaire dans son ensemble et dans tous ses détails[10] ». Au Vatican, les trois voyageurs feront équipe avec Mgr Joseph Desautels, déjà en place depuis juillet 1872.

Bien documenté et muni de ces appuis, Laflèche quitte Montréal pour Portland par train. Son départ donne lieu à une guerre de papier. À un télégramme « anonyme » envoyé de Montréal pour souhaiter à Taschereau bon voyage et plein succès contre Bourget, F.-X.-A.

---

4. Luc Desilets est également mis à contribution (L. Desilets à Laflèche, 24 janvier 1873, *ibid.*, B-3 D 17-4).
5. Mgr Bourget à Laflèche, 20 décembre 1872, AETR, *Registre des lettres*, VIb, 1.
6. Mgr Bourget au card. Barnabo, 18 décembre 1872, ASTR, *Fonds Laflèche*, A 1 B 19-30; Mgr Pinsonnault à Pie IX, 24 décembre 1872, AETR, *Registre des lettres*, VIb, 2.
7. Laflèche à Mgr Taché, 13 décembre 1872, *ibid.*, VIb, 14B. À noter que, pendant la bataille du *Programme catholique*, Mgr Bourget calculait un peu différemment: « Ils vont être trois contre deux et par conséquent plus forts par le nombre. Mais j'espère que nous aurons, pour troisième, Notre Seigneur qui combattra pour nous et avec nous » (Mgr Bourget à Laflèche, 10 mai 1871, ASTR, *Fonds Laflèche*, A 1 B 19-16). Le vieil évêque est plus « spirituel » que son disciple...
8. Mgr Taché à Laflèche, 10 janvier 1873, ASTR, *Fonds Laflèche*, D 1 T 145-4; Mgr Taché à Pie IX, 10 janvier 1873, AETR, *Registre des lettres*, VIb, 17. La dernière lettre est en latin.
9. Luc Desilets à Laflèche, 19 décembre 1872, ASTR, *Fonds Laflèche*, B 3 D 47-3.
10. Laflèche à Mgr Bourget, 2 décembre 1872, ACAM, 295. 104, 872-13.

Trudel et 19 autres députés provinciaux décident de répondre par une dépêche à Laflèche avec des voeux de victoire sur Québec! Et la polémique de reprendre dans les journaux: le *Constitutionnel*, de Trois-Rivières, dénonce cette manoeuvre dont « le but était, en souhaitant succès à Mgr Laflèche, de donner un soufflet à Mgr Taschereau[11] », tandis que le *Nouveau-Monde* vante la « fin excessivement honorable » du geste et le « sentiment honorable » qu'il exprime[12]. Mais, pendant que les journalistes se pourfendent, Laflèche vogue déjà vers l'Europe.

À bord du *Prussian,* l'évêque de Trois-Rivières retrouve deux de ses prêtres, les abbés A.-N. Bellemare, du séminaire de Nicolet, qui va défendre contre lui à Rome les intérêts de son institution, et Élisée Panneton. Au dire de Bellemare, il se montre très affable pour eux; par contre, selon le même témoin, ses compagnons ne sont guère brillants. Le père Braun « est le voyageur le plus insignifiant que l'on puisse rencontrer. (...) On dirait qu'il est sorti d'un *sabot* »; l'abbé Maréchal n'est pas mieux: c'est « un bon garçon, mais pas fin, pas fin du tout. (...) il n'y a aucun agrément à avoir avec lui. Sa conversation est des plus plates[13] ». La traversée s'avère bonne et rapide, mais Laflèche n'en souffre pas moins d'un violent mal de mer; « Il est devenu extrêmement faible », rapporte encore Bellemare[14]. Le navire est en vue des côtes d'Irlande le 31 décembre et mouille à Liverpool le 1er janvier à 3 heures de la nuit. Le soir même, l'évêque et son groupe arrivent à Londres, où ils passent deux jours avant de se rendre à Paris[15]. Après un séjour de deux jours dans la capitale française, une randonnée de 67 heures les conduit à Rome, où ils arrivent le 10 janvier 1873. La santé de Laflèche et de ses compagnons est excellente et « tous sont à se féliciter de leur bonheur et remercient la Providence de la protection dont ils ont été l'objet[16] ».

Mgr Taschereau, qui les a précédés le 1er janvier 1873, loge au collège français avec son compagnon, le recteur Thomas Hamel; l'abbé Bellemare les y rejoint. Laflèche et son groupe vont chez Mgr Desautels au 54, via Monserrato. Les premiers jours passent à échanger des visites de courtoisie avec Taschereau et à contacter les principaux cardinaux. Faute de connaître les véritables dénonciations faites par les Québécois, le porte-parole de Montréal doit attendre sa première rencontre avec Pie IX, le 17 janvier[17], et diverses entrevues avec les autorités de la Propagande avant de se mettre à la besogne.

Deux questions l'occupent d'une façon prioritaire: la défense de la personne de Bourget et des journaux ultramontains. Dès son arrivée, en effet, Laflèche constate qu'il existe, dans les milieux romains, « des préjugés fort regrettables, et nullement fondés » contre l'évêque de Montréal. Ses adversaires l'accusent d'agir « par obstination » et entêtement et d'avoir recours aux intrigues; certains répandent même le bruit que son intelligence « s'est considérablement affaiblie ». Pour contrer ces attaques qui peuvent menacer sa mission et créer « une grande difficulté pour faire connaître et apprécier le *véritable état de choses* en Canada » tel que vu par Bourget et par lui-même, Laflèche rédige immédiatement et dépose à la Propagande un court mémoire pour prouver que « L'entêtement et les intrigues se trouvent chez ceux qui ont toujours fait opposition aux droits de l'Évêque » et que « La douceur, la longanimité, la fermeté, et le zèle pour le bien spirituel de son peuple, ont été les traits distinctifs du caractère de Mgr l'Évêque de Montréal »; dans un *post-scriptum* manuscrit, il

11. *Le Constitutionnel,* 27 décembre 1872, p. 2.
12. « Départ de Mgr Laflèche », *Le Nouveau-Monde,* 20 décembre 1872, p. 2.
13. A.-N. Bellemare à Thomas Caron, 1er janvier 1873, ASN, Boîte no 1, *Transfert du Séminaire,* 25.
14. *Loc. cit.*
15. *Le Journal des Trois-Rivières,* 20 janvier 1873, p. 2.
16. *Ibid.,* 17 février 1873, p. 2.
17. Pie IX lui parle presque exclusivement du problème du coadjuteur (Laflèche à Mgr Bourget, 19 janvier 1873, ACAM, 295. 104, 873-3).

s'élève contre les insinuations sur l'intelligence de Bourget et il déclare que «jamais (...) ses facultés n'ont été meilleures qu'elles ne le sont maintenant[18]». Dans la lettre qui accompagne le mémoire, Laflèche proteste encore une fois contre les propos calomniateurs des adversaires et il leur oppose ces réflexions de plusieurs invités aux noces d'or: «*son intelligence s'illumine et devient plus lucide* à mesure que ses forces physiques semblent diminuer[19]». Cette position, il la maintiendra toutes les fois qu'il aura à parler de Mgr Bourget, ce qui ne saurait étonner, puisqu'il aurait déjà dit avoir une mission à remplir, «celle de défendre notre Vénérable Évêque, le doyen de l'épiscopat canadien, dans les persécutions qui lui viennent de tant de côtés[20]».

Ce plaidoyer coïncide avec la présentation d'un premier dossier, celui des journaux ultramontains dénoncés par l'archevêque. Le cas du *Journal des Trois-Rivières* est facilement réglé, puisqu'il n'a pas été nommément désigné. Laflèche se contente de transmettre une lettre de Gédéon Desilets à Pie IX — écrite par Luc! — et, mine de rien, il demande, par la même occasion, une bénédiction pour l'oeuvre de l'ex-zouave et «quelques mots d'approbation sur son *Programme catholique*[21]». Comme il fallait s'y attendre, la réponse est favorable et la lettre du pape comble de joie la famille Desilets: «(...) elle est une puissante bénédiction pour la lutte et une bénédiction du Journal; bénédiction par conséquent du Programme catholique du Journal que renfermait ma lettre comme vous le savez[22]». C'est une interprétation évidemment abusive, comme le lui rappelle le *Journal de Québec*[23], mais elle est de bonne guerre dans la polémique féroce que mènent les journaux.

Laflèche met aussi à part le cas du *Franc-Parleur*. Ce journal, dirigé par Adolphe Ouimet, compte parmi ses collaborateurs deux irréductibles adversaires de l'archevêque, Alphonse Villeneuve et Alexis Pelletier. Dans les querelles des années antérieures, il a toujours défendu les thèses de Bourget, mais avec outrance et intransigeance, nuisant souvent aux causes qu'il défendait trop passionnément[24]. Se rendant bien compte que l'attitude du *Franc-Parleur* est indéfendable, Laflèche admet la culpabilité du journal et accepte les remontrances qu'il s'est méritées: «il n'est point, dit-il, sous le contrôle de l'Évêque, et je suis convaincu que Mgr Bourget a été bien contristé de l'exagération et de l'inconvenance de plusieurs de ses articles; et sans pouvoir l'assurer, le Vénérable Prélat, l'aura sans doute averti de quelque manière, comme il a déjà fait pour la *Minerve*[25]». Même si cette argumentation ne peut plaire à Bourget — dans tous ses textes, il lie la défense du *Franc-Parleur* à celle du *Nouveau-Monde*—, l'évêque de Trois-Rivières n'en continue pas moins de se faire l'avocat d'un seul journal ultramontain, le *Nouveau-Monde*.

Il joue ce rôle en deux temps. D'abord, en arrivant à Rome, il présente une lettre de Bourget au cardinal Barnabo, qui est un plaidoyer pour la presse catholique. Pour «faire ici en petit ce que font en Europe les grands Journaux» comme la *Civiltà Cattolica*, l'*Univers* et le *Monde*, l'évêque de Montréal a fondé le *Nouveau-Monde* «avec l'aide du Clergé et de beaucoup de bons Laïques». Or, «Ce Journal a rempli jusqu'ici et remplit encore la mission

18. Laflèche, *Monseigneur l'Évêque de Montréal et ses Opposants*, 23 janvier 1873, 2p.; texte reproduit dans A. Savaète, *Voix Canadiennes, Vers l'Abîme*, I, p. 68s.
19. Laflèche à Simeoni, 25 janvier 1873, AETR, *Registre des lettres*, V1b, 1.
20. I. Gravel à Laflèche, 5 décembre 1872, ASTR, *Fonds Laflèche*, A 4, 76-1.
21. Gédéon Desilets à Pie IX, sans date, *Le Journal des Trois-Rivières*, 17 mars 1873, p. 1; Laflèche à de Angelis, 27 janvier 1873, AETR, *Registre des lettres*, V1b, 4.
22. G. Desilets à Laflèche, 7 mars 1873, ASTR, *Fonds Laflèche*, B 3 D 3.
23. *Le Journal de Québec*, 24 mars 1873, p. 2.
24. A. Beaulieu et J. Hamelin, *La presse québécoise des origines à nos jours*, t. II: *1860-1879*, Québec, Presses de l'Université Laval, 1975, p. 156s.
25. Laflèche à Simeoni, 19 janvier 1873, AETR, *Registre des lettres*, V1b, 3.

pour laquelle il a été fondé », comme en témoignent ses luttes contre le gallicanisme, le *Code des Curés* et la législation antireligieuse du Nouveau-Brunswick, et ses campagnes pour la révision du code civil, le *Programme Catholique* et la création d'une université catholique à Montréal. Religieux et obéissants, ses rédacteurs se sont toujours « humblement soumis » quand ils ont été avertis de la « trop grande ardeur » qu'ils mettaient dans les polémiques. Et pourtant, conclut Bourget, l'archevêque attribue à ce journal « que je soutiens avec mon Clergé, pour la défense des bons principes (...) toutes ou presque toutes nos divisions [26] ».

Dans un deuxième temps, à l'occasion d'une rencontre avec le secrétaire de la Propagande, Giovanni Simeoni, Laflèche reprend les idées de son mandant et les exprime en une formule lapidaire: l'organe de l'évêché de Montréal « est inattaquable sous le rapport des doctrines et (...) à l'égard des convenances, il n'a pas manqué de se soumettre aux avertissements qui lui ont été donnés [27] ». Prévenu par ce haut fonctionnaire des plaintes de Taschereau contre le *Nouveau-Monde*, l'évêque de Trois-Rivières présente une défense plus élaborée. Tout en rappelant l'orthodoxie et la soumission du journal, il explique ses « excès regrettables de langage » par le harassement incessant de l'archevêque, qui lui a « déclaré la guerre en prenant l'administration, et cela au grand contentement des libéraux et des rouges », et par l'« *indulgence excessive* » dont le même évêque fait preuve envers des journaux de Québec « qui sont immédiatement sous sa juridiction et qui se sont bien d'avantage (*sic*) rendus coupables, par l'oubli des convenances envers les Supérieurs, la violence du language (*sic*) contre les Évêques, et les Prêtres, dans l'exercice de leur ministère sacré ».

> Rien d'étonnant, ajoute Laflèche, que cette persécution inattendue de la part de l'Archevêque et de quelques Évêques, n'ait grandement contristé et parfois irrité les courageux écrivains qui s'étaient dévoués à la défense des principes catholiques dans ces feuilles (...).

Pour ne pas fatiguer la Propagande « de ces querelles et de ces excès passagers de journalistes trop ardents », il s'abstient de porter plainte contre le *Canadien* et le *Journal de Québec* [28]; tout en promettant de demander à Bourget d'inciter ses journaux à la prudence, il suggère que Rome donne un avertissement général, « sans nommer toutefois aucun journal en particulier [29] ».

Tout en insistant auprès de la Propagande, Laflèche ne se fait pas d'illusion, car il avoue que ce dossier sur les journaux est « la partie faible » de sa mission [30]. Sa tâche, en effet, est rendue plus difficile par la polémique que suscite, au Québec, une conférence du grand vicaire Sabin Raymond, de Saint-Hyacinthe. Peu de temps après l'éclat du sermon des noces d'or, le vieil humaniste prononce un *Discours sur l'Action de Marie dans la Société* et, à l'occasion d'une digression, il laisse tomber ce jugement: « Ici, il n'y a pas de libéralisme dans le sens condamné par le vicaire du Christ; car il ne s'agit pas évidemment de libéralisme politique. (...) Ici, point de gallicanisme. (...) Dans aucune autre contrée, l'Église ne jouit d'une aussi entière liberté que dans la nôtre, et ne reçoit une telle protection de l'autorité civile. (...) L'orthodoxie est générale parmi nous [31] ». Ses paroles sont reprises par les journaux et interprétées dans le sens de leurs amitiés. Les « libéraux » y voient la réfutation des propos du père Braun et un juste retour à la tolérance [32]; au contraire, le *Nouveau-Monde,* que visait le

26. Mgr Bourget au card. Barnabo, 18 décembre 1872, ASTR, *Fonds Laflèche,* A 1 B 19-30.
27. Laflèche à Simeoni, 19 janvier 1873, AETR, *Registre des lettres,* Vlb, 3.
28. Le même au même, février 1873, *ibid.,* Vlb, 7.
29. Le même au même, 19 janvier 1873, *ibid.,* Vlb, 3.
30. Mgr Bourget à Laflèche, 14 mars 1873, ASTR, *Fonds Laflèche,* A 1 B 20-6. Bourget, qui rapporte les propos de Laflèche, en profite pour développer une nouvelle fois sa conception et sa défense de la presse religieuse.
31. Sabin Raymond, *Discours sur l'Action de Marie dans la Société,* Québec, Ovide Fréchette, 1873, p. 25s.
32. Voir la série d'articles du *Journal de Québec,* du 20 janvier au 17 février 1873.

conférencier[33], et le *Franc-Parleur* sortent leur plus pur vitriol pour excommunier le grand vicaire[34]. Le *Journal des Trois-Rivières* se déchaîne lui aussi contre l'hérétique et, tout en s'engageant à le réfuter, il constate: « On ne pouvait déclarer plus nettement l'inutilité des plaintes que les catholiques ne cessent de faire entendre sur notre état social, et prendre de moyens plus efficaces pour les rendre vaines[35] ». Une fois de plus, la discussion débouche sur la violence verbale et le texte de Raymond — avec les commentaires passionnés — est acheminé vers Rome pour servir de preuve à l'un et l'autre camp.

Laflèche se serait bien passé de ce nouvel incident, mais il fait face à cette difficulté supplémentaire avec calme. Il cherche avant tout à minimiser l'importance de la controverse: à la Propagande, il explique que les conférences comme celles de Raymond « ne sont point des sermons et n'ont aucun caractère religieux » et il insiste pour signaler que le grand vicaire a abordé « une question de *fait* et non de doctrine ». De plus, cette opinion optimiste du conférencier n'est pas partagée par le 3° concile de Québec qui, dans son 10° décret, dénonce les « erreurs modernes » qui sévissent dans la province, ce que vient confirmer un article récent d'une revue de Toronto que dépose Laflèche pour permettre de mieux « juger l'état des choses au Canada[36] ». D'autre part, pour prévenir d'autres incidents semblables, il suggère à Bourget d'exiger plus de modération du *Nouveau-Monde* et du *Franc-Parleur*.

Cette dernière initiative est reçue froidement à Montréal. Mgr Pinsonnault, président du comité de rédaction du *Franc-Parleur,* lui expédie une lettre furibonde où il défend le style de son journal et vilipende, par la même occasion, l'école libérale de Montalembert et de Mgr Dupanloup; son long plaidoyer *contre* la modération laisse bien entendre qu'il condamne celle que manifeste l'envoyé de Montréal à Rome[37]. Le chanoine Lamarche, du *Nouveau-Monde,* n'est guère plus content, mais il choisit d'expliquer la situation. Tout en souhaitant que les luttes cessent, il réclame le droit de riposter à ses agresseurs: « On nous attaque brutalement, nous répondons fortement », dit-il. D'autant plus que « La presse de Mgr l'Archevêque, ajoute-t-il, a continué à nous harceler, malgré notre bon désir de paix et Mgr l'évêque de Rimouski fait de son côté tout ce qu'il peut contre nous, sans nous désigner cependant explicitement[38] ». C'est, à ses yeux, une tactique: « On voudrait dans le moment nous arracher quelques gros mots, pour aller ensuite s'en plaindre à Rome ». Aussi entend-il suivre le conseil de prudence de Laflèche « qui pour nous est un ordre[39] ». Quant à Mgr Bourget, il se garde bien d'adresser le moindre reproche à son porte-parole, mais, dans une longue lettre, il défend encore une fois les deux journaux incriminés, dénonce l'archevêque qui veut museler la presse religieuse alors qu'il laisse totale liberté aux journaux « libéraux », et demande enfin d'exiger « un jugement motivé sur la doctrine et la rédaction du *Nouveau-Monde* et du *Franc-Parleur*; et non pas seulement un avis, une exhortation en

---

33. S. Raymond à Boucher de la Bruère, 14 décembre 1872, ASTR, *Fonds Laflèche,* A 2 R 183-6.

34. Binan (Mgr A. Pinsonnault) commence une longue réfutation (« M. le grand vicaire Raymond et le libéralisme catholique », *Le Franc-Parleur,* 11 janvier 1873, p. 1s.), plus tard publiée en brochure: Luigi (Alexis Pelletier) entreprend une démarche semblable deux semaines plus tard (« Il y a du libéralisme et du gallicanisme en Canada », *ibid.,* 25 janvier 1873, p. 1).

35. « La lutte actuelle », *Le Journal des Trois-Rivières,* 6 février 1873, p. 2.

36. Laflèche à Simeoni, 12 février 1873, AETR, *Registre des lettres,* Vlb, 8.

37. Mgr Pinsonnault à Laflèche, 2 mars, 1873, *ibid.,* Vlb, 16.

38. Dans la *Voix du Golfe,* contrôlée par l'évêché de Rimouski, et dans la circulaire du 16 février 1873 où il dénonce avec virulence « ces tristes feuilles ». (Mgr J. Langevin, « Circulaire confidentielle au clergé », 16 février 1873, MER, *Mgr Jean Langevin,* I, p. 325).

39. G. Lamarche à Laflèche, 7 mars 1873, ASTR, *Fonds Laflèche,* A 2 L 113-6; voir, dans la même veine, le même au même, 9 mars 1873, *ibid.,* A 2 L 113-7.

général à garder la paix[40] ». Or, on l'aura noté, cette insistance à demander un jugement sur l'orthodoxie des journaux ultramontains est passablement éloignée de la stratégie de Laflèche qui s'applique à minimiser les conflits en les présentant comme des sautes d'humeur plutôt que des combats de fond. Mais, comme ces directives contraires arrivent *après* le jugement de la Propagande, le représentant de Montréal n'a pas à changer de tactique.

Tout en assurant la défense de Bourget et des journaux ultramontains, Laflèche s'occupe activement d'expliquer et d'appuyer la thèse de Montréal sur les grandes controverses soumises au tribunal de Rome. La principale est sans contredit la querelle entre les sulpiciens et l'évêque de Montréal à propos de l'érection de paroisses à Montréal[41]. Ce débat interminable est revenu sous les feux de l'actualité quand, à un ordre leur enjoignant de se procurer des registres de l'état civil, les curés sulpiciens des « paroisses-succursales » ont fait appel de l'injonction à l'archevêque de Québec, « tant comme Métropolitain que comme Député Apostolique »; requis de comparaître devant Mgr Taschereau, Bourget décide d'en appeler lui-même à Rome[42]. Déjà à Rome pour défendre ce dossier, Mgr Desautels se charge de la rédaction des mémoires, mais Laflèche l'appuie fortement dans une lettre qu'il l'autorise à publier et dans *Une explication* qu'il dépose à la Propagande le 2 février 1873[43]. Dans ces textes, l'évêque de Trois-Rivières s'attache à prouver deux choses: Mgr Bourget a donné la meilleure interprétation du décret de la Sacrée Congrégation de la Propagande du 30 juillet 1872 et, en s'élevant contre la « résistance scandaleuse » des sulpiciens, il s'est affirmé comme « *Défenseur du droit et de la liberté de l'Église* »; de plus, Laflèche regrette d'avoir à dire que « le Vénérable Prélat n'a pas reçu (...) de son Métropolitain le support[44] et l'encouragement qu'il avait le droit d'en attendre, dans une cause qui intéressait, à un si haut point, toute la Province ». Le 9 mars 1873, quelques jours avant les séances de la Sacrée Congrégation de la Propagande consacrées aux questions du Québec, Laflèche revient à la charge auprès de Simeoni pour rectifier certaines allégations des Québécois à propos du refus des curés sulpiciens[45] et du bill des registres[46]. Sur ce dernier point, il répète les accusations de

---

40. Mgr Bourget à Laflèche, 14 mars 1873, *ibid.,* A 1 B 20-6.

41. Séquelle des interminables démêlés des deux premiers évêques de Montréal avec les sulpiciens, ce problème ne sera réglé qu'à la fin du règne de Mgr Bourget. En 1865, après de longs pourparlers, celui-ci avait promulgué un décret relatif au démembrement de la paroisse Notre-Dame. Curés en titre depuis le début du régime français, les sulpiciens s'étaient objecté énergiquement à la mesure et avaient, à plusieurs reprises, porté la question à Rome. Un décret apostolique du 30 juillet 1872 avait finalement permis à l'évêque d'aller de l'avant. Mais la résistance des sulpiciens n'était pas vaincue. Sur le sujet, voir Léon Pouliot, *Monseigneur Bourget et son temps,* t. V, Montréal, Bellarmin, 1977, pp. 11-52.

42. J. Desautels, *Mémoire Du Procureur de Sa Grandeur Mgr l'Évêque de Montréal, du 1er janvier 1873,* pp. 1-7. L'archevêque avait reçu le mandat de voir à l'exécution du décret de 1872.

43. « Lettre de Monseigneur l'Évêque des Trois-Rivières à Mgr J. Desautels, Vicaire Général de Mgr l'Évêque de Montréal », sans date, *ibid.,* pp. 36-42; Laflèche, « Une explication », 2 février 1873, AETR, *Registre des lettres,* VIb, 5.

44. Nous corrigeons le texte qui se lit « sapport ». Il y a beaucoup de coquilles de cette sorte dans le mémoire imprimé à Rome.

45. Il rappelle « Qu'on a dit que les Curés sulpiciens en refusant d'obéir à l'injonction de leur Évêque au sujet des registres pour leurs paroisses, s'étaient néanmoins adressés à un juge pour les obtenir. Le fait est qu'ils se sont adressés au Juge Beaudry qui s'était déjà prononcé sur cette question comme avocat et en plusieurs autres circonstances, qu'en conséquence il n'a pu siéger comme juge pour en prendre connaissance; et que sur son refus, ces Messieurs se sont adressés au juge Mackay qui est Protestant, ainsi qu'il est dit dans le mémoire de Mgr Desautels etc. ».

46. Laflèche à Simeoni, 9 mars 1873, AETR, *Registre des lettres,* VIb, 22.

Bourget, même s'il avait manifesté une opinion un peu différente auparavant[47].

Laflèche donne également son appui inconditionnel aux deux projets controversés de Bourget concernant l'université catholique de Montréal et la nomination d'un coadjuteur. Sur le premier sujet, il rédige un long mémoire que Mgr Desautels transmet à la Propagande en même temps que certaines autres pétitions[48]. L'évêque de Trois-Rivières reprend tous les arguments des Montréalais — éducation protestante pour une partie de la jeunesse catholique de Montréal, nouvelle situation de la région montréalaise, impossibilité d'accepter les conditions de l'université Laval — et il insiste particulièrement sur les dangers que font courir à la foi des étudiants certains professeurs de Laval « dont les uns sont des *protestants-franc-maçons,* et les autres des *libéraux-décidés* ». Laflèche est si convaincu du droit de Montréal que, dans le feu de la discussion, il soutient que « sur les six évêques de la Province, *trois reconnaissent explicitement la nécessité d'une Institution Universitaire à Montréal,* savoir: les Évêques de Montréal, de St. Hyacinthe et des Trois-Rivières », ceux de Québec et de Rimouski étant les seuls à s'opposer et Mgr Guigues n'étant pas impliqué, puisqu'il « *a déjà son Université dans sa ville épiscopale* »! Au moins deux de ces évêques — La Rocque et Guigues — auraient été surpris d'être ainsi classés!

Sans doute parce qu'elle touche davantage la personne de Bourget, la question du coadjuteur mobilise beaucoup plus Laflèche. Le mémoire qu'il rédige pour appuyer la demande de Montréal est un des plus importants qu'il écrit pendant ces semaines. Il y reprend l'argumentation de Mgr Desautels — la nécessité d'un coadjuteur, le droit de l'évêque de Montréal d'en avoir un, la faiblesse des raisons invoquées par les adversaires — en y ajoutant le poids de sa parole épiscopale, mais il part de ce problème particulier pour expliquer la situation d'ensemble de l'Église du Québec. Il existe, dit-il, une « *divergence d'opinion* » assez profonde entre les évêques, et elle a éclaté publiquement à diverses occasions. Ce désaccord ne concerne pas les principes, car « tous les Évêques de la Province sans exception tiennent *d'esprit et de cœur aux principes* de l'Église Catholique[49] », mais il provient d'une mésentente sur « *l'application pratique* ». En effet, « Une partie des Évêques, la masse du Clergé et des fidèles » veulent se prévaloir de la liberté des cultes, reconnue *de jure* et *de facto* au pays, « au *bénéfice de la liberté* de l'Église[50], sans se soucier *des exigences de certains hommes politiques,* ni se laisser intimider par les opinions de quelques *juristes gallicans*

---

47. Les juges Berthelot et McKay ayant rendu des jugements différents sur le droit des paroisses canoniques de tenir les registres de l'état civil, le procureur général, Gédéon Ouimet, présente à la Chambre d'assemblée un projet de loi pour faire reconnaître sans équivoque ce droit déjà existant. Mais, sous la pression des sulpiciens et du grand vicaire Cazeau, de Québec, il y inclut un article spécifiant que la loi « n'affecte en rien (...) la position civile actuelle des paroisses et fabriques régulièrement existantes ». Cet amendement soustrait les sulpiciens aux effets de la loi et empêche celle-ci d'apporter la solution politique que Bourget souhaite. Le 9 décembre 1872, Laflèche écrit à Ouimet pour se dire heureux du bill qui contribuera grandement « à applanir les difficultés si pénibles pendantes entre le Vénérable Évêque de Montréal et les MM. de St-Sulpice » et pour demander au procureur général de retirer le projet de loi plutôt que de céder aux pressions des sulpiciens dont il a eu vent (Laflèche à G. Ouimet, 9 décembre 1872, AETR, *Registre des lettres,* VI, 12B). De Rome, il écrit de nouveau à l'homme politique pour le remercier de la loi telle que votée. Quand il prend connaissance des protestations de Montréal, il devient plus sévère et il dénonce alors, en termes énergiques, l'intervention de Cazeau (Laflèche au card. Simeoni, 9 mars 1873, *ibid.,* VIb, 22).

48. Laflèche, « Mémoire de l'Évêque des Trois-Rivières, à l'appui de la Supplique de Mgr l'Évêque de Montréal, par Son Procureur, au St-Siège, pour en obtenir la permission de fonder une Université-Catholique à Montréal », 23 janvier 1873, *Istanza colla quale Monsig. Vescovo di Montreal domanda la facoltà di stabilire una Università cattolica a Montreal,* pp. 11-24.

49. Laflèche ne retient donc pas les accusations de gallicanisme et de laxisme portées contre Taschereau par un groupe de prêtres du diocèse de Québec, en janvier 1873 ([Mémoire de certains prêtres du diocèse de Québec], 6 janvier 1873, ASTR, *Fonds Laflèche,* A 1 T 100-1).

50. La liberté religieuse « pleine et entière » existe, dit-il, mais encore faut-il l'employer au bénéfice de l'Église; « cela dépend de ceux qui ont ses destinées en mains, c'est-à-dire, des Évêques », conclut-il.

attardés »; ce sont les tenants de l'ultramontanisme[51]. Tout au contraire, certains évêques, « avec un nombre comparativement petit du clergé », se tournent vers le « catholicisme libéral »; faisant preuve de « timidité » et de « faiblesse », ils voient « presque toujours des *difficultés inextricables, et des irritations redoutables,* qu'il faut absolument éviter », quand il faut défendre et réclamer les droits de l'Église: d'où « des ménagements, des *complaisances, des faiblesses nombreuses en face du Pouvoir et de certains hommes politiques* ». Bien plus, ajoute-t-il,

> L'esprit de conciliation dans *les idées les plus opposées,* l'intérêt de la paix quand même que l'on ne manque pas de faire sonner bien haut, viennent aussi exiger que l'on s'abstienne dans la *presse religieuse,* d'aborder ce que l'on appelle les *questions brulantes,* c'est-à-dire, la défense des *doctrines du Syllabus* et des *Encycliques* du St-Siège, sans cesse blessées par des *écrivains ignorants,* et quelques fois *hypocritement attaquées* par des *Catholiques libéraux déguisés.*

Pour expliquer la « condescendance excessive de ces Prélats », Laflèche ne trouve qu'une raison: « Si l'on prête l'oreille à ce qui se dit dans le public et ceux qui *observent*; les *liens* de la parenté et de l'amitié, et même *ceux* de l'intérêt en seraient la *principale* cause ». Et de rappeler ces « liens » et ces « intérêts chez les évêques de Québec, Rimouski, Saint-Hyacinthe et Ottawa [52] »: les sept membres de la famille de Taschereau « dans la magistrature et sous le gouvernement », le « frère ministre » de Langevin, l'amitié de La Rocque et Guigues pour Cartier...

En plus de cette analyse et de ces accusations personnelles, Laflèche ajoute un autre jugement global sur l'antagonisme entre Bourget et Taschereau: « dans chacune de ces questions (sulpiciens, université, coadjuteur), dit-il l'Évêque de Montréal est l'homme du DROIT ET DE SON APPLICATION, tandis que l'Archevêque est l'homme de L'EXCEPTION AU DROIT, DE L'INOPPORTUNITÉ ». Il ne va pas cependant jusqu'à dire explicitement que Taschereau outrepasse ses droits, comme on le prétend à Montréal, mais il n'en conclut pas moins sur ces mots: « *En précisant les droits de chacun et en prenant les mesures nécessaires pour les faire respecter, on rendra justice à tous et l'on arrivera à une paix véritable et durable. Justifia et pax osculatae sunt* [53] ».

Cette pièce maîtresse, où le style parfois oratoire traduit l'émotion de son auteur, est la meilleure synthèse des idées de Laflèche sur les problèmes controversés qu'il est venu débattre à Rome; elle est aussi une bonne source pour connaître l'essence de l'ultramontanisme qu'il défend; elle est enfin un vibrant et chaleureux témoignage d'amitié pour son doyen. Malgré certaines faiblesses — son analyse des liens de parenté et d'intérêt frise la délation, il prête à certains de ses collègues des prises de position contraires à leurs idées —, ce mémoire annonce les grands ouvrages polémiques de 1881-1882.

La longueur et la force de ce travail n'empêchent pas Laflèche de recommencer. Il adresse personnellement à Pie IX une supplique plus succincte [54]; le 10 février 1873, il produit une *Déclaration* qui est une défense de la personne et de l'oeuvre de Bourget [55]; le lendemain,

---

51. Laflèche n'emploie pas le terme dans ce document; Bourget, tout en employant les mêmes arguments, les relie nommément à l'ultramontanisme dans sa lettre du 18 décembre 1872 (Mgr Bourget au card. Barnabo, 18 décembre 1872, *ibid.,* A 1 B 19-30).
52. À cause de son importance, nous reproduisons, en annexe F, la page accusatrice du mémoire.
53. Laflèche, « Mémoire de l'Évêque des Trois-Rivières sur la nécessité de donner au plus tôt un Coadjuteur *cum jure futurae successionis* à Mgr l'Évêque de Montréal », 31 janvier 1873, *Istanza colla quale Monsig. Vescovo di Montreal domando che gli sia accordato un Coadjutore, oppure un Successore,* pp. 17-35.
54. Laflèche, (Supplique à Pie IX) (en latin), sans date, ASTR, *Fonds Laflèche,* A 4-4.
55. Laflèche, *Déclaration,* 10 février 1873, 4p.

il écrit à Simeoni pour appuyer la supplique du clergé de Montréal au pape et transmettre les notes explicatives qui l'accompagnent[56]. Rien n'est de trop pour la défense de son ami.

À partir de la mi-février, au moment où les dossiers montréalais sont tous acheminés à la Propagande, Laflèche trouve le temps de passer lui-même à l'attaque. Celle-ci prend deux formes: une consultation et des dénonciations. Le 19 février 1873, il consulte sur trois points de friction entre lui et l'archevêque: le code civil, le *Programme catholique* et les écoles du Nouveau-Brunswick[57]. Les faits étant évidemment présentés d'une manière favorable, la réponse est une approbation des points de vue de Montréal et de Trois-Rivières, ce qui ne saurait surprendre puisque, selon un adage bien connu dans les milieux ecclésiastiques, « ne vient de Rome que ce qu'on y a envoyé »! Voici, par exemple, ce qui concerne le *Programme catholique*. Laflèche, dans son exposé, reproduit sa lettre pastorale du 10 mars 1871 et rappelle brièvement les circonstances d'élaboration du document contesté; il souligne l'opposition de l'archevêque qui « *sous la pression,* dit-on, *de certains politiques* » publie une circulaire et une lettre désavouant le *Programme.* Puis il demande « si, nonobstant ce *désaveu,* il peut s'en tenir à sa dite Lettre-Pastorale du 10 mars 1871, et continuer d'approuver et encourager ceux qui se servent du *Programme Catholique,* pour assurer au pays, dans la mesure de leurs forces, une Représentation vraiment catholique ». Ainsi libellée, la question reçoit la réponse attendue: même si, dit le texte, le *Programme* n'a pas été fait et expressément reconnu par « l'autorité ecclésiastique », il n'est qu'une « répétition » du IXe décret du 4e concile de Québec; il est de plus « très apte à procurer le bien de la religion catholique et de la société civile au Canada »; en conséquence, concluent les signataires, « nous sommes d'avis qu'il faut y tenir et que tout électeur catholique doit l'avoir sous les yeux quand il se décide à voter ». Si l'on ajoute qu'un des trois aviseurs est le chanoine Philippe de Angelis, régulièrement consulté par le groupe de Montréal, on ne s'étonnera pas que cette réponse fait sourciller l'archevêque et que les Québécois n'en continuent pas moins de dénoncer le *Programme* à Rome[58]. Les autres réponses sont du même genre et nourriront, elles aussi, les polémiques futures.

Laflèche se révèle tout aussi astucieux quand il demande une approbation de la seconde édition des *Conférences dogmatiques sur le mariage chrétien* du père Braun — à ses yeux, les approuver, c'est indirectement désavouer l'enseignement donné à l'université Laval![59] — et quand il dénonce le *Code des curés* du juge Beaudry et le *Traité du contrat de mariage* de Pothier. En même temps qu'il envoie un exemplaire du *Code* accompagné d'extraits commentés par des théologiens, il adresse au cardinal de Luca, de la Sacrée Congrégation de l'Index, une très longue lettre explicative où il demande la condamnation de ce livre; il s'appuie sur le fait que

> Cet ouvrage renferme des erreurs contre la doctrine et les droits de l'Église spécialement en ce qui regarde son droit de propriété et d'administration de ses biens, l'organisation des paroisses et leur gouvernement, les droits des curés, l'indépendance de l'Église dans sa législation qu'il subordonne à la législation civile etc..

et que, malgré la « condamnation » de plusieurs évêques, l'auteur a continué à le répandre chez les prêtres et les laïques, exerçant ainsi « la plus funeste influence au grand détriment de

---

56. Laflèche à Simeoni, 11 février 1873, AETR, *Registre des lettres,* Vlb, 6; *Notes Relatives à la supplique du Clergé de Montréal Au sujet d'un coadjuteur pour ce diocèse,* 23 janvier 1873, 11p., ASTR, *Fonds Laflèche,* A 4-4.
57. Laflèche, *Consultation,* 19 février 1873, ASTR, *Fonds Laflèche,* A 4-36.
58. *Réponse* (texte latin), 24 mars 1873, p. 2s., *ibid.;* texte français dans A. Savaète, *Voix Canadiennes, Vers l'Abîme,* t. VI: *Mgr L.-F. Laflèche et la Division du Diocèse des Trois-Rivières,* Paris, A. Savaète, (s.d.), p. 216.
59. Laflèche à de Angelis, 24 février 1873, AETR, *Registre des lettres,* Vlb, 18.

la liberté et des droits de l'Église » et semant « une confusion déplorable et une grande perturbation dans l'administration des églises du Canada[60] ». Il reprend à peu près les mêmes arguments quand il soumet le traité de Pothier au tribunal de l'Index[61]. Il faut noter cependant que ces démarches, réitérées par la suite, n'ont pas de succès.

Enfin, Laflèche profite de son passage à Rome pour régler certains problèmes diocésains, particulièrement celui du séminaire de Nicolet. Dès son arrivée, l'abbé Bellemare, délégué du collège, s'empresse de présenter un substantiel mémoire sur les droits de la corporation du séminaire vis-à-vis de l'évêque[62] et, en attendant une réponse, il fait sa cour auprès des cardinaux[63]. À la mi-février, il se plaint du retard de Laflèche à remettre son propre mémoire ; « Est-ce la difficulté de la réfutation ?, se demande-t-il, ou bien est-ce une tactique de sa part ?[64] » Il n'a plus à attendre longtemps, puisque l'évêque dépose, le 24 février 1873, sa réponse qui prend la forme d'un mémoire de 14 pages réfutant les allégations des prêtres de l'institution nicolétaine[65]. Après avoir rappelé une nouvelle fois que le projet de transfert a été abandonné — « D'ailleurs l'augmentation rapide de la population nous fait voir aujourd'hui que deux établissements de ce genre peuvent se soutenir dans le diocèse » — , Laflèche s'attache à prouver que « Le Séminaire de Nicolet est un établissement ecclésiastique, relevant de l'autorité religieuse », ce qui est confirmé par l'histoire de la maison, et il réclame « *le libre exercice des droits* que les Évêques ont ordinairement sur leurs séminaires », il dénonce aussi au passage l'esprit d'indépendance de cette partie du clergé et le désir des directeurs de « séculariser » le collège de Nicolet. Ces dernières accusations piquent au vif Bellemare qui s'empresse de les réfuter dans une lettre au cardinal Pitra[66]. Pour sa part, le cardinal Barnabo, préfet de la Propagande, consulte Taschereau qui, à sa demande, lui présente un court mémoire le 7 mars 1873. L'archevêque décrit les relations qui existent entre les séminaires et les évêques du Québec et, à la lumière de cette longue expérience, suggère de « perfectionner la constitution actuelle du Séminaire de Nicolet, en comblant certaines lacunes qui s'y trouvent et en changeant quelques dispositions » ; ce serait, affirme-t-il, le moyen d'éviter les revendications extrémistes des deux partis en présence[67].

Cette proposition de bon sens, bien caractéristique de Taschereau (quand l'université n'est pas en cause !), n'est qu'en partie entérinée par la Propagande. Déroutés sans doute par le régime des séminaires canadiens si différents de ceux d'Europe, lassés peut-être de discuter des affaires du Canada[68], poussés dans cette voie par une dernière lettre de Laflèche avant son départ, les cardinaux ne décident pas sur le fond et ordonnent le *statu quo,* avec ordre de revenir devant eux au besoin[69]. Ce qui permet aux deux partis de chanter victoire...

D'une façon globale, Laflèche évite le pire et peut s'en réjouir, si l'on considère les conditions dans lesquelles sa mission s'est déroulée. N'oublions pas qu'il représente et défend Bourget, reconnu dans les milieux romains « pour un homme entêté et intraitable qui ne

---

60. Laflèche au card. de Luca, 1er février 1873, *ibid.,* VIb, 14.

61. Le même au même, 26 février 1873, *ibid.,* VIb, 20.

62. « Mémoire de la Corporation du Séminaire de Nicolet à la Sacrée Congrégation de la Propagande », décembre 1872, ASN, *Procès devant la S.C. Congrégation de la Propagande entre Mgr des Trois-Rivières (Mgr L-F. Laflèche) et le Séminaire de Nicolet,* pp. 29-46. Le mémoire, signé par Thomas Caron, A.-N. Bellemare, Isaac Gélinas, Moïse-G. Proulx et Joseph Blais, est plutôt radical.

63. A.-N. Bellemare à Thomas Caron, 18 janvier 1873, ASN, Boîte no 1, *Transfert du Séminaire,* 25.

64. Le même au même, 15 février 1873, *ibid.*

65. Laflèche, (Mémoire sur le séminaire de Nicolet), 24 février 1873, 14p., *ibid.,* 18.

66. A.-N. Bellemare au card. Pitra, 3 mars 1873, *ibid.,* 19.

67. « Mémoire de Sa Grandeur Mgr E.-A. Taschereau, archevêque de Québec à son Éminence le cardinal Barnabo, préfet de la S. Congrégation de la Propagande », mars 1873, 5p., *ibid.,* 26.

68. A.-N. Bellemare à T. Caron, 18 janvier 1873, *ibid.,* 25. Bellemare rapporte que Simeoni paraît fatigué des affaires du Canada.

69. Card. Barnabo à Laflèche, 14 mai 1873, APFR, *Lettere,* 369 (1873), f. 181.

veut rien céder de ses prétentions, pour un homme mal-intentionné contre les Sulpiciens, qui cherche à les dépouiller de leurs privilèges et qui ne peut s'accorder avec personne[70] ». Et qui, de surcroît, vient de s'attirer une semonce de Rome pour ses démarches auprès de la législature de Québec en faveur d'une université à Montréal! Laflèche doit donc commencer par établir sa propre crédibilité. La tâche est rendue plus difficile par les circonstances : l'avocat de Bourget s'avance sur un terrain déjà miné par Taschereau qui est arrivé le premier à Rome et qui, mieux connu et plus expérimenté, a fréquenté les principaux cardinaux et a gagné l'oreille de plusieurs minutanti ou secrétaires fréquentant le collège français. Aussi A.-N. Bellemare n'est pas loin de la vérité quand il écrit, le 12 janvier 1873, que « la mission de Mgr Laflèche, à présent du moins, est très ingrate[71] ». Même s'il réussit à s'attirer la faveur de certaines autorités romaines — le chanoine de Angelis est le plus fidèle —, Laflèche est le plus souvent réduit à la défensive.

Dans ces conditions, on peut dire que le bilan de sa mission est plutôt positif. Sans doute n'a-t-il pas levé toutes les préventions contre Bourget — était-ce possible? —, mais il lui a obtenu un coadjuteur, d'ailleurs choisi parmi les candidats désignés par le vieil évêque. La nomination d'Édouard-Charles Fabre, qui accepte le titre de Gratianopolis, est une victoire qui prend tout son sens quand on se rappelle les craintes exprimées par Bourget au cardinal Barnabo[72] et quand on voit la réaction des Québécois. Observateur de l'extérieur, Hector Langevin rapporte qu'à Québec « on ne paraît pas aussi content de la nouvelle qui fait de M. Fabre le nouvel Évêque de Montréal[73] »; l'abbé Bellemare traduit les sentiments de l'entourage de l'archevêque quand il note : « ce ne sera pas l'évêque le plus *futé* ni le plus capable d'en imposer aux *prétendus gallicans*[74] ». Laflèche peut donc se réjouir de l'avoir fait nommer malgré le jugement d'inopportunité de la plupart de ses collègues.

Quant aux deux autres questions étudiées aux séances des 11 et 13 mars 1873 de la Sacrée Congrégation de la Propagande, le jugement est beaucoup moins net. Le problème de l'université est renvoyé au concile de Québec, qui devra faire rapport sur certains faits contradictoires; cette décision favorise Taschereau qui est appuyé par la majorité des évêques, même si Laflèche croit encore à la possibilité d'une victoire : « l'on pense, dit-il, que la Congrégation a pris ce parti pour ne pas condamner de suite l'Archevêque sur toute la ligne, et laisser aux esprits de tous de se calmer ». Il croit aussi avoir obtenu gain de cause à propos des sulpiciens, mais les difficultés ultérieures prouvent qu'il triomphe trop tôt[75]. Nonobstant ces exagérations bien compréhensibles de l'évêque des Trois-Rivières et de ses amis[76], nous croyons que le simple fait d'avoir évité des décisions contraires à Montréal est déjà une quasi-victoire. Qui n'empêche pas, cependant, ses adversaires de chanter eux aussi leur succès!

Cette interprétation confuse est surtout manifeste à propos de la décision sur les journaux. À l'encontre de Taschereau, Laflèche avait demandé une déclaration générale qui ne viserait aucun journal en particulier, et surtout pas le *Nouveau-Monde*. C'est ce qu'il obtient. Le 22 mars 1873, le cardinal Barnabo écrit à l'archevêque de Québec, avec ordre de la

---

70. Comme le rapporte Bourget lui-même : Mgr Bourget à Laflèche, 20 décembre 1872, ASTR, *Fonds Laflèche*, A 1 B 19-31.
71. A.-N. Bellemare à T. Caron, 12 janvier 1873 ASN, Boîte no 1, *Transfert du Séminaire*, 25.
72. Mgr Bourget au cardinal Barnabo, 18 décembre 1872, ASTR, *Fonds Laflèche*, A 1 B 199-30.
73. Hector Langevin à Mgr J. Langevin, 11 avril 1873, ANQ, FL, B 5, 776.
74. A.-N. Bellemare à T. Caron, 22 mars 1873, ASN, Boîte no 1, *Transfert du Séminaire*, 25.
75. Laflèche à C.-O. Caron, 17 mars 1873, ASTR, *Fonds Laflèche*, B 2 C 42.
76. Les premiers à interpréter le voyage comme une victoire totale sont le père Braun et Mgr Taché; les Montréalais suivront plus tard.

transmettre à tous ses suffragants, une lettre où il déplore les polémiques entre journalistes catholiques et où il demande aux évêques de « faire tous leurs efforts pour assurer l'unité d'esprit dans les liens de la paix, par la cessation complète de ces disputes [77] ». Ce texte vague qui met tous les antagonistes sur le même pied, Taschereau l'interprète publiquement en sa faveur. Dès son retour de Rome, il demande aux journaux de Québec de publier le document et il leur précise que ces avertissements visent avant tout deux journaux ultramontains de Montréal: « Mon plaidoyer sur ce sujet, devant la Propagande, dit-il, a été fort court. J'ai déposé un certain nombre de ces pamphlets et de feuilles du *Nouveau-Monde* et du *Franc-Parleur,* et j'ai demandé ce qu'il fallait penser d'un genre de polémique contre lequel j'avais protesté depuis longtemps [78] ». C'était sans doute rigoureusement vrai, mais il oubliait que Laflèche avait apporté des explications et qu'à la fin il avait déposé lui aussi des extraits compromettants du *Journal de Québec,* de l'*Événement* et du *Canadien...*

Le geste spectaculaire de Taschereau est froidement reçu à Trois-Rivières, où l'on attend encore le retour de Rome de l'évêque. L'administrateur, Charles-Olivier Caron, demande aux journaux de son diocèse de surseoir à la publication des deux lettres et de renoncer à les commenter « jusqu'à ce que sa Grandeur (Laflèche) ait trouvé bon d'en entretenir ses diocésains [79] ». Il explique à l'archevêque sa décision par le souci de faire préparer « les voies » par des considérations « dont le coeur et la plume de Monseigneur Laflèche sont sans doute capables »; et il ajoute insidieusement: « Je sais, d'ailleurs que l'intention de Mgr était de s'entendre avec les autres Évêques avant de rien dire au peuple [80] ». Façon polie de rappeler au prélat qu'il avait oublié les décisions antérieures de l'assemblée épiscopale.

L'administrateur a vu juste. Dès son retour, Laflèche publie la lettre de Barnabo, mais accompagnée d'explications « que (lui) en ont données officiellement leurs Éminences le Cardinal Préfet (Barnabo) et le Cardinal Monaco ». Une fois de plus, l'évêque de Trois-Rivières doit différer d'opinion avec son métropolitain. Dans sa condamnation, dit-il, la congrégation romaine « n'a pas voulu faire peser ce blâme sur les uns plus que sur les autres » et « Elle a jugé que l'on s'était laissé aller de part et d'autre à de regrettables intempérances de langage, que l'on avait manqué aux règles de la charité et porté atteinte au respect que l'on doit aux personnes constituées en dignité ». D'autre part, ajoute-t-il, Rome « n'a pas eu l'intention de censurer et de blâmer la presse catholique, ni de prohiber les discussions en *termes convenables* pour la propagation et la défense de la vérité catholique et la revendication des droits de l'Église ». Après avoir rappelé longuement la pensée de Pie IX sur la presse catholique, Laflèche conclut:

> Ce serait donc se méprendre grandement sur la pensée de la S. Congrégation si l'on allait conclure qu'elle a voulu réduire au silence ces courageux écrivains, parce qu'il sera arrivé à quelques-uns d'entre eux de se laisser entraîner à des excès regrettables dans des polémiques trop vives. Non; la règle à suivre en de pareilles occurrences est toute tracée par Pie IX lui-même et l'on se rappelle comment il en a fait l'application l'année dernière à la presse religieuse en France [81].

---

77. Card. Barnabo à Mgr Taschereau, 23 mars 1873, *Le Journal de Québec,* 14 avril 1873, p. 2.
78. Mgr Taschereau à l'éditeur, 13 avril 1873, *ibid.*
79. C.-O. Caron à Gédéon Desilets, 15 avril 1873, *Le Journal des Trois-Rivières,* 17 avril 1873, p. 2.
80. C.-O. Caron à Mgr Taschereau, 16 avril 1873, AETR, *Registre des lettres,* VI, 6.
81. Laflèche, « Circulaire au clergé », 5 mai 1873, METR, *Mgr Laflèche,* 1, pp. 404-413.

Ce texte si clair fait bien voir que l'archevêque et son suffragant ne lisent pas les textes avec les mêmes yeux et qu'ils y trouvent ce qu'ils veulent[82], mais il prouve davantage encore que l'un et l'autre ont des conceptions diamétralement opposées de la presse catholique, reflets éclairants de leur vision divergente des relations entre la religion et la politique. De ce point de vue, le voyage à Rome n'a donc rien changé chez ces deux hommes; bien au contraire, il les a ancrés davantage dans leurs convictions!

Leurs troupes respectives les suivent sur cette voie. Toutes chantent victoire pour se convaincre de la justesse de leurs thèses. Le *Nouveau-Monde,* par exemple, prépare le retour de l'évêque de Trois-Rivières en publiant une lettre du père Braun soulignant « quel succès a couronné les efforts de Mgr Laflèche[83] ». Et diverses manifestations « spontanées » accueillent le visiteur sur la voie du retour[84]. Un groupe de prêtres et de laïques vont à sa rencontre à Arthabaska; la ville elle-même lui fait « Une brillante réception[85] ». Ces acclamations au vainqueur, qui reprennent celles que l'on a vues à Québec pour l'archevêque, ne menacent-elles pas de repousser dans l'oubli les conseils de prudence et d'union que les autorités romaines ont prodigués aux deux antagonistes et à leurs amis?

2- La difficile union

Dans cette atmosphère survoltée qui révèle la fragilité des progrès faits vers l'union, la tenue du 5° concile provincial de Québec peut s'avérer, dans la meilleure hypothèse, un moyen pour les évêques de vider leurs querelles et de refaire l'unité exigée par Rome.

Retardée une première fois puis fixée définitivement au printemps 1873, la réunion est convoquée de Rome par l'archevêque pour le 18 mai[86]. Dès son retour au début d'avril, Taschereau écrit à ses suffragants pour leur parler du personnel du concile — « aussi nombreux que celui du quatrième Concile » — et pour les prévenir des principales questions à l'ordre du jour. La plupart concernent des problèmes administratifs, par exemple, la formation du diocèse de Sherbrooke « déjà résolue en principe » et le rattachement de la vallée du Saint-Maurice au diocèse de Trois-Rivières, qui est une « affaire convenue », ou des sujets à faible charge émotive comme la consécration de la province au Sacré-Coeur de Jésus, et elles ne sauraient donner lieu à des affrontements violents. À ce moment, deux sujets seulement préoccupent l'archevêque qui s'en ouvre ainsi à Laflèche: « La question des moyens à prendre pour arrêter les désordres des élections et celle d'un nouveau mode de pourvoir à la subsistance des Curés m'embarrassent beaucoup. Je cherche en vain un moyen *efficace et praticable* de les résoudre[87] ». Bientôt, cependant, s'y ajoute une question explosive, celle de l'université, qui change les perspectives d'entente et promet quelques accrochages[88].

---

82. Dans ce cas précis, Laflèche semble sur un meilleur terrain; il a pris la précaution de coucher sur le papier et de faire authentifier par ses collaborateurs les *Explications du Cardinal Monaco, Ponente, dans l'affaire des paroisses de la ville de Montréal, données conformément à l'instruction des Cardinaux de la S.C. de la Propagande (séance du 11 et 13 mars 1873) à Mgr l'Évêque des Trois-Rivières et à Mgr Desautels, le 19 mars 1873* (AETR, *Registre des lettres,* VIb, 28); or, dit ce texte, « Relativement aux journaux, le Cardinal a reconnu que la provocation est venue de Québec, mais que les réponses de Montréal avaient été trop amères ».

83. « Beaux témoignages », *Le Journal des Trois-Rivières,* 21 avril 1873, p. 2.

84. À Saint-Henri-des-Tanneries, par exemple, « Le convoi qui amenait Mgr Laflèche fut salué au passage par les paroissiens (...), et par les accords de la magnifique bande de musique de ce village » (« Mgr Laflèche et ses compagnons de voyage », *Le Nouveau-Monde,* 22 avril 1873, p. 2).

85. *Le Journal de Québec,* 26 avril 1873, p. 2.

86. Mgr Taschereau, « Edictum convocationis concilii provincialis V Quebecensis », le 6 janvier 1873, MEQ, *Son éminence le cardinal Taschereau,* 1, p. 141s.

87. Mgr Taschereau à Laflèche, 22 avril 1873, ASTR, *Fonds Laflèche,* A 1 T 100-5. Les deux mots soulignés dans le texte nous révèlent bien la méthode de Taschereau.

88. Nous rappelons que pour éclairer sa décision future, la Propagande demande des renseignements supplémentaires et pose quatre questions précises sur la fréquentation des universités protestantes, les matières enseignées, les professeurs et les moyens financiers de l'université projetée (Cardinal Barnabo à Mgr Taschereau, 18 avril 1873, AAQ, 21 CR 5, *Conciles provinciaux,* 2).

Quand les évêques se rencontrent dans la première congrégation privée, le samedi 17 mai 1873, l'assemblée ne compte que deux figures nouvelles: l'archevêque et Mgr Édouard-Charles Fabre, coadjuteur à Montréal, mais désormais les représentants des diocèses de l'Ontario et de l'Ouest n'y siègent plus, conformément aux décisions du concile précédent; de même, les théologiens et canonistes qui assistent les évêques sont à peu près les mêmes qu'en 1868. Après la division des tâches, Laflèche se retrouve président de la commission *de Studiis,* en compagnie de Thomas-Étienne Hamel (recteur de l'université Laval, Québec), Dominique Racine (curé de Chicoutimi), Joseph Desautels (curé de Varennes) et Michel Godard (curé de Saint-Hilaire, diocèse de Saint-Hyacinthe)[89]. Ce qui n'est certes pas une sinécure puisque ce groupe de travail aura à traiter de la question de l'université!

L'ouverture officielle et publique a lieu le lendemain matin à la cathédrale et les travaux se poursuivent jusqu'au mardi 27 mai à raison de deux rencontres par jour. En ce temps relativement court, l'assemblée rédige, discute et approuve 28 décrets[90], une lettre pastorale collective et une réponse à la lettre du cardinal Barnabo, en plus de prendre des décisions à propos du nouveau et des anciens diocèses. Ce travail se fait dans un climat parfois tendu que laisse à peine deviner le latin classique du secrétaire Edmond Langevin.

Toutes les commissions — *de Decretis, de Doctrina, de Liturgia, de Disciplina, de Studiis* — ont de difficiles problèmes à débattre, mais la dernière, présidée par Laflèche, est tout particulièrement bien servie. À elle incombe, en effet, l'étude de décrets sur les clercs et sur l'enseignement du catéchisme, en plus du problème universitaire. Le décret *de Clericis* prend son importance du désir de l'assemblée épiscopale de revoir globalement la discipline ecclésiastique. Dans le but de tracer les règles de vie du clergé, le concile édicte cinq textes demandant l'obéissance aux évêques (Décret VII), la recherche d'une bonne volonté (Décret VIII) et l'abandon de toute pratique de la médecine (Décret X) et suppliant prêtres et professeurs de favoriser les vocations sacerdotales (Décret IX); dans la ligne de ces décisions, le décret XI, *de Clericis,* préparé et voté sans difficulté, prescrit au moins une année de résidence et d'études dans un grand séminaire et demande de faire passer à tout ordinand des examens de théologie morale et dogmatique, de liturgie et de pastorale («pastorali regimine»)[91]. Est-il besoin d'ajouter que ce nouvel accent mis sur les études théologiques et la formation sacerdotale traduit exactement les voeux les plus chers de l'évêque de Trois-Rivières?

Le texte sur l'enseignement du catéchisme s'adresse lui aussi aux prêtres pour leur rappeler un de leurs devoirs primordiaux. En confiant, à la commission *de Studiis,* le soin d'élaborer sur ce sujet, les évêques demandent d'exhorter les curés à enseigner eux-mêmes le catéchisme, à visiter les écoles pour stimuler les enseignants et les écoliers, et à se souvenir que les laïques peuvent les aider mais non les remplacer dans cette fonction importante[92]. Malgré ces précisions, la rédaction du groupe de travail est vivement critiquée en deux fois[93] et la version finale approuvée n'est qu'un rappel des prescriptions des 1er et 2e conciles provinciaux et des mandements des évêques[94].

89. Edmond Langevin, «Prima congregatio privata», *Acta et decreta quinti concilii provinciae Quebecensis in Quebecensi civitate anno Domini MDCCCLXXIII celebrati a sancta sede revisa et recognita.* Québec P.-G. Delisle, 1875, pp. 7-13.

90. Sur le travail du concile et les décrets discutés, voir Grisé, *Les conciles provinciaux de Québec...,* pp. 145-170.

91. «Decretum XI: *De clericis*», *Acta et decreta quinti concilii...,* p. 52.

92. Edmond Langevin, «Tertia congregatio privata», *ibid.,* p. 18.

93. À la troisième congrégation générale et à la dixième privée (*ibid.,* p. 260).

94. «Decretum XII: *De catechesibus*», *ibid.,* p. 52s.

La question de l'université soulève des débats beaucoup plus vifs. Soumise à la commission *de Studiis* malgré des objections de Bourget et de Laflèche, mais suivant une procédure spéciale — le rapport de la commission est amené devant la congrégation privée des évêques sans passer par les promoteurs[95] —, elle prend une ampleur insoupçonnée quand les autorités de l'université Laval exigent qu'une enquête soit immédiatement faite sur l'orthodoxie de son enseignement. Les évêques de Montréal et de Trois-Rivières s'opposent à cette demande, car, disent-ils, leurs dénonciations à Rome visaient moins l'université elle-même que la présence chez elle de professeurs protestants et francs-maçons qui peuvent rendre suspect son enseignement; cependant, Laflèche n'en est pas moins requis de préparer une série de questions pour interroger l'université[96].

Le « procès » a un dénouement heureux. Après avoir présenté une synthèse des accusations auxquelles elle consent à répondre — seuls Bourget et Laflèche n'acceptent pas ce texte —, l'université répond d'une manière satisfaisante à toutes les attaques, si bien que les pères du concile décident de le signaler dans leur lettre pastorale collective[97]. Sous la rubrique de l'éducation, on y lit le passage suivant:

> Et puisque l'occasion s'en présente, nous vous dirons aussi un mot d'une grande institution catholique qui fait la gloire de la ville de Québec. Nous avons vu avec peine l'Université Laval exposée à des accusations fort graves en fait de doctrine. Sur les instances de ceux qui en ont la direction, nous leur avons *demandé* des explications sur bon nombre de points importants et fondamentaux de l'enseignement catholique, et nous avons la joie de constater ici publiquement que les réponses nous ont paru tout à fait satisfaisantes sous le rapport de l'orthodoxie et de la volonté de se conformer en tout aux volontés du Saint-Siège.

Le tout assorti du conseil de porter désormais les accusations contre elle non plus dans les journaux, mais « devant ceux que les saintes lois de la hiérarchie catholique ont constitués les juges et les gardiens de la foi[98] ».

Basé sur des textes contradictoires de Bourget et du recteur de l'univesité Laval, le projet de réponse au cardinal Barnabo est fortement contesté aux deux séances de la congrégation privée où il est abordé et, de peine et de misère, un texte est accepté malgré les objections de Bourget, Fabre et Laflèche, qui le trouvent trop favorable à Laval et dangereux pour l'université projetée à Montréal[99]. L'assemblée ne peut aller plus loin, sauf que l'archevêque pourra fignoler la réponse avant de l'envoyer à Rome.

Même s'il est absorbé par ces importantes questions soumises à sa propre commission, Laflèche ne se désintéresse pas des autres sujets qui sont discutés en assemblée plénière après avoir été étudiés par les diverses commissions. Plusieurs d'entre eux l'intéressent d'une manière toute particulière: les élections, le luxe, les écrivains catholiques, le libéralisme et les écoles du Nouveau-Brunswick.

L'éternel problème des abus et désordres en temps d'élection est revu, par la commission *de Decretis,* à partir des circulaires de Québec et de Trois-Rivières et de résumés des conférences ecclésiastiques de Québec et de Rimouski[1]; le décret qui en émane rappelle les

---

95. Edmond Langevin, « Secunda congregatio privata », *ibid.,* p. 16.

96. Edmond Langevin, « Quinta congregatio privata », *ibid.,* p. 24s. Un document plus tardif, reproduit en annexe G, permet de savoir quels professeurs sont alors visés.

97. Edmond Langevin, « Decima tertia congregatio privata », *Acta et decreta quinti concilii...,* p. 37.

98. « Lettre pastorale des pères du cinquième concile provincial de Québec », 22 mai 1873, MEQ, *Son éminence le cardinal Taschereau,* 1, p. 162s..

99. *Acta et decreta quinti concilii...,* pp. 33-37.

1. Charles-A. Collet, *De electionibus,* AAQ, 21 CR 5, *Conciles provinciaux,* 11; *Résumé des moyens, suggérés par les Conférences Ecclésiastiques du diocèse de Rimouski, pour mettre fin aux abus des élections, ibid.,* 12; *Diocèse de Québec* (Résumé des conférences ecclésiastiques sur les élections), *ibid.,* 13.

prescriptions précédentes, tout en demandant aux pasteurs de s'élever davantage contre le parjure, la violence, l'intempérance et la corruption[2]. Il est d'ailleurs complété par un important décret sur le parjure et des commentaires précis dans la lettre pastorale collective[3]. Inutile de souligner l'appui de Laflèche et sa joie de voir ses idées reprises par l'ensemble de l'épiscopat.

Mêmes sentiments à propos du décret sur le luxe. Déjà, en 1866, Laflèche avait dénoncé ce « vice » qui ruine individus et familles et entraîne la funeste émigration vers les États-Unis[4]. Ce jugement, la commission *de Decretis* le reprend dans un avis qui est commenté longuement dans la lettre collective[5]; l'un et l'autre texte considèrent le luxe essentiellement du point de vue moral, comme une faute grave « contre la justice, la charité et l'esprit chrétien », sans tenir aucun compte des changements économiques en cours. Même si les évêques de Montréal et de Trois-Rivières sont les principaux tenants de ces idées, *tout* l'épiscopat les entérine, ce qui est à noter.

Citant abondamment l'encyclique *Inter Multiplices* (1853) de Pie IX, les instructions de Benoît XIV à la Sacrée Congrégation de l'Index et les règles du 2e concile plénier de Baltimore (1866), le décret sur les écrivains catholiques est une longue exhortation à la prudence et à la charité et un *compendium* des règles à suivre quand s'élèvent des divergences d'opinion sur des questions religieuses[6]. On y retrouve les idées générales et plusieurs conseils déjà avancés par Laflèche, notamment une clarification de la responsabilité d'un évêque pour les textes publiés dans les journaux catholiques et la recommandation aux écrivains de se plier aux conseils épiscopaux.

D'autre part, la commission *de Doctrina* produit deux décrets qui satisfont peu Bourget et Laflèche. Le premier, *De liberalismo catholico,* condamne une erreur qui « séduit les âmes imprudentes », mais il précise qu'elle est peu répandue au Québec[7], ce qui est suffisant pour que l'évêque de Montréal demande — vainement — qu'on remplace ce texte par la publication de la lettre de Pie IX au cercle Saint-Ambroise de Milan du 6 mars 1873[8]. Nous ne savons pas si l'évêque de Trois-Rivières a suivi son doyen sur ce terrain, mais il est plus que probable qu'il fait partie de la minorité qui a appuyé la demande. Le décret sur la liberté de l'Église dans ses relations avec le pouvoir civil est également déficient aux yeux des ultramontains: s'il situe bien la supériorité de la société religieuse sur la société civile, même en l'assortissant des nuances nécessaires, il contient un paragraphe qui vante la liberté religieuse existant au Québec et surtout, il est écrit en un style lénifiant très éloigné du texte proposé par Bourget[9]. Mais pour le bien et l'harmonie de l'Église, les évêques de Montréal et de Trois-Rivières acceptent la décision de la majorité de leurs collègues. C'est sans doute en pensant à ces décrets que Mgr La Rocque, de Saint-Hyacinthe, aurait dit: « On a ri sous cape, en voyant que les Évêques de Montréal et des Trois-Rivières avaient signé leur condamnation, en signant les décrets, parce qu'ils ont été surpris par certaines expressions qui pouvaient avoir double sens[10] ».

---

2. « Decretum XVIII: *De electionibus politicis et administrativis* », *Acta et decreta quinti concilii...,* p. 62s.
3. « Decretum XIV: *De perjurio reservando* », *ibid.,* p. 56s.; « Lettre pastorale des pères du cinquième concile provincial de Québec », 22 mai 1873, MEQ, *Son éminence le cardinal Taschereau,* 1, pp. 163-166.
4. *Supra,* p. 98.
5. « Decretum XVII: *De luxu* », *Acta et decreta quinti concilii...,* pp. 60-62; « Lettre pastorale... », 22 mai 1873, MEQ. *Son éminence le cardinal Taschereau,* 1, p. 167s.
6. « Decretum XXII: *De scriptoribus catholicis* », *Acta et decreta quinti concilii...,* pp. 65-70. Selon Grisé (*op. cit.,* p. 157), il aurait été suggéré par Bourget et par Laflèche.
7. « Decretum XXIII: *De liberalismo catholico* », *ibid.,* pp. 70-72.
8. Edmond Langevin, « Nona congregatio privata », *Acta et decreta quinti concilii...,* p. 32.
9. Grisé, *op. cit.,* p. 162.
10. Mgr Bourget à Laflèche, 9 juillet 1873, ASTR, *Fonds Laflèche,* A 1 B 20-9.

Pour compenser, ils ont l'agréable surprise de voir l'assemblée conciliaire se rapprocher de la position de Bourget à propos des écoles du Nouveau-Brunswick. Au moment où de nouveaux débats s'élèvent à ce sujet à Ottawa[11], Taschereau s'intéresse au problème et invite au concile Mgr John Sweeny de Saint-Jean, Nouveau-Brunswick, qui s'adresse à ses collègues du Québec à la séance du lundi 19 mai 1873. Les évêques lui présentent une lettre de protestation contre l'attitude d'Ottawa, mais, le lendemain, le même invité leur ayant annoncé que le gouvernement fédéral contribuera financièrement à l'appel au conseil privé de Londres, l'assemblée décide de demander « par lettres et par télégrammes » aux députés catholiques de ne plus harceler le gouvernement sur ce sujet[12]. Peur de contribuer à amener les libéraux au pouvoir, sans aucun doute[13], mais elle n'empêche pas les pasteurs, dans leur lettre collective, de dénoncer la loi du Nouveau-Brunswick, comme le demande Bourget depuis longtemps[14].

Au total, les délibérations et les actes de ce cinquième concile de Québec lèvent le voile sur les relations qu'entretient désormais Laflèche avec ses collègues. On n'est sans doute pas surpris de le voir appuyer régulièrement les prises de position du doyen de l'épiscopat, particulièrement dans la question universitaire qu'il avait débattue à Rome. Mais, sur d'autres sujets aussi, les deux amis font cavaliers seuls et constituent comme une espèce de « parti d'opposition ». Ils affrontent sur plusieurs points la majorité, mais ils acceptent certains compromis, surtout quand ils se rendent compte que certaines de leurs idées, hier combattues, sont maintenant acceptées par l'assemblée. Malgré quelques ombres au tableau, il peut leur sembler avoir remporté plusieurs victoires pendant ces longs jours de travaux. C'est un peu ce que veulent signifier le retour triomphal des deux évêques à Trois-Rivières et la visite que Bourget rend à son puîné pendant deux jours[15].

On pourrait tout aussi bien pavoiser dans le camp adverse, mais on s'en garde bien, car on craint les sautes d'humeur de l'évêque de Montréal. Avec raison d'ailleurs, comme le prouve la suite de la question universitaire. Avant d'envoyer le texte définitif de la réponse au cardinal Barnabo, l'archevêque demande à ses suffragants de signer le rapport du secrétaire du concile sur le sujet. Bourget refuse et en avertit son collègue de Trois-Rivières, lui demandant quelle sera son attitude personnelle[16]. Le temps que met Laflèche à répondre à Taschereau est-il un indice d'hésitation, même s'il peut prétexter sa visite pastorale en cours? Ce n'est que le 14 juillet 1873 qu'il affirme ne pouvoir signer le texte des réponses « parce qu'elles n'expriment pas mon opinion sur plusieurs points importants[17] ». Appuyés par Mgr Fabre et Mgr Pinsonnault, Bourget et lui s'éloignent donc une fois de plus des vues de la majorité de l'épiscopat et s'en expliquent à Rome par l'intermédiaire de Mgr Desautels[18]. Ils profitent même de la circonstance pour restreindre la portée de l'adhésion qu'ils ont donnée à la déclaration commune sur l'université:

> (...) nous n'avons pas eu l'intention de justifier l'enseignement de plusieurs de
> ses professeurs par le passé et contre lequel il y a eu des plaintes publiques et

---

11. Une fois de plus, l'opposition libérale demande au gouvernement central de désavouer la loi du Nouveau-Brunswick (A Désilets, *Hector-Louis Langevin...* pp. 278-281).

12. *Acta et decreta quinti concilii...*, pp. 17-20.

13. C'est l'interprétation, entre autres, de R. Rumilly, *Histoire de la province de Québec*, 1: *Georges-Étienne Cartier*, Montréal, B. Valiquette, (1942), p. 254s.

14. « Lettre pastorale des pères du cinquième concile provincial de Québec », 22 mai 1873, MEQ, *Son éminence le cardinal Taschereau*, 1, p. 162.

15. *Le Journal des Trois-Rivières*, 29 mai 1873, p. 2.

16 Mgr Bourget à Laflèche, 21 juin 1873, ASTR, *Fonds Laflèche*, A 1 B 20-8.

17. Laflèche à Mgr Taschereau, 14 juillet 1873, AAQ, 33 CR, *Diocèse de Trois-Rivières*, 1, 156.

18. Mgr Desautels, *Relation du Procureur de Mgr (l')Évêque de Montréal*, 22 décembre 1873, 20p.

très graves, non plus que celle de garantir l'orthodoxie de cet enseignement pour l'avenir tant qu'il y aura, dans cette grande institution, des professeurs protestants, franc-maçons et libres-penseurs[19].

Cette façon de reprendre sa parole en lui donnant après coup une interprétation restrictive, tactique qui deviendra si fréquente dans les débats des années à venir, conduit rapidement à la prolongation des querelles par la reprise incessante des mêmes thèmes.

Preuve en est le nouvel affrontement entre Laflèche et Taschereau à propos du *Programme catholique*. Le 10 août 1873, l'évêque de Trois-Rivières intervient auprès des journaux de son diocèse pour faire cesser une nouvelle polémique au sujet du fameux texte de 1871 ; il soutient que le document « a reçu depuis longtemps son approbation formelle » et que la Propagande « veut que l'on cesse toute discussion contre la valeur et l'opportunité de ce « Programme » » ; comme preuve, il rend publiques la consultation et la réponse obtenue à Rome lors de son voyage[20].

L'archevêque se sent aussitôt visé et exprime sa colère qu'on l'accuse d'avoir dénoncé le *Programme* « sous la pression, dit-on, de certains politiques », selon l'expression même de Laflèche[21]. Dans une lettre confidentielle, l'évêque de Trois-Rivières répond que la phrase incriminée n'était destinée qu'aux théologiens romains pour leur faire savoir « ce qui se disait dans le public » et qu'il avait demandé de la retrancher avant de publier le texte, ce qui n'avait malheureusement pas été fait[22] ; au surplus, ajoute-t-il à son correspondant, la publication du document n'était pas dirigée contre lui[23]. Ces explications laborieuses ne satisfont pas Taschereau, qui hausse le ton et exige les mesures nécessaires « pour réparer le tort » qui lui a été fait[24]. Laflèche n'en continue pas moins à prétendre qu'il fallait faire connaître « le dit-on » à Rome, mais il consent à « publier aussi votre réclamation en la faisant dans les termes les plus convenables pour Votre Grandeur et pour moi-même, et à faire connaître que V.G. déclare ce dit-on faux et sans fondement[25] ». Il ajoute, cependant, dans une lettre subséquente, qu' « il serait encore mieux de ne rien dire[26] ». Blessé dans sa dignité et soucieux d'affirmer une fois de plus son autorité, Taschereau ne démord pas et s'attire ce court billet à peine poli: « En présence de la menace que me fait V.G. je ne puis rendre publique votre réclamation, et je suis heureux de voir que V.G. se décide à porter l'affaire au tribunal compétent[27] ». C'est-à-dire à Rome où, encore une fois, on est saisi d'une querelle entre deux évêques canadiens.

Comme il fallait s'y attendre, la réponse ne vient qu'un an après. Le 4 août 1874, le cardinal Patrizi écrit à l'archevêque pour le réprimander d'avoir agi d'une façon « peut-être trop précipitée » en condamnant le *Programme catholique* dans les journaux, « conduite qui a

---

19. (Déclaration des évêques de Montréal, de Trois-Rivières et de Gratianopolis), 9 juillet 1873, *ibid.*, p. 16.

20. Agapit Legris, secrétaire, à l'Éditeur, 10 août 1873, *Le Constitutionnel*, 13 août 1873, p. 1s. Il va sans dire que le journal reproduit tous les documents.

21. *Supra*, p. 188.

22. Et pourtant Laflèche vient d'écrire à Bourget: « M. La Marche vient de me demander par le télégramme si je consens à la publication de la réponse des Docteurs Romains au sujet du *Programme catholique*. Je n'y ai aucune objection si V.G. la croit opportune. Il sera bon je pense de publier *toute la question* (nous soulignons) telle qu'elle a été soumise à ces Éminents Docteurs et leur réponse » (Laflèche à Mgr Bourget, 8 août 1873, ACAM, 295. 104, 873-17).

23. Laflèche à Mgr Taschereau, 14 août 1873, AAQ, 33 CR, *Diocèse de Trois-Rivières*, 1, 153.

24. Mgr Taschereau à Laflèche, 15 août 1873, ASTR, *Fonds Laflèche*, A 1 T 100-7.

25. Laflèche à Mgr Taschereau, 16 août 1873, AETR, *Registre des lettres*, VI, 25.

26. Laflèche à Mgr Taschereau, 19 août 1873, AETR, *Registre des lettres*, VI, 26.

27. Le même au même, 26 août 1873, *ibid.*, VI, 27.

été la source de tant de divisions[28] ». En transmettant la lettre à son collègue de Trois-Rivières, Taschereau ne peut taire son étonnement et son regret, et il tente de nouveau d'expliquer qu'il n'a pas « réprouvé » le *Programme* [29] et qu'il ne saurait être tenu responsable d'une polémique « ardente, acrimonieuse, scandaleuse, dans laquelle je n'ai pris aucune part[30] ». Son habile plaidoyer ne convainc pas Laflèche qui savoure sa victoire et qui, encore en 1882, parlera de « la condamnation du programme catholique » par Taschereau et de la responsabilité de l'archevêque dans les divisions qui ont suivi[31].

Morigéné par Rome, Taschereau se venge en décochant une nouvelle flèche contre son collègue de Trois-Rivières. Le texte romain, dit-il dans la même lettre, demande le silence au sujet du *Programme catholique* et exige qu'à l'occasion des élections les évêques « se conduisent d'après ce qui a été sagement et prudemment réglé et ordonné dans les conciles provinciaux ». Sans le dire explicitement, il y voit un désaveu des attitudes de Bourget et de Laflèche qui, lors des élections fédérales de janvier 1874, ont longuement proposé le *Programme catholique* comme règle de conduite[32]. Le fossé s'agrandit donc régulièrement entre l'archevêque et son suffragant qui se combattent maintenant à coups de documents romains.

3- Les problèmes diocésains

Voyages et polémiques n'empêchent pas Laflèche de participer activement à la vie diocésaine. Il est toujours fidèle à sa visite pastorale[33] et il ne manque pas une occasion d'aller rencontrer ses ouailles dans les paroisses ; dans l'intervalle, il s'adresse régulièrement à ses diocésains, comme en témoignent les 17 mandements et circulaires qu'il produit en 1873 et 1874. Mais il s'attache encore plus à régler les problèmes qui surgissent dans le diocèse.

L'un des plus curieux concerne le transfert, de Saint-Grégoire à Nicolet, de la maison mère des soeurs de l'Assomption de la Sainte-Vierge. Cette communauté diocésaine, fondée par le curé Jean Harper avec l'aide du vicaire Calixte Marquis[34], intéresse Laflèche au plus haut point : il la visite régulièrement[35], y préside les cérémonies liturgiques spéciales et les

28. Cardinal Patrizi à Mgr Taschereau, 4 août 1874, *Mémoire de l'évêque des Trois-Rivières sur les difficultés religieuses en Canada, Pièces justificatives,* Rome, Impr. de Rome, 1882, p. 46s.

29. En 1877, Taschereau écrit : « Le Nouveau-Monde a publié des impertinences à mon adresse, à propos de l'affaire Langelier. Ce journal m'en voudra toujours à cause de son *programme, que j'ai fait condamner à Rome, après l'avoir condamné moi-même* (nous soulignons) » (Mgr Taschereau à Mgr Conroy, 5 décembre 1877, APFR, SRC, ASC, 18 (1877c), f. 727).

30. Mgr Taschereau à Laflèche, 8 septembre 1874, ASTR, *Fonds Laflèche,* A 1 T 100-25.

31. *Mémoire de l'évêque des Trois-Rivières...,* 1882, p. 37.

32. Mgr Bourget « Circulaire de monseigneur l'évêque de Montréal au clergé et aux catholiques de son diocèse, concernant les prochaines élections », 5 janvier 1874, MEM, 6, pp. 453-458 ; Laflèche, « Circulaire au clergé Et aux Fidèles du diocèse des Trois-Rivières, au sujet des prochaines élections », 12 janvier 1874, METR, *Mgr Laflèche,* I, pp. 443-451.

33. En 1873, Laflèche visite 37 paroisses et missions de la région de Nicolet et des Cantons de l'Est (« Circulaire au clergé », 5 mai 1873, METR, *Mgr Laflèche,* I, p. 420) ; l'année suivante, il se rend à la Pointe-du-Lac, Yamachiche, Rivière-du-Loup, Maskinongé, Saint-Justin et les environs (« Circulaire au clergé », 5 mai 1874, *ibid.,* I, p. 494).

34. Voir Germain Lesage, *Les origines des Soeurs de l'Assomption de la Sainte-Vierge,* Nicolet, Éditions A.S.V., 1957, 342p..

35. Germain Lesage, *Le transfert à Nicolet des Soeurs de l'Assomption de la Sainte-Vierge, 1858-1874,* Nicolet, Éditions S.A.S.V., 1965, p. 103.

distributions de prix[36] et lui dicte des règles précises sur l'éducation des filles[37]; son attirance augmente encore quand on y reçoit comme postulante sa nièce, Délima Laflèche, en 1864[38]. Il est le premier à se réjouir du succès rapide de la jeune institution et à l'inciter à faire face à une expansion considérable.

Dès sa première visite canonique en 1869, il souligne l'exiguïté de la maison mère de Saint-Grégoire et la nécessité de la remplacer « par un édifice plus en rapport avec les besoins toujours croissants de votre Institut »; il conseille cependant aux religieuses de « ne point (se) mettre dans les dettes » et de supporter les inconvénients du manque d'espace plutôt que de se jeter « dans les difficultés financières[39] ». Deux ans plus tard, constatant la prospérité de la communauté, il rappelle aux religieuses l'urgence de construire un édifice « assez vaste pour vous offrir toutes les conditions les plus favorables à la santé, et un local suffisant pour répondre aux développements du personnel nécessaire à l'oeuvre que votre Institut a embrassée[40] » et il les autorise à se lancer dans cette entreprise « avec les ressources que vous avez actuellement[41] ». Ainsi encouragées, les autorités de la communauté commencent à dresser les plans d'un agrandissement du couvent de Saint-Grégoire sans se douter le moindrement qu'un affrontement entre l'évêque et le curé de Nicolet viendrait brouiller les cartes.

En 1871, le curé et les marguilliers de Nicolet annoncent à Laflèche qu'ils sont à la recherche d'une communauté religieuse pour prendre la direction d'un couvent qu'ils veulent fonder. L'évêque les félicite de cette initiative, mais les prévient que « c'est à la communauté de St-Grégoire qu'il faudra vous adresser pour en prendre la direction[42] ». Malgré les objections des paroissiens qui s'offusquent de se voir enlever « la liberté de choisir sur des communautés religieuses autres que celle des Dames de l'Assomption[43] », Laflèche maintient sa décision[44].

Le curé Fortier, qui est visiblement derrière toutes les démarches, propose une manoeuvre de diversion: inviter les soeurs de la Charité d'Ottawa à ouvrir un hospice et...

---

36. Laflèche prêche à la cérémonie de profession à l'église de Saint-Grégoire le 20 août 1865 et à la bénédiction du nouveau couvent de Saint-Antoine-de-la-Baie-du-Febvre, en septembre de la même année. En 1866, le grand vicaire préside la distribution des prix à Saint-Grégoire et la cérémonie de profession. Devenu coadjuteur, puis évêque, Laflèche remplit la même tâche dans la mesure du possible.
37. Laflèche profite de toutes les circonstances pour inviter les religieuses — et les parents — à donner aux jeunes filles une éducation complète mais sans frivolités; le sermon de la Baie-du-Febvre en 1865 est exemplaire: « (...) le savant prédicateur, Monsieur Laflèche, monta en chaire et prit pour texte de son sermon les paroles que la fille de Pharaon adressait à la mère de Moïse en lui remettant son fils, après l'avoir sauvé des eaux. « Recevez cet enfant, etc. ». Il développa son sujet en faisant comprendre au peuple l'importance de l'éducation religieuse surtout. Il appuya fortement sur la nécessité de donner aux jeunes personnes du sexe une éducation solide et démontra qu'il fallait non seulement leur enseigner les diverses sciences propres à leur sexe et à leur condition, mais leur donner aussi une éducation pratique en les accoutumant aux divers travaux domestiques, tels que la couture, le tricot de bas, le raccommodage du linge, le soin de la cuisine, enfin tout ce qui est nécessaire pour la bonne tenue et le bon gouvernement d'une maison. Une chose sur laquelle le prédicateur insista fut qu'on devait considérer la musique, le dessin et les broderies en soie comme étant tout à fait superflus, souvent inutiles et même nuisibles à un certain nombre. Il nous a fait voir clairement que nous sommes ce que l'éducation nous fait et par conséquent qu'il n'y a rien de si important, rien de si essentiel qu'une bonne éducation » (Chroniques, Couvent de La Baie,1865-1866, p. 20, cité dans Lesage, Le transfert..., p. 56s.). Laflèche a toujours prêché cette vision austère de l'éducation féminine.
38. Délima Laflèche, fille de François-Augustin et de Desneiges Charest, est admise comme postulante le 31 octobre 1864; elle prend le nom de soeur Sainte-Cécile et prononce ses premiers voeux le 30 octobre 1867.
39. Laflèche, Lettre pastorale à nos très chères Soeurs, les religieuses de l'Assomption de la Bienheureuse Vierge Marie 16 mai 1869, AMMN, 31, Ordonnances et lettres.
40. Laflèche aux soeurs de l'Assomption, 7 janvier 1871, ibid.
41. Laflèche à Mère Sainte-Philomène, 9 février 1871, ibid.
42. Laflèche à J.-B.-G. Proulx, 24 avril 1871, AETR, Registre des lettres, V, 60.
43. Requête des paroissiens de Nicolet à Mgr L.-F. Laflèche, 14 mai 1871, citée dans Lesage, Le transfert..., p. 218.
44. Laflèche à J.-B.-G. Proulx, 26 août 1871, AETR, Registre des lettres, V, 82.

une école. Laflèche flaire le piège et répond clairement à la demande d'autorisation: « J'approuve très volontiers la fondation d'un couvent dans votre paroisse tenu par les Soeurs de la Charité *pour le soin des pauvres, des malades et des infirmes*[45] ». Forts de cet appui, les Nicolétains mènent rapidement les négociations et, le 11 novembre 1871, signent un contrat avec les Soeurs Grises[46].

Malgré les promesses de l'abbé Fortier[47], le contrat charge les religieuses d'Ottawa « de la tenue de l'école des filles du village ». Mises immédiatement au courant, les soeurs de l'Assomption protestent énergiquement[48] et Laflèche doit expliquer à toutes les parties le sens de son autorisation:

> Il s'agit bien d'un hospice pour les pauvres et non d'un pensionnat pour les jeunes filles. (...) Le plus que je puisse permettre en faveur de l'instruction des jeunes filles est une école absolument élémentaire comme celle que les Soeurs de la Charité (de la Providence) tiennent ici aux Trois-Rivières en faveur des petites filles qui avoisinent leur couvent. Mais je ne veux pas permettre qu'on y enseigne ni la musique, ni le dessin, ni la broderie, mais seulement les matières absolument élémentaires, la lecture, l'écriture, l'arithmétique et un peu de grammaire[49].

C'est au tour des Soeurs Grises et des Nicolétains d'être désappointés!

Tout l'automne 1871, Laflèche participe à un chassé-croisé pour tâcher d'établir de meilleures relations entre Nicolet et Saint-Grégoire. De ces échanges surgit une proposition de tranférer à Nicolet la maison mère des soeurs de l'Assomption[50]; quelque temps plus tard, cette suggestion devient une condition *sine qua non* de la venue de la communauté à Nicolet. Les religieuses acceptent l'ultimatum et Laflèche, après avoir consulté son conseil, les autorise à « accepter l'offre de M. le Curé de Nicolet de faire une fondation en sa paroisse et d'y transférer votre noviciat (*sic*) tout en maintenant votre maison de St-Grégoire sur le même pied pour l'enseignement[51] ». Sitôt connue, la décision soulève une véritable tempête dans la paroisse de Saint Grégoire où, une fois la stupeur estompée, on rédige un réquisitoire passionné garni d'une multitude de signatures (et de croix!) qu'une nombreuse délégation porte à l'évêque. Laflèche en est si fortement ébranlé que, malgré le désir des religieuses, il renverse sa décision et demande au curé Fortier de renoncer au transfert[52]. Comme l'évêque insiste toujours pour que Nicolet accepte une simple mission des soeurs de l'Assomption, le curé décide de porter sa cause devant l'archevêque et, par l'entremise du grand vicaire C.-F. Cazeau, il adresse à Mgr Taschereau un mémoire passionné où il accuse Laflèche d'entêtement et de courte vision[53]. Cazeau désamorce cependant la bombe en répondant au curé: « Il est à désirer que la difficulté puisse se régler sans qu'il soit nécessaire de recourir au Métropolitain, qui a assez de difficultés sur les bras sans celle-là[54] ».

La décision épiscopale semblant irrévocable, les religieuses commencent les démarches pour la construction à Saint-Grégoire et elles acceptent le don d'un terrain de la

45. Laflèche à L.-T. Fortier, 13 octobre 1871, *ibid.*, V, 91. C'est nous qui soulignons.
46. Lesage, *Le transfert...*, p. 221s.
47. L.-T. Fortier à Laflèche, 30 octobre 1871, ASTR, *Fonds Laflèche*, A 2 F 31.
48. Mère Sainte-Philomène à Laflèche, 14 novembre 1871, Lesage, *op. cit.*, p. 222s.
49. Laflèche à Mère Sainte-Philomène, 16 novembre 1871, AMMN, 36, *Transfert et incendies.*
50. Une première proposition semblable, très officieuse, avait été faite par le vicaire Amable-Élie Raîche en septembre 1871, mais elle était restée lettre morte.
51. Laflèche à Mère Sainte-Philomène, 6 mars 1872, AMMN, 36, *Transfert et incendies.*
52. Laflèche à L.-T. Fortier, 22 mars 1872, AETR, *Registre des lettres*, V, 20.
53. L.-T. Fortier à C.-F. Cazeau, 17 avril 1872, AAQ, 33 CR, *Diocèse de Trois-Rivières*; L.-T. Fortier, *Paroisse de Nicolet, ce qui concerne le futur couvent*, 17 avril 1872, *ibid.*
54. C.-F. Cazeau à L.-T. Fortier, 22 avril 1872, *ibid.*

fabrique; Laflèche semble même approuver le site à l'occasion d'une visite. Mais, soudain, à la fin de juin 1872, Laflèche change encore d'idée. Il l'annonce aux paroissiens lors de la visite pastorale. Après une instruction du père Royer, o.m.i., sur «le respect et l'obéissance dus aux volontés du Pontife qui gouverne au nom de Jésus-Christ et le chant du cantique: «O volonté de Dieu, quel bonheur de t'aimer!», l'évêque avoue qu'il permet à la communauté des soeurs de l'Assomption de se transporter à Nicolet. Choc et stupeur dans toute l'église!

> (...) la plupart sortirent de l'église en colère. Quelques-uns poussèrent leur mécontentement jusqu'à arracher les balises qui décoraient les chemins où l'Évêque devait passer. Pas un ne se trouva sur son passage pour recevoir sa bénédiction et des paroles malveillantes étaient entendues ici et là.

Les jours suivants, des délégations tentent de faire pression sur les religieuses et l'évêque, mais c'est peine perdue[55]. Le 5 juillet 1872, Laflèche envoie l'avis officiel de sa décision:

> Après avoir mûrement examiné et pesé les raisons pour et contre la translation de votre maison dans la paroisse de Nicolet; après avoir prié et fait prier pour obtenir du Bon Dieu la grâce de bien régler cette importante affaire, j'en suis arrivé à la conclusion que vous connaissez déjà, et je vous accorde par le présent la permission que vous m'avez demandée de transférer votre maison mère dans la paroisse de St-Jean-Baptiste de Nicolet, et je vous autorise à le faire dans le temps et les conditions que vous trouverez les plus convenables, et vous aidant des lumières et des conseils de votre prudent et zélé Supérieur actuel[56].

Dès lors, les dés sont définitivement joués et le noviciat de Nicolet est inauguré le 12 septembre 1872; l'année 1873 se passe à consolider la nouvelle fondation[57].

Mais la question revient inopinément à la surface en 1874. Au soir des funérailles du curé Fortier, de Nicolet, le 1er avril, Laflèche rencontre la supérieure générale des soeurs de l'Assomption et lui fait part de son intention de renvoyer la maison mère à Saint-Grégoire; il demande aux religieuses de prier «pour connaître la volonté de Dieu[58]». Nouvelle consternation dans la communauté! Consultées, la plupart des religieuses se prononcent en faveur de Nicolet, mais elles attendent les événements. C'est prudence, puisque l'évêque, après avoir demandé conseil à son métropolitain[59], accepte sa recommandation et s'en tient au *statu quo*[60].

Comment expliquer les volte-face de Laflèche dans cette affaire? Au point de départ, le transfert à Nicolet est une mesure défendable, puisque les soeurs de l'Assomption y trouveront de meilleures conditions matérielles et une direction spirituelle convenable; en revanche, la paroisse de Saint-Grégoire a toujours été généreuse et elle tient obstinément à SA communauté. Après avoir suivi les voies de la raison, l'évêque révoque sa première décision et laisse la maison mère à Saint-Grégoire par peur de mécontenter trop de monde, dont un certain nombre de religieuses qui pourraient semer la zizanie dans la congrégation assez fragile; d'autant plus que le curé Fortier n'a pas joué franc jeu dans ses négociations avec les Soeurs Grises d'Ottawa et qu'il a outrepassé les permissions accordées par Laflèche. Cepen-

55. Soeur Sainte-Élisabeth, (*Chroniques*), 1907, (p. 98s.), dans Lesage, *Le transfert...*, p. 255s.
56. Laflèche aux soeurs de l'Assomption, 5 juillet 1872, AMMN, 31, *Ordonnances et lettres*.
57. Toute la question du transfert et de ses à-côtés est bien étudiée dans Germain Lesage, *Le transfert à Nicolet des Soeurs de l'Assomption de la Sainte-Vierge, 1858-1874*, Nicolet, Éditions S.A.S.V., 1965, 323p.
58. Soeur Sainte-Élisabeth, (*Chroniques*), 1907, (p. 131), *ibid.*, p. 306s.
59. Laflèche à Mgr Taschereau, 24 avril 1874, AAQ, 33 CR, *Diocèse de Trois-Rivières*, I, 169.
60. Mgr Taschereau à Laflèche, 27 avril 1874, ASTR, *Fonds Laflèche*, A 1 T 100-19.

dant, une réflexion plus approfondie sur les besoins matériels et spirituels des religieuses pousse Laflèche à risquer le transfert et à vaincre la répugnance qu'il a « à placer un novitiat (*sic*) trop près du collège[61] ». Ces derniers mots nous donnent peut-être, au moins en partie, la clé de l'énigme. En 1872, Laflèche est toujours en contestation avec le collège de Nicolet à propos de sa juridiction[62] et il peut sentir le besoin de prouver sa bonne volonté aux Nicolétains; il serait aussi de bonne politique en ce moment de faire plaisir à l'influent curé Fortier et aux prêtres du séminaire, qui peuvent jouer un rôle prépondérant dans le projet de division du diocèse lancé précédemment. Enfin, en 1874, la désillusion à propos de la décision romaine sur le conflit avec le collège et l'évolution des événements à Nicolet même poussent l'évêque à remettre en cause le transfert: « les choses ont tourné tout autrement que je prévoyais », avoue-t-il à Taschereau, et il ajoute: « Ce qui est bien certain, c'est que si j'avais pu prévoir ce qui est arrivé, je ne leur aurais jamais permis de transférer leur novitiat (sic) à Nicolet[63] ». Mieux vaudrait donc éloigner les religieuses de ce collège de plus en plus adverse, au risque même de surprendre par cette nouvelle volte-face. Mais, en définitive, toutes ces tergiversations ne proviennent-elles pas davantage de cette « faiblesse nerveuse » dont Laflèche se plaignait déjà en 1861? Fatigué par les premières grandes luttes de son épiscopat, l'évêque de Trois-Rivières semble comme dans un trou noir et il ne sait plus quelle est la meilleure solution; qu'il soit obligé d'envoyer un S.O.S. à Taschereau avec qui il vient de polémiquer si vivement en dit long sur son désarroi. Même sa santé en souffre: une indisposition l'empêche même de faire l'enquête canonique d'après laquelle il veut prendre sa nouvelle décision « finale ». C'est ce contretemps qui, avec les conseils de l'archevêque, l'empêche de faire étalage d'un nouveau changement.

Au moment même où il remet en cause le transfert de la maison mère des soeurs de l'Assomption, Laflèche prend la décision d'ériger canoniquement le séminaire de Trois-Rivières en concurrence avec celui de Nicolet.

Les succès constants du collège de sa ville épiscopale expliquent en partie son geste. En septembre 1871, plus de 100 élèves s'y étaient inscrits et il avait même fallu en refuser « faute de place[64] »; d'où, en octobre de la même année, la décision de construire de nouveaux locaux[65]. Les travaux avaient débuté le 7 août 1873 pour se poursuivre pendant quelques années. Le coût de la construction — prévisions de $39,730.00 — pousse la corporation du collège à demander que l'institution soit déclarée séminaire diocésain moyennant que l'évêque accepte « 1° De payer toutes les dettes dues par la corporation du Collège jusqu'à ce jour. 2° De faire achever la bâtisse actuelle[66] ». Une requête est adressée à Laflèche le 15 novembre 1873 et fait état de « l'intention des fondateurs de cet établissement et (de) celle de tous leurs successeurs jusqu'à ce jour », de l'approbation des évêques, des possessions de l'institution d'une valeur de $40,000. et des bienfaits prévus pour le collège et la population; les requérants soulignent aussi que les faits prouvent désormais « que deux Séminaires peuvent se soutenir avantageusement dans le diocèse[67] ».

Laflèche se laisse facilement convaincre, car les finances du diocèse sont en meilleure posture et il s'inquiète de voir son collège contrôlé par une corporation en partie laïque; il n'en consulte pas moins son conseil diocésain et il donne une réponse affirmative le 2

---

61. Laflèche à Mgr Taschereau, 24 avril 1874, AAQ, 33 CR, *Diocèse de Trois-Rivières,* I, 169.
62. *Supra,* p. 146ss.
63. Laflèche à Mgr Taschereau, 24 avril 1874, AAQ, 33 CR, *Diocèse de Trois-Rivières,* I, 169.
64. L. Richard, *Histoire du collège des Trois-Rivières...,* p. 400.
65. *Ibid.,* p. 403s..
66. *Ibid.,* p. 463s..
67. (Requête de la corporation du collège de Trois-Rivières), 15 novembre 1873, *ibid.,* p. 464s.

décembre 1873[68]. Dès lors, le changement se fait rapidement : le Parlement vote un *Acte pour amender l'acte d'incorporation du collège des Trois-Rivières* qui est sanctionné le 28 janvier 1874 et, le 19 mars, Laflèche promulgue le *Décret (...) pour l'Institution du Séminaire des Trois-Rivières.* En faisant connaître la nouvelle à ses diocésains par une lettre pastorale, l'évêque explique que désormais le diocèse aura « son Grand Séminaire, comme les diocèses plus anciens de Québec et de Montréal, et aussi deux séminaires ou collèges classiques, savoir : celui de Nicolet et celui des Trois-Rivières » et que les relations de ces institutions entre elles et avec l'autorité épiscopale « sont déterminé(e)s par les règles de l'Église et par les décrets des conciles provinciaux de Québec relatifs aux Grands et aux Petits Séminaires de la Province »; par la même occasion, il annonce qu'il logera dès que possible dans les nouveaux édifices du séminaire de Trois-Rivières[69].

Si la joie éclate à Trois-Rivières[70], le dépit est à peine voilé au collège de Nicolet où on considère la décision de l'évêque comme une gifle. Aux yeux des autorités collégiales, il s'agit d'une vengeance de Laflèche pour n'avoir pas obtenu le transfert de la vieille institution à Trois-Rivières; c'est aussi la preuve d'une prédilection injuste de Laflèche pour le nouveau séminaire : il y logera « pour lui assurer plus facilement ses faveurs » tandis que « Ce léger tribut d'éloge, ces paroles de bienvaillance et d'encouragement, auxquelles tous les coeurs sont sensibles, plus encore quand les sacrifices ont été grands et longs et le dévouement complet, (sont) refusées au Séminaire de Nicolet par son premier pasteur et celui qui avait été jadis son supérieur et son ami le plus dévoué[71] ». Aigri et désabusé, le personnel du collège de Nicolet va désormais appuyer avec plus d'énergie le projet de division du diocèse, croyant que « le sort de cette maison ne saurait être assuré, que par la formation immédiate du diocèse de Nicolet[72] ».

Laflèche n'a donc pas réussi à amadouer ses anciens collègues de Nicolet et leurs amis; s'est-il, pour autant, aliéné la faveur de l'ensemble de son clergé? Sûrement pas, même si certains indices laissent supposer des relations plus tendues entre l'évêque et certains prêtres.

Le 13 septembre 1873, l'évêque promulgue le *Règlement de vie pour un vicaire;* on y reconnaît deux constantes de la pensée de Laflèche : l'austérité de vie du clergé (lever matinal, vie de prière et d'étude, fuite des « personnes du sexe » et des divertissements...) et la soumission à l'autorité; sur ce dernier point, il est d'une clarté exceptionnelle et désarmante :

> Une des premières et principales obligations du vicaire est la soumission et la subordination à son curé. Il est envoyé pour l'aider, et pour travailler sous sa direction. Il ne se permettra donc jamais de rien changer, ni de rien établir, sans son autorisation. Il demandera ses conseils et les recevra avec déférence. Il lui témoignera toujours de la confiance et du respect, surtout en public et devant les paroissiens. Il l'appuiera en toutes circonstances, selon la prudence.
>
> (...) Il s'efforcera de conserver à son curé la part principale qu'il doit avoir dans l'estime, la confiance et le respect de ses paroissiens; il lui renverra toute

68. Laflèche à G.-S. Badeaux, 2 décembre 1873, *ibid.,* p. 466.
69. Laflèche, « Lettre pastorale de Monseigneur l'Évêque des Trois-Rivières concernant l'Institution du Séminaire des Trois-Rivières », 19 mars 1874, METR, *Mgr Laflèche,* I, pp. 465-482.
70. *Le Journal des Trois-Rivières* écrit avec emphase: « En résumé, l'érection du Séminaire des Trois-Rivières est un évènement des plus heureux pour la ville et le diocèse ».
71. J.-A.-I. Douville, *Mémoire du Séminaire de Nicolet en faveur de la division du diocèse de Trois-Rivières et de l'érection de Nicolet en évêché,* 1er mai 1877, p. 14s., AAQ, 33 CR, *Diocèse de Trois-Rivières,* I, 233.
72. *Mémoire pour accompagner une supplique adressée à N.S.P. le Pape Pie IX, sollicitant l'érection d'un nouveau diocèse qui serait formé de la partie du diocèse des Trois-Rivières, située au Sud du fleuve St-Laurent, dans la Province Ecclésiastique de Québec, Canada,* 1er septembre 1875, p. 3.

la gloire du bien qui se fera dans sa paroisse; il attirera ainsi sur lui-même les bénédictions que Dieu accorde à l'humilité et à la prudence d'un jeune prêtre[73].

Ces directives, qui explicitent le décret VII du 4e concile de Québec, ne sont pas nécessitées par des désordres quelconques dans le diocèse.

Cependant, certains prêtres — une quarantaine — s'attirent une semonce quand ils négligent de répondre à un questionnaire au sujet de la caisse ecclésiastique Saint-Michel et de la société des messes[74]; Laflèche profite de la circonstance pour dénoncer un défaut qui semble se répandre:

Je me suis déjà plaint dans les retraites ecclésiastiques de la *négligence* et de l'*apathie* de plusieurs membres du Clergé pour ce qui regarde cette partie de l'administration, et l'on peut voir encore aujourd'hui que ce n'est pas sans raison. Faudra-t-il donc en venir à des mesures de rigueur pour faire comprendre à ces *négligents* qu'ils doivent apporter plus d'attention et de diligence dans toutes les affaires d'administration et de correspondance avec leur Évêque?[75].

L'appel est entendu, mais 14 continuent à faire la sourde oreille[76].

C'est encore le problème financier qui menace davantage les rapports entre l'évêque et son clergé. Le 21 septembre 1874, Laflèche avertit ses curés que la Congrégation de la Propagande a reconnu la légalité du dixième qui, en conséquence, est dû en justice et en conscience; il en profite pour rappeler les règles déjà établies et engager les négligents à remplir leurs obligations. « Ce que je demande, dit-il, n'est pas une faveur, mais une chose juste et légitimement due, absolument comme la dîme que les fidèles sont tenus de payer à leur Curé[77] ». Même si l'évêque fait preuve de bonne volonté en diminuant la portée de ses exigences, il ne convainc pas tous les intéressés, et l'un d'entre eux, l'abbé J. Tessier, de Saint-Germain-de-Grantham, proteste qu'il ne se sent pas lié par cette obligation et qu'au surplus il n'a pas assez de revenus pour payer[78]. Quelques semaines plus tard, le même curé réunit un groupe de confrères qui rédigent et signent un *Mémoire sur le Dixième*. Après avoir noté leur bonne foi — « ce n'est pas dans un mauvais esprit que nous osons aujourd'hui réclamer ouvertement contre une mesure Épiscopale », disent-ils —, ils analysent les documents et les finances diocésaines pour conclure qu'ils ne veulent pas payer cette taxe

1ère parce que nous avons des doutes sur l'obligation de payer en justice en conscience le Dixième. 2de parce que plusieurs d'entre nous sont dans l'impos-

---

73. Laflèche, « Règlement de vie pour un vicaire », 17 septembre 1873, METR, *Mgr Laflèche*, I, pp. 427-431.
74. Son nom officiel est la Société ecclésiastique Saint-Michel. Fondée en 1796, elle est une association par laquelle les membres du clergé s'engagent à venir en aide aux prêtres malades ou âgés et à contribuer à diverses bonnes oeuvres; plus tard s'ajoute l'obligation de dire une messe pour les membres défunts. Les prêtres du diocèse de Montréal se détachent de la société pour fonder leur propre caisse ecclésiastique en 1839-1840. En 1871, on songe aussi à créer des caisses indépendantes pour les diocèses de Trois-Rivières et de Rimouski. Les tractations à propos du partage des fonds se poursuivent jusqu'en 1874. Voir « Précis historique de la « Caisse ecclésiastique Saint-Michel », MEQ, *Son éminence le cardinal Taschereau*, I, pp. 526-533; Lucien Lemieux, « la première caisse ecclésiastique du clergé canadien », La Société canadienne d'histoire de l'Église catholique, *Sessions d'étude 44* (1977), pp. 5-22. Laflèche consulte ses prêtres sur le sujet dès 1872 (Laflèche, « Circulaire au clergé », 24 octobre 1872, METR, *Mgr Laflèche*, I, p. 386s.).
75. Laflèche, « Circulaire au clergé », 15 décembre 1873, *ibid.*, I, p. 439s.
76. Laflèche, « Circulaire au clergé », 17 décembre 1874, *ibid.*, I, p. 522. Le diocèse fonde sa propre caisse ecclésiastique.
77. Laflèche, « Circulaire au clergé », 21 septembre 1874, *ibid.*, I, pp. 510-513.
78. J. Tessier à Laflèche, 31 octobre 1877, ASTR, *Fonds Laflèche*, A 2 T 204-6.

sibilité morale de payer le Dixième à cause de la modicité des revenus des Curés; 3eme parce que nous pensons que l'Évêché a maintenant des revenus suffisants pour se soutenir par lui-même (...).

Pour mieux prouver leur bonne volonté, ils proposent même une nouvelle échelle de paiement : le dixième des revenus excédant $700. pendant 10 ans [70].

Dans sa réponse au curé Tessier, Laflèche a déjà touché tous les points de l'argumentation des contestataires. Pour lui, l'obligation ne fait aucun doute, car Rome l'a déjà déclaré : « Cette réponse dit positivement que ceux à qui ce 10ième est imposé sont tenus en justice et en conscience de le payer ». Aussi ajoute-t-il avec force que les contrevenants doivent être privés d'absolution comme les fidèles qui ne paient pas leurs dîmes : « L'un et l'autre désobéissent également à l'Église et étant dans la volonté de ne pas se soumettre, un confesseur ne peut pas leur donner l'absolution ». L'évêque concède qu'un revenu de $500. ou moins ne permet pas de verser d'argent au diocèse et que certains curés qui gagnent davantage sont dans la même impossibilité ; dans ce cas,

> ils ne doivent pas se dispenser eux-mêmes, mais ils doivent m'exposer leur situation, comme il y en a qui le font, et j'espère qu'avec la grâce de Dieu, je ne serai jamais *dur* envers aucun de mes prêtres — et je serai toujours prêt non seulement à les exempter de cette charge, mais encore à les aider dans la mesure de mes forces, comme je l'ai fait par le passé tant que cela sera nécessaire.

De plus, dit-il, il n'appartient pas à n'importe qui de décider de la cessation de cette contribution, car « c'est un point que le St-Siège s'est réservé ». D'ailleurs, même s'il est en meilleure condition financière, le diocèse connaît encore des difficultés : « Le reliquat de dette à payer, est encore considérable et demande la plus stricte économie, aussi suis-je bien décidé à me promener encore longtemps la canne à la main avant que d'acheter un cheval et à recevoir l'hospitalité sous un toit étranger avant que de me mettre à bâtir un Évêché [80] ». Malgré la chaleur de son plaidoyer, Laflèche, pas plus que son prédécesseur, ne réussit à convaincre les réfractaires peu nombreux. La polémique avec l'abbé Tessier se poursuit jusqu'en mai 1875, et ne prend fin qu'après la décision du conseil épiscopal de soumettre de nouveau la question à Rome [81] ; après avoir regimbé, le curé accepte d'attendre le verdict de la plus haute instance : « Cette démarche, dit-il, va couper court à toute difficulté. Lorsque Rome aura donné sa décision sur cette grave question, tout le monde sera satisfait [82] ». Entre-temps, cependant, la question du dixième servira d'argument supplémentaire dans la bataille autour de la division du diocèse.

Au dire de Laflèche, cette dernière question aurait également été suscitée par l'érection du diocèse de Sherbrooke qui « réveilla le zèle et la sollicitude pastorale » des promoteurs du projet et les poussa « à agiter de nouveau la question de diviser le diocèse des Trois-Rivières [83] ». Mais est-ce bien vrai?

---

79. *Mémoire sur le Dixième,* 14 décembre 1874, ASN, Boîte no 2, *Succession Thomas Caron,* 15. Les signataires sont les curés Joseph Tessier, de Saint-Germain ; F.-X. Vanasse, de Saint-André ; A. Désaulniers, de Saint-Bonaventure ; T. Quinn, de Saint-Fulgence ; H. Alexandre, de Saint-Pierre-de-Durham et E.-H. Guilbert. Une note de Laflèche indique que les abbés Désaulniers et Quinn ont demandé « par écrit » de biffer leur nom.

80. Laflèche à J. Tessier, 23 novembre 1874, AETR, *Registre des lettres,* VI, 43.

81. Le conseil épiscopal a lieu le 13 mai 1875.

82. J. Tessier à Laflèche, 2 juin 1875, ASTR, *Fonds Laflèche,* A 2 T 204-10.

83. Laflèche, *Observations de l'Évêque des Trois-Rivières sur la requête & le mémoire adressés au St-Siège par M.L.S. Mâlo & autres demandant la division du diocèse des 3 RS & l'érection d'un nouveau diocèse,* 28 février 1876, p. 3s.

Sans doute, l'idée d'un diocèse dans les Cantons de l'Est date-t-elle des années 1850 et a-t-elle été lancée par les adversaires du diocèse de Trois-Rivières[84]. Mais le vrai projet prend forme à la fin des années 1860: en 1868, la rumeur s'accrédite que les pères du Concile de Québec se préoccupent de ce problème[85] et, au début de 1869, l'*Écho du cabinet de lecture paroissial de Montréal* souligne qu'

> un siège épiscopal de ce côté ne manquera pas de donner un nouvel élan à la religion et même ne servira pas peu à encourager les colons à persévérer dans leurs travaux de défrichement et à donner naissance à de nouvelles paroisses qui y attireront encore de nouveaux pionniers: c'est donc une oeuvre civilisatrice en même temps que religieuse[86].

La question est soumise aux évêques de la province ecclésiastique de Québec à leur réunion d'octobre 1871 et, à la séance du 24 octobre au soir, ils conviennent unanimement de demander au Saint-Siège l'érection d'un évêché dans les Cantons de l'Est dont le siège serait Sherbrooke[87]; les détails sont discutés à l'assemblée de Montréal en mai 1872[88] et au 5e concile de Québec de 1873[89].

Rien dans les débats ne laisse supposer l'existence d'une demande venant de la partie sud du diocèse de Trois-Rivières. Laflèche doit évidemment céder au nouveau diocèse 16 paroisses ou dessertes et 11 cantons peu ou pas habités[90], mais il le fait sans difficulté tout en recevant, un peu malgré lui, de nouveaux territoires dans le haut Saint-Maurice[91]. Il s'élève cependant contre la demande de Mgr Charles La Rocque d'annexer au diocèse de Saint-Hyacinthe toute la rive gauche de la rivière Saint-François; les deux évêques exposent contradictoirement leur point de vue à la séance du 11 mai 1872 de la réunion de 1872[92] et leurs collègues se rangent finalement à l'avis de Laflèche, ce qui pousse son antagoniste à faire inscrire, dans le procès-verbal du 5e concile de 1873, une protestation contre les limites assignées au nouveau et aux anciens diocèses[93]. Mais on ne peut pas dire que les partisans de Nicolet soient derrière ces débats.

Si fermes soient-elles, on ne peut comparer ces discussions entre évêques ou entre Laflèche et son clergé aux polémiques engendrées par le *Programme catholique*. Elles sont d'abord plus discrètes, à huis clos même, et elles n'engendrent pas les accusations de mauvaise foi comme en 1871-1872. Elles laissent donc moins de séquelles. Si bien qu'à l'automne 1874, l'épiscopat peut manifester son unité retrouvée à deux reprises au moins. Le

---

84. Entre autres, les premiers adversaires du diocèse de Trois-Rivières avaient parlé d'un diocèse futur dans les Cantons de l'Est (*supra*, p. 86). De plus, l'abbé Calixte Marquis, ancien missionnaire-colonisateur dans les Cantons de l'Est, avait également lancé l'idée d'un diocèse dans ces territoires (*Mémoire sur la colonisation*, 20 avril 1867).

85. « Concile de Québec », *Le Journal de Québec*, 9 mai 1868, p. 2.

86. *L'Écho du cabinet de lecture paroissial de Montréal*, XI (1869), p. 63.

87. Mgr Jean Langevin, (Procès-verbal de l'assemblée des évêques de la province ecclésiastique de Québec), 28 octobre 1871, ASTR, *Fonds Laflèche*, A 4-2-1.

88. Mgr Jean Langevin, (Procès-verbal de l'assemblée des évêques tenue à Montréal les 10, 11 et 12 mai 1872), p. 3s., *ibid.*

89. Edmond Langevin, « Quarta congregatio privata », *Acta et decreta quinti concilii provinciae Quebecensis...*, pp. 20-23; « Breve erectionis diocesis Sherbrookensis », 28 août 1874, *ibid.*, pp. 91-93.

90. Voir *Le Journal des Trois-Rivières*, 19 octobre 1874, p. 2.

91. En gros, Québec cède à Trois-Rivières les territoires de la vallée du Saint-Maurice au nord de Portneuf; pour les détails, voir « Decretum quo pars vallis fluminis S. Mauritii unitur dioecesi Trifluvianae », 27 août 1874, *Acta et decreta quinti concilii...*, p. 104s.

92. Mgr Jean Langevin, (Procès-verbal de l'assemblée des évêques tenue à Montréal les 10, 11 et 12 mai 1872), p. 3s., ASTR, *Fonds Laflèche*, A 4-2-1.

93. Edmond Langevin, « Quarta congregatio privata », *Acta et decreta quinti concilii provinciae Quebecensis...*, p. 21s.

ler octobre, d'abord, à l'occasion des fêtes du deuxième centenaire de l'érection du diocèse de Québec, où un programme prudent permet d'éviter la répétition des incidents des noces d'or de Montréal en 1872: peut-être sans le vouloir, Taschereau est-il malin en invitant « les cinquante-neuf évêques, dont les diocèses ont autrefois fait partie de celui de Québec, à venir rendre grâces avec nous et à unir leurs prières aux nôtres dans cette circonstance solennelle[94] ». Même si les prélats viennent moins nombreux que prévu — une vingtaine seulement, mais, de la province ecclésiastique de Québec, un seul absent: Mgr Bourget —, la fête donne lieu, au dire des journalistes, à « la plus imposante de toutes les manifestations religieuses » jamais vues à Québec.

> Jamais illumination n'aura été aussi brillante et aussi générale; jamais nous n'aurons vu tant de chefs d'Églises et tant de lévites dans nos murs; jamais les décorations de tous genres n'auront été aussi belles et aussi nombreuses[95].

Le 18 octobre, plusieurs des mêmes évêques se retrouvent de nouveau à Québec pour le sacre de Mgr A. Racine et Laflèche y prononce le sermon[96]; ils accompagnent le nouveau prélat dans sa ville épiscopale.

L'atmosphère paraît à ce point détendue que les nouveaux propriétaires de la *Revue canadienne* peuvent écrire au début de 1875:

> Les disputes religieuses des années dernières s'apaisent un peu tous les jours; elles nous ont paru trop regrettables et pénibles pour que nous songions à les réveiller: notre plus chère ambition serait au contraire de rétablir, pour l'action, entre tous les catholiques canadiens l'accord parfait qui existe sur les dogmes[97].

La mission de Laflèche aurait-elle été si efficace? Les décisions romaines auraient-elles vraiment diminué les problèmes et apaisé les passions? La charité et le bon sens auraient-ils pris le dessus dans l'Église du Québec? Les meilleurs esprits le souhaitent, mais les évêques et leurs confidents, au courant des problèmes en suspens, ne se font pas d'illusion parce qu'ils savent qu'un rien peut faire cesser cette trêve bien précaire.

---

94. Mgr Taschereau, « Mandement à l'occasion du deux centième anniversaire de l'érection du siège de Québec », 8 septembre 1874, MEQ, *Son éminence le cardinal Taschereau,* I, p. 220.

95. *Le Journal de Québec,* 29 septembre 1874, p. 2; 2 octobre 1874, p. 2.

96. « Discours de Mgr L.-F. Laflèche, évêque des Trois-Rivières, à Saint-Jean-Baptiste de Québec, lors du sacre de Mgr Ant. Racine, premier évêque de Sherbrooke, 18 octobre 1874 », Savaète, *Oeuvres oratoires de Mgr Louis-François Laflèche...,* pp. 132-136.

97. F.-A. Quinn et Oscar Dunn, « Au Public », *Revue canadienne,* XII (1875), p. 5s.

CHAPITRE VIII

L'offensive antilibérale
(1875-1876)

(...) je tiens les chefs libéraux de notre pays pour aussi mal disposés que ceux d'Europe, la seule différence étant qu'ils cachent mieux leurs principes pervers à raison des sentiments religieux de la grande masse du peuple Canadien.

Mgr Jean Langevin

Alors que le front religieux paraît connaître une certaine accalmie, le monde politique canadien est en pleine effervescence. À Ottawa, le « scandale du Pacifique » entraîne la démission du gouvernement Macdonald, le 5 novembre 1873, et l'accession au pouvoir des libéraux d'Alexander Mackenzie, confirmée par la victoire électorale de janvier 1874[1]; ce changement d'équipe n'atténue pas la virulence des débats autour de deux questions qui intéressent particulièrement l'épiscopat: les écoles du Nouveau-Brunswick, l'amnistie au Manitoba[2]. Au Québec, la scène politique est moins perturbée, mais le « scandale des Tanneries » chasse du pouvoir Gédéon Ouimet qu'une partie du clergé commençait à craindre[3]; il est remplacé par Charles Boucher de Boucherville, de sympathie ultramontaine, qui forme un ministère honnête mais terne[4].

Dans ce climat de dénonciations et de changements politiques, les élections prennent une importance accrue. C'est le cas, précisément, du scrutin provincial de 1875 où, en plus, l'on fait l'essai d'une nouvelle loi électorale. Il en sort l'épineux problème de l'ingérence

---

1. Voir W.L. Morton, *The Critical Years, the Union of British North America, 1857-1873,* Toronto, McClelland and Stewart, (c 1964), pp. 263-277; A. Désilets, *Hector-Louis Langevin, un père de la confédération canadienne (1826-1906),* Québec, Presses de l'Université Laval, 1969, pp. 277-289. Le gouvernement conservateur est accusé d'avoir vendu la charte du transcontinental aux Américains, par l'intermédiaire de Hugh Allan, en échange d'une généreuse contribution à leur caisse électorale.
2. Voir Peter B. Waite, *Canada, 1874-1896, Arduous Destiny,* Toronto, McClelland and Stewart, (c 1971), pp. 40-45; Robert Rumilly, *Histoire de la province de Québec, I: Georges-Étienne Cartier,* Montréal, B. Valiquette, (1942), pp. 157-271.
3. Rumilly, *op. cit.,* pp. 310-382; Marcel Hamelin, *Les premières années du parlementarisme québécois (1867-1898),* Québec, Presses de l'Université Laval, 1974, pp. 139-148. Le problème concerne un terrain que possédait le gouvernement au village des Tanneries, dans la circonscription d'Hochelaga.
4. M. Hamelin, *op. cit.,* pp. 149-153.

cléricale en politique[5] qui entraîne plusieurs contestations d'élections et, en contrepartie, une dénonciation nouvelle du libéralisme par les autorités religieuses. Laflèche est de tous ces combats et sa détermination lui vaut d'être délégué à Rome par ses collègues.

1- Les élections de 1875

Quand Boucher de Boucherville proroge les Chambres et annonce des élections pour le 7 juillet 1875[6], il peut profiter d'un préjugé favorable qui pourra lui assurer l'appui d'une bonne partie du clergé.

Attaché à la foi catholique[7] alors que le chef de l'opposition, Henri-Gustave Joly de Lotbinière, est de confession protestante[8], le chef conservateur a proposé une loi d'éducation qui comble d'aise l'épiscopat tout entier[9]. Laflèche, pour sa part, n'a que des éloges pour le projet :

> J'ai lu avec beaucoup de plaisir, écrit-il à Taschereau, la lettre dans laquelle Votre Grandeur m'expose les principes fondamentaux d'après lesquels l'Honble M.C. de Boucherville voudrait passer une loi d'éducation. Je trouve ces principes excellents et très propres à assurer le contrôle que l'Église doit exercer sur l'éducation de la jeunesse. Je les approuve et je crois qu'une loi conforme en tout à ces principes ne pourra manquer de produire un grand bien, et d'attirer les bénédictions de Dieu et des générations futures sur ses auteurs[10].

Il laisse cependant à l'archevêque et à Mgr Jean Langevin, spécialiste des questions d'éducation, le soin d'exiger certaines modifications pour améliorer le projet de loi qui, une fois voté, abolira le ministère de l'Instruction publique et fera siéger au comité catholique du conseil de l'Instruction publique tous les évêques de la province ecclésiastique de Québec.

Le gouvernement a aussi fait voter une nouvelle loi électorale qui devrait diminuer la corruption électorale, si souvent dénoncée par les évêques et spécialement par Laflèche. L'*Acte concernant l'élection des membres de l'Assemblée Législative de la Province de Québec*[11], sanctionné le 23 février 1875, insiste sur les « Moyens de prévenir les manoeuvres frauduleuses aux élections » et décrit ainsi, dans l'article 258 emprunté à la loi électorale fédérale, le délit d'« influence indue » appelé à devenir célèbre :

> Seront réputés avoir commis l'acte appelé « influence indue », et passibles, en conséquence, d'une amende de deux cents piastres ou d'un emprisonnement de six mois à défaut de paiement :
>
> 1. Quiconque, directement ou indirectement, par lui-même ou par quelque autre, en son nom, emploie ou menace d'employer la force, la violence ou la contrainte, ou inflige ou menace d'infliger par lui-même ou par l'entremise de toute (*sic*) autre personne, quelque lésion, dommage, préjudice ou perte d'emploi, ou de toute manière que ce soit a recours à l'intimidation contre quelque personne pour induire ou forcer cette personne à voter ou à s'abstenir de voter, ou parce qu'elle aura voté ou se sera abstenu de voter à une élection ;

---

5. Les contemporains parlent d'influence indue et d'influence spirituelle indue ; c'est la traduction littérale de l'expression anglaise « undue influence ». Nous préférons la rendre par les termes « ingérence cléricale ».
6. *Ibid.*, pp. 209-223.
7. C'est, avec l'honnêteté, la principale qualité que lui reconnaît le *Journal des Trois-Rivières,* 17 septembre 1874, p. 2.
8. Le même journal trouve que c'est un handicap sérieux (*ibid,* 24 sept. 1874, p. 2).
9. Mgr Taschereau à de Boucherville, 15 mars 1875, AAQ, *Registre des lettres,* 31, 276.
10. Laflèche à Mgr Taschereau, 1er mars 1875, *ibid.,* 33 CR, Diocèse de Trois-Rivières, I, 182.
11. 38 Vict., Cap. 7.

2. Quiconque, par enlèvement, contrainte ou autre moyen frauduleux, empêche, arrête ou gêne le libre exercice de la franchise d'un électeur, ou par ces moyens, force, induit ou engage un électeur soit à voter, soit à s'abstenir de voter à une élection.

Le caractère général du texte, voté sans débat, trompe le clergé et les ultramontains qui ne soupçonnent pas qu'il pourrait s'appliquer à certains prônes et sermons. L'obligation du vote secret frappe davantage ces milieux; Laflèche, par exemple, vante ce procédé, « emprunté à l'Église », qui aide les électeurs « à garder le secret de leur vote pour conserver la liberté dont ils ont besoin pour un acte si important[12] ».

La campagne électorale, qui pour la première fois prend une allure provinciale[13], réveille l'ardeur de l'épiscopat. Dès les premières rumeurs d'élection, Taschereau propose à ses collègues de promulguer, avant même l'approbation romaine de l'ensemble des décisions du 5e concile provincial, les décrets De *perjurio reservando*[14] et De *electionibus politicis et administrativis*[15] « avec une recommandation au Clergé de l'expliquer clairement et prudemment et d'exhorter les fidèles après les élections à oublier leurs divergences politiques et à se pardonner mutuellement leurs offenses[16] ». Fort de l'accord de tous les suffragants, l'archevêque communique officiellement les deux textes à son clergé avec la recommandation de suivre les directives de sa circulaire du 7 janvier 1874[17].

Les autres évêques font la même démarche, mais la plupart vont beaucoup plus loin. Mgr Jean Langevin, de Rimouski, adresse deux lettres circulaires à son clergé et une lettre pastorale aux fidèles. Au premier, il prescrit de s'élever « contre le *parjure,* la *violence,* l'*intempérance* et la *corruption*[18] » et il lui demande de ne pas craindre « de combattre dans l'occasion les faux principes condamnés par l'Église » et de conserver l'unité d'esprit la plus complète[19]. La lettre pastorale dénonce tous les maux qui accompagnent habituellement les élections, mais elle fustige avec plus de force encore les libéraux et leur doctrine :

Eh! ne nous dites pas, N.C.F., que l'on voit parmi les partisans de ces doctrines dangereuses, dites libérales, des hommes honorables, paisibles, exemplaires: ce sont les dupes de ceux qui les mènent. Ne nous dites pas que vous ne voyez en cela que de simples opinions politiques, parfaitement libres: il vous est facile de voir, au contraire, par les principes avoués des chefs, que ce qu'ils veulent en définitive, c'est d'amoindrir la juste et salutaire influence du clergé sur les masses; c'est de détruire tout ce qui peut gêner leurs projets contre la liberté et les droits de l'Église; c'est de s'emparer exclusivement de l'éducation de la jeunesse; c'est de favoriser la licence de tout dire, de tout écrire, de tout propager; c'est de faire prévaloir les intérêts matériels sur les intérêts spirituels et religieux[20].

Il est facile de discerner que l'évêque de Rimouski vise tout autant les simples membres du parti libéral que les Rouges de l'école de l'Institut canadien. Mais, pour être sûr que le message soit compris de tout le monde, son frère et grand vicaire, Edmond, rend publique une lettre qu'il a écrite au curé de Sainte-Anne-des-Monts. L'abbé Joseph-Octave Soucy ayant

12. *Le Journal des Trois-Rivières,* 14 juin 1875, p. 2. Le journal résume un sermon de Laflèche.
13. M. Hamelin, *op. cit.,* p. 209s.
14. « Decretum XIV », *Acta et decreta quinti concilii provinciae quebecensis...,* p. 56s. Il dénonce le parjure, « ce crime énorme », et en réserve l'absolution aux évêques.
15. « Decretum XVIII », *ibid.,* p. 62s. Il renouvelle les prescriptions existantes et demande aux pasteurs d'instruire leurs fidèles.
16. Mgr Taschereau à Laflèche, 6 avril 1875, ASTR, *Fonds Laflèche,* A 1 T 100-37.
17. Mgr Taschereau, « Circulaire au clergé », 26 avril 1875, MEQ, *Son éminence le cardinal Taschereau,* I, pp. 285-288.
18. Mgr J. Langevin, « Circulaire au clergé », 1er mai 1875, MER, *Mgr Jean Langevin,* I, p. 208.
19. Mgr J. Langevin, « Circulaire au clergé », 28 mai 1875, *ibid.,* I, p. 219.
20. Mgr J. Langevin, « Lettre pastorale sur les élections », 28 mai 1875, *ibid.,* p. 216s.

condamné en chaire les idées du candidat libéral, un paroissien, Marcel St-Laurent, s'informe à Rimouski du devoir des électeurs; les propos du grand vicaire à ce sujet font leur tour de Gaspésie et sont reproduits dans les journaux. Ils sont explicites:

> Par les réponses de cet homme (M. St-Laurent), je vois que les gens n'ont pas compris les explications que vous leur avez données sur la lettre pastorale, car d'après lui, ils sont sous l'impression que les voteurs peuvent sans offenser Dieu voter pour un candidat du parti rouge qui prêche le libéralisme à la porte de leur église. Il est encore temps. Je pense que vous serez obligé de revenir là-dessus à votre prône dimanche prochain. Il ne faut pas que notre peuple se fasse illusion, ni qu'il dise plus tard qu'il ne nous a pas compris[21].

Mgr Bourget est tout aussi précis dans ses conseils aux diocésains de Montréal. Il promulgue lui aussi les décrets du 5e concile de Québec et en profite pour rappeler longuement les règles à suivre dans les élections; il dénonce la corruption et répond à ces deux questions: quels sont ceux pour qui l'on doit voter? quels sont ceux pour qui l'on ne doit pas voter? Ses allusions aux récents débats politiques:

> concluez ce que vous devez penser de ceux qui, malgré leurs protestations publiques et solennelles, ne se sont pas montrés favorables, par leurs votes en chambre, au droit des habitants du Manitoba à l'amnistie générale qu'on leur avait promise, et à celui des catholiques du Nouveau-Brunswick aux écoles séparées dont les a dépouillées une loi injuste et vexatoire.

ne laissent aucun doute sur sa désapprobation du parti libéral[22]. L'exégèse du texte par le *Nouveau-Monde* et le *Canadien* en fait même une sorte de manifeste électoral[23].

Dans ce contexte, les interventions de Laflèche paraissent anodines. Il consacre quelques paragraphes d'une circulaire à son clergé à expliquer la promulgation des décrets et inviter les curés à lire et à commenter prudemment sa lettre pastorale du 10 mars 1871[24]. De plus, avant son départ pour la visite pastorale, il prononce, dans sa cathédrale, un vibrant sermon que le *Journal des Trois-Rivières* résume le lendemain:

> Sa Grandeur, note le journal, a signalé les désordres des élections avec une grande véhémence, et flétri en termes énergique(s) l'influence des intérêts, des passions qui corrompent le vote et dont le résultat est de donner au peuple des chefs qui n'ont pas de lumière et compromettent les droits les plus sacrés.

Laflèche insiste sur la liberté du vote et invite les fidèles « à recourir à la prière pour ne pas se laisser entraîner dans l'égarement, et faire de bonnes élections[25] ».

Cependant, le *Journal des Trois-Rivières* des frères Desilets, toujours considéré comme le porte-parole de l'évêque, approuve ou repousse les candidatures en les mesurant à l'aune de la religion. Il appuie Dominique-Napoléon Saint-Cyr, dans Champlain, parce qu'il est « un homme vertueux et pratiquant sa religion d'une manière exemplaire, chose d'autant plus belle qu'elle est plus rare parmi les hommes lettrés de notre temps[26] »; mêmes remarques au sujet de Henri-Gédéon Malhiot, de Trois-Rivières, qui, en plus, « est en quelque sorte proposé par la province, car il est un des membres de l'administration qui nous régit et qui,

21. Edmond Langevin à Joseph-Octave Soucy, 10 août 1875, *L'Événement*, 18 août 1875, p. 2. Le candidat libéral est Edmund James Flynn, professeur à l'université Laval; il n'a rien d'un doctrinaire.
22. Mgr Bourget, « Lettre pastorale de Mgr l'évêque de Montréal, publiant les décrets XIV et XVIII du cinquième concile de Québec, et rappelant quelques règles à suivre dans les élections », 5 mai 1875, MEM, 7, pp. 140-152.
23. Il faut noter, cependant, que Bourget exige la plus grande prudence de ses prêtres (Mgr Bourget, « Circulaire au clergé », 6 mai 1875, *ibid.*, 7, p. 153).
24. Laflèche, « Circulaire au clergé », 25 mai 1875, METR, *Mgr Laflèche*, II, p. 40s.
25. *Le Journal des Trois-Rivières*, 14 juin 1875, p. 2.
26. *Ibid.*, 28 juin 1875, p. 2.

depuis sont arrivée au pouvoir, a rencontré l'approbation unanime du clergé et de l'épiscopat[27] ». Au contraire, le journal combat le Dr G.-H. Dufresne, parce qu'il a des idées religieuses et politiques suspectes et qu'une fois élu, il « emboîtera le pas derrière les Dessaulles, les Doutre, les Laflamme et tous les chefs du parti *national*[28] ». Aux yeux des Desilets, l'aspect religieux est tellement important qu'il serait prudent, avant de voter, de demander l'avis du clergé :

> Électeurs de la cité des Trois-Rivières, voulez-vous savoir si la présente lutte que l'on fait au gouvernement est autorisée par la conscience, l'équité ou la justice? Vous avez un moyen aussi facile que sur : allez vous renseigner à ceux qui dirigent votre conscience et ne vous arrêtez pas à ces imposteurs qui viennent vous donner des conseils lorsque vous ne leur en demandez pas et qui ne craignent pas de violenter votre liberté[29].

Le *Journal des Trois-Rivières* cite même en exemple le curé de Sainte-Geneviève qui félicite le candidat Saint-Cyr après un discours à la porte de l'église[30].

Est-ce un fait exceptionnel dans le diocèse de Trois-Rivières? Il ne semble pas, car, après le scrutin qui favorise les conservateurs, les journaux libéraux se plaignent amèrement de l'ingérence cléricale. Le *Constitutionnel*, de Trois-Rivières, analyse ainsi les résultats :

> Grâce à l'influence peu scrupuleuse du gouvernement et des marchands de bois, *à la conduite fort indiscrète de quelques membres du clergé* (notre souligné), qui n'ont pas cru devoir se conformer aux instructions publiques de Mgr Laflèche; grâce surtout à la corruption pratiquée sans la moindre gêne, l'honorable M. Malhiot a pris une majorité de 114 sur M. Gouin et le commissaire des terres sera encore député quelques semaines en attendant qu'une contestation le mette à la porte[31].

Il nuance son verdict, quelques jours plus tard, mais sans nier l'intervention cléricale[32]. Même le vainqueur conservateur dans la circonscription de Saint-Maurice se plaint à Laflèche des paroles du curé de la Baie-du-Febvre et l'évêque doit demander aux parties de s'arranger à l'amiable[33].

La participation d'une partie du clergé du diocèse de Trois-Rivières aux élections, qui n'apparaît pas douteuse, n'entraîne cependant pas, dans la région, de procès pour « influence indue ». Le *Journal des Trois-Rivières* peut donc encore vanter la nouvelle loi électorale :

> Il nous est particulièrement agréable en cette circonstance de constater que la nouvelle loi électorale a eu pour effet de supprimer tous les désordres qui ont caractérisé les élections précédentes et de rendre en cette ville comme partout, la votation ce qu'elle doit être, pleine de calme et de gravité[34].

Ailleurs dans la province, la dénonciation de l'ingérence cléricale est beaucoup plus vive et donne lieu à des polémiques furibondes dans la presse. Les journaux libéraux remplissent leurs pages d'articles vengeurs où les prêtres sont souvent associés aux manieurs d'argent, partisans du gouvernement conservateur; le *Bien Public* est particulièrement habile dans ce genre :

---

27. *Ibid.*, 1er juillet 1875, p. 2.
28. *Ibid.*, 28 juin 1875, p. 2.
29. *Ibid.*, 5 juillet 1875, p. 2.
30. *Ibid.*, 7 juin 1875, p. 2. Il s'agit de l'abbé René-Alfred Noiseux.
31. *Le Constitutionnel*, 9 juillet 1875, p. 2.
32. *Ibid.*, 14 juillet 1875, p. 2.
33. Laflèche à Didier Paradis, 28 août 1875, ASN, *Séminaire*, VII, 39-8.
34. *Le Journal des Trois-Rivières*, 8 juillet 1875, p. 2.

Certains voleurs publics, qui ont fait les élections, appuyés d'une main sur l'autel et de l'autre sur l'argent du Pacifique et des Tanneries, sont dans la jubilation. Ils font des dithyrambes en l'honneur du clergé qui les a protégés et crient à l'anéantissement du libéralisme[35].

Les organes cléricaux parent les coups du mieux qu'ils peuvent et la *Minerve* se porte à la défense du clergé même ultramontain:

Il paraît y avoir une entente entre les journaux libéraux pour attaquer le clergé à propos des élections locales. Le *National* et le *Herald,* le *Bien Public* et le *Witness,* l'*Événement* et le *Chronicle,* le *Journal de Québec* et le *Budget,* semblent obéir à un même mot d'ordre: «Sus au clergé». Non contents de couvrir les injures de leur propre cru et de leur propre invention, ils se traduisent et se reproduisent les uns les autres[36].

Il y a, cependant, plus grave aux yeux du clergé. Suivant les conseils de Joseph Cauchon, du *Journal de Québec*[37], plusieurs candidats défaits contestent l'élection de leur adversaire en s'appuyant sur l'article 258 de la nouvelle loi électorale. C'est le cas, entre autres, de François Langelier, professeur de l'université Laval défait dans Montmagny, qui rédige ainsi la requête de contestation contre Philippe Landry:

(...) Et vos pétitionnaires allèguent qu'avant et pendant ladite élection, des prêtres et ministres de la religion catholique romaine, qui est celle de la totalité des électeurs du district électoral, ont dans l'intérêt de la candidature dudit Philippe Landry, à sa connaissance et de son consentement, exercé une pression morale et religieuse sur les esprits desdits électeurs en représentant faussement et illégalement le parti politique auquel appartenait ledit François Langelier comme étant un parti infâme, dangereux et ennemi des doctrines et des ministres de ladite religion, et le parti auquel appartenait ledit Philippe Landry comme étant le seul parti en faveur duquel les catholiques pouvaient et devraient voter, et en menaçant les électeurs qui voteraient pour ledit François Langelier des peines de l'autre vie; et cela tant au cours des sermons ou prônes prononcés par lesdits prêtres ou ministres aux offices divins dans les églises, que dans le cours de conversations privées avec ces électeurs: qu'une grande partie des électeurs dudit District Electoral ont été ainsi influencés, intimidés et forcés à voter, et que le résultat de ladite élection a été affecté et changé par suite et par l'effet desdites influences indues et dudit système général d'intimidation[38].

Voilà donc qu'est lancée — et par l'entremise d'un professeur de Laval! — la bataille de l'«influence spirituelle indue».

2- Nouvelle condamnation du libéralisme: la lettre pastorale du 22 septembre 1875

Les élections provinciales et la polémique qui en résulte, les procès pour ingérence cléricale, même les événements qui entourent l'inhumation de Joseph Guibord[39] font revivre le spectre du libéralisme. D'où une profusion nouvelle d'écrits et de discours pour prouver son identité avec le libéralisme européen condamné par l'Église.

---

35. «La patrie est sauvée», *Le Bien Public,* 16 juillet 1875, p. 2.
36. Reproduit dans le *Journal des Trois-Rivières,* 19 juillet 1875, p. 2.
37. «Les influences indues», *Le Journal de Québec,* 12 juillet 1875, p. 2.
38. «La requête en contestation», *Le Courrier du Canada,* 13 août 1875, p. 2.
39. Conformément au jugement du Conseil privé de Londres mais sans accorder les cérémonies religieuses exigées par Joseph Doutre, les autorités religieuses autorisent l'inhumation prévue pour le 2 septembre 1875, mais une foule de catholiques ferme le portail du cimetière devant le cortège; Mgr Bourget publie une lettre circulaire pour demander au peuple d'être calme et le corps de Guibord peut enfin, le 16 novembre, être transporté du cimetière protestant au cimetière catholique, sous la protection de 1235 soldats (Mason Wade, *Les Canadiens français de 1760 à nos jours,* 1: *1760-1914,* Montréal, Le Cercle du Livre de France, (1963), pp. 383-385).

Dès la campagne électorale, les journaux conservateurs et ultramontains lancent un cri d'alarme, sans faire de distinctions entre libéraux doctrinaires ou modérés:

> (...) c'est notre intime conviction, écrit le *Courrier du Canada,* que le triomphe des libéraux en politique serait le triomphe des catholiques-libéraux signalés par le concile de Québec et les mandements épiscopaux comme des hommes dangereux[40].

Ce genre d'avertissements, aussi sombres que nombreux, a des échos dans plusieurs prônes dominicaux[41].

La victoire conservatrice n'arrête pas les dénonciations du libéralisme, puisqu'on le considère comme responsable des attaques contre le clergé dans la presse et devant les tribunaux:

> Y en a-t-il ici (du libéralisme)? Les moins clairvoyants commencent à le croire. Cette entente entre le *Bien Public,* le *National, l'Événement* et le *Journal de Québec* pour engager les populations à traîner le clergé devant les cours, n'est-ce pas du libéralisme? Ces censures directes contre divers sermons, cette attitude de mépris envers les prêtres que prend toute la presse libérale inspirée par le *Witness,* ce travail audacieux pour ruiner l'influence du clergé et le respect dont il jouit à si bon droit, n'est-ce pas du libéralisme?[42]

Et les journaux de publier des articles didactiques sur cette doctrine « pernicieuse ».[43]

La situation créée par les élections inquiète aussi l'épiscopat. Laflèche, pour sa part, est préoccupé par les accusations d'ingérence cléricale et il demande à son métropolitain de susciter une entente entre évêques «sur la ligne de conduite à tenir» et sur les conseils à donner aux prêtres cités devant les tribunaux civils[44]. Taschereau craint beaucoup moins l'issue des procès[45], mais il convient avec son suffragant que « c'est une affaire grave et délicate» et qu'il est souhaitable de recommander la prudence au clergé « durant ces temps d'excitation universelle[46] ». Il convoque donc, sur ce sujet, une assemblée des évêques, «le meilleur et probablement l'unique moyen de nous entendre au sujet des élections[47] ».

Laflèche se prépare à l'importante réunion en creusant le problème de l'immunité ecclésiastique en collaboration avec son théologien préféré, le père Braun. À la question: qui, des législateurs ou des pétitionnaires qui citent les prêtres devant les tribunaux civils, sont excommuniés?, le jésuite ne peut donner une réponse sûre, mais il conclut son exposé dans la ligne de pensée exacte de son consultant:

> Il est important et même nécessaire que les Évêques s'entendent pour récuser la compétence des tribunaux civils, toutes les fois qu'il s'agit des actes de leurs prêtres, par exemple dans leur ministère de confesseur, de prédicateur, de directeur et même de conseiller pour le bien des âmes[48].

C'est presque textuellement ce qu'a écrit Laflèche à l'archevêque.

La réunion de l'épiscopat a lieu à Québec le 1er septembre 1875 et elle regroupe, outre le métropolitain, les évêques Langevin, Laflèche, Fabre, A. Racine, Duhamel et le grand

---

40. *Le Courrier du Canada,* 5 juillet 1875, p. 2.
41. Un bon exemple dans l'*Echo de Lévis,* reproduit dans le *Journal des Trois-Rivières,* 15 juillet 1875, p. 2.
42. *Le Courrier du Canada,* 16 juillet 1875, p. 2.
43. Par exemple, le *Courrier du Canada* publie, à partir du 21 juillet 1875, une série d'articles intitulés *Qu'est-ce que le libéralisme?*
44. Laflèche à Mgr Taschereau, 13 août 1875, AAQ, 33 CR, *Diocèse de Trois-Rivières,* I, 187. Il fait lui-même quelques suggestions.
45. Taschereau base son diagnostic sur une consultation d'avocat.
46. Mgr Taschereau à Laflèche, 16 août 1875, ASTR, *Fonds Laflèche,* A 1 T 100-41.
47. Le même au même, 20 août 1875, *ibid.,* A 1 T 100-44.
48. A. Braun à Laflèche, 16 août 1875, *ibid.,* A 1 T 100-42.

vicaire L.-Z. Moreau, administrateur à Saint-Hyacinthe. La question politique est au coeur de toutes les discussions et deux conclusions importantes en sortent: une résolution sur la participation des professeurs de l'université Laval aux élections, la décision de publier une lettre pastorale et une circulaire au clergé.

La résolution concernant l'université Laval fait suite à un premier avertissement formulé à la réunion des évêques du 3 octobre 1874 et transmis par l'archevêque au supérieur du séminaire de Québec, qui est en même temps recteur de l'université Laval[49]. Au témoignage des évêques, il n'a eu « aucun résultat pratique », car des professeurs de Laval[50] ont été impliqués dans des querelles politiques et même accusés de libéralisme. L'assemblée croit donc nécessaire de revenir sur le sujet d'une manière plus ferme:

> En conséquence ils (les évêques) croient de leur devoir de recommander unanimement au conseil universitaire: 1° de défendre le plus tôt possible à leurs Professeurs de se mêler activement de politique sous peine de renvoi; 2° de leur interdire également d'invoquer sans autorisation dans les luttes politiques les noms de l'Archevêque ou des Évêques ou celui de quelqu'institution catholique pour appuyer certaines personnes ou certaines opinions[51].

Cette intervention a cependant peu d'effet, car les autorités de Laval ripostent par un mémoire qui revendique la liberté universitaire face aux évêques[52] en prenant la défense d'un « droit acquis » et du « patronage » politique et qui soulève la colère de Laflèche[53]. Le débat devra donc se poursuivre...

D'autre part, les évêques consacrent deux longues séances de leur réunion à discuter le problème du libéralisme et des élections. Ils entendent d'abord la lecture d'une lettre de Joseph Cauchon et de 10 autres chefs du parti libéral, qui se plaignent de l'antagonisme « d'une portion » du clergé et qui rejettent toute accusation de « catholicisme libéral[54] », et ils décident unanimement de n'y répondre que par un accusé de réception[55]. Ils s'entendent ensuite pour adresser une lettre pastorale collective aux fidèles de la province et, tout en priant l'archevêque de la rédiger, ils en déterminent en grande partie le contenu. Ils confient, de plus, à Mgr J. Langevin, la tâche de préparer une circulaire au clergé[56].

---

49. (Procès-verbal de la réunion des 2-3 octobre 1874), AAQ, 10 CP, *Épiscopat du Québec,* I, p. 46.
50. Il s'agit, tout spécialement, de François Langelier, l'instigateur des procès pour « influence spirituelle indue », et d'Edmund James Flynn qui aurait dit « sur les hustings du comité de Gaspé, qu'il était professeur à l'Université Laval, que s'il était damné pour ses doctrines libérales, qu'au moins il le serait en bonne compagnie, puisqu'il le serait avec Mgr l'Archevêque, les prêtres de l'Université et un grand nombre de prêtres de tous les diocèses » (*Le Courrier du Canada*, 30 août 1875, p. 2).
51. Mgr A. Racine à T.-E. Hamel, 1er septembre 1875, cité dans T.-E. Hamel, *Mémoire présenté par le Séminaire de Québec...*, janvier 1876, ASTR, *Fonds Laflèche,* A 4-01. Le procès-verbal de la réunion des évêques ne mentionne pas cette résolution.
52. « Fallait-il obliger l'Université Laval à recevoir un ordre qui changeait l'attitude gardée jusqu'ici à son endroit par N.N. Seigneurs les Évêques! Car c'était bien un ordre qui était intimé. Et si le conseil universitaire se soumettait sans délibérer, ne se dépouillait-il pas d'un de ses droits, celui d'admettre ou de rejeter les mesures disciplinaires soumises à son examen? »
53. La copie du mémoire, conservée aux archives du séminaire de Trois-Rivières, est farcie de commentaires écrits par Laflèche d'une plume acerbe; par exemple: « Donc il vaut mieux avoir des professeurs habiles avec les inconvénients signalés par les Évêques que de se donner la peine d'en chercher d'autres. Farce!!!» — « Si vous ne pouvez avoir une université qu'au détriment des âmes, fermez vos portes ».
54. Joseph Cauchon et *al.* à Mgr Taschereau, 31 août 1875, APFR, SRC, ASC, 14 (1876), f. 456-461.
55. (Procès-verbal de la réunion du 1er septembre 1875), AAQ, 10 CP, *Épiscopat du Québec,* p. 49.
56. (Procès-verbal de la réunion du 1er septembre 1875), AAQ, 10 CP, *Épiscopat du Québec,* I, pp. 49-53. Nous reproduisons ce texte peu connu en annexe H.

Taschereau se met immédiatement à la besogne et il soumet un projet quelques jours plus tard. Tous les suffragants l'approuvent tel quel, même Mgr Bourget[57]; Laflèche est le plus enthousiaste:

> Oui! j'ai trouvé la Pastorale de mon goût et tout à fait complète, et j'en félicite sincèrement et bien cordialement Votre Grandeur. Dans mon humble opinion ce document fera époque dans nos annales religieuses et il ne peut manquer de produire le plus grand bien dans les circonstances actuelles car les esprits semblent tout à fait bien disposés à recevoir l'enseignement qu'il contient et à repousser les erreurs qui y sont signalées[58].

Ses éloges du texte de Mgr Langevin sont tout aussi grands[59].

La *Lettre pastorale des évêques de la province ecclésiastique de Québec* et la *Circulaire des évêques de la province ecclésiastique de Québec au clergé de ladite province* sont publiées le 22 septembre 1875. Le premier texte comprend huit parties intitulées respectivement: 1° Les pouvoirs de l'Église; 2° La constitution de l'Église; 3° Le libéralisme catholique; 4° La politique catholique; 5° Le rôle du clergé dans la politique; 6° La presse et ses devoirs; 7° Du serment; 8° De la sépulture ecclésiastique.

La première partie rappelle les fondements et l'étendue des pouvoirs de l'Église. Société parfaite en elle-même, distincte et indépendante de la société civile, elle est supérieure à celle-ci par son origine divine, son étendue et sa fin; bien plus, « la société civile se trouve *indirectement,* mais véritablement, subordonnée » et « du moment qu'une question touche à la foi ou à la morale ou à la constitution divine de l'Église, à son indépendance, ou à ce qui lui est nécessaire pour remplir sa mission spirituelle, c'est à l'Église seule à juger[60] ». Ce jugement, précise la deuxième partie, peut être porté par le Souverain Pontife, mais également par les évêques qui « ont dans leurs diocèses respectifs pouvoir d'enseigner, de commander, de juger » et par chaque prêtre qui a « la mission de prêcher » et « un droit rigoureux au respect, à l'amour et à l'obéissance de ceux dont les intérêts spirituels sont confiés à sa sollicitude pastorale[61] ».

C'est précisément ce qu'attaque le libéralisme catholique dénoncé dans la troisième partie. Ennemi « le plus acharné et le plus dangereux de la divine constitution de l'Église », a déjà déclaré Pie IX, « il présente aux enfants d'Adam l'appât trompeur d'une certaine liberté, d'une certaine science du bien et du mal » et il s'efforce subtilement de « briser les liens qui unissent les peuples aux Évêques et les Évêques au Vicaire de Jésus-Christ ». Ses partisans « applaudissent à l'autorité civile chaque fois qu'elle envahit le sanctuaire; ils cherchent par tous les moyens à induire les fidèles à tolérer, sinon à approuver, des lois iniques », favorisant souvent « sans même en avoir la conscience (...) les doctrines les plus perverses que Pie IX a si bien caractérisées en les appelant *une conciliation chimérique avec l'erreur* ». Aussi,

> En présence de cinq brefs apostoliques qui dénoncent *le libéralisme catholique* comme absolument incompatible avec la doctrine de l'Église, quoiqu'il ne soit pas encore formellement condamné comme hérétique, il ne peut plus être permis en conscience d'être *un libéral catholique*[62].

57. Mgr Bourget à Laflèche, 13 septembre 1875, ASTR, *Fonds Laflèche,* A 1 B 21-17.
58. Laflèche à Mgr Taschereau, 15 septembre 1875, AAQ, 33 CR, *Diocèse de Trois-Rivières,* I, 191.
59. Le même au même, 28 septembre 1875, *ibid.,* I, 193.
60. « Lettre pastorale des évêques de la province ecclésiastique de Québec », 22 septembre 1875, MEQ, *Son éminence le cardinal Taschereau,* I, pp. 320-322.
61. *Ibid.,* p. 322s.
62. *Ibid.,* p. 323s.

En contraste avec cette « erreur », la quatrième partie définit, d'après saint Thomas d'Aquin, la politique catholique qui a le bien commun pour fin unique et suprême et qui se fonde sur la raison et l'autorité. Comme on est loin du régime constitutionnel canadien basé sur l'affrontement des partis « qui se tiennent les uns les autres en échec » ! Mais, précise le texte,

> Ce que nous déplorons, ce que nous condamnons, c'est l'abus que l'on en fait ; c'est la prétention que la politique, réduite aux mesquines et ridicules propor- tions d'intérêts de parti, devienne *la règle suprême* de toute administration publique, que *tout* soit *pour le parti* et rien pour *le bien commun ;* rien pour *cette société dont on a le soin.* Ce que nous condamnons encore, c'est que l'on se permette de dire et d'oser tout ce qui peut servir au triomphe d'un parti[63].

De la nature de l'Église découle, explique-t-on dans la cinquième partie, le droit d'intervention du clergé dans la politique. Prêtres et évêques *doivent* intervenir « au nom de la religion » quand le bien spirituel des âmes est menacé par un candidat, un parti ou un projet de loi, mais ils *peuvent* aussi le faire, en temps ordinaire, avec prudence et charité. Leur dénier ce droit pour les confiner à la sacristie, c'est pratiquer « l'indépendance morale » en politique, c'est en exclure l'Église et se priver « de tout ce qu'elle renferme de salutaire et d'immuable : Dieu, la morale, la justice, la vérité, et quand on a fait ainsi main basse sur tout le reste, on n'a plus qu'à compter avec la force ! » Voilà pourquoi

> Les plus grands ennemis du peuple sont donc ceux qui veulent bannir la religion de la politique ; car sous prétexte d'affranchir le peuple de ce qu'ils ap- pellent la *tyrannie du prêtre*, l'*influence indue du prêtre*, ils préparent à ce même peuple les chaînes les plus pesantes et les plus difficiles à secouer : ils mettent la force au dessus du droit et ôtent à la puissance civile le seul frein moral qui puisse l'empêcher de dégénérer en despotisme et en tyrannie[64].

La sixième partie vante les mérites des journalistes catholiques « qui se proposent avant tout de propager et de défendre la vérité », mais leur rappelle aussi leurs devoirs de justice et de charité. Ces recommandations sont d'autant plus claires qu'elles font allusion aux débats acerbes des dernières années ; qui ne reconnaît pas l'université Laval derrière ces mots : « Il ne faut pas traduire devant le tribunal incompétent de l'opinion publique des établissements dont les Évêques sont les protecteurs et les juges naturels »[65].

La septième partie rappelle de nouveau l'importance du serment et la nécessité ab- solue de le respecter[66]. La huitième, ajoutée par Taschereau de sa propre initiative[67], affirme que la sépulture ecclésiastique est réservée « tout entière et uniquement au jugement de l'Église ». Les évêques repoussent donc, dans ce domaine, l'intervention de quelque « puis- sance temporelle » que ce soit et profitent de l'affaire Guibord, « tristement célèbre », pour avertir que « l'Église Catholique du Canada est menacée dans sa liberté et ses droits les plus précieux[68] ».

Enfin, le texte solennel se termine par une dernière et rigoureuse mise en garde contre le libéralisme :

---

63. *Ibid.*, pp. 324-326.
64. *Ibid.*, pp. 326-329.
65. *Ibid.*, pp. 329-331.
66. *Ibid.*, p. 331s.
67. Laflèche à Mgr Taschereau, 15 septembre 1875, AAQ, 33 CR, *Diocèse de Trois-Rivières*, I, 191.
68. *« Lettre pastorale... »*, 22 septembre 1875, MEQ, *Son éminence le cardinal Taschereau*, I, p. 333s.

Défiez-vous surtout de ce *libéralisme* qui veut se décorer du beau nom de *catholique* pour accomplir plus sûrement son oeuvre criminelle. Vous le reconnaîtrez facilement à la peinture qu'en a faite souvent le Souverain Pontife: 1° Efforts pour asservir l'Église à l'État; 2° Tentatives incessantes pour briser les liens qui unissent les enfants de l'Église entre eux et avec le clergé; 3° Alliance monstrueuse de la vérité avec l'erreur, sous prétexte de concilier toutes choses et d'éviter des conflits; 4° Enfin, illusion, et quelquefois hypocrisie, qui sous des dehors religieux et de belles protestations de soumision à l'Église, cache un orgueil sans mesure[69].

Adressée confidentiellement au clergé, la lettre circulaire lance un appel paternel à l'unité basée sur la docilité et le respect des prêtres envers les évêques. Devant les flatteries des adversaires de l'Église qui leur tendent la main pour les « gagner à leur cause », les membres du clergé doivent consulter leurs chefs et suivre leurs directives. Si leur conduite pastorale les amène devant la justice, ils doivent « récuser respectueusement, mais fermement, la compétence du tribunal civil, et invoquer le recours au tribunal ecclésiastique »; s'ils sont condamnés, ils doivent « souffrir patiemment cette persécution, par amour pour la sainte Église ». Enfin, les évêques répètent à leurs prêtres les conseils usuels de prudence: il n'est pas toujours opportun d'user du droit d'intervenir « comme ministre de la religion »; quand des circonstances particulières nécessitent une action, il faut avoir soin de ne rien faire ou dire « sans avoir consulté votre Évêque »; dans tous les cas, il faut éviter les paroles blessantes et les attaques personnelles. En définitive, conclut le document, « il convient à un prêtre de ne pas se mêler activement aux luttes de partis[70] ».

Signés par tous les évêques de la province ecclésiastique de Québec, les deux textes, mais particulièrement le premier, révèlent un durcissement des positions épiscopales face au problème politique: l'archevêque et ses suffragants empruntent aux ultramontains leurs accents les plus forts pour condamner sans nuance le libéralisme catholique, sans même préciser qu'ils ne visent pas un parti en particulier. Même si les dénonciations ne sont pas illustrées par un *syllabus errorum,* comme l'avait proposé Mgr A. Racine avec l'appui de Laflèche, elles peuvent aisément être rattachées à tel partisan de l'Institut canadien ou à tel candidat libéral ou national. La tentation est trop facile d'étendre à *tous* les partisans libéraux la condamnation qui vise, au moins dans l'esprit de Taschereau, uniquement les doctrinaires du groupe politique; les évêques eux-mêmes n'y échappent pas, ni, à plus forte raison, les journalistes conservateurs et ultramontains qui reçoivent de cette façon un appui « providentiel ». Sans compter le parti conservateur qui n'en demandait peut-être pas tant... La publication du mandement du 22 septembre 1875 est donc grosse d'équivoques et de querelles d'interprétation que l'euphorie de l'unité retrouvée et affirmée fait oublier pour le moment.

Laflèche tient à manifester de nouveau sa joie et son enthousiasme dès que le texte est terminé: « c'est ce que tout le monde désire à fort peu d'exceptions près », écrit-il à l'archevêque, en notant que « plus on signalera clairement les erreurs courantes, mieux ça sera[71] ». Pendant tout l'automne de 1875, dans ses lettres à Taschereau, il redit sa satisfaction et souligne les effets heureux du document collectif.

Notre lettre du 22 septembre, écrit-il le 3 novembre 1875, a produit un effet magnifique dont je bénis de tout mon coeur le Seigneur. Les esprits en général

---

69. *Ibid.,* I, p. 335.
70. « Circulaire des évêques de la province ecclésiastique de Québec au clergé de ladite province », 22 septembre 1875, MEQ, *Son éminence le cardinal Taschereau,* I, pp. 336-341.
71. Laflèche à Mgr Taschereau, 15 septembre 1875, AAQ, 33 CR, *Diocèse de Trois-Rivières,* I, 191.

étaient on ne peut mieux disposés pour recevoir la doctrine qui y était exposée et sentaient le besoin des avertissements qu'elle contenait. J'ai confiance qu'elle produira des fruits durables et fera par conséquent un très grand bien[72].

Encore en 1876, au moment où les doutes ont envahi l'esprit de l'archevêque, Laflèche vante les grandes qualités du mandement:

Notre lettre du 22 septembre est un exposé clair et précis de la doctrine catholique sur la question si difficile des rapports de l'Église et de l'État. Elle est de plus une affirmation des droits de l'Église en cet ordre de chose, et une revendication courageuse de ces droits contre les empiétements et aussi contre la lâcheté du libéralisme catholique. Or la doctrine et les droits affirmés dans ce document sont tellement clairs et précis que les adversaires en ont été comme étourdis et éblouis et qu'aucun n'a osé les attaquer de front[73].

Son jugement sera toujours le même en 1882[74].

Mais les « adversaires » ont-ils été si « étourdis et éblouis »? Sans doute les journaux libéraux laissent-ils, pour un temps, leurs confrères ultramontains triompher sans riposte. Ceux-ci, d'ailleurs, réagissent surtout en prêchant la réconciliation. Le Courrier du Canada, par exemple, termine la présentation de la lettre des évêques par le souhait que « les principes si clairs qu'elle expose serviront de point de ralliement à tous les coeurs vraiment catholiques[75] »; même le Nouveau-Monde commente prudemment ce document « où les catholiques trouvent à la fois des lumières pour éclairer leur esprit et des règles pour guider leur conscience[76] ». Ce n'est que graduellement qu'ils reprennent la croisade contre le libéralisme et ses porte-parole, se payant, entre-temps, le luxe d'une polémique entre eux[77].

D'autre part, les hommes politiques anglo-protestants réagissent d'une manière vive. Au cours d'une campagne électorale en grande partie centrée sur les thèmes religieux[78], Lucius Seth Huntington, maître général des Postes dans le cabinet Mackenzie, prononce un discours retentissant à Saint-André-d'Argenteuil, le 30 décembre 1875. Baptisé par ses adversaires « le manifeste politico-religieux de l'Hon. Huntington », la déclaration dénonce l'ultramontanisme et fait appel à l'union contre cet adversaire de la liberté:

Le temps est venu où les Anglais protestants devaient s'allier avec les libéraux français du Bas-Canada. C'est là la seule alliance possible dans l'intérêt de la libre pensée et de la libre parole. (Écoutez, écoutez!).

Vingt années de régime conservateur protestant en Bas-Canada ont donné naissance à l'ultramontanisme qui menace de donner lieu à des troubles sérieux dans l'avenir. Quelque (sic) puissent être les vues personnelles de M. White, le parti avec lequel il marche et qui le contrôle est gouverné par un pouvoir qui considère la libre pensée et la censure comme un crime. (Écoutez, Écoutez!).

M. White est réellement l'instrument de ceux qui travaillent dans le Bas-Canada à soumettre l'État à l'Église et qui soutiennent que le seul devoir du premier est d'affirmer la domination de celle-ci[79].

72. Le même au même, 3 novembre 1875, ibid., I, 197.
73. Le même au même, 13 février 1876, ASTR, Fonds Laflèche, A 1 T 100-55.
74. Mémoire de l'évêque des Trois-Rivières sur les difficultés religieuses en Canada, Rome, Imprimerie de Rome, 1882, p. 9.
75. « Lettre pastorale... », Le Courrier du Canada, 4 octobre 1875, p. 2s.
76. Le Nouveau-Monde, 7 octobre 1875, p. 2.
77. À partir d'octobre, le Journal des Trois-Rivières et le Nouveau-Monde se querellent à propos de l'élection de Montréal-Ouest où le candidat libéral Workman affronte Thomas White, conservateur mais franc-maçon.
78. Noël Bélanger, Une introduction au problème de l'influence indue, illustrée par la contestation de l'élection de 1876 dans le comté de Charlevoix, Université Laval, thèse de licence ès lettres, 1960, p. 42.
79. « Le discours de M. Huntington », L'Événement, 7 janvier 1876, p. 2.

La presse catholique ne tarde pas à réagir. Dès le 7 janvier 1876, le *Courrier du Canada*, entre autres, dénonce Huntington:

> Ce ministre fédéral a attaqué le clergé catholique, à Argenteuil, et a combattu l'influence indue du prêtre. Quand donc ces inepties cesseront-ils (*sic*)? L'Hon. M. Huntington a attrapé une noyade: c'était sans doute pour refroidir son cerveau échauffé! [80]

Le même journal revient régulièrement sur le sujet attaquant « L'attitude des libéraux-catholiques à l'égard de la Lettre Pastorale...[81]» et «L'alliance défensive des protestants contre les canadiens-français et les catholiques en général[82] ». Des dénonciations semblables remplissent les pages du *Nouveau-Monde* et du *Journal des Trois-Rivières*, même quand le ministre consent à nuancer ses propos dans une correspondance avec Patrick Power[83] et à l'occasion de la session parlementaire[84]. Et quand la déclaration de Huntington semble perdre de son mordant, le «manifeste de Galt» le remplace au pilori de la presse ultramontaine[85]. Mais ces incidents permettent aussi aux partisans libéraux de souligner le caractère excessif du mandement épiscopal, tel qu'interprété par une partie du clergé et les ultramontains, et de reprendre la lutte pour la défense de leur parti.

Fortement mis en cause dans ce débat, les évêques le suivent de très près. L'archevêque est le premier à protester auprès de Joseph Cauchon, collègue de Huntington. Il dénonce « Les principes révolutionnaires, anti-catholiques, anti-canadiens » du ministre des Postes et conclut:

> Évidemment cet Honorable Monsieur a eu en vue de démolir le mandement du 22 septembre dernier, et il vise à exciter une guerre de races et de religions dont les conséquences seront désastreuses. Les membres Catholiques du parti (libéral) n'ont-ils point quelque devoir à remplir dans cette circonstance? [86]

Bien plus, il continue à le harceler pour lui soutirer une promesse d'intervention lors de la reprise des travaux parlementaires[87].

Taschereau s'avère ainsi l'un des meilleurs défenseurs du mandement de septembre 1875, dont il souligne plusieurs fois le bien-fondé[88] et même l'opportunité. À Mgr John Joseph Lynch, de Toronto, qui s'est permis une critique à peine voilée de la lettre des évêques du Québec[89], il explique le sens de l'intervention de l'assemblée épiscopale et il rappelle que « V.G. se mêle de politique pour le moins autant, sinon plus, que nous. La manière est différente, mais le fond est le même[90] ». Il traduit aussi les sentiments de tous ses collègues. À sa

---

80. « L'hon. M. Huntington », *Le Courrier du Canada*, 7 janvier 1876, p. 2. Les derniers mots font allusion à un accident où le ministre a failli se noyer.
81. *Ibid.*, 4 février 1876, p. 2.
82. *Ibid.*, 7 février 1876, p. 2.
83. P. Power à L-S. Huntington, 17 janvier 1876; L.-S. Huntington à P. Power, 28 janvier 1876, reproduits dans « Le Discours de M. Huntingdon (*sic*) », *Le Journal des Trois-Rivières*, 7 février 1876, p. 2.
84. « Débats parlementaires. Incident Huntington », *Le Courrier du Canada*, 14 février 1876, p. 2.
85. « Le manifeste de Galt et la Lettre de M. Joly », *Le Journal des Trois-Rivières*, 28 février 1876, p. 2s.; « Manifeste de Sir Galt », *Le Courrier du Canada*, 28 février 1876, p. 1. Alexander Tilloch Galt venait de publier un pamphlet intitulé *Civil Liberty in Lower Canada*, Montréal, Bentley and cy, 1876, 16p.
86. Mgr Taschereau à J. Cauchon, 6 janvier 1876, AAQ, *Registre des lettres*, 31, 706.
87. Le même au même, 10 janvier 1876, *ibid.*, 31, 709; le même au même, 12 janvier 1876, *ibid.*, 31, 714. L'archevêque rencontre également Cauchon avant le départ de celui-ci pour Ottawa (Mgr Taschereau aux évêques, 20 janvier 1876, *ibid.*, 31, 727).
88. Il en fait une défense très habile dans Mgr Taschereau à P. Patry, curé de Saint-Pascal, 11 février 1876, *ibid.*, 31, 779.
89. Dans une lettre au premier ministre Mackenzie, reproduite dans le *Globe* et dans tous les journaux du Québec (Mgr Lynch à A. Mackenzie, 20 janvier 1876, *Le Journal de Québec*, 31 janvier 1876, p. 2). Laflèche ne prise guère les interventions de Lynch.
90. Mgr Taschereau à Mgr Lynch, 1er mars 1876, AAQ, *Registre des lettres*, 31, 806.

demande, les prélats ont rédigé une déclaration commune condamnant le discours de Huntington, tout en confiant à l'archevêque la tâche de la publier au moment opportun[91]. La menace ayant produit des résultats suffisants, Taschereau et ses suffragants décident de ne pas rendre publique leur protestation:

> Il a été résolu aussi de garder le silence sur le discours Huntingdon (*sic*). Quoique les explications du ministère ne soient pas absolument satisfaisantes, il y aurait inconvénient à les blâmer actuellement et encore plus à les approuver. Les événements montreront plus clairement la route à suivre plus tard[92].

Seul Mgr Bourget publie une lettre pastorale sur le libéralisme, mais sans faire allusion au discours du ministre des Postes[93]; elle n'en soulève pas moins une vigoureuse polémique et une réprobation de Taschereau[94]. Quant à Laflèche, il prône le silence le plus complet[95], au contraire de Mgr J. Langevin, qui demande « une attitude *nette et tranchée*[96] ».

Les débats sur le discours de Huntington prennent une coloration spéciale du fait qu'ils coïncident avec la campagne électorale de Charlevoix. Dans cette circonscription déjà renommée pour sa violence[97], une élection partielle fédérale met aux prises deux candidats bien connus: Pierre-Alexis (Pitre) Tremblay[98], représentant le parti libéral, et l'ex-ministre conservateur Hector Langevin. Malgré les rigueurs de l'hiver, la campagne attire une cohorte d'orateurs et donne lieu à une empoigne, où la religion tient une place privilégiée[99]. Selon leur allégeance politique, les tribuns utilisent sans vergogne des lettres soit du grand vicaire Langevin dénonçant Tremblay, soit des abbés Pierre-Télesphore Sax, curé de Saint-Romuald, et Octave Audet, retiré à Sillery, louangeant le candidat libéral. Les curés de la circonscription s'activent également en faveur de Langevin. S'appuyant sur la lettre pastorale des évêques, qui est mise à contribution pour la première fois, ils remplissent avec enthousiasme la promesse de leur confrère de la Malbaie à Edmond Langevin: « Or soyez certain que dans les bornes du possible nous ferons tout en notre pouvoir pour le (H. Langevin) faire prévaloir sur son rival. J'ai commencé à lire de nouveau la Lettre Pastorale des Évêques: rien de plus fort contre le parti libéral[1] ». Avec une unanimité presque complète, qui est, au dire de l'un d'entre eux[2], une raison supplémentaire de voter conservateur, ils vilipendent le libéralisme et le candidat libéral, dans des prônes qui enflamment les esprits et qui ne peuvent qu'entraîner une nouvelle accusation d'ingérence cléricale[3].

---

91. (Procès-verbal de la réunion du 17 janvier 1876), AAQ, 10 CP, *Episcopat du Québec*, I, p. 56s.
92. (Procès-verbal de la réunion du 23 mars 1876), *ibid.*, I, p. 55. La réunion a lieu à Québec.
93. Mgr Bourget, « Lettre pastorale de Mgr l'évêque de Montréal concernant le libéralisme catholique, les journaux, etc. », 1er février 1876, MEM, 7, pp. 299-311.
94. Voir, par exemple, les remarques d'Un Ultramontain, « Ultramontains, Libéraux et Politique Canadienne », *Le Journal de Québec*, du 21 au 24 mars 1876; Mgr Taschereau à Mgr J. Langevin, 25 février 1876, AAQ, *Registre des lettres*, 31,801.
95. Laflèche à Mgr Taschereau, 13 février 1876, ASTR, *Fonds Laflèche*, A 1 T 100-55.
96. Mgr J. Langevin à Mgr Taschereau, 21 février 1876, AAR, *Correspondance spéciale*, I, 27; voir aussi le même au même, 30 janvier 1876, *ibid.*, I, 20.
97. C'est l'avis de N. Bélanger, *Une introduction au problème de l'influence indue...*, pp. 50-52, qui cite plusieurs témoignages.
98. Arpenteur et journaliste, Pierre-Alexis Tremblay (1827-1879) participe activement à la politique depuis 1857. Il quitte le parti conservateur à cause de son opposition à la confédération et il siège par la suite, comme indépendant ou libéral, à l'Assemblée législative et à la Chambre des Communes. En 1874, il opte définitivement pour la politique fédérale. Voir N. Bélanger, « Pierre-Alexis Tremblay », DBC, X (1871-1880), p. 750s.
99. Sur cette campagne électorale demeurée célèbre, voir N. Bélanger, *Une introduction au problème de l'influence indue...*, pp. 52-91; Andrée Désilets, *Hector-Louis Langevin...*, pp. 295-300.
1. Narcisse Doucet à Edmond Langevin, 2 janvier 1876, cité dans E. Langevin à H. Langevin, 8 janvier 1876, ANQ, *Fonds Langevin*, B 3, 473.
2. Ambroise Fafard, curé de Saint-Urbain, à Edmond Langevin, 15 janvier 1876, AAR, *Diocèse de Québec*, 3 (1874-1893).
3. On trouvera de larges extraits de ces discours dans N. Bélanger, *Une introduction au problème de l'influence indue...*, pp. 68-90.

Cette utilisation outrancière de la lettre du 22 septembre 1875 est au coeur d'un conflit entre l'archevêque et ses suffragants, spécialement Laflèche.

Le métropolitain commence d'abord par imposer ses vues sur la question des immunités ecclésiastiques. Invité, par un de ses curés, à réclamer pour l'Église des immunités « comme elles ont existé dans certains pays, à certaines époques, surtout au moyen âge », il affirme son désaccord, le fait connaître avec explications à ses suffragants et demande leur avis sur l'opportunité d'une déclaration de l'épiscopat sur ce sujet brûlant d'actualité. Le premier concerné, parce que c'est une réponse directe à sa lettre du 13 août 1875, Laflèche appuie la réponse faite par le métropolitain et entérine sa manière de voir ; cependant, tout en acceptant les contraintes de l'état juridique et social dans lequel vit l'Église canadienne, il prône la nécessité de préciser « d'un commun accord » les droits de la société religieuse.

> Pour ma part, écrit-il, je crois que nous devons réclamer et maintenir tous les privilèges et libertés de l'Église Catholique que comportent les traités et la constitution du pays ; déclarer non avenues, et maintenir comme nulles les restrictions à cette liberté et à ces privilèges, contenues dans le vieux droit gallican où les avocats vont quelques fois les déterrer pour nous faire la guerre et entraver le fonctionnement de l'Église[4].

Quand le projet de circulaire, rédigé par Taschereau, lui parvient, Laflèche le déclare « bien de [son] goût », sauf la partie tirée des décrets du diocèse de Baltimore qui lui semble contredire le 5e concile de Québec[5]. Mgr Jean Langevin, par contre, voudrait une déclaration encore plus explicite et il demande de défendre aussi « *les procès entre ecclésiastiques ou séminaires, ou fabriques, même pour les objets séculiers et profanes, par exemple pour la dette d'un Curé envers son prédécesseur pour achat de ménage... pour dettes d'une fabrique envers une autre, pour argent prêté, pour terrains, etc* » qui devraient être référés à l'évêque[6]. Même si Laflèche se déclare assez d'accord avec l'évêque de Rimouski, l'archevêque ne retient pas ces recommandations, pas plus d'ailleurs que les réticences sur les textes de Baltimore, mais son suffragant ne lui en tient pas rigueur et lui donne son acceptation pour le texte de la circulaire[7].

Les relations se tendent, cependant, quand, devant l'afflux de protestations venant des libéraux modérés, Taschereau songe à rédiger une nouvelle déclaration commune qui aurait une moindre portée politique et nuancerait la condamnation du libéralisme. Il s'en ouvre discrètement à Laflèche, tout en soulignant qu'il penche encore pour la non-intervention[8]. La réponse de son collègue est incisive. Après un éloge dithyrambique du mandement du 22 septembre 1875, Laflèche conclut fermement :

> 1° Qu'il faut s'en tenir à ce que nous avons dit dans notre lettre, elle est suffisamment claire et explicite pour tout homme de bonne volonté, et les quelques difficultés qu'elle pourrait présenter à certains esprits peuvent facilement se lever par une explication verbale et privée ;
>
> 2° Que tout commentaire collectif que nous donnerions publiquement ne pourra manquer de soulever des interprétations qui ne feront qu'augmenter le trouble, et par la (*sic*) même atténuer et même paralyser le bien que cette lettre a déjà faite (*sic*) et qu'elle continue encore à faire ;

4. Laflèche à Mgr Taschereau, 23 octobre 1875, AAQ, 33 CR, *Diocèse de Trois-Rivières*, I, 196.
5. Le même au même, 3 novembre 1875, *ibid.*, I, 197.
6 Cité dans Mgr Taschereau à Laflèche, 4 novembre 1875, ASTR, *Fonds Laflèche*, A 1 T 100-48. Le souligné est de Taschereau pour indiquer la citation.
7. Laflèche à Mgr Taschereau, 6 novembre 1875, AAQ, 33 CR, *Diocèse de Trois-Rivières*, I, 198a; "Circulaire des évêques de la province ecclésiastique de Québec au clergé de ladite province", 14 novembre 1875, MEQ, *Son éminence le cardinal Taschereau*, I, pp. 359-361.
8. Mgr Taschereau à Laflèche, 5 février 1876, ASTR, *Fonds Laflèche*, AIT 100-53.

3° Que le temps n'est pas encore venu d'en faire nous-mêmes l'application directe aux partis, et qu'il en résulterait beaucoup plus de mal que de bien ;

4° Qu'il faut, par conséquent, suspendre notre jugement public et officiel sur le parti au pouvoir fédéral, ni le condamner ni l'absoudre, mais laisser ce soin à chaque fidèle en particulier, à l'aide de la direction que nous lui avons donnée ;

5° Qu'il ne faut point non plus déclarer que nous n'avons eu l'intention de ne condamner qui que ce soit homme ou parti, mais seulement de proclamer la doctrine et les droits de l'Église, la lettre le dit assez par elle-même[9].

Cette position rigide, Laflèche la maintient contre vents et marées, appuyé du reste par plusieurs de ses confrères.

Taschereau, cependant, revient à la charge pour exposer, en termes encore plus explicites, le dilemme qui le déchire. Certains, dit-il, ont compris la lettre collective du 22 septembre 1875 comme une condamnation du parti libéral ministériel d'Ottawa ; d'autres nient cette interprétation ; plusieurs se demandent donc « pourquoi les Évêques de la Province Ecclésiastique de Québec ne se prononcent-ils pas catégoriquement? » La question fondamentale demeure : « le parti ministériel fédéral est-il condamnable et condamné? Quelles seront les conséquences d'un *oui* ou d'un *non*? » Redoutable problème, continue-t-il,

J'ai beau prier et méditer, je n'en vois pas encore clairement la solution. Je suis peut-être pusillanime ; on m'accusera peut-être de tendances libérales, comme on l'a déjà fait ; je me résignerai volontiers pour un temps à supporter ces injustes soupçons, de peur d'être obligé à regretter plus tard d'avoir conduit la barque à un abîme sans fond.

Tout en sachant pertinemment que Laflèche ne peut se ranger à son avis, il lui demande des commentaires, car, dit-il, « La vérité ne peut que gagner à être étudiée sous différents points de vue et les lumières du Saint-Esprit que nous implorerons chaque jour, nous aideront à terminer cette très-grave affaire, pour la plus grande gloire de Dieu[10] ».

Ce ton nostalgique de l'archevêque s'explique facilement ; depuis l'élection de Charlevoix, il est submergé de témoignages contradictoires. Il l'a déjà signalé à Laflèche :

Par le temps qui court, je me vois pris entre deux feux ; MM Langevin et Tremblay se plaignent tous deux de l'intervention *indue* de membres du clergé dans la dernière élection. C'est très chaud de part et d'autre, et chacun se défend avec vigueur. Les affidavit blancs et noirs pleuvent comme grêle. Il me sera bien difficile de discerner la vérité quand cette avalanche sera finie[11].

Malgré leur divergence de vues, le métropolitain recherche donc les lumières et encouragements de son suffragant.

Sans doute ébranlé par ces confidences, Laflèche expose longuement sa façon de voir. Prenant pour acquis que les prêtres de Charlevoix se sont contentés de commenter la lettre pastorale du 22 septembre 1875, il soutient qu'ils remplissaient ainsi « une fonction qui a aussi de l'analogie avec celle du Juge qui fait sa charge aux Jurés afin de les aider à bien remplir leur devoir ». En disant en chaire que le mandement condamnait le parti libéral et son candidat, les curés ont exagéré « parce qu'un règlement disciplinaire de nos conciles leur défendait d'aller plus loin que l'exposé des principes sans consulter l'Ordinaire (inconsulto Episcopo) », mais ils n'ont pas fait un acte criminel ni exercé une « influence indue ». En effet, explique-t-il,

---

9. Laflèche à Mgr Taschereau, 13 février 1876, *ibid.,* A 1 T 100-55.
10. Mgr Taschereau à Laflèche, 3 mars 1876, *ibid.,* A 1 T 100-57.
11. Le même au même, 28 février 1876, *ibid.,* A 1 T 100.

Les Fidèles venaient d'entendre la lecture de cette lettre ; ils pouvaient la relire sur les journaux et ils étaient certains qu'elle ne contenaient (*sic*) point la condamnation directe et explicite d'un individu ou d'un parti politique quelconque. Il leur restait donc à conclure qu'il ne pouvait s'agir que d'une condamnation indirecte et interprétative qui dans l'opinion et au jugement de leur Curé s'appliquait au parti libéral en question ; et que, par conséquent cette opinion toute respectable qu'elle fût, n'était pour eux qu'un Conseil qui ne leur ôtait point la liberté de porter un autre jugement s'ils croyaient que le parti libéral n'est pas imbu des erreurs condamnées par la lettre pastorale. L'opinion de ces Curés ainsi manifesté(e) en chaire n'est pas plus une *influence indue* que ne l'est l'opinion des Juges manifestée dans leur charge aux jurés.

Pour qu'il y ait eu « influence indue », conclut Laflèche, il aurait fallu que les curés défendent de voter libéral « sous peine de péché[12] ». L'interprétation apaisante de l'évêque de Trois-Rivières n'a pas de suite, perdue qu'elle est dans un maelstrom politico-religieux qui nécessite un nouveau recours à Rome.

3- Un nouveau voyage à Rome

Comme Taschereau l'a annoncé à Laflèche, la campagne électorale de Charlevoix et la victoire de Langevin donnent lieu à de multiples accusations contre le clergé. D'une part, le vainqueur lui-même porte plainte contre les abbés Sax et Audet devant le tribunal de l'archevêque ; il les accuse d'avoir employé des expressions injurieuses à son égard. Taschereau donne en partie raison à Langevin, grâce aux « rétractations » des deux incriminés[13]. Mais la plainte du candidat libéral a des répercussions beaucoup plus graves.

Lui aussi se présente devant le tribunal diocésain pour y citer huit curés[14]. Mais, sans attendre le jugement de l'archevêque, il soumet le cas à Rome[15] et conteste l'élection devant la Cour supérieure[16]. L'affaire prend donc un caractère public et soulève de vives passions.

Entre-temps, à l'occasion des réunions épiscopales, l'archevêque affronte de plus en plus souvent ses suffragants. À Saint-Hyacinthe, le 17 janvier 1876, il est le seul à ne pas dénoncer la réponse du supérieur du séminaire de Québec aux remarques des évêques à propos de la participation des professeurs de l'université aux élections, et à ne pas approuver une nouvelle déclaration[17]. À la réunion du 31 mai, à Rimouski, la discussion sur l'intervention du clergé dans la politique aboutit à une impasse :

> Dans cette séance il est question de la rumeur qui paraît fondée qu'un *monitum* doit être adressé, par le Cardinal Préfet de la Propagande aux Archevêque et évêques de la Province au sujet de l'intervention du clergé dans les affaires publiques.
>
> Mgr de Sherbrooke propose de télégraphier au Cardinal Franchi, le priant de suspendre l'envoi du *monitum* jusqu'à ce qu'il ait reçu les informations des Évêques sur ce sujet.
>
> Cette proposition n'est pas agréée. Après une assez longue discussion sur ce sujet, l'Assemblée s'ajourne *sine die*[18].

---

12. Laflèche à Mgr Taschereau, 26 mars 1876, AETR, *Registre des lettres,* VI, 7.
13. Mgr Taschereau à Hector Langevin, 14 février 1876 ; le même au même, 25 avril 1876, *Le Courrier du Canada,* 28 avril 1876, p. 2.
14. Il s'agit des curés de Baie Saint-Paul, Saint-Irénée, Saint-Hilarion, Saint-Fidèle, Saint-Siméon, Saint-Urbain, La Malbaie et Petite-Rivière.
15. « L'homme flétri », *Le Courrier du Canada,* 3 mai 1876, p. 2.
16. *Le Courrier du Canada,* 3 mars 1876, p. 2.
17. (Procès-verbal de la réunion du 17 janvier 1876), AAQ, 10 CP, *Épiscopat du Québec,* I, p. 55.
18. (Procès-verbal de la réunion du 31 mai 1876), *ibid.,* I, p. 60s. Les évêques sont à Rimouski pour assister à la bénédiction du nouveau séminaire.

Mgr A. Racine soutient que la Propagande est mal renseignée[19], mais insister sur cette lacune, c'est en même temps mettre en accusation l'archevêque, qui est le principal interlocuteur de Rome!

Ce débat est d'autant plus vif que Taschereau vient de poser plusieurs gestes unilatéraux, qui peuvent froisser les suffragants. Le 2 février 1876, la Propagande règle définitivement le problème de l'université catholique à Montréal: la demande est refusée une fois pour toutes et Laval devra ouvrir une succursale dans la métropole; d'autre part, les évêques se voient accorder le droit de « haute surveillance sur tout ce qui concerne la discipline et la doctrine » de l'université[20]. Fort de cette victoire totale, l'archevêque, de concert avec les autorités universitaires, demande immédiatement à Rome la promulgation d'une bulle apostolique[21] et l'assignation d'un cardinal protecteur[22]; ses suppliques reçoivent une réponse favorable et rapide; le 15 mai 1876 paraissent les lettres apostoliques *Inter varias sollicitudines* qui érigent canoniquement l'université Laval et la placent sous la protection du cardinal Franchi[23]. C'est une nouvelle victoire sur les suffragants qui, pour la plupart, ont accusé Laval de libéralisme[24]; de plus, une véritable course s'engage bientôt entre l'université et les évêques pour définir les conditions d'exercice de cette « haute surveillance[25] ».

Avant la réunion de Rimouski, Taschereau prend également l'initiative dans le domaine politique. Passant outre aux avis contraires des suffragants[26], il décide de publier une lettre pour expliquer et nuancer la lettre collective du 22 septembre 1875. Le 15 mai 1876, dans une circulaire au clergé, il annonce un mandement sur les élections, qui, « avec les notes qui y seront jointes, vous tracera la conduite à suivre dans les circonstances spéciales »; ce document ne sera pas « destiné à être lu de suite (*sic*), mais à remplacer les circulaires no 20 et no 43[27] ». Il paraît le 25 mai 1876. C'est un texte clair et pondéré qui, désormais, devra être lu en chaire deux fois avant les élections « lentement et *sans commentaires* aucuns, ni avant, ni pendant, ni après la lecture ». Il ne parle plus de libéralisme catholique et se contente de faire allusion à la « grande erreur des temps modernes (qui) tend à bannir Dieu de la société civile ». En plus de considérations générales sur l'importance des élections et du choix des députés, le mandement traite des « désordres à éviter durant les élections » — c'est-à-dire le parjure, le mensonge, la calomnie, la violence, l'intempérance et la vente de son suffrage — et des « moyens à prendre pour ne pas vous tromper dans votre choix ». Soulignant que « Nous ne venons pas, Nos Très Chers Frères, vous dire de voter pour un tel parti, ou pour tel candidat, plutôt que pour tel autre », l'archevêque souhaite que les électeurs, « sans distinction de partis politiques » — donc, même les libéraux! —, s'entendent pour faire célébrer une messe pour le bien spirituel et temporel du pays:

---

19. Mgr A. Racine à Mgr Moreau, 28 juin 1876, ASTR, *Fonds Laflèche,* A 1 R 74.

20. Card. Franchi à Mgr Taschereau, 9 mars 1876, APFR, *Lettere,* 373 (1876), f. 110; Pouliot, *Mgr Bourget et son temps,* V, p. 267.

21. Mgr Taschereau et T.-E. Hamel à Pie IX, 7 avril 1876, AAQ, *Registre des lettres,* 31, 871.

22. Le même au même, 7 avril 1876, *ibid.,* 31, 872.

23. « Lettres apostoliques érigeant canoniquement l'Université Laval dans la ville de Québec », 15 mai 1876, MEQ, *Son éminence le cardinal Taschereau,* I, pp. 442-447.

24. L'évêque de Sherbrooke, par exemple, exprime cette opinion plusieurs fois; voir *Mémoire de l'Évêque de Sherbrooke concernant l'intervention de quelques Professeurs de l'Université Laval dans les Élections politiques,* 25 juillet 1876, APFR, SRC, ASC, 14 (1876), f. 580-585; Mgr A. Racine à Mgr Agnozzi, 18 octobre 1876, *ibid.,* 14 (1876), f. 503s.

25. Voir l'opinion de l'évêque de Trois-Rivières dans Laflèche aux évêques suffragants, 13 décembre 1876, AETR, *Registre des lettres,* VI, 20.

26. Ils sont tous de l'avis de Laflèche, rapporté plus haut; seul Langevin conseille d'écrire, mais pour condamner encore plus fermement les « libéraux » (Mgr J. Langevin à Mgr Taschereau, 21 mai 1876, AAR, *Correspondance spéciale,* I, 156).

27. Mgr Taschereau, « Circulaire au clergé », 15 mai 1876, MEQ, *Son éminence le cardinal Taschereau,* I, p. 400. Les circulaires no 30 et no 43 sont respectivement du 7 janvier 1874 et du 26 avril 1875.

Quoique divisés sur la politique de ce monde, en ce qui touche uniquement aux intérêts temporels, les coeurs vraiment catholiques, parfaitement unis par une même foi en ce qui touche à la religion, ne doivent pas cesser d'être unis par les liens d'une charité sincère; ils doivent pouvoir se rencontrer avec joie, avec confiance, avec cette foi et cette charité, aux pieds des autels où Notre-Seigneur s'immole pour le salut de tous.

L'exhortation se termine par un postulat qui, en temps ordinaire, rallierait tous les esprits: « Les bonnes élections font les bons membres; les bons membres font les bonnes lois et les bonnes lois font le bonheur d'un peuple[28] ». En annexe se trouvent un prône à lire le dimanche ou jour de fête qui suit la votation[29], une instruction adressée aux confesseurs[30] et un extrait de la lettre circulaire du 22 septembre 1875[31].

Si ce mandement du 25 mai 1876 peut paraître aujourd'hui foncièrement solide et pratiquement prudent, dans l'atmosphère survoltée de la contestation de Charlevoix[32], il est facilement considéré comme une contestation ou au moins une désapprobation voilée de la lettre pastorale collective du 22 septembre 1875. C'est la conclusion que suggèrent les journalistes libéraux, en termes prudents[33]. Mais quand ils disent que le texte de l'archevêque remplace le document collectif, ils s'attirent un ferme démenti de Taschereau: « Entre les deux mandements, assure-t-il, il n'y a ni contradiction, ni révocation, ni *remplacement*. Je n'ai jamais eu l'intention de révoquer ou d'anéantir la pastorale collective, comme on l'a faussement dit et répété ou insinué[34] ». Cette affirmation ne peut que réjouir les adversaires des libéraux[35] et mettre un bémol à la polémique, mais elle ne convainc guère les critiques les plus sévères de l'archevêque, ses suffragants.

Ils reçoivent, en effet, le mandement comme une gifle publique. Ne pouvant nier la qualité pastorale du document et la sûreté des principes exprimés, ils s'attachent à attaquer les conclusions pratiques de Taschereau. Mgr Jean Langevin est le premier à le faire, immédiatement après la lecture des épreuves du texte: « je ne puis que partager ses principes. Mais nous différons, je crois, dans l'application. Selon moi ces principes vont à la condamnation de certains de nos prétendus catholiques, qui ne sont que des libéraux de la pire espèce[36] ». Mgr Bourget est le plus sévère. Signalant «la position fâcheuse, dans laquelle nous nous trouvons placés, vis-à-vis notre Métropolitain », il écrit à Laflèche:

> L'attitude qu'il a cru devoir prendre, dans son Mandement du 25 mai dernier, malgré les humbles représentations et les vives instances de ses suffragants, nous fait un mal incalculable et mine considérablement l'autorité que nous devons exercer sur nos populations jusqu'ici si religieuses. Le déplorable résultat de ce mandement sera inévitablement le triomphe du libéralisme, dans notre pays[37].

Les autres évêques se rapprochent plus ou moins de ce jugement et tous croient le problème suffisamment grave pour recourir de nouveau à Rome.

---

28. Mgr Taschereau, « Mandement (...) sur les devoirs des électeurs pendant les élections », 25 mai 1876, *ibid.*, I, pp. 403-309.
29. « Après l'élection », *ibid.*, I, p. 140s.
30. *Ibid.*, I, pp. 411-413.
31. *Ibid.*, I, p. 413s.
32. La polémique n'a pas cessé dans les journaux depuis janvier 1876. Pour un exemple intéressant, voir Un curé de Charlevoix, « M. P. A. Tremblay condamné », *Le Courrier du Canada,* 12 mai 1876, p. 2.
33. « Le Mandement du 25 mai 1876 », *L'Événement*, 16 juin 1876, p. 2.
34. Mgr Taschereau à l'éditeur du *Journal de Québec,* 8 juillet 1876, *Le Journal de Québec,* 11 juillet 1876, p. 2.
35. « Lettre de Mgr l'archevêque », *Le Courrier du Canada,* 12 juillet 1876, p.2.
36. Mgr J. Langevin à Mgr Taschereau, 21 mai 1876, AAR, *Correspondance spéciale,* I, 156.
37. Mgr Bourget à Laflèche, 7 juillet 1876, ASTR, *Fonds Laflèche,* A 1 B 21-22.

Un geste de la Sacrée Congrégation de la Propagande les y pousse encore plus. Le 18 mai 1876, son préfet, le cardinal Allessandro Franchi, écrit à l'archevêque de Québec. Sur la foi de nombreuses dénonciations, venant de « différents côtés » et appuyées de « nombreux documents », il fait part à Taschereau des accusations « relativement à l'intervention du clergé dans les élections politiques » et il lui demande « des informations exactes » et des suggestions « pour éloigner les difficultés qui se sont présentées[38] ». Même si la lettre ne s'adresse qu'à lui, l'archevêque s'empresse de la faire connaître à tous ses suffragants et il n'attend pas leurs réactions pour demander d'être entendu à Rome et pour y envoyer tous les textes publiés par les évêques[39]. Les autres membres de l'épiscopat, cependant, ne trouvent pas cette défense suffisante et ils décident de prendre l'affaire en main.

Considérant qu'il est urgent d'aller « éclairer et renseigner le St-Père sur les menées de nos libéraux, et démontrer au St-Père que nous faisons tout le contraire de ce dont on nous accuse[40] », les suffragants décident d'envoyer un des leurs à Rome et, lors d'une réunion tenue à Montréal, désignent Laflèche comme leur délégué. L'évêque de Trois-Rivières accepte craintivement une mission « aussi délicate et aussi importante »: répondre aux accusations en faisant connaître le véritable état des choses et des esprits, mais aussi défendre l'épiscopat « à propos de certaines recommandations faites aux Directeurs de l'Université Laval[41] ». Avant de partir, Laflèche informe de son voyage Taschereau qui, en réponse, lui indique ce qu'il a déjà fait et lui souhaite plein succès; « La décision de Rome, ajoute l'archevêque, nous donnera la paix en dirimant toutes les questions[42] ».

Laflèche accepte d'autant plus facilement qu'il reçoit de ses collègues un appui sans équivoque. Presque tous lui ont écrit pour signaler le besoin d'envoyer un évêque à Rome et pour l'assurer qu'il est « le plus préparé sous tous les rapports pour remplir cette mission délicate et importante[43] ». Mgr Bourget, qui est démissionnaire[44], est encore le plus chaleureux. Non seulement il appuie le choix des autres évêques[45], mais il donne à son ami d'utiles conseils pratiques[46] et il le fait précéder d'un long mémoire pour défendre le clergé.

Daté du 23 juin 1876, ce document montréalais donne le ton à la mission de Laflèche. Bourget y commente point par point la lettre du cardinal Franchi, en s'attachant davantage aux principes qu'aux faits. Il s'élève d'abord fortement contre la décision de la congrégation de ne pas exiger une enquête faite, sur place, par l'assemblée épiscopale qui pourrait entendre toutes les parties, avoir une connaissance certaine des faits et porter un jugement juste à la fois pour les accusateurs et pour le clergé. Mais il fustige avec plus de vigueur encore la demande d'information adressée à l'archevêque seul; par une charge contre Taschereau, il veut prouver que

---

38. Card. Franchi à Mgr Taschereau, 18 mai 1876, APFR, *Lettere,* 372 (1876), f. 224s.; traduction française dans Savaète, *Voix Canadiennes: Vers l'Abîme,* t. I, Paris, A. Savaète, (s.d.), p. 10.
39. Mgr Taschereau au card. Franchi, 19 juin 1876, AAQ, *Registre des lettres,* 31, 975.
40. Mgr Moreau à Laflèche, 3 juillet 1876, ASTR, *Fonds Laflèche,* A 1 M 62-5.
41. Laflèche à C.-F. Cazeau, 14 juillet 1876, AETR, *Registre des lettres,* VI, 13.
42. Mgr Taschereau à Laflèche, 17 juillet 1876, ASTR, *Fonds Laflèche,* A 1 T 100-60.
43. Mgr Fabre à Laflèche, 27 juin 1876, *ibid.,* A 1 F 35-12.
44. Âgé, malade, aux prises avec d'interminables problèmes, Mgr Bourget offre plusieurs fois sa démission pendant les années 1874 et 1875. La décision romaine à propos d'une université catholique à Montréal incite l'évêque à demander, d'une façon beaucoup plus insistante, «d'être déchargé du fardeau de la charge pastorale» (Mgr Bourget au card. Franchi, 8 avril 1876, cité dans Pouliot, *Monseigneur Bourget et son temps,* V, pp. 273-275). La réponse de Rome est datée du 15 mai, mais elle est incomplète, puisqu'elle n'est pas accompagnée d'un bref instituant Mgr Fabre évêque de Montréal (*ibid,* p. 279). Les partisans de Bourget peuvent donc essayer de renverser la décision et ne s'en privent pas!
45. Mgr Bourget à Laflèche, 7 juillet 1876, ASTR, *Fonds Laflèche,* A 1 B 21-22.
46. Le même au même, 8 juillet 1876, *ibid.,* A 1 B 21-21.

ledit Archevêque n'a pas la prudence, la sagesse, l'indépendance et les autres qualités requises pour bien apprécier les choses sur lesquelles il aura à faire rapport et pour donner des renseignements exacts et dégagés de tout préjugé et de tout intérêt de parti; et qu'il ne jouit pas au reste de toute la confiance que l'on doit avoir dans un homme chargé du haut ministère qu'il aurait à remplir auprès des Évêques, Prêtres et Laïques contre lesquels des plaintes ont été faites secrètement sans qu'ils aient pu les connaître pour avoir le moyen de se défendre.

Reprenant tous ses griefs contre l'archevêque, à partir de la question de la paroisse Notre-Dame jusqu'au mandement du 25 mai 1876, Bourget trace de son métropolitain un portrait sans amabilité et sans nuance. Et il conclut que, sauf Taschereau, le clergé s'est bien conduit et qu'il « faut tout simplement laisser crier ceux qui n'ont pas de justes raisons de crier et qui ne crient si haut que pour intimider ceux qui font leur devoir[47] ».

Moins catégoriques, les autres suffragants ne sont pas très éloignés de la position du vieil évêque de Montréal. En même temps qu'ils délèguent Laflèche, ils rédigent en commun une supplique au souverain pontife. Repoussant eux aussi l'accusation portée contre le clergé, ils déclarent solennellement que « la Sacrée Congrégation a été certainement induite en erreur, en prêtant l'oreille à des hommes qui se tiennent cachés dans l'ombre, pour porter une accusation aussi odieuse contre le clergé de toute une Province qui, grâce à Dieu, est attaché à ses devoirs ». Ils se font fort de prouver que la conduite de leurs prêtres, pendant les élections, a été dictée par les décrets des conciles provinciaux sur ce sujet, « lesquels n'ont été publiés qu'après l'examen qui en a été fait par le St Siège ». Les suffragants n'acceptent pas non plus que l'archevêque soit seul à renseigner la Propagande, car, disent-ils, il serait appelé « à juger sa propre cause », puisqu'il s'est montré imprudent et faible vis-à-vis les libéraux. En conséquence, ils demandent au pape de recevoir leur délégué, Louis-François Laflèche, qu'ils autorisent « à lui exprimer leurs vrais sentiments » et à « lui donner toutes les explications qui lui sont nécessaires pour qu'Elle (Votre Sainteté) puisse leur rendre la justice qu'ils croient mériter du Saint-Siège qu'ils vénèrent et honorent d'un culte vraiment filial[48] ». Cinq évêques signent le document: Mgr Bourget et son coadjuteur, Mgr Édouard-Charles Fabre, de Montréal; Mgr Antoine Racine, de Sherbrooke; Mgr Jean-Thomas Duhamel, d'Ottawa; Mgr Louis-Zéphirin Moreau, de Saint-Hyacinthe. Mgr Jean Langevin, de Rimouski, qui n'a pu se rendre à la réunion, écrit à son tour au pape pour appuyer la mission de Laflèche: il partage, dit-il, les vues de ses collègues, sauf à propos du mandement du 25 mai — « je considère que, sur ce point, il (Taschereau) ne mérite pas les reproches que renferme le Mémoire de mes Collègues » — et il en profite pour dénoncer les libéraux qu'il tient « pour aussi mal disposés que ceux d'Europe, la seule différence étant qu'ils cachent mieux leurs principes pervers à raison des sentiments religieux de la grande masse du peuple Canadien[49] ». Tous ces documents tracent donc, d'une manière assez précise, le travail du délégué à Rome.

Ainsi nanti, Laflèche quitte Trois-Rivières le 16 juillet 1876 et s'embarque à New York, à bord du *Scythia* de la ligne Cunard, le 19 juillet; il est accompagné du chanoine Godefroy Lamarche et de l'abbé Stanislas Tassé, tous deux du diocèse de Montréal. Les voyageurs font une traversée heureuse et Laflèche lui-même est beaucoup moins affecté qu'aux voyages précédents, ne souffrant que de « quelques nuits d'insomnie[50] ». Ils arrivent à Liverpool le 29 juillet et, à Rome, le 5 août[51]. Sans tarder, l'évêque de Trois-Rivières se met au travail.

---

47. (Mémoire de Mgr Bourget au cardinal Franchi), 23 juin 1876, Savaète, *op. cit.*, I, pp. 8-26.
48. « Supplique à Notre T. R. Seigneur et Père le Pape Pie IX », 13 juillet 1876, *Mémoire de l'évêque des Trois-Rivières (...)*, *Pièces justificatives*, pp. 21-24.
49. Mgr J. Langevin à Pie IX, août 1876, AAR, *Correspondance spéciale*, I, 171.
50. *Le Journal des Trois-Rivières*, 14 août 1876, p. 2.
51. *Ibid.*, 29 août 1876, p. 2.

Après une visite au meilleur soutien de la cause montréalaise, le chanoine de Angelis, qui lui apprend que la démission de Bourget a été acceptée « dès le lendemain de la réception » de sa demande[52], Laflèche, dès le 9 août, obtient une audience du cardinal Franchi et il est accueilli avec bienveillance. Au sortir de cette rencontre, il explique par écrit les buts de sa mission et réclame les renseignements nécessaires pour l'accomplir. Parlant au nom de tout l'épiscopat et du clergé du Québec, dit-il, il vient « répondre aux accusations et aux plaintes portées contre nous et le Clergé de la Province devant votre auguste tribunal ». C'est pourquoi il souligne « la peine » que les suffragants ont ressentie en constatant que seul l'archevêque était consulté et qu'eux « se trouvaient ainsi en quelque sorte mis à l'écart dans une affaire qui cependant les touchaient (sic) d'aussi près ». En terminant, il demande communication des faits et des documents qui les fondent, et le nom de la « haute autorité » dont le cardinal parlait dans sa lettre:

> Car ayant à répondre aux accusations portées contre le Clergé de toute une Province, je dois d'abord connaître avec précision les faits incriminés et les preuves sur lesquels les accusateurs prétendent les appuyer. Quelque respectable et haute que soit une autorité l'accusé a toujours le droit d'être entendu, de discuter les faits qu'on lui impute et les preuves que l'on invoque[53].

Malgré ce plaidoyer, Laflèche n'obtient pas les renseignements demandés. D'une part, le nom des « dénonciateurs » lui demeure inconnu. Grâce à une source qu'il croit « sûre », il devine que l'un d'eux est Mgr Ignazio Persico, de Sillery[54], mais il ne soupçonne pas encore l'intervention de Joseph Cauchon[55]. De plus en plus, cependant, il se convainc de l'action de l'abbé Benjamin Pâquet, en délégation à Rome depuis trois ans: il le dénonce à Taschereau[56], réfute ses dires auprès de la Propagande[57] et, finalement, demande son rappel à l'archevêque[58]. Mais celui-ci vient de le nommer « son procureur et défenseur auprès du Saint-Siège[59] » et Benjamin Pâquet sera bientôt nommé camérier secret[60]!

D'autre part, dès la première rencontre, le cardinal Franchi déclare à Laflèche qu'il n'y a pas de plaintes déposées contre les évêques et que sa lettre du 18 mai n'était qu'une demande d'information à laquelle il ne fallait pas attacher trop d'importance[61]. Sans se lais-

---

52. G. Lamarche à J.-O. Paré, 8 août 1876, ACAM, 901. 147, 876-5. Au dire de T. Harel, de Angelis aurait conseillé aux délégués canadiens de ne pas attaquer l'archevêque, mais de s'afficher comme les défenseurs de l'épiscopat (T. Harel à Mgr Bourget, 11 août 1876, *ibid.*, RCD, 46, pp. 574-576).
53. Laflèche au card. Franchi, 10 août 1876, AETR, *Registre des lettres*, VI, 73.
54. Laflèche à Mgr Taschereau, 12 août 1876, AAQ, 33 CR, *Diocèse de Trois-Rivières*, 1, 219. Mgr Persico, ancien évêque de Savannah (Georgie), était venu s'installer à Québec, en 1873, à la demande de la Propagande; après un séjour de quelques mois à l'archevêché, il avait été nommé curé de Sillery. Il retourne à Rome en octobre 1876. Voir Gabriel-Marie Dumas, « Le cardinal Ignace Persico, capucin, curé de Sillery, et sa mission secrète au Canada », La Société canadienne d'histoire de l'Église catholique, *Rapport 32* (1965), pp. 11-19.
55. Joseph Cauchon au card. Franchi, 22 avril 1876, APFR, SRC, ASC, 16 (1877A), f. 772-788; card. Franchi à J. Cauchon, 25 mai 1876, *ibid.*, *Lettere*, 372, f. 230. S'étant présenté comme « Président du Conseil Privé de la Reine dans le Canada », Cauchon est sans aucun doute le haut personnage laïque dont parlent les autorités romaines.
56. Laflèche à Mgr Taschereau, 12 août 1876, AAQ, 33 CR, *Diocèse de Trois-Rivières*, I, 219.
57. Laflèche à Mgr Agnozzi, 22 septembre 1876, AETR, *Registre des lettres*, VIb, 84.
58. Laflèche à Mgr Taschereau, 23 septembre 1876, AAQ, 33 CR, *Diocèse de Trois-Rivières*, I, 221a.
59. Mgr Taschereau au card. Franchi, 8 septembre 1876, AAQ, *Registre des lettres*, 31, 1092.
60. Ordonné en 1857, l'abbé Benjamin Pâquet enseigne au séminaire de Québec en 1862-1863. Après des études à Rome en 1863-1866, il occupe successivement les fonctions de professeur de théologie morale au grand séminaire de Québec, de procureur de l'université, de directeur des ecclésiastiques, et supérieur du séminaire et recteur de l'université. L'un des principaux défenseurs de l'université Laval, il séjourne à Rome de 1873 à 1878, en 1886 et de 1888 à 1889. Voir Pierre Savard, « Le journal de l'abbé Benjamin Pâquet, étudiant à Rome, 1863-1866 », *Culture*, XXVI (1965), pp. 64-83.
61. G. Lamarche à Mgr Fabre, 13 août 1876, ACAM, 901. 147, 876-8.

ser désarmer par ces révélations, le délégué des évêques continue à faire le siège des autorités romaines — il rencontre le pape (trois fois), le cardinal Franchi (trois fois), Franzelin (une fois) et Pitra (une fois) — et il leur expose de vive voix ou par écrit la situation religieuse du Québec[62]. Sa thèse est la suivante: les évêques ont eu raison d'intervenir dans les questions politiques, parce que le parti libéral est une menace pour la religion catholique.

Il en élabore la première partie dans un mémoire présenté le 15 août 1876. Rappelant les « attaques contre l'Église » depuis 25 ans, il reproduit les documents épiscopaux qui, du règlement disciplinaire du deuxième concile provincial de Québec en 1854 au mandement personnel de l'archevêque le 25 mai 1876, ont voulu sauvegarder les intérêts religieux. À cause des progrès constants du libéralisme, les évêques ont dû préciser davantage leur pensée pour aboutir aux dénonciations de la lettre pastorale collective de 1875; mais, par suite d'un « travail caché (...) pour atténuer l'effet de cette lettre », il s'est levé un certain doute dans les esprits et l'archevêque a cru bon de publier seul un texte « bien moins explicite » qui proposait une « ligne de conduite plus restreinte », ce qui eut pour effet d'encourager une levée de boucliers chez les libéraux. Néanmoins, conclut Laflèche, toutes les règles promulguées par les évêques sont sages et « puisées aux enseignements mêmes du St-Siège ». D'autre part, le clergé a toujours suivi fidèlement ces directives; la preuve en est que « jamais aucune plainte régulière n'a été portée devant leur (des évêques) tribunal à ce sujet, si ce n'est celles de l'hiver dernier dans le diocèse de Québec[63] ». Les évêques se portent donc garants de la bonne conduite de leurs prêtres, étant « certainement ceux qui connaissent le mieux ce qui se passe dans leurs diocèses ». En leur nom, Laflèche repousse donc les accusations de gens qui croient fondées « les clameurs de ceux qui n'aiment à entendre que des maîtres flatteurs qui ne savent que leur dire des choses agréables » et il demande, « au nom de Mgr l'Archevêque et de mes Vénérables Collègues dans l'Épiscopat de la Province », un bref appuyant la doctrine qu'ils ont prêchée[64].

Pour mieux encore illustrer les directives épiscopales et la conduite du clergé, Laflèche écrit, avant de quitter Rome, un long mémoire sur la nature et l'évolution du libéralisme au Canada. Sa conclusion est la suivante: « le libéralisme canadien, avec toutes ses nuances ne diffère en rien du libéralisme européen, et, si par malheur, il venait à prévaloir dans notre heureuse patrie, il ne manquerait pas d'attirer sur l'Église du Canada les mêmes calamités et les mêmes ruines qu'il a causées dans les diverses contrées de l'Europe ». D'après lui, il y a deux sortes de libéraux au Canada: les libéraux proprement dits ou sectaires et les libéraux catholiques ou modérés. Les premiers sont bien identifiés par leurs doctrines opposées à l'Église; les autres, qui se disent catholiques et « meilleurs catholiques que d'autres, qu'ils appellent des ultramontains », dirigent, prétendent-ils, le parti libéral qui « n'a point d'autres principes que les leurs, et (...) par conséquent, l'Église n'a rien à craindre de sa part, puisque ce sont eux qui le conduisent ». Erreur, rétorque Laflèche, ils sont les dupes des « libéraux de principes », ils doivent se résigner à demeurer au dernier plan de l'organisation du parti libéral:

tous ont dû accepter les uns après les autres, la discipline du parti et avec leurs chefs naturels, les libéraux proprement dits, accepter un huguenot, Mr Joly, chef de leur parti à Québec et MM. Huntingdon (*sic*), Cauchon et Laflamme à Ottawa.

---

62. Grâce aux lettres de Laflèche et du chanoine Lamarche, nous pouvons reconstituer presque *verbatim* les entretiens de Laflèche avec les personnalités romaines.
63. Inutile de souligner que Laflèche passe sous silence les nombreuses plaintes faites dans les journaux et devant les tribunaux civils!
64. Laflèche au card. Franchi, 15 août 1876, AETR, *Registre des lettres,* VI, 75. La lettre a été remise le 19 août.

La grande naïveté des « quelques Prêtres engagés dans le parti libéral et des Catholiques qui le suivent de confiance », c'est de croire « que leur parti n'est à (*sic*) près tout qu'une organisation purement politique, tandis qu'au fond, c'est de plus un parti anti-catholique ». En conséquence, Laflèche consacre la plus grande partie de son mémoire à décrire et dénoncer le « Programme anti-catholique du parti libéral ».

Il le fait en citant abondamment les journaux libéraux : l'*Avenir* rédigé par des hommes « notoirement connus dans le pays pour les chefs du libéralisme et les plus habiles du parti »; le *Pays* dirigé par Louis-Antoine Dessaulles, « connu comme l'homme le plus violemment hostile à l'Église »; le *National* qui, « fidèle aux traditions de l'*Avenir* et du *Pays,* ses maîtres, est venu à leur exemple se ruer contre l'Église Catholique » et qui combat le gouvernement de Boucherville, « incontestablement le plus favorable que l'Église et le Clergé aient rencontré depuis de bien longues années »; le *Bien Public* qui, organe des libéraux modérés, a appuyé la politique du parti libéral à propos des écoles du Nouveau-Brunswick, de l'amnistie aux Métis et même du discours du ministre Huntington; l'*Événement* qui « n'a ni principes fixes, ni opinions bien arrêtées » et qui « tourne à tout vent, pourvu qu'il soit populaire, et rappelle par son ton moqueur et ses petits badinages, le ton et le sel de la presse des boulevards de Paris[65] »; le *Journal de Québec,* dirigé par Joseph Cauchon, qui

> a obstinément professé, dans son interminable lutte contre une presse religieuse approuvée par les Ordinaires, que 1° La doctrine de la Suprématie de l'Église sur l'Etat, ou de la subordination de l'Etat à l'Eglise, est une doctrine absurde; 2° Les sociétés sont purement temporelles, et la Suprématie de l'Église ne saurait s'exercer que dans l'ordre purement spirituel; 3° Que les doctrines de l'école du P. Ramière sur le libéralisme, celles de Rohrbacher en histoire, de Joseph de Maistre étaient le produit de cervaux exaltés; 4° Que les lettres des Évêques de Montréal et des Trois-Rivières conduisaient les populations au schisme.

Après ce long développement, Laflèche conclut en répétant les éléments principaux de sa thèse :

> Le soussigné espère néanmoins que ces lignes suffiront pour faire voir 1° que le parti libéral tel qu'il existe en Canada, n'est pas seulement un parti politique, mais qu'il s'immisce dans la religion et combat les intérêts de l'Église; 2° que la petite poignée de ceux qui tout en se disant libéraux, ou plutôt nationaux, *réformistes* prétendent cependant professer les principes catholiques, ne sont que les dupes dans le parti, qu'ils ne conduisent pas, mais qu'ils sont conduits et exploités par les chefs d'un libéralisme avancé et 3° enfin, qu'un parti que tous les Évêques, tous les prêtres à quelques rares exceptions près, et tous les meilleurs Catholiques ont toujours repoussé comme dangereux pour l'Église, doit être un mauvais parti et une organisation qu'il est permis de combattre, pourvu toujours qu'on le fasse avec la prudence et le calme que l'Église partout conseille même contre un mal évident[66].

Cette conclusion est nouvelle chez Laflèche, ce qui rend la lettre du 10 septembre 1876 essentielle pour comprendre sa pensée. Elle est, cependant, dans la ligne des *Quelques considérations...*de 1865. Déjà, dans cette oeuvre, il a dénoncé le libéralisme et son « erreur fon-

---

65. Laflèche ajoute : « Presque tous les amis de l'Événement, Prêtres ou laïques sont des annexionistes renfoncés, qui non seulement seraient près (*sic*) à trahir l'allégeance qu'ils doivent à la couronne Britannique, mais encore les plus chers intérêts religieux et nationaux du Bas-Canada. Que deviendrait en effet ce petit peuple Catholique poussé sous les meules de l'État sans Dieu, de la Grande République voisine ? »

66. Le même au même, 10 septembre 1876, *ibid.,* VI, 81. À remarquer que plusieurs des journaux incriminés sont disparus depuis longtemps !

damentale »: le désir de « bannir Dieu de la société[67] »; de même, il n'a pas été tendre pour les libéraux, qu'il appelle plutôt « démagogues », qui critiquent le clergé et ses collègues et qui veulent exclure les prêtres de la vie politique. Mais ses attaques visaient clairement beaucoup plus les membres de l'Institut canadien de Montréal que les partisans d'une organisation politique. De la même façon, nous l'avons souligné quelques fois, les nombreuses dénonciations du libéralisme qui se succèdent jusqu'en 1875 n'entraînent pas automatiquement, chez Laflèche, une application à l'ensemble du parti appelé libéral: notre lettre pastorale ne contenait pas la condamnation « directe et explicite » d'un parti politique, écrit-il encore le 26 mars 1876[68]. Dans la lettre à Franchi, c'est tout le contraire: le parti libéral est qualifié d'anticatholique et Laflèche lui applique toutes les condamnations épiscopales. Est-ce une contradiction chez lui? Nous y voyons plutôt une plongée nouvelle vers l'intransigeance. Poussé par la crainte née de la situation politique — le gouvernement libéral à Ottawa, les procès pour « influence indue », les polémiques...— et conseillé par des irréductibles, tels Luc Desilets et le chanoine Lamarche[69], dont on peut déceler les idées dans le texte du 10 septembre, Laflèche accepte définitivement la vision politique de ses collègues Bourget et Langevin et, désormais, il associe indissolublement libéralisme et parti politique. Une nouvelle croisade commence pour lui.

Elle ne lui fait pas oublier les autres problèmes, dont celui de l'université Laval. Celle-ci s'était plainte à Rome des directives trop sévères des évêques à propos de la participation des professeurs aux activités politiques et le cardinal Franchi avait transmis ces doléances à Mgr Taschereau le 29 mai 1876[70]. Laflèche explique, par écrit, la position de l'épiscopat. La défense de ne pas « s'immiscer activement dans les affaires politiques du Canada » n'existe pas, dit-il. Devant le scandale causé par certains professeurs laïques de l'université catholique, qui se mettaient à la tête des libéraux, et à la demande même de certains prêtres du séminaire de Québec, les évêques ont recommandé aux ecclésiastiques de l'institution « de veiller à ce que les professeurs laïcs ne se compromissent plus dans les élections politiques, comme ils avaient fait auparavant. (...) pour le bien de l'université, il était mieux que les professeurs ne prissent point une part active à la politique ». Il s'agit d'un désir et non d'une défense, et les pétitionnaires ont mauvaise grâce d'exiger « de révoquer cette défense » avant même d'entendre les évêques; « V.E., conclut Laflèche, peut juger de là ce qu'est (sic) la sincérité et la franchise de ceux qui ont porté cette plainte[71] ».

La question de la démission de Mgr Bourget le préoccupe également. Il avait déjà supplié le Saint-Siège « d'ajourner indéfiniment cette demande de retraite[72] » et Mgr Fabre lui avait écrit: « Tout ce que vous ferez pour maintenir (...) Mgr de Montréal sur son siège me sera très agréable[73] ». Dès le 11 août, il supplie Franchi de différer au moins la signification officielle de la résignation de Bourget. L'évêque de Montréal, dit-il, a toujours personnifié la défense de la vérité et la lutte contre le libéralisme; aujourd'hui, « ses ennemis jubilent et battent des mains en le voyant disparaître de l'arène, surtout d'une manière aussi inattendue et dans un temps où ses facultés intellectuelles et mentales sont encore aussi vives et aussi solides que jamais ». La masse des fidèles et tout le clergé sont peinés « de cette lamentable af-

---

67. Laflèche, *Quelques considérations...*, p. 165ss.
68. Laflèche à Mgr Taschereau, 26 mars 1876, AETR, *Registre des lettres*, VI, 7.
69. Le chanoine Lamarche, qui accompagne Laflèche, est son principal informateur en ce moment; Luc Desilets a colligé les extraits des journaux libéraux. Nous n'avons malheureusement pas retrouvé ses lettres de 1876.
70. Card. Franchi à Mgr Taschereau, 29 mai 1876, APFR, *Lettere*, 372 (1876), f. 239.
71. Laflèche au card. Franchi, 24 août 1876, AETR, *Registre des lettres*, VIb, 76.
72. Laflèche au card. Franchi, 22 juin 1876, *ibid.*, VI, 11.
73. Mgr Fabre à Laflèche, 27 juin 1876, ASTR, *Fonds Laflèche*, A 1 F 35-12.

faire » et ils pourraient se décourager si leur chef se retirait. Ces graves conséquences, conclut-il, ne peuvent qu'inciter les autorités romaines à surseoir à l'acceptation, comme le demande d'ailleurs Mgr Fabre lui-même[74].

Enfin, Laflèche profite de sa présence à Rome pour faire certaines consultations. À propos des prêtres cités devant les tribunaux civils, il demande si un catholique viole l'immunité ecclésiastique en y dénonçant « les sermons, les avis, et les Conseils d'un Prêtre agissant comme pasteur ou confesseur ou directeur de conscience? » De même, un avocat catholique peut-il se charger de soutenir une telle accusation?, les fidèles peuvent-ils accepter de déposer dans une telle cause?, enfin quelle conduite faut-il tenir au confessionnal à l'égard de ces diverses personnes[75]? Laflèche soumet également au jugement de la Propagande la question du dixième dans le diocèse de Trois-Rivières. Faisant, une fois de plus, l'historique de la législation imposée et de l'opposition d'une partie du clergé, il souligne que, depuis 1874, plusieurs curés ne veulent plus payer et qu'ils ne se considèrent pas liés en conscience. Il demande donc: Le curé qui refuse de payer pèche-t-il et manque-t-il à un devoir de justice? Son confesseur a-t-il le droit de l'absoudre? L'évêque peut-il garder silence et laisser faire? Comme il s'attend à recevoir un appui à la thèse qu'il soutient, il termine en soulignant qu'une réponse suffira à éviter les « moyens de coercition[76] ». Quant au problème de la division du diocèse de Trois-Rivières, dont nous parlerons au chapitre suivant, il désigne l'abbé Télesphore Harel, déjà chargé d'affaires pour le diocèse de Montréal, pour combattre le démembrement demandé[77].

Toutes ces questions, soumises par écrit et discutées verbalement avec le personnel de la Propagande, ne reçoivent pas une réponse immédiate. Laflèche a relaté, dans un document contresigné par le chanoine Lamarche[78], l'essentiel des conversations tenues avec le cardinal Franchi et ses aides; il nous permet de saisir sur le vif la marche des dossiers. Quant à la ligne de conduite des évêques dans la lutte contre le libéralisme, Franchi aurait dit « que le St. Siège n'a aucun reproche à faire aux Évêques de la Province de Québec; que la direction donnée à leur Clergé et aux fidèles est très louable et sage; que notamment la Lettre Pastorale du 22 septembre 1875 est digne de toute espèce d'éloge », mais, comme ce n'est pas la coutume de donner des approbations écrites aux textes des Ordinaires, il vaut mieux demander un mot d'encouragement au pape lui-même. Dans le différend entre l'épiscopat et l'université Laval, le cardinal « voit maintenant que jamais cette injonction n'a été faite par les Évêques, et il avoue volontiers que l'ordre de sa dernière lettre tombe de lui-même et n'a pas de raison d'être ». Toujours dans le domaine politique, Franchi, et les cardinaux et canonistes consultés, auraient été d'avis que « Non seulement le Prêtre peut mais souvent doit intervenir dans la politique active, pour assurer et défendre les principes et les intérêts de l'Église, et empêcher la politique de sortir de sa voie véritable, toujours bien entendu en conformant sa conduite aux règles de prudence tracées par les Évêques dans leurs conseils et leurs lettres pastorales ». Enfin, le préfet de la Propagande ne peut accéder à la suggestion de refuser la démission de Bourget, « la question ayant été définitivement réglée par la S.C. toute entière à la demande très pressante de l'Évêque de Montréal lui-même ».

Ce résumé, écrit de la main de Laflèche, laisse entendre que sa mission a connu un succès satisfaisant: le clergé et les évêques ont été exonérés de tout blâme et l'interprétation

---

74. Laflèche au card. Franchi, 11 août 1876, AETR, *Registre des lettres,* VIb, 74.
75. Laflèche au card. Franchi, 4 septembre 1876, *ibid.,* VIb, 78.
76. Le même au même, 10 septembre 1876, *ibid.,* VIb, 79.
77. Le même au même, 4 septembre 1876, *ibid.,* VIb, p. 187.
78. *Réponses verbales faites aux documents,* 17 septembre 1876, *ibid.,* VIb, 80.

de l'université Laval a été rejetée. Le délégué peut donc chanter victoire et manifester sa joie à son retour à Trois-Rivières le 19 octobre 1876[79].

Un document pontifical vient appuyer l'optimisme de Laflèche. À la demande expresse du délégué des évêques, Pie IX lui adresse un bref apostolique, le 18 septembre 1876. Après avoir loué l'épiscopat d'inculquer au peuple la saine doctrine et de le prémunir contre « les astucieuses erreurs du *libéralisme* dit *catholique* », le pape insiste cependant sur la nécessité de la concorde, qui prouve que « chacun de vous ne pense, ne dit et n'enseigne qu'une seule et même chose [80] ». C'est un appel discret à l'union des évêques...

Assez paradoxalement, le document romain élargit encore davantage le fossé entre les suffragants et l'archevêque: ils lui reprochent d'avoir tardé à leur faire connaître le bref et de les empêcher de le commenter de façon élogieuse. Mgr Jean Langevin le lui dit avec une pointe d'impertinence et souligne sa responsabilité:

> (...) si je ne me trompe, l'Épiscopat de la Province est unanime sur la ligne de conduite qu'il doit suivre, à l'exception toutefois de V.G. qui a jugé à propos de se séparer des suffragants, je le dis avec un extrême regret, pour se jeter entre les bras des libéraux, et Elle (a) la responsabilité de toutes les conséquences[81].

Dans ce climat, le projet de tenir une réunion pour rédiger un texte de présentation commun n'a pas de suite; chaque évêque publie le document avec ses commentaires personnels.

Taschereau le fait avec une sobriété polie, n'ajoutant qu'un « petit nombre de remarques », puisque « ces deux documents sont assez clairs par eux-mêmes[82] ». Tout au contraire, Laflèche décrit de long en large les circonstances qui l'ont amené à se rendre à Rome et les démarches qu'il y a faites; puis, après avoir rappelé toutes les marques d'approbation reçues pendant sa mission, il présente ainsi le bref pontifical:

> Vous y verrez que le Chef infaillible de l'Église approuve pleinement le zèle de vos Premiers Pasteurs à vous enseigner la saine doctrine, dont l'exposé lui est fait par la citation même textuelle de leur Lettre Pastorale du 22 septembre 1875, et que Sa Sainteté loue hautement leur zèle à combattre les erreurs libérales, et qu'Elle y renouvelle la condamnation formelle du libéralisme catholique, en la désignant par les caractères les plus propres à vous le faire reconnaître ici[83].

Laflèche traduit ainsi les sentiments de la majorité des évêques, de Mgr J. Langevin, qui accompagne le bref de commentaires « bien pesés[84] », à Mgr L.-Z. Moreau qui lui écrit: « Le jour est maintenant fait sur toutes ces odieuses menées par lesquelles on a voulu ternir notre province, et la faire passer pour une cabaleuse en politique: il est à espérer que désormais nous serons plus tranquilles, et qu'à l'avenir on ne nous condamnera pas sur les paroles et les dires de quelques intrigants, atteints du mal inquiet du libéralisme[85] ». Mgr Bourget est tout aussi ravi, mais sa longue expérience lui fait prédire « que la lutte n'est pas terminée; et que

---

79. *Le Journal des Trois-Rivières*, 19 octobre 1876, p. 2. Le chanoine Lamarche et l'abbé Harel sont demeurés à Rome.

80. « Bref de Notre Saint Père le Pape à l'évêque des Trois-Rivières », 18 septembre 1876, MEQ, *Son éminence le cardinal Taschereau*, I, pp. 459-461. Texte latin et traduction française.

81. Mgr J. Langevin à Mgr Taschereau, 17 octobre 1876, AAR, *Correspondance spéciale*, I, 187.

82. Mgr Taschereau, « Mandement (...) promulguant la réponse du Souverain Pontife à une adresse présentée par Monseigneur l'Évêque des Trois-Rivières », 27 octobre 1876, MEQ, *Son éminence le cardinal Taschereau*, I, pp. 449-461.

83. Laflèche, « Lettre pastorale (...) publiant un bref apostolique à lui adressé », 1er nov. 1876, METR, *Mgr Laflèche*, II, pp. 69-70.

84. Mgr J. Langevin à Laflèche, 18 octobre 1876, AAR, *Correspondance spéciale*, I, 188.

85. Mgr Moreau à Laflèche, 18 octobre 1876, ASTR, *Fonds Laflèche*, A 1 M 62-9.

l'Épiscopat Canadien a encore de rudes combats à soutenir, pour empêcher que le libéralisme n'établisse ici son règne, comme sur la vieille Europe, qui a connu trop tard ce dangereux ennemi, pour pouvoir le combattre avec succès[86] ».

Ces craintes sont partagées par l'archevêque qui, tout en se félicitant du bref, en souligne la portée limitée :

> Mais les questions que je pourrais appeler, avec les théologiens, *pratiquement pratiques* soulevées par notre mandement et que j'ai signalées dans ma lettre du 3 mars dernier, n'en sont pas plus avancées pour cela, et si nous n'y prenons bien garde, les discussions déjà si chaudes vont retirer un nouvel aliment de cette lettre du Pape[87].

Les journaux, qui augmentent encore leurs polémiques pendant tout l'automne, lui donnent raison[88], tandis que les évêques eux-mêmes s'acheminent vers de nouveaux débats publics.

Au terme de 1876, l'Église du Québec vient de vivre deux des plus importantes années de son histoire au XIXe siècle. Cédant à la crainte que soulèvent le gouvernement libéral à Ottawa et l'affaiblissement du parti conservateur provincial, les évêques, le métropolitain en tête, partent en croisade contre le libéralisme et le dénoncent d'une manière pouvant laisser croire qu'ils visent le parti libéral. C'est le début d'un débat politico-religieux dont la meilleure illustration est la contestation de Charlevoix et ses séquelles. Polémiques et dénonciations préoccupent les esprits canadiens, puis se transportent à Rome, où les autorités essaient de s'y retrouver.

Deux personnages ecclésiastiques émergent du champ de bataille : l'archevêque Taschereau qui fait l'unanimité de ses suffragants contre lui en clarifiant, de façon isolée, le sens des documents collectifs et qui se mérite ainsi une dénonciation à Rome; l'évêque de Trois-Rivières, Louis-François Laflèche, qui devient, d'ordre de ses collègues, le protagoniste du métropolitain « libéralisant ». Il accepte la mission parce qu'il y voit le doigt de Dieu—le vieux Mgr Bourget a dû céder la direction du diocèse de Montréal— et l'appel à une nouvelle croisade. Même s'il a toujours craint et dénoncé les libéraux ou démagogues, il s'est gardé jusqu'en 1875 de condamner le parti libéral comme tel. Au cours de son voyage à Rome, il se range définitivement du côté de certains de ses collègues, particulièrement Jean Langevin, qui considèrent ce groupe politique comme condamnable en soi et il soutient la thèse de l'anticatholicisme fondamental du parti libéral. Cette conclusion nouvelle, presque une étape, l'éloigne davantage de son archevêque et le confirme dans son rôle de leader des intransigeants, ces nouveaux croisés que le nom seul de libéral fait lever; elle l'implique aussi dans les débats politiques d'une manière plus directe qu'auparavant. Enfin, ce glissement vers l'intransigeance, chez Laflèche, survient en même temps qu'il doit défendre l'intégrité de son diocèse contre les partisans de la division. Or, une fois de plus, il retrouve en face de lui Mgr Taschereau et ses amis.

---

86. Mgr Bourget à Laflèche, 19 octobre 1876, *ibid.,* A 1 B 21-23.
87. Mgr Taschereau à C.-O. Caron, 14 octobre 1876, *ibid.,* A 1 T 100-65.
88. Voir, tout particulièrement, les commentaires du *Canadien* (« Le Bref de Pie IX », *Le Canadien,* 27 octobre 1876. p. 21) et la riposte d'Au Revoir dans le *Journal de Québec* (6 et 7 novembre 1786, p. 2).

CHAPITRE IX

Laflèche défend l'intégrité
de son diocèse
(1875-1876)

*(...) toute cette affaire, dans mon humble
opinion est surtout l'oeuvre de Mgr l'Archevêque, par l'encouragement et l'aide qu'il a
donnés aux Chefs de ce mouvement.*

Laflèche

Délégué officiel de l'épiscopat, Laflèche consacre la plus grande partie de son temps à la discussion des problèmes généraux de la province ecclésiastique de Québec. Mais il n'en oublie pas pour autant qu'il est évêque de Trois-Rivières et que deux questions le sollicitent tout particulièrement: l'une, très ancienne, celle du dixième; l'autre, plus récente, celle de la division du diocèse. S'il soumet de nouveau la première aux autorités romaines sous forme de consultation [1], il ne traite la seconde que verbalement, lors de ses rencontres avec le pape et les officiers de la Propagande, réservant les explications écrites pour la bataille ultérieure [2].

Cette stratégie se base sur la conviction de Laflèche que la division est demandée par une poignée de mécontents dirigés par l'abbé Calixte Marquis et que l'ensemble du diocèse est tout aussi uni à son évêque que dans les années précédentes. Avant de décrire les manoeuvres défensives de Laflèche, il convient donc d'étudier son action épiscopale et la démarche générale des partisans de la division.

1- Laflèche, évêque à Trois-Rivières

En 1874, nous l'avons vu, diverses décisions de Laflèche avaient entraîné des réactions négatives de quelques membres du clergé, mais rien ne laissait encore prévoir une forte tempête [3]. Ces remous, du moins, n'avaient pas été suffisants pour faire revenir l'évêque sur ses projets.

---

1. Cf. *supra*, p. 234.
2. Cf. *supra*, *ibid.*
3. Cf. *supra*, p. 204s.

Le 17 décembre 1874, il date donc du séminaire de Trois-Rivières la circulaire qu'il envoie à son clergé; tout heureux de son déménagement[4], il en explique la portée en soulignant qu'avec des pièces plus nombreuses et plus convenables, il pourra offrir plus facilement l'hospitalité à ses visiteurs et surtout à ses prêtres. Ce rapprochement avec son clergé lui permettra d'attendre sereinement le jour où la situation financière du diocèse l'autorisera à avoir, comme les autres évêques une maison bien à lui, un palais épiscopal comme on disait à l'époque[5].

Ce déménagement lui permet également de donner un nouvel essor à l'oeuvre du petit et du grand séminaire de Trois-Rivières. Même si, depuis plusieurs années, il avait manifesté un intérêt constant pour le collège de sa ville épiscopale[6], Laflèche redouble d'attention pour l'institution qui l'abrite: fort de l'expérience acquise à Nicolet, il y organise un corps professoral stable, il l'anime de sa présence et de ses conseils, surveille le progrès des élèves et ne manque aucune occasion de les rencontrer[7]. Le collège, devenu petit séminaire, et le grand séminaire nouvellement créé deviennent ainsi son oeuvre de prédilection et connaissent un progrès remarquable[8]; à l'inverse, cependant, Nicolet se sent, avec raison, délaissé, même si Laflèche ne pose aucun geste défavorable à son *Alma mater*[9].

Les relations avec les autres membres du clergé demeurent assez semblables à ce qu'elles étaient depuis longtemps. Comme dans la plupart des autres diocèses, Laflèche retarde la formation d'un chapitre pour des raisons financières et il se contente d'un conseil diocésain qu'il consulte sur les questions les plus importantes[10]. La plupart des membres sont en même temps vicaires forains, délégués de l'évêque pour certaines tâches et présidents des conférences ecclésiastiques de leur circonscription[11]. Quant à l'ensemble de son clergé, Laflèche le rencontre régulièrement à l'occasion de la retraite pastorale annuelle qui se tient au séminaire de Nicolet jusqu'en 1876, au séminaire de Trois-Rivières à partir de 1877[12]. Présent pendant toute la semaine, l'évêque en profite pour discuter certains problèmes pastoraux et donner des directives verbales plus précises que dans les circulaires. Il est tellement l'âme de ces rencontres qu'en 1876, la retraite n'a pas lieu en l'absence de Laflèche[13]. C'est aussi à cette occasion que se tiennent les réunions de la caisse Saint-Thomas, nouvelle société mutuelle que l'évêque encourage fortement[14].

Au-delà des problèmes d'ordre pastoral ou même administratif[15], la retraite pastorale permet à Laflèche d'influencer l'orientation spirituelle de son diocèse. Sans condamner les

---

4. Laflèche, « Circulaire au clergé », 17 décembre 1874, METR, *Mgr Laflèche*, II, p. 522.
5. *Loc. cit.*.
6. L. Richard, *Histoire du collège des Trois-Rivières..., passim*.
7. *Ibid.*, p. 493s..
8. *Ibid.*, p. 519. La progression commence dès l'année 1872-1873.
9. Nous verrons, plus loin, les reproches que les autorités de Nicolet font à Laflèche et comment celui-ci se défend de favoriser indûment l'institution qui l'abrite.
10. Laflèche, *Relatio ad S. Congregationem de Propaganda Fide de Statu Dioecesis Trifluviensis, Canada*, 19 août 1873, APFR, SRC, ASC, 12 (1872-74), f. 413.
11. Par suite des changements de frontières du diocèse, Laflèche rajuste les limites des circonscriptions ecclésiastiques en 1877; il en conserve 13 (Laflèche, « Circulaire au clergé », 24 décembre 1877, METR, *Mgr Laflèche*, I, pp. 177-179).
12. Laflèche annonce le changement de lieu sans aucun commentaire (Laflèche, « Circulaire au clergé », 11 février 1877, *ibid.*, p. 135).
13. Laflèche « Circulaire au clergé », 14 juillet 1876, *ibid.*, II, p. 67s.
14. Après la « dissolution à l'amiable » de la caisse ecclésiastique Saint-Michel (Laflèche, « Circulaire au clergé », 17 décembre 1874, *ibid.*, I, p. 521), Laflèche fonde, dans son diocèse, la caisse Saint-Thomas qui a les mêmes buts et dont l'organisation est copiée sur celle de Saint-Hyacinthe (Laflèche, « Circulaire au clergé », 19 mars 1874, *ibid.*, I, p. 483).
15. Laflèche, comme tous ses collègues, profite de ces rencontres annuelles pour rappeler les diverses règles disciplinaires et administratives qu'il peut expliquer plus facilement que par écrit; certaines circulaires au clergé font mention des remarques qui ont été faites aux retraites pastorales. Aux périodes de crise, les propos de l'évêque soulèvent davantage d'échos, comme on le verra dans la bataille autour de la division du diocèse.

initiatives personnelles [16], il incite son clergé à développer dans le diocèse une dévotion qu'il affectionnera jusqu'à sa mort: le culte du Sacré-Coeur. Répondant aux invitations de Rome, appuyé par les prédicateurs de la retraite qui sont presque toujours jésuites, Laflèche lance toute une série de mesures pour favoriser cette dévotion. En 1875, il demande à ses curés d'inviter leurs fidèles à se consacrer au Sacré-Coeur le 16 juin, ce jour rappelant « le deux centième anniversaire de la révélation que fit Notre-Seigneur à la Bienheureuse Marguerite Marie Alacoque pour la propagation de la dévotion à son divin Coeur [17] ». Il engage ses collaborateurs à organiser des cérémonies spéciales — messe solennelle, salut du Saint-Sacrement, instruction spéciale — et il leur rappelle les effets bénéfiques du culte du Sacré-Coeur [18]. La même année, le père Pierre Point, jésuite, prédicateur de la retraite, suggère d'établir l'association de l'Apostolat de la prière [19] dans le diocèse; les prêtres présents, Laflèche en tête, acquiescent de grand coeur, suivis bientôt de tous ceux qui étaient absents. L'évêque donne aussitôt une organisation régulière à l'oeuvre et la confie à son propre secrétaire, l'abbé Édouard Ling, qui en devient le directeur diocésain avec mandat d'assurer l'affiliation avec la direction générale de Rome [20]. Encouragé par les « heureux fruits » de cette dévotion et le « souffle de vie » qui en résulte, Laflèche instaure dans son diocèse, en 1877, la coutume des Quarante-Heures et la promulgue par un mandement explicatif qu'il adresse à tous ses fidèles; il insiste sans doute sur le rôle correctif de cette dévotion, mais il n'oublie pas de souligner la consolation, « l'appui et le secours » qu'elle apporte à ceux qui doivent « supporter courageusement le poids de la chaleur et du jour [21] ».

L'établissement de l'apostolat de la prière n'a pas que des résultats spirituels. L'association n'ayant pas « de pratiques ou d'obligations nouvelles, mais (s'appropriant) les autres bonnes oeuvres déjà existantes », Laflèche accepte dans son diocèse l'Association catholique de Saint-François de Sales, dont l'existence remonte à 1857, pour « défendre et (...) ranimer la foi dans les pays catholiques, en venant surtout au secours des oeuvres qui ont pour objet l'éducation chrétienne et la préservation de la jeunesse ». L'évêque lui confie, dans son diocèse, la recherche des vocations religieuses et l'entretien d'ecclésiastiques au grand séminaire [22]. Lancée à la fin de 1876, la nouvelle association connaît un grand succès: dès la première année, elle recueille la somme de $1734.97, ce qui est considérable pour une période de crise économique, comme le remarque Laflèche lui-même [23].

Ce succès incite l'évêque à reconsidérer progressivement certaines décisions anciennes. À l'exemple du diocèse de Québec, il désaffilie du conseil de Paris l'oeuvre diocésaine de la propagation de la foi et il peut ainsi aider directement et davantage les missions de son

---

16. Le meilleur exemple est, sans conteste, Luc Desilets qui, à partir de 1867, rétablit la confrérie du Saint-Rosaire pour sa paroisse et les environs, demande à Rome divers pouvoirs et propage la dévotion qui conduira aux pèlerinages des années 1880. Voir *Registre de la Société du St-Rosaire*, pp. 3-30, *Archives du Cap-de-la-Madeleine*, D 43 - SCR 1; (Eugène Nadeau), *Notre-Dame-du-Cap, reine du Très Saint-Rosaire*, Cap-de-la-Madeleine, Sanctuaire national de Notre-Dame-du-Cap, (1947), pp. 14-22.
17. Laflèche, « Circulaire au clergé », 5 juin 1875, METR, *Mgr Laflèche*, II, p. 47s.
18. *Ibid.*
19. Fondé en décembre 1844, l'Apostolat de la prière s'est particulièrement développé, à partir de 1860, sous la direction du père Henri Ramière, s.j.. Voulant créer une mentalité apostolique, le mouvement demande à ses membres de prier, chaque jour, le Sacré-Coeur aux intentions générales et missionnaires fixées chaque mois par le pape. Voir G. Jacquemet, « Apostolat de la prière », *Catholicisme*, I, col. 726s.
20. Laflèche, « Circulaire au clergé », 31 décembre 1875, METR, *Mgr Laflèche*, II, p. 101s.
21. Laflèche, « Mandement de Mgr l'Évêque des Trois-Rivières établissant la dévotion des Quarante-Heures dans toutes les paroisses du diocèse », 21 novembre 1877, *ibid.*, II, pp. 149-154.
22. Laflèche, « Circulaire au clergé », 31 décembre 1875, *ibid.*, II, pp. 102-104.
23. Laflèche, « Circulaire au clergé », 31 janvier 1878, *ibid.*, II, p. 181s.

diocèse et celles du dehors[24]. D'autre part, dès la première année d'opération, il songe à utiliser une partie des fonds de l'association de Saint-François de Sales « pour aider à la construction d'une maison convenable pour l'évêque diocésain »; il expose son projet à Mgr de Ségur, président général de l'oeuvre, et à ses prêtres, pendant qu'il crée un fonds spécial pour l'évêché[25]. Par la même occasion, il abolit le dixième qui était si peu populaire et il annonce que les arrérages qui devront être payés seront versés au fonds spécial[26].

Ces décisions importantes, Laflèche les discute d'abord avec ses collaborateurs immédiats. Si l'on exclut les prêtres du séminaire qui font cependant table commune avec l'évêque, l'entourage de Laflèche est peu nombreux. Le plus important est sans contredit le grand vicaire Charles-Olivier Caron; compagnon de Laflèche depuis son arrivée à Trois-Rivières, il a accepté toutes les tâches et les idées de son évêque et il est un homme de bon conseil dans toutes les occasions. Laflèche peut se reposer sur lui en tout, soit comme administrateur pendant ses absences, soit pour des fonctions importantes comme celle de supérieur du séminaire de Trois-Rivières aux jours difficiles[27]. Par la diversité des tâches qui lui sont confiées, le secrétaire de l'évêque joue lui aussi un rôle non négligeable; avec l'arrivée de l'abbé Édouard Ling, la fonction devient de plus en plus stable[28]. Quand le besoin se fait sentir, Laflèche fait également appel, pour la rédaction de certains documents, au curé du Cap-de-la-Madeleine, Luc Desilets[29].

Malgré ses absences pour les nombreuses réunions épiscopales ou pour ses voyages à Rome, Laflèche demeure très près de ses diocésains. À l'occasion de la visite pastorale ou de tout autre cérémonie spéciale, il se déplace dans toutes les parties du diocèse, de telle sorte qu'il prend une connaissance directe des lieux et des problèmes au moins à tous les trois ou quatre ans[30]. La visite de l'évêque donne toujours lieu à des manifestations populaires, tandis que Laflèche lui-même en profite pour instruire son peuple. C'est cependant la ville épiscopale qui est la plus favorisée: quand il n'est pas en voyage, il fait la prédication à la cathédrale où « nombre d'étrangers se rendent expressément pour l'entendre[31] »; le séminaire et les autres communautés de Trois-Rivières le reçoivent aussi d'une façon régulière. Et l'évêque ajoute à la prédication proprement dite des discours d'occasion nombreux et des séries de conférences sur des sujets plus sociologiques[32].

---

24. Laflèche, « Circulaire au clergé », 21 novembre 1877, *ibid.*, II, p. 157s.

25. Laflèche, « Circulaire au clergé », 31 janvier 1878, *ibid.*, II, pp. 182-184.

26. *Ibid.*

27. Charles-Olivier Caron (1816-1893) a eu une carrière bien remplie comme professeur, curé, chapelain, supérieur du séminaire et vicaire général; il a été nommé protonotaire apostolique en 1892. Voir (Mère Sainte-Marguerite-Marie), *Les ursulines des Trois-Rivières...*, III, pp. 266-407.

28. L'abbé Édouard Ling est sous-secrétaire de 1871 à 1874 et secrétaire de 1874 à 1881.

29. La collaboration de Luc Desilets est encore sporadique; elle ne commencera d'une façon continue qu'au début des années 1880.

30. Dans son rapport de 1873, Laflèche demande de faire la visite complète du diocèse en quatre ans plutôt qu'en trois (Laflèche, *Relatio ad S. Congregationem de Propaganda Fide de Statu Dioecesis Trifluviensis, Canada*, 19 août 1873, APFR, SRC, ASC, 12 (1872-1874), f. 413).

31. (L.S. Rheault), *Autrefois et aujourd'hui à Sainte-Anne de la Pérade*, p. 164. Ses homélies ont beaucoup frappé ses contemporains. Le *Progrès de l'Est* écrit en 1898: « Les homélies hebdomadaires de Mgr Laflèche, du haut de la chaire de sa cathédrale, toujours faites avec une éloquence entraînante, avec une vigueur nouvelle, resteront comme un modèle de clarté, de lucidité et d'onction difficile à surpasser. Quoique ses sermons fussent généralement longs, il avait le talent d'intéresser en même temps que d'instruire et de moraliser, et ses auditeurs le suivaient facilement jusqu'au bout sans fatigue et sans lassement » (reproduit dans le *Trifluvien*, 19 juillet 1898 p. 6.)

32. En novembre 1875, par exemple, il fait, à l'Union catholique de Trois-Rivières, « d'éloquentes et profondes considérations sur la nature des sociétés et de leur constitution » (*Le Journal des Trois-Rivières*, 8 novembre 1875, p. 2). Il faut noter, cependant, que les principales séries de conférences, d'ailleurs publiées, sont prononcées après 1880.

Laflèche est aussi présent à la population de sa ville par le ministère qu'il exerce dans la mesure du possible : il tient tout spécialement à réconforter les malades et, au témoignage des contemporains, « peu de jours se passaient sans qu'il allât visiter un mourant[33] ». Sa silhouette est familière dans les rues de la ville :

> Chaque matin, sa messe dite, vers 7 hrs, on pouvait le rencontrer durant la belle saison se promenant sur le Boulevard Turcotte d'où l'oeil entrevoit, entre les arbres, se dérouler le grand fleuve. Il marchait, le chapelet à la main, s'arrêtant au milieu d'un « Ave » pour saluer quelqu'un — catholique ou protestant, car tous le respectaient également — pour dire une bonne parole à un enfant, s'informer d'un malade pour lequel il avait prié, donner un conseil et souvent distribué l'aumône[34].

Les froids n'empêchent pas cette longue promenade ; Laflèche se protège alors avec un « casque de poil » devenu presque légendaire : dès l'automne il se coiffe de ce « casque à oreilles, en loutre jaune » qu'il attache soigneusement par des galons noirs noués en boucle sous le menton ; en avril il laisse pendre les oreilles et en mai les relève complètement[35].

Avec les gens, en public comme en privé, on le dit « d'une douceur et d'une affabilité charmante[36] ». Sa porte est ouverte à tous, sans cérémonial ni protocole : « Quand on connaissait la disposition des lieux, on allait tout simplement frapper à la porte de son appartement. « Entrez », criait l'évêque. Et là se bornait le cérémonial[37] ». Cette hospitalité est encore plus grande envers les prêtres :

> quel grand coeur ! comme il était bon, affable, hospitalier ! Ses prêtres le savent ! Il les accueillait toujours avec bonté, les encourageait au milieu des difficultés qui surgisseaient (sic) dans leur ministère, les consolait dans leurs peines. Leur Évêque était pour eux un bon Père digne de leur confiance[38].

Ce qui ne l'empêchait pas de les réprimander au besoin, parfois avec une vigueur surprenante.

Cette affabilité naturelle, Laflèche l'affiche nulle part mieux que dans les conversations détendues qui suivent les repas. Il a conservé de son séjour dans l'Ouest[39] et de l'intimité de Mgr Cooke[40] le goût des échanges légers, à bâtons rompus, où fusent les anecdotes comme parfois les indiscrétions. Il s'y révèle un conteur volubile, spirituel, pittoresque qu'on écoute avec délice[41].

---

33. Jules Saint-Elme, « Mgr Laflèche... », *Le Monde Canadien*, 21 juillet 1898.
34. *Ibid.*
35. Jean de Chenou, « Le casque de Monseigneur », ASTR, *Fonds Laflèche*, B 2 A 7-1. Il s'agit d'une coupure de journal dont nous n'avons pu déterminer la provenance.
36. Rheault, *Autrefois et aujourd'hui...*, p. 165.
37. Jules Saint-Elme, « Mgr Laflèche... », *Le Monde Canadien*, 21 juillet 1898.
38. Prudent Dubé à L.-S. Rheault, 16 juillet 1898, *Le Trifluvien*, 19 juillet 1898, p. 4.
39. Dom Paul Benoît a souligné, avec justesse, la jovialité et la conversation captivante du compagnon et grand ami de Laflèche, Alexandre-Antonin Taché (Paul Benoît, *Vie de Mgr Taché, archevêque de St-Boniface*, Montréal, Beauchemin, 1904, II, pp. 833-862) ; comme beaucoup de missionnaires de l'Ouest, Laflèche a conservé ce goût de la parole et des conversations reposantes.
40. Mgr Thomas Cooke était, au dire de ses contemporains, un homme jovial « et vivant », doué d'un « beau talent de narrer » ; « Il avait aussi des réparties adroites et piquantes ; mais il faut bien avouer ici qu'il lui arrivait de passer les justes bornes. Sa répartie, quelquefois, n'était plus une pointe, c'était un dard » (Meinier, « Galerie nationale. Monseigneur Thomas Cooke (...) », *L'Opinion publique*, III, 22 (30 mai 1872), p. 253).
41. Elie Auclair, « Monseigneur Laflèche », *Apothéose de Mgr Louis-François R.-Laflèche*, p. 16. Jules Saint-Elme souligne, lui aussi, que Laflèche fut « un des plus intéressants causeurs qu'on pût rencontrer. Tous les sujets lui étaient familiers ; il en parlait en connaisseur et en savant, sans affectation de science, mais avec ce naturel parfait qu'on retrouvait dans ses discours » (Jules Saint-Elme, « Mgr Laflèche... », *Le Monde Canadien*, 21 juillet 1898). Un zouave fait la même constatation à Rome en 1870 (« Lettres romaines », *La Minerve*, 8 mars 1870, p. 3).

Ces moments de détente sont les seuls qu'il se permette avec les marches quotidiennes. En dehors d'eux, tout gravite autour de la prière et du travail. Au contraire de Mgr Bourget[42], Laflèche n'a pas laissé de textes sur ses états d'âme, ses résolutions de retraites ou ses examens particuliers; il se livre assez peu, également, dans ses écrits officiels ou sa correspondance[43]. Ses contemporains apportent cependant des témoignages très concordants. Il est « pieux et régulier comme un séminariste », écrit de lui son chancelier quelques années avant sa mort et il ajoute:

> À tous les exercices religieux, Monseigneur apporte un sérieux et une dignité qui imposent. Dans sa cathédrale, aux jours de fêtes solennelles, au milieu de la pompe épiscopale, sa physionomie est grande et majestueuse. En le voyant célébrer les saints mystères, on sent que sa foi est vive et profonde; en l'entendant prier, on prie mieux soi-même[44].

Du panégyrique trop voyant, retenons au moins la piété simple et profonde que divers témoins rappellent[45].

Scandée par les divers excercices religieux qui vont de la méditation matinale à l'examen de conscience du soir, la journée de Laflèche est surtout consacrée au travail; l'occupent à la fois la nombreuse correspondance, la rédaction des multiples mémoires et la préparation de ses sermons et discours. Ses soirées sont particulièrement réservées à l'étude et à la lecture: « Il est un lecteur assidu » et « Il se tient au courant de toutes les publications scientifiques », dit un de ses confidents[46]. « Même dans les dernières années de sa vie, il consacrait encore plusieurs heures, chaque jour, à l'étude », dira-t-on au moment de sa mort[47], et la *Patrie* insistera beaucoup sur sa bibliothèque[48].

Tout respire l'austérité dans cette vie rangée. Laflèche n'a, pour ainsi dire rien à lui: ni voiture, ni chevaux, ni argent qu'au dire de ses proches, il fait « passer à des oeuvres utiles ou pour soulager quelques grandes misères » dès qu'il en a[49]. « Il est toujours vêtu avec la dernière simplicité », dit le même témoignage[50], et sa santé fragile l'oblige à la plus grande frugalité. À mesure qu'il veillit, la maladie semble l'abandonner et c'est dans les périodes de surcharge que Laflèche semble en meilleure forme; « Monseigneur est toujours bien lorsqu'il prêche et lorsqu'il voyage », dit-on souvent[51]. C'est alors que sa haute stature, sa figure maigre et ascétique, ses yeux noirs, toute sa physionomie gracieuse prennent leur relief et leur beauté. Et que ses diocésains l'admirent.

Il y a, cependant, quelques ombres au tableau. Comme nous l'avons rappelé plusieurs fois, certains de ses collaborateurs lui reprochent ses hésitations et ses tergiversations, et ils n'ont pas toujours tort. Par contre, dès qu'il est convaincu de la justesse d'une cause, Laflèche s'y consacre avec une impétuosité qui peut blesser certains adversaires. Ses plaidoiries sont ordinairement logiques et vigoureuses, mais elles n'évitent pas toujours l'ironie caustique ou les finasseries subtiles. C'est pourquoi elles n'ont pas toujours les

---

42. Mgr Bourget a laissé des notes de retraites et des carnets d'examens particuliers; voir Léon Pouliot, *Mgr Bourget et son temps, passim.*
43. Sauf quelques exceptions (lettres à Thomas Caron, lettres à ses nièces religieuses), nous n'avons que la correspondance officielle de Laflèche, on y retrouve peu d'effusions.
44. Rheault, *Autrefois et aujourd'hui...,* p. 164s.
45. Il est « pieux et simple, savant comme un Père de l'Église et modeste comme un catéchumène », aurait dit de Laflèche un prélat romain (*ibid.,* p. 167).
46. *Ibid.,* p. 164.
47. Jules Saint-Elme, « Mgr Laflèche... », *Le Monde Canadien,* 21 juillet 1898.
48. « Feu Mgr Laflèche », *La Patrie,* 15 juillet 1898, p. 5.
49. Rheault, *op. cit.,* p. 165.
50. *Ibid.*
51. *Ibid.,* p. 163.

résultats escomptés et elles ancrent davantage les adversaires dans leurs convictions. Car, il ne faut pas se leurrer, Laflèche a des adversaires. Parmi l'épiscopat où certains de ses collègues, l'archevêque en tête, ne partagent pas sa vision des choses et moins encore les solutions qu'il propose. Au sein de son clergé aussi, malgré ses qualités et ses efforts, il n'a pas complètement colmaté la désunion qui régnait à son arrivée; sa politique financière et ses relations avec le séminaire de Nicolet lui ont valu également l'opposition de certains prêtres. Celle aussi de certains laïques que l'évêque a l'occasion de malmener à propos de questions religieuses ou politiques et qui ne lui donnent pas toujours raison. Mais, dans ce cas comme dans les autres, cette opposition touche beaucoup plus les idées que la personne de Laflèche. Sauf exception, ces adversaires n'ont que du respect pour leur antagoniste et ne lui font pas de reproches personnels. C'est pourquoi on peut dire que l'évêque de Trois-Rivières est aimé de tout son peuple, y compris les personnes en désaccord avec lui. La première phase de la longue bataille autour de la division du diocèse change à peine cette situation.

2- L'offensive en faveur de la division du diocèse

Le 1er mai 1875, une trentaine de prêtres de la partie sud du diocèse de Trois-Rivières envoient à l'archevêque de Québec une supplique en faveur du démembrement du diocèse et de l'érection de Nicolet en évêché[52]. Mgr Taschereau, qui ne leur cache pas sa sympathie tout en devinant les effets probables de la démarche, leur conseille de s'adresser directement à Rome, ce qu'ils font le 1er septembre 1875[53]. Ils accompagnent leur demande d'un court mémoire qui en explique les raisons principales. C'est ainsi que débute pour de bon la bataille décisive autour de la division du diocèse de Laflèche.

Dans leurs documents, les partisans du diocèse de Nicolet soutiennent la thèse suivante: Il est *nécessaire* de diviser le diocèse de Trois-Rivières, il est *possible* et même *facile* d'effectuer sans délai ce démembrement. Plusieurs raisons rendent la partition nécessaire; c'est à la fois l'étendue du territoire, le chiffre considérable de la population et l'accroissement des établissements qui font « *Qu'une division est inévitable tôt ou tard*», mais il y a d'autres motifs moins inéluctables: le règlement du problème financier, le sort du collège de Nicolet, les divergences d'opinion entre le clergé du nord et du sud, les obstacles posés par la traversée du Saint-Laurent, l'appui d'un très grand nombre de prêtres et de laïques[54]. La division est possible et facile, parce que les deux évêques auraient des territoires considérables et des ressources suffisantes[55].

D'une clarté remarquable, les textes des requérants sont de la plume de l'abbé Thomas Maurault du séminaire de Nicolet, mais il n'est pas douteux que le maître d'oeuvre a été l'abbé Calixte Marquis, curé de Saint-Célestin. C'est lui, en effet, qui a colligé la documentation et fait les principaux contacts personnels. Profitant des visites d'amitié, des rencontres de presbytère et des réunions traditionnelles au collège, il a multiplié les démarches et soutenu une correspondance abondante. Le tout, avec une discrétion exceptionnelle qui a permis un secret presque total.

---

52. Louis-Stanislas Malo et autres à Mgr Taschereau, 1er mai 1875, AAQ, 33 CR, *Diocèse de Trois-Rivières*, 1, 177. Vingt-trois prêtres ont signé, tandis que six autres se sont déclarés favorables mais sans signer.
53. L.-S. Malo au card. Franchi, 1er septembre 1875, APFR, SRC, ASC, 13 (1875), f. 693. La supplique accompagne la lettre.
54. *Mémoire pour accompagner une supplique adressée à N.S.P. Le Pape Pie IX, sollicitant l'érection d'un nouveau diocèse qui serait formé de la partie du diocèse des Trois-Rivières, située au Sud du fleuve St-Laurent, dans la Province Ecclésiastique de Québec, Canada,* 1er septembre 1875, pp. 1-3, ASN, Boîte no 1-A, *Division du diocèse;* voir aussi APFR, SRC, ASC, 15 (1877), f. 533-537.
55. *Ibid.,* pp. 4-7.

> Nous avons préparé nos documents tranquillement, écrit-il lui-même, mais
> non à la cachette; sans publier nos vues sur les toits, nous avons parlé et écrit
> autant qu'il a été nécessaire, mais pas plus; en cela, nous avons suivi les con-
> seils d'hommes sages. Au reste, nous aurions été infiniment malhabiles, si nous
> avions mis nos pièces au vent[56].

Ainsi, les 61 prêtres de la rive sud n'ont pas tous été mis dans la confidence, car les vicaires et les jeunes curés, en se prononçant, auraient connu trop de risques pour leur carrière, du moins aux yeux des promoteurs. Des 36 ecclésiastiques invités à signer la supplique, trois refusèrent et deux ne se prononcèrent pas; plus tard, deux curés retirèrent leur signature. C'était, dans l'esprit de Marquis, une « majorité » suffisante pour ébranler les autorités romaines.

Les documents de Nicolet sont transmis à la Propagande par l'intermédiaire de Benjamin Pâquet qui y a ses entrées, mais, selon la coutume, le dossier est renvoyé à l'assemblée des évêques de la province ecclésiastique de Québec et l'archevêque en saisit chacun de ses suffragants[57]. Laflèche, qui apprend officiellement la nouvelle en même temps que ses collègues[58], réagit avec fermeté. Pour prouver le peu de sérieux des requérants, il conteste la plupart des chiffres avancés par eux sur la situation financière du diocèse[59]; quelque temps après, il exige la liste des signataires pour « constater prudemment l'état des esprits sur cette question[60] ». De plus, en prévision de la réunion des évêques en mars 1876, il fait parvenir à chacun un mémoire pour défendre l'intégrité de son diocèse[61].

Après avoir dénoncé « les plus ardents promoteurs de ce projet » comme d'éternels mécontents qui se sont déjà élevés contre l'érection du diocèse et le dixième imposé par Mgr Cooke[62], Laflèche prend la contrepartie de chacun des arguments des pétitionnaires; il s'efforce donc de prouver que: 1) le territoire est trop petit pour y faire vivre deux diocèses; 2) dans l'avenir, il y aura 85 paroisses au maximum, si bien qu'un évêque suffira au travail requis; 3) les problèmes financiers du diocèse existent toujours nécessitant encore des sacrifices; 4) la division signifierait l'abandon de la caisse ecclésiastique et du grand séminaire, la paralysie des oeuvres diocésaines et la banqueroute financière. Et il conclut:

> La fondation du diocèse de Nicolet ne procurerait aucun avantage réel en
> compensation de tous ces inconvénients. Ce serait mettre sans aucune raison
> valable un Evêque de plus dans l'embarras et la gêne, et charger inutilement les
> populations de ces territoires d'un nouveau fardeau[63].

---

56. Cité dans Alphonse Roux, « Monseigneur Calixte Marquis et l'érection du diocèse de Nicolet », La Société canadienne d'histoire de l'Église catholique, *Rapport 1944*, p. 40s. Les « hommes sages » sont des amis de Québec.

57. Mgr Taschereau à Laflèche, 5 février 1876, ASTR, *Fonds Laflèche*, A 1 T 100-54.

58. Dans un projet de réponse aux premiers documents des pétitionnaires, Laflèche parle de sa surprise, mais il prétend que certains prêtres, étonnés et alarmés de la démarche en cours, lui avaient écrit des lettres de protestation. Il enlève ce paragraphe dans la rédaction finale; nous n'avons pas retrouvé ces lettres dans les archives (*Mémoire de l'Évêque des Trois-Rivières au sujet du démembrement de son diocèse demandé par quelques Prêtres de ce diocèse*, 28 février 1876, brouillon, ASTR, *Fonds Laflèche*, B 4-31). Il ne fait pas de doute que Laflèche est au courant de ce qui se trame, mais il ne soupçonne pas la démarche à Rome, inusitée jusqu'alors.

59. Cette riposte de Laflèche lance une guerre de chiffres qui durera jusqu'en 1885 et au-delà (*Notes de M. Marquis ptre à Mgr Racine sur la possibilité de diviser de suite le diocèse de Trois-Rivières*, 30 mars 1876, AAQ, 33 CR, *Diocèse de Trois-Rivières*, 1, 207).

60. Le dossier transmis à Laflèche par Taschereau ne contenait pas la liste des signataires — plusieurs autres documents manquaient aussi — alors que les évêques de Sherbrooke, de Saint-Hyacinthe et de Rimouski l'avaient reçue. Laflèche proteste et reçoit la liste par l'intermédiaire de Mgr Moreau (Mgr Moreau à Laflèche, 18 avril 1876, ASTR, *Fonds Laflèche*, B 4-60).

61. *Observations de l'Évêque des Trois-Rivières sur la requête et le mémoire adressés au St-Siège par M.L.S.- Malo et autres demandant la division du diocèse des Trois-Rivières et l'érection d'un nouveau diocèse*, 21 février 1876, 18p., AAQ, 33 CR, *Diocèse de Trois-Rivières*, 1, 203.

62. *Ibid.*, p. 1.

63. *Ibid.*, p. 17.

Tout au long du texte, l'évêque produit des chiffres et des témoignages et il essaie, parfois avec humour, de les faire servir à la confusion des requérants. Par exemple, à propos du premier argument des partisans de Nicolet, l'étendue du territoire, Laflèche commence sa critique par ces mots: « Il ne manque qu'une chose à cette raison pour en faire reporter toute la force, c'est l'exposé franc et exact de la valeur de ce territoire », puis il décrit lui-même le territoire « inhabitable et inculte » — 21 484 m.c. sur 25 338 — qu'au dire des pétitionnaires le chemin de fer des Piles devrait ouvrir à « *un nombre considérable de nouveaux établissements* ». Et de conclure: « O merveilleuse puissance des chemins de fer, qui dompte la rigueur des climats, abaisse les montagnes, fertilise les rochers & fait surgir immédiatement de nombreux établissements dans un territoire inculte et inhabitable ! [64] » À chacun des arguments reviennent les jugements dénonçant « l'exagération », le « zèle extraordinaire », « un étalage de chiffres que l'on dirait avoir été mis là pour voiler la pauvreté des raisons invoquées », les accrocs à la « bonne foi », les « renseignements aussi erronés », ce qui lui permet de signaler « qu'une cause qui a besoin de tels moyens pour se soutenir est dans l'opinion même de ses défenseurs fort dénuée de véritables et solides raisons [65] ».

Enfin, soupçonnant les prêtres du séminaire de Nicolet d'être les principaux initiateurs du projet, Laflèche rappelle les difficultés qu'il a eues avec eux à propos du transfert et du séminaire de Trois-Rivières, et le développement de cette dernière institution — par « la force des choses » et il conclut: « Grâce à l'opposition de ces Messieurs la chose (le transfert) n'a pu avoir lieu, et voici que pour en prévenir les conséquences qu'ils en redoutent ils ne reculent pas devant le démembrement du diocèse. Car c'est là à n'en pas douter le noeud de l'énigme et la raison véritable de toute cette agitation [66] ».

Ainsi informés d'une façon contradictoire [67], la plupart des évêques font connaître leur appui à leur collègue de Trois-Rivières. Mgr Moreau est le premier à le soutenir et il prévoit que « la discussion ne devra pas être longue sur le sujet, car qui peut mieux que le Titulaire intéressé renseigner les Évêques sur la question? » [68] D'autre part, Laflèche reçoit de Mgr Fabre des *Notes sur les mémoires de MM. Malo et autres* qui, rédigées avant le mémoire de l'évêque de Trois-Rivières, en corroborent tous les points [69]. Mgr Bourget et Mgr Duhamel se prononcent également contre le démembrement [70].

Le 23 mars 1876, une réunion de l'épiscopat de la province ecclésiastique de Québec a lieu dans la capitale; cinq évêques y assistent: Taschereau, Laflèche, A. Racine, Duhamel et Moreau. La principale question débattue est la suivante: « Est-il opportun de diviser le diocèse des Trois-Rivières et de faire l'érection d'un autre diocèse dont le siège épiscopal soit à Nicolet? » L'archevêque prend la parole le premier et se prononce carrément « pour la possibilité et l'opportunité de faire un diocèse de la partie sud du diocèse des Trois-Rivières »; Mgr A. Racine est du même avis « si elle (la division) est possible, ni injuste envers les créanciers de la Corporation épiscopale des Trois-Rivières ». Reprenant à peu près les arguments de son mémoire, Laflèche s'oppose à la division, parce qu'elle serait, dit-il, « l'anéantissement

---

64. *Ibid.*, p. 5.
65. *Ibid., passim.*
66. *Ibid.*, p. 11.
67. Les deux partis se distinguent non seulement par l'alignement de chiffres différents et de raisonnements contradictoires à propos des mêmes sujets, mais aussi par le style de l'exposé. Autant le mémoire de Laflèche est personnalisé, ironique, violent même, autant l'autre se veut posé, respectueux, objectif et sans passion. À remarquer également qu'il n'y a pas d'attaque contre l'administration de Laflèche.
68. Mgr Moreau à Laflèche, 5 mars 1876, ASTR, *Fonds Laflèche,* B 4-60.
69. Mgr E.-C. Fabre, *Notes sur le Mémoire de MM. Malo et autres,* 20 mars 1876, 4p., ASTR, *Fonds Laflèche,* B 4-60.
70. Mgr Bourget à Laflèche, 18 mars 1876, *ibid.,* A 1 B 21-20; Mgr Duhamel à Laflèche, 8 mars 1876, A. Savaète, *Voix Canadiennes, Vers l'Abîme,* VI, p. 234.

du Diocèse des Trois-Rivières »; Mgr Duhamel se déclare totalement de son avis et « Mgr de St-Hyacinthe ne voit pas qu'il soit possible actuellement d'ériger à Nicolet un nouveau diocèse ». Enfin, par lettre, Mgr Bourget s'élève contre le démembrement projeté « qu'il n'a pu(...) considérer que comme une entreprise funeste à la Religion et contraire aux sages et louables coutumes observées dans cette province et sanctionnées par le St-Siège » ; c'est aussi l'opinion de Mgr Fabre[71]. Même si la réponse de Mgr J. Langevin reste encore à venir[72], Laflèche peut donc crier victoire, puisque cinq évêques sur sept n'approuvent pas la division, mais il se garde bien de triompher immédiatement, car l'archevêque annonce, avant de lever la séance, qu'il écrira à Rome « pour exprimer franchement ses vues[73] ».

En prévision de cette nouvelle étape, Laflèche courtise ses collègues, même Mgr A. Racine avec lequel il a un entretien « en revenant de Québec[74] ». Il ne le convainc pas, mais, en revanche, reçoit de nouveaux témoignages d'appui des autres évêques qui explicitent davantage leur opposition à la division[75]. Le meilleur exemple est celui de Mgr Moreau qui lui écrit :

> Je n'hésite pas à déclarer à Votre Grandeur que je ne trouve pas opportune la division de votre diocèse en deux diocèses, tant que la vallée du St-Maurice n'aura pas été colonisée de manière à ce que votre diocèse redevienne ce qu'il est aujourd'hui, car mon opinion est qu'il n'est pas trop étendu et que Son Évêque peut facilement pourvoir à tous ses besoins[76].

Pendant ce temps, Mgr Taschereau prépare lui aussi le dossier qu'il enverra à Rome. Il affirme à Laflèche qu'il exposera « simplement et franchement ce (qu'il) en pense; V.G. donnera elle-même ses objections et de cette manière le S. Siège sera à même d'en juger en plus parfaite connaissance de cause[77] ». Il assure que l'avis de *tous* les évêques sera envoyé à la Propagande et il consent même à retarder l'expédition de sa lettre à Franchi à la fois pour y inclure la réponse de Mgr Langevin et pour permettre à Laflèche de prendre « toutes les informations possibles sur l'état des esprits[78] ». Mais ces échanges de politesses ne l'empêchent pas de colliger tous les documents et les arguments favorables au diocèse de Nicolet.

Datée du 12 avril 1876, la lettre de Taschereau au préfet de la Propagande est un long plaidoyer en faveur du démembrement du diocèse de Trois-Rivières et de l'érection de celui de Nicolet. L'archevêque développe d'abord l'argument de la division du clergé, particulièrement à cause des frictions entre l'évêque et le séminaire de Nicolet, puis il reprend chacun des motifs des pétitionnaires pour les appuyer sans nuance ou les expliciter davantage; il glisse rapidement sur les erreurs de chiffres de la supplique, les considérant comme peu importantes dans le débat. Sa conclusion est donc que le démembrement immédiat lui apparaît nécessaire et possible (« dismembratio immediata mihi videtur *necessaria* et *possibilis* »). Il rapporte l'opinion des suffragants de la façon suivante : Laflèche, Duhamel, Bourget et son

---

71. Mgr A. Racine, (Procès-verbal de l'assemblée des évêques du 23 mars 1876), AAQ, 10 CP, *Épiscopat du Québec*, I, pp. 53-55.
72. Sa réponse est du 30 mars 1876 ; elle est un peu ambiguë. Il déclare le démembrement possible et opportun, mais non pas urgent ; sa conclusion est la suivante : « Je me résume en disant que, bien que je pense ce démembrement praticable et désirable sous certains rapports, je le trouverais prématuré pour le moment » (Mgr J. Langevin à Mgr Taschereau, 30 mars 1876, AAR, *Correspondance spéciale*, I, 137).
73. Roux, *op. cit.*, p. 43.
74. Mgr A. Racine à Laflèche, 24 mars 1876, ASTR, *Fonds Laflèche*, B 4-60.
75. Tous les témoignages sont regroupés dans ASTR, *Fonds Laflèche*, B 4-60.
76. Mgr Moreau à Laflèche, 24 mars 1876, *ibid.*
77. Mgr Taschereau à Laflèche, 28 mars 1876, *ibid.* A noter que l'archevêque demande une décision *à Rome*, alors que la coutume veut qu'elle soit prise *ici*.
78. Le même au même, 1er avril 1876, *ibid.*.

coadjuteur (Fabre) sont opposés à la division; l'évêque de Sherbrooke est du même avis que lui[79]; l'avis de Mgr J. Langevin est reproduit textuellement, en traduction latine; enfin, de Mgr Moreau, il dit: « L'évêque de S. Hyacinthe, natif de la rive sud, pense que l'érection d'un nouveau diocèse n'est pas possible dans les circonstances actuelles, mais qu'elle lui apparaît très souhaitable[80] ».

Le texte de Taschereau laisse entendre que quatre évêques — lui-même et trois suffragants — croient souhaitable la division; c'est ce que comprennent les autorités romaines qui ajoutent, cependant, que « trois évêques suffragants et l'archevêque ont fait savoir que la division projetée du dit diocèse était *non seulement utile mais nécessaire*[81] ». Franchi, qui en fait part à Laflèche, lui recommande par la même occasion de faire connaître son avis et ses objections. Arrivée quelques jours après la lettre du même cardinal sur les problèmes politico-religieux, cette demande incite encore davantage l'évêque de Trois-Rivières à faire le voyage à Rome[82].

3- Le débat à Rome

Avant de partir, Laflèche s'empresse de faire connaître sa surprise au préfet de la Propagande. Il ne comprend pas, dit-il, que sa lettre parle de quatre évêques favorables à la division immédiate du diocèse alors que celle-ci « a été rejetée par six Évêques de la Province savoir cinq Suffragants et Mgr le coadjuteur de Montréal et elle n'a été appuyée que par deux, savoir Mgr l'Archevêque et Mgr A. Racine Ev. de Sherbrooke ». Sans le dire clairement, il laisse supposer que cette inexactitude ne peut être l'oeuvre que de Taschereau qui n'a pas su demeurer objectif devant ce problème:

> Votre Éminence me permettra de lui dire aujourd'hui que toute cette affaire, dans mon humble opinion, est surtout l'oeuvre de Mgr l'Archevêque, par l'encouragement et l'aide qu'il a donnés aux Chefs de ce mouvement. Pour quels motifs en a-t-il agi ainsi? Que Votre Éminence me dispense de les scruter: c'est une affaire trop délicate et qui demanderait un trop long exposé

Il exige donc qu'on lui transmette toute accusation portée contre lui et son administration et qu'on rejette « une demande aussi mal fondée[83] ». Il n'envoie pas d'autre défense, car il a déjà expédié, au mois de mai, un mémoire et de nombreuses pièces justificatives[84].

Une fois à Rome, Laflèche se rend vite compte que la question de son diocèse est secondaire par rapport aux autres et il ne lui réserve donc qu'une place infime dans sa stratégie. Croyant découvrir « un enchaînement intéressant » dans tous les problèmes soumis à la Propagande[85], il s'attache à dénoncer le libéralisme et les libéraux, causes de tous les maux, et c'est dans cet éclairage qu'il traite des accusations contre le clergé, des directives aux professeurs de l'université Laval comme de la démission de Mgr Bourget[86]. Du démembrement du diocèse de Trois-Rivières, il n'est question qu'en de rares occasions: Laflèche prend des informations auprès de Mgr Agnozzi le 12 août 1876[87] et, sans doute, en

---

79. Il commence ses arguments par ces mots: « Archiepiscopus Quebecensis et Épiscopus Sherbrookensis putant... ».
80. Mgr Taschereau au card. Franchi, 12 avril 1876, APFR, SRC, ASC, 14 (1876), f. 226-231. À noter que cette lettre n'a pas été copiée dans le registre des lettres des archives de l'archevêché de Québec.
81. Card. Franchi à Laflèche, 24 mai 1876, AETR, *Registre des lettres*, VIb, 33. C'est nous qui soulignons.
82. Laflèche à C.-F. Cazeau, 14 juillet 1876, *ibid.*, VI, 13.
83. Laflèche au card. Franchi, 29 juin 1876, ASTR, *Fonds Laflèche*, B 4-36.
84. *Mémoire de l'Évêque des Trois-Rivières au sujet du démembrement de son diocèse demandé par quelques prêtres de ce diocèse*, mai 1876, *ibid.*, B 4-49.
85. G. Lamarche au chan. L. Mongeau, 9 août 1876, ACAM, 901. 147, 876-6.
86. Cf. *supra*, p. 230ss.
87. G. Lamarche à Mgr Fabre, 13 août 1876, *ibid.*, 876-8.

parle-t-il avec Pie IX dans le tête à tête de 20 minutes qu'il a avec lui le 16 août[88]. Comme le sujet n'est pas prêt d'être discuté à la Propagande, l'évêque n'ajoute rien à la défense déjà présentée et, avant de partir, se contente de désigner comme son procureur, l'abbé Télesphore Harel, qui sera aidé du chanoine Godefroy Lamarche[89].

Pendant que ce dernier fait le tour des cardinaux[90], l'abbé Harel ne prend aucune initiative et se limite à transmettre à la Propagande les documents de Laflèche [91]; il passe à l'action seulement au moment où approche l'étude du problème par la congrégation; il suggère alors à l'évêque de présenter de « grands travaux[92] » et il dépose lui-même un *Sommaire des raisons apportées par Sa Grandeur Monseigneur Laflèche.* Le document fait le point des objections de l'évêque contre la division et développe chacun des aspects suivants: 1) le territoire utile du diocèse est petit et on veut l'amputer des deux tiers; 2) les raisons des pétitionnaires sont fausses: il n'y a pas de division dans le clergé, le fleuve n'est pas un obstacle aux relations entre le nord et le sud; 3) les chiffres avancés dans le mémoire des promoteurs sont erronés; 4) il n'y a pas de ressources suffisantes pour faire vivre deux évêques; 5) l'agitation est l'oeuvre de quelques prêtres seulement; 6) la vraie cause des troubles est le séminaire de Nicolet; 7) Laflèche n'a jamais défavorisé Nicolet et ne lui a fait qu'un refus pour des raisons justes; 8) les relations de l'évêque avec le collège de Trois-Rivières ont toujours été dictées par la justice; 9) quatre évêques et le coadjuteur de Montréal se sont prononcés carrément contre la division; 10) mêmes les statistiques comparées militent contre le démembrement[93].

Destinée à Mgr Agnozzi pour qu'il puisse intervenir en temps et lieu, cette synthèse n'apporte guère d'éléments nouveaux, mais elle résume clairement les données essentielles du dossier, ce dont ont particulièrement besoin les membres de la Sacrée Congrégation de la Propagande. Harel croit fermement à la force de son document et des arguments de Laflèche. Tenant l'évêque au courant de l'humeur des autorités romaines, il insiste régulièrement sur l'heureuse issue de la question:

> Ces Messieurs de Nicolet et autres, lui aurait dit Agnozzi, peuvent continuer à envoyer leurs papiers; mais ils en seront quittes pour leurs frais de poste; leur demande n'est pas admissible maintenant. Quand tout le territoire en arrière de Trois-Rivières sera peuplé de chrétiens au lieu d'arbres, alors il sera temps d'y songer[94].

Ce bel optimisme n'est guère assombri par l'annonce de l'envoi d'un délégué, à qui le dossier est confié, mais la mission de l'abbé Harel diminue d'importance, même s'il continue de transmettre à Mgr Agnozzi des documents reçus du Canada[95].

Pas plus que les questions politico-religieuses, le problème de la division du diocèse de Trois-Rivières n'est en aucune façon réglé par le voyage de Laflèche à Rome en 1876. Fidèle à son objectif, il peut informer plus complètement la Propagande et mieux présenter sa défense, mais il ne saurait changer le rythme séculaire des vénérables dicastères. Les autorités romaines ne sont pas encore prêtes à étudier le cas de son diocèse et elles en sont encore à l'étape de la cueillette des renseignements. Laflèche s'en rend bien compte et il s'y résigne, mais

---

88. G. Lamarche à Mgr Bourget, 17 août 1876, *ibid.,* 876-10.
89. Laflèche au card. Franchi, 4 septembre 1876, AETR, *Registre des lettres,* VIb, p. 187; G. Lamarche à Laflèche, ASTR, *Fonds Laflèche,* A 2 L 112-1.
90. Le chanoine multiplie les visites et les mémoires auprès des cardinaux et en fait, presque chaque jour, le compte rendu à ses correspondants de Montréal; voir ACAM, 901. 147: *Godefroy Lamarche.*
91. T. Harel à Mgr Agnozzi, 1er décembre 1876, APFR, SRC, ASC, 14 (1876), f. 546s.
92. T. Harel à Laflèche, 11 janvier 1877, ASTR, *Fonds Laflèche,* A 2 H 100-8.
93. T. Harel à Mgr Agnozzi, 4 février 1877, APFR, SRC, ASC, 15 (1877), f. 64-70.
94. T. Harel à Laflèche, 18 février 1877, ASTR, *Fonds Laflèche,* A 2 H 100-10.
95. Par exemple, T. Harel à Mgr Agnozzi, sans date (fin mai 1877), APFR, SRC, ASC, 15 (1877), f. 280s.

il ne peut attendre sur place le jour lointain où la question sera débattue. Convaincu de la force de son argumentation et de l'opinion majoritaire de ses collègues, il quitte Rome en confiant le dossier à un procureur qui pourra continuer à répondre aux questions et, avec le chanoine Lamarche, faire au besoin le siège des cardinaux. Pour Laflèche, c'est suffisant et, dans ce sens, sa mission est remplie et il peut revenir au pays.

Il peut même quitter Rome avec le sentiment d'avoir remporté une victoire. On l'avait envoyé renseigner les autorités romaines et défendre le clergé; il l'a fait et il a obtenu un bref apostolique qui, à ses yeux, libère le clergé de toute accusation et appuie sa lutte contre le libéralisme. Il a eu aussi l'occasion de montrer sous leur vrai jour les libéraux et le parti libéral, ennemis de l'Église d'autant plus dangereux qu'ils ont, dit-il, soudoyé des catholiques influents, membres du clergé ou de l'université Laval, familiers de l'archevêque, sinon Taschereau lui-même. Laflèche ne doute pas un seul instant que Rome, éclairée par ses mémoires et ceux de Lamarche, ne peut que se ranger à l'avis des « vrais » catholiques et donner le coup de barre salvateur. Il attend la décision romaine avec d'autant plus d'impatience que les relations Église-État se détériorent davantage au début de 1877.

CHAPITRE X

Laflèche et le délégué apostolique, Mgr Conroy (1877-1878)

La bonne foi du regretté Mgr Conroy s'est laissé surprendre par l'influence de ces prêtres libéraux, avec lesquels il a été beaucoup en rapport, ainsi que par les protestations hypocrites des libéraux qui l'ont circonvenu habilement en protestant de leur attachement à l'Église, de leur respect envers le St-Siège et de leur soumission à tous ses enseignements.

Laflèche

Tous ceux qui ont prédit une recrudescence des débats politico-religieux sont servis à souhait à la fin de 1876 et pendant l'année 1877. La contestation de Bonaventure et la décision du juge Casault jettent la consternation chez les évêques et entraînent un dur affrontement entre l'archevêque et Mgr Jean Langevin. Mais la décision de la cour suprême du Canada sur l'élection contestée de Charlevoix ramène provisoirement, au sein de l'épiscopat, une unité suffisante pour aboutir à la publication d'une déclaration commune sur la loi électorale. Alertée de tous côtés, Rome envoie un délégué apostolique qui est chargé de ramener la paix dans le clergé québécois et qui séjourne dans la province une grande partie des années 1877-1878. Intéressé à tous les aspects de ces multiples questions, Laflèche s'y implique avec une ardeur renouvelée.

1- La contestation de Bonaventure

Pendant que, d'octobre à décembre 1876, le *Journal des Trois-Rivières* examine avec emphase tous les aspects politico-religieux de la contestation de Charlevoix [1], un autre procès politique à propos de l'ingérence cléricale se déroule à Québec.

Séquelle de l'élection provinciale de 1875, cette contestation concerne la circonscription électorale de Bonaventure, dans le diocèse de Rimouski; le candidat défait John Robinson Hamilton, libéral et protestant, accuse le député conservateur Pierre-Clovis Beauchesne d'avoir été élu grâce à l'intervention du clergé et son intimidation des fidèles.

---

1. Voir, par exemple, « L'enseignement Catholique », *Le Journal des Trois-Rivières,* 30 octobre 1876, p. 2.

Trois juges de la cour supérieure — Louis-Napoléon Casault, président et professeur à l'université Laval, Thomas McCord et John Maguire —, étudient les déclarations voulant que deux curés, l'abbé Napoléon Thivierge, de Bonaventure, et l'abbé François Gagné, de New Richmond, ont demandé de ne pas voter pour le candidat libéral sous peine de refus des sacrements; selon le maire de New Richmond, William Cyr, le curé de la paroisse « a dit qu'il tâcherait d'obtenir la permission de l'évêque pour savoir à confesse pour qui l'on avait voté[2] ». Ces témoignages, cependant, ont assez peu d'échos dans la presse; l'*Événement,* de Québec, les reproduit sans commentaire[3], tandis qu'Israël Tarte explique à ses lecteurs du *Canadien:*

> À Charlevoix, on n'a pas osé se rendre au confessionnal; il fallait garder des bornes, observer les règles de la prudence libérale. À Bonaventure, on ne s'est pas gêné, comme l'on voit. Et l'on a fait devant le tribunal qui s'y est prêté, une preuve qui si elle est définitivement admise, constituera les tribunaux civils juges des actes du prêtre au confessionnal. Attendons-nous à voir MM. Mérédith, Stuart, Dorion, Ramsay, Mondelet, Casault, McCord, Maguire, etc. donner l'absolution à ceux qui n'auront pu l'obtenir de leur curé[4].

Mais il faut attendre plusieurs semaines avant de savoir si les craintes du *Canadien* sont vaines ou non.

Les juges se prononcent le 19 décembre 1876: la cour annule l'élection et disqualifie les deux candidats, Beauchesne pour « influence indue » et absence de qualification foncière, Hamilton pour avoir payé à boire le jour de la votation[5]. À propos de l'intervention des prêtres dans l'élection, trois aspects ont particulièrement retenu l'attention du tribunal:

1. Que la menace par un prêtre catholique de refuser les sacrements à ceux qui voteront pour un candidat constitue un acte d'influence indue aux termes de la clause 258 de l'Acte Électoral de Québec.

2. Que lorsque les curés se mêlent activement d'une élection en faveur d'un des candidats, lequel déclare dans un discours aux électeurs qu'il est le candidat du clergé, qu'il a été demandé par le clergé, et que sans l'assurance de l'appui du clergé il n'aurait pas accepté la candidature, ces curés seront considérés comme les agents du candidat au point de le rendre responsable de leurs actes.

3. Que si, en présence d'un candidat, un curé constitué agent, menace ses paroissiens de refus des sacrements au cas où ils voteraient pour le candidat opposé, le candidat ainsi présent sera considéré comme ayant consenti à cet acte d'influence indue et comme l'ayant approuvé, et sera déqualifié si, dans un discours prononcé quelques heures après, il se déclare le candidat du clergé et ne désavoue pas ces menaces, ou n'en dégage pas autrement sa responsabilité[6].

Tout en considérant les menaces des curés comme des actes d' «influence indue», le juge Maguire n'en tient pas Beauchesne responsable et il n'accepte pas de le disqualifier pour cette cause[7]; ses deux collègues, par contre, appuient les trois conclusions proposées.

---

2. *L'Événement,* 17 octobre 1876, p. 2. Sur toute la question de l'élection et de la contestation, voir Béatrice Chassé, *L'affaire Casault-Langevin,* Université Laval, thèse de maîtrise, 1965, XXI, 184p.
3. *L'Événement,* 17-19 octobre 1876, p. 2.
4. *Le Canadien,* 27 octobre 1876, p. 2.
5. *The Quebec Law Reports — Rapports judiciaires de Québec,* III (1877), pp. 75-92.
6. *Ibid.,* p. 75.
7. *Ibid.,* pp. 77-80.

Louis-Napoléon Casault est particulièrement clair dans ses arrêts motivés qu'il soumet par écrit. Repoussant la prétention que la loi électorale ne vise que «l'intimidation matérielle, et non celle qui ne peut créer que la persuasion», il soutient que les législateurs connaissaient la portée de la mesure, quand ils l'ont votée, et qu'ils n'ont pas manifesté le désir de la diminuer; bien plus, ajoute-t-il, «je ne sache pas qu'un seul membre de l'épiscopat ou du clergé catholique ait songé à s'en plaindre ou à en demander le rappel». L'explication en est simple: la loi ne gêne pas la prédication et la liberté du culte. «La loi ne peut et ne veut que réprimer des abus; elle ne veut pas et ne peut pas contrôler la doctrine». Bien plus, même si elle brimait la liberté religieuse, le juge devrait l'appliquer:

> elle a été passée par un pouvoir compétent, il ne m'est pas libre d'en refuser ou d'en rejeter l'application. Le juge n'a pas pour mission de prononcer sur la justice ou l'injustice des lois. Il n'a pas le pouvoir de les admettre quand il les croit bonnes, et de les rejeter quand il les croit mauvaises. Il est nommé il est vrai pour administrer la justice, mais la justice telle que la font les lois et non telle qu'il imagine qu'elles auraient dû la faire.

Ces prémices posées, Casault résume les faits, conclut à l'intimidation exercée par les prêtres et à la responsabilité du candidat conservateur, «les manoeuvres frauduleuses ont été pratiquées à la connaissance de M. Beauchesne et de son consentement[8]».

Reproduits dans les journaux, surtout libéraux, le jugement et les remarques du juge Casault créent une sensation dans les milieux ecclésiastiques. Laflèche réagit un des premiers et propose des mesures concrètes:

> En présence d'une pareille prétention (que les évêques ne se sont pas prononcés contre la loi), et d'une loi susceptible d'une pareille interprétation de la part d'un juge catholique de la valeur de M. Casault, n'avons-nous rien à faire? Il me semble que notre silence sera une approbation tacite de toute son argumentation que je trouve fausse et contraire aux droits de l'Église.

Il faudrait donc, continue-t-il, demander un amendement à la loi et il appartient à Mgr Jean Langevin, de Rimouski, de commencer les démarches nécessaires auprès de l'archevêque[9].

L'évêque de Rimouski se déclare d'accord, mais son intention ferme est d'aller beaucoup plus loin: il veut dénoncer Casault «au Chancelier Apostolique» et, si besoin est, «au Souverain Pontife»; il pense aussi publier une lettre pastorale «pour condamner ces principes si contraires aux droits et aux libertés de l'Église», mais il préférerait de beaucoup une déclaration collective «signée *au moins* de tous les Suffragants, si l'Archevêque refusait de se joindre à nous»; «mes représentations auraient beaucoup plus de force, si les autres Évêques consentaient à les appuyer», conclut-il[10].

Fortement encouragé par Laflèche et Mgr Moreau, évêque de Saint-Hyacinthe[11], Langevin cite le juge Casault, professeur à l'université Laval, devant le chancelier apostolique, Mgr Taschereau, pour «qu'il soit privé de sa chaire dans l'intérêt de la jeunesse et pour l'honneur de l'Université[12]». Cette démarche embarrasse beaucoup l'archevêque qui avoue ne pouvoir trancher la délicate question des immunités, sous-jacente à tous les problèmes

---

8. *Ibid.*, pp. 80-87. Le juge McCord est sensiblement du même avis que Casault (*ibid.*, pp. 87-92).
9. Laflèche à Mgr Jean Langevin, 23 décembre 1876, AAR, *Diocèse de Trois-Rivières*, 1 (1851-1879).
10. Mgr J. Langevin à Laflèche, 29 décembre 1876, ASTR, *Fonds Laflèche*, A 1 L 54.
11. Laflèche à Mgr J. Langevin, 3 janvier 1877, AAR, *Diocèse de Trois-Rivières*, 1 (1851-1879); Mgr Moreau au même, 2 janvier 1877, AAR, *Diocèse de Saint-Hyacinthe*, 1 (1849-1885). Par contre, Mgr A. Racine conseille plutôt de recourir à Rome (Mgr A. Racine au même, 5 janvier 1877, AAR, *Diocèse de Sherbrooke*).
12. Mgr J. Langevin à Mgr Taschereau, 4 janvier 1877, AAQ, 28 CP, I-100.

discutés, « sans avoir pris les instructions du SaintSiège » et qui, en conséquence, a envoyé à Rome, dès le 29 décembre 1876, une copie du jugement Casault[13]. Selon son habitude, il cherche donc à temporiser en faisant connaître la plainte de Langevin aux autorités universitaires[14] et en demandant au juge Casault « telles explications que vous croirez utiles[15] ». Mais leurs réactions dépassent ses prévisions: le recteur, Mgr Thomas-Étienne Hamel, soumet la question à Rome par l'entremise de l'abbé Benjamin Pâquet[16]; le juge va remettre sa démission « en pleurant à chaudes larmes[17] » et il faut la diplomatie conjuguée du recteur et du chancelier pour la lui faire retirer[18]. Entre-temps, Mgr Taschereau décide de repousser la demande de Mgr Langevin:

> Comme rien ne prouve devant moi que les sept propositions attribuées à M. Casault, ou l'une d'elles, aient été enseignées ou soutenues par lui du haut de sa chaire Universitaire ou même ailleurs que sur le banc judiciaire, je dois déclarer et je déclare par la présente à V.G. qu'en ma qualité de visiteur et de chancelier Apostolique de l'Université Laval, je suis incompétent dans la cause dont il s'agit[19].

Il communique sa décision à Casault[20].

Ce jugement relativement rapide prévient une action concertée des suffragants en faveur de la demande de Langevin. À la suggestion de l'évêque de Rimouski, Laflèche conseille à ses collègues d'appuyer « cette courageuse démarche » et il propose même à leur signature « une lettre d'adhésion à sa plainte et à sa protestation »; « Nul doute, dit-il, que si les Évêques Suffragants sont unanimes à protester contre les propositions erronées de Mr Le Professeur de l'Université Laval émises dans son jugement, la réclamation de Mgr de Rimouski n'aura (sic) une plus grande chance de succès auprès de Mgr l'Archevêque et même auprès du St-Siège si cela était nécessaire[21] ». Il aurait pu ajouter que ce geste pourrait servir de précédent à propos des droits des évêques sur l'université Laval... Son initiative tourne court à la fois par le refus d'adhésion de deux évêques, A. Racine et Fabre, et par la décision de Taschereau. Laflèche doit lui aussi avouer qu'un seul espoir demeure, le recours à Rome[22].

Langevin aimerait que les évêques fassent quand même une déclaration commune: « Le St-Père s'est si souvent prononcé sur toutes ces erreurs que je ne vois pas du tout que nous dussions recourir à Rome avant d'élever la voix. C'est faire l'affaire de nos ennemis que de différer ainsi à parler: c'est ce qu'ils veulent, baillonner les Évêques comme les prêtres[23] ». Laflèche est le seul à l'appuyer sans condition et à prétendre lui aussi que « plus ce silence se prolongera, mieux l'affaire des libéraux s'en trouvera[24] »; les autres évêques craignent que la démarche ne révèle encore une fois sur la place publique la division de l'épiscopat et ils préfèrent attendre les commentaires de Rome[25]. Comme il fallait le prévoir, l'archevêque y est encore plus opposé:

---

13. Mgr Taschereau à Mgr A. Racine, 7 janvier 1877, AAQ, *Registre des lettres,* 31, p. 651.
14. Le même à Mgr T.-E. Hamel, 9 janvier 1877, ASQ, *Université,* 116-BN.
15. Le même à L.-N. Casault, 9 janvier 1877, AAQ, *Registre des lettres,* 31, p. 631.
16. T.-E. Hamel à Benjamin Pâquet, 12 janvier 1877, ASQ, *Université,* 116-BW.
17. *Loc. cit.*
18. B. Chassé, *op. cit.,* pp. 39-41.
19. Mgr Taschereau à Mgr J. Langevin, 15 janvier 1877, AAQ, *Registre des lettres,* 31, p. 657s.
20. Le même à L.-N. Casault, 15 janvier 1877, *ibid.,* 31, p. 658.
21. Laflèche aux suffragants, 9 janvier 1877, ASTR, *Fonds Laflèche,* A 1 L 54.
22. Le même à Mgr J. Langevin, 20 janvier 1877, AAR, *Diocèse de Trois-Rivières,* 1 (1851-1879).
23. Mgr J. Langevin à Laflèche, 23 janvier 1877, ASTR, *Fonds Laflèche,* A 1 L 54.
24. Laflèche à Mgr Moreau, 29 janvier 1877, AETR, *Registre des lettres,* VI, 6.
25. Cette position est bien expliquée dans Mgr Fabre à Laflèche, 25 janvier 1877, ASTR, *Fonds Laflèche,* A 1 F 35-16.

Je regrette, écrit-il à Mgr A. Racine, que V.G. n'ait pas réussi à dissuader Mgr Langevin, ni les autres Évêques, du projet de publier un mandement[26]; ce sera, comme vous le dites, une nouvelle misère ajoutée à nos autres misères; ce sera une déclaration de guerre à l'Archevêque, un manque de respect au Saint-Siège, une étincelle sur un baril de poudre. Le cher Évêque n'a pas l'air de soupçonner qu'il achève la démolition du parti conservateur et prépare le triomphe final de l'autre parti[27].

Outré de l'attitude de Taschereau[28], déçu des suffragants, sauf Laflèche, Mgr Langevin suit sa première idée de dénoncer publiquement le jugement Casault. Le 15 janvier 1877, il publie un mandement virulent qui attaque les conclusions des juges de la cour supérieure et qui déclare « indignes des sacrements » tous ceux qui soutiendraient les cinq propositions suivantes:

1. Le Parlement est omnipotent et compétent à porter toute loi, même opposée à l'exercice de la religion.

2. La liberté des électeurs doit être absolue.

3. C'est aux cours civiles à réprimer les abus qui peuvent se glisser dans la prédication et le refus des sacrements.

4. La menace du refus des sacrements à propos des élections par les Pasteurs de l'Église, est une influence indue, une manoeuvre tellement frauduleuse dont les cours civiles ont à prendre connaissance.

5. Il faut observer un serment injuste[29].

Une fois de plus, l'évêque de Rimouski compte sur l'appui de ses collègues qui pourraient soit adhérer publiquement à son texte soit même le promulguer dans leur diocèse, comme le lui avait annoncé Laflèche[30]. Mais la violence des propos, le ton pamphlétaire et les erreurs d'interprétation les empêchent de donner suite à leur désir. Le premier à féliciter Langevin d'avoir affirmé la vérité « aussi catégoriquement en face de l'erreur officielle », Laflèche s'avoue confiant que les autres suffragants « ne manqueront pas de donner leur adhésion à ce document important, et qu'il en résultera un grand bien[31] ». Après une lecture rapide, Mgr Moreau est tout aussi enthousiaste: « Le clergé du diocèse en est ravi, et chacun m'en parle d'une manière très élogieuse[32] »; mais, après une étude plus attentive et la consultation de deux théologiens, il doit reconnaître que « Mgr de Rimouski n'a pas frappé tout-à-fait juste[33] » et il renonce à le publier. L'évêque de Saint-Hyacinthe met le doigt sur une faiblesse déjà soulignée par Taschereau à propos de la première dénonciation du jugement Casault:

Quand on compare les sept propositions qu'il condamne[34], avec le jugement du juge Casault, on se demande si elles sont bien vraiment de ce Monsieur?

---

26. À noter que l'archevêque n'est que partiellement renseigné.
27. Mgr Taschereau à Mgr A. Racine, 19 janvier 1877, AAQ, *Registre des lettres,* 31, p. 660.
28. Langevin n'attend même pas la décision du 15 janvier 1877 pour, au dire de Taschereau, lui faire « des reproches très vifs » et lui écrire « des choses vraiment trop dures », le tout sous le couvert d'une vieille amitié! L'archevêque de commenter: cette amitié, « c'est un trésor qui m'est bien cher, et qui ne s'altère point, quoique V.G. en use et en abuse »! (Mgr Taschereau à Mgr J. Langevin, 11 janvier 1877, AAQ, *Registre des lettres,* 31, p. 656).
29. Mgr J. Langevin, « Propositions condamnées. Mandement du 15 janvier 1877 », MER, pp. 455-464. La lecture du mandement dans la cathédrale de Rimouski, en présence du juge Maguire, donne lieu à une série d'incidents entre l'homme de loi et Langevin.
30. Laflèche à Mgr J. Langevin, 3 janvier 1877, AAR, *Diocèse de Trois-Rivières,* 1 (1851-1879).
31. Le même au même, 21 janvier 1877, *ibid.*
32. Mgr Moreau à Laflèche, 25 janvier 1877, ASTR, *Fonds Laflèche,* A 1 M 62-12.
33. Le même au même, 2 février 1877, *ibid.,* A 1 M 62-14.
34. Rappelons que les sept propositions de la lettre du 4 janvier 1877 ont été ramenées à cinq dans le mandement.

> Les ciseaux, en taillant à droite et à gauche, dans le texte, à la façon protestante par rapport à la bible, ont-ils bien respecté le contexte qui aurait tout expliqué d'une façon raisonnable?[35]

Sans le déclarer aussi explicitement, les autres évêques sont de cet avis[36] et ne peuvent, en conséquence, appuyer *publiquement* Mgr Langevin. Même Laflèche ne se résout pas à promulguer à Trois-Rivières le mandement du 15 janvier; il explique qu'il veut ainsi éviter d'afficher « une aussi grande divergence d'opinion entre les Évêques[37] », mais il est rumeur qu'il rejette lui aussi trois propositions du texte de Langevin[38]. L'évêque de Rimouski se retrouve donc seul ou presque; comme l'écrit avec humour l'abbé Joseph Auclair: « L'évêque Jean était adossé dans les principes par tous les suffragants; moins l'évêque de Sherbrooke. Et puis, voilà que l'évêque Jean est resté seul, du moins rien n'est encore sorti ailleurs[39] ».

Au début de février 1877, la position des évêques face au jugement de Casault est donc la suivante: Taschereau et Racine ne veulent pas le condamner, mais désirent plutôt attendre une décision de Rome; Fabre désapprouve le jugement tout en s'en remettant lui aussi à l'avis du Saint-Siège; Laflèche, Moreau et Duhamel appuient la réclamation de Langevin contre le professeur de l'université Laval et acceptent la dénonciation publique par un mandement, mais ils n'osent publier le texte de l'évêque de Rimouski. Isolé, plus aigri que jamais, Langevin juge sévèrement ses collègues: « Je suis bien étonné qu'après m'avoir poussé de l'avant, on me laisse seul sur la brèche, exposé à tous les coups: ce n'est ni franc, ni généreux[40] ». Laflèche est tout aussi choqué et prêt à lancer des imprécations:

> Bon Dieu! que de misères dans la défense de la vérité! Ce qui me gêne le plus dans tout cela c'est la recommandation que l'on m'a répétée bien des fois à Rome, de l'Union entre les Évêques? Pourtant il eût été si facile d'être unis si Mgr l'Archevêque avait voulu prendre l'initiative! Faut-il donc que le jugement d'un seul l'emporte sur celui de tous les autres? et n'y a-t-il d'accord possible que dans le silence? En attendant l'erreur ne demande pas mieux et elle fait son chemin! Fermer la bouche aux Prêtres, aux Évêques, et même au Pape s'il en fallait croire les derniers journaux, tel semblerait être le mot d'ordre pour le moment[41].

Ces doléances sont importantes, car elles peuvent nous aider à comprendre les réactions vives de Langevin et de Laflèche: l'un et l'autre sont désillusionnés et chagrinés par la dislocation du front commun des suffragants. Une entente parfaite entre eux avait permis le voyage de Laflèche à Rome et la présentation d'une défense du clergé; la réponse du pape avait été fortifiante. Par la suite, les mêmes suffragants s'étaient concertés pour demander des éclaircissements sur les pouvoirs que leur concédait la bulle *Inter varias sollicitudines* et Mgr Langevin, chargé de rédiger une supplique et un mémoire, terminait son travail quand survint l'affaire Casault. Commence alors la désintégration de la belle unité des suffragants. Mgr A. Racine, le premier, refuse de signer le mémoire, même s'il accepte d'emblée la suppli-

---

35. Mgr Taschereau à Mgr A. Racine, 19 janvier 1877, AAQ, *Registre des lettres,* 31, p. 660.
36. Voir, entre autres, les explications de l'évêque de Montréal: Mgr Fabre à Laflèche, 30 janvier 1877, ASTR, *Fonds Laflèche,* A 1 F 35-17.
37. Laflèche à Mgr J. Langevin, 5 février 1877, AAR, *Diocèse de Trois-Rivières,* 1 (1851-1879).
38. J. Auclair à B. Pâquet, 10 février 1877, ASQ, *Université,* 117-V.
39. *Loc. cit.*
40. Mgr J. Langevin à Laflèche, 2 février 1877, ASTR, *Fonds Laflèche,* A 1 L 54. Il en a surtout contre Mgr A. Racine: « Celui qui me surprend le plus c'est Mgr de Sherbrooke: *S'est-il fait acheter?* Un revirement si subit et si complet me semble inexplicable autrement. (...) je n'ai plus confiance en lui: *il nous trahit.* J'en ai des preuves ».
41. Laflèche à Mgr J. Langevin, 5 février 1877, AAR, *Diocèse de Trois-Rivières,* 1 (1851-1879).

que: il prétend que le premier document nuira au second, plus important[42]. Mgr Duhamel, si fidèle à Laflèche d'ordinaire, suit l'exemple de l'évêque de Sherbrooke. Et les discussions autour du jugement de Casault élargissent cette première brèche et obligent à dire adieu à l'action commune des suffragants.

C'est d'autant plus grave que la demande des évêques soulève une nouvelle colère chez l'archevêque. Même si la consultation est une initiative des suffragants qui veulent connaître *leurs* pouvoirs sur l'université, leur doyen Laflèche croit bon d'inviter Taschereau à signer avec eux la supplique au pape: aussitôt, l'archevêque s'offusque « de ce qu'on a douté de (sa) parole jusqu'au point de rédiger, corriger et demander de signer, sans m'en faire connaître un seul mot, si ce n'est pour me demander de signer après tous les autres » et il se plaint que « l'on a ajouté une autre marque de défiance, en chargeant un des suffragants de transmettre la supplique au cardinal Préfet comme si je ne pouvais pas le faire moi-même, sans le faire passer par mon agent à Rome[43] ». Même si Laflèche explique la tactique des suffragants par la nature spéciale de leur demande, Taschereau a bien raison d'y voir une marque de défiance à son endroit: il s'en ouvre d'ailleurs au cardinal Franchi en insistant beaucoup sur le caractère secret de la démarche des suffragants[44]. De son côté, Laflèche se promet de mettre les choses au point quand il enverra les documents à Rome[45].

Plus le temps passe, plus la tension monte entre l'archevêque et Mgr Langevin. Ainsi, quand l'évêque de Rimouski lui envoie divers documents — le jugement de Casault, certaines lettres d'évêques... — à transmettre au cardinal protecteur de l'université Laval, Taschereau lui répond sèchement:

> (...) il y aura un mois dans quatre jours, que j'ai transmis au cardinal Préfet ledit jugement avec prière de me dire ce que nous avons à faire. Quoique V.G. connût parfaitement cette circonstance, Elle n'a pas laissé de publier un mandement qui juge l'affaire. Puisque V.G. est en si bonne voie de tout régler, Elle n'a pas besoin de mon intermédiaire pour envoyer à Rome la lettre du 4 janvier, le mandement du 15 et les trois lettres en question. V.G. pourra transmettre tout cela à Rome avec certains autres documents, dont je connais l'existence sans en connaître la teneur[46].

Puis il se retire dans le mutisme, même si une simple allusion au mandement du 15 janvier le met hors de lui[47]. D'autre part, Langevin continue à dénoncer le « *silence* qu'on veut nous imposer[48] » et sa colère atteint son paroxysme devant les écrits de *Rétribution* publiés dans l'*Événement*[49] et la supposée non-intervention de Taschereau[50]. On dirait même que l'évêque de Rimouski ne veut plus communiquer avec son métropolitain que par personne interposée[51]. Quant à Laflèche, confident de tous ses collègues, sauf évidemment Taschereau, il penche ouvertement vers la thèse de Langevin et il essaie de l'expliquer aux évêques sceptiques; de même, sans l'attaquer directement, il ne fait rien pour diminuer les préventions contre l'archevêque. C'est en ce sens, et parce qu'il est maintenant l'aîné, le doyen des évêques,

42. (Billet de Mgr A. Racine), 18 janvier 1877, *ibid., Diocèse de Sherbrooke.*
43. Mgr Taschereau à Mgr J. Langevin, 10 février 1877, AAQ, *Registre des lettres,* 31, p. 681.
44. Mgr Taschereau au card. Franchi, 26 janvier 1877, *ibid.,* 31, pp. 668-670.
45. Laflèche à Mgr J. Langevin, 5 février 1877, AAR, *Diocèse de Trois-Rivières,* 1 (1851-1879).
46. Mgr Taschereau à Mgr J. Langevin, 25 janvier 1877, AAR, *Diocèse de Québec,* 3 (1874-1893).
47. T.-E. Hamel à B. Pâquet, 26 janvier 1877, ASQ, *Université,* 117-A.
48. Mgr J. Langevin à Laflèche, 12 février 1877, ASTR, *Fonds Laflèche,* A 1 L 54.
49. Du 17 février au 17 mars 1877, *Rétribution* y signe une série d'articles intitulée *Religion et Politique* et datée d'Ottawa. Tous les « libéraux », y compris l'archevêque!, ont été soupçonnés d'être l'auteur de cette diatribe.
50. Mgr J. Langevin à Laflèche, 25 février 1877, ASTR, *Fonds Laflèche,* A 1 L 54. À noter que Taschereau intervient le 6 mars 1877 par une lettre au rédacteur-en-chef de l'*Événement.*
51. Il demande, par exemple, à Laflèche de « réclamer en notre nom » contre les articles de *Rétribution* (Mgr J. Langevin à Laflèche, 25 février 1877, ASTR, *Fonds Laflèche,* A 1 L 54).

que de plus en plus on le considère comme le chef d'une fraction de l'épiscopat. Au moins jusqu'au jour où un nouveau jugement sur la contestation de Charlevoix rapproche Taschereau de ses suffragants et le replace à la tête d'un épiscopat réunifié.

2- Les évêques et le jugement de la cour suprême

Le 28 février 1877, dans un jugement appelé à devenir célèbre, la cour suprême du Canada renverse la décision du juge Routhier et annule l'élection du conservateur Hector Langevin pour motif d'« influence spirituelle indue ». Dans ses arrêts motivés, le juge Jean-Thomas Taschereau, frère de l'archevêque de Québec!, est d'une particulière clarté:

> Tous ces discours, accompagnés de menaces, et d'affirmations *de cas de conscience*, étaient de nature à produire dans l'esprit du plus grand nombre des électeurs du comté, condamnés à entendre ces choses pendant plusieurs dimanches consécutifs, une crainte sérieuse de commettre un péché grave, et d'être privés des sacrements de l'Église. Il y a en cela l'exercice d'une influence indue de la pire espèce. En effet, ces menaces et ces déclarations tombaient de la bouche du prêtre parlant du haut de la chaire et au nom de la religion, et étaient adressées à des gens peu instruits et généralement bien disposés à écouter la voix de leurs curés[52].

La sentence et les commentaires des juges soulèvent une nouvelle tempête au Québec. Pendant que les journaux libéraux se réjouissent[53], leurs adversaires vouent aux gémonies ce jugement basé, disent-ils, sur des principes « si contraires à l'enseignement de l'Église, contraires à l'enseignement de l'épiscopat canadien qui est chargé d'instruire, de guider et d'éclairer notre population catholique[54] ». Il constitue « un conflit sérieux entre l'Église du Canada et l'État, entre la hiérarchie ecclésiastique et la plus haute cour de ce pays », affirme Basile Routhier, traduisant les sentiments de tous les ultramontains[55].

La consternation n'est pas moindre chez les évêques. Mgr Moreau voit dans le jugement « rien autre chose que la condamnation publique et solennelle de notre lettre collective, des décrets de nos derniers conciles, de nos directives aux curés, et enfin de toutes nos instructions aux fidèles pour leur faire connaître leur devoir en temps d'élection »; c'est pourquoi, ajoute-t-il, il faut une « protestation solonnelle » de l'épiscopat et, si l'archevêque ne veut pas agir, que Laflèche le supplée: « Dans tous les cas, vénéré Seigneur, en qualité de notre aîné, vous emboucherez, s'il le faut, la trompette, et vous signalerez, s'il en est besoin le danger à notre digne Métropolitain. Nous avons les yeux sur vous et nous comptons sur vous[56] ». Ces sentiments sont partagés par tous les suffragants, y compris Mgr A. Racine[57]. Laflèche n'attend pas leur suggestion pour inciter Taschereau à se prononcer: il faut, lui écrit-il le 3 mars 1877, « agir avec prudence sans doute, mais aussi avec la fermeté nécessaire pour sauvegarder les droits de l'Église et éclairer les fidèles dont un bon nombre ne savent plus à qui (*sic*) s'en tenir »; après avoir consulté les suffragants sur les mesures à prendre, l'archevêque devrait aller de l'avant « en réclamant les droits de l'Église avec toute la modération convenable et demandant une modification à une loi susceptible d'une telle interprétation et qui

---

52. « Cour Suprême (...) Notes de l'Honorable Juge Taschereau », *l'Événement*, 2 mars 1877, p. 2. Les notes des juges Ritchie et Taschereau sont particulièrement longues: voir « Controverted election of the county of Charlevoix », *Reports of the Supreme Court of Canada*, I (1877), pp. 145-234.

53. « Jugement de la Cour Suprême et la Presse Conservatrice », *l'Événement*, 7 mars 1877, p. 2. Il faut y lire les propres commentaires du journal libéral!

54. « Protestation », *Le Canadien*, 6 mars 1877, p. 2; « La Cour Suprême », *Le Journal des Trois-Rivières*, 5 mars 1877, p. 2; « Le jugement de la Cour Suprême et l'influence cléricale », *Le Courrier du Canada*, 5 mars 1877, p. 2.

55. B. Routhier à Laflèche, 7 mars 1877, ASTR, *Fonds Laflèche*, B 2 R 139.

56. Mgr Moreau à Laflèche, 2 mars 1877, *ibid.*, A 1 M 62-16.

57. Mgr Fabre à Laflèche, 6 mars 1877, *ibid.*, A 1 F 35-20; Mgr A. Racine à Laflèche, 6 mars 1877, *ibid.*, A 1 R 74.

n'était certainement pas dans la pensée des législateurs »; sinon, conclut-il, « notre silence sera certainement interprété en faveur de cette application, comme l'a déjà fait M. le Juge Casault[58] ».

Lui-même bouleversé par ce jugement qui a, à ses yeux, « une gravité bien plus grande que celui de Bonaventure, parce qu'il émane du plus haut tribunal judiciaire du pays et qu'il va plus loin en fait d' « influence indue », Taschereau entre d'emblée dans les vues de ses suffragants et leur propose une première version d'une déclaration « aussi courte et aussi modérée que possible[59] ». La rédaction du document donne lieu à un échange serré de correspondances. Les suffragants proposent diverses corrections au texte original et Taschereau en fait la synthèse pour proposer la version finale. Le premier brouillon est formulé « d'une manière bien douce et bien charitable », note Mgr Moreau[60]; il contient quelques expressions fausses ou inacceptables, affirme Mgr J. Langevin[61]. Laflèche, pour sa part, suggère quelques changements, surtout au deuxième paragraphe, et il insiste sur la nécessité « d'affirmer aussi clairement que possible les vérités et les droits de l'Église attaqués dans les jugements de Bonaventure et de Charlevoix et de refuter les erreurs y contenues[62] ». Bien déterminé à ne pas tenir la rencontre demandée par quelques suffragants, Taschereau envoie le texte remanié à ses collègues avec invitation de faire connaître leur approbation par télégramme[63]. Tous le font avec joie, car, comme le dit Mgr A. Racine, « Il (Taschereau) est avec nous sur une question vitale; il faut le garder avec nous[64] ». Le 26 mars 1877, la *Déclaration de l'archevêque et des évêques de la province ecclésiastique de Québec, au sujet de la loi électorale* est adressée aux autorités gouvernementales d'Ottawa et rendue publique par la suite.

Le texte est à la fois poli et ferme. Après avoir souligné la « douleur profonde » qu'ils ont éprouvée devant la décision de la cour suprême, les évêques déplorent « le conflit que ce jugement constate entre la loi ainsi interprétée et les droits imprescriptibles de l'Église Catholique exposés dans notre pastorale commune du 22 septembre 1875 ». Puis ils affirment qu'une interprétation « si rigoureuse et si absolue » de la loi électorale enlève à l'Église tout droit de légitime défense; c'est pourquoi, après avoir rappelé que le Québec avait déjà voté des amendements « pour mettre la loi civile en accord avec la loi ecclésiastique », les chefs religieux réclament « que nos Législateurs, dans leur sagesse et leur désir de rendre justice à tous, apportent à cet état de choses un remède convenable[65] ».

Cette *Déclaration* est plus que l' « acte de courage épiscopal[66] » qu'y voit Mgr Langevin enfin sorti de l'isolement qui l'accablait[67], elle marque la volonté de l'épiscopat d'affirmer les droits de l'Église face à l'État, au risque même de susciter un affrontement entre la société religieuse et la société civile. Pour le moment du moins, l'archevêque laisse tomber la politique de silence et d'atermoiements que certains lui reprochent et il s'engage dans la ligne dure prônée depuis 1875 par la plupart de ses suffragants. C'est une victoire pour ces derniers et pour leur chef, Laflèche. Bien plus, l'évêque de Trois-Rivières considère le document du 26 mars 1877 d'une importance si grande qu'il s'en servira, des années durant, comme *leitmotiv* pour ses demandes réitérées d'amendement aux lois électorales. Son

58. Laflèche à Mgr Taschereau, 3 mars 1877, AETR, *Registre des lettres,* VI, 10.
59. Mgr Taschereau à Laflèche, 5 mars 1877, AAQ, *Registre des lettres,* 31, p. 695.
60. Mgr Moreau à Laflèche, 6 mars 1877, ASTR, *Fonds Laflèche,* A 1 M 62-17.
61. Mgr J. Langevin à Mgr Taschereau, 7 mars 1877, AAR, *Correspondance spéciale,* I, 251.
62. Laflèche à Mgr Taschereau, 8 mars 1877, AETR, *Registre des lettres,* VI, 11.
63. Mgr Taschereau à Laflèche, 24 mars 1877, ASTR, *Fonds Laflèche,* A 1 T 100-99.
64. Mgr A. Racine à Laflèche, 6 mars 1877, *ibid.,* A 1 R 74.
65. « Déclaration de l'archevêque et des évêques de la province ecclésiastique de Québec, au sujet de la loi électorale », 26 mars 1877, MEQ, *Son éminence le cardinal Taschereau,* II, pp. 10-13.
66. Mgr J. Langevin à Mgr Taschereau, 28 mars 1877, AAR, *Correspondance spéciale,* II, p. 13s.
67. Le même à Laflèche, 10 avril 1877, ASTR, *Fonds Laflèche,* A 1 L 54.

euphorie est cependant mitigée, à la fois parce que la déclaration épiscopale suscite une fois de plus de vives polémiques dans la presse et parce que ses énergies, et celles de ses amis, sont mobilisées pour la préparation de la venue d'un délégué apostolique annoncée depuis quelque temps.

3- La mission de Mgr George Conroy

L'idée d'envoyer un délégué apostolique au Canada est fort ancienne[68], mais elle devient plus sérieuse en 1872[69] et en 1873[70] avant d'être finalement retenue au début de 1877. La suggestion vient de plusieurs milieux, des amis de l'archevêque[71] comme des partisans des suffragants[72]. C'est probablement l'accumulation et le fouillis des renseignements contradictoires venant du Canada qui incite le cardinal Franchi à se tourner vers cette solution.

Pendant l'été et l'automne 1876, en effet, mémoires et dénonciations s'entassent à la Propagande. Outre ceux qui dénoncent l'ingérence cléricale dans les élections[73], plusieurs documents attaquent directement Mgr Taschereau, entre autres une lettre du curé Pierre Sax, de Saint-Romuald[74], un mémoire d'Israël Tarte du *Canadien*[75] et les multiples textes du chanoine Godefroy Lamarche. Ce dernier, demeuré à Rome avec l'abbé Télesphore Harel, procureur de Laflèche, assiège littéralement les cardinaux — Oreglia, Franzelin et quelques autres — et Mgr Agnozzi, pro-secrétaire à la Propagande. Il les submerge de mémoires, particulièrement sur le problème de l'université Laval. Le 6 octobre 1876, il transmet au cardinal Oreglia un *Mémoire sur S.G. Mgr L'Archevêque de Québec* de 27 pages et, le 26 octobre, il livre un texte assez semblable à Mgr Agnozzi. Il s'attache à prouver que Taschereau protège les « libéraux catholiques » par ses interventions ou par son silence[76]. D'autre part, les partisans de Québec ne sont pas moins actifs. L'abbé Benjamin Pâquet, par exemple, s'emploie à défendre l'archevêque et il intervient plusieurs fois pour corriger, dit-il, « une foule de choses inexactes » avancées par Laflèche et ses compagnons[77]. À lire et à entendre ces plaidoyers irréductibles, les autorités romaines se convainquent facilement de la nécessité d'une intervention sur place pour ramener la paix.

Tel qu'annoncé par le chanoine Lamarche aux suffragants, dès le début de 1877, l'envoi d'un délégué apparaît comme un moyen pour la Propagande d'aller « jusqu'au fond des choses et se persuader, par elle-même, qui de l'Archevêque ou de ses Suffragants a raison[78] ». Dans ce sens, c'est une nouvelle bien consolante et déjà une première victoire pour les adversaires de Taschereau; libre de toute arrière-pensée, Mgr Moreau est le premier à le croire et à exprimer sa joie[79]. Mais, comme les milieux québécois voient, eux aussi, la venue d'un

68. Jacques Grisé en a retrouvé une première mention en 1847: le sulpicien Joseph-Vincent Quiblier la suggérait déjà à la Propagande (J. Grisé, *Les conciles provinciaux de Québec et l'Église canadienne,* Université de Montréal, thèse de Ph.D. (histoire), 1975, p. 171).
69. Mgr C. La Rocque en parle à Mgr Taschereau en 1872; il en est également question à Rome (*ibid.*).
70. Taschereau en fait la suggestion à Barnabo (Mgr Taschereau au card. Barnabo, 9 juillet 1873, AAQ, *Registre des lettres,* 30, p. 526).
71. Mgr Ignazio Persico, curé de Sillery, est intervenu plusieurs fois dans ce sens (Grisé, *op. cit.,* p. 172).
72. L'abbé Harel, délégué de Laflèche à Rome, aurait travaillé dans ce sens (Laflèche à Mgr Fabre, 23 février 1877, ACAM, 295. 104, 877-4).
73. *Supra,* p. 230.
74. P. Sax au card. Franchi, 16 juin 1876, APFR, SRC, ASC, 14 (1876), f. 345-351.
75. I. Tarte au card. Franchi, 23 octobre 1876, APFR, SRC, ASC, 14 (1876), f. 519-526.
76. G. Lamarche au card. Oreglia, 6 octobre 1876, ACAM, 901. 147, 876-34B; G. Lamarche au chan. P. Leblanc, 2. novembre 1876, *ibid.,* 876-42. Le texte du deuxième mémoire est recopié dans cette dernière lettre.
77. B. Pâquet à J.-Bte Agnozzi, 21 septembre 1876, APFR, SRC, ASC, 14 (1876), f. 455-468.
78. G. Lamarche à Laflèche, 1er février 1877, ASTR, *Fonds Laflèche,* A 2 L 112a-15.
79. Mgr Moreau à Laflèche, 2 mars 1877, *ibid.,* A 1 M 62-16.

délégué comme un espoir sinon une victoire pour leur cause, quelques ultramontains laissent pointer un optimisme plus nuancé ou même un scepticisme total[80]. Il s'interrogent à la fois sur la personne du légat et sur les buts de sa mission.

À Rome, le chanoine Lamarche surveille tout ce qui se dit et se fait. Benjamin Pâquet, le représentant de Québec, ayant parlé de quitter en même temps que le légat papal, Lamarche demande au cardinal Oreglia « de ne pas permettre que le Délégué voyage avec lui » et il ajoute: « Nous espérons qu'on choisira un homme avant tout de principes solides et d'un oeil exercé, pour découvrir les ruses de nos libéraux catholiques[81] ». Quelques jours plus tard, le cardinal le rassure en lui apprenant que la nomination est faite: « C'est un homme qui n'est pas mêlé au cercle que vous redoutez; ce n'est pas un Romain, ni un ami particulier de Mgr Pâquet et ce dernier ne sera pas son compagnon de voyage[82] ». Le 5 mars 1877, Lamarche peut annoncer qu'il s'agit de Mgr George Conroy, évêque d'Ardagh en Irlande; c'est « un homme dans la force de l'âge; il paraît très bienvaillant et parle librement le français[83] ».

Il est totalement inconnu au pays et ce n'est que graduellement que les journaux — et les informateurs — peuvent faire connaître sa carrière antérieure. Né le 31 décembre 1832 à Dundalk, comté de Louth, Irlande, il a fait ses études théologiques au collège de la Propagande à Rome et il a été ordonné par le cardinal Patrizi en 1857. Revenu dans son pays natal, il a fait de l'enseignement au All Hallow's College, situé près de Dublin, et, ensuite, au Holy Cross College, de Clonliff; secrétaire particulier du cardinal Paul Cullen, de Dublin, à partir de 1866, il continue son enseignement théologique et y ajoute la tâche de rédacteur en chef de la revue *Irish Ecclesiastical Record*. Le 11 avril 1871, il est sacré évêque d'Ardagh et de Cloemanois et il prend résidence à Longford. Pendant ces années, il a conservé des liens avec la Propagande et le cardinal Franchi l'a probablement rencontré lors d'un voyage en Irlande[84].

Même si le choix d'un Irlandais en surprend et inquiète quelques-uns — Mgr J. Langevin, par exemple, écrit: « J'apprends qu'il y a déjà des intrigues en marche auprès de Mgr Lynch et autres Évêques *Irlandais,* en vue d'influencer le Délégué *nationalement* sans doute[85] » — les ultramontains finissent par se convaincre que c'est une excellente nomination, parce que, leur assure le chanoine Lamarche, elle a été faite à l'encontre des sentiments du cardinal Franchi conseillé par Benjamin Pâquet:

> Le Dr De Angelis m'a informé aujourd'hui que le choix du Délégué Apostolique au Canada n'est pas l'oeuvre de S. Em. le Cardinal Franchi; mais bien des autres membres de la Congrégation. Le Cardinal Franchi voulait nommer quelqu'un de la Propagande même, un Prélat à qui l'un des *Minutanti* (M. Sambuccetti) servirait de Secrétaire. Cette idée fut renversée par les Cardinaux qui réglèrent, dans leur assemblée à ce sujet, que le Délégué serait un Évêque; qui n'abandonnerait pas son titre, ou son diocèse; qui put parler facilement les langues française et anglaise et habilement conduire une légation difficile. Ces conditions détruisaient l'idée du Cardinal Franchi et Mgr Conroy, déjà connu à Rome où il a été étudié, fut choisi[86].

---

80. Mgr Bourget est le plus sceptique (Mgr Bourget à Laflèche, 25 février 1877, *ibid.,* A 1 B 21-24).
81. G. Lamarche à Laflèche, 24 février 1877, *ibid.,* A 2 L 112a-21.
82. Le même au même, 4 mars 1877, *ibid.,* A 2 L 112a-23.
83. Le même au même, 4 mars 1877, *ibid.,* A 2 L 112a-23.
84. Nive Voisine, « George Conroy », DBC, X, p. 311s.; Grisé, *op. cit.,* p. 173.
85. Mgr J. Langevin à Laflèche, 10 avril 1877, ASTR, *Fonds Laflèche,* A 1 L 54.
86. G. Lamarche à Laflèche, 1er avril 1877, *ibid.,* A 2 L 112a-30.

Mais, pour ne prendre aucun risque, Lamarche supplie le cardinal Oreglia d'empêcher le légat de rencontrer le représentant de Québec, tandis que lui-même s'empresse de visiter Conroy à plusieurs reprises et qu'il annonce que « quelqu'un des amis de notre cause le verra avant son départ pour le Canada[87] ».

Plus que le choix du délégué qui est rapidement connu, le but de sa mission inquiète les milieux ultramontains. Le chanoine Lamarche demande à ses amis de citer Taschereau à la barre des accusés :

> Sans vouloir y mettre la moindre passion, je crois très sincèrement que c'est le procès de Mgr l'Archevêque qu'il faut faire et faire en toute liberté. Car, vous savez quel a été chez nous les effets de toutes ses faiblesses et de ses imprudences. Que tous ceux donc qui en ont souffert le disent au Délégué, s'ils veulent que les choses changent enfin[88].

Mgr Moreau ajoute qu'on doit dénoncer l'influence néfaste de l'université Laval :

> Je suis intimement persuadé comme vous, Monseigneur (Laflèche), que toutes les misères de notre Province, qui ont décidé l'envoi parmi nous d'un Délégué Apostolique, proviennent de l'Université et du faible trop prononcé que notre vénérable Métropolitain entretient pour cette Institution et les Prêtres qui la dirigent. Nous devons nous préparer en conséquence à rencontrer le Délégué sur ces deux points capitaux, et à le renseigner le plus exactement possible[89].

Pour les laïques ultramontains, Mgr Conroy a la mission précise de détecter le libéralisme au Canada et de le condamner une nouvelle fois; « La Providence, lit-on dans le *Canadien*, veut sans doute que ce torrent ne progresse pas d'avantage (*sic*) dans sa marche ici, et Elle a permis que Rome s'occupe sérieusement du fléau avant qu'il soit incurable[90] ». Confident de ses collègues et de nombreux prêtres et laïques, Laflèche entre pleinement dans leurs vues et conçoit lui aussi le travail du légat comme une enquête sur le libéralisme canadien et les agissements de l'archevêque et de l'université Laval devant cette « erreur[91] ».

Les instructions de la Propagande à Mgr Conroy ne concordent guère avec les rêves ultramontains. Sans doute lui demandent-elles de mener une enquête approfondie sur des points précis comme le cas du juge Casault et la division du diocèse de Trois-Rivières. Mais, pour la plupart des questions controversées, à propos de l'université Laval comme des paroisses de Montréal, elles lui demandent de faire respecter les décisions romaines. Quant au problème principal (« questione principale »), qui a déterminé l'envoi d'un délégué — l'attitude des évêques et du clergé dans les élections et leur comportement envers le parti libéral —, le texte rappelle l'effervescence qui a suivi la publication du mandement du 22 septembre 1875[92], de la lettre pastorale de Mgr Bourget du 1er février 1876 et des commentaires, faits par Laflèche, du bref papal de septembre 1876 et il ordonne à Mgr Conroy de réclamer le silence conformément au décret du 4 août 1874 et de faire savoir qu'il n'a jamais été dans l'intention du Saint-Siège de condamner directement un parti politique; le délégué

---

87. Le même au même, 5 mars 1877, *ibid.*, A 2 L 112a-24. Cet ami est vraisemblablement le canoniste de Angelis ou, peut-être, le cardinal Oreglia.
88. Le même au même, 9 mars 1877, *ibid.*, A 2 L 112a-26.
89. Mgr Moreau à Laflèche, 31 mars 1877, *ibid.*, A 1 M 62-19.
90. *Le Canadien*, 25 mars 1877, p. 2.
91. Laflèche à Luc Desilets, 14 mars 1877, ASTR, *Fonds Laflèche*, B 3 D 18-4.
92. À ce propos, Laflèche rapporte des « remarques surprenantes » du délégué: « Le Vénérable et regretté Mgr Conroy m'a fait en certaines circonstances quelques révélations qui m'ont grandement étonné au sujet de la Lettre du 22 septembre 1875. Ainsi il m'a dit qu'on lui avait d'abord proposé à Rome de faire rappeler cette Lettre par les Évêques de la Province; mais qu'il avait refusé une mission aussi désagréable que celle-là, et qu'alors on a modifié ses instructions » (Laflèche au card. Simeoni, 7 octobre 1878, AETR, *Registre des lettres*, V1b, B6).

doit aussi engager le clergé à conformer sa conduite aux dispositions des quatrième et cinquième conciles de Québec et du décret du 4 août 1874[93]. Le 14 novembre 1877, des instructions du Saint-Office viennent appuyer ces premières directives sur la conduite à tenir vis-à-vis la politique: elles demandent de rétablir l'unité parmi les évêques et de ramener le clergé à une plus grande prudence[94]. Mais les ultramontains peuvent continuer à se leurrer, car le texte de la Propagande demeure secret, n'étant communiqué qu'à l'archevêque[95], et celui du Saint-Office est transmis aux évêques au début de décembre 1877, au moment où le problème politique est réglé depuis le 11 octobre précédent[96].

C'est donc en se méprenant sur le vrai sens de la mission de Conroy que la phalange ultramontaine monte à l'assaut du délégué et qu'elle prie Laflèche, doyen des évêques et son nouveau porte-parole, de se mettre à la tête des défenseurs du clergé. Mgr Moreau lui demande de rédiger un plaidoyer où « tous nos griefs soient solidement appuyés[97] »; Mgr J. Langevin propose que prêtres et laïques de toute la province envoient au délégué « une adresse ou un mémoire »; Laflèche ferait préparer le document, le passerait « à quelques curés influents de chaque diocèse qui eux se chargeraient de le faire signer par leurs confrères » et Conroy recevrait ainsi un texte de chaque diocèse; « mais il faut une initiative centrale », précise-t-il[98]. Luc Desilets exhorte aussi son évêque à parler au nom de tous[99].

Préoccupé avant tout par la défense de l'intégrité de son diocèse, Laflèche hésite à suivre les conseils de ses amis. Il approuve la formation des comités de prêtres et de laïques suggérés par Mgr J. Langevin; il reconnaît avoir tous les matériaux nécessaires pour entreprendre le travail de rédaction d'un mémoire, mais il préfère en confier la tâche au chanoine Lamarche, revenu de Rome, « pour le mettre plus sûrement en harmonie avec ce qu'il a déjà communiqué au St-Siège sur le sujet[1] ». À Trois-Rivières même, Laflèche demande d'abord à Luc Desilets de se charger de la tâche[2], puis, quand le curé du Cap-de-la-Madeleine se désiste pour cause de maladie, il confie la direction des travaux à son secrétaire, Edouard Ling[3], pendant qu'à Montréal Lamarche et les jésuites s'affairent, séparément, à produire des documents pouvant éclairer Conroy[4]. Ce manque d'enthousiasme ne plaît guère à Mgr J. Langevin qui voudrait que les évêques soient plus actifs et qu'ils donnent des directives aux prêtres et aux laïques pour ne pas jouer « le rôle de dupes, en laissant nos *libéraux* prendre les devants et circonvenir le Délégué[5] ». Il déplaît également à Luc Desilets qui supplie Laflèche d'agir par lui-même[6]. Ces exhortations ne changent pas la ligne de conduite de l'évêque de Trois-Rivières qui attend son heure pour intervenir.

93. « Istruzione per Mgr Conroy Deleg. Ap.° », 6 avril 1877, APFR, *Lettere,* 373, f. 170-171. Ces instructions, dont les historiens ne parlent pas, éclairent beaucoup le travail de Conroy au Québec.
94. Card. Franchi à Mgr Conroy, 14 novembre 1877, *ibid.,* 373, f. 490-491.
95. Mgr Taschereau à Mgr Conroy, 10 décembre 1877, *ibid.,* SRC, ASC, 18(1877c), f. 740-741.
96. Les évêques reçoivent le texte italien et une traduction française (ACAM, 211. 050, 877); le reste du clergé et le public en prendront connaissance en 1881 (card. Simeoni à Mgr Taschereau, 13 septembre 1881. *Mémoire de l'évêque des Trois-Rivières sur les difficultés religieuses en Canada, Pièces justificatives,* p. 63s).
97. Mgr Moreau à Laflèche, 31 mars 1877, ASTR, *Fonds Laflèche,* A 1 M 62-19.
98. Mgr J. Langevin à Laflèche, 13 mars 1877, AAR, *Correspondance spéciale,* I, 255.
99. L. Desilets à Laflèche, 5 octobre 1877, ASTR, *Fonds Laflèche,* B 3 D 47-5.
 1. Laflèche à Mgr J. Langevin, 15 avril 1877, AAR, *Diocèse de Trois-Rivières,* 1 (1851-1879).
 2. Laflèche à L. Desilets, 14 mars 1877, ASTR, *Fonds Laflèche,* B 3 D 18-4.
 3. C'est l'abbé Ling qui sert d'intermédiaire avec les autres diocèses et qui transmet les mémoires de Trois-Rivières au délégué (Laflèche à Mgr Conroy, AETR, *Registre des lettres,* VI, 13).
 4. E. Ling à Laflèche, 20 juin 1877, ASTR, *Fonds Laflèche,* A 2 L 125-8.
 5. Mgr J. Langevin à Laflèche, 22 avril 1877, ASTR, *Fonds Laflèche,* A 1 L 54.
 6. L. Desilets à Laflèche, 5 octobre 1877, *ibid.,* B 3 D 47-5.

Le 17 mai 1877, Mgr George Conroy arrive à Halifax où on lui fait une « réception magnifique[7] ». L'archevêque Taschereau est allé à sa rencontre et il l'accompagne jusqu'à Québec. À l'occasion des premières manifestations qui l'accueillent aux Maritimes, le délégué laisse tomber des paroles qui peuvent surprendre les ultramontains: il louange l'université Laval[8] et il déclare que « Les principes pervers qui troublent l'Europe n'ont pas encore traversé l'Océan[9] ». Mais, comme ses propos ne sont pas immédiatement connus au Québec, le légat n'est pas encore suspect et les journaux ultramontains décrivent avec lyrisme son voyage triomphal de Halifax à Québec, « une véritable ovation », commente le *Journal des Trois-Rivières* après le *Canadien*[10]. Cependant, il ne faut pas s'illusionner: derrière cette parade se cache beaucoup de suspicion; le délégué est sous les yeux critiques de deux clans qui scrutent le moindre de ses gestes. Conroy peut s'en rendre compte facilement dès son arrivée dans la capitale provinciale. Désireux d'éviter les critiques, il refuse d'habiter à l'archevêché et il se réfugie, sur le chemin Sainte-Foy, dans la résidence d'Arthur Murphy[11]; or, les ultramontains de Québec n'en sont pas moins offusqués, parce que la maison est voisine du couvent de Bellevue, dont l'abbé Louis Pâquet est chapelain, et qu'ils avaient espéré et suggéré que le délégué choisisse la « résidence gratuite » offerte par le docteur Jean-Étienne Landry[12], à proximité de l'asile de Beauport et de la propriété de Clément Vincelette[13]. Mgr Conroy se fixe finalement à Elm Grove, non loin de Spencer Wood[14], et Laflèche l'en félicite[15].

Dès son arrivée, le délégué donne l'impression d'être venu surtout apprendre. Peu pressé, il voyage beaucoup et il visite presque tous les diocèses canadiens. Dans la province de Québec, il attache une particulière importance aux centres urbains; en plus de Québec où il a son pied-à-terre, il séjourne quelques jours à Montréal, à Saint-Hyacinthe et, finalement, à Trois-Rivières. À chaque endroit, il rencontre le clergé et des laïques et il discute avec eux des problèmes locaux ou provinciaux. Il écoute avec attention et demande à la plupart de ses interlocuteurs des mémoires ou des documents écrits pour appuyer leurs dires.

Cette attitude prudente déçoit rapidement les ultramontains de Québec. Leur porte-parole, Israël Tarte, considère le délégué comme « un homme de talent et un *bon catholique*. Il dit admirablement la messe et prie comme un saint. Ceci veut dire que c'est une âme droite et aimant la vérité », mais il craint qu'il se laisse influencer par l'intimidation et l'intrigue[16]. Au

7. *Le Journal des Trois-Rivières*, 21 mai 1877, p. 2.
8. *Ibid.*, 24 mai 1877, p. 2.
9. Cité dans *Mémoire de l'évêque des Trois-Rivières sur les difficultés religieuses en Canada*, p. 11.
10. *Le Journal des Trois-Rivières*, 28 mai 1877, p. 2.
11. *L'Événement*, 1er juin 1877, p. 2.
12. C. Vincelette à (E. Ling?), 4 juin 1877, ASTR, *Fonds Laflèche*, B 2 V 158. Cette résidence avait été construite par le docteur James Douglas et venait d'être achetée par le docteur Landry, qui la baptisera Villa Mastaï, en l'honneur de Pie IX! (J.M. Le Moine, *Monographies et Esquisses*, (s. l. n.d.), pp. 275-278).
13. Clément Vincelette (1830-1894) est, depuis 1864, préfet ou intendant de l'asile de Beauport, propriété du docteur Landry; ultramontain convaincu, il a fondé l'Oeuvre des vieux papiers, en 1869, pour « procurer un secours pécuniaire au Pape ». Le 26 mai 1876, il a été l'un des fondateurs du Cercle catholique de Québec, dont il est demeuré président jusqu'en 1894. Voir Pierre Savard, « La bibliothèque du chevalier Clément Vincelette, 1830-1894 », La Société canadienne d'histoire de l'Église catholique, *Rapport* 32 (1965), pp. 79-90. Sur le docteur Jean-Étienne Landry, voir Philippe Sylvain, « Jean-Étienne Landry (1815-1884), l'un des fondateurs de la faculté de médecine de l'Université Laval », *Les Cahiers des Dix*, 40 (1975), pp. 161-196.
14. Elm Grove ou bocage des ormes est « une spacieuse villa, au sein d'une plantation d'arbres de haute futaie où l'orme prédomine »; Conroy la loue de la marquise de Bassano, fille de George Burns Symes. Spencer Wood (Bois de Coulonge) est déjà à l'époque la résidence du lieutenant-gouverneur. Voir Le Moine, *op. cit.*, pp. 176-189.
15. Laflèche à Mgr Conroy, 2 août 1877, AETR, *Registre des lettres*, VI, 13.
16. Israël Tarte à Laflèche, 20 juillet 1877, ASTR, *Fonds Laflèche*, B 2 T 115. Sur Israël Tarte, voir Laurier L. La Pierre, *Politics, Race, and Religion in French Canada: Joseph Israël Tarte*, University of Toronto, thèse de Ph. D., 1962, 555p.

sortir d'une entrevue qu'il a eue avec Conroy, en compagnie de Clément Vincelette, le jour-naliste est convaincu que ses craintes se sont réalisées et que le légat est « entièrement dans les idées des gens de Québec et dans les doctrines libérales![17] » Tout au contraire, le chanoine Lamarche croit que le délégué se range du côté de Laflèche:

> Pour la politique générale, le Délégué nous assure qu'il partage les idées de l'Évêque des Trois-Rivières. Il reconnaît qu'il y a parmi nous des libéraux très dangereux et qu'il faut faire des efforts pour éloigner M. Laflamme et les siens de la politique canadienne. Il dit que s'il vivait dans ce pays, il serait *conser-vateur*; qu'il n'a rien écrit à Rome en faveur des libéraux, ou qui soit opposé aux vues de l'Évêque des Trois-Rivières[18].

Ainsi contradictoirement informé, Laflèche suspend son jugement et manoeuvre avec prudence. Il rencontre le délégué chaque fois qu'il le peut et il lui écrit régulièrement, la plupart du temps pour lui donner des renseignemens d'ordre général. Ce n'est qu'à la fin de juin qu'il commence à mettre Conroy en garde contre les « libéraux » de Québec et à demander, au nom des suffragants, une réunion à Montréal d'où serait exclu l'archevêque; il lui conseille aussi de prolonger son séjour pour que « chacun ait le temps de lui exposer ses raisons et ses vues[19] ». Quelque temps après, il lui fait remettre par son secrétaire deux mé-moires, l'un sur la division du diocèse, l'autre sur le libéralisme qui s'avère, dit-il, « une étude assez étendue sur les causes des difficultés qui ont surgi depuis quelques années en cette Province sur les rapports de l'Église et de l'État et sur différentes questions qui s'y rat-tachent[20] ». À la fin d'août 1877, il organise pour le délégué, dans le diocèse de Trois-Rivières, une réception qui tourne à l'apothéose, au point que le *Journal des Trois-Rivières* peut écrire que « Jamais aucun personnage qui a visité nos rives, n'a été accueilli sur son pas-sage par d'aussi éclatantes manifestations[21] ». Laflèche se doute-t-il en ce moment-là que se préparent des jours bien sombres pour les ultramontains?

4- Mgr Conroy et les problèmes politiques

Comme le demandent ses instructions, Mgr Conroy s'attaque en premier lieu aux questions politico-religieuses et, dès le 8 août 1877, il annonce à la Propagande qu'il sera bientôt en mesure de faire un premier rapport sur le sujet; à son avis, laisse-t-il déjà entendre, la lettre collective du 22 septembre 1875 contenait au moins une ébauche de condamnation du parti libéral[22]. Mais, avant de régler définitivement le problème, il préfère liquider le con-flit universitaire, car, dit-il, tout y est lié de près ou de loin[23].

Tout en continuant à recevoir des doléances de tous côtés, le délégué réunit les évê-ques d'une façon régulière pendant tout l'automne de 1877. La première rencontre a lieu à Saint-Hyacinthe le 17 août; on y étudie un problème qui, depuis un certain temps, causait un froid entre Taschereau et ses suffragants, les pouvoirs du conseil de surveillance de l'univer-sité Laval. Conroy propose des *Norma concilii supremae vigilantiae* qui sont adoptées unanimement avec 16 amendements plus ou moins importants[24]; une nouvelle réunion, tenue

---

17. Le même au même, 28 juillet 1877, *ibid.*
18. G. Lamarche à Laflèche, 5 octobre 1877, *ibid.*, A 2 L 111-11.
19. Laflèche à Mgr Conroy, 28 juin 1877, AETR, *Registre des lettres*, VI, 12.
20. Le même au même, 2 août 1877, *ibid.*, VI, 13.
21. « Mgr Conroy aux Trois-Rivières », *Le Journal des Trois-Rivières*, 30 août 1877, p. 2.
22. Mgr Conroy au card. Franchi, 8 août 1877, APFR, SRC, ASC, 15 (1877), f. 347.
23. Le même au même, 24 août 1877, *ibid.*, 15 (1877), f. 397.
24. Mgr A. Racine, (Procès-verbal de l'assemblée des évêques tenue le 17 août 1877 à Saint-Hyacinthe), AAQ, 10 CP, *Épiscopat du Québec*, I, pp. 68-70.

à Québec le 6 octobre 1877, entraîne cinq nouvelles corrections mineures[25]. Selon le texte, les suffragants abandonnent leur prétention à approuver la nomination des professeurs et l'autorité du conseil ne porte que sur la doctrine et la morale[26]. Fort de ce premier succès, le légat s'emploie ensuite à organiser les succursales de l'université Laval à Montréal en collaboration avec Mgr Fabre et les autorités universitaires; le 19 novembre 1877, il écrit triomphalement que « ce jour même, *la question* de la Succursale Montréalaise *a été réglée* à des conditions satisfaisantes pour Montréal[27] ». Il invite tous les évêques à l'inauguration officielle des cours le 6 janvier 1878 et il leur fait signer « une lettre d'actions de grâces » qui contient ces mots: « Nos coeurs sont remplis d'une grande joie à la vue de ce nouveau rameau Montréalais, dont nous avons salué la naissance en ce jour de la manifestation de Notre-Seigneur[28] ». Personne n'est dupe, cependant, de ce triomphalisme: les difficultés d'installation des succursales à Montréal persistent et de plus en plus les suffragants ont l'impression d'être mis de côté[29].

Parallèlement au dossier universitaire, Conroy aborde la cruciale question de l'intervention du clergé en politique. Quelques déclarations publiques révèlent de quel côté il penche; les objections qu'il pose aux ultramontains de Québec confirment sa position. Aux autorités romaines, il souligne que « le plus grand mal qui afflige l'Église du Canada est, sans aucun doute, *le manque de connaissances théologiques du clergé*[30] », et, même s'il ne le dit pas clairement, il inclut dans son jugement la plupart des évêques[31]. La réunion des évêques, prévue pour le mois d'octobre, menace donc d'être houleuse et Mgr Taschereau fait part de ses craintes au délégué: « Cette action publique, lui écrit-il, que V.E. désire que nous fassions dans notre assemblée du mois d'octobre, sera une affaire très difficile et très délicate, à cause des intérêts divers et surtout des susceptibilités qu'il faut ménager ». Il lui demande donc de proposer « un plan préparé d'avance »; « J'ai l'expérience que c'est le seul moyen d'arriver à des conclusions pratiques dans nos assemblées. Voilà pourquoi je suppose que V.E. aura préparé un *schéma* qui formera l'objet de la délibération[32] ». Quelques jours plus tard, l'archevêque supplie Conroy de régler les problèmes de Mgr J. Langevin; sinon, dit-il,

> La discussion sera vive et longue; elle prendra bien du temps, non seulement en pure perte, mais aussi avec danger de chagriner davantage Mgr de Rimouski et de rendre la division plus profonde! Je prévois qu'il fera des reproches amers non seulement à l'Archevêque (as a matter of course), mais aussi à tous les autres Évêques qui l'ont encouragé à faire son mandement, avec promesse de le promulguer, et qui ensuite ont gardé le silence le plus absolu, parce qu'ils se sont aperçus, sans doute, qu'il n'y avait pas moyen de le soutenir. Chacun se défendra et la bataille sera rude[33].

Ainsi prévenu, le délégué prend la situation en main: il décide de présider les séances consacrées à l'étude du problème politico-religieux et il met à contribution les deux protagonistes, Taschereau et Laflèche. Pendant que l'archevêque rédige un projet de cir-

25. Mgr A. Racine, (Procès-verbal de l'assemblée des évêques tenue le 6 octobre 1877 à Québec). *ibid.*, I, p. 71.
26. Mgr Conroy au card. Franchi, 18 août 1877, APFR, SRC, ASC, 15 (1877), p. 392.
27. Mgr Conroy à Laflèche, 19 novembre 1877, A. Savaète, *Voix Canadiennes, Vers l'Abîme*, III, p. 152; Mgr Conroy au card. Franchi, 30 novembre 1877, APFR, SRC, ASC, 15 (1877), f. 484-487.
28. (Observations de Laflèche au card. Simeoni), 1882, Savaète, *op. cit.* III, *p. 156.*
29. André Lavallée, *Québec contre Montréal, La querelle universitaire, 1876-1891*, Montréal, Presses de l'Université de Montréal, 1974, pp. 19-35.
30. (Notes de Mgr Conroy), sans date, APFR, SRC, ASC, 15 (1877), f. 463-468.
31. Mgr Lynch, de Toronto, l'a d'ailleurs prévenu dans ce sens: « The Archbishop of Quebec has more education, learning, good sense, and a larger horizon than any of his suffragans » (Mgr Lynch à Mgr Conroy, 10 mai 1877, *ibid.*, 16 (1877A), f. 81).
32. Mgr Taschereau à Mgr Conroy, 10 septembre 1877, *ibid.*, 18 (1877c), f. 217.
33. Le même au même, 20 septembre 1877, *ibid.*, 18 (1877c), f. 251.

culaire au clergé, l'évêque de Trois-Rivières accepte de préparer une lettre pastorale commune dans l'esprit des « instructions du St-Siège », car il est convaincu, dit-il, que « c'est dans ce sens-là que j'ai toujours compris et exposé la doctrine de l'Église à ce sujet[33a] ». Le 5 octobre 1877, il envoie son texte à Mgr Conroy en soulignant qu'il a voulu « dire exactement la vérité sans cependant compromettre le clergé et les Évêques ni donner aux libéraux l'occasion de s'en prévaloir comme d'une approbation de leur parti[34] ».

Quand les évêques se réunissent à Québec, du 9 au 11 octobre, l'archevêque peut donc leur proposer l'étude des deux documents. Ils consacrent deux séances au projet de circulaire « sur la conduite que le clergé doit tenir par rapport à la politique et en particulier aux élections »; le secrétaire note laconiquement que « Son Excellence, Mgr le Délégué Apostolique, Nos Seigneurs, les évêques des Trois-Rivières et de St-Germain de Rimouski, présentent plusieurs observations à ce sujet », puis il écrit que le texte est adopté « par tous les évêques ». Celui de Laflèche est aussi accepté unanimement en une seule séance, mais « quelques changements » sont proposés à la dernière rencontre du 11 octobre. Les documents sont alors signés par tous les évêques[35].

La *Lettre pastorale des évêques de la province ecclésiastique de Québec,* du 11 octobre 1877, est d'une particulière importance puisqu'elle donne une interprétation officielle, entérinée par Rome, de la lettre collective du 22 septembre 1875. Voulant rappeler « les principes et les règles de conduite » qu'ils ont donnés précédemment, les évêques résument d'abord les textes principaux, puis ils ajoutent qu'à l'exemple du Saint-Siège, ils se sont toujours abstenus de « signaler les personnes ou les partis politiques »:

> Il n'existe en effet aucun acte Pontifical condamnant un parti politique quelconque; toutes les condamnations émanées jusqu'à présent de cette source vénérable, se rapportent seulement aux *Catholiques-libéraux* et à leurs principes, et c'est dans ce sens que l'on doit entendre le bref adressé en septembre 1876 à l'un de nous. À l'exemple du Souverain Pontife et suivant la sage prescription de Notre Quatrième Concile, nous laissons à la conscience de chacun de juger, sous le regard de Dieu, quels sont les hommes que ces dondamnations peuvent atteindre, quelque soit d'ailleurs le parti politique auquel ils appartiennent.

Et ils terminent par un appel à la modération, à la justice et à la charité[36].

Plus longue encore, la lettre circulaire au clergé prêche la voie d'une « sage réserve » et d'une « grande prudence ». Une fois de plus, les évêques font appel aux textes déjà promulgués pour prouver que « ces prescriptions si *sages* et si *prudentes* » auraient dû conduire à la sérénité et à la neutralité du clergé. Mais, pour être sûrs d'être mieux compris, ils font connaître une série de conseils pratiques dont deux sont particulièrement importants:

> Quand vous aurez ainsi expliqué à votre peuple les principes qui doivent le guider dans son choix, laissez à la conscience de chacun le soin d'en faire l'application aux personnes et aux partis. Et quand un pénitent vous dira qu'il a voté en toute conscience et sous le regard de Dieu, ne révoquez pas en doute sa bonne foi et mettez en pratique cet axiome bien connu: *Credendum est poenitenti tam pro se, quam contra se dicenti.*

33a). Laflèche à Mgr Conroy, 22 septembre 1877, *ibid.,* 18 (1877c), f. 262.
34. Mgr A. Racine, (Procès-verbal de l'assemblée des évêques tenue du 9 au 11 octobre 1877 à Québec), AAQ, 10CP, *Épiscopat du Québec,* I, p. 74.
35. *Ibid.,* I, p. 75s.
36. « Lettre pastorale des évêques de la province ecclésiastique de Québec », 11 octobre 1877, MEQ, *Son éminence le cardinal Taschereau,* II, pp. 51-53.

> Le décret du Quatrième Concile vous défend implicitement d'enseigner en chaire ou ailleurs, qu'il y a péché de voter pour tel candidat, ou pour tel parti politique. À plus forte raison vous est-il défendu d'annoncer que vous refuserez les sacrements pour cette cause.

Enfin, les évêques étendent à tous les diocèses l'instruction aux confesseurs qui avait été promulguée à Québec en 1875[37].

Mgr Moreau a beau écrire que « ces mesures nous les avons pesées et mûries sans pression de la part du Délégué ni de celle de l'Archevêque[38] », la pastorale et la circulaire marquent la victoire de Taschereau. L'explication officielle de la lettre collective du 22 septembre 1875, que ce dernier avait réclamée et dont sa circulaire du 25 mai 1876 était une ébauche, voilà que les suffragants sont obligés de la publier et, qui plus est, dans les propres termes du métropolitain. L'interprétation qu'il a soutenue à Rome et contre laquelle Laflèche et tous ses collègues se sont élevés, voilà qu'elle devient officiellement celle de tout l'épiscopat. Poussé par Rome, le corps épiscopal admet publiquement que le parti libéral n'est pas condamné comme tel et qu'en définitive, il y a beaucoup moins de « catholiques libéraux » au Québec que ne le laissaient entendre les déclarations des dernières années. C'est donc une volte-face que les évêques du Québec sont obligés de faire pour obéir aux ordres du Saint-Siège et plus d'un ont dû signer les documents avec un serrement au coeur bien compréhensible. Ils n'en auront que plus de mérite à défendre leur nouvelle position quand prêtres et laïques commenceront à commenter leur virevolte.

Entre-temps, toujours à l'occasion de l'importante réunion d'octobre 1877, les évêques règlent une autre question délicate en demandant à Rome « d'étendre à la Province Ecclésiastique de Québec les nos 253 à 265, du Concile plénier de Maynooth, sur les Immunités Ecclésiastiques », assortis de quelques changements pour les adapter à la situation du Québec; la proposition ne semble pas avoir soulevé de discussion[39].

Quant aux autres problèmes liés de près à la question de l'ingérence cléricale en politique, le délégué les règle d'une façon qu'il voudrait plus discrète. Sur les conseils de Taschereau[40], il laisse tomber tout simplement la demande de P.-A. Tremblay à propos de la contestation de Charlevoix[41]. De François Langelier, l'instigateur des procès pour « influence indue » cléricale, accusé d'avoir agi contrairement aux directives épiscopales et d'une façon inconvenante pour un professeur d'une université catholique, il reçoit et fait accepter par les évêques une lettre explicative qui lui évite l'exclusion du corps professoral[42]; il résiste aux pressions de ceux qui veulent rendre public ce document de Langelier[43]. En

---

37. « Circulaire des évêques de la province ecclésiastique de Québec au clergé de ladite province », 11 octobre 1877, *ibid.*, II, pp. 44-50.
38. Mgr Moreau à Laflèche, 29 décembre 1877, ASTR, *Fonds Laflèche,* A 1 M 62-23.
39. Mgr A. Racine, (Procès-verbal de l'assemblée des évêques tenue du 9 au 11 octobre 1877 à Québec), AAQ, 10 CP, *Épiscopat du Québec,* I, p. 75. Maynooth est un diocèse d'Irlande, situé dans le comté de Kildare; les instructions de la Propagande faisaient elles-mêmes référence aux normes fixées « per il Clero Irlandese » (« Istruzione per Mgr Conroy Deleg. Ap.° », 6 avril 1877, APFR, *Lettere,* 373, f. 170).
40. Mgr Taschereau à Mgr Conroy, 24 octobre 1877, APFR, SRC, ASC, 18 (1877c), f. 488.
41. P.-A. Tramblay à Mgr Conroy, 21 octobre 1877, *ibid.,* 18 (1877c), f. 488s.
42. François Langelier à Mgr Conroy, 8 octobre 1877, *ibid.,* 18 (1877c), f. 337s.
43. Laflèche réclame plusieurs fois la publication de cette rétractation (Laflèche à Mgr Conroy, 20 octobre 1877, *ibid.,* 18 (1877c), f. 436).

revanche, le règlement de l'affaire Casault-Langevin reçoit, malgré Conroy[44], une publicité considérable. Après avoir discuté le problème avec l'archevêque et les suffragants, le délégué soumet l'affaire à Rome et, le 13 octobre 1877, transmet la réponse à Taschereau: « It is the decision of the Congregation that the Hon. judge Casault is to continue in possession of his chair in the University[45] ». L'archevêque avertit immédiatement le recteur Hamel et lui suggère de publier sa lettre et celle du délégué « Selon le désir de son Excellence[46] ». Le 17 octobre 1877, la nouvelle paraît donc dans les journaux de Québec[47]. Mgr J. Langevin en est très humilié et il se plaint amèrement de cette mauvaise publicité, auprès du légat et à Rome[48], appuyé là-dessus par Laflèche[49]. Pour ne pas blesser davantage l'évêque de Rimouski, Conroy redouble de prudence dans l'étude du cas Maguire. Dans son appel au délégué, ce juge, qui demeure à Rimouski et sur qui pèse une menace d'excommunication, demande rien moins que le mandement du 15 janvier 1877 de Langevin soit déclaré nul publiquement[50]. Après beaucoup d'hésitation, le délégué choisit la voie de la conciliation: il fait intervenir Taschereau auprès de Maguire pour qu'il retire sa plainte, tandis qu'il convainc lui-même l'évêque de réadmettre sans condition le juge à la réception des sacrements[51].

Enfin, pour couronner toutes ces décisions, Mgr Conroy y va d'une déclaration percutante à Montréal, forteresse ultramontaine, le 1er novembre 1877. En réponse à une adresse du curé de Notre-Dame, il commente la dernière lettre pastorale des évêques et il invite les catholiques à obéir à l'épiscopat « quel que soit le parti politique qu'ils croient pouvoir suivre ». Puis il met les Canadiens en garde contre deux erreurs:

> Ne vous laissez donc point entraîner, ni par ceux qui, ouvertement ou par des voies détournées, veulent vous éloigner de la doctrine que vos Évêques vous enseignent, ni, d'un autre côté, par ceux qui, par trop de zèle religieux ou politique, voudraient mettre en force contre des personnes ou des partis des condamnations qui n'ont jamais été prononcées[52].

Même si le *Nouveau-Monde* du chanoine Lamarche fait connaître le « plaisir » qu'il a eu à entendre le délégué[53], de plus en plus d'indices révèlent que les milieux ultramontains considèrent que Conroy est inféodé aux libéraux.

Comme nous l'avons vu, les membres du Cercle catholique de Québec sont les premiers à alerter Laflèche et à critiquer Conroy; Mgr J. Langevin les suit d'assez près. N'é-

---

44. Avant de publier la décision, le recteur Hamel demande à Conroy si « c'est le désir de Votre Excellence » qu'elle soit rendue publique (Mgr Hamel à Mgr Conroy, 16 octobre 1877, ASQ, *Université*, 120-H); la réponse négative du délégué sous forme de télégramme arrive trop tard, car la publication est déjà faite (Mgr Conroy à Mgr Hamel, 17 octobre 1877, *ibid.*, 120-D). Quelques jours plus tard, Conroy envoie un nouveau télégramme: « I deplore the publication of the Casault decision — It was a great mistake to think that I desired it » (Mgr Conroy à Mgr Hamel, 21 octobre 1877, *ibid.*, 120-AD). Mgr Taschereau a toujours prétendu qu'il avait reçu mission de publier le jugement pour rendre justice au juge Casault; à moins d'une preuve contraire, jusqu'ici introuvable, nous sommes porté à croire davantage Mgr Conroy. Sur ce sujet, voir B. Chassé, *op. cit.*, pp. 103-111.
45. Mgr Conroy à Mgr Taschereau, 13 octobre 1877, ASQ, *Université*, 120-D.
46. Mgr Taschereau à Mgr Hamel, 16 octobre 1877, *ibid.*, 120-G.
47. *Le Journal de Québec*, 17 octobre 1877, p. 2.
48. B. Chassé, *op. cit.*, pp. 111-114.
49. Laflèche à Mgr Taschereau, 22 octobre 1877, AAQ, 33 CR, *Diocèse de Trois-Rivières*, I, 236.
50. Appel du juge Maguire à Mgr Conroy, 24 août 1877, ASQ, *Université*, 119-AR.
51. *Ibid.;* voir aussi B. Chassé, *op. cit.*, pp. 116-129.
52. « Réponse de Son Excellence Mgr Conroy délégué apostolique à M. le curé de Notre-Dame le jour de la Toussaint à Notre-Dame », *Revue de Montréal*, I (1877), p. 599.
53. « La Toussaint à Notre-Dame », *Le Nouveau-Monde*, reproduit dans le *Courrier du Canada*, 3 novembre 1877, p. 2.

tant pas convaincu du besoin d'un délégué apostolique pour régler les problèmes religieux du pays[54], il juge sans ménagement tous les gestes de Mgr Conroy et il le fait d'une façon encore plus violente après les incidents de l'affaire Casault; « En un mot, écrit-il à Taschereau, je suis convaincu de la pureté et de la droiture de ses intentions, mais je ne puis me réjouir, ni féliciter le *pays des résultats* de sa mission[55] ». Se rendant compte que ses protestations auprès du délégué et même à Rome sont inutiles, Langevin se plaint d'être mis de côté et menace de démissionner:

> Votre Excellence n'ayant pas confiance en ma discrétion et ne jugeant pas à propos de rien me communiquer, je me résigne. C'est sans doute pour mon plus grand bien spirituel que tout cela tourne ainsi: je dois tâcher d'y trouver mon compte.
>
> Si en conséquence l'autorité dont je suis revêtu malgré mon indignité en souffre, j'aurai toujours la ressource de faire accepter ma résignation au St-Père.

Il termine d'ailleurs sa lettre sur une note de rupture: « En autant qu'il dépendra de moi, j'espère ne plus importuner Votre Excellence[56] ». Il ne faut donc pas se surprendre de retrouver l'évêque de Rimouski parmi ceux qui, au cours de 1878, protesteront contre le travail du délégué.

Bien au courant de tout ce qui se fait et se trame dans le clan ultramontain, Laflèche résiste toujours aux demandes de prendre la direction d'un mouvement provincial pour éclairer le délégué et, par ricochet, attaquer l'archevêque; il conseille plutôt à ses correspondants de s'adresser eux-mêmes au légat[57] et il ne donne son appui qu'aux comités qui préparent les mémoires diocésains. À Mgr Conroy qui s'informe de sa participation à un certain comité, il peut donc répondre qu'il n'y est pour rien et qu'il a engagé « quelques personnes très respectables » à « s'adresser à V.E., en toute confiance, et à lui donner tous les renseignements qu'ils croiront utiles sur ces questions, mais d'avoir soin de ne donner que des renseignements bien certains[58] ».

Laflèche accepte, cependant, de servir d'intermédiaire auprès du délégué dans des cas précis. Le 2 août 1877, par exemple, il lui transmet un mémoire qu'il a rédigé au nom des suffragants sur « les causes des difficultés qui ont surgi depuis quelques années en cette Province sur les rapports de l'Église et de l'État et sur différentes questions qui s'y rattachent »; il ne demande pas un jugement, mais veut aider le délégué à faire un bon diagnostic de la situation[59]. Plus tard, dans l'affaire du juge Maguire, il propose, à Mgr J. Langevin qui accepte, de s'entremettre auprès de Mgr Conroy[60]; il va donc rencontrer le légat à Montréal et, de retour à Trois-Rivières, donne son aval à la « solution pratique » suggérée par le délégué[61]. Sans

---

54. Dès mars 1877, en apprenant la venue du délégué, il dénonce « ces appels continuels à Rome à propos de tout » (Mgr Langevin à Laflèche, 13 mars 1877, ASTR, *Fonds Laflèche*, A 1 L 54).
55. Le même à Mgr Taschereau, 22 octobre 1877, *ibid.*
56. Mgr Langevin à Mgr Conroy, 9 décembre 1877, AAR, *Correspondance spéciale*, II, 86.
57. L'exemple de l'abbé A.-N. Cinq-Mars, de Saint-Bruno, est révélateur. Dès le mois de mars 1877, il propose un plan d'action qui couvrirait tous les diocèses et aboutirait à la présentation de deux mémoires, d'une série de questions et d'une liste de témoins (A.-N. Cinq-Mars à Laflèche, (mars 1877), ASTR, *Fonds Laflèche*, A 4-59). Laflèche lui fait répondre qu' « il lui paraît impossible de mettre ce projet à exécution, tant à cause du temps que cela exigerait, qu'à cause des dispositions des autres Évêques relativement à une telle organisation » (texte dans E. Ling à Laflèche, 7 juin 1877, *ibid.*, A 2 L 125-6).
58. Laflèche à Mgr Conroy, 9 août 1877, AETR, *Registre des lettres,* VI, 18. Un de ses personnages est sûrement l'abbé Narcisse Bellenger, curé de Deschambault, qui renseigne régulièrement Laflèche sur l'état des esprits à Québec et dont l'évêque transmet certaines lettres à Conroy (Laflèche à Mgr Conroy, 15 juin 1877, avec copie de N. Bellenger à Laflèche, 6 juin 1877, APFR, SRC, ASC, 18 (1877c), f. 122-125). Il y a aussi l'abbé Stanislas Tassé, dont nous parlons plus loin.
59. Laflèche à Mgr Conroy, 2 août 1877, AETR, *Registre des lettres,* VI, 13.
60. Mgr Langevin à Laflèche, 15 décembre 1877, ASTR, *Fonds Laflèche*, A 1 L 54.
61. Laflèche à Mgr Conroy, 22 décembre 1877, APFR, SRC, ASC, 18 (1877c), f. 839s.

doute la situation évolue-t-elle différemment et ne nécessite-t-elle plus son intervention, mais la démarche de Laflèche révèle que, même après les réunions d'octobre 1877, l'évêque de Trois-Rivières a encore confiance dans le représentant du pape.

C'est pourquoi, d'ailleurs, il se porte, chaque fois qu'il le peut, à la défense de la pastorale et de la circulaire du 11 octobre 1877, expliquant qu'il ne s'agit pas d'une répudiation du document du 22 septembre 1875, mais d'une explicitation exigée par les circonstances[62]. De plus, à la demande même de Conroy, il engage le *Journal des Trois-Rivières* à écrire « sur la portée et le véritable sens de la dernière Pastorale des Évêques[63] », mais, quand Luc Desilets y va plutôt d'un article « agressif », Laflèche s'en excuse auprès du délégué[64] et oblige le journal à réparer sa bévue, ce qu'il fait en publiant l'allocution du 1er novembre à Montréal[65]. Lui-même prend le parti du silence, pour éviter, tout ce qui pourrait entraîner une division entre les évêques[66].

Au début de 1878, au moment où fusent de toutes parts vers lui des critiques contre le délégué[67], Laflèche garde ses distances par rapport au mouvement d'opposition qui se dessine et qui voudrait dénoncer Conroy[68]. Il prêche toujours ce qu'il appelle la « voie de la conciliation » et, dans ce but, il prend deux initiatives: avertir le délégué des effets néfastes des propos qu'on lui attribue sur le parti conservateur[69], approuver l'envoi à Rome des mémoires déjà présentés à Conroy par les évêques, le clergé et certains laïques[70]. À la fin de février, il est un des derniers du groupe ultramontain à ne pas condamner le légat.

Mais, pour lui qui voit un signe de la Providence dans tout ce qui se produit, les événements politiques du printemps et de l'été 1878 le forcent à se questionner. En mars, le « coup d'état » de Letellier de Saint-Just[71] oblige à tenir des élections prématurées; la campagne électorale est courte, mais ardente et elle remet en actualité les déclarations épiscopales. Pendant que les partisans libéraux insistent sur la liberté reconnue de voter pour le candidat de son choix, les conservateurs ne peuvent plus, du moins aussi ouvertement,

---

62. Le même au même, 8 novembre 1877, *ibid.*, 18 (1877c), f. 558s.
63. Le même au même, 20 octobre 1877, *ibid.*, 18 (1877c), f. 435s.
64. Le même au même, 29 octobre 1877, *ibid.*, 18 (1877c), f. 480s.
65. Laflèche à Mgr Conroy, 2 novembre 1877, *ibid.*, 18 (1877c), f. 561.
66. Laflèche à Mgr Conroy, 20 octobre 1877, APFR, SRC, ASC, 18 (1877c), f. 479.
67. Les Langevin, de Rimouski, sont les plus virulents contre le délégué. Ils écrivent partout, même à Rome (à De Angelis), pour le dénoncer.
68. L'abbé Stanislas Tassé, de Sainte-Scholastique, est à la tête de ce mouvement, qui a une certaine ampleur à Montréal, et il s'en ouvre à Laflèche qu'il rencontre à Trois-Rivières. L'évêque le modère: il le dissuade d'attaquer les textes du 11 octobre et il lui demande de communiquer avec son évêque et le délégué. (Laflèche à S. Tassé, 15 février 1878, *ibid.*, VI, 6).
69. Laflèche à Mgr Conroy, 1er février 1878, AETR, *Registre des lettres*, VI, 4. Il lui écrit: « D'après ce que j'ai pu en connaître, on est convaincu que V.E. s'est laissée surprendre par les libéraux, et qu'elle a crû trop facilement à leurs protestations hypocrites de sentiments de religion, et de soumission à l'autorité de l'Église, et qu'au contraire Elle s'est laissée préjuger contre les conservateurs dans les rangs desquels se trouvent la presque totalité du Clergé et la masse des meilleurs catholiques. Voilà, je crois, la véritable cause du malaise général qu'il est impossible de se dissimuler ».
70. *Loc. cit.*
71. Luc Letellier de Saint-Just a été nommé lieutenant-gouverneur en décembre 1876. Ancien leader libéral, il ne s'entend guère avec le cabinet de Boucherville. Le 25 février 1878, il demande au premier ministre des renseignements sur les subventions aux chemins de fer et divers projets de loi; le 1er mars, il précise ses griefs contre le cabinet et termine son réquisitoire par ces mots: « Le lieutenant-gouverneur ne saurait clore ce mémoire sans exprimer à M. le Premier le regret qu'il éprouve à l'idée de ne pouvoir continuer à le maintenir dans sa position à l'encontre des droits et des privilèges de la Couronne ». Dès le lendemain, 2 mars 1878, Boucherville interprète ce passage comme un renvoi d'office et se retire; Letellier de Saint-Just s'empresse d'appeler Henri-Gustave Joly de Lotbinière à former un nouveau ministère. Minoritaire, le gouvernement libéral ne peut conserver le pouvoir et le lieutenant-gouverneur décide de proroger la session et de dissoudre la législature le 9 mars. Sur le sujet, voir M. Hamelin, *Les premières années du parlementarisme québécois*, pp. 272-280; Jean-Charles Bonenfant, « Destitution d'un premier ministre et d'un lieutenant-gouverneur », *Les Cahiers de Dix*, 28 (1963), pp. 9-31.

brandir les condamnations du libéralisme et des libéraux. Bien plus, dans le diocèse de Québec, l'archevêque prend soin d'avertir son clergé qu'il verra à faire suivre les directives de la circulaire du 11 octobre 1877 et il prescrit de lire son mandement du 25 mai 1876[72], ce qui est, aux yeux des ultramontains, une façon de museler les curés[73]. À Trois-Rivières, Laflèche exprime le désir de publier des extraits de la lettre collective du 22 septembre 1875 « afin de détruire la fausse impression (...) que cette Lettre avait été révoquée et qu'elle devait être regardée comme non avenue[74] »; Conroy, qu'il consulte, le lui défend et l'évêque doit se contenter de faire appel à la conscience de ses diocésains et de leur suggérer de demander l'avis de « quelques hommes honnêtes et consciencieux[75] ». Les résultats des élections paraissent un désastre pour les ultramontains: les libéraux font une percée exceptionnelle, *surtout dans la région de Québec*, et ils se maintiennent au pouvoir grâce à l'appui du député Arthur Turcotte, de Trois-Rivières[76]! Les bien-pensants en sont tout atterrés! Se disant très alarmé, Mgr Moreau prévoit les pires calamités: « J'ai un secret pressentiment que notre pays comme tous ceux du monde entier, va avoir ses épreuves et peut-être même ses persécutions[77] ». Mgr J. Langevin n'est pas moins pessimiste:

> Voilà nos Libéraux rendus au pouvoir dans notre pauvre Province! Nous allons en voir de belles! S'ils réussissent à se maintenir, ils en opèreront des *réformes* à leur façon! *Avant deux ans,* ils auront arraché le contrôle de l'éducation au clergé et aboli le Conseil de l'Instruction Publique, pour tout conduire à leur gré. (...) Mon cher Seigneur, nous nous en allons à la Révolution, et grand train! Le Délégué et l'Archevêque en auront été les premières et principales victimes. C'est là ma conviction[78].

La vision apocalyptique d'une révolution « qui arrive au galop » ébranle Laflèche et le pousse à reviser son jugement sur la mission de Conroy. Dès la mi-mars, il se range du côté de Mgr Langevin et commence lui aussi à croire aux effets néfastes du travail du légat: « Mgr l'Archevêque et Mgr le Délégué, sans s'en douter, et contre leur intention certainement, y ont contribué grandement à accélérer ce mouvement (la révolution) en lui ôtant le plus sérieux obstacle qu'elle rencontrait dans l'influence salutaire du Clergé![79] » Devant cette situation nouvelle, Laflèche ne peut plus se soustraire aux appels de ses collègues et des prêtres des divers diocèses; on peut dire qu'en mai 1878, il redevient le « général en chef » des troupes ultramontaines qui montent de nouveau à l'assaut des autorités romaines[80]. Il le fait d'autant plus volontiers que le problème de la division de son diocèse semble réglé définitivement.

5- Mgr Conroy et la question de la division du diocèse de Trois-Rivières

Dans le contexte général de sa mission au Canada, les débats à propos de la division du diocèse de Trois-Rivières peuvent apparaître au délégué d'ordre secondaire, mais il s'y applique avec la même conscience et la même diplomatie. Des deux parties qui le courtisent, il

72. Mgr Taschereau, « Circulaire au clergé », 29 mars 1878, MEQ, *Son éminence le cardinal Taschereau*, II, p. 76.
73. Laflèche au card. Simeoni, 7 octobre 1878, AETR, *Registre des lettres*, VIb, 86.
74. Laflèche, *Mémoire de l'évêque des Trois-Rivières sur les difficultés religieuses en Canada*, p. 10.
75. Laflèche, « Lettre pastorale de Monseigneur l'Évêque des Trois-Rivières, au sujet des prochaines élections », 26 mars 1878, METR, *Mgr Laflèche*, II, pp. 199-203.
76. « M. Turcotte jugé par la presse », *Le Journal des Trois-Rivières*, 10 juin 1878, p. 1.
77. Mgr Moreau à Laflèche, 8 mai 1878, *ibid.*, A 1 M 62-27.
78. Mgr J. Langevin à Laflèche, 26 janvier 1878, *ibid.*, A 1 L 54.
79. Laflèche à Mgr J. Langevin, 20 mars 1878, AAR, *Correspondance spéciale*, II, p. 129.
80. Prêtres de Montréal à Laflèche, 1er mai 1878, ASTR, *Fonds Laflèche*, A 2 L 117-1.

reçoit et étudie tous les documents qu'elles veulent bien lui communiquer; de même, il rencontre plusieurs fois les partisans du démembrement, surtout le séminaire de Nicolet et l'abbé Marquis, et les adversaires représentés par Laflèche.

Mgr Conroy possédant déjà toutes les pièces du dossier, le séminaire de Nicolet présente un mémoire qui prétend à la fois décrire la situation critique de la maison d'enseignement sous l'administration de Laflèche et réfuter certains des avancés de l'évêque dans sa réponse au premier mémoire. Faisant l'historique des relations du collège avec son ancien supérieur, le texte rappelle les tentatives de transfert des années précédentes et le ressentiment que Laflèche en aurait gardé, puis il décrit dans le détail les « vexations » subies par Nicolet et les faveurs accordées au séminaire de Trois-Rivières. Les sentiments de cet ancien ami ont changé, assure-t-il:

> le coeur de notre Évêque n'est plus pour nous. Huit années se sont écoulées depuis le jour où Mgr Laflèche a crû devoir rompre avec son passé, avec ses amis les plus intimes, avec tout ce qu'il avait loué et béni, avec cette maison de Nicolet à laquelle il avait juré une fidélité inviolable.

Voilà pourquoi, conclut-il, l'avenir de Nicolet est compromis si la division n'a pas lieu; les craintes:

> ont leur fondement dans les dispositions de l'Evêque des Trois-Rivières, manifestées avec évidence par ses paroles et sa conduite; elles sont confirmées par les menaces que S.G. ne nous a pas épargnées jusque dans les mémoires présentés contre nous au S. Siège; elles ont commencé déjà à se réaliser par l'abandon où l'on nous laisse et le vide que l'on voudrait faire autour de nous. Le reste est affaire de temps[81].

Calixte Marquis, pour sa part, tout en encourageant ses troupes et fignolant les textes qui appuient la demande de division[82], rencontre fréquemment le délégué et lui écrit pour dénoncer la mauvaise foi de la partie adverse[83]. Sa tâche est cependant rendue difficile par une série de manoeuvres de Laflèche qui le réduisent à la défensive.

À l'occasion des multiples rencontres qu'il a avec Conroy et dont nous n'avons que de vagues échos, mais surtout dans sa correspondance volumineuse avec le délégué, l'évêque de Trois-Rivières développe une défense en quatre volets: il s'appuie sur l'opinion majoritaire des évêques, il essaie de démolir les arguments des pétitionnaires, il attaque l'abbé Marquis et il produit une contre-requête du clergé de la rive sud.

Toujours ulcéré par la lettre du cardinal Franchi qui disait que trois suffragants, en plus de l'archevêque, favorisaient la division immédiate[84], Laflèche contacte chacun des suffragants et, d'après leurs réponses, il peut confirmer au délégué « qu'aucun de ces Prélats n'a écrit privément à la S.C. de la Propagande pour exprimer une opinion contraire à celle qu'ils ont donnée » et que, par conséquent, deux évêques seulement, Taschereau et A. Racine, appuient la demande de démembrement; comme il ne connaît pas encore le contenu de la lettre de l'archevêque du 12 avril 1876, il essaie de savoir « quel est celui qui a donné ce renseignement faux à Son Éminence », car, dit-il, « Ce fait pourra être utile pour juger le *degré de confiance* que l'on doit donner à plusieurs autres renseignements sur le même sujet[85] ». Ensuite

81. *Mémoire du Séminaire de Nicolet en faveur de la division du diocèse de Trois-Rivières et l'érection de Nicolet en évêché,* 1er mai 1877, APFR, SRC, ASC, 15 (1877), f. 679-698. Signé par T. Caron, supérieur, et M.G. Proulx, le texte aurait été rédigé par l'abbé Douville.
82. E. Buisson — J.-A.-I. Douville, 23 juillet 1877, ASN, *Succ. Mgr I. Douville,* II, 13.
83. Chacune des lettres de Marquis insiste sur cette mauvaise foi; les charges de Marquis deviennent plus virulentes après la contre-requête dont nous parlons plus bas.
84. Cf. *supra,* p. 246s.
85. Laflèche à Mgr Conroy, 23 août 1877, APFR, SRC, ASC, 18 (1877c), f. 116s.

informé de l'origine du renseignement transmis à Rome, Laflèche s'attache, dans les mois qui suivent, à dénoncer Taschereau et Benjamin Pâquet, pour l'appui qu'ils apportent aux « nouvelles intrigues » de l'abbé Marquis:

> Mgr l'Archevêque lui a donné toute sa confiance au point de former complète-
> ment son opinion sur cette question sans m'en dire un mot et sans vouloir
> admettre aucune des raisons que j'ai pu lui donner dans l'assemblée des Évê-
> ques pour lui démontrer l'absurdité d'un tel projet, la manière inconvenante
> dont il avait été conduit et qu'il était joué par M. Marquis que je connaissais
> parfaitement. Mgr B. Paquet ne le servit pas avec moins de zèle à Rome[86].

Sans leur intervention, conclut-il, les revendications des quelques mécontents seraient demeurées négligeables[87].

En un deuxième temps, Laflèche s'évertue à détruire les arguments des pétitionnaires. Il le fait, par deux fois, en reprenant toutes leurs preuves et en les contestant une à une. Le 30 juillet 1877, il transmet à Conroy un mémoire tout à fait semblable à celui qu'il a présenté à Rome en mai 1876, auquel il adjoint d'importantes pièces justificatives qui, à notre avis, donnent une force nouvelle à son plaidoyer[88]; le 24 novembre 1877, même si le délégué lui a dit d'être sans inquiétude, il reprend encore une fois « les *exagérations* et les renseignements *er-ronnés* » de ses adversaires pour les démolir de plus belle[89]. Mais Laflèche ne se contente pas de ces deux longs textes; il aime bien revenir régulièrement sur l'un ou l'autre des arguments des partisans de Nicolet. Deux aspects l'intéressent tout particulièrement: la division dans le clergé, les manoeuvres trompeuses des chefs. Dans le premier cas, minimisant le nombre et l'importance des pétitionnaires, il rappelle sans cesse que la division entre le clergé, que révèle la supplique à Rome, a été créée par l'action de Marquis et de quelques-uns de ses sympathisants:

> La prétendue division du clergé, dit-il, n'existait pas quand ils ont commencé à
> agiter cette question et depuis 3 ans qu'ils travaillent à la créer et à l'augmenter,
> ils n'ont encore réussi à amener dans leurs vues qu'un nombre fort restreint de
> Prêtres, et à force de répéter avec assurance qu'ils obtiendront cette division,
> ils ont réellement créé un certain malaise chez un bon nombre de prêtres qui
> redoutent cette division du diocèse en deux comme grand malheur pour le
> diocèse des Trois-Rivières, et qui sont mécontents contre les promoteurs de ce
> projet[90].

Pour prouver la mauvaise foi des chefs du clan adverse, il produit le témoignage de sept prêtres qui, à sa demande, lui ont décrit la manière dont ils ont été trompés[91].

Une partie des interventions de Laflèche sont donc consacrées à prouver de nouveau la non-crédibilité des promoteurs du diocèse de Nicolet, mais elles visent encore bien plus à attaquer l'abbé Marquis, considéré comme la cause de toutes les dissensions. À Rome comme auprès du délégué, l'évêque le présente comme un « homme intrigant[92] », « qui ne recule

---

86. Le même au même, 11 septembre 1877, *ibid.*, 18 (1877c), f. 219-221.
87. Il faut noter que Laflèche insiste peu, en ce moment, sur l'argument, primordial aux yeux de certains évêques, que l'initiative du démembrement est l'oeuvre de prêtres plutôt que des évêques.
88. *Mémoire de l'Évêque des Trois-Rivières au sujet du démembrement*, 30 juillet 1877, *ibid.*, 15 (1877), f. 605-624; *Pièces justificatives du Mémoire contre la division du diocèse des Trois-Rivières, ibid.*, 15 (1877), f. 538-573.
89. Laflèche à Mgr Conroy, 24 novembre 1877, *ibid.*, 18 (1877c), f. 630-635.
90. Le même au même, 20 octobre 1877, *ibid.*, 18 (1877c), f. 474-479.
91. Le même au même, 28 novembre 1877, *ibid.*, 18 (1877c), f. 638s. Les sept prêtres sont: les abbés N.-E. Ricard, J.-N. Héroux, C. Bochet, A. Desaulniers et L. Pothier, réputés favorables à la division, et les abbés P. de Villers et L.-E. Dauth, considérés comme neutres. Leurs témoignages se retrouvent parmi les pièces justificatives (*ibid.*, 15 (1877), f. 538-573).
92. Laflèche à T. Harel, 17 novembre 1876, APFR, SRC, ASC, 14 (1876), f. 547.

devant aucun moyen pour réussir dans ses projets[93] » et « qui n'a guère fait que contrecarrer l'autorité de Son Évêque depuis 25 ans[94] ». Dans l'entreprise de la division du diocèse, continue Laflèche, il s'est rallié « trois ou quatre prêtres qui étaient mécontents de leur Évêque » et il a lancé une campagne où tous les moyens étaient permis :

> Aux uns, il représentait la question du 10ième comme une injustice, aux autres l'annexion aux diocèses de Sherbrooke ou de St-Hyacinthe qu'ils redoutaient grandement.

> De même à Québec et à Rome il affirmait avec une hardiesse incroyable une prétendue division scandaleuse entre le Clergé du Nord et du Sud, tandis que cette prétendue division n'existait que dans son coeur et son esprit[95].

En un mot, le curé de Saint-Célestin est « l'âme de toute cette agitation ».

Pendant l'été de 1877, Laflèche ne se contente plus de le dénoncer ; il l'oblige à démissionner. Profitant d'une plainte d'un groupe de paroissiens[96], il fait une enquête auprès des prêres des environs de Saint-Célestin et de quelques laïques « des plus respectables et qui connaissaient très bien les intrigues et les allures de M. Marquis ». D'après les témoignages de J.-B. Comeau, N. Caron, C.-A. Barolet, J.-E. Béliveau, J.-A. Blondin et L.-S. Rivard, il considère les plaintes comme fondées et, ayant consulté son grand vicaire, Charles-Olivier Caron, il décide avec lui qu'il faut éloigner Marquis « du théâtre de ses intrigues et des grandes voies de communications en le changeant de Cure à fin de le forcer à la résidence par la difficulté des voyages et aussi l'éloigner d'une population qui le redoutait et dont plusieurs suspectaient son honnêteté[97] ». Pour plus de sûreté, Laflèche discute du problème avec le délégué[98], puis, le 11 septembre, annonce à Marquis qu'il révoquera sa nomination à la cure de Saint-Célestin « à l'époque de la St-Michel cette année[99] ».

Comme il fallait s'y attendre, l'abbé Marquis refuse de quitter sa cure pour plusieurs raisons : son âge et le piètre état de sa santé, son incapacité de faire le même travail dans une nouvelle paroisse, l'obligation où il serait de régler trop vite des affaires importantes, ce qui pourrait ruiner « un bon nombre de familles ». Il conclut donc : « N'ayant aucune présomption que je laisserais ma paroisse à l'automne, je n'ai pu me préparer un lieu de retraite. En sortant du presbytère, je devrai prendre le grand chemin[1] ». Laflèche demeure inflexible et, le 22 septembre, offre à Marquis la cure de Sainte-Ursule ou de Saint-Étienne[2] ; le curé de Saint-Célestin refuse l'une et l'autre et donne sa démission du ministère actif, ce que l'évêque accepte avec empressement tout en lui nommant un successeur[3].

Cependant, l'abbé Marquis n'attend pas ces dernières péripéties pour réagir fortement auprès du délégué. Dès qu'il connaît la plainte portée contre lui, il la dénonce à Mgr Conroy comme un coup monté par des jeunes prêtres pour lui enlever son bénéfice et le punir de sa participation à l'affaire de la division du diocèse; « Tout cela, conclut-il, m'apparaît comme une véritable conspiration tramée contre moi pour parvenir à des fins que l'on tient

---

93. Laflèche à Mgr Conroy, 23 août 1877, *ibid.*, 18 (1877c), f. 116.
94. Le même au même, 11 septembre 1877, *ibid.*, 18 (1877c), f. 219.
95. *Loc. cit.*
96. *Plaintes contre M. Marquis, Curé de St-Célestin apportées par MM. Frs. Bourbeau et George Hélisson*, 18 juillet 1877, ASTR, *Fonds Laflèche*, B 3M 3-22.
97. *Loc. cit.* Les témoignages sont longs, détaillés et très sévères pour Marquis (*ibid.*, 15 (1877), f. 629-632).
98. Laflèche à Mgr Conroy, 27 décembre 1877, *ibid.*, 15 (1877), f. 625.
99. Laflèche à C. Marquis, 11 septembre 1877, ASN, Boîte 14, *Documents divers, Mgr Marquis.*
 1. C. Marquis à Laflèche, 18 septembre 1877, ASTR, *Fonds Laflèche*, B 3 M 6-4.
 2. Laflèche à C. Marquis, 22 septembre 1877, AETR, *Registre des lettres*, VI, 31.
 3. Le même au même, 27 septembre 1877, *ibid.*, VI, 32.

en arrière du rideau [4] ». Sa révocation est pour lui « une disgrâce et une humiliation extrême » et il la décrit au délégué comme une vengeance-de Laflèche, pour l'écraser et « écraser du même coup le diocèse de Nicolet [5] ». Tenu au courant par Mgr Conroy, Laflèche repousse l'accusation, assurant que « la demande de division du diocèse n'est nullement le motif de son (Marquis) changement » et, par la même occasion, il transmet au délégué un dossier extrêmement compromettant pour Marquis [6]. Il explique aussi de nouveau les raisons du geste posé:

En résumé donc j'ai décidé de changer M. Marquis de cure parce que:

1. Il manquait depuis longtemps à la résidence.
2. Il avait fait soupçonner plusieurs fois son honnêteté par des personnes respectables, à cause de ses transactions *peu scrupuleuses*.
3. À cause de ses intrigues sans cesse renaissantes et dans sa paroisse et ailleurs et qui étaient une occasion de défiance, de troubles, et de malaise.
4. À cause de son immixtion incessante dans les affaires des paroisses, municipales et scolaires.
5. À cause de son intervention contraire aux règles disciplinaires dans les affaires d'élection.
6. À cause de sa sévérité à l'égard de plusieurs de ses paroissiens dont quelques-uns disaient *qu'ils le craignaient plus que le diable*[7].

La démission du curé de Saint-Célestin crée des remous dans un clergé déjà survolté par les discussions passionnées sur le démembrement du diocèse. Si les partisans de l'évêque approuvent son geste, les autres crient à l'arbitraire et à l'injustice et considèrent leur chef comme une victime: « Il manquait à la cause du sud la sanction du martyre; vous l'avez presque », souligne l'abbé Hercule Dorion[8]. Les mêmes prêtres, d'ailleurs, décèlent de l'animosité dans presque toutes les actions de Laflèche, que ce soit les nominations ecclésiastiques[9] ou les propos de l'évêque à la retraite du mois d'août; selon eux, il aurait profité de cette dernière occasion pour faire une sortie « avec des imputations si graves et un langage si amer que ceux-mêmes dont il favorisait les vues n'ont pu s'empêcher d'en être peinés[10] ». Et les protestations de s'accumuler sur la table du légat!

La division du clergé apparaît encore plus manifeste quand Mgr Conroy reçoit une contre-requête du clergé de la rive sud, qui, aux yeux de Laflèche, prouve que les partisans de Nicolet ne sont qu'une minorité. Les curés « et autres prêtres employés dans le saint ministère, formant la majorité » veulent protester « respectueusement, mais avec toute l'énergie dont (ils sont) capables » de leur « opposition complète » à la division et demander « avec insistance » la conservation de l'intégrité du diocèse. Le document nous donne un tableau complet de l'opinion du clergé de la rive sud: 34 prêtres (25 curés, 7 vicaires, 2 autres) ont signé la contre-requête; 4 (3 curés, 1 vicaire) ont donné, par lettre, l'autorisation d'apposer leur nom, ce qui donne un total de 38 signataires (28 curés, 8 vicaires, 2 autres); 3 curés « ont exprimé leur opposition à la division par lettre en réclamant le maintien de l'intégrité du diocèse et en exprimant le désir d'icelui », mais sans signer; 9 (4 curés, 3 vicaires, 2 autres) n'ont pas répondu; 17 requérants (9 curés, 8 professeurs du séminaire de Nicolet) « n'ont pas

4. C. Marquis à Mgr Conroy, 27 août 1877, APFR, SRC, ASC, 16 (1877a), f. 155.
5. Le même au même, sans date (septembre 1877), *ibid.*, 18 (1877c), f. 249.
6. Laflèche à Mgr Conroy, 20 septembre 1877, *ibid.*, 18 (1877c), f. 247; le dossier se trouve dans *ibid.*, 15 (1877), f. 644-662.
7. Le même au même, 27 décembre 1877, *ibid.*, 15 (1877), f. 628.
8. H. Dorion à I. Douville, 29 septembre 1877, ASN, *Succ. Mgr I. Douville*, II, 4.
9. H. Dorion à I. Douville, 28 octobre 1877, ASN, *Succ. Mgr I. Douville*, II, 4.
10. L.-S. Malo et I. Douville à Mgr Conroy, octobre 1877, ASN, Boîte no 1-D, *Division du diocèse*.

été consultés ». Comme on peut supposer que ceux qui n'ont pas répondu ne voulaient pas signer, le total des partisans de la division serait de 26 prêtres (13 curés, 3 vicaires, 10 autres) [11].

Ignorant que cette démarche a été demandée par le délégué lui-même [12], le séminaire de Nicolet d'abord [13], puis Calixte Marquis à plusieurs reprises accusent leur évêque d'être l'instigateur de cette contre-requête [14] et d'avoir usé « de moyens étranges » pour obtenir certaines signatures. Laflèche riposte en décrivant au légat le processus de la consultation et en déclarant que « s'il y a eu pression ce n'est pas du côté de ceux qui ont fait signer la contre-requête, mais bien de ceux qui ont tenu le caucus à Nicolet [15] ». Comme il arrivera si souvent dans cette querelle à propos de la division du diocèse, les deux parties s'accusent d'avoir extorqué ou falsifié des signatures et certains prêtres retirent leur nom de l'une ou l'autre requête. Mgr Conroy doit donc proposer une solution sans connaître avec certitude le nombre exact des partisans de l'intégrité et du démembrement du diocèse.

Il a, cependant suffisamment de renseignements pour communiquer son verdict à Rome à la fin de janvier 1878 [16]. Dès qu'il apprend la nouvelle, Laflèche rédige un nouveau mémoire qui reprend tous les arguments déjà soumis et il l'envoie au cardinal Franchi avec prière de régler le problème une fois pour toutes:

> Pour le bien de la religion et dans l'intérêt de ce diocèse que m'a confié le Souverain Pontife, je prie, V.E., de faire cesser au plus tôt cette agitation regrettable, et de me donner l'appui dont j'ai besoin pour ramener ces prêtres à l'ordre en faisant régler définitivement cette question par la S.C. de la Propagande, et en leur rappelant que c'est aux Évêques de la Province à régler avec le St-Siège les divisions et érections de diocèses, conformément à la coutume toujours suivie en cette Province et sanctionnée par le St-Siège [17]. J'ai la confiance que V.E. accueillera favorablement une demande aussi juste, et qu'Elle mettra le plus tôt possible cette affaire devant la S.C. de la Propagande pour la faire régler définitivement [18].

La réponse ne tarde pas. Dès le 6 avril 1878, le nouveau préfet de la Propagande, le cardinal Giovanni Simeoni, lui fait part de la décision suivante:

> J'ai reçu les lettres de Votre Grandeur et les observations transmises au sujet de la demande faite par quelques membres de son Clergé pour la création d'un nouveau diocèse à Nicolet. Une telle demande aurait dû être accompagnée devant la Congrégation du suffrage des Évêques de la Province; et comme ce suffrage ou cette recommandation n'existe pas, que les choses restent comme elles sont.

---

11. À Son Excellence G. Conroy, Évêque d'Ardagh, Délégué Apostolique au Canada, 27 novembre 1877, APFR, SRC, ASC, 15 (1877), f. 629-632.

12. La correspondance de Laflèche avec Conroy nous révèle clairement que la contre-requête a été menée à la demande du délégué, (Laflèche à Mgr Conroy, 28 novembre 1877, ibid., 18 (11877c), f. 638s.).

13. Protestation adressée à Son Excellence Monseigneur G. Conroy, Délégué Apostolique au Canada, au sujet d'une contre-requête signée dans le Diocèse des Trois-Rivières pendant les mois de novembre et de décembre de la présente année, 18 décembre 1877, ibid., 15 (1877), f. 598-604. Le texte est signé par L.-S. Malo, A.-N. Bellemare et T. Caron.

14. C. Marquis à Mgr Conroy, 31 décembre 1877, ibid., 15 (1877), f. 699-704.

15. Laflèche à Mgr Conroy, 29 janvier 1878, AETR, Registre des lettres, V1, 3.

16. Le même au même, 1er février 1878, ibid., VI, 4.

17. C'est une des rares fois où il emploie cet argument.

18. Laflèche au card. Franchi, 25 février 1878, ibid., VI, 7; Mémoire de l'évêque des Trois-Rivières, en opposition au démembrement de son diocèse, 16 février 1878, 16p.

Satisfait de cette solution toute légaliste, Laflèche la fait connaître, sans commentaire, à son clergé[19], tandis qu'*Un ami du diocèse des Trois-Rivières et de son clergé* apprend la nouvelle aux lecteurs du *Nouveau-Monde*[20]. Trop de préoccupations assaillent le vainqueur pour qu'il puisse se complaire dans cette mince victoire.

6- Les « signes de la Providence »

L'annonce de la décision à propos du diocèse de Trois-Rivières coïncide avec le retour de Mgr Conroy d'un long séjour aux États-Unis. Ayant suffisamment avancé le règlement de la plupart des questions qui lui avaient été confiées[21] et voulant se reposer dans un climat moins rigoureux, le délégué avait passé une grande partie de l'hiver dans les États du sud, tout en restant en contact épistolaire avec les évêques du Québec, particulièrement Taschereau et Laflèche. Il était revenu à la fin d'avril pour assister au sixième concile provincial de Québec annoncé pour la mi-mai.

En préparation de cette rencontre, les évêques sont priés, comme d'habitude, de suggérer des sujets de discussion ou de législation. Ils envoient tous une liste plus ou moins longue de propositions, sauf Laflèche qui se dit satisfait de celles de ses confrères[22]. Contrairement aux conciles précédents, il y a peu de questions ayant trait aux débats politico-religieux; seul Mgr J. Langevin suggère un décret sur les immunités ecclésiastiques, ce qui pourrait reposer le problème des procès pour ingérence cléricale[23].

Annoncé par un mandement de l'archevêque, daté du 2 février 1878[24] et repris de diverses façons dans les autres diocèses[25], le concile s'ouvre le 19 mai 1878 sous la présidence de Mgr Taschereau et en présence de Mgr Conroy[26]. Laflèche fait le sermon à la grande cérémonie publique; à la suggestion de Taschereau[27], il y commente le texte: « Tout pouvoir m'a été donné sur la terre et dans le ciel, allez enseigner toutes les nations les baptisant au nom du Père, et du Fils, et du Saint-Esprit » (Matth., XXVIII, 18-19); il parle pendant une heure « avec une éloquence admirable, digne d'ailleurs de sa renommée[28] »; même le *Morning Chronicle* note que « He fully sustained his well earned reputation of being a pulpit orator of extraordinary abilities[29] ».

La veille, les évêques s'étaient réunis une première fois pour distribuer les tâches et former les diverses commissions. C'est une formalité d'autant plus facile à remplir que le nombre d'évêques est le même[30] et celui des théologiens à peine plus grand qu'en 1875[31].

---

19. Laflèche, « Circulaire au clergé », 1er mai 1878, METR, *Mgr Laflèche*, 2, p. 208.
20. Reproduit dans le *Journal des Trois-Rivières*, 9 mai 1878, p. 2.
21. En plus de toutes les questions dont nous avons parlé plus haut, Mgr Conroy a traité du problène de la division de la paroisse Notre-Dame à Montréal et de diverses questions impliquant les évêques anglophones; pour plus de détails, voir les lettres de Conroy à la Propagande, APFR, SRC, ASC, 15 (1877), f. 423-517.
22. Laflèche à Mgr Taschereau, 6 avril 1878, AAQ, 33 CR, *Diocèse de Trois-Rivières*, II, 12; pour la liste complète des propositions, voir J. Grisé, *op. cit.*, pp. 180-182.
23. *VIe Concile Provincial, Projets de Décrets et Notes*, ACAM, RCD, 50, p. 83.
24. Mgr Taschereau, « Mandement sur la convocation du sixième concile provincial de Québec », 2 février 1878, MEQ, *Son Éminence le cardinal Taschereau*, II, pp. 59-61.
25. Laflèche, « Circulaire au clergé », 1er mai 1878, METR, *Mgr Laflèche*, II, pp. 205-208.
26. Mgr J. Langevin s'est objecté fortement à la présence du délégué au concile. (Mgr J. Langevin à Mgr Taschereau, 4 avril 1878, AAR, *Correspondance spéciale*, II, p. 132s.).
27. Mgr Taschereau à Laflèche, 19 avril 1878, ASTR, *Fonds Laflèche*, A 1 T 101-4.
28. « Ouverture du 6ième concile provincial », *Le Courrier du Canada*, p. 2.
29. « Sixth Provincial Council of Bishops », *The Morning Chronicle*, 20 mai 1878, p. 2.
30. Les évêques sont au nombre de sept; il y a deux nouvelles figures: Mgr Joseph-Thomas Duhamel, d'Ottawa, et Mgr Louis-Zéphirin Moreau, de Saint-Hyacinthe (*Acta et decreta sexti concilii provinciae Quebecensis (...)*, Québec, P.-G. Delisle, 1882, p. 7s.).
31. Liste dans *ibid.*, pp. 7-10. À noter qu'il y a un représentant de chacun des trois chapitres (Montréal, Saint-Hyacinthe et Rimouski), ainsi que de l'université Laval, des sulpiciens, des jésuites et des oblats.

Laflèche se voit attribuer la présidence de la commission de la doctrine où se retrouveront Joseph-Sabin Raymond (Saint-Hyacinthe), Jean-Baptiste-Benoît Larue (Montréal), Anthony O'Donnell (Saint-Hyacinthe), Louis-Honoré Pâquet (Québec), Désiré Vézina (Rimouski) et Victor Beaudevin (Montréal)[32]. Ils reçoivent le mandat d'examiner des projets concernant la vie des clercs, l'obéissance des pasteurs, l'origine et la fin de l'homme, les périls qui menacent la foi, l'usure et, enfin, les danses[33]. Tous ces textes ne sont pas transformés en décrets: le projet *De obedientia sacerdotum erga suos episcopos,* proposé par Taschereau, n'est pas accepté[34], de même que celui sur l'origine et la fin de l'homme, venant de Duhamel[35]; la plupart des autres sont votés facilement.

L'action de Laflèche est peut-être plus considérable encore dans les réunions à huis clos (*congregationes privatae*). Avec tous les autres suffragants, il s'oppose à l'archevêque qui doute de l'opportunité d'un décret sur les droits de l'Église[36] et il est l'un des quatre évêques — les autres sont Langevin, Moreau et Duhamel — qui produisent un document pour expliquer les raisons d'un tel texte[37]. C'est lui aussi qui, appuyé par Mgr J. Langevin, propose un schéma *De cleri munere in electionibus.* Après avoir décidé d'en parler au délégué[38], l'assemblée accepte le décret qui demande aux prêtres de n'intervenir que rarement et, quand il le faut, avec charité et modération[39].

Malgré ces quelques débats plus vifs, le sixième concile provincial se déroule dans une atmosphère sereine où la présence de Mgr Conroy joue un rôle modérateur. Plusieurs des décrets qui en émanent ont une portée essentiellement disciplinaire, tels ceux sur la vie et l'honnêteté des clercs[40], sur l'éducation des jeunes filles dans les couvents[41] et sur les dangers qui menacent la foi[42]. Mais la *Lettre pastorale des pères du sixième concile de Québec,* rédigée par Taschereau et approuvée dès la première séance[43], inscrit ces obligations dans le contexte élargi de la vie de la foi que le chrétien doit assumer dans sa vie intime et personnelle, dans sa famille et dans ses relations sociales[44]. Ces explications très pertinentes sont peut-être oubliées quand les décrets sont publiés le 18 février 1882![45]

Au total, le concile provincial de 1878 marque une halte dans les divergences épiscopales à propos des questions politico-religieuses et Mgr Conroy a sans doute raison d'écrire:

> Je me réjouis de pouvoir communiquer à Votre Éminence que j'ai trouvé tous les évêques unanimes à maintenir les prises de position suggérées par la Sacrée Congrégation sur les questions politiques qui font tant de remous dans ce

---

32. *Ibid.,* p. 10.
33. *Ibid.,* p. 12s.
34. Pourquoi les suffragants ont-ils repoussé un projet aussi anodin et qui aurait pu être utile dans certains diocèses? Les procès-verbaux sont vagues. Les évêques ne veulent-ils pas se venger de l'archevêque, tout en affichant un esprit d'indépendance en présence du délégué? C'est l'interprétation de Grisé, *op. cit.,* p. 185.
35. E. Langevin, « Quinta congregatio privata », *Acta et decreta sixti concilii...,* p. 24. Il en est de même du décret sur le chant et d'un autre sur l'usure.
36. E. Langevin, « Secunda congregatio privata », *ibid.,* p. 18.
37. E. Langevin' « Quarta congregatio privata », *ibid.,* p. 20s.
38. *Ibid.,* p. 21.
39. *Ibid.,* p. 24; texte dans « Decretum XII. *De cleri munere circa electiones politicas*», *ibid.,* p. 50s.
40. « Decretum VII. *De vita et honestate Clericorum*», *ibid.,* p. 41s..
41. « Decretum XVII. *De puellarum in religiosis domibus educatione*», *ibid.,* p. 58s.
42. « Decretum XIX. *De nonnullis fidei periculis vitandis*», *ibid.,* p. 60s.
43. E. Langevin, « Prima congregatio privata », *ibid.,* p. 13.
44. « Lettre pastorale des pères du sixième concile de Québec », 26 mai 1878, MEQ, *Son éminence le cardinal Taschereau,* II, pp. 94-111.
45. Mgr Taschereau, « Circulaire au clergé », 18 février 1882, *ibid.,* II, pp. 305-308. Sur les causes de ce retard, voir Grisé, *op. cit.,* pp. 196-200.

pays. On peut espérer que la concorde, si heureusement obtenue entre les évêques, s'étendra peu à peu dans les rangs du clergé qui en plusieurs endroits
s'adonne encore aux passions politiques et trouble les consciences[46].

Mais un vieil observateur politique tel que Côme-Séraphin Cherrier a tout autant raison
d'avertir le légat: « Mgr on n'attend que le moment où vous serez parti pour vous
désobéir[47] ».

Dans les cercles ecclésiastiques ultramontains, en effet, circulent divers documents
pour éclairer Rome sur le « véritable » rôle du clergé dans les affaires politiques et pour dénoncer le délégué qui

> étranger à l'esprit, aux tendances, et à la valeur morale des partis en Canada,
> étranger aussi à la position toute spéciale de notre pays vis-à-vis des autres
> provinces et des origines différentes, a laissé voir en se prononçant dès son ar-
> rivée, sur les difficultés qui divisent les esprits, que Son Excellence s'inspirait
> auprès d'hommes qui La trompaient sur notre véritable état de choses, ou que
> des préventions ou d'autres causes, que nous ignorons, La guidaient dans ses
> appréciations[48].

Signés par les prêtres des divers diocèses, ces textes doivent être portés à Rome par Mgr
Moreau[49].

La décision de recourir directement aux autorités romaines est prise à cause du mécontentement de plus en plus fort envers Mgr Conroy, mais aussi à la suite de plusieurs décès
qui frappent les esprits.

Le 7 février 1878 disparaît Pie IX qui avait servi de modèle dans la croisade pour la
« vérité » et dans les luttes contre le libéralisme. Cet aspect primordial de ce long règne,
Laflèche l'explique longuement à ses diocésains dans un mandement rempli d'émotion et de
leçons historiques[50]; Taschereau le souligne également, mais rapidement, car il semble
davantage préoccupé par les dangers qui menaceraient l'Église[51]. Ce n'est pas, chez lui, simple formule de rhétorique; il craint réellement certains bouleversements et s'en ouvre à
Laflèche:

> Dieu seul connaît quelles épreuves il réserve à son Église dans ce moment criti-
> que. La plus terrible serait celle d'une élection simplement douteuse qui pour-
> rait amener un schisme. Je pense que si cette crainte se réalise, il sera bon que
> nous nous entendions ensemble et avec Mgr Conroy, avant de nous
> prononcer. J'espère toutefois que *Dominus providebit* et que les ennemis *ne pré-
> vaudront point;* néanmoins nous ne pouvons être trop sur nos gardes, ni prier
> avec trop de ferveur[52].

Laflèche se fait l'écho de ces mêmes craintes quand il annonce l'élection de Léon XIII, mais
c'est pour souligner « une nouvelle et éclatante preuve » de la protection divine qui a fait

---

46. Mgr Conroy à Simeoni, 27 mai 1878, APFR, SRC, ASC, 19 (1878-1879), f. 220, traduit et cité dans Grisé, *op.
cit.,* p. 195.
47. *L'Éclaireur,* 21 janvier 1878.
48. *À Son Éminence le cardinal Préfet, Et aux autres Éminentissimes Cardinaux de la Sacrée Congrégation de la
Propagande,* 5 mai 1878, p. 7.
49. Deux textes circulent parmi le clergé: un premier, rédigé par une équipe de Montréal et de Trois-Rivières sous la
direction de l'abbé Stanislas Tassé, est repoussé par l'équipe de Rimouski qui en rédige un autre « plus accep-
table à la majorité du clergé » (Edmond Langevin à P. Saucier, 2 avril 1878, AAR, *Correspondance spéciale,* II,
pp. 130-132). Certains, qui hésitaient à signer le premier, donnent leur approbation au second (E. Langevin à
Laflèche, 1er juillet 1878, *ibid.,* II, p. 201s.).
50. Laflèche, « Mandement de Mgr l'évêque des Trois-Rivières, à l'occasion de la mort du souverain pontife Pie
IX », 13 février 1878, METR, *Mgr Laflèche,* II, pp. 185-192.
51. Mgr Taschereau, « Mandement (...) à l'occasion de la mort du souverain pontife Pie IX », 7 février 1878, MEQ,
Son éminence le cardinal Taschereau, II, pp. 66-71.
52. Mgr Taschereau à Laflèche, 8 février 1878, ASTR, *Fonds Laflèche,* A 1 T 101-3.

proclamer unanimement Souverain Pontife « celui que la Providence avait choisi et préparé longtemps d'avance dans ses conseils, pour succéder à l'Immortel Pie IX, et pour guider avec la même prudence et la même fermeté la barque impérissable de Pierre vers ses immortelles destinées[53] ».

La mort du cardinal Franchi, préfet de la Sacrée Congrégation de la Propagande, touche également les évêques canadiens. Survenant au moment où les ultramontains se plaignent de l'emprise de Benjamin Pâquet sur lui[54], elle leur redonne un peu d'espoir, car son successeur, le cardinal Giovanni Simeoni, leur paraît plus ouvert à la « vraie » réalité canadienne[55].

C'est cependant le décès subit de Mgr Conroy, le 4 août 1878, qui frappe davantage les esprits. Parti de Québec, le 18 juin [56], pour retourner en Europe, le délégué avait profité de la circonstance pour s'arrêter chez un de ses amis, l'évêque de Saint-Jean de Terre-Neuve. Terrassé presque aussitôt par la maladie, il avait semblé prendre du mieux à la fin de juillet [57], mais une nouvelle crise du coeur l'emporte dans la nuit du 3 au 4 août. Au Québec, c'est la consternation. Tous les journaux chantent les louanges du disparu, les libéraux avec une insistance toute spéciale [58]. Les évêques évitent de commenter la nouvelle et s'intéressent davantage à ce qui peut survenir après cette mort [59]. Dans les milieux les plus opposés au légat, sa disparition rapide, après celle de Franchi, est interprétée comme un signe providentiel d'autant plus manifeste qu'elle coïncide avec la maladie de Benjamin Pâquet — la rumeur le met presque mourant —, la mort du juge Keogh, d'Irlande [60] et la victoire conservatrice aux élections fédérales [61]. « Le doigt de Dieu est là », comme dit souvent Laflèche, mais c'est Luc Desilets qui traduit le mieux cette interprétation providentialiste:

> Voilà quatre grands faits qui se suivent et qui annoncent la miséricorde de Dieu sur notre pauvre pays: 1° la disparition foudroyante du Cardinal Franchi; 2° celle non moins étonnante et inattendue de Mgr Conroy; 3° la maladie récente de M. Pâquet qui, dit-on, est près de recevoir les derniers sacrements; 4° la grande victoire des conservateurs.
>
> De là on doit conclure que si Dieu fait tant pour nous sauver, il faut nous aider nous-mêmes, et travailler à compléter son oeuvre. La Providence nous convie par là, ou je me trompe fort, à la confiance et à l'action[62].

Revigoré par ces signes du Ciel, le curé du Cap écrit une lettre de 36 pages à son évêque pour le supplier de profiter de cet « avantage présent », qui n'est à ses yeux qu'un

53. Laflèche, « Mandement de Monseigneur l'Évêque des Trois-Rivières, pour annoncer l'élection du Souverain Pontife Léon XIII », 4 mars 1878, METR, *Mgr Laflèche*, II, pp. 193-198.
54. Laflèche, *Mémoire de l'évêque des Trois-Rivières sur les difficultés religieuses en Canada*, pp. 6-12. Tout le mémoire veut prouver que la Propagande a été mal informée par les libéraux et Benjamin Pâquet.
55. Mgr Moreau à Laflèche, 2 avril 1878, ASTR, *Fonds Laflèche*, A 1 M 62-24.
56. *Le Journal de Québec*, 18 juin 1878, p. 2. Le délégué se rend dans les Maritimes et s'embarque à Halifax pour Saint-Jean, Terre-Neuve.
57. *Le Journal des Trois-Rivières*, 1er août 1878, p. 2.
58. « Opinion de la presse libérale et protestante sur Mgr Conroy », *ibid.*, 12 août 1878, p. 1.
59. Taschereau en parle dans une circulaire au clergé (Mgr Taschereau, « Circulaire au clergé », 20 août 1878, MEQ, *Son éminence le cardinal Taschereau*, II, p. 128), mais Laflèche n'en souffle pas mot. L'archevêque s'interroge sur la venue d'un nouveau délégué (Mgr Taschereau à Laflèche, 20 août 1878, ASTR, *Fonds Laflèche*, A 1 T 101-5).
60. *Le Journal des Trois-Rivières*, 7 octobre 1878, p. 2. Le journal écrit: « Le juge irlandais catholique Keogh, de triste mémoire, l'inventeur de l'*influence indue*, vient de mourir à Bonn. On sait que le pauvre homme était fou depuis quelque temps ».
61. Les élections fédérales ont lieu en septembre 1878. Pendant la campagne, on discute de la politique tarifaire et du coup d'État du 2 mars. Les conservateurs remportent une éclatante victoire, retrouvant une majorité de 78 sièges à la place du déficit de 40 aux élections précédentes. Notons que, battu à Rimouski, Hector Langevin est élu par acclamation à Trois-Rivières. Sur l'élection, voir A. Désilets, *Hector-Louis Langevin...*, pp. 315-326.
62. L. Desilets à Laflèche, 23 septembre 1878, ASTR, *Fonds Laflèche*, B 3 D 47-8.

« sursis », pour attaquer de nouveau le mal et défendre les « droits de l'Église et du Clergé ». C'est, pour Laflèche, un devoir d'autant plus grave qu'il est le seul à pouvoir le remplir. Finis les égards envers Taschereau — un évêque ne se convertit jamais! —, proclame Desilets, il faut faire connaître la vérité toute crue à Rome par un«vigoureux mémoire»et l'appuyer par une délégation permanente dans la Ville éternelle, le tout en étroite collaboration avec des laïques très influents. Faisant une analyse sévère de la mission de Conroy[63] et même de la faiblesse de Laflèche[64], il somme son évêque d'agir immédiatement:

> Que Votre Grandeur fasse un mémoire complet et vigoureux, c'est le premier et indispensable point. Elle sera soutenue par Mgr de Rimouski, Mgr Bourget, Mgr (de) Birtha, Mgr Taché. Il ne faut pas compter sur d'autres. Si cependant le Mémoire est fort et irréfutable, net et incisif, comme il peut l'être avec des précautions, il entraînera encore les Évêques Moreau, Fabre et Duhamel. Peut-être dans ce cas les Ev. Racine[65] seront-ils neutres. Mais que Votre Grandeur soit convaincu que c'est d'elle qu'on attend l'initiative; c'est vers elle que se portent tous les regards de Montréal, d'Ottawa à Rimouski. Je ne veux pas flatter, je ne veux dire qu'une vérité, et une vérité qui a son côté terrible. Que de témoignages on peut vous donner de cela. Aussi me permettrez-vous d'ajouter, d'un autre côté, dans le seul but de vous faire connaître l'opinion, ce que disent d'éminents prêtres de diverses parties du pays: Que Votre Grandeur étant placée par son âge, ses qualités, ses antécédents et les circonstances à la tête des vrais catholiques du pays, si elle négligeait la défense de l'Église du Canada dans cette malheureuse époque, elle aurait une effrayante responsabilité devant Dieu et devant les hommes[66].

Si habitué soit-il aux élucubrations apocalyptiques de Luc Desilets, Laflèche doit admettre que plusieurs d'entre elles rejoignent son propre diagnostic et celui de ses meilleurs amis: l'action de l'archevêque et du délégué a conduit au fond de l'abîme, mais l'excès même des succès libéraux ne peut qu'ouvrir les yeux de la population. Mais qui prendra la tête d'une nouvelle croisade contre les « libéraux », cette fois-ci sans égards pour l'archevêque, l'université Laval ou même certaines autorités romaines? L'évêque de Trois-Rivières, répondent Luc Desilets, des prêtres de Montréal et plusieurs personnes venant de tous les horizons. Dans ce contexte, la demande du cardinal Simeoni de préciser certains points d'un précédent mémoire « au sujet de nos affaires politiques, et notamment sur le silence imposé au Clergé, et les avantages que les libéraux en tiraient pour la diffusion de leurs idées au milieu de nos bonnes populations » prend valeur de signe providentiel pour Laflèche. Il rédige donc le mémoire vigoureux réclamé par Desilets et il envoie à Rome un document dense qui fait la synthèse des problèmes politico-religieux des années précédentes, accable les libéraux, l'archevêque et Mgr Conroy et bénit la Providence de la victoire des conservateurs,

---

63. Il écrit, par exemple: « Quant au Délégué, sa carrière au milieu de nous a été moins longue, mais bien plus désastreuse, à cause de son autorité Apostolique. / Son tort a été d'être venu ici comme Délégué sans en faire les fonctions, et d'avoir agi sans connaître ».

64. Il lui confie: « Tout ce que je viens de vous dire est si vrai, Mgr, que votre crédit et votre réputation personnelle, malgré tout ce que nous avons fait dans la presse et ailleurs pour la soutenir, a subi le contre-coups des faiblesses de l'Épiscopat. Après avoir mis de grandes espérances en Vous, un grand nombre de personnes laïques et ecclésiastiques de différentes parties du pays ont déjà commencé à ne plus vous regarder comme un Chef. Je sais bien que Votre Grandeur s'occupe peu de l'opinion des hommes, mais ce discrédit nuit à la cause de l'ultramontanisme que vous avez personnifié jusqu'à présent, et à laquelle nous sommes nous-mêmes incorporés, cause sainte, noble et grande s'il en fut jamais, salut de la religion et de la patrie au Canada. Il est vrai que votre nom ne paraît que compromis par l'inaction et non perdu par ses actes comme celui de l'Archevêque et du Délégué; mais c'est aussi pourquoi, sous tous les rapports, il est mieux de reprendre énergiquement la défense, afin de ramener à l'union et à la confiance tous les esprits inquiets et troublés ».

65. Mgr Antoine Racine, de Sherbrooke, et Mgr Dominique Racine, qui vient de prendre le siège du nouveau diocèse de Chicoutimi.

66. *Loc. cit.* La lettre n'est pas paginée.

« ce changement imprévu et inespéré de l'opinion de tout un peuple[67] ». Appuyé par une lettre d'approbation de Mgr J. Langevin[68], porté à Rome par les évêques de Saint-Hyacinthe et d'Ottawa en visite *ad limina,* ce texte, première version du mémoire de 1882, engage définitivement Laflèche dans une lutte sans merci contre son archevêque et le consacre incontestablement chef des ultramontains inconditionnels ou intransigeants.

Après la crise du printemps 1877, le passage du délégué apostolique au Québec n'apporte pas tous les fruits attendus. Si la situation du parti libéral est clarifiée, certains problèmes réglés et l'unité des évêques publiquement manifestée, la paix retrouvée est plus que fragile puisque les ultramontains n'attendent même pas le départ de Conroy pour dénoncer son parti-pris libéral et pour organiser une offensive pour « mieux informer » Rome. Laflèche est au centre de cette nouvelle croisade. Lui-même de plus en plus critique envers le légat, il se laisse convaincre d'accepter cette mission et de dénoncer l'archevêque et son entourage. Même si tout se passe dans les bureaux de la Propagande, la bataille qui reprend va directement à l'encontre de l'objectif premier du voyage de Conroy et en ruine les quelques résultats heureux. Mais cela compte peu devant l'urgence de sauver le pays du danger « libéral » que voient partout et avec une anxiété accrue les ultramontains et leur chef Laflèche. « « Fais ce que dois, advienne que pourra » est la meilleure des réponses » à toutes ces frayeurs, proclame Luc Desilets[69].

---

67. Laflèche au card. Simeoni, 7 octobre 1878, AETR, *Registre des lettres,* VIb, pp. 235-250.
68. Mgr J. Langevin au card. Simeoni, 11 octobre 1878, AAR, *Correspondance spéciale,* II, p. 222.
69. L. Desilets à Laflèche, 23 septembre 1878, ASTR, *Fonds Laflèche,* B 3 D 47-8.

Conclusion

Ce Louis-François Laflèche qui, à partir de 1878, devient sans conteste et sans retour, le chef des ultramontains du Québec, le « général en chef » de l'armée antilibérale, qui est-il vraiment?

Hormis le long séjour dans l'Ouest canadien, son *curriculum vitae* ressemble beaucoup à celui des autres évêques de son temps: études et enseignement dans un séminaire traditionnel, participation active à l'administration du diocèse, fonctions de coadjutorerie avant d'assumer la direction de l'Église de Trois-Rivières. Il a parcouru sans surprise le *cursus honorum* habituel, n'y ajoutant que l'éclat de ses succès et de son éloquence.

Il importe donc, croyons-nous, de rechercher l'originalité de Laflèche au-delà de son oeuvre, même si cette dernière peut déjà le singulariser par son ampleur, son unité et sa continuité. C'est dans sa personnalité qu'est à la fois la clé de ce qu'il est et de ce qu'il fait.

De son milieu d'origine, il conserve plusieurs caractéristiques. Agriculteurs, mais aussi parfois aventuriers, ses ancêtres ont allié le sens de la tradition à l'esprit d'indépendance et ils ont baigné, comme en un milieu naturel, dans le climat processif de Sainte-Anne-de-la-Pérade; du côté maternel, au moins, ils ont accepté un certain métissage avec ses conséquences physiques et psychologiques. Dans la mesure où les documents peuvent nous le faire connaître, Laflèche n'a pas un héritage physiologique perturbé; dans un pays où sévissent l'alcoolisme et la tuberculose, sa famille ne semble pas affectée par ces tares ou autres semblables. Lui-même est grand et svelte, d'une stature qu'on pourrait croire très solide; sa constitution est néanmoins plutôt fragile: les études le fatiguent prématurément et les rigueurs inouïes des voyages et de la vie dans l'Ouest altèrent sa santé de façon définitive. Une claudication légère, conséquence de rhumatismes persistants, et des troubles fréquents de digestion en sont les signes les plus évidents; il s'agit d'un « affaiblissement total du système », diagnostique un médecin, qui n'hésite pas cependant à ajouter: « on peut même dire qu'il est bien portant, quoique physiquement plus faible que ne le sont les hommes de son âge qui ont mené une vie aisée ». Un régime de vie strict et une médicamentation adéquate soulagent les malaises et font croire, à certains moments, à une guérison parfaite, mais, régulièrement, à l'occasion surtout d'un effort à donner, d'une décision à prendre, d'une fonction nouvelle à assumer, la maladie resurgit et abat Laflèche, le menant parfois aux portes du tombeau. « Il se complaît dans ses infirmités parce qu'elles l'empêchent d'être Évêque », souligne avec perspicacité Mgr Provencher. Selon les termes de la biologie moderne, « l'agression psychosociale » serait probablement la cause principale de ces affections dites « psychosomatiques[1] ».

1. Henri Laborit, *La nouvelle grille*, Paris, Laffont, (1974), pp. 70-86.

Les remarques de l'évêque de Saint-Boniface nous obligent à considérer aussi l'héritage psychologique. Tout le monde l'admet: il y a des cas de troubles mentaux dans la famille Laflèche. Le peu que nous connaissons de la grand-mère maternelle de Louis-François nous révèle une personne pour le moins neurasthénique, et une de ses filles semble en avoir été affectée. Son autre fille, Marie-Anne, paraît « normale », mais quelques-uns de ses enfants à elle, frères et soeurs de l'évêque, souffrent de faiblesse mentale; François-Augustin en est le plus frappé, comme nous l'avons vu. Qu'en est-il de Louis-François? Lui-même n'hésite pas à parler de « perturbations assez notables dans (sa) mémoire » et de fatigues de «la tête», mais c'est dans le but de s'éviter l'épiscopat. À l'occasion, cependant — et particulièrement au moment du transfert des religieuses de l'Assomption, de Saint-Grégoire à Nicolet — nous avons noté des atermoiements, des volte-face plus que déconcertants. Sans repousser totalement les séquelles de l'hérédité familiale, nous hésitons à y voir autre chose que les contradictions inhérentes à une forte personnalité et une des facettes de son caractère.

Louis-François Laflèche est, en effet, de type passionné[2]. Il a une forte émotivité qui le fait, par exemple, pleurer en public la mort d'un ami ou d'un prêtre et s'arrêter d'épuisement au cours d'un sermon. Comme tous les passionnés, il s'émeut facilement, même pour des choses de peu d'importance: son ami Taché a raconté, par exemple, comment Laflèche avait été peiné d'apprendre que la montre de l'oblat ne marchait plus et comment il l'avait obligé à accepter la sienne[3]. Vibrant à tout ce qui se fait et se dit, l'évêque de Trois-Rivières est un « homme *à plus haute tension*», comme René Le Senne appelle le passionné[4].

Des passionnés, Laflèche a également le culte de l'action. Déjà, au collège, on le voit participer aux activités extérieures (jardinage, bricolage...) et aux diverses organisations. Dans l'Ouest, il se révèle, avec la même facilité, un prédicateur, un enseignant, un conseiller politique, un musicien, un charpentier, un jardinier... À Trois-Rivières, également, il ne s'arrête jamais et les obstacles qu'il rencontre sur sa route le poussent à oeuvrer encore davantage. Mais il est à la fois actif et réfléchi, considérant les divers aspects d'un problème avant de le régler. Au conseil de l'Assiniboïa, par exemple, il étudie la législation et les livres de loi avant de donner son avis. Ce trait de caractère, qu'il conserve même quand il est évêque, le fait passer pour hésitant et timide, irrésolu même, parmi ses disciples, dont l'impulsif Luc Desilets. Si l'on y ajoute son goût du passé et une certaine méfiance pour les nouveautés, on peut classer Laflèche parmi les passionnés méthodiques, à tendances secondaires plutôt que primaires[5].

« Ce noyau de dispositions foncières, reçues de l'hérédité, congénitales, qui constitue la structure somato-psychologique d'un individu[6] » — c'est la définition même du caractère par les caractérologues — nous aide déjà à comprendre plusieurs des traits de personnalité que nous avons rencontrés chez Laflèche: un certain goût de l'autorité, une agressivité plus ou moins contenue, une rapidité de conception, l'oubli de soi à des fins collectives, enfin une certaine forme d'ascétisme personnel. Mais il ne faudrait pas oublier l'apport de l'éducation et des environnements.

---

2. Nous basons notre analyse sur René Le Senne, *Traité de caractérologie, suivi de Précis d'idiologie*, Paris, Presses universitaires de France, 1973, 770p.; nous avons appliqué, avec certaines nuances, le questionnaire de Gaston Berger, *Traité pratique d'analyse du caractère*, Paris, Presses universitaires de France, 1961, pp. 227-238.
3. Taché à sa mère, 2 novembre 1878, *Les Cloches de Saint-Boniface*, II, 32 (11 août 1903), p. 406.
4. Le Senne, *op. cit.*, p. 365.
5. *Ibid.*, p. 414s.
6. Berger, *op. cit.*, p. VII.

Issu d'un milieu social traditionaliste mais non replié sur lui-même, le jeune Laflèche a trouvé, dans sa propre famille les deux courants de pensée qui se disputaient alors le contrôle de Sainte-Anne-de-la-Pérade: l'esprit d'indépendance, volontiers frondeur vis-à-vis l'autorité religieuse, que représente son grand-père et ami, Modeste Richer-Laflèche, mais qui s'estompe après la mort du vieillard; le parti-pris d'obéissance, d'appui total, de soumission aux idées des curés, basé sur une conception hiérarchique de la religion, que lui enseignent son père et sa mère et, il faut le dire, la plus grande partie du milieu ambiant. Que cette dernière influence prédomine, qu'on retrouve assez peu chez Louis-François la volonté de contestation manifestée par Modeste, il ne faut guère s'en surprendre, puisque l'éducation familiale est amplifiée par le régime de vie, l'enseignement et l'idéologie du séminaire de Nicolet. Les velléités d'indépendance disparaissent vite dans cet univers gagné au conservatisme social, à la passivité religieuse et au mimétisme idéologique. Les espiègleries de l'écolier et les revendications du jeune ecclésiastique sont probablement les soubresauts d'une personnalité qui ne veut pas se laisser totalement subjuguer par le milieu. En revanche, comme il arrive souvent, les études classiques développent chez Laflèche le goût de la parole et le sens de la rhétorique.

Les douze années de mission dans l'Ouest aèrent l'esprit du jeune lévite bardé de connaissances livresques et le confrontent à la réalité d'une vie difficile; elles lui ouvrent aussi de nouveaux horizons politiques et religieux. Missionnaire, il voit les Indiens comme des peuples à instruire et à sauver, et sa connaissance des langues lui permet, dit-il, « de découvrir un peu (leurs) sentiments»; ils ne sont pas «beaux comme le jour, aimables comme des anges, dociles comme des enfants, fervens comme des religieuses», comme le laisseraient entendre des lettres de missionnaires dans les revues pieuses[7]; ce sont de vrais démons, assure-t-il, et il l'écrit dans son rapport de 1855, ne se rendant pas compte, cependant, qu'il les juge d'après le code moral de sa propre culture. Déjà convertis pour la plupart, les Métis l'attirent davantage, humainement parlant, et il manifestera toujours de l'intérêt pour leur groupe. Dans l'Ouest, Laflèche coudoie aussi les Anglais; il entretient avec eux des relations empreintes de respect et parfois même de cordialité, sauf avec les ministres protestants qu'il considère comme des fanatiques dangereux. La situation des Canadiens français dans l'Ouest et surtout des divers groupes d'émigrés qu'il rencontre lors de ses voyages aux États-Unis lui fait prendre conscience des dangers qui menacent la langue et la foi dans ces milieux anglophones protestants; elle contribue à fixer de façon définitive ses convictions sur l'émigration et le nationalisme canadien-français, mais il serait exagéré, croyons-nous, de faire remonter à ses années d'exil le fort sentiment patriotique que, plus vraisemblablement, il a développé à Nicolet.

Beaucoup plus important nous apparaît le recyclage théologique qu'il y entreprend. Laflèche, nous l'avons vu, fait, à partir de 1849, office de curé et de vicaire général, et il se consacre tout spécialement au ministère de la parole. Sans doute s'est-il rendu compte assez vite des déficiences de sa formation théologique, particulièrement dans le domaine dogmatique. Déjà féru de morale, d'Écriture sainte et de patrologie, il sent le besoin de compléter ce fond important; c'est alors qu'outre les études proprement théologiques, dont nous n'avons pas d'écho, l'*Histoire de l'Église* de Rohrbacher vient à point lui fournir à la fois des connaissances d'ordre dogmatique et un cadre d'interprétation théologique qui fait l'unité de son savoir. C'est ce dont avait précisément besoin cet autodidacte pour se bâtir un système cohérent qui puisse servir de base à sa vision du monde et à sa prédication. Quand l'enseignement de Vatican I et les contacts qu'il y fait viennent confirmer de façon lumineuse la plupart de ses convictions, il se fixe encore plus profondément dans une interprétation ultramontaine de l'histoire.

---

7. Laflèche à C.-F. Cazeau, 12 juin 1854, AAQ, 330 CN, *Rivière-Rouge*, IV, 225.

Mais dire que Laflèche est un ultramontain ne nous avance guère, puisque tous ses collègues dans l'épiscopat le sont à un degré plus ou moins grand. Tous, en effet, admettent la supériorité de la société religieuse sur la société civile et le droit d'intervention de la première sur la seconde; tous repoussent les principes issus de la Révolution française et voient une incompatibilité entre le monde moderne et l'Église; tous, en un mot, sont des disciples de Pie IX et des partisans du *Syllabus*. La lettre pastorale collective du 22 septembre 1875, rédigée par Taschereau et signée par les suffragants, en est la meilleure preuve.

Pourquoi donc alors ces difficultés incessantes, ces conflits parfois violents au sein de l'épiscopat? Si les évêques sont fondamentalement de la même école, pourquoi ces ruptures et ces dissensions? Sans doute le jeu des caractères personnels entre-t-il pour beaucoup dans ces affrontements, la fougue du passionné Laflèche s'accommodant difficilement des atermoiements du flegmatique Taschereau. Il y a également l'influence des circonstances qui fait, par exemple, que le nouvel archevêque de Québec doit arrêter, en 1871, l'érosion de son pouvoir au profit de Montréal. Mais au-delà de tout cela, il existe des divergences profondes sur l'action à entreprendre. Tout ultramontain de principes qu'il soit, Taschereau croit prudent de composer avec la réalité des faits et d'accepter concrètement une situation imparfaite plutôt que de soulever, par un geste prématuré, des problèmes plus graves. C'est la réaction d'un réaliste et d'un politique qui, avoue-t-il lui-même, accepte de « prendre les hommes non pas tels qu'ils devraient être, mais tels qu'ils sont » et qui refuse de se laisser aveugler par « l'idéal de ce qui *devrait être* » au point d'« oublier la réalité ». Tels sont, aussi, avec quelques nuances, les évêques Charles La Rocque, Antoine Racine et, peut-être, Édouard-Charles Fabre. Loin d'être des « libéraux », ils ne sont que des ultramontains modérés.

Fondamentalement le même quant aux principes, l'ultramontanisme de Laflèche est beaucoup plus combatif. Laflèche n'accepte aucun compromis avec le « mal »: les lois civiles du Québec entrent en conflit avec le droit canonique, il faut les changer pour les rendre conformes aux prescriptions de l'Église; la loi électorale va à l'encontre des immunités ecclésiastiques, il faut exiger *immédiatement* son amendement ou son rappel. C'est la réalité qui doit se plier aux principes. Sinon, c'est la corruption de la vérité immuable, la marche vers l'abîme, la destruction du « bien », en un mot, c'est la gangrène du libéralisme, le pire de tous les maux. Voilà pourquoi, aux yeux de Laflèche, il faut mobiliser toutes les forces — et tous les catholiques — dans une croisade qu'appelle de tous ses voeux Pie IX et que les méfaits des libéraux européens — la « spoliation » des États pontificaux, notamment — ne rendent que plus urgente, même là où il y a à peine trace du véritable libéralisme, comme au Québec. Refuser cette mobilisation, c'est déjà être atteint du virus du « libéralisme catholique ». En revanche, mener ce « bon combat », c'est être ultramontain, mais cette dernière épithète est trop faible pour caractériser ces croisés modernes, et il vaut mieux parler, comme le font désormais certains historiens, d'intransigeants ou de « zelanti ». Tels nous apparaissent, outre Laflèche, Mgr Jean Langevin, Mgr Bourget et, jusqu'à un certain point, Mgr Moreau. Et, si de cette espèce de fanatisme, nous voulions trouver des incarnations poussées jusqu'à la caricature, nous aurions le choix entre Luc Desilets, Alphonse Villeneuve, Godefroy Lamarche, Alexis Pelletier et Mgr Pinsonnault! Preuve, s'il en était besoin, qu'il y a des degrés même dans l'intransigeance.

Toute la vision du monde de Laflèche en est imprégnée. Pour lui, deux forces contraires se disputent la maîtrise de l'univers, le Bien et le Mal, Dieu et Satan. L'histoire du monde n'est que le récit de leur combat, et les événements contemporains en sont une nouvelle illustration. Ce dualisme manichéen oblige les hommes à faire un choix: ils se rangent sous l'un ou l'autre étendard et il n'y a pas de « no man's land » où se réfugier pour ne pas prendre parti. Chacun, dans sa vie personnelle, fait ce choix dans chacune de ses actions; il doit aussi le faire dans la vie publique. Rien de plus facile, puisque Dieu a dévoilé, par l'Écriture et son Fils, les règles à suivre et qu'Il a confié à l'Église, avec l'interprétation de son message, la mission d'éclairer et de conduire les hommes. Chef visible de l'Église, le pape représente Dieu sur terre et sa parole infaillible oblige en politique comme en morale, comme celle de ses porte-parole que sont les évêques et les prêtres. Cette vision d'une religion hiérarchisée où coule, de haut en bas vers les fidèles, le lait de la vérité est à la base de la conception politique de Laflèche.

Supérieure par essence à toute société civile, l'Église peut intervenir dans tous les actes des hommes, même dans le domaine politique où la morale ne saurait être absente. Si le pluralisme religieux l'oblige à être prudente dans ses relations avec les États neutres ou protestants, elle peut revendiquer une action plus directe dans un pays catholique comme le Québec. En effet, la constitution de 1867 l'a laissé maître des domaines les plus importants de sa vie culturelle (l'éducation, le code civil...) et il peut désormais, sans restriction apparente, s'affirmer comme un État catholique et corriger sa législation en conséquence. Non seulement il le peut, mais il le doit, soutient Laflèche. Car ce petit peuple a été choisi, dès sa naissance, pour porter en Amérique le flambeau de la « vraie » religion et pour amener les autres peuples — Indiens, Anglo-Saxons — à se convertir à la vraie foi. Mission sublime, semblable à celle d'Israël, qui lui dicte le devoir de conserver un catholicisme libre de tout alliage, tout entier aligné sur Rome où s'illustre « l'immortel Pie IX » dans la défense des principes immuables et des territoires pontificaux... De même donc que l'Église doit intervenir dans le monde pour affirmer les droits de la religion et les protéger de toute attaque ou spoliation, de même l'Église canadienne — lisez l'Église du Québec — doit se montrer intransigeante vis-à-vis le gouvernement de la province et exiger une administration vouée aux intérêts du catholicisme. Et qui, mieux que les évêques, peuvent déterminer ce qui convient à l'Église? Et, au moment des élections, qui, mieux que les prêtres, peuvent donner des conseils sur le choix des meilleures personnes qui peuvent défendre les intérêts religieux du pays? Intervention « normale », puisque les intérêts du catholicisme québécois se confondent avec ceux de la « race »...

C'est à propos du moment et de la manière de l'intervention que l'épiscopat se divise. Et c'est à ce sujet que Laflèche fait le choix de suivre plutôt Mgr Bourget que le nouvel archevêque Taschereau. Il le fait sans rompre les ponts avec Québec, pendant plusieurs années, et en tâchant aussi parfois de modérer l'ardeur du vieil évêque montréalais et de ses conseillers. Mais quand, à partir de 1875, le clergé est de plus en plus souvent cité devant les tribunaux pour ingérence dans les élections, quand les autorités romaines commencent à prêter l'oreille aux plaintes des libéraux du Québec, quand surtout l'archevêque et d'autres prêtres québécois appuient la demande de division du diocèse de Trois-Rivières, Laflèche diagnostique une poussée de « libéralisme catholique » dans le milieu canadien-français et il en rend responsables à la fois le parti libéral et l'université Laval. Il les dénonce tous deux à Rome lors de son voyage de 1876 et si, plus tard, il met, pour un moment, une sourdine à ses attaques contre les universitaires, il redouble ses charges contre les « libéraux ». La Propagande et son délégué au Canada, Mgr Conroy, l'obligent à se rétracter avec tous ses collègues épiscopaux. Mais, très vite il se convainc que les autorités romaines sont mal informées et qu'il faut jeter une lumière nouvelle sur toutes les questions. C'est, depuis longtemps, ce que lui demandent Luc Desilets et la phalange intransigeante de Montréal; en se rangeant à leur avis, il accepte de jouer le rôle de leader, plus ou moins laissé vacant par la démission de Bourget en 1876. Désormais, et pour les 20 ans à venir, Louis-François Laflèche, le disciple de Pie IX et de Mgr Bourget, va s'affirmer davantage et ouvertement comme le chef des ultramontains intransigeants.

ANNEXE A

Rapport médical sur l'état de santé de Louis-François Laflèche[1]

« (...)

Depuis que Mr Laflèche est de retour de la Rivière-Rouge, j'ai eu l'occasion de le rencontrer fréquemment et même de m'entretenir avec lui, quelque fois assez au long sur l'état de sa santé et le fonctionnement de ses organes pour pouvoir me faire une idée assez exacte, je crois, de l'état et de la force de son tempérament et de sa constitution en général. (...)

La vie de missionnaire qu'a menée Mr Laflèche, les misères qu'il a endurées et les maladies qui en ont été la conséquence pendant son long et laborieux apostolat, ont eu pour effet d'user son organisation (organisme) et d'affaiblir son physique au point d'en faire un sujet comparativement plus faible et plus fragile que ne le serait un homme de son âge, qui aurait toujours vécu dans des circonstances plus favorables. Cependant, je me hâte de remarquer, (et c'est sur quoi je désire surtout insister), que tous les organes se sont affaiblis dans la même mesure, en conservant leur équilibre les uns vis-à-vis des autres. Il n'y a donc pas chez lui ce qu'on appelle une affection organique: c'est-à-dire qu'aucun organe en particulier n'est affaibli ou affecté plus que les autres, de manière à réagir sur ceux-ci et à entretenir dans l'organisation un trouble et un bouleversement continuel qui en hâterait la dissolution, et que les excitations morales tendraient à développer rapidement, en sorte que quelque faible que soit son organisation en général, elle est cependant dans un équilibre parfait; ou en d'autres mots tous les organes étant parfaitement d'accord, le sujet ne peut être considéré comme malade, on peut même dire qu'il est bien portant, quoique physiquement plus faible que ne le sont ordinairement les hommes de son âge qui ont mené une vie aisée.

De ces considérations je conclus donc: 1° que Mr Laflèche est encore d'une constitution saine quoique non robuste; 2° qu'il n'a aucune affection dite organique dont on puisse appréhender le développement en le soumettant aux excitations morales que lui causera la charge que Votre Grandeur veut lui imposer; 3° que ces excitations morales loin de le miner ne pourront que réagir que d'une manière bienfaisante sur son physique dont l'état habituel est la torpeur et a besoin de réaction et de stimulant; et j'ajoute que, dans ce sens, une vie un peu agitée lui conviendrait mieux que la besogne monotone et sédentaire de sa situation actuelle.

Quant à la perte de la mémoire, le manque de force morale, &, &, que Mr Laflèche à prétextés, je crois qu'en cela il s'est laissé trop impressionné par son humilité et les frayeurs que lui cause la responsabilité de la charge que veut lui imposer Votre Grandeur. Ses sens extérieurs sont dans un état de sensibilité trop exquise pour qu'il puisse en être ainsi ».

1. Dr G.-A. Bourgeois, (Rapport médical), 9 septembre 1861, AETR, *Registre des lettres*, III, 39b.

ANNEXE B

Laflèche et les élections de 1867[1]

« Un électeur peut-il voter en conscience pour un candidat qui déclare qu'il appartient au parti libéral (rouge) et qu'il est décidé à le supporter, sachant que ce parti qui a combattu la nouvelle constitution de toutes ses forces, a décidé dans le mois de mai dernier qu'il fallait s'y opposer et la combattre, bien qu'il dise à présent qu'il l'accepte mais qu'il veut la modifier?

Réponse. Nous croyons qu'un électeur ne peut voter en conscience de cette manière et qu'en votant ainsi il agit fort imprudemment et se rend coupable de péché; attendu que les Évêques de la province et notamment l'Évêque des Trois-Rivières ont décidé et fait connaître à leurs diocésains qu'on est obligé sous peine de péché d'accepter la nouvelle constitution et de voter pour des hommes qui sont franchement et sincèrement décidés à la faire bien fonctionner ».

---

1. Laflèche à l'abbé Didier Paradis, 29 août 1867, ASN, *Séminaire*, VII, 39 (1).

ANNEXE C

Lettre de Laflèche au curé de
Saint-Michel-d'Yamaska[1]

« Voici ce que Monseigneur m'a chargé de dire aux Prêtres présents à l'Évêché le jour de la St-Luc, sur le sujet de votre lettre.

D'abord, pour les journaux, ne point les dénoncer en chaire nommément; mais défendre aux fidèles en particulier dans le tribunal de la pénitence, la lecture de ceux qui ont jeté le masque, et ont depuis quelque temps déclaré une guerre ouverte au clergé, c'est-à-dire « Le Pays », « L'Union Nationale », et « Le Journal de St-Hyacinthe ». L'expérience a démontré que la lecture de ces feuilles porte une atteinte grave à la foi des fidèles qui le lisent, en leur donnant les idées les plus fausses sur les enseignements de la religion, surtout en ce qui touche à leurs devoirs comme citoyens; — et diminue considérablement le respect et la soumission qu'ils doivent avoir envers leurs pasteurs — respect et soumission qui est un des premiers devoirs du Chrétien.

Quant à la conduite à tenir par rapport aux dernières élections, voici ce que Mgr a cru devoir conseiller en attendant qu'il puisse adresser une lettre pastorale sur ce sujet:

1° Il est certain que les Évêques ont décidé dans leurs mandements et lettres pastorales au sujet de ces élections, que les fidèles étaient obligés en conscience d'accepter, de respecter la nouvelle constitution, et de s'y soumettre sincèrement, puisque c'était une loi émanant de l'autorité légitime et revêtue de tous ces caractères qui rendent les lois obligatoires.

2° Comme conséquence immédiate de ce principe et sa première application, les Évêques ont enseigné en leur qualité de premiers pasteurs, que les fidèles étaient obligés en conscience d'envoyer en Chambre des hommes qui fussent décidés à accepter la nouvelle constitution, à la respecter et à s'y soumettre, à en faciliter dans la mesure de leurs forces le bon fonctionnement. En donnant ces décisions et cet enseignement, Nos Évêques ne jugeaient point la Confédération au point de vue politique et temporel, mais uniquement au point de vue moral et religieux, et comme devoir de conscience. Et c'est aussi à ce point de vue que les Curés ont dû expliquer à leurs paroissiens les documents émanés de l'autorité épiscopale.

3° Il est donc indubitable que les électeurs avaient à remplir en votant, un devoir de conscience de la plus haute gravité. Par conséquent ils devaient le remplir avec tout le soin possible et après avoir éclairé prudemment leur conscience.

---

1. Laflèche à l'abbé L. Tourigny, 24 octobre 1867, AETR, *Registre des lettres*, V, 7B.

Ceux donc qui ont agi par esprit de parti, ou qui ont vendu leur vote, ou se sont laissés corrompre d'une manière quelconque, ont manqué à un devoir de conscience et ont certainement péché.

Ceux encore qui étaient même convaincus qu'au point de vue politique et temporel la nouvelle constitution nous était défavorable, et qui perdant de vue l'enseignement de leur religion, qui leur faisait connaître que c'était une loi qu'ils devaient respecter et dont ils devaient s'efforcer de tirer le meilleur parti, ont néanmoins sacrifié une obligation de conscience certaine (le respect et la soumission à la loi), pour suivre une opinion qui après tout était incertaine (le fonctionnement défavorable de la nouvelle constitution), et ont en conséquence voté pour des hommes ou pour un parti qu'ils savaient dans leur âme et conscience être hostile à la nouvelle constitution, et décidés à en gêner autant que possible la marche et le fonctionnement; ceux-là aussi ont manqué à un devoir de conscience et ont péché en ne se soumettant pas à leur devoir que leurs Évêques et leurs Curés leur déclaraient être obligatoire en conscience.

4° C'est au confesseur à leur faire comprendre par les moyens qu'il jugera les plus convenables, l'importance de ces devoirs, l'obligation d'écouter leurs pasteurs, et la faute qu'ils ont commise en votant sans avoir suffisamment éclairé leur conscience, et même contre les avertissements de ceux que Dieu a chargés de les guider et de les éclairer dans l'accomplissement de leurs devoirs de chrétiens, dont le vote électoral n'est pas le moins important.

5° Après avoir fait comprendre leur faute, il doit les engager à s'en repentir comme de tout autre péché, à prendre la résolution d'agir plus chrétiennement une autre fois, puis leur en donner l'absolution comme de tout autre péché, suivant qu'il les jugera disposés, en observant toujours les règles de prudence que l'on doit suivre pour éviter le scandale qui peut résulter de certaines fautes qui ont été publiques.

Vous pourriez donner, si vous le jugez utile, des explications en ce sens en chaire, avec toute la charité et la discrétion possible, afin que votre peuple comprenne que ce n'est pas une affaire de politique et d'opinion, mais bien une affaire de religion et de conscience; et qu'ils doivent se défier grandement de ceux qui cherchent à les tromper là-dessus, et à leur faire croire qu'ils ne doivent pas écouter leurs pasteurs. Enfin, mon cher Curé, le Bon Dieu ne manquera pas de vous éclairer et de vous inspirer sur ce qu'il y aura de mieux à dire et à faire pour le bien de votre peuple, et lui faire comprendre qu'il n'a pas agi comme un peuple foncièrement religieux aurait dû faire en cette circonstance. D'ailleurs la question a dû venir sur le tapis à St-Aimé et la ligne de conduite suivie là pourra vous aider quelque peu, je pense bien, à résoudre les difficultés que vous rencontrez présentement ».

ANNEXE D

Laflèche et la corruption
électorale[1]

(...)

« 1° Est-ce une faute grave de la part d'un électeur que d'exiger, ou simplement d'accepter de l'argent ou de la boisson pour donner sa voix au Candidat qu'il croit le mieux qualifié à le représenter dans les conseils de la nation?

Réponse. Oui. C'est une faute grave en elle-même et dans ses conséquences, et de plus scandaleuse. Car c'est la vente du vote, et la vente du vote électoral a quelque chose de simoniaque. Le droit de vote est un mandat que la Providence confie à l'électeur pour donner à son pays de bons législateurs, et de bons gouvernements, et il doit l'exercer gratuitement. La loi de Dieu aussi bien que la loi des hommes lui défendent d'en faire un trafic. Aussi les Pères du 4ième concile de Québec disent-ils que la vente du vote est une iniquité dont il faudra rendre compte au tribunal du souverain Juge. (...)

La gravité de cette faute ne peut être diminuée que par l'ignorance et la force des préjugés qui ont régné jusqu'à présent sur ce sujet.

2° Quel mal ferait l'électeur qui se laisserait influencer par l'argent ou la boisson voterait pour un candidat qu'il croirait moins qualifié qu'un autre qui serait sur les rangs, lorsque tous deux sont du bon parti et à peu près également recommandables?

Réponse. À la malice du péché précédent, il ajouterait celle d'une plus grande prévarication, et d'une injustice envers la nation à laquelle il doit dans la mesure de ses forces donner de bons législateurs. La gravité de cette injustice sera d'autant plus grande que le candidat qu'il choisit est moins capable de faire un bon législateur, et que celui qu'il abandonne l'est plus.

3° Dans les deux cas ci-dessus comment pèchent le cabaleur qui présente l'argent ou la boisson, et le candidat qui fournit cet argent ou cette boisson?

Réponse. Le Cabaleur fait le métier du tentateur, il sollicite, il pousse à un acte mauvais; cependant toutes choses égales d'ailleurs, je le crois moins coupable que l'électeur vénal.

Le Candidat qui fournit l'argent ou la boisson, est souvent entraîné là par le cabaleur et l'électeur qui le tondent le mieux qu'ils peuvent. Cependant il est coupable parce qu'il fournit les moyens d'accomplir un acte mauvais, mais je le crois moins coupable que les deux autres, parce qu'il est moins libre, entraîné souvent comme malgré lui, par des circonstances imprévues et qu'il ne s'y résigne qu'avec répugnance.

---

1. Laflèche à l'abbé T. Carufel, 30 octobre 1868, AETR, *Registre spécial*, A, pp. 27-29.

4° L'électeur qui a reçu de l'argent ou de la boisson en quantité assez considérable, peut-il en sûreté de conscience garder cet argent ou cette boisson?

Réponse. S'il a rempli toutes les conditions du marché, je ne le crois pas obligé à restitution envers celui qui l'a payé, mais je crois que le Confesseur ferait très bien de l'obliger à employer le prix de cette iniquité en bonnes oeuvres et surtout en aumônes aux pauvres comme pénitence médicinale et seule capable de la corriger ».

ANNEXE E

Les qualités de l'abbé
E.-A. Taschereau[1]

« Mr Taschereau est Docteur en droit canonique, (qualification requise pour l'épiscopat, selon les saints canons) science éminemment utile à un Évêque; de plus il est très savant théologien. Il est aussi très versé dans l'Écriture Sainte, qu'il a enseignée, et qu'il enseigne encore, aussi bien que la théologie. Ses connaissances dans les autres branches de la science ecclésiastique, dans la littérature, en philosophie, etc., sont aussi fort étendues.

Mr Taschereau est certainement doué de talents transcendants, d'une haute intelligence, d'une grande pénétration d'esprit, d'un jugement sain, d'un grand amour pour le travail, d'une remarquable expédition dans tout ce qu'il fait et d'un rare esprit d'ordre en toutes choses. D'ailleurs, plein de courage, ferme et énergique, il possède à mon avis toutes les qualités nécessaires pour bien administrer les choses spirituelles et temporelles d'un diocèse comme celui de Québec.

À toutes ces belles qualités, naturelles et acquises, Mr Taschereau joint une foi vive, une haute piété, une scrupuleuse exactitude dans l'accomplissement de tous ses devoirs, dans l'observation des moindres règles de la discipline ecclésiastique, un zèle sincère pour la gloire de Dieu, l'honneur de l'église et le salut des âmes, enfin une grande pureté de conscience, et le mérite d'une vie sans tache et sans reproche depuis son enfance.

Ajoutons que Mr Taschereau est connu et fort estimé de tout le clergé du diocèse qui rend témoignage à sa capacité, et respecte sa vertu ».

---

1. Mgr Baillargeon, (Liste des candidats), 27 octobre 1867, ASTR, *Fonds Laflèche*, A 1 B 10-16.

ANNEXE F

Laflèche et la division
de l'épiscopat[1]

« (...)

Ce fait est, qu'il existe une divergence d'opinion assez profonde entre les Évêques, qui a éclaté publiquement, il y a près de deux ans; en sorte qu'aujourd'hui l'Épiscopat Canadien est réellement partagé en deux partis. L'auteur de ce Mémoire est heureux de pouvoir affirmer que cette divergence d'opinion entre les Évêques, n'est *point sur les principes*. Non; tous les Évêques de la Province sans exception tiennent d'esprit et de coeur aux principes de l'Église Catholique; ils reçoivent avec une égale soumission tous ses enseignements. Tant qu'il ne s'agit que de les considérer spéculativement et en théorie, ils sont tous d'accord; mais quand il faut en venir à l'*application pratique,* là commence la divergence d'opinion et arrive le désaccord.

(...)

Mais, si l'on demande d'où vient cette condescendance excessive de ces Prélats, la réponse à cette question est bien difficile à donner. Nul doute que les Vénérables Prélats n'agissent de bonne foi, et qu'en cela ils subissent sans s'en douter des influences auxquelles les âmes le plus vertueuses ne savent pas toujours se soustraire. Si l'on prête l'oreille à ce qui se dit dans le public et chez ceux qui observent; les liens de la parenté et de l'amitié, et même ceux de l'intérêt en seraient la principale cause.

Ainsi il a été remarqué que Mgr l'Archevêque a 7 membres de sa famille (1 frère, 3 neveux, 3 cousins) qui occupent diverses positions dans la magistrature et sous le gouvernement. — C'est aussi une opinion assez répandue que plusieurs prêtres de son entourage (appartenant à l'Université Laval) qui ont étudié chez les Carmes, à Paris, et qui ont été en rapport assez intimes avec quelques hommes de l'école de Montalembert et du Correspondant exercent une influence notable sur lui.

L'Évêque de Rimouski a un frère ministre dans le gouvernement Fédéral, deux frères et un beau-frère employés du Gouvernement. Ces deux Prélats sont aussi les amis intimes de Mr Chauveau le premier ministre de la Province de Québec, et dont ils ont été les compagnons de Collège. — Quelques-uns de leurs actes, qui ont été les plus censurés, ont été spécialement attribués à cette influence.

---

1. « Mémoire de l'Évêque des Trois-Rivières sur la nécessité de donner au plus tôt un Coadjuteur *cum jure futurae successionis* à Mgr l'Évêque de Montréal », 31 janvier 1873, J. Desautels, *Istanza colla quale Monsig. Vescovo di Montreal domanda che gli sia accordato un Coadjutore, oppure un Successore,* pp. 25-31.

Les Évêques de St. Hyacinthe et d'Ottawa sont spécialement les amis intimes de Mr Cartier et de quelques autres hommes politiques. — Or, s'il fallait en croire la rumeur publique, ces divers liens exerceraient sur ces Prélats, et à leur insu, une influence qui les rendrait d'une condescendance extrême aux exigences politiques, et d'une grande facilité à admettre DES CAS D'INOPPORTUNITÉ; par exemple, comme dans la censure d'un Programme Catholique, dont le but principal était de faciliter, au temps des élections, le choix d'hommes dûment qualifiés, pour la protection de nos intérêts religieux; comme aussi dans la question des écoles du Nouveau-Brunswick, où l'on ne trouva pas OPPORTUN le blame infligé par un journal catholique aux hommes du Pouvoir qui n'avaient pas eu le courage de se servir de l'autorité que la constitution du pays leur mettait en mains pour désavouer et annuler une loi impie faite POUR CHASSER DIEU DES ÉCOLES ET PERSÉCUTER LES CATHOLIQUES.

La même rumeur publique, par contre, fait la remarque que le Vénérable Évêque de Montréal et son collègue des Trois-Rivières n'ont aucun de ces liens ni de ces rapports avec les hommes du gouvernement et ses employés. Ces Prélats sont complètement étrangers à ces influences. Aussi, la même opinion publique remarque que ces Prélats ne sont pas sujets à ces condescendances excessives, — ni à ces facilités d'inopportunité.

De ce qui précède, il semble que l'on peut légitimement conclure que le fait de quatre Évêque contre deux, en l'étudiant attentivement, ne prouve nullement que l'Évêque de Montréal a tort de demander présentement un Coadjuteur, et qu'ayant certainement droit à cette faveur, comme tous les vétérans de l'Épiscopat, à qui l'Église, cette bonne mère, l'accorde, il convient de le lui donner au plus tôt, afin de ne pas le laisser succomber sous le fardeau qui l'accable ».

ANNEXE G

« Personnel dirigeant à l'Université Laval de Québec[1]

1856-57

Au Conseil

Sa Grandeur Mgr P. F. Turgeon,
  Archevêque de Québec,   Visiteur
Rév. Louis-Jacques Casault, Recteur,   Gallican et libéral-Catholique
Hon. Juge (?) Badgley, Prof. de droit,   Protestant et probabl. Franc-Maçon
Hon. Jean Blanchet, Prof. de Médecine,   Catholique Conservateur
Rév. Félix Butteau, directeur du Séminaire,   Catholique Conservateur. *Sorti*
Mr Jacques Crémazie, Prof. de Droit,   Catholique-Libéral-Gallican
Rév. J. Bte Ferland, Prof. d'Histoire,   Catholique — Historien
Mr Charles Frémont, Prof. de Médecine,   Catholique-Libéral Modéré
Rév. Michel Forgues, Directeur du
  Séminaire,   Catholique-bien disposé
Rév. Louis Gingras, Directeur du Séminaire,   Catholique-Gallican Modéré
Rév. Édouard-Jean Horan, Directeur du
  Séminaire,   Catholique-Libéral accentué
Mr Thomas-Sterry Hunt, Prof. de
  Sciences Nat.,   Protestant-Athé-Converti-Puis????
Hon. Augustin-Norbert Morin,
  Prof. de Droit (Juge),   Catholique-Gallican-Modéré
Mr James-Arthur Sewel, Prof. de Médecine,   Protestant-Franc-Maçon, connu?
Rév. Alexandre-Elzéar Taschereau,
  Directeur du Séminaire,   Catholique-Libéral-accentué.

Professeurs

Mr Jean-Thomas Taschereau, Prof. de Droit,   **Catholique-Libéral-accentué**
Mr Joseph-Ulric Tessier, Prof. de Droit,   Catholique-Libéral
Mr Jean-Zéphirin Nault, Prof. de Médecine,   Catholique-Conservateur-Bon
Mr Jean-Étienne Landry, Prof. de Médecine,   Catholique-Conservateur-Bon

---

1. ASTR, *Fonds Laflèche*, A 4 61-3.

Mr Charles-Eusèbe Lemieux,
  Prof. de Médecine   Catholique-Libéral
Mr Adolphe Jackson, Prof. de Médecine,   Protestant

1858-59-60-61-62-63-64-65-66-67-80

Nouveaux Professeurs

Rév. Léon Gingras, Directeur
  du Séminaire,   C
Rév. Michel-Édouard Méthot,
  Directeur du Séminaire,   Catholique-Libéral
Mr Adolphe-Eugène Aubry,
  Prof. de Droit,   Catholique-Romain. *Sorti*
Mr Napoléon Casault, Prof. de Droit,   Catholique-Libéral-accentué
Mr François-H. Larue, Prof.
  de Médecine,   Catholique-Libéral-accentué
Rév. Thomas-Étienne Hamel,
  Prof. de Physique,   Catholique-Libéral-Exagéré
Rév. Père Tailhau, s.j.,
  Prof de Philosophie,   Catholique-Jésuite
Mr Jean Langlois, Prof. de Droit,   C
Rév. Octave Audet, Directeur
  du Séminaire,   Catholique-Libéral
Rév. Charles-H. Laverdière,
  Directeur du Séminaire,   Catholique-Conservateur-Hist.
Mr Jean-Chs Taché, Prof. de Médecine,   Catholique
Rév. Adolphe F.F. Légaré,
  Directeur du Pensionat,   Catholique-Libéral
Mr Chs Pâquet, Massier,   Catholique
Mr Chs-François Langelier,
  Prof. de Droit,   Catholique-Libéral, radical
Mr Louis-Jos.-Alfred Simard,
  Prof. de Médecine,   Catholique-Libéral
Rév. Ovide Brunet, Prof. de Botanique,   C
Rév. Cyrille-Étienne Légaré, agrégé,   Catholique-Libéral
Rév. Louis Beaudet,   Catholique-Libéral
Rév. Pierre Roussel,   Catholique-Libéral
Mr Charles Verge, Prof. de Médecine,   Catholique
Rév. Benjamin Pâquet, Prof.
  de Théologie,   Catholique-Libéral
Rév. Louis-Honoré Pâquet,
  Prof. de Théologie,   Catholique-Libéral
Rév. Louis-Nazaire Bégin,
  Prof. de Théologie,   Catholique-Libéral
Mr James-Geo. Colston, Prof.
  de Droit,   Protestant-Franc-Maçon
Mr Olivier-Alphonse Hébert,
  Prof. de Médecine,   C
Mr Lucien Turcotte, Prof. de Droit,   C

Mgr Chs-Frs Baillargeon, Visiteur	C
Mr Laurent Catellier, Prof. de Médecine,	C
Mgr Alexandre-Élzéar Taschereau, Visiteur,	Catholique-Libéral-accentué
Rév. Louis-Napol. Maingui, Directeur du Séminaire,	Catholique-Conservateur
Rév. Louis Gauthier, Prof. des Arts,	Catholique-Libéral
Rév. Louis Sanfaçon, Prof. des Arts,	Catholique-Conservateur
Rév. Adrien Papineau, Prof. des Arts,	C
Rév. Clovis Laflamme, Prof. des Arts,	C
Rév. Edmond Marcoux, Prof des Arts,	C
Mr Edmund-James Flynn, Prof. de Droit,	Catholique-Libéral
Rév. Louis-Jacques Langis, Prof. de Philosophie,	Catholique-Romain. *Sorti*
Mr Richard Alleyn, Prof. de Droit,	C
Rév. Albert-André Blais, Prof. de Droit Canon,	Catholique-Romain. *Sorti*
Mr Thomas-Charles Casgrain, Prof. de Droit,	Catholique-Conservateur
Mr Arthur Vallée, Prof. de Médecine,	C
Mr Michel Ahern, Prof. de Médecine,	C
Rév. Olivier Mathieu, Prof. des Arts,	Catholique-Conservateur

Partout où on a mis un C on suppose que la personne est catholique de religion, mais on ignore quelles sont les opinions politiques, ni la fermeté des principes.

....

1881-1882

Membres du Conseil actuel de l'Université Laval

S.G. Mgr Alexre-Elzéar Taschereau, Visiteur,	Catholique-Libéral-accentué
Rév. Michel-Édouard Méthot, Recteur,	Catholique-Libéral-Modéré
Rév. Louis Beaudet, Vice-Recteur à Montréal,	Catholique-Libéral-Modéré
Rév. Louis-Nazaire Bégin, Directeur,	Catholique-Libéral-accentué
Rév. Thomas-Étienne Hamel, Directeur,	Catholique-Libéral Exagéré
Rév. Mgr Benjamin Pâquet, Directeur,	Catholique-Libéral-dangereux
Rév. Louis-Honoré Pâquet, Directeur,	Catholique-Libéral-dangereux
Rév. Pierre Roussel, Directeur,	Catholique-Libéral-accentué
Hon. Juge Napoléon Casault, Prof. de Droit,	Catholique-Libéral-accentué
Hon. Chs-François Langelier, Prof. de Droit,	Catholique-Libéral-Radical
Hon. Juge Ulric-Jos. Tessier, Prof. de Droit,	Catholique-Libéral-Modéré

Mr Chs-Eusèbe Lemieux, Prof.
de Médecine,   Catholique-Libéral
Mr Alfred Jackson, Prof. de Médecine,   Protestant
Mr James-Arthur Sewell, Prof.
de Médecine,   Protestant-Franc-Maçon

L'appréciation faite sur le personnel dirigeant et enseignant à l'Université Laval de Québec est conforme à l'opinion de personnes et même de prêtres respectables, qui semblent le mieux connaître notre situation présente. —

Tous les noms suivis de C indiquent que ceux qui portent ces noms ne sont pas bien connus de ceux qui ont annotés ces noms. Cependant le C veut dire que ces noms désignent des personnes Catholiques de religion.

Accentué veut dire bien prononcé. Ces notes appréciatives ont été données par trois prêtres du diocèse de Québec.

Un protégé de l'Archange St-Michel».

ANNEXE H

La préparation du mandement
du 22 septembre 1875[1]

(...)

« I Mgr l'Archevêque propose et il est résolu qu'une lettre Pastorale collective soit adressée à tous les Fidèles de la Province.

II Il est ensuite résolu qu'une Lettre Circulaire soit adressée par tous les Évêques pour la direction du Clergé.

III Résolu que dans cette Lettre Pastorale, les Évêques exposent clairement les droits relatifs de l'Église et de l'État, en prenant pour base le décret XXIVe du Ve concile Provincial de Québec. (voir page 100, décret VI... et le chapitre I, IIIe concile Provincial).

IV Que d'après cette base, on expose les droits du prêtre d'abord comme citoyen, et ensuite comme ministre de la Religion.

V Les droits du prêtre, comme citoyen, sont réglés par l'Église seule, selon qu'elle juge qu'il est convenable et prudent de le faire.

VI Les Évêques sont les seuls juges des infractions aux règles posées par l'autorité compétente.

VII Le Prêtre, en tant que ministre de la Religion, peut et doit intervenir toutes les fois que les intérêts de l'Église, de la Foi, ou de la morale sont en jeu, et les Évêques sont les seuls Juges des circonstances où le prêtre peut et doit intervenir, et de quelle manière.

Conséquemment un catholique ne peut pas accuser d'influence indue, un prêtre devant les tribunaux civils, ou dans la presse; de plus, un catholique ne peut pas soutenir que le prêtre, dans l'exercice de son ministère, exerce une *influence indue,* ou *illégitime.*

VIII Comment juger qu'un parti est condamnable? 1° Par son Programme; 2° Par la presse qui soutient le parti; 3° Par les paroles et les actes des chefs; 4° Lorsqu'un partisan professe une erreur qui a trait à la Religion, il est du devoir du parti de la désavouer publiquement, de le combattre et de se séparer de lui, s'il persiste dans son erreur; 5° Un parti est mauvais lorsqu'il soutient un ou plusieurs des principes suivants... (voir Lettre Pastorale de Mgr Langevin, no 68, page quatrième).

IX Il faut condamner cette maxime: « Tout pour le parti ». (voir page 12 du Mandement des Pères du IV Concile Provincial de Québec).

X Il faut condamner cette autre proposition: la politique est la règle suprême à suivre, et on ne doit pas tenir compte des enseignements de l'Église.

---

1. (Procès-verbal de la réunion du 1er septembre 1875), AAQ, 10 CP, *Épiscopat du Québec,* I, pp. 49-52.

XI Mépriser ouvertement les avis des pasteurs est une marque *de libéralisme.* Pie IX donne comme une marque du libéralisme catholique les efforts faits pour séparer le clergé d'avec le peuple.

(...)

De la Presse.

Voir pages 9 et 10 de la Lettre Pastorale des Pères du IVe Concile Provincial de Québec. Il est résolu unanimement: 1° de donner une analyse du décret XXIIe sur les écrivains politiques; 2° de donner la définition de la Politique; 3° de déclarer que la Presse n'a pas le droit de critiquer les mandements, ni même ceux des Évêques d'autres diocèses, et que les ecclésiastiques, *a fortiori,* n'ont pas le droit; 4° que c'est le fait d'un mauvais journal de porter *sans preuves* des accusations graves contre les membres du clergé.

Du serment.

Le serment contient deux choses: la formule et l'invocation du saint Nom de Dieu en témoignage de la vérité que comporte cette formule. Tout dépend de la conformité de cette formule avec ce qu'elle exprime, suivant la conscience de celui qui prête le serment.

Il résulte de là: 1° qu'avant de jurer il faut bien examiner et comprendre la formule du serment, afin de ne point jurer contre la vérité. Il faut donc se la faire expliquer, si besoin il y a; 2° qu'on ne doit pas parler légèrement et sans respect de la formule du serment; 3° que c'est un acte impie et scandaleux de la part de l'homme de loi de chercher, pour le triomphe de sa cause, à faire parjurer un témoin. «Verba clara non admittunt interpretationem».

Il faut affirmer que la formule du serment n'est pas sans importance, ni une simple formalité.

Il faut de plus déclarer que les serments d'office ne sont pas indifférents, mais qu'ils obligent ceux qui les prêtent à remplir leurs devoirs consciencieusement.

Il est convenu de s'élever avec force contre les Rédacteurs qui, sans preuve, portent les accusations les plus graves contre les curés.

Mgr l'Archevêque est prié de profiter de la première occasion favorable pour faire introduire les projets de loi relatifs à l'érection civile des paroisses et à la construction des édifices religieux».

Bibliographie

N.B.: Nous nous contentons de rappeler les ouvrages cités dans le cours du travail.

I- SOURCES

A- SOURCES MANUSCRITES

1. *À Trois-Rivières*
   a) *Archives de l'évêché de Trois-Rivières* (AETR)
   Détaché du diocèse de Québec en 1852, le diocèse de Trois-Rivières a récupéré une bonne partie des archives concernant chacune de ses paroisses; d'autre part, les archivistes ont classé et inventorié une masse imposante de documents laissés par les deux premiers évêques, Thomas Cooke et Louis-François Laflèche. Notons immédiatement que le *Fonds Laflèche,* décrit plus bas, auparavant prêté aux archives du séminaire de Trois-Rivières, a été remis aux archives de l'évêché. Nous citons:

   - *La cathédrale - construction 1853: Dépenses*
   - *La Cathédrale - Taxe du 10%*
   - *La chancellerie (1853-61) - Souscription à la cathédrale. Paroisses - Clergé - Citoyens.* 347p.
   - *Correspondance de Mgr Cooke*
     Ce dossier important n'était pas encore classé quand nous l'avons consulté.
   - *Créanciers de la corporation épiscopale, 1862-1890*
   - *Registres des lettres,* vol. I à VIb
     Ils contiennent une copie des lettres envoyées par les évêques; Laflèche y a joint plusieurs documents qu'il a utilisés lors de ses voyages à Rome.
   - *Sainte-Anne-de-la-Pérade*
   - *Souscription à la cathédrale, 1863-1872*
   - *Souscription du clergé à l'Évêché (Recettes - Dépenses, etc.) de 1858-75*
   - *Ursulines de Trois-Rivières*

   b) *Archives du séminaire de Trois-Rivières* (ASTR)
   Tout le monde reconnaît la richesse de ces archives pour l'histoire de la région de Trois-Rivières. Nous y avons fait la plus grande partie de nos recherches, puisque nous y trouvions, à l'époque, l'imposant *Fonds Laflèche.* Les nombreux

autres dossiers et la riche bibliothèque nous permettaient de compléter sur place les renseignements puisés au fonds principal. Voir l'inventaire d'Yvon Thériault, « Inventaire sommaire des Archives du Séminaire des Trois-Rivières », RAPQ, 42 (1961-1964), pp. 69-134.

- *Fonds Laflèche*

Il est conservé dans deux classeurs à quatre tiroirs chacun, ainsi désignés:

A1 :   *Correspondance - cardinaux, évêques*
A2 :   *Correspondance - prêtres, religieux*
A3 ;   *Correspondance - laïques de marque*
A4 :   *Politico-religieux (documents sur le conflit...)*
B1 :   *Évêché - cathédrale - communautés*
B2 :   *Mgr Laflèche*
B3 :   *Correspondance Mgr Joseph-Calixte Marquis, Luc Desilets et Joachim Boucher*
B4 :   *Division du diocèse*

Il faut y ajouter le dossier suivant:

D1 :   (correspondance de Mgr Taché)

c) *Archives judiciaires de Trois-Rivières* (AJTR)

Pour l'étude de la famille Richer-Laflèche, nous avons inventorié les fonds suivants:

- *Greffe du notaire Joseph-Casimir Dury*
- *Greffe du notaire Louis Dury*
- *Greffe du notaire Louis Guillet*
- *Greffe du notaire Augustin Trudel*

2. *Dans les autres villes*

a) *Archives de l'archevêché de Québec* (AAQ)

Ce sont les archives les plus riches pour l'histoire religieuse du Canada français. Un très grand nombre de documents conservés dans les archives des autres diocèses se retrouvent également à Québec. Nous n'avons cessé d'y faire d'utiles vérifications.

- 1 CB : *Vicaires généraux*
- 10 CP : *Épiscopat du Québec*
- 330 CR : *Rivière-Rouge*
- 33 CR : *Diocèse de Trois-Rivières*
- *Registres des lettres,* vol. 22 à 32

b) *Archives de l'archevêché de Rimouski* (AAR)

Outre les documents concernant les paroisses du diocèse détaché de Québec en 1867, les archives contiennent certains dossiers ou pièces disparates apportés de Québec par les frères Langevin et classés sous le titre de chacun des diocèses du Canada. Nous avons utilisé:

- *Conciles provinciaux de Québec*
- *Diocèse de Montréal*
- *Diocèse d'Ottawa*
- *Diocèse de Québec*
- *Diocèse de Saint-Hyacinthe*

- *Diocèse de Sherbrooke*
- *Diocèse de Trois-Rivières*
- *Registre spécial de correspondance*, 3 vol.

c) *Archives de l'archevêché de Saint-Boniface* (AASB)
Elles ont été reclassées depuis notre passage en 1970. Nous y avons consulté:
- *Documents historiques - Correspondance*

d) *Archives de la chancellerie de l'archevêché de Montréal* (ACAM)
Elles sont très riches et particulièrement bien classées.
1) *Dossiers:*
   - 255.109: *Diocèse de Saint-Boniface*
   - 295.104: *Diocèse de Trois-Rivières*
   - 901.147: *Lamarche, Godefroi*

2) *Registres:*
   - *Registre des lettres de Mgr Bourget*, vol. 8 à 25
   - *Registres et cahiers divers* (RCD)
   - 41-44: *Mission de Mgr Desautels à Rome*
   - 45-46: *T. Harel, prêtre - Lettres*
   - 50   : *Sixième concile de Québec, 1878*
   - 112   : *Journal de voyage de Mgr Fabre (1869-1870)*

e) *Archives de la maison mère des soeurs de l'Assomption à Nicolet* (AMMN)
- 31: *Ordonnances et lettres, ordinaire de la maison mère* (1855-1867)
- 36: *Transfert et incendies*

f) *Archives nationales du Québec* (ANQ)
Plusieurs fonds nous permettent de compléter la documentation des archives religieuses. Pour notre première partie du travail, nous avons cité:
- *Collection Chapais - Papiers Langevin*

g) *Archives «de Propaganda Fide» à Rome* (APFR)
Elles sont très riches sur l'histoire religieuse du Canada et elles offrent de bonnes conditions pour microfilmer les documents. Elles ne sont malheureusement ouvertes que pour la période se terminant à la mort de Pie IX (1878). À l'occasion de deux séjours à Rome, nous avons inventorié et cité dans notre travail:
- *Acta S. Congregationis de Propaganda Fide*, vol. 193 (1830) à vol. 246 (1878)
- *Lettere e Decreti della Sacra Congregazione e biglietti di Monsignore Segretario*, vol. 323 (1840) à vol. 374 (1878)
- *Scritture riferite nei congressi - America Settentrionale - Canadà...*, vol. 4 (1837-41) à vol. 19 (1878)

h) *Archives de la paroisse de Sainte-Anne-de-la-Pérade* (APSAP)
- *Registre*, vol. 6 à vol. 9
- *Cahier des délibérations de la fabrique*

i) *Archives de la société de Jésus, province du Canada français* (ASJCF)
- no 1123: A. Braun. *Mémoire sur l'État social au Canada*. 29 avril 1877.

- no 5257 à 5266: *Correspondance du père Braun et question des biens des jésuites*

j) *Archives du Cap-de-la-Madeleine* (ACM)
- D 43 - SCRI: *Registre de la Société du St-Rosaire*

k) *Archives du séminaire de Nicolet* (ASN)
Complément nécessaire des archives de Trois-Rivières, ces archives nous livrent, en plus de renseignements sur les études et le début de la carrière de Laflèche, le point de vue des adversaires de l'évêque. Sous le titre de certains dossiers se cachent parfois des documents de la plus grande valeur.
- *Division du diocèse*
- *Divers*
- Desaulniers, François. *Traité élémentaire de Physique.* 1837. Sans pagination.
- *Le Moniteur.* Photocopie d'un journal étudiant
- *Lettres de Mgr Signaÿ à M. Harper*
- *Lettres des directeurs aux évêques, 1804-1874*
- *Livre de comptes de fournitures scolaires, 1833-34 de M. Leprohon*
- *Livre de comptes de fournitures scolaires ou de bibliothèque par M. Leprohon, 1835*
- *Livre de comptes ou de bibliothèque, 1836, de M. Leprohon*
- *Livre de comptes de la congrégation*
- *Ordos de 1803-63*
- *Palmarès, 1815-58.* 368p.
- *Polygraphie*
- *Procès devant la S.C. Congrégation de la Propagande entre Mgr des Trois-Rivières (Mgr L.-F. Laflèche) et le Séminaire de Nicolet*
- *Registre de l'Académie*
- *Registre de la Congrégation de la B.V. M.*
- *Séminaire*
- *Succ. Bois*
- *Succ. Thomas Caron*
' *Succ. C. Marquis*
- *Succ. Moïse Proulx*
- *Transfert du Séminaire*

l) *Archives du séminaire de Québec* (ASQ)
Les documents que nous citons font partie des riches séries:
- *Séminaire*
- *Université*

B- *SOURCES IMPRIMÉES*

1. *Oeuvres de Laflèche* (jusqu'en 1878, ou citées)
- « Mission de la Rivière-Rouge ». *Rapport sur les Missions du diocèse de Québec,* 11 (mars 1855), pp. 118-137.
- *Cérémonies funèbres dans les églises cathédrales du Bas-Canada, en l'honneur Des glorieux Défenseurs du St. Siège tombés en résistant à l'invasion Piémontaise, en septembre 1860, avec les discours prononcés, à cette occasion, par M. Louis*

Laflèche, V.-G., supérieur du séminaire de Nicolet, et par M. Isaac Desaulniers, prêtre, membre du collège de St. Hyacinthe, professeur de philosophie au même collège et ancien supérieur. Trois-Rivières, Callixte Levasseur, 1861. (2), 79, (1)p.

- *Quelques considérations sur les rapports de la société civile avec la religion et la famille.* Montréal, Eusèbe Sénécal, 1866. 268, (1)p.
- *Mémoire de l'évêque des Trois-Rivières sur les difficultés religieuses en Canada.* Rome, Impr. de Rome, 1882. 63p.

  Suivi de: *Pièces justificatives.* Rome. Impr. éditrice Romana, (1882). 47p.
  Appendice au mémoire de l'évêque des Trois-Rivières sur les difficultés religieuses en Canada. Rome, Impr. éditrice Romana, (1882). 28p.
  Nous citons aussi l'édition canadienne: Trois-Rivières, G. Desilets, 1882, 178p.

- *Conférences sur l'Encycliques Humanum Genus Précédées: 1° de l'Encyclique Humanum Genus; 2° de l'Instruction du Saint-Office: De secta Massonum; 3° d'une Réponse à une consultation faite à Rome au sujet de certaines sociétés formées dans la classe ouvrière; 4° du Mandement et de la Circulaire de l'Évêque des Trois-Rivières sur la Franc-Maçonnerie.* Trois-Rivières, Ayotte et cie, 1885. LXV, 208p.

- Savaète, Arthur, éd. *Oeuvres oratoires de Mgr Louis-François Laflèche, évêque des Trois-Rivières.* Paris, Savaète, (s.d.). 440p.

  Pour la période qui se termine en 1878, six textes sont reproduits:
  - *Discours en l'honneur des soldats pontificaux,* 17 décembre 1860, pp. 13-43.
  - *Discours à la convention des anciens élèves du séminaire de Nicolet,* 20 mai 1866, pp. 44-48.
  - *Discours prononcé lors de la fête de saint Jean-Baptiste à Ottawa,* 25 juin 1866, pp. 49-62.
  - *Discours prononcé lors de la bénédiction de l'orgue de la chapelle du séminaire de Nicolet,* 20 janvier 1867, pp. 63-67.
  - *Discours prononcé à Notre-Dame-de-Montréal en l'honneur des zouaves pontificaux canadiens,* 18 février 1868, pp. 68-131.
  - *Discours prononcé lors du sacre de Mgr Antoine Racine, premier évêque de Sherbrooke,* 18 octobre 1874, pp. 132-136.
- *Mandements, lettres pastorales, circulaires de Mgr L.-F. Laflèche, second évêque des Trois-Rivières, 1867-1882.* 2 vol.

  Jusqu'à la fin de 1878, nous comptons:
  - vol. I (1867-1874): documents nos 1-51, 530p.
  - vol. II (1875-1882): documents nos 52-79, pp. 1-222.

2. *Oeuvres diverses*
   - *Acta et decreta quinti concilii Provinciae Quebecensis in Quebecensi civitate anno Domini MDCCCCIII celebrati a Sancta Sede revisa et recognita.* Québec, P.-H. Delisle, 1875. 127p.
   - *Acta et decreta sexti Concilii Provinciae Quebecensis in Quebecensi civitate anno Domini MDCCCLXXVIII celebrati a Sancta Sede revisa et recognita.* Québec, P.-H. Delisle, 1882. 84p.
   - (Beaudry, David-Hercule). *Le Conseiller du peuple ou Réflexions adressées aux Canadiens-Français par Un Compatriote.* 2e éd. Québec, Langlais, 1877. 218p.
   - Beaudry, Joseph-Ubalde. *Code des curés, marguilliers et paroissiens, accompagné de notes historiques et critiques.* Montréal, La Minerve, 1870. 303p.

- Béland, Ferdinand, comp. *Hommages rendus à Mgr Laflèche*. Juillet 1898. 492p.
- Bouchette, Joseph. *Description Topographique de la province du Bas-Canada, avec des remarques sur le Haut-Canada, et sur les relations des deux provinces avec les États-Unis de l'Amérique*. Londres, W. Faden, 1815. XV, 664, LXXXVI, (1)p.
- .... *A Topographical Dictionary of the Province of Lower Canada*. London, Longman, Rees, Orme, Brown, Green and Longman, 1832. XII, non paginé.
- Braun, Antoine-Nicolas. *Instructions dogmatiques sur le mariage chrétien*. Québec, Léger Brousseau, 1866. 193p.
- *Concilia Provinciae Quebecensis I, II, III, IV in Quebecensi civitate celebrata et a Sancta Sede revisa et recognita*. Québec, P.-H. Delisle, 1870. 320p.
- « Controverted election of the county of Charlevoix». *Reports of the Supreme Court of Canada*, I (1877), pp. 145-234.
- *Débats parlementaires sur la question de la confédération des provinces de l'Amérique britannique du Nord (...)*. Québec, Impr. parlementaires, 1865. IX, 1027p.
- Doutre, Gonzalve. *Le Principe des nationalités*. Montréal, Le Pays, 1864. 73p.
- Faraud, Henry. *Dix-Huit ans chez les sauvages. Voyages et missions*. Paris, Régis Ruffet, 1866. XVI, 456p.
- Félix, Célestin-Joseph. *Le Progrès par le christianisme*. Paris, Jouby et Roger, 1856-1872. 17 vol.
- Galt, Alexander Tilloch. *Civil Liberty in Lower Canada*. Montréal, Bentley and Cy, 1876. 16p.
- Girouard, Désiré. *Considérations sur les lois civiles du mariage*. Montréal, 1868. 43p.
- Harper, J. Russell. *Paul Kane's Frontier including Wanderings of an Artist among the Indians of North America by Paul Kane*. Austin, University of Texas Press, (c1971). XVIII, 350p.
- *Journaux législatifs de la province du Canada, 1841-1866*. Ottawa, 1842-1866. 26 t. en 103 vol.
- *Jugements et délibérations du Conseil souverain de la Nouvelle-France*. Québec, Côté, 1885-1891. 6 vol.
- Laverdière, Charles-Honoré, éd. *Oeuvres de Champlain. Publiées sous le patronage de l'Université Laval*. 2e éd. Québec, Impr. au séminaire par G.-E. Desbarats, 1870. 6 vol.
- Lefebvre de Bellefeuille, Édouard. « Une question de mariage ». *Revue canadienne*, IV (1867), pp. 838-849.
- .... *Le Canada et les Zouaves pontificaux*. Montréal, Le Nouveau Monde, 1868. 263 p.
- « Lettres de Monseigneur Joseph-Norbert Provencher, premier évêque de Saint-Boniface». *Bulletin de la Société historique de Saint-Boniface*, III (1913), 286p.
- *Mandements, lettres pastorales, circulaires de Mgr Thomas Cooke, premier évêque des Trois-Rivières*. Trois-Rivières, 1852-1870. 1 vol. non paginé.
  On a relié ensemble les documents émanés du premier évêque du diocèse, dont quelques-uns ont été rédigés par Laflèche.
- *Mandements, lettres pastorales, circulaires de Mgr Jean Langevin, et statuts synodaux du diocèse de Saint Germain de Rimouski*. Rimouski, A. G. Dion, 1878-1889. 2 vol.
- *Mandements Lettres Pastorales, Circulaires et autres documents publiés dans le diocèse de Montréal depuis son érection*. Montréal, J. Chapleau/J. A. Plinguet, 1887. 8 vol.

- Mansi, Gian Domenico. *Sacrorum Conciliorum nova et amplissima collectio (...).* Arnhem (Pays-Bas), Welter, 1901-1927. 53 vol.
- *Noces d'or de Mgr l'évêque de Montréal. Compte rendu des fêtes du 29 octobre (...).* Montréal, Le Nouveau Monde, 1872. 15p.
- Nute, Grace Lee, éd. *Documents Relating to Northwest Missions, 1815-1827.* Saint Paul, Minnesota Historical Society, 1942. XIX, 469p.
- Oliver, E.H., éd. *Le Nord-Ouest canadien, son évolution primitive et ses archives législatives. Procès-verbaux des conseils de la colonie de la Rivière Rouge et du département du Nord de la Terre de Rupert.* Ottawa, Imprimerie du gouvernement, 1916. 2 vol.
- Pagnuelo, Siméon. *Études historiques et légales sur la liberté religieuse en Canada.* Montréal, Beauchemin et Valois, 1872. (13), X, 400p.
- (Provencher, Joseph-Norbert). « Notice sur la Rivière Rouge ». *Les Cloches de Saint-Boniface,* XXVI, 4 (avril 1927), pp. 88-93 ; 5 (mai 1927), pp. 113-117 ; 8 (août 1927), pp. 177-182 ; 9 (septembre 1927), pp. 202-207 ; 10 (octobre 1927), pp. 229-233 ; 11 (novembre 1927), pp. 251-255 ; 12 (décembre 1927), pp. 278-284.
- Raymond, Joseph-Sabin. *Discours sur l'Action de Marie dans la Société.* Québec, Ovide Fréchette, 1873. 72p.
- Royal, Joseph. « Notes pour un Nicolétain ». *Revue canadienne,* III (1866), pp. 366-377.
- « Superior Court, 1867, Montréal, 9th July, 1867, Coram Monk, J. No 902 - Conolly vs Woolrich and Johnson et *al,* défendants *par reprise d'instance* ». *The Lower Jurist - Collection de décisions du Bas-Canada,* XI (1867), pp. 197-265.
- Taché, Alexandre-Antonin. *Esquisses sur le Nord-Ouest de l'Amérique.* 2e éd. Montréal, Beauchemin, 1901. 184p.
- .... « Mgr Laflèche et les Oblats ». *Les Cloches de Saint-Boniface,* III, 3 (mars 1922), p. 51.
- .... *Vingt années de missions dans le Nord-Ouest de l'Amérique.* Montréal, Cadieux & Derome, 1882. 238p.
- Têtu, H. et C.-O. Gagnon. éd. *Mandements, lettres pastorales et circulaires des évêques de Québec.* Québec, A. Côté, 1887-88. 4 vol.
- .... *Mandements, lettres pastorales et circulaires des évêques de Québec.* (Nouvelle série). *Son éminence le cardinal Taschereau.* Québec, A. Côté, 1889. 4 vol.
- Trudel, François-Xavier-Anselme. « Quelques réflexions sur les rapports de l'Église et de l'État ». *Revue canadienne,* VII (1871), pp. 202-220, 253-272, 359-374.
- Un Illuminé (Alphonse Villeneuve). *La Comédie infernale ou Conjuration aux enfers, en plusieurs actes.* Montréal, Impr. du Franc-Parleur, 1871-72. III, 532, (73, 12, 20)p.
- Veuillot, Louis. *Rome pendant le concile.* Paris, Lethielleux, 1927. XI, 571p. (Oeuvres complètes, XII).
- .... *Correspondance, 1868-1871.* Paris, Lethielleux, 1927. VII, 408p. (Oeuvres complètes XXIV).
- Vieux-Rouge (Aristide Filiatreault). *Les contemporains. Série de biographies des hommes du jour.* 2e Livraison, Montréal, Filiatreault, 1899. 110p.

3. *Journaux et revues*
   a) *Dépouillés*
      - *Les Cloches de Saint-Boniface,* 1902-1968

- *Le Constitutionnel*, Trois-Rivières, 1868-1878
- *Le Défricheur*, L'Avenir, 1862-1867
- *L'Écho du cabinet de lecture paroissial de Montréal*, 1859-1875
- *Le Journal de Québec*, 1842-1878
- *Le Journal des Trois-Rivières*, 1865-1878
- *Le Nouveau-Monde*, Montréal, 1867-1878
- *L'Opinion publique*, Montréal, 1870-1878
- *Rapports sur les missions du diocèse de Québec*, 1839-1874
- *Rapports de l'association de la Propagation de la foi du diocèse de Montréal*, 1844-1856.
- *Revue canadienne*, Montréal, 1864-1878
- *Revue de Montréal*, 1877-1878
- *L'Union des Cantons de l'Est*, Arthabaska, 1866-1878
- *La Voix du Golfe*, Rimouski, 1867-1871

b) *Consultés*
- *L'Avenir*, Montréal
- *Le Bien Public*, Montréal
- *Le Canada*, Ottawa
- *Le Canadien*, Québec
- *Le Courrier du Canada*, Québec
- *L'Événement*, Québec
- *Le Franc-Parleur*, Montréal
- *Les Mélanges religieux*, Montréal
- *La Minerve*, Montréal
- *The Morning Chronicle*, Québec
- *Le Nouvelliste*, Trois-Rivières
- *L'Ordre*, Montréal
- *La Patrie*, Montréal
- *Le Trifluvien*, Trois-Rivières

II- OUVRAGES GÉNÉRAUX

- Allaire, Jean-Baptiste-Arthur. *Dictionnaire biographique du clergé canadien-français*. Saint-Hyacinthe, La Tribune/Montréal, Impr. des Sourds-Muets, 1908-1910. 2 vol.
- Beaudin, François. «Inventaire général des dossiers des archives de la chancellerie de l'archevêché de Montréal de l'année 1600 à l'année 1876». RHAF, XIX, 4 (mars 1966), pp. 652-666; 1 (juin 1966), pp. 146-166.
- .... «Inventaire général des registres des archives de la chancellerie de l'archevêché de Montréal, 1643-1876». RHAF, XX, 4 (mars 1867), pp. 669-700.
- Beaulieu, André et Jean Hamelin. *La presse québécoise des origines à nos jours*. Québec, Presses de l'Université Laval, 1973-1977. 3 vol.
- *The Canada Directory for 1857-58 (...)*. Montréal, John Lovell, (1857). 1544p.
- Carrière, Gaston. «Sources de notre histoire religieuse: les archives». RS, 1, 2 (avril-juin 1960), pp. 189-206.
- *Dictionnaire biographique du Canada*. Québec, Presses de l'Université Laval, 1966- . 6 vol. parus.
- *Dictionnaire des oeuvres littéraires du Québec. I: Des origines à 1900*. Montréal, Fides, (1978). LXVI, 918p.

- *Gerarchia Cattolica.* Roma, Gracas, 1818-1898. 80 vol.
- Groupe de recherche en histoire régionale. *Bibliographie d'histoire des Cantons de l'Est.* Sherbrooke, Université de Sherbrooke, Département d'histoire, 1975. 120p.
- Hardy, René et *al. La Mauricie et les Bois-Francs. Inventaire bibliographique, 1760-1975.* Montréal, Boréal Express, (1977). 389p.
- Kowalsky, Nicola. *Inventario dell'Archivo storico della S. Congregazione «de Propaganda Fide».* Schömck/Beckenried, Les cahiers de la Nouvelle Revue de science missionnaire, 1961. 40p.
- Kowalsky, Nicola. *Serie dei Cardinali Prefetti e dei Segretari della Sacra Congregazione «de Propaganda Fide».* Roma, Ed. Urbanianae, 1962, 39p. (Collectio Urbaniana, Series III, Textus ac Documenta, 4).
- Labrèque, Lucile. «Collection Chapais - Papiers Langevin, 1843-1903». RAPQ, 52 (1974), pp. 79-123.
- Thériault, Yvon. «Inventaire sommaire des Archives du Séminaire des Trois-Rivières». RAPQ, 42 (1961-1964), pp. 69-134.
- Vallée, Henri. *Les journaux trifluviens de 1817 à 1933.* Trois-Rivières, Bien Public, 1933. 89p. (Pages trifluviennes, Série A, 6).
- Wallace, W. Stewart. *The Macmillan Dictionary of Canadian Biography.* 3rd ed. rev. and enl. Toronto, Macmillan, 1963. 822p.

III- ÉTUDES

A- ÉTUDES SPÉCIALES

- *Apothéose de Monseigneur Louis-François R.-Laflèche.* Trois-Rivières, Impr. Saint-Joseph, 1926. 228p.
- Brunet, Berthelot. «Chronique littéraire - Sur Mgr Laflèche». *Le Jour,* 17 décembre 1938, p. 2.
- Carrière, Gaston. «Mgr Provencher à la recherche d'un coadjuteur». La Société canadienne d'histoire de l'Église catholique, *Sessions d'étude* 37 (1970), pp. 71-93.
- Dugré, Adélard. *Monseigneur Laflèche.* Montréal, L'Oeuvre des tracts, (1924). 16p.
- Éthier-Blais, Jean. «Monseigneur Laflèche: il donne froid au dos». *Le Devoir,* 16 mai 1970, p. 15.
- Hardy, René. «L'ultramontanisme de Laflèche: genèse et postulats d'une idéologie». RS, X, 2-3 (mai-décembre 1969), pp. 197-206.
- Labarrère-Paulé, André. *Louis-François Laflèche.* Montréal, Fides, (1970). 95, (1)p. (Collection Classiques canadiens, 41).
- (Rheault, Louis-Séverin). *Autrefois et aujourd'hui à Sainte-Anne de la Pérade. Jubilé sacerdotal de Mgr des Trois-Rivières.* Trois-Rivières, E.S. de Carufel, (1895). 218, 69p.
- Rumilly, Robert. *Monseigneur Laflèche et son temps.* Montréal, Ed. du Zodiaque, 1938. 424p.
- Savaète, Arthur. *Mgr L.-F. Laflèche et la Division du Diocèse des Trois-Rivières.* Paris, Savaète, (s.d.). 569p. (*Voix Canadiennes: Vers l'Abîme,* VI).
- .... *Vie de Mgr L.-F. Laflèche, ses contrariétés et ses Oeuvres.* Paris, Savaète, (s.d.), 624p. (*Voix Canadiennes: Vers l'abîme,* X).
- Tessier, Albert. *Louis-François Laflèche. Sa vie missionnaire, 1844-56.* Trois-Rivières, Ed. du Bien Public, (s.d.). 32, (1) p. (Collection «Notre Passé,» 4).
- Voisine, Nive. «La correspondance Langevin-Laflèche». La Société canadienne d'histoire de l'Église catholique, *Sessions d'étude* 34 (1967), pp. 79-86.

B- ÉTUDES GÉNÉRALES

1. *Thèses manuscrites*
   - Bélanger, Noël. *Une introduction au problème de l'influence indue, illustrée par la contestation de l'élection de 1876 dans le comté de Charlevoix.* Université Laval, thèse de licence ès lettres (histoire), 1960. XVIII, 155p.
   - Chassé, Béatrice. *L'affaire Casault-Langevin.* Université Laval, thèse de maîtrise, 1965. XXI, 184p.
   - Chevrette, Louis. *Idéologie, traits culturels, plan de rédaction, aperceptions et motivations du groupe de pression ultramontain canadien-français, ça. 1870-1890.* Université Laval, thèse de maîtrise (histoire), 1970. LXVIII, 214p.
   - Dumas-Rousseau, Michèle. *L'Université de Montréal de 1852 à 1865: tentatives de fondation.* Université Laval, thèse de diplôme d'études supérieures (histoire), 1973. IX, 202p.
   - Grisé, Jacques. *Les conciles provinciaux de Québec et l'Église canadienne, 1854-1886.* Université de Montréal, thèse de doctorat (histoire), 1975. VIII, 329p.
   - Fahmy-Eid, Nadia. *L'idéologie ultramontaine au Québec (1848-1871). Composantes, manifestations et signification au niveau de l'histoire sociale de la période.* Université de Montréal, thèse de doctorat (histoire), 1974. 421p.
   - La Pierre, Laurier L. *Politics, Race and Religion in French Canada: Joseph Israel Tarte.* University of Toronto, thèse de Ph. D. (histoire), 1962. 555p.
   - Lessard, Claude. *Le collège-séminaire de Nicolet, 1863-1935.* Université Laval, thèse de doctorat (histoire), 1970, L1, 717p.
   - .... *L'Histoire de l'éducation au Séminaire de Nicolet, 1803-1863.* Université Laval, thèse de diplôme d'études supérieures (histoire), 1963. XXXI, 358p.
   - Marie-Stanislas-du-Sacré-Coeur, sr. *Introduction à une biographie de Mgr Thomas Cooke.* Université Laval, thèse de diplôme d'études supérieures (histoire), 1965. XII, 126p.

2. *Ouvrages et articles de périodiques*
   - Allport, G.W. *The Use of Personal Documents in Psychological Science.* New York, Social Science Research Council, 1942. XIX, 210p.
   - Aubert, Roger. *Le pontificat de Pie IX* (1846-1878). Paris, Bloud & Gay, 1952. 510p.
   - Aubert, Roger. *Vatican I.* Paris, Ed. de l'Orante, (1967). 341p. (Histoire des conciles oecuméniques, 12)
   - Bellemare, Joseph-Elzéar. *Histoire de la Baie Saint-Antoine dite Baie-du-Febvre, 1618-1911.* Montréal, Impr. La Patrie, 1911. XXII, 681p.
   - Benoît, Paul. *Vie de Mgr Taché, archevêque de St-Boniface.* Montréal, Beauchemin, 1904. 2 vol.
   - Berger, Gaston, *Traité pratique d'analyse du caractère.* Paris, Presses universitaires de France, 1961. XX, 250p.
   - Bernard, Jean-Paul. *Les Rouges. Libéralisme, nationalisme et anticléricalisme au milieu du XIXe siècle.* Montréal, Presses de l'Université du Québec, 1971. XX, 394, (1)p.
   - Biron, Hervé, *Grandeurs et misères de l'Église trifluvienne (1615-1947).* Trois-Rivières, Ed. Trifluviennes, 1947. 242, (3)p.
   - .... «Tableau de l'Église en 1852». La Société canadienne d'histoire de catholique, *Rapport 1951-1952,* pp. 29-51.
   - Blanchard, Raoul. *Le centre du Canada français, «Province de Québec».* Montréal, Beauchemin, 1947. 577p.

- Bois, Louis-Édouard. *Notice sur M. Jos. O. Leprohon, archiprêtre, directeur du collège de Nicolet, etc., etc..* Québec, Côté, 1870. 108, (2)p.
- Bruchési, Jean. *Evocations.* Montréal, Lumen, (1947). 215p.
- Brunault, Joseph-Simon. « Le jugement de Mgr Plessis sur Mgr Provencher ». *Les Cloches de Saint-Boniface,* XXI, 2 (février 1932), pp. 25-27.
- .... « Ce que l'Ouest doit à Nicolet ». *Les Cloches de Saint-Boniface,* XXVI, 1 (janvier 1927), pp. 18-22.
- Callot, Émile. *Les trois moments de la philosophie théologique de l'histoire.* Paris, La pensée universelle, (1974). 379p.
- Champagne, Joseph-Étienne. *Les missions catholiques dans l'Ouest canadien (1818-1875).* Ottawa, Ed. de l'université, 1949. 208p.
- Charland, Thomas. « Un gaumiste canadien: l'abbé Alexis Pelletier ». RHAF, 1, 2 (septembre 1947), pp. 195-237.
- Desaulniers, François-L. *La généalogie des familles Richer de Laflèche et Hamelin. Avec notes historiques sur Sainte-Anne-de-la-Pérade, les Grondines, etc...* Montréal, Pigeon, 1909. XXI, 241p.
- Désilets, Alfred. *Souvenirs d'un Octogénaire.* Trois-Rivières, P.-R. Dupont, 1922. 159, (3)p.
- Désilets, Andrée. *Hector-Louis Langevin, un père de la Confédération canadienne (1826-1906).* Québec, Presses de l'Université Laval, 1969. 461p. (Les cahiers de l'institut d'histoire, 14).
- Douville, Joseph-Antoine-Irénée. *Histoire du collège-séminaire de Nicolet, 1803-1903.* Montréal, Beauchemin, 1903. 2 vol.
- Douville, Raymond. *Les Premiers Seigneurs et colons de Sainte-Anne de la Pérade, 1667-1681.* Trois-Rivières, Ed. du Bien Public, 1946. 165, (11)p. (Coll. « L'Histoire Régionale »)
- Duchaussois, Pierre-Jean-Baptiste. *Les Soeurs Grises dans l'Extrême-Nord. Cinquante ans de missions.* Saint-Boniface, Soeurs Grises, (1917). 256, (1)p.
- Dugas, Georges. *Monseigneur Provencher et les missions de la Rivière-Rouge.* Montréal, Beauchemin, 1889. 331p.
- Dumas, Gabriel-Marie. « Le cardinal Ignace Persico, capucin, curé de Sillery, et sa mission secrète au Canada ». La Société canadienne d'histoire de l'Église catholique, *Rapport* 32 (1965), pp. 11-19.
- Febvre, Lucien. *Un destin, Martin Luther.* Paris, Presses universitaires de France, 1945. 218p.
- Frégault, Guy. *Le Grand Marquis, Pierre de Rigaud de Vaudreuil et la Louisiane.* Montréal, Fides, 1952. 481, (1)p.
- Gadille, Jacques. *La pensée et l'action politique des évêques français au début de la IIIe république.* Paris, Hachette, (1967). 2 vol.
- Gagné, Armand. « Le siège métropolitain de Québec et la naissance de la confédération ». La Société canadienne d'histoire de l'Église catholique, *Session d'étude* 34 (1967), pp. 33-40.
- Galarneau, Claude. *Edmond de Nevers, essayiste.* Québec, Presses universitaires Laval, 1959. 94, (1)p. (Cahiers de l'institut d'histoire, 2)
- Giraud, Marcel. *Le Métis Canadien.* Paris, Institut d'ethnologie, 1945. LVI, 1296, (3)p.
- Gottschalk, Louis et *al. The Use of Personal Documents in History, Anthropology and Sociology.* New York, Social Science Research Council, 1945. XIV, 243p.

- Granderath, Théodore. *Histoire du concile du Vatican depuis sa première annonce jusqu'à sa prorogation d'après les documents authentiques.* Ed. par le père Conrad Kirch, s.j. *Appendices et Documents.* Bruxelles, Albert Dewit, 1914. 175p.
- Groulx, Lionel. «La situation religieuse du Canada français vers 1840». La Société canadienne d'histoire de l'Église catholique, *Rapport 1941-42,* pp. 51-75.
- Hamelin, Marcel. *Les premières années du parlementarisme québécois (1867-1878).* Québec, Presses de l'Université Laval. 1974. XII, 386, (1)p. (Les cahiers d'histoire de l'Université Laval, 19).
- Hardy, René. «Libéralisme catholique et ultramontanisme au Québec: éléments de définition». RHAF, 2 (septembre 1970), pp. 247-251.
- Harper, J. Russell. *Paul Kane's Frontier including Wanderings of an Artist among the Indians of North America by Paul Kane.* Austin, University of Texas Press, (1971). 350p.
- Hélias, Pierre-Jakez. *Le cheval d'orgueil. Mémoire d'un Breton du pays bigouden.* Paris, Plon, (1975). 575, (1)p. (Terre humaine)
- Huard, Victor-Alphonse. *La Vie et l'Oeuvre de l'abbé Provancher.* Québec, Garneau, 1926. 510p.
- Hudon, Théophile. *L'Institut Canadien de Montréal et l'Affaire Guibord.* Montréal, Beauchemin, 1908. 172, (1)p.
- Labarrère-Paulé, André. *Les instituteurs laïques au Canada français.* Québec, Presses de l'Université Laval, 1963. XVIII, 471p.
- Lavallée, André. *Québec contre Montréal. La querelle universitaire, 1876-1891.* Montréal, Presses de l'Université de Montréal, 1974. 254, (2)p.
- Lemieux, Lucien. *L'établissement de la première province ecclésiastique au Canada, 1783-1844.* Montréal, Fides, (c1968). XXVII, 559p.
- .... «Monseigneur Charles La Rocque, évêque de Saint-Hyacinthe, et la Confédération». La Société canadienne d'histoire de l'Église catholique, *Session d'étude* 34 (1967), pp. 55-61.
- Lesage, Germain. *Capitale d'une solitude.* 2e éd. Ottawa, Ed. des Études oblates, 1946. 185, (6)p. (Bibliothèque oblate, II)
- .... *Le transfert à Nicolet des Soeurs de l'Assomption de la Sainte-Vierge, 1858-1874.* Nicolet, Éditions S.A.S.V., 1965. 323p.
- .... *Les origines des Soeurs de l'Assomption de la Sainte-Vierge.* Nicolet, Éditions A.S.V., 1957. 342p.
- Le Senne, René. *Traité de caractérologie, suivi de Précis d'idiologie.* 8éd. revue et augmentée par Édouard Morat-Sir. Paris, Presses universitaires de France, 1973. X, 770, (1)p.
- Letendre, Antoine. «Éphémérides générales, 1803-1853». *Album-Souvenir du 150e Anniversaire de Fondation du Séminaire de Nicolet.* Arthabaska, Impr. d'Arthabaska, 1953, pp. 29-120.
- Mayeur, Jean-Marie. *Un Prêtre démocrate: l'Abbé Lemire (1853-1928).* Paris, Casterman, (1968). 698p.
- Meinier (Napoléon Caron). «Galerie nationale - Monseigneur Thomas Cooke Premier évêque des Trois-Rivières. Né le 9 février 1792, mort le 31 mars 1870». *L'Opinion publique,* III, 22 (30 mai 1872), pp. 253s., 23 (6 juin 1872), pp. 266-268.
- Montclos, Xavier de. *Lavigerie, le Saint-Siège et l'Église.* Paris, E. de Boccard, 1965. 661p.
- Morice, Adrien-Gabriel. *Histoire de l'Église catholique dans l'Ouest canadien Du Lac Supérieur au Pacifique (1659-1905).* Montréal, Granger, 1915. 4 vol.

- Morisset, Gérard. *L'Architecture en Nouvelle-France.* Québec, 1949. 150p.
- Morton, William Lewis. *The Critical Years, the Union of British North America, 1857-1873.* Toronto, McClelland and Stewart, (c1974). 322p.
- (Nadeau, Eugène). *Notre-Dame-du-Cap, reine du Très Saint-Rosaire.* Cap-de-la-Madeleine, Sanctuaire national de Notre-Dame-du-Cap, (1947). 78p.
- Nédoncelle, Maurice et *al. L'Ecclésiologie au XIXe siècle.* Paris, Cerf, 1960. 392p.
- Panneton, Georges et Antonio Magnan sr. *Le diocèse de Trois-Rivières, 1962.* Trois-Rivières, Ed. du Bien Public, (1962). 513, (4)p.
- Pouliot, Léon. « Monseigneur Ignace Bourget et Monseigneur Jean Langevin face à la Confédération ». La Société canadienne d'histoire de l'Église catholique, *Session d'étude* 34 (1967), pp. 33-40.
- .... *Monseigneur Bourget et son temps.* Montréal, Beauchemin/Bellarmin, *1977, 6 vol.*
- Primeau, Léonide. « Pour le centenaire des Soeurs-Grises ». *Les Cloches de Saint-Boniface,* XLIII, 6 (juin 1944), pp. 123-163.
- Raymond, Alice. « Fondation des Soeurs Grises de Montréal sur les bords de la Rivière-Rouge en 1844 ». *Les Cloches de Saint-Boniface,* XLIII, 2 (février 1944), pp. 34-48.
- Richard, Louis. *Histoire du collège des Trois-Rivières. Première période de 1860 à 1874.* Trois-Rivières, Ayotte, 1885. VI, 521p.
- Roux, Alphonse. « Monseigneur Calixte Marquis et l'érection du diocèse de Nicolet ». La Société canadienne d'histoire de l'Église catholique, *Rapport 1944,* pp. 29-83.
- Roy, Pierre-Georges. *La famille Tarieu de Lanaudière.* Lévis, 1922. 227, (3)p.
- Rumilly, Robert. *Histoire de la province de Québec. I: Georges-Étienne Cartier.* Montréal, B. Valiquette, (1942). 409p.
- (Sainte-Marguerite-Marie, sr). *Les ursulines de Trois-Rivières, depuis leur établissement jusqu'à nos jours.* Trois-Rivières, Ayotte/Montréal, Pigeon/Québec, Action Sociale, 1892-1911. 4 vol.
- Savaète, Arthur. *Voix Canadiennes: Vers l'Abîme.* Paris, Savaète, (1908-1918). 11 vol.
- Savard, Pierre. « Le journal de l'abbé Benjamin Pâquet, étudiant à Rome, 1863-1866 ». *Culture,* XXVI (1965), pp. 64-83.
- Simon Aloïs. *Catholicisme et politique.* Wetteren, Ed. Scaldis, 1958. 281 p.
- Sinnott, Alfred A. « Jean Édouard Darveau, 1816-1844. First Martyr Priest among the Missionairies to the Indians in Western Canada ». The Canadian Catholic Historical Association, *Report 1950,* pp. 13-21.
- Stanley, George F. G. *The Birth of Western Canada; a History of the Riel Rebellions.* Toronto, University of Toronto Press, (1970). 475p. (Canadian university paperbooks, 10)
- Sylvain, Philippe. « Libéralisme et ultramontanisme au Canada français: affrontement idéologique et doctrinal (1858-1865) ». W.L. Morton, éd., *Le Bouclier d'Achille,* Toronto, McClelland and Stewart, 1968, pp. 111-138, 220-255.
- .... « Les difficiles débuts de l'Université Laval ». *Les Cahiers des Dix,* 36 (1971). pp. 211-234.
- Tessier, Albert. « Fondation du collège des Trois-Rivières (1860) ». *Les Cahiers des Dix,* 24 (1951). pp. 168-188.
- .... « Messire Luc Desilets, Apôtre du rosaire et fondateur du Sanctuaire

national du Cap-de-la-Madeleine (1831-1888) ». La Société canadienne d'histoire de l'Église catholique, *Rapport 1953-54*. pp. 67-77.

- .... *Sainte-Anne-de-la-Pérade. Bref historique de trois siècles de vie paroissiale.* Trois-Rivières, Éd. du Bien Public, 1972, 39, (1)p. (Collection « Notre Passé », cahier no 1)

- .... *Trois-Rivières, 1535-1935.* Trois-Rivières, Le Nouvelliste, 1935. 199p.

- Ullman, Walter. « The Quebec Bishops and Confederation ». CHR, XLIX, 2 (septembre 1963), pp. 213-234.

- Voisine, Nive. « Il y a cent ans... une bénédiction difficile ». *Revue d'histoire du Bas Saint-Laurent,* III, 1 (mai 1976), pp. 12-16.

- Wade, Mason. *Les Canadiens français de 1760 à nos jours.* Trad. d'Adrien Venne. Montréal, Le Cercle du livre de France, (1963). 2 vol.

- Waite, Peter B. *Canada, 1874-1896. Arduous Destiny.* Toronto, McClelland and Stewart, (c1971). 340p.

INDEX

A

Acton Vale: 98, 99n.
Adoration perpétuelle, l': 140.
Agnozzi, Mgr Giovanni Battista, secrétaire de la Propa-
gande: 247, 248, 260.
Allaire, abbé Jean-Baptiste-Arthur: 310.
Allport, Gordon W: 22n, 23n, 312.
Angelis, Philippe de, professeur de droit canonique à Rome:
102n, 131, 134, 169, 188, 190, 230, 230n, 261, 262n, 271n.
Arcand, madame Julie: 60n.
Archiconfrérie du Saint-Scapulaire de Notre-Dame du Mont-
Carmel: 140.
Ardagh (Irlande): 261.
Assiniboia, district: 45n, 51, 58, 285.
Association catholique de Saint-François de Sales: 239, 240.
Association de la Propagation de la Foi: 140.
Aubert, père Pierre, o.m.i.: 52, 56.
Aubert, chanoine Roger: 134n, 312.
Audet, abbé Octave: 222, 225, 298.
Avenir, l', journal: 26n, 122n, 232.

B

Badeaux, Dr Georges-Stanislas, fondateur du collège de
Trois-Rivières: 145.
Baie-du-Febvre, village: 145, 213.
Baillargeon, abbé Charles-Flavien: 94, 140.
Baillargeon, Mgr Charles-François, archevêque de Québec:
72, 74n, 75n, 79, 79n, 87, 91, 93, 94, 94n, 96, 96n, 107n,
109, 110, 111, 112, 113, 114, 115, 115n, 117, 117n, 118,
120n, 121, 121n, 122, 125, 126, 130, 131, 132, 134, 139,
149, 151, 152, 153, 154, 155, 156, 159, 167, 294, 299.
Baltimore: 195, 223.
Barnabo, cardinal Alessandro, préfet de la Sacrée Congréga-
tion de Propaganda Fide: 109, 115, 129, 130, 148, 180, 182,
189, 190, 191, 193, 194, 196, 260n.
Barolet, abbé Georges-Adolphe: 144n, 275.
Batiscan, village: 28, 116n.
Beauchesne, Pierre-Clovis, député conservateur de Bonaven-
ture: 251, 252, 253.
Beaudry, abbé David-Hercule: 105n, 307.
Beaudry, J.-U. juge: 156, 156n, 166, 185, 188, 307.
Beaudin, François: 310.
Beaulieu, André: 182n, 310.
Beausoleil, Cléophas: 158, 161n.
Béland, chanoine Ferdinand: 21n, 308.
Bélanger, Noël: 220n, 222n, 312.
Belcourt, abbé Georges-Antoine: 45, 51, 52, 58.
Bellemare, abbé Antoine-Narcisse, professeur au séminaire de
Nicolet: 64, 69, 147, 181, 189, 189n, 190.
Bellemare, abbé Joseph-Elzéar: 99, 99n, 312.
Bellerose, Hyacinthe, député et sénateur: 33.
Benoît, dom Paul: 48, 48n, 53n, 54n, 241n, 312.
Berger, Gaston: 285n, 312.
Bernard, Jean-Paul: 101n, 312.
Bien Public, le, journal: 213, 214, 214n, 215, 232.
Bigué, Marguerite: 29.
Biron, Hervé: 68n, 312.
Blanchard, Raoul: 67n, 68n, 312.
Bochet, Amable: 28n, 31.
Bois, abbé Louis-Édouard: 100n, 313.
Boisvert, Augustin: 29.
Bonaventure, circonscription électorale: 251, 252, 259.
Bonenfant, Jean-Charles: 271n.
Boucher de Boucherville, Charles: 209, 210, 232, 271n.
Boucher de Niverville, Charles: 33, 103, 119.
Boucher, abbé Joachim: 144, 179n.
Bouchette, Joseph: 26, 26n, 27n, 32n, 308.
Bourassa, abbé Joseph: 47, 49, 50, 57, 59.
Bourgeault, Victor, architecte: 88, 93.
Bourgeois, Dr Georges-A.: 33, 84, 84n, 111, 133, 289.
Bourget, Mgr Ignace, évêque de Montréal: 21, 24, 56, 74n,
75n, 77, 87, 91, 91n. 93, 95, 100, 102, 113, 114, 117, 117n,
118, 121, 121n, 126, 129, 129n, 130, 134, 135, 137, 137n,
150, 152, 153, 154, 155, 156, 156n, 159, 160, 161n, 162,
162n, 163, 165, 166, 168, 169, 169n, 170, 171, 172, 173,
174, 175, 176, 177, 179, 180, 180n, 181, 182, 183, 183n,
184, 185, 185n, 186, 186n, 187, 187n, 190, 190n, 194, 195,
195n, 196, 197n, 198, 198n, 212, 212n, 214, 217, 222, 227,
228, 228n, 229, 230, 233, 234, 235, 236, 242, 242n, 245,
246, 247, 261n, 282, 287, 288.
Brassard, Dorothée: 28.
Braun, père Antoine-Nicolas, s.j.: 126, 130, 130n, 150, 151,

167, 173, 174, 175, 176, 181, 188, 190n, 192, 215, 308.
Bruchési, Jean: 27n, 313.
Bruneault, Mgr Joseph-Simon, évêque de Nicolet: 45n, 48n,
313.
Brunet, Berthelot: 22, 22n, 311.
Bureau, J.-Napoléon, journaliste et fondateur de l'*Ere Nouvel-
le:* 68, 145.
Bureau, Michel: 25n.
Burke, abbé Charles: 33, 35, 37.

C

Cadieux, abbé Louis-Marie: 66, 67n.
Cadot, René, seigneur: 30n.
Callot, Émile: 104n, 313.
Canadien, Le, Journal: 212, 236n, 252, 252n, 258n, 260, 262,
262n, 264.
Cantons de l'Est: 97, 116, 166, 198n, 206, 206n.
Cap-de-la-Madeleine: 116, 116n, 146, 156, 163, 168, 240, 263,
281.
Caron, abbé Charles-Olivier, grand vicaire: 47, 64, 64n, 65n,
78, 78n, 79, 79n, 80, 89, 91, 103n, 112, 122, 124, 137, 137n,
140, 141n, 149, 167, 191, 240, 240n, 275.
Caron, abbé Napoléon (pseudonyme Meinier): 24, 86n, 89n,
113, 274n, 314.
Caron, abbé Thomas, supérieur du séminaire de Nicolet: 33,
36, 36n, 38, 40, 47, 57, 64, 65, 65n, 69, 73, 73n, 74, 78, 78n,
85, 103n, 116n, 122, 133, 140, 148, 149, 189, 273n.
Carrière, père Gaston, o.m.i.: 56n, 57n, 310, 311.
Cartier, George-Étienne: 95n, 117, 120, 146, 158, 168, 187,
296.
Casault, abbé Louis-Jacques, recteur de l'université Laval: 72,
297.
Casault, Louis-Napoléon, juge et professeur de droit à l'uni-
versité Laval: 251, 252, 253, 253n, 254, 255, 256, 257, 262,
265, 269, 269n, 298, 299.
Cauchon, Joseph, journaliste et ministre des Travaux publics:
95, 214, 216, 221, 221n, 230n, 231, 232.
Cazeau, abbé Charles-Félix, grand vicaire: 80n, 96, 113, 115,
151, 167, 167n, 186n, 200.
Cercle catholique de Québec: 264n, 269.
Chabot, abbé Édouard: 88, 89n, 92n.
Champagne, Joseph-Étienne: 44n, 51n, 59n, 313.
Champlain, circonscription électorale: 142, 149, 161, 163, 168,
212.
Champlain, village: 25, 90, 98, 122n.
Charland, Thomas: 95n, 153n, 313.
Charlevoix, circonscription électorale: 222, 224, 225, 227, 236,
251, 252, 258, 268.
Chassé, Béatrice: 252n, 254, 269n, 312.
Chauveau, Pierre-Joseph-Olivier, premier ministre du Québec:
100, 168, 179, 295.
Chauvin, abbé Marc: 28, 28n.
Chevrette, Louis: 23n, 312.
Chiniquy, abbé Charles: 33, 47n.
Cloutier, Mgr François-Xavier, évêque de Trois-Rivières:
134n.
Code des curés: 156, 165, 166, 180, 183, 188.
Comédie infernale, La: 171, 172.
Confrérie de la Bonne Mort: 140.
Confrérie du Très-Saint-Rosaire: 163, 239n.
Congrégation du Saint-Office: 96.
Conroy, Mgr George, délégué apostolique: 24, 251, 260, 261,
262, 262n, 263, 263n, 264, 265, 266, 267, 269, 269n, 270,
270n, 271, 272, 273, 274, 275, 276, 276n, 277, 277n, 278,
279, 280, 281, 282, 288.
Constitutionnel, le, journal: 161n, 163n, 181n, 197, 213, 213n.
Cooke, Mgr Thomas, évêque de Trois-Rivières: 63, 66n, 67,
68, 69, 71, 72, 74n, 75, 75n, 78, 79, 81, 81n, 83, 84, 85, 85n,
86, 87, 87n, 88, 88n, 89, 89n, 90, 93, 94, 94n, 95, 95n, 96,
99, 107, 107n, 109, 110, 111, 112, 113, 114, 114n, 115,
116n, 117, 118, 119, 119n, 122, 127, 131, 132, 132n, 137,
138, 139, 140, 145, 241, 241n, 244.
Courrier d'Outaouais, le, journal: 150, 174.
Courrier du Canada, le, journal: 75n, 120n, 150, 156n, 172, 220,
220n, 221, 221n, 225n, 227n, 258n, 269n.
Côté, abbé F.-X.: 69, 133.
Crémazie, Jacques, professeur de droit à l'université Laval:
150, 301.

D

Darveau, abbé Jean-Édouard: 51, 51n.

Défricheur, le, journal: 104, 122.
Demers, abbé Jérôme: 36, 40, 64.
Denier de Saint-Pierre: 129.
Désaulniers, A.-L. avocat: 68.
Désaulniers, abbé François-Lesieur: 28n, 29n, 35, 43n, 64, 66n, 69, 313.
Désaulniers, abbé Isaac: 75, 77.
Desaultels, Mgr Joseph: 167n, 179, 180, 181, 185, 185n, 186, 193, 196, 196n, 295.
Desilets, Aimé fondateur de l'*Ere Nouvelle:* 68.
Desilets, Alfred, avocat: 146, 165, 313.
Désilets, Andrée: 22, 22n, 119n, 120n, 196n, 222n, 281n, 313.
Désilets, Gédéon, zouave et journaliste: 146, 164, 164n, 182.
Désilets, J.-M. maire de Trois-Rivières: 133, 138.
Désilets, abbé Luc: 77, 83, 94, 100n, 109, 146, 146n, 156, 157, 159, 161, 163, 164, 164n, 165, 168, 169n, 172, 175, 180, 180n, 182, 233, 233n, 239n, 240, 263, 271, 281, 282, 283, 285, 287.
Desjardins, Alphonse, journaliste: 159.
Dion, abbé Charles: 65n, 67.
Dorion, Antoine-Aimé: 32, 33, 252.
Dorion, Jean-Baptiste-Eric: 25, 32, 99, 104, 106.
Dorion, abbé Joseph-Hercule: 33, 90, 140, 276.
Dorion, Louis-Eugène, négociant: 33.
Dorion, Pierre-Antoine, marchand: 28n, 31, 32, 40n.
Dorion, Pierre-Nérée, arpenteur: 33.
Doutre, Gonzalve: 101, 101n, 308.
Doutre, Joseph, avocat: 23, 155n, 213, 214n.
Douville, abbé Joseph-Antoine-Irénée: 26, 26n, 27n, 32n, 33n, 34n, 35n, 36n, 37n, 38n, 47n, 63n, 64, 64n, 65, 67n, 71n, 72n, 73n, 74n, 100n, 203n, 273n, 313.
Douville, Raymond: 26, 26n, 313.
Duchaussois, père Pierre-Jean-Baptiste, o.m.i.: 49n, 313.
Dugré, père Adélard, s.j.: 21, 21n, 311.
Duhamel, Mgr Joseph-Thomas, évêque d'Ottawa: 215, 229, 245, 246, 247, 256, 257, 278n, 279, 282.
Dumas, Gabriel-Marie: 230n, 313.
Dumas-Rousseau, Michèle: 96n, 312.
Dumoulin, Pierre-Benjamin, député d'Yamaska: 68.
Dupanloup, Mgr: 134n, 136, 136n, 184.
Dupuis, abbé E.-A.: 110, 114n.

E

Echo du Cabinet de lecture paroissial de Montréal: 99n, 128, 128n, 206, 206n.
Elm Grove: 264, 264n.
Ere Nouvelle, L', journal: 68, 69.
États-Unis: 60, 95, 97, 102, 106n, 116, 166, 195, 278, 286.
Éthier-Blais Jean: 22, 311.
Événement, L', journal: 162, 191, 214, 215, 220n, 227n, 232, 252, 257, 257n, 258n, 264n.

F

Fabre, Mgr Édouard-Charles, évêque de Montréal: 121, 190, 193, 194, 215, 228, 229, 234, 245, 245n, 246, 247, 254, 256, 266, 282, 287.
Fammy-Eid, Nadia: 23n, 312.
Faraud, père Henri, o.m.i.: 55, 55n, 59, 308.
Febvre, Lucien, 22, 22n, 313.
Félix, père Célestin-Joseph, S.J.: 105, 105n, 308.
Ferland, abbé J.-Bte-A.: 38, 39, 39n, 40, 40n, 47, 64, 73n, 297.
Flynn, Edmund James, professeur de droit à l'université Laval: 212n, 216n, 299.
Fortier, abbé Louis-Théophile: 66, 86, 87n, 88n, 149, 199, 201, 202.
Franchi, cardinal Alessandro, préfet de la Sacrée Congrégation de Propaganda Fide: 225, 226, 228, 230, 231, 233, 234, 246, 247, 257, 260, 261, 273, 277, 281.
Franc-Parleur, le, journal: 158, 171, 182, 184, 184n, 191.
Franzelin, cardinal Jean-Baptiste: 231, 260.
Frégault, Guy: 23, 23n, 313.

G

Gadille, Jacques: 105n, 313.
Gagné, abbé Armand: 119n, 313.
Galarneau, Claude: 32n, 313.
Garry, fort: 51, 51n, 52.
Gastineau, Louis-Joseph, seigneur de Sainte-Marie: 31, 48n.
Gastineau, Marie-Anne: 31.
Gastineau, Nicolas: 26, 27.
Gaudet, Joseph député: 133, 163.
Gauvreau, abbé Claude: 28, 31.
Gazette de Sorel, La, journal: 69, 103.
Gazette des Trois-Rivières, La, journal: 69.
Gélinas, abbé Isaac: 64, 148, 189n.
Gérin, Elzéar, journaliste: 105, 126.
Giraud, Marcel: 44n, 45, 313.
Girouard, Désiré: 308.

Gottschalk, Louis: 23n, 313.
Granderath, Théodore: 135n, 314.
Grisé, Jacques: 118, 193n, 195n, 260n, 261n, 278n, 279, 279n, 280n, 312.
Guibord, affaire: 155, 155n, 218.
Guibord, Joseph, imprimeur: 155n, 214n.
Groulx, Lionel: 38n, 314.
Guigues, Mgr Joseph-Bruno, évêque d'Ottawa: 74n, 114, 124n, 150, 154, 174, 180, 186, 187.

H

Hamel, Mgr Thomas-Étienne, secrétaire puis recteur de l'université Laval: 151, 181, 193, 216n, 254, 269, 269n, 298, 299.
Hamelin, Jean: 182n, 310.
Hamelin, Marcel: 120n, 165n, 209n, 211n, 271n, 314.
Hamelin, Marie-Adélaïde, marraine de Laflèche: 25n.
Hamilton, John Robinson: 123, 251, 252.
Hardy, René: 23n, 126n, 311, 314.
Harel, abbé Télesphore: 230n, 234, 248, 260, 260n.
Harper, abbé Charles: 25, 33, 35, 38, 39n, 40, 64, 65n, 66n.
Harper, abbé Jean: 45, 47, 47n, 86, 87n, 88n, 90, 90n, 140, 198.
Harper, J. Russell: 53n, 308, 314.
Hart, Adolphus: 68, 132.
Hébert, abbé François-Octave: 36, 47n.
Hélias, Pierre-Jakez: 31n, 314.
Héroux, abbé J.-N.: 64, 274.
Horan, Mgr Édouard-Jean, évêque de Kingston: 74n, 102, 114, 123, 133, 297.
Huard, Victor-Alphonse: 314.
Hudon, père Théophile, s.j.: 155n, 314.
Hudson, compagnie de la Baie d': 44, 45n, 52, 58.
Huntingdon, Lucius Seth, maître général des Postes: 220, 221, 222, 224, 231, 232.

I

Ile à la Crosse: 52, 53, 54, 54n, 55, 55n, 56, 57, 133.
Institut canadien de Montréal: 98, 211, 233.

J

Joly de Lotbinière, Henri-Gustave: 210, 231, 271n.
Joubin-Boisvert, Augustin: 31.
Joubin-Boisvert, Marie-Anne: 25n, 31.
Journal de Québec, le: 63, 63n, 75n, 106n, 112n, 116n, 120n, 121n, 122n, 126, 126n, 137n, 142n, 149, 149n, 151n, 166, 166n, 173n, 174n, 175, 175n, 176, 176n, 182, 182n, 183, 183n, 191, 191n, 192n, 206n, 207n, 214, 214n, 215, 221n, 227n, 232, 236n 269n 281n.
Journal des Trois-Rivières le: 25, 25n, 98, 98n, 99, 99n, 100, 100n, 101, 103, 103n, 104, 104n, 105, 106, 106n, 109n, 111, 111n, 112, 112n, 116n, 119n, 120, 121n, 127n, 132, 132n, 133n, 134n, 135n, 136n, 137, 137n, 138n, 141n, 142n, 150, 150n, 151, 151n, 156n, 158, 158n, 159, 160, 161, 161n, 163, 163n, 164, 164n, 165, 168, 169, 169n, 172, 174, 176, 176n, 181n, 182, 182n, 184, 184n, 191n, 192n, 203n, 206n, 210n, 211n, 212, 212n, 213, 213n, 214n, 215n, 220n, 221, 221n, 228n, 235, 240n, 251, 251n, 258n, 264, 264n, 265, 265n, 271, 272n, 278, 281n.

K

Kane, Paul: 53n.
Kowalski, Nicola: 311.

L

Labarrère-Paulé, André: 22, 22n, 311, 314.
Laborit, Henri: 284n.
Lacombe, père Albert, o.m.i.: 59.
Laflamme, Rodolphe, avocat: 155n, 213, 231.
Laflèche, Délima (soeur Sainte-Cécile): 199, 199n.
Laflèche, Éléonore: 31.
Laflèche, François-Augustin: 28, 30, 31, 110, 111n, 199n.
Laflèche, Louis-Richer (fils de Pierre): 25, 48n.
Laflèche, Louis-Augustin: 31.
Laflèche, Louis-Modeste-Richer: 28, 30, 30n, 31, 32.
Laflèche, Marguerite: 30.
Laflèche, Marie-Anne: 285.
Laflèche, Michel-Archange: 31, 32.
Laflèche, Modeste-Richer: 28, 29, 29n, 30, 31, 41, 286.
Laflèche, Pierre-Richer: 28, 29, 30.
Laflèche, Pierre-Édouard: 31, 48, 48n.
Lagrave, soeur: 50, 50n.
Lamarche, chanoine Godefroy: 154, 158, 184, 197n, 229, 231n, 233n, 234, 248, 249, 260, 261, 262, 263, 265n, 269, 287.
Landry, Jean-Étienne, professeur de médecine à l'université Laval: 78, 264, 264n, 297.
Langelier, Charles-François, professeur de droit à l'université Laval: 214, 216, 268, 298, 299.

Langevin, abbé Edmond, vicaire général: 124, 124n, 149, 193, 193n, 194n, 195n, 206n, 211.
Langevin, Hector: 117, 120, 146, 149, 153, 155, 173, 190, 222, 225.
Langevin, Mgr Jean, évêque de Rimouski: 112, 117, 117n, 133, 134n, 135, 136, 136n, 137, 149, 155, 160, 164, 166, 167n, 168, 169, 169n, 170n, 171n, 172n, 173, 180, 187, 206, 209, 210, 211, 215, 216, 217, 222, 223, 224, 226, 227, 229, 233, 235, 236, 246, 247, 251, 253, 254, 255, 255n, 256, 257, 259, 261, 263, 266, 269, 270, 272, 278, 278n, 279, 279n, 283, 287.
Lanouette, Louis: 28n, 31.
Lanouette, Uldéric: 31.
Lanouguère, Thomas de, seigneur: 26, 27.
La Pierre, Laurier L.: 264n, 312.
La Rocque, Mgr Charles, évêque de Saint-Hyacinthe: 74n, 112, 113, 117, 118, 121, 122, 122n, 123, 125, 133, 134n, 154, 160, 164, 169, 171, 180, 186, 187, 195, 206, 260n, 287.
Lartigue, Mgr Jean-Jacques, évêque de Montréal: 113, 152, 171.
Laval, université: 63, 65, 72, 72n, 102, 113, 150, 151, 152, 153, 155, 158, 159, 165, 170, 173, 175, 176, 186, 188, 193, 194, 212, 214, 216, 216n, 226, 228, 230n, 233, 234, 235, 247, 249, 252, 253, 254, 257, 262, 264, 266, 278n, 288, 295.
Lavallée, André: 110n, 173n, 266n, 314.
Lefebvre de Bellefeuille, Édouard: 128, 131, 308.
Lemieux, Lucien: 51n, 119n, 204n, 314.
Leprohon, abbé J.-Onésime: 33, 34, 35, 36, 36n, 38, 40n, 47.
Lesage, Germain: 55n, 198n, 200n, 201n, 314.
Le Senne, René: 285, 285n, 314.
Lessard, Claude: 33n, 34n, 37n, 40n, 43n, 64n, 74n, 96n, 312.
Letellier de Saint-Just, Luc, lieutenant-gouverneur: 271, 271n.
Letendre. abbé Antoine: 37n. 314.
Ling, abbé Édouard: 141n, 239, 240, 240n, 263, 263n.
Loranger, Thomas-Jean-Jacques, juge: 33, 100.
Lynch, Mgr John Joseph, évêque de Toronto: 112, 114, 221, 221n, 261, 266n.

M
Mackensie, Alexander, premier ministre du Canada: 209, 221.
Mackensie, Roderick, bourgeois: 53, 53n, 54.
Magnan, Antonio: 140n, 315.
Maistre, Joseph de: 105, 232.
Malhiot, Henri-Gédéon: 163, 212, 213.
Malo, abbé Louis-Stanislas: 88n, 149.
Manitoba: 60, 60n, 166, 209, 212.
Mansi, Gian Domenico: 134n, 135n, 136n, 309.
Marcoux, abbé Denis: 90, 122n, 140.
Maguire. John, juge: 252, 255n, 269.
Marie-Stanislas-du-Sacré-Coeur, soeur: 86n, 312.
Marquis, abbé Calixte: 66n, 103, 104n, 109, 109n, 140, 148, 149, 198, 206n, 237, 243, 244, 273, 273n, 274, 275n, 276, 277.
Martineau, abbé David: 39, 40, 47.
Maurault, abbé Joseph-Pierre-Anselme: 69, 90, 122n.
Maurault, abbé Thomas: 243.
Mayeur, Jean-Marie: 22n, 314.
Mayrand, abbé Joseph-Arsène: 34, 45, 51, 90.
McCord, Thomas, juge: 252, 253n.
McLeod, Magloire, rédacteur en chef du Journal des Trois-Rivières: 100, 150, 150n, 151, 158, 158n, 159, 159n, 161n, 163.
Méthot, abbé Michel-Édouard, directeur du séminaire de Québec: 110n, 163, 298, 299.
Milette, abbé Augustin: 34, 35.
Minerve, la, journal: 111, 111n, 133, 133n, 134n, 135n, 156n, 160, 182, 214, 241n.
Moll, abbé Joseph: 28, 28n, 29, 30.
Mondelet, Charles, juge: 100, 155, 252.
Montclos, Xavier de: 105n, 314.
Montréal, diocèse: 91, 95, 104.
Montréal, ville: 21, 33, 49, 56, 68, 72, 72n, 75, 77, 89, 91, 92, 93, 96, 98, 105, 113, 115, 117, 118n, 121, 125, 126, 127, 129, 131, 131n, 139, 146, 152, 153, 154, 155, 155n, 158, 159, 160, 161, 165, 166, 169, 170, 172, 175, 176, 179, 179n, 180, 181, 182, 183, 184, 185, 185n, 186, 187, 188, 190, 192n, 193, 194, 195, 203, 206, 207, 212, 220, 226, 228, 228n, 229, 232, 233, 234, 236, 247, 248, 256n, 262, 263, 264, 265, 266, 270, 271, 271n, 278n, 280n, 282, 287, 296.
Moreau, Mgr Louis-Zéphirin, évêque de Saint-Hyacinthe: 109, 216, 229, 235, 244n, 245, 246, 247, 253, 255, 256, 258, 259, 260, 263, 268, 272, 278n, 279, 280, 282, 287.
Morice, père Adrien-Gabriel, o.m.i.: 45n, 51n, 59n, 314.
Morin, abbé Joseph-Marie: 25n, 27, 28, 29, 30, 32, 38.
Morning Chronicle, the, journal: 214, 278, 278n.
Morris, Craig, instituteur: 31, 32.
Morton, William Lewis: 23n, 75n, 209n, 315.
National, le, journal: 214, 215, 232.

Nédoncelle, Maurice: 105n, 315.
Nicolet, collège: 22. 24. 32. 33. 35. 37. 38. 40. 40n. 45. 47. 48n. 49, 51, 57, 61, 63, 64, 64n, 65, 66, 66n, 67, 69, 70, 70n, 71n, 72, 73, 73n, 74, 74n, 78, 79, 79n, 80, 83, 85, 85n, 94, 95, 96, 99n, 100, 105, 107, 112, 114, 114n, 116, 127, 140, 142, 144, 145, 146, 147, 148, 149, 165, 167, 169, 181, 189, 202, 203, 238, 243, 244, 245, 246, 248, 273, 277, 286.
Nicolet, diocèse: 243, 244, 246, 274, 276, 277.
Notre-Dame-de-Montréal, église: 127, 155, 155n, 173, 185n, 229, 269, 278n.
Notre-Dame-du-Mont-Carmel: 116, 116n, 142.
Notre-Dame-du-Rosaire: 163.
Nouveau-Brunswick, question des écoles du: 169, 180, 183, 188, 194, 196, 196n, 212, 232, 296.
Nouveau-Monde, le, journal: 150, 151n, 156n, 158, 159, 160, 169, 171n, 172, 173, 174, 174n, 181, 181n, 182, 184, 190, 191, 192, 198n, 212, 220, 220n, 221, 269, 269n, 278.
Nute, Grace Lee: 45n, 309.

O
Oeuvre de la Propagation de la Foi: 94.
Oeuvre de la Sainte-Enfance: 140.
Oeuvre des vieux papiers: 264n.
Oliver, E. H.: 58, 309.
Ordre, l', journal: 75n, 158, 172.
Oreglia, cardinal Luisi: 260, 261, 262, 262n.
Ottawa: 97, 105, 106, 114, 123, 123n, 130, 149, 154, 155, 166, 168, 169, 176, 187, 196, 209, 221, 224, 229, 231, 233, 257n, 278n, 282, 283, 296.
Ouimet, Gédéon: 168, 170, 186n, 209.

P
Pagnuelo, Siméon: 154, 156n, 158, 309.
Panet, Mgr Bernard-Claude: 29, 31, 67n.
Panneton, Georges: 140n, 315.
Pâquet, abbé Benjamin: 60, 113, 124, 124n, 167n, 230, 230n, 244, 254, 260, 261, 274, 281, 281n, 298, 299
Pâquet, abbé Louis: 264, 279, 298, 299.
Paradis, abbé Didier: 86, 99, 99n, 140.
Patrie, la, journal: 242, 242n.
Patrizi, cardinal Constantino: 261.
Pays, le, journal: 75n, 121, 122, 122n, 125, 232, 291.
Pelletier, abbé Alexis (pseudonyme Luigi): 95, 96, 113, 113n, 153, 154, 164, 173, 182, 184n, 287.
Persico, Mgr Ignazio: 230, 230n, 260n.
Pie IX: 24, 76, 97, 132, 134, 137, 142, 155n, 180, 181n, 182, 187, 191, 195, 217, 235, 243n, 248, 264n, 280, 281, 287, 288, 302.
Pie, Mgr Louis-François, évêque de Poitiers: 134, 134n.
Pinsonnault, Mgr Pierre-Adolphe (pseudonyme Binan): 154, 180, 196, 287.
Pitra, cardinal Giovanni Battista: 189, 231.
Plessis, Mgr Joseph-Octave, évêque de Québec: 27, 28n, 34n, 35n, 45, 45n, 67n.
Pointe-du-Lac: 86, 198n.
Polette, Antoine, maire et député de Trois-Rivières: 68, 87, 145.
Pothier, abbé Louis: 188, 189, 274n.
Pothier, légiste: 122, 131, 131n.
Pouliot, père Léon, s.j.: 72n, 96n, 119n, 129n, 155n, 185n, 226n, 242n, 315.
Prairie du Cheval Blanc: 51, 57, 58.
Prince, Mgr J.-C.: 56, 74n.
Programme catholique: 125, 142, 152, 158, 162, 163, 163n, 164, 165, 166, 169, 171, 176, 177, 180, 180n, 182, 183, 188, 197, 197n, 198, 206, 296.
Proulx, abbé Louis-Antoine: 124n, 150, 151.
Proulx, abbé Moïse-G.: 64, 189n, 273n.
Provancher, abbé Léon: 33, 34, 47n.
Provencher, Mgr Joseph-Norbert, évêque de Saint-Boniface: 37, 40, 40n, 41, 43, 45, 46, 46n, 47, 47n, 48, 49, 51, 51n, 52, 56, 57, 57n, 58, 59n, 60, 100, 309.
Provost, abbé Honorius: 72n.

Q
Quarante-heures: 99.
Québec, diocèse: 43, 50, 67, 79, 90, 91, 104, 107, 112, 153, 160, 207, 239 272, 294.
Québec, province: 21, 105, 119n, 120, 123, 136, 137n, 152, 156, 159, 160, 161, 166, 167, 172, 174, 176, 179n, 186, 189, 195, 196, 207, 219, 221, 230, 236, 237, 243n, 244, 244n, 246, 258, 278, 288, 295, 301, 302.
Québec, séminaire: 35, 40, 47n, 72, 73n, 92, 96, 169, 173, 216, 230n.
Québec, ville: 27, 28, 33, 35, 36, 37, 45, 46, 49, 56, 58, 63, 65, 67, 67n, 72, 75, 80n, 83, 86, 87, 92, 93, 93n, 94, 95, 96, 107n, 109, 110n, 111, 117, 120, 120n, 121, 123n, 124, 131, 133n, 134, 139, 149, 150, 151, 151n, 152, 154, 155, 159, 160, 162, 163, 166, 167, 167n, 168, 169, 170, 173, 177, 180, 181, 183,

185, 186, 186n, 187, 188, 190, 191, 192, 192n, 203, 204, 206, 207, 212, 228, 230n, 231, 243, 245, 251, 252, 258, 261, 263, 263n, 264, 265, 266, 267, 268, 270n, 272, 275, 278, 281, 287, 293.

R

Racine, Mgr Antoine, évêque de Sherbrooke: 75, 150, 167n, 207, 215, 219, 226, 229, 245, 246, 246n, 247, 253, 254, 255, 256, 256n, 258, 259, 265n, 266n, 267n, 268n, 273, 282, 282n, 287.
Racine, Mgr Dominique, évêque de Chicoutimi: 113, 193, 282.
Ramière, père Henri, s.j.: 232, 239n.
Raymond, Alice: 50n, 315.
Raymond, abbé Joseph-Sabin: 183, 183n, 184, 184n, 279, 309.
Revue canadienne, la: 104, 131, 131n, 152, 152n, 207, 207n.
Rheault, abbé Louis-Séverin, procureur de l'évêché de Trois-Rivières: 21, 21n, 26, 26n, 27n, 31n, 32n, 134n, 140, 141n, 240n, 241n, 242n, 311.
Richard, abbé Louis, préfet des études au collège de Trois-Rivières: 69n, 71n, 141, 145, 145n, 202n, 238, 315.
Rimouski: 117, 120, 123n, 124, 125, 133, 136n, 149, 155, 160, 166, 174, 176, 184, 184n, 186, 187, 194, 204n, 211, 212, 223, 225, 225n, 226, 229, 244, 251, 253, 254, 255, 255n, 256, 257, 266, 267, 269, 270, 271n, 278n, 280n, 281n, 282, 299.
Rivière-du-Loup: 33, 133, 198.
Rivière-Rouge: 43, 45, 45n, 47, 47n, 48, 49, 50, 51, 55, 58, 77, 79, 83, 128n, 289.
Rohrsacher, abbé René-François de: 60, 60n, 77, 105, 135, 137n, 286.
Rome: 23, 24, 56, 75, 86, 87n, 110n, 113, 115, 129, 130, 131, 133, 133n, 135, 135n, 136, 143, 148, 149, 151, 152, 153, 155, 155n, 156, 156n, 164, 168, 169, 170, 172, 172n, 175, 176, 177, 179, 179n, 180, 181, 182, 183, 184, 185, 185n, 186n, 187, 188, 189, 190, 191, 192, 194, 196, 197, 198, 198n, 205, 210, 225, 226, 227, 228, 228n, 229, 230n, 231, 233, 234, 236, 239, 240, 241n, 243, 246, 246n, 247, 248, 249, 251, 253n, 254, 256, 257, 260, 260n, 261, 262, 265, 267, 268, 269, 270, 270n, 271, 271n, 274, 275, 277, 280, 283.
Ross, J.-J. député: 114n, 138, 149.
Rouses, les: 23, 98, 99n, 120, 211.
Rousseau, abbé Célestin-Zéphirin: 36, 66n.
Routhier, Adolphe-Basile: 158, 161n, 258.
Roux, abbé Alphonse: 244n, 246, 315.
Royal, Joseph: 100, 100n, 309.
Rumilly, Robert: 21, 21n, 44, 196n, 209n, 311, 315.

S

Sacrée Congrégation de l'Index: 188, 189, 195.
Sacrée Congrégation de Propaganda Fide: 56, 102n, 109, 115n, 131, 134, 148, 170, 176, 181, 183, 184, 185, 188, 189, 190, 191, 192n, 197, 204, 225, 226, 228, 229, 230n, 234, 237, 244, 246n, 247, 248, 260, 260n, 261, 262, 263, 265, 273, 276, 278n, 280, 280n.
Saint-Ambroise-de-la-Jeune-Lorette: 85.
Saint-André-d'Acton: 95n, 116, 220.
Sainte-Anne-des-Monts: 211
Sainte-Anne-de-la-Pérade: 22, 25, 25n, 26, 27, 27n, 28, 29, 30, 31, 32, 33, 38, 41, 43, 50, 86, 107, 110, 114n, 116, 116n, 144, 284, 286.
Saint-Boniface: 45, 49, 51, 51n, 52, 53, 55, 55n, 57, 57n, 58, 59, 60, 60n, 80n, 123n, 144, 152, 166, 180, 285.
Saint-Célestin: 103, 112, 148, 243, 275, 276.
Saint-Cyr, Dominique-Napoléon: 212, 213.
Saint-Elme, Jules: 241n, 242n.
Saint-Étienne: 114n, 275.
Sainte-Geneviève: 30, 33, 116n, 213.
Saint-Grégoire-de-Grantham: 122, 204.
Saint-Grégoire: 40n, 47, 47n, 49, 84, 86, 90, 112, 140, 198, 199, 199n, 200, 201, 285.
Saint-Hyacinthe: 75n, 87, 104, 112, 113, 117, 118, 121, 123n, 125, 131, 133, 154, 160, 164, 166, 168, 174, 176, 177, 183, 186, 187, 193, 195, 206, 216, 225, 238n, 244n, 246, 247, 253, 255, 264, 265, 275, 278n, 283, 296.
Saint-Ignace, île: 25, 30n.
Saint-Laurent, fleuve: 25, 26, 70n, 101, 243, 243n.
Sainte-Marguerite-Marie, soeur: 75n, 86n, 315.
Sainte-Marie, fief: 30, 31, 48n.
Saint-Maurice, circonscription électorale: 126, 213.
Saint-Maurice, haut: 206.
Saint-Maurice, rivière: 26, 68.
Saint-Maurice, vallée: 192, 206n, 246.
Saint-Maurice, village: 116, 116n.
Saint-Michel, caisse ecclésiastique: 204, 204n, 238n.
Saint-Prosper: 27, 116n.
Saint-Roch de Québec, église: 47, 142n.
Saint-Romuald: 222, 260.
Saint-Stanislas: 27, 69, 116n.

Saint-Thomas, caisse ecclésiastique: 238.
Saint-Thomas-de-Pierreville: 69, 86, 90, 122n.
Saint-Urbain-de-Windsor: 116, 225n.
Sainte-Ursule: 90, 275.
Savaète, Arthur: 21, 21n, 31n, 32n, 38n, 48n, 76n, 77n, 106n, 113n, 128n, 132n, 159n, 161n, 182n, 188n, 228n, 229n, 245n, 266n, 307, 311, 315.
Savard, Pierre: 230n, 264n, 315.
Sax, abbé Pierre-Télesphore: 222, 225, 260.
Sherbrooke: 192, 205, 206, 225, 226, 229, 244n, 247, 256, 256n, 257. 275. 282n.
Signay, Mgr Joseph, évêque de Québec: 38, 39n, 40.
Sillery: 222, 230, 230n, 260n.
Simeoni, cardinal Giovanni: 188, 189n, 277, 282.
Simon, Aloïs: 23n, 77n, 315.
Simpson, George: 49, 50, 53, 58.
Sinnott, Alfred A.: 51n, 315.
Soeurs de l'Assomption de la Sainte-Vierge: 99n, 140, 198, 199, 200, 201, 202, 285.
Soeurs de la Charité d'Ottawa: 199, 200, 201.
Stanley, George F.G.: 45n, 315.
Susanne Pas-de-Nom: 130n, 131n.
Suzor, abbé Philippe-Hippolyte: 116.
Sweeny, Mgr John, évêque de Saint-Jean, N.-B.: 136n, 196.
Sylvain, Philippe: 23n, 72n, 75n, 113, 264n, 315.

T

Taché, Mgr Alexandre-Antonin, évêque de Saint-Boniface: 44, 44n, 48, 49n, 52, 52n, 53, 54, 54n, 55, 55n, 56, 57, 57n, 58, 59, 59n, 60, 79, 114, 152, 166, 177, 180, 190n, 241n, 282, 285, 313.
Tarieu de Lanaudière, Charles-Louis, seigneur: 27, 28.
Tarieu de Lanaudière, Pierre-Thomas, seigneur: 27.
Tarte, Israël: 252, 260, 264, 264n.
Taschereau, Mgr Elzéar-Alexandre, archevêque de Québec: 73, 102, 102n, 113, 124, 124n, 139, 147, 150, 151, 152, 153, 154, 155, 156, 159, 160, 161, 162, 164, 165, 167, 168, 169, 169n, 170, 172, 173, 175, 176, 177, 180, 181, 185, 186n, 187, 189, 190, 191, 192, 192n, 196, 197, 198, 198n, 200, 202, 207n, 210, 211, 215n, 217, 219, 221, 223, 225, 226, 227, 228, 229, 233, 236, 243, 244n, 245, 246, 247, 249, 253, 254, 255, 255n, 256, 257, 257n, 258, 259, 260, 260n, 262, 264, 265, 266, 268, 269, 273, 278, 279, 279n, 282, 287, 288, 297n, 301, 303.
Taschereau, Jean-Thomas, juge: 258, 258n, 297.
Tassé, abbé Stanislas: 229, 271n, 280n.
Tessier, Mgr Albert: 26, 26n, 27n, 47n, 49n, 68n, 71n, 311, 315.
Tessier, abbé Joseph: 122, 179, 204, 205, 205n.
Thériault, Yvon: 23n, 311.
Thibault, abbé Jean-Baptiste: 51, 52, 59.
Toronto: 66, 66n, 112, 114, 121, 123n, 166, 221. 266n.
Tremblay, Pierre-Alexis (Pitre): 222, 222n, 224, 268.
Trudel, François-Xavier-Anselme: 152, 154, 156, 158, 161, 161n, 162, 163, 181, 309.
Turcotte, Arthur, député: 145, 272.
Turcotte, J.-Édouard, député: 66n, 68, 99.
Turgeon, Mgr Pierre-Flavien, archevêque de Québec: 47, 56, 112, 114, 154, 297.

U

Ullman, Walter: 119n, 316.
Union catholique de Trois-Rivières: 174, 240n.
Union des Cantons de l'Est, l', journal: 112n, 116n, 120, 120n, 172.
Union Nationale, l', journal: 122n, 291.
Univers, l', journal: 136, 182.

V

Vachon, André: 27n.
Verchères, Marie-Madeleine de: 27.
Veuillot, Louis: 75n, 105, 105n, 134, 135, 135n, 136n, 137n, 309.
Vieux-Rouge: 59, 59n, 309.
Villeneuve, abbé Alphonse: 154, 161, 171n, 172n, 182, 287, 309.
Vincelette, Clément: 264, 264n, 265.
Voisine, Nive: 164n, 261n, 311, 316.
Voix du Golfe, la, journal: 160, 160n, 184n.

W

Wade, Mason: 214n, 316.
Waite, Peter B.: 209n, 316.
Wallace, W. Stewart: 311.
Walsh, abbé Robert: 148, 149.
White, Thomas: 220, 220n.
Woolrich, Julia: 130, 130n.

Y

Yamachiche: 86, 90, 198n.

Achevé d'imprimer à Montmagny
sur les presses des ateliers Marquis Ltée
le douze décembre mil neuf cent soixante-dix-neuf